COLLECTION

DE

DOCUMENTS INÉDITS

SUR L'HISTOIRE DE FRANCE

PUBLIÉS

PAR ORDRE DU ROI

ET PAR LES SOINS

DU MINISTRE DE L'INSTRUCTION PUBLIQUE

———◆———

PREMIÈRE SÉRIE

HISTOIRE POLITIQUE

LES OLIM

OU

REGISTRES DES ARRÊTS

RENDUS PAR LA COUR DU ROI

SOUS LES RÈGNES DE SAINT LOUIS, DE PHILIPPE LE HARDI
DE PHILIPPE LE BEL, DE LOUIS LE HUTIN ET DE PHILIPPE LE LONG

PUBLIÉS

PAR LE COMTE BEUGNOT

MEMBRE DE L'INSTITUT

TOME III

PREMIÈRE PARTIE

1299 — 1311

PARIS

IMPRIMERIE ROYALE

—

M DCCC XLIV

PRÉFACE.

Les institutions judiciaires de la France étaient assez affermies à la fin du xiiie siècle et exerçaient sur l'esprit de la nation une influence assez profonde, pour que les développements dont elles avaient encore besoin pussent être réalisés sans de grands efforts. A cette époque, tout souverain qui aurait entrepris de retirer au parlement ses attributions politiques et financières, pour les conférer à des corps spéciaux; de donner à cette cour une organisation plus stable, plus régulière, plus homogène; de grouper autour d'elle les institutions secondaires que le progrès des pensées d'ordre et d'autorité rendait nécessaires; de fortifier l'action des tribunaux qui distribuaient la justice dans les provinces; de favoriser, par le moyen de l'enseignement public, la propagation des notions de droit, et enfin, de doter la France d'un ordre judiciaire chargé de faire partout une guerre active au principe féodal; ce souverain aurait pu compter sur l'assentiment et sur le concours des idées et des mœurs nationales. Mais la Providence fit naître et plaça sur le trône de France un roi dans lequel se trouvaient réunis, comme à dessein, les qualités et les défauts qui pouvaient le plus faciliter l'accomplissement de ces importants changements. Jeté, presque au début de son règne et quand nulle expérience ne pouvait encore l'éclairer, au milieu de

conjonctures difficiles, que son esprit audacieux et son caractère opiniâtre rendirent plus d'une fois redoutables, Philippe
le Bel, pour faire face à des périls sans cesse renaissants et
très-divers, fut conduit, par le seul effet de sa politique, à
introduire dans le gouvernement de la France des améliorations qui seraient un titre de gloire pour les plus prudents et
les plus habiles législateurs. Peu soucieux du jugement de ses
contemporains et tout à fait indifférent à celui de la postérité,
ce prince s'offre à nos regards, il faut le reconnaître, sous des
dehors peu flatteurs : on ne voit généralement en lui que l'op-
presseur impitoyable d'un pontife dont les emportements ne devaient pas faire méconnaître le sacré caractère, ou que le *faux-
monnayeur* incorrigible ; cependant il suffit d'étudier les édits et
les chartes qu'il promulgua, pour demeurer convaincu que peu
de souverains l'ont surpassé dans l'art de mettre les institutions
d'un peuple en rapport avec ses besoins, et que ce fut lui qui
posa véritablement les bases définitives de l'ancien gouvernement de la France. Par ses victoires, Philippe-Auguste avait
affranchi la couronne de la tutelle des grands vassaux; saint
Louis s'était attaché, par de sages lois, appliquées avec fermeté, à faire pénétrer dans les usages de la France les premiers éléments du droit civil; mais ni l'un ni l'autre de ces deux
souverains n'essaya de définir, de séparer et de délimiter les
pouvoirs sociaux, de multiplier les fonctions publiques conformément aux vœux des citoyens; en telle sorte que le conseil du
roi, unique institution politique du royaume, demeurait toujours, comme dans les pays les moins avancés en civilisation,
arbitre de tous les intérêts généraux ou privés. Un tel état de
choses s'alliait assez bien avec la féodalité, qui avait besoin,
avant tout, de guerriers, quelquefois de juges et nullement
d'administrateurs ; aussi le parlement exerça-t-il sans difficulté,

pendant le cours du xiiie siècle, son omnipotence incontestée. Mais les rois, en affaiblissant par de continuelles attaques le principe féodal, en prodiguant les chartes d'affranchissement, de corporation et de commune, firent naître dans la société des droits individuels et des intérêts nouveaux. Ces droits, ces intérêts pouvaient-ils rester abandonnés à eux-mêmes, sans guides et sans défenseurs, au risque de devenir des éléments de désordre ? Pouvait-on, par exemple, laisser les communes urbaines en proie à leurs interminables dissensions et les bourgeois du roi jouir de l'indépendance absolue qu'ils s'étaient arrogée, on ne sait à quel titre ? Devait-on souffrir plus longtemps que les baillis et les sénéchaux semassent le trouble au sein des juridictions ecclésiastiques et seigneuriales, à l'aide des idées exagérées qu'ils professaient sur la suprématie du roi, suprématie qui n'était plus ouvertement déniée, et que ces officiers exerçassent des fonctions à la fois militaires, judiciaires, administratives et financières ? Était-il conforme à l'ordre public, à la bonne administration de la justice, que les ecclésiastiques, seuls admis dans les cours d'église, continuassent de siéger, comme aux jours où ils jouissaient du privilége de la science, dans les tribunaux civils et municipaux ? On le voit, il y avait nécessité, urgence d'organiser le gouvernement, et de le mettre en harmonie avec les graves modifications que la situation morale et matérielle du pays venait et ne cessait d'éprouver. Telle fut l'œuvre que Philippe le Bel entreprit, non pas d'une façon méthodique, régulière, calculée à l'avance, mais en suivant l'impulsion des événements et en se conformant, quelquefois involontairement, à la volonté de la nation, qui appelait de tout l'effort de ses désirs une bonne et sage distribution des pouvoirs nouveaux qui s'étaient d'eux-mêmes élevés au sein de l'État. Certes, ce serait se tromper grandement que de juger Philippe le Bel comme un savant politique, un habile législateur, un grand *justicier :* il ressemblait fort peu à son aïeul saint Louis, dont, cependant, il invoquait souvent l'autorité, et son caractère ne le disposait guère à dicter un code de lois dont la stricte morale aurait été la base; mais, doué à un haut degré de l'instinct politique, et pourvu d'une volonté à toute épreuve, il accomplit, dans les diverses parties du gouvernement et de la législation, des améliorations qu'un prince plus calme, plus prudent, plus réfléchi et moins vivement pressé par les circonstances, n'aurait certainement pas osé tenter.

Avant de parler des changements que Philippe introduisit dans les institutions judiciaires du royaume, je crois utile de donner une idée générale de la politique de ce prince, en présentant les actes qui la caractérisent le mieux, et les observations qu'ils suggèrent, d'après l'ordre naturel des idées. Suivre, dans un exposé de ce genre, l'ordre chronologique, ce serait y apporter de la confusion et se condamner à de fatigantes redites.

Les usages de la nation, en assujettissant la couronne aux règles qui régissaient les fiefs, déterminèrent par cela même, et d'une manière précise, le mode de successibilité au trône : aussi faut-il descendre jusqu'au règne de Philippe de Valois pour voir naître, sur cet important objet, des doutes qui, à la vérité, prirent leur source plutôt dans les illusions ambitieuses des rois d'Angleterre que dans l'interprétation logique et sincère des coutumes féodales. Philippe le Bel contribua à l'affermissement de la loi salique ou du principe de l'exclusion des femmes de la couronne, par l'exemple qu'il donna de les déclarer inhabiles à succéder aux apanages royaux, genre de propriété nouveau, et dont la coutume n'avait pas encore réglé les

conditions d'existence. En 1311, il constitua le comté de Poitiers
en apanage pour son second fils Philippe, avec cette clause
expresse, que, si les héritiers mâles venaient à faire défaut, ce
fief retournerait à la couronne [1]. Si les femmes avaient pu hé-
riter de cette sorte de biens, elles auraient pu aussi les apporter en dot à des princes étrangers, ce qui eût été également
contraire aux intérêts et aux usages du pays. Philippe le Bel
comprit le danger et y pourvut, non par une disposition générale, mais, ce qui valait tout autant, par un acte particulier qui s'éleva sur-le-champ au rang de ces principes de droit
public dont le temps n'a pas détruit l'autorité. La loi salique,
cette antique et vénérable coutume, ce dernier vestige de nos
vieilles mœurs nationales, que le poids des ans et l'effort des
révolutions n'ont fait qu'affermir parmi nous, fut redevable
à ce prince d'un sage et heureux développement.

Philippe regardait aussi comme une tradition dont il n'était
pas permis de dévier la politique suivie par ses prédécesseurs
à l'égard de l'aristocratie, et il s'y conforma avec d'autant plus
de facilité, qu'il était, par lui-même, peu disposé à tolérer les
prétentions et encore moins les révoltes de ses grands vassaux.
Cette politique consistait à saisir toutes les occasions de combattre la puissance des barons et des seigneurs, soit par les
armes, quand ils recouraient eux-mêmes à ce périlleux moyen,
soit par la réforme successive des abus qui composaient à eux
seuls l'institution féodale, soit enfin par la propagation conti-
nuelle du dogme de la suprématie de la couronne. L'entreprise
était déjà très-avancée, et il existait peu de prérogatives seigneuriales qui n'eussent été hautement contestées, peu de vassaux qui n'eussent senti la pesanteur du sceptre royal, peu de
tribunaux où ne fussent soutenues chaque jour les doctrines

[1] Voyez cet acte dans le recueil intitulé: *Essai sur les apanages*, p. 136.

les plus contraires au pouvoir légitime des seigneurs ; partout les barons se trouvaient forcés de justifier et de défendre des droits dont ils avaient joui sans contestation pendant des siècles, et qui formaient, on ne peut le cacher, un des fondements de la constitution politique du royaume. Le roi d'Angleterre et le comte de Flandre, grands vassaux de la couronne, étaient les représentants les plus fidèles et les plus redoutables des intérêts de l'aristocratie française. Philippe ne se lassa pas de leur faire la guerre et se montra inexorable envers ce dernier quand il l'eut vaincu; en même temps il poursuivait, dans l'intérieur de ses États, l'accomplissement de l'œuvre entreprise, trop tôt peut-être, par saint Louis, interdisait aux seigneurs les guerres privées, proscrivait définitivement le duel en matière civile, facilitait l'anoblissement des roturiers, vendait aux nobles des priviléges, de l'exercice desquels il demeurait l'arbitre; disputait aux seigneurs ecclésiastiques ou laïques le droit de battre monnaie, dont lui-même faisait un si condamnable abus. Cependant il n'obéissait pas à un besoin aveugle de destruction, et la même main qui avait renversé un usage nuisible savait édifier une institution favorable au bon ordre et conforme aux nouveaux principes qui dirigeaient la société. La pairie n'existait plus, à vrai dire; les comtés de Toulouse et de Champagne étaient réunis à la couronne; le roi d'Angleterre et le comte de Flandre se regardaient moins comme des vassaux du roi de France que comme des souverains étrangers; il ne restait donc plus que le duc de Bourgogne. Philippe comprit qu'il importait moins encore à la splendeur qu'à la sûreté du trône que le roi pût, en toute occasion, compter sur les conseils et l'appui d'un petit nombre de barons choisis et placés par lui au-dessus de tous les autres. Il érigea en pairies le duché de Bretagne et les comtés d'Anjou et d'Artois, rajeu-

nissant ainsi, dans le but de fortifier le pouvoir royal, une institution qui s'éteignait, quoiqu'elle eût toujours conservé les
respects de la nation.

Philippe le Bel ne montra pas, dans ses rapports avec le
clergé, moins de fermeté ni de prudence. Sa conduite envers
le pape Boniface VIII indique qu'il mettait peu de différence
entre un pontife ambitieux et un vassal rebelle; mais il ne
faut pas juger de sa politique dans les affaires religieuses de
son royaume, par la violence de ses actes dans une lutte où
il avait été évidemment provoqué à l'emploi de moyens ex-
trêmes, par un adversaire qui ne s'était pas fait scrupule d'user
de tous ceux dont il disposait lui-même; et, sans m'arrêter sur
ce qu'il y avait de hardi dans la pensée, si vite réalisée, de
transférer le saint-siége à Avignon, je dirai qu'un grand nombre
de chartes prouvent que Philippe le Bel ne se borna pas à
maintenir le clergé en pleine et libre jouissance des droits tem-
porels qui lui appartenaient, qu'il agrandit amplement ces
droits et tint la main à ce que ses officiers, si peu scrupuleux
quand il s'agissait d'étendre la juridiction royale, les respec-
tassent avec rigidité. Dans une de ses nombreuses ordonnances
qui ont pour objet de confirmer les priviléges accordés par les
rois au clergé, Philippe déclare qu'il entend, comme ses prédécesseurs, se montrer le gardien et le défenseur fidèle des églises,
des monastères, des prélats et de toute personne ecclésiastique[1].
Il tint parole; et, malgré l'attentat odieux commis contre Boniface, on ne pourrait sans injustice le placer au nombre
des persécuteurs de l'Église. La postérité a souvent le tort de
juger les rois sur un seul fait, parce que ce fait a eu beaucoup
d'éclat; c'est l'ensemble de leur conduite qu'il convient d'ap-
précier, si l'on veut porter un arrêt équitable.

---

[1] *Recueil des Ordonnances des rois de France*, t. I, p. 357.

Nous ne dirons pas que Philippe le Bel suivit, à l'égard de la classe bourgeoise, les errements de ses prédécesseurs, car, en l'introduisant dans les conseils de la nation, il fit une chose nouvelle, que les temps antérieurs avaient sans doute préparée, mais qui n'en était pas moins une révolution tout entière.

Plusieurs historiens se sont attachés à prouver que de tout temps il avait existé en France des assemblées nationales; que, si ces assemblées, puissantes sous la première race, plus puissantes encore sous la seconde, parce que, à cette époque, elles devinrent régulières, n'apparaissent pas aussi clairement sous les premiers rois de la troisième, il faut en chercher le motif dans les désordres de la féodalité, qui, cependant, ne les abolirent pas, mais leur donnèrent une forme particulière. Ici, quelques explications sont nécessaires.

Dans tous les pays et dans tous les temps, les souverains ont senti la nécessité de ne pas décider des grands intérêts de leur nation sans consulter ceux de leurs sujets qui, par leurs lumières, leur réputation, leur autorité ou leurs richesses, pouvaient le mieux les éclairer et leur garantir l'assentiment universel. Moins une nation est avancée dans les voies de la civilisation, plus celui qui la gouverne comprend qu'il lui importe de s'entourer de semblables conseils; car, ne possédant qu'un pouvoir précaire et mal défini, il craint sans cesse d'agir sous l'inspiration de sa seule pensée. A proprement parler, il n'y a pas là d'institution politique, puisque l'autorité de ces assemblées est plus incertaine encore que celle du souverain; or les *malla*, les *placita*, les *consilia* de la première et de la seconde race n'avaient pas d'autre caractère, et prenaient leur origine, non dans le droit public, mais dans le droit naturel. Il n'existe, quoi qu'on en ait dit, aucun motif de les placer au rang des anciens établissements politiques de la France. Sous

la troisième race, et quand la féodalité était devenue la loi
générale et inflexible du pays, il fut admis en principe que le
seigneur ne devait ni faire la guerre, ni rendre la justice, ni
changer l'état de son fief sans prendre l'avis de ses vassaux. Le
conseil du roi, composé des grands vassaux de la couronne, des
feudataires et des prélats du duché de France, remplissait donc,
comme je l'ai dit, les fonctions d'une assemblée politique telle
que le système féodal pouvait la comporter; mais ce conseil
n'était pas une assemblée représentative de la nation, puisque
les habitants des villes et ceux des campagnes n'y étaient aucunement représentés; cette assemblée finit par prendre le caractère d'une institution judiciaire, dont le roi ne requérait l'avis,
en matière politique, que dans des circonstances majeures, et
par conséquent rares. Tel fût l'état des choses jusqu'au règne de
Philippe le Bel. Cependant la classe populaire continue de faire
des progrès, de conquérir des droits, d'assurer son influence.
L'esclavage de la glèbe disparaît peu à peu des campagnes pour
y faire place à des associations rurales dont les priviléges, mo-
destes encore, doivent, avec le temps, devenir une source de
prospérité et de puissance pour le royaume. Au sein des villes
règne une aristocratie bourgeoise dont les entreprises contre la
féodalité et les prétentions de tout genre vont au delà même du
but que la couronne s'était proposé en favorisant la naissance
de ce pouvoir nouveau. En un mot, le peuple fait partout
effort pour conquérir sa part du gouvernement de la société,
et tels sont ses succès que, si dans une occasion grave le roi
doit éprouver le besoin de s'aider du concours de l'assemblée
des chefs de la nation, la pensée d'appeler à cette assemblée les
représentants des villes s'offrira naturellement à son esprit. La
querelle de Philippe le Bel avec Boniface VIII, au sujet de
la régale, fournit cette occasion. Les questions les plus redou-

tables étaient publiquement agitées; le pape contestait aux rois l'indépendance de leur pouvoir temporel, et menaçait de frapper d'interdit le royaume de France. Philippe voulut puiser au sein même de son peuple la force nécessaire pour braver les foudres du pontife, et convoqua à Paris, le 23 mars de l'année 1302, « les archevêques, évêques, abbés, prieurs con- « ventuels, doyens, prévôts, chapitres, couvents, colléges des « églises, tant cathédrales que régulières et séculières, barons « et nobles, ensemble les universités et les communautés des « villes de son royaume[1]. » L'assemblée se tint dans l'église Notre-Dame de Paris. Le chancelier, Pierre Flotte, exposa les projets du roi sur la réforme des abus et contre les attentats du pape. Le roi parla ensuite lui-même et demanda des subsides pour la guerre de Flandre; le comte d'Artois répondit au nom de la noblesse. Quant aux bourgeois des villes, ou tiers état, ils ne s'expliquèrent pas de vive voix, mais déposèrent une déclaration où se lit l'expression de leur dévouement pour le roi. Ces états, sur lesquels nous ne possédons aucun autre détail, furent clos le 10 avril. Les dissensions entre Philippe et le souverain pontife continuant avec emportement, on assembla de nouveau les états le 23 juin 1303, dans le Palais, à Paris, et en 1308 à Tours. Il existe au Trésor des chartes vingt-deux procurations accordées dans cette dernière circonstance aux députés du tiers état. D'autres assemblées générales furent encore réunies, mais il n'est pas certain que les députés des villes y eussent été appelés.

Quoique nous manquions de lumières sur la forme des délibérations de ces assemblées, les rapports réciproques des trois

[1] *Des États généraux et autres assemblées nationales*, Paris, 1788, in-8°, t. VI, p. 55-62. *Chronologie des États généraux*, dans l'Annuaire de la société de l'Histoire de France, ann. 1840, p. 97.

ordres qui les composaient, l'influence de leurs résolutions et l'effet qu'elles produisirent sur l'esprit de la nation, on peut conclure du silence de plusieurs historiens, ou de la froideur avec laquelle quelques autres en parlent, que le gouvernement de la France était tellement disposé à l'intervention de ces assemblées, par les modifications qu'il avait subies sous les règnes de Louis le Gros, de Philippe-Auguste et de saint Louis, qu'elle eut lieu sans troubles, sans secousses, sans agitation aucune, comme une chose naturelle et simple, à laquelle la société se trouvait préparée depuis longtemps. Non-seulement Philippe IV consultait, sur des matières qui ne touchaient pas à la politique générale, le peuple, conjointement avec le clergé et la noblesse, mais il déclarait hautement dans ses ordonnances, et comme pour leur communiquer plus de force, qu'il avait requis son avis; ainsi, dans un mandement relatif à la réformation de la monnaie, daté du 1ᵉʳ décembre 1303, nous lisons : « Noz subgez, c'est assavoir le clergie, les barons et le « commun peuple de nostre royaume, de novel nous aient re- « quis que il nous plaise remettre nostre monoye en son pre- « mier estat [1]. » On voit dans un autre acte, dont il sera parlé ailleurs, que Philippe avait appelé à Paris deux ou trois prud'hommes de plusieurs bonnes villes du royaume, pour délibérer sur ce sujet [2]. L'ordonnance rendue à Pontoise, au mois de juin 1313, toujours sur le fait des monnaies, porte : « Comme « pour le commun proufit de nostre royaume et à la requeste « des prélats, duxs, comtes et autres barons et du commun « pueple de nostredit royaume, nous aions ordené à faire bonne « monnoie et à ramener et faire remettre et retourner nos mon- « noies et les monnoies des prélats, duxs, comtes et barons de

[1] *Ordonnances*, t. I, p. 389.
[2] *Id.* p. 454.

b.

« nostredit royaume, qui ont droit de faire monnoies en leurs
« terres, sçavoir faisons à tous que sur ce appellé avecq nous
« nostre conseil et les maistres de nos monnoies, grant plenté
« de bonnes gens de bonnes villes de nostre royaume, sages et
« esprouvez en telles choses, avons, etc. [1] » Le 2 du mois d'oc-
tobre de l'année 1314, Philippe ordonne aux bonnes villes de
son royaume d'envoyer à Paris, au 1er novembre, deux ou trois
notables pour régler les monnaies. Ces villes étaient au nombre
de quarante-trois [2]. Ayant donné une première fois son avis
sur les affaires d'État, la bourgeoisie est, pour ainsi dire, con-
sultée chaque jour.

Que des historiens très-habiles, très-éclairés, voyant avec
quelle facilité le peuple, sous le règne de Philippe le Bel, in-
tervenait dans la discussion des grands intérêts publics, combien peu il paraissait en possession d'une conquête récente,
aient pensé qu'en effet il n'avait jamais été exclu des conseils
de la nation, on le comprend aisément : une institution véritablement utile, et qui est destinée à satisfaire à des besoins
réels et durables de la société, prend aussitôt après sa naissance tous les dehors de la maturité.

Philippe le Bel convoqua les assemblées qu'on appela depuis
états généraux, dans trois circonstances graves : lors de ses dé-
mêlés avec Boniface VIII, lors de la guerre avec les Flamands,
et quand ses opérations, aussi malheureuses que déloyales,
sur les monnaies eurent porté le désordre dans la fortune de
l'État comme dans celle des particuliers. Cependant, pour se
prononcer sur des affaires d'une moins haute importance, un
conseil différent du parlement lui était d'autant plus nécessaire, que cette cour, accablée par le fardeau de ses attri-

[1] *Ordonnances*, t. I, p. 519.
[2] *Id.* p. 548.

butions judiciaires, ne pouvait plus que difficilement, et en
délaissant ses fonctions naturelles, remplir les devoirs d'une
assemblée politique. Le parlement continua d'être appelé *le
conseil du roi*, et de décider, dans certaines circonstances, des
questions étrangères à l'administration de la justice; mais, à
partir du règne de ce prince, nous voyons s'élever à côté de
la cour, je ne dis pas au-dessus, car cette question, toujours
controversée, ne fut jamais résolue, une autre institution,
nommée *grand conseil*, qui représentait le roi, considéré
comme administrateur des intérêts généraux de la société,
et non comme souverain distributeur de la justice. Ce conseil délibérait sur toutes les mesures que le roi jugeait convenable de lui soumettre, sans posséder encore une compétence
clairement déterminée; et un grand nombre d'ordonnances
renferment, dans leur intitulé, la mention formelle de cette
délibération. L'ordonnance du 16 février 1306 porte : « Nous
« vous faisons sçavoir, que, comme nous, par *nostre grant*
« *conseil*, à la requeste et instance de mout de prelaz et ba-
« rons, etc. [1] » Dans sa lettre au comte de la Marche, le roi
disait, le 18 janvier 1308 : « Comme..... au fait de noz mon-
« noyes eussions mandé et fait venir à nous, de plusieurs
« bonnes villes de nostre royaume, deus ou trois preudes homes
« de chascune, qui miex se cognoissent ou fait des monnoyes....
« Par le conseil desdiz preudes homes et de *nostre autre grant*
« *conseil*...... eussiens ordené, etc. [2] » La distinction entre les
états généraux, où les notables des bonnes villes avaient été
appelés, et *l'autre grant conseil*, est ici très-nettement marquée.

Philippe, renouvelant l'ordonnance du mois de juin 1313,
sur le décri des monnaies, disait : « Nous, par pleine delibe-
« ration de *nostre grant conseil*, pour le grant et evident proufit

[1] *Ordonnances*, t. I, p. 446. — [2] *Id.* p. 454.

« de tout le commun peuple de nostre royaume, avons fait
« plusieurs ordenances, etc. [1] » Il serait aisé, mais peu utile,
de multiplier ces citations [2]; on voit qu'il existait un grand
conseil, distinct des états généraux et du parlement, qui as-
sistait le roi dans le gouvernement des affaires publiques, et
que cette institution était déjà assez consolidée pour qu'il ne
se publiât guère d'édit ou d'ordonnance de quelque importance, sans qu'elle eût été appelée à donner son avis. Il reste
à déterminer la qualité des personnes qui le composaient.
Nous manquons sur ce point d'éclaircissements, mais il est
facile de comprendre que des personnages expérimentés, tels
que des membres du parlement, d'anciens baillis ou sénéchaux, des prélats et des grands officiers de la couronne,
devaient seuls avoir entrée dans un conseil que le roi convo-
quait quand et comme il le voulait. Le préambule d'un mandement daté du 9 juillet 1304 [3] nous présente à peu près l'image
d'un grand conseil. « Comme en conseil, y est-il dit, et en
« traitié d'arcevesques, evesques, abbez et autres prelaz, doïens,
« chapitres, couvenz, colleges, et plusieurs autres personnes
« d'eglise, seculers et religieux, exempts et non exempts, dux,
« comtes, barons et autres nobles de nostre royaume, etc. »

    L'auteur des Lettres historiques sur les fonctions essentielles
du parlement, qui écrivait avec l'intention déclarée de soutenir et défendre les prérogatives de cette compagnie, n'admet pas
que le grand conseil existât à cette époque. Pour lui, *parlement,
conseil, grand conseil, conseil général* ou *commun conseil*, étaient
alors des termes synonymes qui indiquaient *la cour de France* [4].

---

[1] *Ordonnances,* p. 536.
[2] *Id.* p. 390, 475, 485, 525, 541.
[3] *Id.* p. 412.
[4] T. I, p. 267.

Cet écrivain commet ici une confusion. Le mot *conseil* dési-
gnait, au XIIIe siècle, toute assemblée délibérante, ecclésiastique ou laïque. Aussi longtemps que la cour du roi fut la
seule assemblée de ce genre qui existât dans l'ordre civil, elle
reçut exclusivement la qualification de conseil. Il suffit de parcourir les Olim pour y voir le parlement nommé de la sorte,
pour ainsi dire, à chaque page, mais sans qu'aucune épithète
de supériorité ou d'infériorité soit jointe à cette désignation,
parce que nul autre corps ne pouvait la lui disputer. Sous
le règne de Philippe le Bel, il commence à être parlé, dans
les édits et dans les ordonnances, d'un *grand conseil,* dont les
attributions sont encore indécises, mais qui délibère sur des
actes de gouvernement étrangers à l'administration de la justice,
sur les monnaies, les guerres privées, l'usure, la pêche, etc.
et qui se présente avec les attributs d'un corps politique. De
son côté, le parlement continue de porter son ancienne dé-
nomination de *cour* ou *conseil du roi :* peut-on, malgré ces
preuves qui signalent clairement la présence de deux institutions distinctes, supposer qu'il n'en existait qu'une seule,
recevant indifféremment les qualifications les plus contradictoires et s'appelant tantôt *consilium,* tantôt *consilium magnum,*
tantôt *consilium plenior?* L'auteur des Lettres historiques[1] aper-
çoit dans l'article 12 de l'ordonnance de 1303, sur la réformation du royaume[2], une autorité à l'appui de son opinion, parce
que le parlement y est appelé *commune consilium.* « Vous re-
« trouvez là, dit-il, ces synonymes, *notre cour, notre conseil;* on
« l'appelle ici *conseil général* et ailleurs *grand conseil,* pour le
« distinguer du conseil étroit ou privé. » Les mots *consilium
commune* désignent, non un conseil général, mais un conseil

---

[1] T. I, p. 263.
[2] *Ordonnances,* t. I, p. 357.

commun, habituel, régulier, et s'appliquaient très-bien au parlement, qui jamais, à ma connaissance, n'est appelé conseil général. A moins qu'on ne pense que des dénominations opposées peuvent être données à une même chose et que les mots n'ont point de sens fixe, il convient de repousser cette étrange synonymie, et de dire que Philippe le Bel, qui s'était habilement servi des assemblées nationales pour l'accomplissement de ses vues politiques et financières, reconnut la nécessité de réunir quelquefois autour de lui un conseil plus nombreux que le parlement, et composé d'hommes dont l'expérience s'était formée, non dans l'administration de la justice civile ou criminelle, mais dans la gestion des intérêts généraux du pays. Ainsi naquit le grand conseil. Charles VIII et Louis XII affermirent l'autorité, antipathique aux parlements, de cette institution, qui revit, en quelque sorte, dans notre conseil d'État actuel.

La création du grand conseil eut, entre autres avantages, celui de diminuer et de simplifier les devoirs du parlement, en les renfermant dans le domaine judiciaire. Lorsque, plus tard, des dissentiments éclatèrent entre le trône et cette illustre compagnie, elle prétendit que jamais elle n'avait cessé d'être le véritable conseil du roi, que le grand conseil ne possédait qu'une autorité indécise et précaire et ne pouvait être élevé au rang d'une institution nationale. Sans vouloir débattre et résoudre ici des difficultés qui n'ont aujourd'hui qu'un intérêt purement historique, je me contenterai de dire que, plus on se rapproche du berceau des anciennes institutions de la monarchie française, plus on se pénètre de cette vérité, que ces institutions étaient toutes des émanations du pouvoir royal, et n'exerçaient qu'une autorité déléguée. Le grand conseil agissait au nom du souverain, comme le parlement, et quand ce dernier, rendu sédentaire, cessa d'accompagner le roi et de le représenter en toutes choses et à chaque instant, le grand conseil devint, par cela même, l'organe direct, immédiat de la couronne ; aussi le droit de reviser et de casser les arrêts du parlement ne lui fut-il jamais contesté. Le jour où la cour du roi fut déclarée sédentaire et fixée à Paris, il s'opéra dans le caractère de cette institution un changement profond, qui, en développant largement son autorité judiciaire, rendit son intervention dans les affaires politiques moins utile. Il convient donc d'exposer avec exactitude tout ce qui se rapporte à cette importante modification qui donna, je ne crains pas de le dire, une forme nouvelle au gouvernement de la France.

En 1303, Philippe publia une de ces longues ordonnances de réformation, si communes au moyen âge, et dans lesquelles le souverain s'efforçait de réprimer les abus qui s'étaient introduits dans le régime de l'État. Ces actes sont, sous le rapport historique, des documents précieux qui révèlent l'état imparfait ou vicieux des institutions et les désirs d'amélioration conçus, trop souvent sans effet, par les chefs de la société. L'ordonnance dont il est question contient un article ainsi conçu : « De plus, pour l'utilité de nos sujets et pour l'expé- « dition des affaires, nous nous proposons de régler les choses « de manière que, chaque année, il y ait deux parlements à « Paris, deux échiquiers à Rouen et deux grands jours à Troyes, « et qu'il se tienne un parlement à Toulouse, ainsi que cela « avait lieu précédemment, si les gens du pays consentent qu'il « ne soit point appelé des jugements rendus par les présidents « de ce parlement [1]. »

Faut-il conclure de cette disposition, ainsi que le font géné-

---

[1] *Ordonnances,* t. I, p. 357, art. LXII.

ralement les historiens, qu'avant l'année 1303 la cour du roi,
l'échiquier de Normandie, et les grands jours de Troyes, se
réunissaient tantôt à une époque, tantôt à une autre, tantôt
dans un lieu, tantôt dans un autre, sans règle, sans usage,
sans tradition, et sous la seule influence de la nécessité ou de
l'occasion? Une semblable conclusion serait complétement er-
ronée. Philippe le Bel ne témoigne par son ordonnance rien
autre chose que la volonté de revêtir du caractère de loi une
coutume reçue depuis bien des années. Les Olim fournissent
les moyens de démontrer cette vérité.

Ce recueil commence, on le sait, à l'an 1254, au milieu du
règne de saint Louis; or cette année il y eut deux parlements,
l'un à la fête de la Chandeleur, probablement à Paris, l'autre,
vers la Sainte-Élisabeth, à Orléans. Les Olim ne donnent rien
pour 1255 ni pour 1256; mais depuis 1257 jusqu'en 1302 il ne
s'écoule pas une seule année, si l'on excepte 1297, où l'on ne
trouve au moins un parlement, souvent deux et quelquefois
quatre. En 1258, des parlements furent tenus dans Paris, à la
Pentecôte, à la Nativité de la Vierge, à la Saint-Martin d'hiver et
aux octaves de la Chandeleur; mais, plus communément, il y
en avait deux chaque année, l'un à la Pentecôte, l'autre aux Octaves de la Toussaint; ce dernier se nommait aussi parlement
de la Saint-Martin d'hiver. Il paraît même que ces deux parlements étaient de règle, car le rédacteur des Olim remarque
comme une singularité, qu'il n'y eut point de session à la
Pentecôte 1262, « à cause des noces de monseigneur Philippe,
« fils du roi, célébrées à Clermont[1]. » Cependant on finit par s'é-
carter de cet usage et nous n'apercevons plus qu'un seul parlement dans les années 1291 à 1302, qui se tenait à la Toussaint. Les causes de ce changement ne nous sont pas connues;

[1] *Olim,* t. I, p. 154.

mais il est permis de croire que la multiplicité, la complica-
tion et l'importance des affaires obligeaient la cour à demeurer
en session à peu près toute l'année, et que Philippe le Bel, en
déclarant qu'il y aurait chaque année deux parlements, un d'été
et l'autre d'hiver, ainsi que cela fut toujours pratiqué depuis,
eut pour but de mettre entre les deux sessions annuelles un
temps de repos, nécessaire aux magistrats comme à la bonne et
sage administration de la justice, et non de rendre ces sessions
régulières, car elles l'étaient depuis longtemps, comme on vient
de le prouver. Ses efforts furent, au surplus, sans résultat, car,
à l'exception de l'année 1306, où, en effet, il y eut deux parlements, l'un à Pâques, l'autre à la Toussaint, la distinction n'a
été que de nom. Depuis 1291 jusqu'aux temps récents, on ne
compte, à vrai dire, qu'un seul parlement par an, les deux
sessions n'en formant réellement qu'une seule. Il ne faut donc
pas s'étonner de voir le rédacteur des Olim désigner chaque
parlement, à partir de cette époque, par le chiffre de l'année,
et se servir, par exemple, de l'expression *judicatus in parlamento
trecentesimo decimo sexto* [1]. L'ordonnance de Philippe le Bel ne
changea rien à la tenue des séances de la cour du roi ; elle
marqua seulement l'intention de revenir à un ancien ordre de
choses, convenable pour le temps où le parlement rendait la
justice à la manière des cours féodales, mais peu compatible
avec le nouveau caractère que cette institution avait pris durant la seconde moitié du XIIIᵉ siècle.

Si l'honneur d'avoir rendu régulières les sessions du parlement n'appartient pas à Philippe le Bel, pouvons-nous du
moins lui attribuer le mérite d'avoir fixé à Paris le lieu des
séances de cette cour ? Ici encore il faut opposer les faits à l'o-
pinion générale. Philippe déclare, dans son ordonnance de

---

[1] *Olim*, t. III, p. 647, n° XIV.

1303, que deux parlements se tiendront chaque année à Paris
(*Parisius*); devons-nous en conclure que précédemment cette
cour ne siégeait pas de préférence et à peu près exclusivement
dans la capitale? Mais les Olim nous apprennent que de 1254
à 1302, elle n'a siégé ailleurs que par exception, et que le lieu
habituel de ses séances, le lieu où l'on conservait ses papiers, ses
archives, où se trouvait son greffe en un mot, était le vieux palais de nos rois, dans l'île de la Cité, à Paris. On compte d'après
les Olim, soixante-neuf parlements de 1254 à 1302; or, il y
en eut un à Orléans en 1254, un autre à Melun en septembre
1257, et trente-trois à Paris. Les Olim ne disent point, il est
vrai, où les trente-quatre autres furent assemblés, mais il n'est
pas permis de douter qu'ils l'aient été dans cette dernière ville,
car l'omission de l'indication du lieu, qui se reproduit uniformément dans les vingt années qui ont précédé l'an 1302, se
continue de même jusqu'à la fin des Olim. Le greffier aura re-
tranché la mention du lieu dans ces dernières années, comme
un énoncé superflu, parce qu'il était assez notoire que le parlement, depuis longtemps, ne tenait pas ses séances ordi-
naires ailleurs qu'à Paris [1].

Philippe le Bel, lorsqu'il ordonne que deux parlements seront
tenus chaque année en cette ville, ne prouve pas, par cela seul,
que les parlements se tenaient habituellement hors de Paris, ni
même qu'ils se tinrent à l'avenir uniquement dans Paris, puisque nous possédons plusieurs arrêts, postérieurs à l'ordonnance de 1303, qui furent rendus à Vincennes[2], à Cachant[3],
à Pontoise[4].

[1] *Lettres historiques*, t. II, p. 180.
[2] *Olim*, t. II, p. 462.
[3] *Id.* t. III, p. 353.
[4] *Id.* p. 610, n° xci.

Depuis cinquante ans au moins le parlement n'était plus et ne pouvait plus être ambulatoire. Les mœurs, les idées, les intérêts de la nation, en changeant de nature, avaient contraint la cour du roi de France à se fixer dans la capitale, d'où elle dirigeait toute l'administration judiciaire du royaume. La seule concession que cette cour pût faire aux anciennes coutumes féodales était de déléguer quelques-uns de ses membres pour accompagner le roi dans ses voyages et le conseiller, si l'occasion d'exercer la justice de propre mouvement venait à se présenter[1]. Le Mémorial des Olim montre que, longtemps avant le règne de Philippe le Bel, le parlement était enchaîné à Paris, aussi bien par les intérêts des justiciables et ceux de l'État, que par tous ces liens matériels qui pèsent nécessairement sur une grande et puissante institution judiciaire. Dès l'instant que cette ville, destinée à devenir le foyer le plus énergique de la civilisation du monde, eut pris le caractère de capitale du royaume de France, les rois y fixèrent leur séjour et y amenèrent avec eux l'assemblée qui représentait, à elle seule, tout leur gouvernement; or ce fait eut lieu à une époque antérieure au règne de Philippe le Bel.

Accorderons-nous au moins à ce prince d'avoir, le premier, donné à une coutume ancienne la sanction de la loi écrite et transformé ainsi l'usage en règle? Dans l'état actuel de nos connaissances, la réponse ne peut être qu'affirmative; cependant il convient de faire une réserve et de dire que, le parlement étant sédentaire à Paris et ayant des sessions régulières longtemps avant le règne de Philippe, il est possible qu'un des prédécesseurs de ce prince ait déclaré et sanctionné ces faits par une ordonnance qui ne soit pas parvenue jusqu'à nous.

Les dispositions de l'article 62 de l'ordonnance de 1303,

[1] *Olim*, t. III, p. 388.

relatives à l'échiquier de Normandie et aux grands jours de Troyes, n'apportèrent pas davantage de changement à la distribution de la justice dans la Normandie et dans la Champagne.

Il n'existait aucun édit, aucune ordonnance, aucune charte qui prescrivît de tenir deux échiquiers par an en Normandie et deux fois les grands jours à Troyes; mais il n'en existait non plus aucune qui l'interdît. Les besoins de la bonne et prompte administration de la justice servaient de règle. En l'année 1207, deux échiquiers furent réunis à Falaise, le premier à Pâques, le second à la Saint-Michel[1]; il en fut de même jusqu'à l'année 1221, où l'échiquier de la Saint-Michel se tint à Caen[2]. De 1222 à 1225, les deux échiquiers siégent dans cette ville; de 1226 à 1234, dans celle de Rouen[3]. Pendant le cours de 1235, quatre échiquiers s'assemblèrent: le premier, celui de Pâques, fut tenu à Rouen; le second, à Caen, le jour de la fête de Saint-Marc; le troisième, à Rouen, le jour de la Saint-Michel; le quatrième eut lieu à Caen, le même jour[4]. En 1237, trois échiquiers, dont un à Rouen, celui de Pâques; et deux à Caen, l'un à Pâques et l'autre à la Saint-Michel[5]. Nous en comptons trois en 1237[6]; quatre en 1238[7], trois en 1239[8], trois en 1240[9], deux en 1241[10], un seul en 1242[11], quatre en 1243[12]; deux en 1244[13], quatre en 1246[14]. Il est évident que, dès le règne de Philippe-Auguste, l'usage de tenir deux échiquiers subsistait; que la multiplicité des affaires forçait souvent de porter le nombre des échiquiers à trois ou à quatre par

---

[1] Marnier, *Établissements et coutumes, assises et arrêts de l'échiquier de Normandie.* Paris, 1839, in-8°, p. 111, 113, 143. — [2] *Id.* p. 144-150. — [3] *Id.* p. 150. — [4] *Id.* p. 165-168. — [5] *Id.* p. 170-172. — [6] *Id.* p. 173-175. — [7] *Id.* p. 176-178. — [8] *Id.* p. 179-184. — [9] *Id.* p. 184-188. — [10] *Id.* p. 190. — [11] *Id.* p. 191. — [12] *Id.* p. 192-195. — [13] *Id.* p. 196-197. — [14] *Id.* p. 200-201.

année, et que le seul perfectionnement dont on puisse attribuer
le mérite à Philippe le Bel fut de ramener les choses à l'état
où elles étaient au commencement du xiiie siècle. Il restreignit
le nombre des échiquiers, qui désormais eurent une plus longue
durée, et purent mieux vaquer à l'expédition des affaires que
quand leurs sessions étaient interrompues chaque année par
trois ou quatre vacances.

   Nous possédons moins de renseignements sur la tenue des
grands jours de Troyes, et tout porte à croire que cette cour
ne siégeait habituellement qu'une fois par an; cependant nous
savons qu'en 1288 elle eut trois assises, qui eurent lieu à l'Ascension, à la Nativité et à la Quadragésime[1], et il faut penser
que le tribunal de la Champagne, comme celui de la Normandie, s'assemblait quand les justiciables réclamaient sa présence. En prescrivant deux réunions par an, Philippe donna
à l'action du pouvoir judiciaire délégué à cette cour plus de
force et de régularité; mais il faut se garder de croire qu'avant
l'ordonnance de 1303 il n'y avait rien de fixe ni de déterminé
dans les assemblées des grands jours de Troyes.

   La réunion du comté de Toulouse à la couronne de
France apporta quelques changements à l'administration de
la justice dans cette province. La cour du comte continua
de s'assembler à Toulouse chaque année; mais elle ne jugeait plus souverainement, et le droit d'interjeter appel de
ses sentences au parlement de Paris était la conséquence de
la souveraineté judiciaire attribuée à cette dernière cour,
qui, afin de mieux assurer sa supériorité, envoyait tous les
ans quelques-uns de ses membres présider les assises de Toulouse. Par le fait, la cour du roi jugeait à Toulouse; et cependant il existait au parlement de Paris une *chambre de*

---

[1] Brussel, *Usage des fiefs*, p. 247, note *a*.

droit écrit [1], chargée spécialement de reviser les arrêts qui venaient de la Langue d'Oc. J'ai expliqué ailleurs les causes de cette sorte de contradiction [2]. Philippe le Bel voulut la faire cesser et il décida, par l'ordonnance de 1303, qu'un parlement siégerait à Toulouse, si les gens de ce pays consentaient qu'il n'y eût point d'appel des jugements rendus par ceux qui présideraient ce parlement. Il ne faut pas prendre cette disposition dans son sens apparent; certes Philippe ne mettait pas une condition expresse au maintien de la cour du Languedoc, qui subsistait de temps immémorial, comme les termes mêmes de l'ordonnance le prouvent; il voulait seulement faire comprendre aux habitants du midi, que s'ils consentaient à renoncer à leur droit d'interjeter appel au parlement de Paris, ils rentreraient en possession d'une cour souveraine pareille à celle qui existait du temps des comtes de Toulouse (*sicut teneri solebat temporibus retroactis*). A la vérité, les délégués du parlement de Paris devaient continuer de présider les assises de Toulouse; mais il importait peu aux justiciables que la cour fût présidée par des envoyés du parlement ou par d'autres personnes choisies par le roi. Toutefois ils refusèrent, et la chambre de droit écrit continua d'exister dans le sein de la cour royale [3]. L'auteur des Lettres historiques en conclut qu'il n'y eut point de parlement à Toulouse. « Il paraît, dit-il [4], que, neuf mois après cette ordonnance, le roi fit publier le nom de ceux qui devaient tenir le parlement de Toulouse. Mais cela n'eut point d'exécution, car en 1306 on retrouve à Paris, au parlement, *la chambre*

[1] *Ordonnances*, t. I, p. 366.
[2] Préface du tome II des Olim, p. xviii.
[3] *Olim*, t. III, p. 391.
[4] T. II, p. 283, note *e*.

« *de la Languedoc.* » Cette chambre jugeant les appels du parlement de Toulouse, son existence après l'année 1303, et
même en 1309[1], atteste au contraire que les choses restèrent
dans leur état antérieur, et que l'idée conçue par Philippe, de
constituer le parlement de Toulouse en cour souveraine, demeura sans effet, par le refus des gens du Languedoc de renoncer à l'usage d'un droit auquel ils attribuaient, non sans
raison, une grande importance.

L'article 62 de l'ordonnance de réformation n'introduisit
donc aucun changement véritable dans la constitution du
parlement et des trois institutions judiciaires placées sous la
direction de cette cour. Philippe le Bel ne rendit pas ce tribunal suprême sédentaire à Paris, parce qu'il l'était depuis plus
de cinquante ans; ce ne fut pas lui qui établit les deux sessions
annuelles, car ces deux sessions avaient presque toujours eu
lieu : il confirma un ordre de choses préexistant et fondé par
la nécessité. Tout ce que nos anciens auteurs ont écrit sur ce
point révèle, à notre avis, une connaissance peu approfondie
de l'origine des institutions judiciaires de la France.

L'ordonnance de 1303 contient, sur le régime intérieur de la
cour du roi, des dispositions intéressantes au point de vue historique, et qui signalent de la manière la plus éclatante la sagesse des pensées de ce prince, dont on croirait à tort que la
volonté unique fut de triompher, n'importe par quels moyens,
dans les guerres et dans les conflits que son ambition et son
esprit querelleur suscitèrent. Je vais analyser quelques-unes
de ces dispositions.

Le droit d'interjeter appel, inconnu sous le régime de la
féodalité pure, sapait le pouvoir judiciaire des seigneurs,
consacrait la suprématie du roi et rétablissait, dans toutes les

[1] *Olim*, t. III, p. 391.

juridictions, le bon droit à la place de l'arbitraire. Cet usage
nouveau fut accueilli par la bourgeoisie et le peuple avec une
faveur qui en peu de temps devint excessive; ainsi on appelait des tribunaux des sénéchaux de Languedoc à la cour de
Toulouse, de cette cour au parlement de Paris, du parlement
au roi: or la cour de Toulouse, le parlement et le roi ne re-
présentaient qu'une seule et même autorité; il y avait là un
abus qui menaçait de transformer en élément de désordre
un principe d'équité dont la France avait déjà obtenu les plus
heureux effets. Philippe le Bel comprit, comme saint Louis[1],
l'obligation de renfermer le droit d'appel dans les limites indiquées par la nature même de ce droit. On possède une ordonnance de l'an 1296, relative aux appellations dans le Laonnais[2], qui montre que, malgré son caractère impérieux,
Philippe IV ne faisait nulle difficulté de revenir sur une de
ses décisions, quand il avait acquis la certitude qu'elle était
contraire à l'intérêt public. Cette ordonnance est ainsi conçue :
« Le seigneur roi, persuadé que les appellations admises dans
« certains lieux et villes du Laonnais y avaient été introduites
« contre le bien commun et la publique utilité de ce pays,
« consentit à leur abolition, croyant qu'il agissait selon le
« vœu de tous et justement. Plus et mieux informé sur ce
« point, il apprit que ces appellations avaient été établies pour
« l'intérêt et l'utilité des habitants; et, ne voulant pas que ce
« qu'il regardait comme un avantage tournât à leur détriment,
« il ordonne que, dans tous les lieux et villes où elles étaient
« reçues, on en puisse faire usage comme par le passé. Ceux
« qui avaient donné quelque chose pour la suppression de
« ces appels seront indemnisés. »

---

[1] *Ordonnances*, t. I, p. 261-270.

[2] *Olim*, t. II, p. 218, n° xlvi. Cf. p. 242, n° iii; p. 398, n° v.

Le mode d'appellation usité dans le Laonnais, et nommé *appeaux volages*, était, au fond, une ruse, à l'aide de laquelle on transférait au bailli de Vermandois le jugement des affaires de première instance [1]. On ne pouvait qu'applaudir à la pensée de Philippe de rétablir l'ordre naturel des juridictions : il s'arrêta devant les vives réclamations des habitants de ce pays. Ce qui se passa, en 1296, dans cette contrée me paraît ressembler beaucoup à ce qui eut lieu plus tard dans le Languedoc. Les justiciables souffraient de ces appels interjetés à tout propos et qui entraînaient des frais et des lenteurs considérables : la couronne crut agir dans l'intérêt des populations en offrant à certaines juridictions locales le droit de prononcer souverainement; mais l'usage de l'appel, en pénétrant profondément dans les mœurs s'était élevé à la puissance d'un préjugé, et cette proposition ne fut acceptée ni à Toulouse ni à Laon. Plus tard, le dérèglement devenant intolérable, il fallut bien se résigner à une transaction, et l'on décida que les cours locales jugeraient souverainement certaines affaires de peu d'importance, et les autres, sauf appel à la juridiction supérieure. C'est ce qui existe encore de nos jours.

Si le roi ne pouvait que lentement et avec peine rétablir au sein des justices inférieures l'autorité des vrais principes, il était libre à l'égard du parlement, et il usa de cette liberté pour fixer d'une manière claire et précise le caractère de ce tribunal, et pour empêcher que l'habitude d'en appeler à lui-même des arrêts rendus par sa cour ne s'établît généralement, et ne fît descendre d'un degré, dans la hiérarchie judiciaire, une institution qui n'avait servi et ne pouvait servir utilement la cause de la royauté et de l'ordre qu'en conservant sa qualité de cour supérieure. L'article 12 de l'ordonnance

[1] Bouteiller, *Somme rurale*, l. II, c. XIV.

d.

de 1303, dicté par cette pensée, mérite d'être placé sous les
yeux du lecteur; il est rédigé en ces termes : « Nous voulons
« et ordonnons que les jugements, arrêts et sentences rendus
« par notre cour ou commun conseil soient mis à exécution
« sans appel. S'ils paraissent contenir quelque ambiguïté ou
« erreur propre à faire naître des doutes fondés, l'amende-
« ment, interprétation, révocation ou déclaration desdits ar-
« rêts appartiendra à nous, ou à notre commun conseil, ou à
« la majorité de notre conseil; ou bien que l'on s'en tienne à
« une mûre délibération, prise, en vertu d'une permission ou
« d'un ordre spécial donné par nous, sur tout ce qui avait été
« précédemment requis [1]. »

La prééminence du parlement et le droit dévolu à cette
cour, comme à toute autre, d'interpréter ses arrêts, sont ici
hautement reconnus; mais, comme le roi ne pouvait pas ab-
diquer les prérogatives inhérentes à sa personne, et, en particulier, celle de rendre directement la justice, si telle était sa
volonté, il rappelle cette faculté et l'entoure de précautions
qui doivent en prévenir l'abus. La suprématie du parlement,
subordonnée au pouvoir qui régit et anime la société tout
entière, resta, malgré d'impuissantes dénégations, un des
principes fondamentaux de la monarchie, et Philippe le Bel
est le premier qui, en l'inscrivant dans un acte public de l'autorité royale, lui donna la forme rigoureuse d'un dogme politique. Ce prince eut l'avantage de régner à une époque où
les règles de gouvernement, soumises encore aux incertitudes
de la coutume, cherchaient à s'approprier les attributs de la loi
positive, et il ne cessa de seconder cette disposition des esprits
à rendre désormais inattaquables les conquêtes faites depuis
un siècle par la civilisation sous le nom de la royauté.

[1] *Ordonnances*, t. I, p. 359.

Philippe assurait l'indépendance et la majesté de la cour royale; en même temps il s'appliquait à maintenir, autant que le permettaient les graves modifications introduites dans le gouvernement de la France par lui et par ses prédécesseurs, l'ancien·caractère féodal de cette institution. Les intérêts aristocratiques conservaient encore trop d'influence pour qu'il fût possible de ne leur donner dans l'État ni représentant ni organe. On sait que le parlement était devenu, non pas la cour des pairs, mais une image, fort peu fidèle à la vérité, de cet auguste tribunal. La pairie n'existait plus, ou existait avec un caractère tout nouveau; cependant l'idée que de hauts et puissants seigneurs, que les premiers barons de France, les plus fiers vassaux de la couronne, pourraient être jugés, au civil comme au criminel, par une assemblée de clercs et de légistes, blessait tellement les idées reçues, les traditions et l'honneur même de la nation, qu'essayer de l'appliquer, ou seulement la proclamer, eût été une imprudence grave; et j'ajouterai inutile, car les préjugés aristocratiques se fussent contentés de quelques hommages extérieurs et sans conséquence. Philippe comprit cette vérité.

« Parce que beaucoup de causes importantes, dit-il [1], et qui « intéressent des personnes considérables, se discutent en notre « parlement, nous ordonnons et voulons que, pendant toute « la durée de chacun de nos parlements, deux prélats et deux « autres personnes laïques de distinction et membres de notre « conseil, ou au moins un prélat et un laïque, y assistent avec « assiduité pour entendre et juger les causes. » Cette règle fut suivie exactement, car on lit dans le rôle du parlement dressé pour l'année 1306 : « Il y aura aux parlements deux prélats, « c'est à savoir l'archevêque de Narbonne et l'évêque de Rennes,

[1] Art. LVI de l'ordonnance de 1302. (*Ordonnances*, t. I, p. 366.)

« et deux laïques barons, le comte de Dreux et le comte de Bour-
« gogne [1]. » Philippe V l'ordonna de même en 1318 et 1319 [2].

Un écrivain que j'ai déjà plusieurs fois cité, et qui mérite certainement de l'être [3], fait remarquer que le jugement par pairs
avait lieu, non pas seulement quand le tribunal était entièrement composé de pairs, mais lorsqu'il s'en trouvait parmi les
juges; d'où il suit que la présence de l'archevêque de Narbonne
et de l'évêque de Rennes transformait le parlement en cour
des pairs pour tous les archevêques et tous les évêques du
royaume. L'assistance du comte de Bourgogne et du comte de
Dreux avait le même effet relativement aux vassaux, grands ou
petits, de la couronne. L'impossibilité de réunir une cour uniquement composée de pairs du royaume contraignit d'admettre
cette dérogation aux règles sévères de la féodalité. En conférant
à sa cour de justice ordinaire, au moyen d'une fiction ingé-
nieuse, les attributs de la cour des pairs, le roi témoigna de
sa vénération pour un principe de droit que le pays révérait,
et affermit la suprématie de sa puissance judiciaire et de son
autorité politique; car il prévint toute objection contre la juridiction du parlement sur les personnages les plus élevés de
l'État. Accroître l'influence de la couronne, en respectant, autant qu'il se pouvait, les traditions nationales, telle était, depuis le commencement du XIIIᵉ siècle, la pensée des rois de
France, et cette pensée, aussi courageuse que prudente, a dicté
à peu près tous les actes de Philippe le Bel, prince qui avait
été formé à l'école de Philippe-Auguste, et aussi, sous certains
rapports, à celle de saint Louis.

L'ordonnance de 1303 contient un assez grand nombre de

---

[1] *Ordonnances*, t. I, p. 547.
[2] *Id.* p. 677-702.
[3] *Lettres historiques*, t. II, p. 273.

dispositions relatives au régime intérieur du parlement, et qui pourvoient à la prompte expédition des affaires des prélats et des barons [1]; au jugement des enquêtes dans le délai de deux ans, à compter du jour où elles auront été remises à la cour [2]; au droit du parlement de choisir et d'instituer les baillis, sénéchaux et juges inférieurs [3]; au visa et scellé des arrêts criminels [4], à la juridiction de la chambre de droit écrit [5], etc. Ces résolutions, et celles qui se trouvent dans l'ordonnance de 1291 [6], sont le point de départ de tous les édits, ordonnances et règlements qui eurent pour but de déterminer les obligations, les droits et le mode d'action du parlement, dont, jusque-là, l'autorité n'avait reposé que sur des usages. Je ne prétends pas dire que, sous l'empire de la coutume, cette autorité fût moins forte et moins respectée, loin de là; mais que nous entrons dans une période où la loi écrite remplacera partout la tradition. Désormais chaque institution possédera sa charte particulière, qui fera connaître pourquoi et comment elle existe. Ce grand travail de réorganisation, contrarié par d'innombrables obstacles, ne sera véritablement achevé que le jour où la Charte constitutionnelle et le Code civil auront été promulgués. Tant il est vrai qu'il n'y a rien de subit dans la vie des nations, et que les actes qui semblent rompre le plus fortement avec le passé n'en sont souvent que le produit!

La chambre des comptes resta, sous le règne de Philippe le Bel, ce qu'elle avait été précédemment, une section du parlement préposée à l'examen et à l'apurement des comptes apportés par les baillis, les sénéchaux, les vicomtes, les prévôts et autres receveurs des droits du roi. Cette chambre du

---

[1] Art. i, vi, vii. — [2] Art. xiii. — [3] Art. xiv, xvi. — [4] Art. lvii. — [5] Art. lix. — [6] *Ordonnances*, t. I, p. 320.

parlement tendait chaque jour davantage à s'isoler, à se créer
une juridiction propre, à devenir une institution spéciale; elle
adressait directement des ordres et mandements à ses justiciables[1], elle rédigeait des règlements qualifiés *ordinationes,* dont
le roi prescrivait l'observation[2], elle donnait des commissions
aux receveurs des finances[3], et, quand le roi lui écrivait, il
adressait ses lettres *à nos amez et féaux les gens de nos comptes*[4].
Cependant, en matière de finances, comme pour tout le reste,
la suprématie du parlement continuait d'exister[5], ainsi que
le prouve un arrêt rapporté dans les Olim, à la date de
l'année 1314. Le roi, sur la requête d'une partie et avec le
consentement de l'autre, renvoie, en l'absence du parlement,
le jugement d'un simple provisoire à ses gens tenant la cour
des comptes à Paris, et, chose singulière, aux maîtres de la
cour qu'ils pourront rassembler[6]. Le jugement rendu, les
parties prétendirent avoir le droit d'interjeter appel au parlement. L'appel eut même lieu, quoique les juges soutinssent
qu'étant une portion du parlement, on ne pouvait appeler de
leur sentence[7]; mais ce recours fut déclaré nul. Certains pas-
sages de l'arrêt nous apprennent que la chambre des comptes
ne prononçait sur les procès entre les parties que comme
une portion du parlement déléguée pour ce service, et qu'en
l'absence de la cour sa juridiction devenait purement volontaire; voilà pourquoi l'on rencontre dans les Olim, à la date
du règne de Philippe le Bel, des arrêts rendus *per magistros in
camera denariorum*[8] : ce sont des *maîtres* ou membres du parlement qui siégent dans la chambre des deniers. Quand on songe

---

[1] *Ordonnances,* t. I, p. 482, note *b*. — [2] *Id.* p. 461. — [3] *Id.* p. 527, note *b*.
— [4] *Id.* p. 476-537. — [5] *Id.* p. 462, art. *b*. — [6] *Nec non pluribus personis de
magistris magis idoneis parlamenti nostri, quos commodius potuerunt habere.* —
[7] *Cum non potuisset appellare de dictis gentibus nostris.* — [8] T. III, p. 119, n° v.

que Philippe le Bel , sans cesse occupé de spéculations financières, imprima aux travaux de la chambre des comptes une
activité et une importance jusque-là inconnues, on doit s'é-
tonner que la pensée de constituer l'indépendance de cette
chambre et sa souveraineté en matière contentieuse ne se soit
pas offerte à son esprit organisateur. Le parlement ne fut réellement dépouillé de ses attributions financières que par l'édit
de Charles V, du 13 août 1375. Nous ne pouvons guère expli-
quer qu'un acte aussi conforme au bien du service se soit si
longtemps fait attendre.

Je viens d'examiner les lois de Philippe le Bel qui avaient
pour but d'améliorer l'organisation de la première cour judiciaire du royaume, et de montrer que ces lois eurent le mérite
de rester étrangères à un désir inconsidéré d'innovations et
fidèles aux traditions fondées par saint Louis. Je dois maintenant m'occuper d'un autre tribunal, inférieur au parlement
dans l'ordre hiérarchique des juridictions, mais qui se recom-
mandait aux respects du pays par une haute antiquité, et à la
faveur du trône par le souvenir de services rendus dans des
temps difficiles : je veux parler du Châtelet.

L'origine de ce tribunal a été expliquée ailleurs[1]; on sait
que le Châtelet fut, dans le principe, la cour particulière des
comtes de Paris, et que le parlement, en devenant la cour du
roi de France et en attirant à soi la souveraineté judiciaire, fit
descendre le Châtelet d'un degré et le réduisit à l'état de
tribunal de première instance. Ces faits étant suffisamment
éclaircis, il serait inutile d'y revenir. Je ferai toutefois observer
que le Châtelet, chargé d'administrer la justice inférieure et
de maintenir la police dans la prévôté et dans la ville de Paris,
conserva toujours une influence que le lustre des vieilles tra-

[1] Préface du tome II des Olim, p. lix.

ditions rendait vénérable. Les rois, par intérêt et aussi par
respect pour tout ce que les temps anciens avaient marqué de
leur sceau, entouraient d'une considération singulière le tribunal où jadis ils siégeaient et où ils se plaisaient à aller quelquefois siéger encore.

Le chef de cette juridiction était le prévôt de Paris, qui avait
sous ses ordres un lieutenant. En sa qualité de magistrat, il
rendait la justice, assisté d'un certain nombre d'*auditeurs;*
comme gardien de la paix publique, il commandait à quatre-
vingts sergents à cheval, à quatre-vingts sergents à pied, et à
une compagnie nommée *la douzaine.* Pour la rédaction et l'expédition des chartes et des sentences, ainsi que pour la perception des droits du roi, des notaires et des receveurs étaient,
en grand nombre, attachés au Châtelet. Joinville parle en
termes fort sévères des abus qui régnaient au sein de cette juridiction à l'époque de saint Louis, et nous apprend que ce
prince mit un terme aux malversations scandaleuses qui s'y
commettaient publiquement et impunément[1]. Toutefois il ne
paraît pas que ce prince soit parvenu à déraciner les mauvaises
coutumes qui viciaient, de temps immémorial, cette cour de
justice, car Philippe le Bel rendit deux ordonnances dans le
même but que son prédécesseur, c'est-à-dire d'empêcher le
nombre des sergents d'augmenter au delà des besoins du service, de diminuer les frais de justice, d'exclure des offices du
Châtelet les gens qui n'étaient pas *bons, loyauls et non soupçon-
neus,* et de maintenir à cette juridiction son vrai caractère,
dont elle se montrait disposée à mépriser les devoirs. Le prévôt composait à lui seul la cour du Châtelet, parce qu'il y représentait le roi. Le grand nombre de procès sur lesquels il
devait prononcer, et les soins que réclamait de lui la police

---

[1] P. 150, édit. de 1761.

de la capitale, l'autorisaient, sans doute, à se faire assister par des auditeurs, quand il rendait ses sentences; cependant on n'aurait pu attribuer à ces assesseurs le pouvoir de juges véritables, sans faire disparaître le principe féodal qui servait de fondement à la cour de la prévôté de Paris. Les prévôts, peu soucieux de leur autorité judiciaire, dont souvent ils vendaient l'exercice à prix d'argent, donnaient tous leurs soins à leurs fonctions militaires; en sorte que le Châtelet ne distribuait aux habitants du ressort qu'une justice relâchée ou corrompue.

Au mois de novembre 1302, Philippe le Bel publia une ordonnance portant règlement pour les officiers du Châtelet, dont l'article 5 limite en ces termes la compétence du prévôt et les fonctions des auditeurs : « Li auditeurs de Chastelet « ne pourront cognoistre de nostre heritage, ne en proprieté, « ne en possession, ne ne termineront nul gros meffait, ainçois le rapporteront au prevost; ne ne pourra nulle amende « estre taxé en Chastelet, sans la presence dou prevost; meisme « le prevost ne porra en proprieté de nos choses ne de nos « droitures connoistre, sans commandement especial [1]. » Le roi, éclairé sur l'inutilité des efforts tentés pour purifier cette juridiction, prend le parti le plus sage, qui consiste à en restreindre la compétence. L'autorité résidant uniquement dans le prévôt, l'article 7 a soin de déclarer que « li prevost n'ara point de « lieutenant certain resident; mès, se il est absent por neces« sité, il porra leissier un preud'home pour luy, tant que il « retournera où que sa necessité sera [2]. » Après avoir rétabli ou confirmé l'institution véritable du Châtelet, le législateur s'applique à prévenir les injustices et les concussions des

[1] *Ordonnances*, t. I, p. 353.
[2] *Id.*

e.

XXXVI PRÉFACE.

agents du prévôt. Ces mesures ne portèrent qu'un remède inefficace au mal dont cette juridiction était atteinte, car Philippe déclare, dans son ordonnance du 1er mai 1313, « que, « comme il ayt esté trouvé, par information sur ce faite de « nostre commandement, que pluseurs extorsions et outra- « geuses prises se soient faites et se font encore de jour en « jour en nostre Chasteleit de Paris, » il s'est décidé, après une mûre délibération de son conseil, c'est-à-dire du parlement, à réprimer sévèrement ces excès[1]; en conséquence, il ordonne que les officiers du Châtelet prévenus de prises outrageuses et extorsions seront examinés, destitués et poursuivis, s'il y a lieu[2]; il revient ensuite sur la juridiction, et renouvelle la déclaration que le droit de juger est inhérent au prévôt, tout en faisant cependant aux auditeurs une sorte de concession qui, en 1302, leur avait été refusée. « Nous ordenons, « dit-il[3], que li auditeurs du Chastelet ne jugeront nule cause « de heritage, ne qui touche estat, ne condition de personne, « ne des autres causes, fors de celles que monteront jusques « à sexante sols, ou au-dessous. » La compétence des auditeurs, pour les causes d'une moindre quotité, est reconnue, mais le roi ajoute : « Tous procez se pourront faire devant « les auditeurs, et, quant il seront au point de jugier, il en- « voyeront les procez devant le prevost pour jugier. Se aucuns « frivoles amendemenz sont demendez des jugiez des audi- « teurs, le prevost, si tost comme il verra que il seront frivoles, « il renvoyera la cause devant l'auditeur de qui l'amendement « sera demandé. »

Les auditeurs n'étaient donc pas de vrais juges; leur office

[1] *Ordonnances*, t. I, p. 517.
[2] Art. III, IV, V.
[3] Art. VI, VII, VIII.

consistait, comme celui des *enquesteurs* du parlement, à instruire et préparer les affaires, à mettre le prévôt en état de
prononcer. Le droit de ce dernier reste intact; or, ce droit
constituait toute la juridiction prévôtale.

Ces diverses dispositions de loi se rapportent, il est aisé de
le voir, à un tribunal qui jadis distribuait une justice indépen-
dante et auquel le parlement n'avait pas encore ravi toutes ses
prérogatives. Je dois même remarquer que ni l'une ni l'autre
de ces ordonnances ne fait mention de la cour du roi, d'où
l'on pourrait conclure que le Châtelet n'avait pas de rapports
immédiats et réguliers avec cette cour, et que le prévôt jugeait souverainement; mais ce serait se tromper. Du moment
que le principe de l'appel fut admis en France comme une
règle de droit commun, l'indépendance du Châtelet s'éva-
nouit, et ce tribunal dut se résigner à entendre déférer ses
sentences à la cour du roi, comme dans chaque prévôté du
royaume on appelait du prévôt au bailli. La bonne administration de la justice et l'ordre naturel des juridictions exigeaient qu'il en fût ainsi. Soutenu par l'autorité des siècles
passés et par la force de l'habitude avec laquelle les rois ai-
maient à transiger, le Châtelet de Paris fut, de toutes les juridictions, celle qui se refusa le plus obstinément à reconnaître
la suzeraineté du parlement, et, jusque dans les derniers
temps, il conserva avec fierté certains témoignages extérieurs
de son antique origine et de sa souveraineté éteinte.

Philippe le Bel possédait trop d'expérience pour prétendre
exécuter brusquement ce que le temps seul pouvait achever.
En cherchant à corriger les abus qui, depuis plus d'un demi-
siècle, corrompaient la juridiction prévôtale de Paris, et en attri-
buant aux auditeurs le droit de juger les affaires d'un intérêt
minime, il fit tout ce que les circonstances permettaient, lais-

sant à ses successeurs le soin de terminer une entreprise qu'il n'avait pas commencée.

Les relations entre le parlement et les tribunaux chargés de rendre la justice dans les provinces étaient devenues tellement intimes et fréquentes, que je me conformerai à l'ordre naturel des idées en m'occupant maintenant des lois de Philippe le Bel relatives à ces juridictions inférieures.

On sait la part que les sénéchaux et les baillis prirent à la restauration de l'autorité royale en France. Par les doctrines qu'ils ne cessaient de répandre sur la suprématie de la couronne, autant que par leurs hostilités directes, ces ardents magistrats réduisirent le pouvoir des seigneurs à l'état précaire d'un pouvoir de fait, dont il devenait facile de prévoir la ruine définitive. Pour qu'il leur fût possible d'accomplir leur mission difficile, ils avaient besoin d'une grande liberté d'action, et, pour ainsi dire, d'un blanc seing de la royauté : elle le leur accorda avec empressement et n'eut pas lieu de s'en repentir. Les baillis devinrent donc les chefs civils et militaires des provinces, au sein desquelles ils distribuaient la justice, appelaient aux armes les chevaliers, percevaient les redevances, surveillaient les communes et exécutaient eux-mêmes, les armes à la main, les mandements du roi. Que des magistrats munis d'une telle puissance, et faiblement contenus dans les limites de leurs devoirs par une cour de justice siégeant à Paris, aient abusé souvent de leur autorité et dépassé de beaucoup les termes du mandat qui leur était remis, on le comprend facilement; que les rois se soient appliqués avec la sollicitude la plus attentive à empêcher qu'un instrument aussi précieux, et qui avait déjà rendu à la France de si importants services, ne devînt, dans des mains inhabiles ou vénales, un germe de désordres, on le conçoit plus aisément encore.

Aussi voyons-nous le roi saint Louis s'attacher, dès l'année 1254[1], c'est-à-dire au plus fort de la lutte entre les seigneurs et les baillis, à fixer les règles qui devaient diriger ces derniers dans leur administration, et à faire entendre à ces magistrats que, plus leur pouvoir était grand, plus il importait qu'ils en usassent avec équité, modération, désintéressement. Philippe de Beaumanoir, s'associant aux vues du saint roi et s'aidant de sa longue expérience, traça, en 1297, un magnifique tableau des vertus et des talents nécessaires à ses collègues, afin qu'ils eussent, ainsi que leurs successeurs, toujours sous les yeux la règle écrite de leurs obligations. Cinq ans plus tard, Philippe le Bel porta également son attention sur cet objet important, et plaça, dans sa grande ordonnance de réforme, une série de dispositions relatives aux baillis, qui forment une loi complète et pleine de sagesse, à leur usage. J'entrerai dans quelques détails sur ces dispositions, parce que leur examen fait connaître l'état des juridictions provinciales au commencement du xive siècle.

Les sénéchaux, baillis, juges, gardiens des foires de Champagne, maîtres et gardes des eaux et forêts, seront choisis et institués par délibération du grand conseil[2]. La longue formule du serment qu'ils doivent prêter, et où se retrouvent presque tous les articles des ordonnances rendues par saint Louis en 1254 et 1256, vient ensuite, accompagnée d'amples développements[3]. Ce serment, les magistrats le prêteront à la prochaine assise devant le peuple assemblé, lors même qu'ils l'auraient prêté précédemment au roi, « afin, dit Philippe le Bel[4],

[1] *Ordonnances*, t. I, p. 67.
[2] *Id.* t. I, p. 359, art. xiv.
[3] Art. xxxviii-lv.
[4] Art. v.

« que, si la crainte de Dieu ne les détourne pas du mal, la ter-
« reur d'exciter contre eux notre indignation, et de se voir
« couverts de la honte temporelle, les empêche de prévariquer
« durant le cours de leur administration. »

Un sénéchal ni un bailli ne peuvent siéger au parlement
pendant qu'ils sont en fonctions. Déjà le roi avait, par son ordonnance de 1291[1], prononcé cette incompatibilité, fondée
sur ce que la cour jugeait les appels des sénéchaussées et des
bailliages, et surveillait les actes des sénéchaux et des baillis. Il
leur est également interdit d'exercer leurs fonctions dans les
pays où ils sont nés[2], de choisir les prévôts, vicaires ou juges
inférieurs parmi leurs parents[3], et de substituer en leur place
des lieutenants, sinon en cas de nécessité urgente et prouvée,
ou d'absence pour cause de service[4].

Les sénéchaux et les baillis tiendront leurs assises de deux
mois en deux mois, sur différents points de leur territoire; et
à la fin de chacune d'elles, ils indiqueront le jour où se tien-
dra la suivante. Ici le législateur adresse à ces magistrats une
recommandation qui montre combien ils étaient animés, à
l'égard des juridictions seigneuriales, d'un esprit envahissant
et peu scrupuleux : il leur défend de tenir leurs assises dans
les villes, terres ou lieux appartenant aux prélats, barons, vassaux, et dans ceux où le roi ne possède pas justice, souveraineté ou garde; à la vérité, il ajoute « à moins que ce ne soit
« dans des endroits où les assises ont coutume d'être tenues
« depuis trente ans et au delà. » Les Olim disent suffisamment
que cette recommandation était nécessaire et qu'elle demeura
sans effet, car un grand nombre d'arrêts contenus dans le troisième volume furent rendus précisément sur des conflits de
juridiction soulevés sans motif par les baillis ou par les pré-

[1] Art. xxvii. — [2] Art. xviii. — [3] Art. xxii. — [4] Art. xxvi.

vôts, qui semblaient avoir juré de ne pas laisser un seul offi-
cier seigneurial rendre en paix la justice.

Les baillis doivent recevoir les mandements du roi avec respect, les exécuter avec empressement, ou, si des obstacles s'y
opposent, faire connaître sur-le-champ au roi les motifs du
retard [1].

Philippe retire aux sénéchaux, baillis et justiciers, le droit
d'instituer les notaires publics et se le réserve, parce que, dit-
il, dans les temps passés, la multitude désordonnée, effrénée
des notaires, avait été pour ses sujets une source de dépenses
et de dommages [2]; cependant les prélats, barons et autres seigneurs qui jouissent dans leurs domaines du droit d'en créer,
continueront de l'exercer.

Les sénéchaux et les baillis étaient élus parmi les personnages d'un ordre élevé, que leur savoir et leur expérience dé-
signaient au choix du roi et de son conseil; ils remplissaient
des fonctions entourées d'un grand éclat, et rendaient annuel-
lement compte de leur administration à la cour; il ne leur était
donc guère possible de commettre des injustices ou des exactions
qui demeurassent longtemps secrètes et sans répression. Sur
ce point l'intérêt public paraissait suffisamment garanti; mais
les officiers employés par les baillis, c'est-à-dire les prévôts,
les vicomtes, les viguiers, les juges et surtout les sergents,
trouvaient dans leur nombre et dans l'obscurité de leur condition les moyens de se dérober à la surveillance de leurs supérieurs, et de faire peser sur le peuple des petites villes et
des campagnes une oppression intolérable. Les ordonnances
de nos rois et les plaintes des états généraux témoignent, pendant tout le cours du xive siècle, de l'étendue de ce mal et de
la difficulté d'y porter remède.

[1] Art. xxi. — [2] Art. xxxvi.

L'ordonnance de réformation étend à ces magistrats les
prescriptions imposées aux baillis, afin qu'ils n'abusent pas de
leur pouvoir; leur adresse les mêmes recommandations et les
soumet à une responsabilité analogue; mais les officiers de
justice dont elle s'occupe d'une manière toute spéciale sont
les sergents, devenus, grâce à l'impunité de leurs exactions,
la plaie des provinces. Du temps de saint Louis, on se plai-
gnait déjà de leur trop grand nombre, et ce prince enjoignait
aux baillis de n'en pas établir au delà de leurs stricts besoins[1]. Philippe le Bel fait entendre des plaintes semblables
et prend des mesures pour qu'elles ne restent pas sans effet.
Il rappelle une ordonnance rendue par lui, afin de réduire
le nombre des sergents, et déclare qu'il entend qu'elle soit
respectée, complétée et rigoureusement exécutée, de telle façon que, là où il existe vingt sergents, il n'y en ait plus désormais que quatre, et que la diminution ait lieu partout dans
la même proportion, quand le nombre de sergents est au-
dessous de vingt. Le roi annule les lettres de priviléges qu'il
avait accordés à plusieurs sergents; tous ils demeureront sous
la surveillance des sénéchaux et des baillis, auxquels est donné
le pouvoir de les punir en cas d'infraction et de les destituer[2].

Les sergents fourniront caution de bien et fidèlement remplir leur charge, et de répondre en justice s'ils sont poursuivis[3].
Le salaire qu'ils doivent recevoir est exactement déterminé;
ils peuvent demander moins, mais jamais plus[4].

L'ordonnance de réformation, dans tout ce qui se rapporte
aux magistrats, respire la sagesse, la prévoyance et une sévé-

[1] Ordonnance de 1254, art. XVII, p. 71.
[2] Art. XXXII.
[3] Art. XXXIII.
[4] Art. XXXIV.

rité, rendue nécessaire par les excès auxquels les juges inférieurs avaient contracté l'habitude de se livrer. Lorsque la couronne entreprit d'arracher aux seigneurs le droit de justice, fondement de leur puissance civile, elle ferma les yeux sur les prévarications et les violences de ses agents, parce que, au fond, l'acte qu'elle voulait accomplir n'était ni juste ni légal. Les baillis s'accoutumèrent aisément à tenir peu de compte des usages, des traditions et du droit, quand il s'agissait de faire triompher une prétention du trône, et à ne rien placer au-dessus du succès; ils transmirent cet esprit à leurs subordonnés, qui bientôt se crurent tout permis contre les seigneurs et même contre le bas peuple, dont cependant ils avaient pour première mission de défendre les personnes et les biens. Les clameurs des populations arrivaient sans doute jusqu'au pied du trône; le roi voyait l'injustice et cherchait par des ordonnances, des mandements, des lettres expresses à la réprimer; mais la forme du gouvernement et de l'administration était si imparfaite, l'usage d'inféoder ou de vendre certains offices de judicature opposait à toute amélioration de si puissants obstacles; les prévôts, les vicomtes, les sergents contractaient, dans l'exercice de leur pouvoir militaire, un si grand dédain des formalités juridiques, et l'esprit général de la société était tellement enclin à l'emploi de la force, que les lois émanées du trône, malgré la solennité qui les environnait et leur incontestable utilité, tombaient dans l'oubli, après avoir causé une sensation passagère. Tel fut le sort de l'ordonnance de réformation. Nous ne devons pas moins la placer au nombre des actes qui honorent le plus Philippe le Bel. S'il ne fut pas mieux secondé dans la réalisation de ses desseins, on ne saurait lui en faire un reproche, car il était le chef de l'État et non l'arbitre de la société.

f.

Au commencement du règne de ce prince, le parlement avait rendu une ordonnance dont le but était, en excluant des justices temporelles les ecclésiastiques, d'empêcher qu'il ne se trouvât dans les tribunaux des juges irresponsables, abus grave dont les magistrats laïques ne manquaient pas de se prévaloir.

L'ordonnance insérée dans les Olim, avec les arrêts du parlement de la Toussaint 1287, s'exprime ainsi [1] : « Le conseil « du seigneur roi a ordonné que les ducs, comtes, barons, ar-« chevêques et évêques, abbés, chapitres, collégiales, cheva-« liers et tous ayant juridiction temporelle dans le royaume « de France, préposassent à l'exercice de leur juridiction des « baillis, des prévôts, des sergents et non des clercs, afin que « si leurs officiers commettaient des délits, ils pussent être pu-« nis par leurs supérieurs. Les clercs qui occupent ces charges « doivent être remplacés.

« De même il a été ordonné à tous ceux qui ont ou qui au-« ront, après le présent parlement, des procès devant la cour « du seigneur roi, ou devant des juges séculiers du royaume « de France, de constituer des procureurs laïques. Cependant « les chapitres pourront prendre pour procureurs un de leurs « chanoines, les abbés et couvents un de leurs moines. »

L'année suivante, en 1288, il fut également décidé que les clercs ne pourraient être jurés, échevins, maires ni pré-vôts [2].

Ces deux actes prouvent que l'autorité du parlement s'é-tendait sans contestation dans le domaine judiciaire des pre-miers vassaux de la couronne et des communes urbaines, et sont, sous un autre rapport, dignes de toute notre attention.

[1] T. II, p. 269, n° VIII.
[2] Id. p. 277, n° VII.

On pense généralement que les ecclésiastiques pénétrèrent
et s'établirent au sein des tribunaux civils dans les temps de
désordre et d'ignorance qui virent naître et grandir la féodalité, époque où les prêtres seuls possédaient et pouvaient appliquer quelques notions élémentaires de droit. Cette opinion
ne me paraît pas fondée. Lorsque le régime féodal était plein
de jeunesse et de force, aucune incertitude ne régnait sur la
composition des tribunaux, leur manière de juger, les usages
dont ils devaient faire l'application; ces matières étaient ré-
glées avec la rigueur propre à toutes les idées, les coutumes,
les institutions issues de la féodalité. Chacun savait qu'une
cour féodale se composait du seigneur et de ses vassaux, c'est-
à-dire de ceux qui tenaient de lui et immédiatement des fiefs.
Introduire dans une cour de ce genre des ecclésiastiques, et
les associer à la distribution de la justice militaire, eût paru un
acte étrange et inexplicable. Il suffit de parcourir les Assises de
Jérusalem pour acquérir la certitude qu'un tel oubli de tous
les principes, de toutes les règles, ne fut pas même prévu par
les jurisconsultes d'Orient. Vainement dirait-on que l'ignorance des seigneurs et des vassaux dut promptement les mettre
dans la dépendance des clercs; je répondrai que, si les seigneurs étaient fort peu versés dans la connaissance du droit
canon et du droit romain, ils ne devaient guère en éprouver
de regret, puisque les cours féodales décidaient d'après des
règles qui n'avaient aucun rapport avec ces législations, et à
l'observation desquelles tout seigneur, par l'effet seul de son
éducation et de sa vie habituelle, se trouvait suffisamment préparé. Tant que la féodalité fut respectée, il n'y eut donc aucun
motif pour admettre des ecclésiastiques dans les juridictions
temporelles. La royauté ayant adopté un système de politique
qui consistait à combattre les prérogatives de l'aristocratie à

l'aide des maximes du droit commun, si admirablement déve-
loppées par la loi romaine, eut besoin du concours des légistes
ou des clercs, et ne craignit pas de placer dans ses tribunaux,
comme simples conseillers et non comme juges, des gens dont
la vie s'était passée à étudier les lois canoniques ou à médi-
ter sur les coutumes incohérentes qui existaient, d'une manière plus ou moins légale, dans les domaines de la couronne;
mais ces assesseurs étaient, en vertu des anciens principes,
absolument inhabiles à exercer, par eux-mêmes, une portion
quelconque du pouvoir judiciaire. On sait comment ces jurisconsultes parvinrent à supplanter les vassaux, juges naturels
des cours féodales, et que ces derniers, prenant en dégoût des
fonctions dont le caractère avait été profondément altéré, s'exi-
lèrent volontairement des tribunaux du roi, pour ne plus y
reparaître que dans les circonstances importantes et rares, où
il s'agissait d'un intérêt politique, et non plus de fixer le sens
d'une loi du Digeste ou des articles d'une coutume.

Pour repousser les attaques dont leurs droits devenaient l'objet, les seigneurs furent contraints de suivre l'exemple donné
par la couronne, et bientôt des légistes vinrent aussi prendre
place dans leurs juridictions, afin de déjouer, s'il se pouvait, les
manœuvres des baillis royaux, de réfuter leurs doctrines et de
lutter pour le maintien des principes sur lesquels reposait l'é-
difice féodal. L'issue de la lutte n'est ignorée de personne;
je ne la rappellerai pas, je dirai seulement qu'en étudiant
avec soin les faits on trouve que les jurisconsultes, clercs ou
laïques, ne commencèrent à pénétrer dans les cours de justice,
royales et seigneuriales, que vers la fin du XII\e siècle, et que
leur influence n'y fut véritablement dominante qu'à partir du
règne de saint Louis, époque où l'étude et la pratique des
maximes du droit civil devinrent générales et ne rencontrèrent

plus d'autres obstacles que ceux qui leur étaient opposés par la variété et la bizarrerie des usages locaux.

Les légistes appartenaient tous, dans l'origine, à l'ordre clérical, et, pour en être convaincu, il suffit de se rappeler que les premiers éléments de notre législation sont profondément empreints de droit ecclésiastique; mais, les lumières et le goût d'une étude qui conduisait aux dignités et à la fortune se répandant, des personnes étrangères à l'Église cultivèrent la science du droit, pénétrèrent dans les tribunaux, et la rivalité entre elles et les clercs ne tarda pas à éclater. L'importance que les légistes ecclésiastiques tiraient de leur caractère sacré tourna contre eux, car le roi et les seigneurs ne voyaient pas sans quelque méfiance leurs prérogatives judiciaires exercées par des personnes qui n'étaient pas dans leur complète dépendance, et sur lesquelles il ne leur était plus permis de compter aussitôt qu'éclatait un de ces conflits, si fréquents à cette époque, entre les pouvoirs spirituel et temporel. Le parlement, qui, dès le règne de saint Louis, jeta les bases de cette jurisprudence à laquelle on donna plus tard le nom de *libertés de l'Église gallicane*, avait besoin, pour développer d'une manière complète ses idées en matière religieuse, de subordonnés intimement convaincus de la suprématie du roi dans le domaine temporel, et décidés à soutenir cette doctrine aussi bien contre le saint-siége que contre les grands barons du royaume. L'exclusion des ecclésiastiques fut donc prononcée par la cour elle-même, et non par le roi, sans qu'il en résultât aucun trouble dans l'administration de la justice, car ils avaient perdu le privilége du savoir; s'ils pouvaient en effet montrer avec orgueil un Guillaume Duranti, les magistrats laïques présentaient, de leur côté, avec non moins de fierté, les Fontaines, les Beaumanoir, ces hommes qui, sans avoir été nourris dans le cloître, s'étaient élevés aux premiers degrés de la science, et travaillaient avec une noble ardeur à la restauration du droit.

Le résultat capital des arrêts de 1287 et 1288 fut de favoriser la formation d'un ordre judiciaire en France, puisque désormais tous les magistrats, animés du même esprit, ont marché avec accord vers le même but. Cette unité de pensées, que rendait facile la similitude des conditions, resserra l'union du trône et de la magistrature, en sorte que, sous quelque aspect qu'on les envisage, ces actes doivent trouver place au nombre de ceux qui contribuèrent le plus à l'affermissement de nos anciennes institutions judiciaires, c'est-à-dire de la plus belle création de ce genre qui ait existé chez aucun peuple.

On a prétendu que l'arrêt de 1287 restitua aux barons de France la préséance que le clergé avait usurpée sur eux dans les parlements, tous les ecclésiastiques y siégeant au-dessus même du chancelier [1]. La préséance, qui devint une affaire si sérieuse entre les membres du parlement, n'excitait à cette époque aucune contestation, car les droits de chacun n'étaient point encore obscurcis par des prétentions vaniteuses. Je ne vois pas qu'il existât, dans la salle où siégeait la cour, des places plus ou moins honorables, ni que les premières fussent contestées aux barons par les prélats. Si tous les clercs prenaient séance avant le chancelier, ce dont il n'y a nulle preuve, c'est que l'office de ce magistrat n'était pas, au xive siècle, entouré de l'éclat qu'il obtint plus tard. Sans insister davantage sur ce sujet, observons que l'arrêt de 1287 n'était pas applicable au parlement de Paris, à l'échiquier de Normandie, aux grands jours de Troyes, ni à la cour de Toulouse; parce

[1] *Lettres historiques*, t. I, p. 279.

que les membres de ces tribunaux n'ayant point de supérieurs, les motifs qui servirent de prétexte à l'exclusion des clercs étaient sans force à leur égard [1].

L'article 20 de l'ordonnance de réformation avait posé une règle nouvelle et nécessaire, en ôtant aux juges la faculté de se servir de leurs clercs pour notaires, et en réservant au souverain et aux seigneurs haut-justiciers le droit de créer des officiers publics chargés de recevoir les contrats passés légitimement devant eux. Les mêmes personnes ne pouvant plus désormais expédier les arrêts et les contrats, c'est-à-dire les actes de la juridiction contentieuse et ceux de la juridiction volontaire, une source abondante d'abus fut tarie. On prétend que saint Louis établit les premiers notaires; en admettant cette assertion comme exacte, on ne pourrait néanmoins contester à Philippe le Bel l'honneur d'avoir fondé sur ses bases actuelles l'institution du notariat.

En 1303, il retire aux juges le droit d'enregistrer les contrats, puis il détermine, par une ordonnance de juillet 1304 [2], qui est un vrai modèle de prévoyance et de sagesse, les formalités que les notaires doivent observer dans l'accomplissement de leurs fonctions.

Les notaires écriront sur-le-champ dans leurs cartulaires les contrats, s'ils les reçoivent au lieu de leur demeure, et s'ils les ont reçus ailleurs, ils les y inséreront le plus promptement qu'il leur sera possible. La forme et la tenue des cartulaires sont exactement prescrites. Les notaires doivent recevoir eux-mêmes les contrats et les écrire dans les cartulaires; ils ne peuvent se servir d'un substitut que pour l'expédition des grosses, ni délivrer plus d'une grosse de chaque contrat à la même partie.

---

[1] *Olim*, t. III, p. 208, n° xxxv.
[2] *Id.* p. 417. Loyseau, *Des offices*, l. ii, c. v, p. 174, édit. de 1660.

Ils ne recevront que des contrats licites, non entachés de violence ou d'usure. Le nombre des témoins nécessaire à la rédaction d'un contrat n'est pas déterminé. Les registres du notaire qui change de domicile restent au lieu de sa première résidence. Les noms et signatures des notaires seront enregistrés à la cour du roi, pour les notaires du ressort du parlement, et, dans chaque sénéchaussée, à la cour du sénéchal. L'ordonnance crée la charge de *président des tabellions*, et confère à celui qui en sera revêtu le pouvoir d'instituer, d'approuver et de confirmer, sous l'autorité du roi, les notaires nommés ou à nommer.

L'article 13 recommande aux notaires des cours de ne point placer dans leurs propres registres les procès et mandements, mais de tenir à cet effet des registres spéciaux, et de les remettre aux juges à l'expiration de leurs fonctions. A cette époque les tribunaux de province n'avaient pas encore de greffiers attachés à leur service, et employaient le notaire de l'endroit où ils rendaient la justice.

L'ordonnance de Philippe le Bel sur le notariat servit de principe à toutes les améliorations dont cette institution fut ensuite l'objet, et, quoique plusieurs des successeurs de ce prince en eussent rendu de très-utiles sur la même matière, jamais la sienne ne fut abrogée ni ne tomba en désuétude.

Je me suis étendu sur les actes de Philippe le Bel qui se rapportent à l'administration judiciaire, parce que, durant le moyen âge, l'autorité publique ne s'exerçait que de deux manières, par l'emploi spontané de la force, ou par les arrêts des cours. Juger, c'était administrer, gouverner, régner; car tous les intérêts, publics ou privés, se débattaient et se réglaient dans l'enceinte des tribunaux. Le parlement rendait des jugements sur des affaires de gouvernement et d'administration, aussi bien que sur des procès entre particuliers, non qu'il cherchât, ainsi qu'on le lui a tant reproché plus tard, à empiéter sur la prérogative du roi, mais parce que la séparation des pouvoirs, cette règle nécessaire à toute société bien établie, ne s'offrait encore aux esprits les plus éclairés que comme une théorie incertaine et confuse. Philippe le Bel jeta des bases d'institutions politiques distinctes des institutions judiciaires, et ce fut là sa plus grande gloire; mais les états généraux et le grand conseil, à peine créés, ne pouvaient prendre une part régulière et large à l'action du gouvernement, qui continua de résider, pendant bien des années encore, au sein des cours de justice. Ce prince, en perfectionnant l'organisation du parlement et des tribunaux inférieurs, en proscrivant, par des mesures rigoureuses et justes, les vices qui s'étaient introduits dans la distribution de la justice, et en imposant pour condition au pouvoir des magistrats la probité, la modération et le dévouement à la chose publique, exerça sur le système entier du gouvernement de la France autant d'influence que lorsqu'il fonda des institutions nouvelles. Beaucoup de rois, dont nous révérons à juste titre la mémoire, ne travaillèrent que pour leur temps : Philippe le Bel travailla pour le sien et pour l'avenir; cependant ni ses contemporains ni la postérité n'ont été complétement équitables à son égard.

Ce qui vient d'être dit sur le système judiciaire de la France me conduit à parler des changements opérés par Philippe le Bel dans la législation civile et féodale du pays. Quelques explications préliminaires feront connaître les obstacles nombreux qu'il rencontra et dont il ne put pas toujours triompher.

Sous le régime de la féodalité pure, la France ne possédait pour toute législation qu'un petit nombre d'usages destinés à

fixer les rapports des suzerains avec leurs vassaux. Le peuple
des campagnes vivait dans la dépendance absolue de ses maîtres; le peuple des villes, soumis à un pouvoir moins tyran-
nique, obéissait à certaines coutumes, mais ces coutumes
variaient selon l'intérêt ou le caprice des seigneurs, et ne formaient pas même les rudiments d'une législation véritable.
Cet état de choses dura près de deux siècles, parce que les
principes féodaux suffisaient au maintien d'une société fondée
sur la force et dont l'état de guerre était la situation naturelle.
Cependant les seigneurs, excités quelquefois par des sentiments généreux, plus souvent par leur intérêt, accordaient à
leurs serfs le bienfait de la liberté ou allégeaient les dures obligations qui pesaient sur eux. Ces serfs, affranchis ou *abonnés*,
formèrent une classe nombreuse et qui devint importante, car
elle travaillait, amassait des capitaux, étendait peu à peu les
droits qui lui avaient été concédés. Pour déterminer les relations réciproques des membres qui la composaient, elle créa à
son usage une sorte de législation formée de quelques principes généraux de droit et de vieilles traditions locales dont
le régime féodal n'avait pu détruire l'autorité. Assurément
cette législation était informe, grossière, incohérente, et ne
pourvoyait que très-imparfaitement aux premiers besoins des
populations; mais elle portait dans son sein l'idée du droit
commun, idée inconciliable avec le système féodal et qui devait le miner et le renverser. La royauté comprit que, pour
faire cesser l'injurieuse tutelle où l'aristocratie prétendait la retenir, pour rétablir l'autorité de la loi dans cette société di-
visée et tumultueuse, pour assurer la puissance de l'état et le
bonheur des sujets, il fallait faire prévaloir les maximes du
droit commun à la fois sur les principes féodaux et sur les
usages particuliers des provinces. L'entreprise était immense

et les difficultés très-grandes; toutefois, en ne prétendant pas hâter imprudemment l'instant du succès, en ménageant des intérêts et des préjugés formidables et qu'on ne devait attaquer qu'à coup sûr, en agissant enfin avec vigueur et prudence, il n'était pas douteux qu'un tel système de politique ne dût, par son succès, assurer à la France le bienfait d'une législation appuyée sur le respect des droits naturels de tous les citoyens.

La couronne obtint, dans l'accomplissement de cette entreprise, un secours efficace de la part du clergé. Les éléments du droit civil, en ce qui touche à l'état des personnes, à l'organisation de la famille et aux formes de procéder en justice, étaient déposés au sein de la législation canonique, et n'avaient jamais cessé d'être appliqués dans les cours ecclésiastiques. Quoique le domaine de cette législation fût purement spirituel, elle pouvait régir, sur beaucoup de points, les intérêts civils; elle en régissait même quelques-uns d'une manière incontestée. Lorsque les clercs pénétrèrent dans les cours féodales pour y aider ou y remplacer les vassaux, ils apportèrent avec eux des notions de droit et une pratique judiciaire conformes à l'équité, à la raison, mais sans nulle analogie avec le droit féodal. De leur côté, les légistes laïques remettaient en honneur les codes de Théodose et de Justinien, les faisaient transcrire dans les cloîtres, étudier dans les écoles, et s'épuisaient en efforts pour enter sur les coutumes locales quelques-unes de ces grandes idées dont l'impérissable formule est l'œuvre du législateur romain. Ajoutons que les rois enregistraient, dans leurs ordonnances, chacune des conquêtes faites par l'esprit d'ordre et de civilisation, afin de les garantir contre toute variation. Il existait donc dans la société française ce mélange de principes divers ou opposés, cette confusion, ce

chaos qui accompagnent toujours les grands travaux de re-
composition : le droit féodal, les décrétales, le droit romain,
le droit coutumier, les ordonnances des rois, se trouvaient
rapprochés, confondus, en dépit des contrastes que ces éléments présentaient les uns avec les autres. La cour du roi al-
léguait, à l'appui de ses doctrines sur la suprématie royale,
l'opinion des jurisconsultes du bas-empire, aussi bien que
celle des souverains pontifes statuant sur leur propre autorité ;
les seigneurs et leurs juges, pour repousser les prétentions du
trône, développaient les maximes du droit féodal, maximes
qui avaient perdu leur ancienne fixité. Au sud, le droit romain,
au nord, le droit coutumier ; l'influence anglaise à l'ouest,
l'influence germanique à l'est : partout, en un mot, les idées
les plus dissemblables se trouvaient aux prises ; et, quoiqu'il
fût facile de prévoir l'issue d'une telle lutte, le moment n'était
point venu d'en annoncer la fin ni d'en constater les résultats. Ce fut donc une pure illusion que la pensée conçue par
saint Louis et par ses savants conseillers, de rédiger, sous le
titre d'*Établissements*, un code de lois civiles et criminelles.
Il fallait, non pas des années, mais des siècles pour qu'une
œuvre de ce genre pût être accomplie et durer ; car promul-
guer un code n'était possible en France que quand l'unité
d'idées et de mœurs y aurait été établie. Les efforts de saint
Louis restèrent sans nul effet, et l'on peut dire qu'il emporta
avec lui dans la tombe le recueil de lois auquel son amour
de la justice attribuait sans doute une longue et favorable destinée.

Philippe le Bel, loin de reprendre une tentative qui venait
d'échouer, sans même essayer de donner à l'œuvre de son aïeul
le principe de vie qui lui manquait, se contenta de poursuivre
l'achèvement de quelques grandes réformes introduites par

ses prédécesseurs dans la législation française. Nous allons
donc étudier les actes, non d'un novateur ardent, mais d'un
prince vigilant, éclairé, qui sut mesurer sa tâche et la conformer à l'état moral et aux besoins les plus immédiats de son
peuple, car Philippe, dans ses conseils, ressemblait peu à ce
qu'il était à la tête de ses armées, ou lorsqu'il traitait avec ses
voisins ou avec ses rivaux.

L'état des personnes était la partie la plus vicieuse de la
législation, celle qu'il fallait corriger avant toutes les autres,
si l'on voulait arriver à un ordre de société conforme aux
principes de la justice et de l'humanité. Les rois ne l'igno-
raient pas, et, depuis un siècle et demi, ils favorisaient ar-
demment les affranchissements dans leurs domaines, où ils
accordaient la liberté, non à quelques serfs ou à quelques fa-
milles de serfs, mais à des populations entières; et dans ceux
de leurs vassaux, où ils faisaient pénétrer la clémence et la
générosité, d'abord par l'autorité de leur exemple, ensuite à
l'aide de moyens indirects dont la légitimité pouvait sembler
équivoque, mais qui se justifiaient d'eux-mêmes, puisque leur
but était de faire cesser une véritable iniquité. Louis le Gros,
Louis le Jeune, Philippe-Auguste et saint Louis ont obtenu
les bénédictions de leurs sujets et les éloges de la postérité,
pour le zèle qu'ils apportèrent dans cette noble lutte contre le
plus odieux des priviléges. Philippe le Bel marcha sur leurs
traces, sans qu'il soit permis de dire qu'il les ait dépassés de
beaucoup. Les chartes d'affranchissement qu'il accorda sont,
à la vérité, très-nombreuses, mais les princes que nous venons
de nommer ne se montrèrent ni moins ennemis du servage,
ni moins empressés à sacrifier leurs intérêts, quand il s'agissait de transformer leurs sujets en de vrais citoyens. Cependant Philippe le Bel, en supprimant la servitude dans une por-

tion considérable de la province la plus riche et la plus peu-
plée de la France, a mérité une belle place parmi les princes
qui ont combattu l'esclavage et cherché à rétablir la dignité
de leurs peuples. Pour reconnaître la fidélité constante et les
services qu'il avait reçus des habitants des sénéchaussées de
Toulouse et de l'Albigeois, il effaça de ces pays, par une ordonnance du mois d'avril 1298[1], toute servitude de corps
ou de *casalage*[2], qu'il changea en un cens annuel de douze
deniers tournois par chaque mesure de terre. « C'est là, dit
« D. Vaissette[3], l'époque de l'abolition de la servitude dans cette
« partie de la province. »

L'extinction du servage, objet des vœux et des efforts les
plus constants de la royauté, était, au moment de la mort de
Philippe le Bel, une entreprise assez avancée, pour que le
successeur de ce prince, fidèle à la politique de son père et de
ses prédécesseurs, pût déclarer, en 1315[4], l'affranchissement,
moyennant finance, de tous les serfs du domaine royal. « Par
« deliberation de nostre grant conseil, dit Louis X[5], nous
« avons ordené et ordenons que generaument, par tout nostre
« royaume, de tant comme il peut appartenir à nous et à nos
« successeurs, telles servitutes soient ramenées à franchises,
« et à tous ceus qui de ourine[6], ou ancienneté, ou de nou-
« vel, par mariage ou par residence de lieus de serve condi-
« tion, sont encheuez ou pourroient eschoir ou lien de ser-
« vitutes, franchise soit donnée o bonnes et convenables
« conditions. » Ces conditions, que le respect des droits acquis
rendait nécessaires, furent l'obstacle contre lequel vinrent
se briser les espérances de nos rois ; car, en une infinité de
lieux, le peuple des campagnes, accoutumé au joug qu'il por-

[1] *Ordonnances,* t. XII, p. 335. — [2] Résultant de l'habitation. — [3] *Histoire de Languedoc,* t. IV, p. 94. — [4] Le 3 juillet. — [5] *Ordonn.* t. I, p. 583. — [6] Origine.

tait, et peu soucieux de rompre les liens qui l'attachaient à ses
maîtres, dédaigna le bienfait d'une liberté dont le prix lui
paraissait trop élevé. Toutefois, il n'existait plus en France que
des serfs volontaires, et le but de la royauté était atteint, sinon par le fait, au moins en droit: elle pouvait donc, victo-
rieuse sur ce point, passer à l'exécution de ses autres pensées.

Philippe le Bel rendit en 1301 une ordonnance touchant
les bâtardises et les aubaines [1], dont l'objet était non d'améliorer le sort des bâtards ou des aubains, mais de régler les
formalités propres à assurer la perception des droits du roi,
en cas de mort d'une personne appartenant à l'une ou l'autre
de ces deux classes de la société. L'ordonnance n'ayant rien
changé à l'état civil de cette sorte de gens, il est inutile de s'y
arrêter. Contentons-nous de dire qu'en mettant ses propres
intérêts à l'abri de tout péril, le roi respecta les droits des
seigneurs haut-justiciers, ce qui ne lui arrivait pas communément.

Les serfs affranchis, lors même qu'ils avaient acquitté le
cens et les redevances auxquels ils étaient tenus envers leurs
anciens maîtres, restaient les sujets de ces derniers et leurs
justiciables; ils devaient les accompagner pendant la guerre,
et, en beaucoup de cas, leur obéir au moins comme à des
chefs politiques. Cette clientèle obligatoire rappelait trop le
servage, pour ne pas paraître humiliante et onéreuse à un
grand nombre d'affranchis, qui, jaloux d'une liberté récemment acquise, délaissaient leur ancien domicile, allaient se
faire recevoir dans la bourgeoisie de quelque commune voi-
sine, et affectaient ensuite une indépendance absolue. Les
baillis royaux favorisaient ouvertement ceux qui rompaient
ainsi avec leurs seigneurs, car l'autorité royale profitait de

---

[1] *Ordonnances*, t. I, p. 338.

ce que le pouvoir aristocratique perdait, et comme tout indi-
vidu qui se déclarait bourgeois du roi paralysait par ce seul
fait l'action de la justice seigneuriale à son égard, les juges des
barons ne possédaient plus, sur les affranchis reçus en bourgeoisie, qu'une juridiction incertaine et sans cesse contestée.
L'adoption de cet usage contribua sensiblement au triomphe
du principe de la suprématie royale. Mais l'excès se fit bientôt
sentir, et le droit de bourgeoisie, usurpé par chacun, sans
règle, sans garanties, sans formalités, devint une source de
désordres aussi préjudiciables au roi et aux communes qu'aux
seigneurs.

Après s'être déclarés bourgeois du roi pour échapper à leurs
anciens maîtres, les affranchis prétendaient ne pas obéir au roi
et n'être justiciables que des juridictions municipales. Reçus
dans la bourgeoisie d'une ville, ils allaient, peu après, solici-
ter ailleurs la même faveur, n'acquittant nulle part leurs devoirs civils ni leurs dettes. Ils se croyaient, en vertu du titre
qu'ils s'arrogeaient, couverts d'une sorte d'immunité, à l'ombre
de laquelle tout leur semblait permis. Le parlement, éclairé
par les baillis sur l'étendue et les conséquences de ce dérèglement, et sachant que la royauté pouvait désormais se passer
de l'appui des bourgeois ruraux, résolut de rétablir le bon ordre
en cette matière, sans supprimer complétement un usage qui,
renfermé dans des limites certaines, devait avoir d'heureux résultats pour les villes comme pour les campagnes. L'ordonnance rendue au parlement de la Pentecôte, en 1287, dans la
première année du règne de Philippe le Bel[1], est un monu-
ment législatif digne de remarque.

Cet acte est ainsi intitulé : « C'est l'ordonance faite par la
« cour de nostre seigneur le roi et de son commandement, seur

[1] *Ordonnances*, t. I, p. 314.

«la maniere de faire et tenir les bourgeoisies de son reaume,
« pour oster les fraudes et les malices qui se faisoient par achai-
« son[1] d'icelles bourgeoisies, dont si subgiet estoient durement
« grevé et durement plaignant. »

Philippe le Bel entrait, à cette époque, dans sa dix-huitième
année; on ne peut donc pas supposer qu'il prit une grande
part à la délibération et à la publication de cette ordonnance,
dont l'honneur appartient et doit rester tout entier à la cour.
Sous le nom du roi, cette assemblée surveillait attentivement
l'administration du royaume, pourvoyait par ses décisions à la
correction des abus que sa sollicitude et son expérience lui
révélaient, et rédigeait ses actes de manière à montrer qu'elle
exerçait, par délégation, un pouvoir souverain et sans responsabilité.

Le premier point à régler était l'admission des personnes
libres dans les bourgeoisies. Voici comment l'ordonnance y
pourvoit :

Celui qui veut entrer dans la bourgeoisie d'une ville doit
se rendre en cette ville et dire au magistrat : « Sires, je vous
« requierts la bourgeoisie de cette ville, et suis apparellez d'en
« faire ce que j'en dei faire. » Le prévôt, maire ou lieutenant du
lieu reçoit la sûreté de l'entrée en bourgeoisie, en présence de
deux ou de trois bourgeois, c'est-à-dire l'engagement pris par
le candidat d'acheter, dans le délai d'un an, une maison de la
valeur de soixante sous, située dans la ville. Le tout est mis
par écrit. Après quoi le magistrat lui donne un sergent, en
compagnie duquel il se rend devant son seigneur et lui déclare
qu'il est entré dans la bourgeoisie de telle ville, à tel jour de
telle année, ainsi que le porte la lettre de bourgeoisie, signée
par les bourgeois qui assistèrent à la déclaration comme té-

---

[1] Occasion.

moins[1]. Ces formalités sont nécessaires, et quiconque ne les
remplira pas ne sera point tenu pour bourgeois, ni défendu
à ce titre par les officiers du roi[2].

L'engagement de résider ne suffit pas, et une résidence de
fait, depuis la veille de la Toussaint jusqu'à la veille de la
Saint-Jean, est exigée, sauf le cas d'empêchement déterminé.
Le bourgeois peut, pendant l'autre partie de l'année, s'absen-
ter pour vaquer à ses travaux; mais il doit laisser en ville sa
femme, et, s'il n'est pas marié, ses gens[3]. Le législateur ne
néglige rien afin que la bourgeoisie soit une chose réelle, sérieuse, et non un expédient pour se dérober à des charges et
à des obligations légitimes; dans ce but il ordonne au bourgeois nouvellement reçu d'acquitter les droits et tailles pour
lesquels il avait été précédemment taxé dans le lieu qu'il a aban-
donné, et déclare qu'une bourgeoisie nouvelle ne commence
que quand la précédente a cessé[4].

L'ordonnance ne s'est encore occupée que de l'intérêt des
villes; elle veille ensuite à la conservation des droits des seigneurs, et déclare que le seigneur sous lequel vivait précédemment le bourgeois aura la connaissance et le jugement des
affaires civiles et criminelles intentées contre ce dernier, sur
des faits arrivés trois mois avant son entrée en bourgeoisie[5].
Nul bourgeois ne sera soutenu ni garanti par les officiers du
roi, s'il est poursuivi pour ne pas avoir rempli ses devoirs envers le seigneur du lieu où se trouvent ses biens, ou pour dettes
contractées avec les sujets de ce dernier[6].

Le roi et son conseil n'entendent pas abroger ni modifier
les chartes et priviléges accordés précédemment et dont on a
usé sans malice et sans fraude. Ils ne veulent pas non plus

[1] Art. I. — [2] Art. II. — [3] Art. III, IV, V. — [4] Art. VI. — [5] Art. VII. —
[6] Art. VIII.

qu'il soit interdit aux seigneurs de poursuivre et de retirer des bourgeoisies leurs hommes de corps qui y auraient été admis[1].

Il ne suffisait pas d'empêcher l'abus de s'accroître, il fallait encore remédier au mal présent, en conséquence, le conseil donne un mois de délai aux bourgeois pour faire renouveler leurs bourgeoisies et pour se conformer aux prescriptions de cette ordonnance, qui sera lue par tous les baillis à leurs prochaines assises[2].

Quoique cet acte louable, qui accordait la liberté sans autoriser la licence ni le mépris des droits acquis, fût l'ouvrage du parlement, on le cherche en vain dans les Olim, il ne se trouve que dans un registre du Trésor des chartes[3], à la marge duquel nous lisons, en regard de l'ordonnance, la note suivante : « Il avait plu au seigneur roi que, pour divers mo-
« tifs, cette ordonnance touchant les bourgeoisies ne fût point
« exécutée dans ses villes des marches, aux frontières de son
« royaume, du côté de l'empire d'Allemagne ; mais le seigneur
« roi voulut et ordonna, en l'année du Seigneur 1293, vers la
« fête de l'Ascension, à Pontoise, avec la plus grande et la meil-
« leure partie de son conseil, que ladite ordonnance sur les
« bourgeoisies fût observée généralement, aussi bien sur les
« frontières qu'ailleurs. »

La cour avait d'abord pensé qu'il serait d'une bonne politique de n'apporter aucune sorte d'obstacle à l'établissement des étrangers dans les villes frontières ; mais ces villes souffrant autant et même plus que les autres du désordre des bourgeoisies, l'exception fut levée, et cette loi si sage et si nécessaire devint générale. Le parlement tint une main sé-

[1] Art. ix.
[2] Art. x.
[3] Coté 34, pièce 32, verso.

vère à son exécution, car la note précédente se termine par
ces mots : « L'an 95 (1295), présents le duc de Bourgogne, le
« comte de Saint-Paul, connétable ; les évêques de Tournay,
« de Dole et P. Flote, cette ordonnance fut lue et approuvée,
« et il y fut ajouté qu'aucune....... ne se ferait en Cham-
« pagne. Au parlement de la Toussaint, en présence de tout le
« parlement. » Le texte latin de l'ordonnance sur les bourgeoisies fut, en 1303, inséré dans la grande ordonnance de réformation[1]. Ces sanctions réitérées prouvent l'importance que la
cour du roi attachait à la fidèle application de cette loi.

L'administration intérieure des villes en commune était, à
cette époque, l'objet de plaintes universelles et trop fondées :
l'ordonnance dont je viens de présenter l'analyse fut le pré-
lude de plusieurs autres réformes qui attestent la vigilance de
la royauté et son soin à conjurer la décadence des institutions qui avaient le plus contribué à l'affranchissement du
peuple.

Aussi longtemps que l'usage habituel de la force fut placé
sous l'égide des mœurs publiques et de la loi, les efforts pour
améliorer la législation française, la rendre plus équitable,
plus conforme aux principes immuables de la justice et de
l'intérêt commun, ne purent obtenir que des résultats sans
portée. Toute législation viciée par le droit de guerre privée et
par le duel, quels que fussent les palliatifs employés, était une
législation barbare, bonne pour une nation étrangère aux plus
simples éléments du droit, et chez laquelle le mot de justice
n'avait réellement aucun sens.

Philippe-Auguste et saint Louis, en prescrivant que les
guerres privées ne pourraient commencer que quarante jours
après l'injure ou le meurtre qui y donnait lieu, et que, pen-

[1] *Ordonnances*, t. I, p. 367.

dant ce délai, la justice poursuivrait l'auteur du délit[1], apportèrent une première entrave à une habitude trop enracinée dans les mœurs belliqueuses de ce temps pour qu'il fût possible de la supprimer entièrement. Saint Louis crut devoir aller plus loin, et prononça l'interdiction absolue du duel en matière civile et criminelle[2]; mais il n'avait pas comparé l'autorité dont il disposait avec la puissance que possédait cette vieille tradition germaine, dont l'empire n'est pas encore complétement détruit parmi nous, et la loi qu'il rendit à ce sujet doit être regardée comme un simple vœu exprimé par la sagesse impuissante.

Philippe le Bel cherchait moins à innover qu'à continuer l'œuvre de réformation générale commencée par ses prédécesseurs, et il ne négligea rien pour affaiblir deux coutumes qui, en conservant le crédit dont elles jouissaient, auraient rendu inutile et sans fruit tout ce que la couronne avait fait, depuis un siècle, en faveur de la civilisation. Toutefois il n'entreprit que ce qu'il était assuré de pouvoir achever.

En 1296, Philippe soutenait contre l'Angleterre une guerre périlleuse, et le comte de Flandre, son adversaire habituel, s'apprêtait à appuyer de tout son pouvoir les ennemis de la France. Le roi saisit habilement cette occasion, où l'esprit de la noblesse était tourné vers les dangers qui, du dehors, menaçaient le pays, pour défendre momentanément les guerres privées, les gages de bataille et les tournois, usages qui découlaient de la même pensée. Par une ordonnance rendue au parlement de la Toussaint, et insérée dans les Olim[3], il interdit les guerres pri-

---

[1] Beaumanoir, *Coutumes du Beauvoisis*, c. LX, t. II, p. 380 de notre édition. *Ordonnances*, t. I, p. 56.

[2] *Ordonnances*, t. I, p. 88.

[3] T. II, p. 405, n° xv.

vées pendant tout le temps que durerait la guerre étrangère;
ceux qui seront en armes les uns contre les autres devront
faire des trêves ou se donner des assurements[1]. Pendant le
même temps il ne sera reçu aucun gage de duel, et la justice
s'administrera, dans les cours royales et seigneuriales, selon
la voie ordinaire (*via ordinaria*)[2]. Les tournois sont également
défendus[3]. En 1303, Philippe le Bel renouvela l'interdiction
temporaire contre le duel et prohiba pour toujours les guerres
privées. Le roi exprime, dans le préambule de son ordonnance,
des idées pleines de raison et qu'il est bon de rappeler, car
elles montrent que les principes sociaux commençaient à être
parfaitement compris. « Les lois sont établies, dit-il[4], et Dieu
« a préposé les rois et les princes de la terre à leur exécution,
« afin que personne ne pût se faire droit à soi-même ni recou-
« rir à la vengeance, et que la puissance de la justice, que nous
« possédons et voulons distribuer à tous nos sujets, suffise à cha-
« cun. Conformément à l'exemple de saint Louis, très-excellent
« confesseur, autrefois roi des Français, et du conseil de plu-
« sieurs gens de bien et barons, nous interdisons, par ce sta-
« tut général, et défendons strictement les guerres, combats,
« homicides, incendies de villes et de maisons, agressions
« ou invasions contre les agriculteurs et laboureurs, etc. »
Cette prohibition absolue fut rappelée en 1311[5], car, pour
qu'elle obtînt le respect de tous, il fallait que les mœurs de
la noblesse se dépouillassent de leur sauvage dureté, et un
édit ne pouvait pas, en quelques jours, opérer un tel changement. Ajoutons que Philippe avait, en 1302, ordonné que
les juges royaux connaîtraient seuls des transgressions aux ordonnances concernant les guerres privées, mais que, pour les
agresseurs de grands chemins, il y aurait prévention entre

---

[1] Art. I. — [2] Art. II. — [3] Art. IV. — [4] *Id.* p. 390. — [5] *Id.* t. XI, p. 426.

ses officiers et ceux des seigneurs. Chaque loi générale fournissait à la juridiction du roi l'occasion de gagner du terrain.

Philippe le Bel n'avait pas eu de peine à se convaincre de l'inutilité des ordonnances rendues contre le duel judiciaire, au moins en matière criminelle, et même, on peut le dire, de leurs mauvais effets. La preuve testimoniale, qui devait remplacer le duel, répugnant aux habitudes de la nation, une infinité de coupables échappaient à leur peine, parce qu'on ne pouvait produire contre eux de témoignages suffisants; il se résigna donc à autoriser, en 1306[1], les gages de bataille, pour les crimes, autres que le larcin, qui entraînaient la peine de mort, si l'inculpé ne pouvait être convaincu par témoins. « Et souffrons, quant à ce cas, dit-il, les gaiges de bataille « avoir lieu. » Ces sortes de transactions entre la raison et les préjugés étaient sans doute commandées par la prudence et par l'intérêt véritable de la justice; cependant on ne saurait affirmer que Philippe le Bel ait obtenu, à l'aide de ces ménagements, plus que saint Louis par ses lois prohibitives, car nous l'entendons, à la fin de son règne, répéter, à peu de chose près, en parlant des guerres privées et du duel, les propres paroles qu'il avait prononcées au commencement. L'édit du 29 juillet 1314 est ainsi conçu[2] : « Comme « nous, ou temps de nos guerres de Gascogne et de Flandres, « touttes manieres de guerres entre touttes manieres de gens, « quelque estat et condition que ils soient, eussions deffendu « et fait deffendre par cry solemnel, et tous gages de batailles « avecques. Et après ce que nosdittes guerres furent finies, « plusieurs personnes se soient avanciées de guerre faire en- « tr'eux, si comme nous entendons. Et maintenant li cuens et

[1] T. II, p. 435.
[2] Id. p. 538.

« les gens de Flandres en venants contre la pais derrenierement
« faitte entre nous et eux, nous facent guerre ouverte. Nous,
« pour ladite guerre *et pour autres justes causes*, deffendons, sus
« paine de corps et d'avoir, que durant nostreditte guerre nuls
« ne facent guerre ne portement d'armes l'un contre l'autre
« en nostre royaume, et commandons que tuit gages de ba-
« taille soient tenus en souspens, tant comme il nous plaira. »
De 1296 à 1314, les idées de justice et de droit n'avaient
donc rien conquis sur l'empire de l'erreur et de la violence,
et le roi se voyait encore forcé, peu de temps avant sa mort,
de se servir d'un malheur public comme d'une digue momen-
tanée contre les désordres qui régnaient dans ses états. Les
sociétés sont souvent tourmentées par des maux auxquels le
temps seul porte remède.

   Les tournois, placés toujours, par les ordonnances de Philippe, à côté des guerres privées et du duel judiciaire, n'entraînaient pas, à beaucoup près, d'aussi déplorables conséquences.
Ces exercices militaires entretenaient le courage, l'adresse et
l'esprit chevaleresque de la nation, ou plutôt de la noblesse;
mais les histoires sont remplies des funestes accidents arrivés aux tournois, et plusieurs papes crurent devoir prononcer contre ces jeux des prohibitions sévères, excommu-
niant ceux qui s'y trouveraient et défendant d'inhumer dans
les cimetières sacrés ceux qui y perdraient la vie. Saint Louis
et Philippe le Hardi interdirent également les tournois pour
un temps déterminé, soit en signe de tristesse, quand un dé-
sastre venait affliger la nation, soit afin d'empêcher, lorsqu'une guerre menaçait la France, que les gentilshommes ne
se ruinassent pour paraître avec éclat dans des fêtes qui les
rendaient indifférents aux dangers de la patrie. Philippe se
montra sur ce point plus rigoureux qu'aucun de ses prédéces-

seurs; il défendit les tournois en 1296[1], 1304[2], 1311[3], 1314[4], ordonnant à ses baillis d'arrêter les personnes qui se rendaient aux tournois, de confisquer leurs chevaux, armures et harnais, et de saisir leurs terres; il alla même, en 1314, jusqu'à leur enjoindre de faire abattre la meilleure maison des délinquants et de retenir ces derniers une année entière en prison. Le motif qu'il donne à ce redoublement de sévérité est « la « grant destruction et mortalité de chevaux et aucunes fois de « personnes. » Je pourrais me dispenser d'ajouter que Philippe se plaint sans cesse de voir ses menaces bravées et ses ordres méconnus : ici encore il luttait, non plus contre une erreur dangereuse, mais contre un goût national dont il fallait se contenter de prévenir les résultats souvent regrettables.

Les lois de Philippe le Bel qui viennent d'être indiquées se rapportaient plus à la politique générale du royaume, politique arrêtée et suivie depuis longtemps par la couronne, qu'à la législation civile et criminelle proprement dite. Je vais maintenant faire connaître les changements introduits en cette partie par un prince dont l'active intelligence se porta, avec plus ou moins de succès, mais toujours avec vigueur et sagacité, vers toutes les branches du gouvernement et de l'administration. On a expliqué précédemment les causes qui s'opposaient à ce qu'une réforme complète de la législation civile fût possible au xive siècle; je rappellerai que la suppression ou l'amendement des coutumes les plus défectueuses était dévolu au parlement, dont la jurisprudence sagement réformatrice propageait les véritables idées de droit, prononçait l'abolition

[1] *Ordonnances,* t. I, p. 328.
[2] *Id.* p. 421-426-434.
[3] *Id.* p. 483-509; t. XI, p. 426.
[4] T. I, p. 539.

des usages les plus contraires à la raison et à la justice, et s'appliquait à ramener au principe de l'unité cette multitude d'usages contradictoires qui formaient la législation de la France. Lorsque le parlement avait fait accepter, à peu près généralement, une règle de droit sage et nécessaire, la royauté consacrait cette heureuse conquête par un édit, et la garantissait ainsi contre le retour de l'esprit traditionnel, si puissant, si obstiné dans un temps où la loi positive et écrite était une nouveauté. La couronne prenait donc par elle-même rarement l'initiative en matière de législation civile et ne s'exposait jamais à des mécomptes, en sorte que chaque progrès, préparé de longue main et ne se réalisant qu'à la suite de prudents essais, demeurait à l'abri de tout revers. Louis XIV est le premier qui ait entrepris de refondre les principales parties de la législation civile du royaume; ses prédécesseurs, même les plus habiles et les plus résolus, se contentèrent de réformes spéciales qui contribuaient, selon le besoin des temps, au grand œuvre qu'aucun d'eux, pour sa part, ne pouvait se flatter d'accomplir. Un jour la promulgation d'une loi civile destinée à régir uniformément les intérêts de tous les citoyens fut ordonnée et réalisée sans obstacle, et l'époque qui vit accomplir ce mémorable changement s'en attribua l'honneur, comme si les siècles précédents n'avaient pas aplani une à une toutes les difficultés.

Philippe le Bel compléta la loi rendue par Philippe le Hardi sur les amortissements, matière délicate et dont l'importance n'était comprise que depuis peu de temps.

Le clergé, les religieux, les confréries, les corps de métiers, les communautés, en un mot, les gens de mainmorte, ne pouvaient posséder d'immeubles sans blesser à la fois l'intérêt public et l'intérêt privé des suzerains : l'intérêt public,

parce que la société a besoin de la fréquente et libre circula-
tion des biens-fonds; l'intérêt privé, parce que, les gens de
mainmorte ne vendant pas leurs propriétés, les seigneurs per-
daient les profits féodaux ou censuels qu'ils avaient droit de
percevoir à chaque mutation, et que l'on appelait *lods et ventes.*
Les seigneurs étaient donc fondés à demander que l'Église,
qui ne meurt pas, ne pût faire aucune acquisition dans leurs
domaines, sans les dédommager des avantages dont ils se
trouvaient frustrés. Cette réclamation révolta le clergé; mais
enfin il fut obligé de céder, et ne put plus faire de nouvelles
acquisitions, à quelque titre que ce fût, sans en obtenir la
permission du roi ou des seigneurs, et sans payer, pour obtenir
cette permission, un droit qu'on appelle *amortissement,* parce
qu'il opérait l'extinction des droits féodaux sur les biens qu'on
permettait aux gens d'église de posséder[1]. Il ne paraît pas
que l'établissement de cet usage soit antérieur au milieu du
XIIe siècle. Saint Louis déclara que le seigneur pouvait saisir
tout fief relevant de lui, qui serait donné à un ordre religieux
ou à une abbaye, et en conserver la propriété, si ce fief n'était
pas retiré, dans l'an et jour, des mains des gens d'église[2].
Après cette décision, les corps ecclésiastiques furent dans la
nécessité de traiter avec les seigneurs féodaux immédiats, pour
éviter la confiscation et se faire assurer la possession paisible
des immeubles qu'ils avaient achetés ou reçus. Mais les ratifi-
cations de ces seigneurs diminuaient les droits des seigneurs
médiats : ceux-ci réclamèrent à leur tour des indemnités; et
comme de seigneur en seigneur on remontait jusqu'au roi,
il en résultait, pour les églises, l'impossibilité de conserver

---

[1] Hervé, *Théorie des matières féodales et censuelles,* t. I, p. 205; Brussel, *Usage
des fiefs,* p. 658; Laurière, *Glossaire du droit,* v° Admortissement.
[2] *Establissemens,* l. I, c. cxxv.

des biens dont la valeur aurait été absorbée par les droits d'amortissement [1]. Philippe le Hardi résolut de faire cesser les plaintes que suscitaient les prétentions excessives des seigneurs, et ordonna, dans un parlement tenu à Paris aux fêtes de Noël de l'an 1275, que les gens d'église qui produiraient des lettres d'amortissement accordées par trois seigneurs suzerains, en remontant de degré en degré, ne seraient plus inquiétés [2].

Philippe le Bel fixa, par son ordonnance de 1291 [3], rendue au parlement de la Toussaint, le montant des droits d'amortissement dus à la couronne, et régularisa la situation des biens acquis par l'église, sans qu'elle eût payé ces droits. Il atteignit le but qu'il s'était proposé, et l'on ne put accuser son ordonnance de rétroactivité; car l'inobservation des règles prescrites ne constituait aucunement un titre en faveur du clergé. Je n'entrerai pas dans de plus amples détails sur un acte législatif qui n'offre pas, même au point de vue historique, un grand intérêt; je dirai seulement que Philippe respecta, en cette occasion, les prérogatives des seigneurs, mais que, par une déclaration qui suivit de bien près son ordonnance de 1291, il réduisit, autant qu'il le put, le nombre des seigneurs en possession du droit de donner des héritages aux églises, sans être tenus de prendre des lettres de consentement, déclara les autres déchus de la faculté d'amortir, et entoura, pour l'avenir, l'usage de ce droit de nombreuses difficultés [4]. Ici encore apparaît la volonté persévérante du trône de nier et de restreindre, sur tous les points, les priviléges de l'aristocratie; ici éga-

---

[1] Laurière, *Dissertation sur l'origine du droit d'amortissement*, p. 88. Préface du tome Ier des *Ordonnances*, p. x.

[2] *Ordonnances*, t. I, p. 303.

[3] *Id.* p. 322.

[4] Brussel, *Usage des fiefs*, p. 667.

lement se dénote l'impuissance des seigneurs à lutter contre
un adversaire dont la suprématie n'est plus douteuse, et
qui règle souverainement, et sous la menace de peines sévères, jusqu'aux détails de leur vie privée. En effet, Philippe
rendit, en 1294 [1], un édit somptuaire qui fixa le costume des
prélats, ducs, comtes, barons, bannerets, châtelains; le nombre
des robes qu'ils pouvaient posséder, eux et leurs épouses, le
nombre de leurs repas et des mets qui pouvaient être servis
sur leurs tables, etc. Rien de semblable n'avait eu lieu en
France.

Les lois somptuaires manquent toujours leur effet; on en
peut dire autant des lois contre l'usure, parce qu'il n'est pas
plus possible au législateur de régler les goûts et les habitudes des citoyens, que de fixer d'une manière invariable le
prix de l'argent. Cependant Philippe le Bel, qui ne se montra
jamais fort scrupuleux sur les moyens de pourvoir aux néces-
sités des guerres qu'il soutenait ou que son ambition allu-
mait, en déclara une aux usuriers, qui dura aussi longtemps
que son règne et dégénéra plus d'une fois en persécution. Dès
l'année 1299 il remet en vigueur l'ordonnance de 1257, dans
laquelle saint Louis s'appliquait à réprimer *usurarum voragi-
nem* [2]. En 1306, il expulse les juifs, après avoir saisi leurs
biens. Au mois de juillet 1311, il rend une ordonnance datée de
l'abbaye de Maubuisson, où il s'exprime de la sorte : « Veons
« clairement et regardons que les griés usure qui cuerent en
« cest temps par toutes les parties de nostre royaume, dé-
« vourent et degastent les biens et la substance de nos subgiez
« communement, en tant que sans nombre de gens en sont
« venus en grant poverté et venroient plusieurs, se remede n'y

---

[1] *Ordonnances,* t. I, p. 541.
[2] *Id.* p. 85, 333.

estoit mis [1]. » En conséquence, il décide que nul, sous peine de perdre corps et avoir, ne pourra, hors des foires de Champagne, prêter au delà d'un denier pour livre par semaine, de quatre deniers par mois, et de quatre sous par année. Nul créancier ne doit, en faisant renouveler son obligation, cumuler l'intérêt avec le principal. Cette ordonnance renferme de sages dispositions contre les manœuvres employées par les usuriers; mais, en admettant une exception au prix uniforme qu'il veut imposer à l'argent, le législateur reconnaît lui-même la fragilité de la barrière qu'il a posée. Philippe publia une seconde fois cette ordonnance à Montargis, le 30 janvier 1311 [2], en y ajoutant toutefois que les marchands italiens, expulsés du royaume par les ordonnances précédentes, y pourront demeurer à l'avenir, pourvu qu'ils observent exactement les ordonnances sur les monnaies, et que ceux contre lesquels il y a eu des plaintes au temps passé dédommagent le roi du préjudice qu'ils lui ont causé. Les princes qui, pendant le moyen âge, cherchaient une source de profits dans l'altération des monnaies, rencontraient un obstacle puissant dans les relations commerciales de leurs sujets avec les nations étrangères; car le change s'établit toujours, en dépit des ordonnances et des mandements, sur la valeur réelle et non sur la valeur nominale des monnaies: or les banquiers italiens, qui spéculaient particulièrement sur les matières d'or et d'argent, entravant continuellement les opérations aventureuses de Philippe le Bel, lui devinrent odieux. Après les avoir maintes fois rançonnés, il les chassa de France, comme il avait chassé les juifs [3]. On voit qu'il revint en 1311 à des idées plus équitables et qu'il

---

[1] *Ordonnances,* t. I, p. 484.

[2] *Id.* p. 494.

[3] *Id.* p. 327, 489, 490, 491.

renonça à des rigueurs qui rendaient ses combinaisons financières tout à fait impraticables.

En 1312, Philippe interprète l'ordonnance de 1311[1], et
entre dans de longues explications pour faire comprendre qu'il
condamne aussi bien les grosses que les menues usures, quoiqu'il n'ait prononcé la peine de corps et d'avoir que contre
les premières; mais il ne dit pas quand une usure cesse d'être
menue pour devenir grosse, et cependant là se trouvait toute
la difficulté.

Il serait injuste de reprocher à Philippe le Bel ses lois contre
l'usure, car des lois de ce genre existaient chez toutes les nations de l'Europe, et existent encore chez plusieurs d'entre
elles; il convient également de rejeter sur l'erreur accréditée
un édit de *maximum*, publié par ce prince, et qui, considéré
en lui-même, est très-certainement condamnable. La disette
de grains de toute espèce s'étant fait sentir en France, Philippe
ordonna, par des lettres qui ne portent point de date dans le
registre du Trésor des chartes, d'où elles ont été tirées, que
le meilleur blé ne serait pas vendu au-dessus de 40 sous parisis le setier de Paris; les pois, le même prix; les fèves et l'orge
30 sous, l'avoine 20 sous, le son 10 sous; commandant à toutes
personnes de porter, à diverses fois, aux marchés voisins, ce
qu'elles auraient de grains, en prélevant les semences et la
provision de leur maison[2]. Si l'on veut se rappeler qu'une loi
de maximum fût rendue en France vers la fin du siècle dernier[3] et que cette loi contenait une sanction pénale plus que
rigoureuse, tandis que celle de Philippe ne prononce, pour
ainsi dire, aucune peine, on comprendra que ce n'est pas ce
prince qui a le plus besoin de justification.

La condamnation et le supplice des Templiers pèseront éter-

[1] *Ordonnances*, p. 508. — [2] *Id.* t, XI, p. 430. — [3] 4 mai 1793.

nellement sur la mémoire de Philippe le Bel, d'autant plus qu'il
n'est guère permis de penser qu'une foi ardente l'ait dirigé
en cette déplorable circonstance. Il faut donc s'attendre que
ses lois relatives aux intérêts religieux porteront les marques
de l'esprit intolérant du moyen âge, uni à cette politique va-
riable suivant l'intérêt du moment, telle que fut presque toujours la politique de Philippe.

Au commencement de son règne, quand il ne voulait ni
flatter ni blesser le souverain pontife, il témoigna un éloigne-
ment marqué contre le tribunal de l'inquisition, institution
récemment introduite en France, et qui portait atteinte aux
principes de souveraineté dont les rois poursuivaient l'affermissement avec le plus d'ardeur. Ainsi, on possède un mandement adressé par Philippe IV au sénéchal de Carcassonne,
par lequel il lui défend de faire arrêter, à la requête des inquisiteurs, aucunes personnes, à moins qu'elles ne soient ma-
nifestement hérétiques[1]. Exécuté sans faiblesse, une telle loi
aurait fini par placer l'autorité des inquisiteurs sous la juridiction des sénéchaux et des baillis. Mais en 1298, lorsqu'après
des provocations réciproques, la paix semblait enfin rétablie
entre le roi et le pape Boniface VIII, et que chacun des deux
souverains s'efforçait à l'envi de voiler, par des témoignages
extérieurs de bienveillance, ses vrais sentiments et ses projets,
Philippe, ce prince qui devait bientôt inventer le système de
l'appel au futur concile, et commettre contre la personne du
saint-père le plus coupable outrage, ne balança pas à étendre
en France les pouvoirs primitifs des inquisiteurs. Par une ordonnance du mois de septembre, où il fulmine contre l'hérésie en termes violents, il enjoint aux ducs, comtes, barons,
sénéchaux, baillis, prévôts, d'obéir aux inquisiteurs de l'héré-

_____
[1] *Ordonnances*, t. XII, p. 326.

sie, délégués par le saint-siége apostolique, et de les seconder dans la recherche, l'arrestation et la garde des hérétiques
et de leurs fauteurs, recéleurs et défenseurs, afin que ces pes-
tiférés soient conduits dans les prisons des évêques ou des inquisiteurs, pour y être attentivement gardés, jusqu'à l'instant
de leur jugement qui aura lieu sans appel, puisque, dit-il,
la faveur de l'appel est expressément refusée aux hérétiques
et à leurs partisans [1]. Cette ordonnance reproduit, presque mot
pour mot, une bulle de Boniface VIII [2], et, certes, Philippe
ne pouvait rien faire qui fût plus agréable à ce pontife, que
de transformer en loi de l'État l'acte qui affermissait l'inquisition; mais abandonner le principe de l'appel qui régnait dans
tous les tribunaux civils, parce que l'inquisition, tribunal religieux, ne relevait que du saint-siége; méconnaître ainsi une
règle tutélaire, alors que les derniers feux de l'hérésie albi-
geoise s'éteignaient, et tout cela pour satisfaire un pontife
dont l'ambition allait bien au delà, n'était-ce pas se préparer
des regrets et des embarras? Les regrets ne se firent pas attendre. En 1302, quand il ne s'agissait plus de contenter le
pape, Philippe restreignit les pouvoirs des inquisiteurs en déclarant qu'ils ne pourraient poursuivre les juifs pour usure,
sortilége ou autres crimes qui n'étaient pas de leur compétence [3]. Les condamnations contre les juifs étant une source
de revenu public, Philippe ne voulait pas permettre aux inquisiteurs de les prononcer. Déjà, en 1288, il avait défendu
aux religieux, de quelque ordre qu'ils fussent, d'emprisonner
aucun juif, sans en avoir averti auparavant le sénéchal ou le
bailli du lieu [4]. On se tromperait si l'on croyait qu'un senti-
ment quelconque d'intérêt pour les juifs dicta ces édits. Cha-

[1] *Ordonnances*, t. I, p. 330. — [2] C. *Ut inquisitionis*, xviii. *De Hœreticis, in sexto.*
— [3] *Ordonnances*, t. I, p. 346. — [4] *Id.* p. 317.

k.

cun se disputait le droit de piller et d'opprimer les malheu-
reux juifs.

Si les principes dont le parlement s'attachait à propager
dans toute la France l'autorité bienfaisante n'eussent été en-
visagés que sous le rapport pratique, leurs développements
seraient demeurés incomplets, et l'étude de la législation romaine, qui seule devait conduire à la réforme de la législation coutumière, n'aurait pris aucune importance. L'enseignement théorique du droit était donc le complément de tout
ce que la cour du roi avait fait depuis un siècle pour établir,
sur les ruines de la féodalité, un gouvernement régulier ; et
il était d'autant moins à craindre que cette vérité échappât à
sa haute sagesse, qu'elle comptait dans son sein des hommes
comme Beaumanoir, qui comprenaient que la science est aussi
un moyen de gouvernement. Il n'y a donc pas lieu de s'étonner en voyant Philippe le Bel, prince dont le goût pour la culture des sciences et des lettres n'est rien moins que prouvé,
témoigner l'intérêt le plus efficace à la seule école où les lois
romaines fussent enseignées.

On ignore à quelle époque l'université d'Orléans a été fondée, et si elle fut un démembrement de la fameuse école de
Sainte-Croix, qui existait dans cette ville dès le IXᵉ siècle [1] ; ce
dont on ne peut douter, c'est qu'elle avait atteint, au milieu
du XIIIᵉ, une grande célébrité, qu'elle comptait jusqu'à dix
chaires de droit civil et canonique, et que ses nombreux étudiants étaient partagés en nations [2]. Cependant elle ne for-
mait pas encore, au commencement du XIVᵉ siècle, une université ou corporation, et n'était qu'une école (*studium*). Le pape
Clément V, qui, sous le nom de Bertrand Gotte, y avait étudié

---

[1] Launoy, *De scholis celebrioribus*, c. XXIV, p. 90.
[2] *Histoire littéraire de la France*, t. XVI, p. 57.

et pris ses degrés de licencié et de docteur, crut devoir lui conférer, par une bulle du 27 décembre 1306 [1], divers priviléges
qui se rapportaient principalement à la conservation des biens
des docteurs et des étudiants décédés, et à la juridiction qui
régissait ces derniers. Les professeurs et les écoliers prétendirent que cette bulle les constituait en corporation ou université, et ne voulurent plus obéir à la municipalité d'Orléans.
Les bourgeois contestèrent le fondement de cette prétention;
bientôt les deux partis en vinrent aux mains et le sang coula.
Le roi intervint avec modération et équité dans ce grave con-
flit. Au mois de juillet 1312 [2], il donna deux lettres patentes,
par lesquelles il prescrivit d'obéir à la bulle pontificale, en ce
qui touchait à l'autorité et à la juridiction ecclésiastique; puis,
prenant de cette bulle les clauses qui lui paraissaient être de la
compétence du pouvoir temporel, il les publia en son propre
nom; il promulguait en même temps une ordonnance complète sur l'organisation de l'école de droit d'Orléans [3]. Cette
ordonnance étant la première faveur accordée par nos rois à
l'enseignement public de la science des lois, il est utile et juste
de nous y arrêter pour en faire ressortir toute la sagesse.

On lit des réflexions curieuses dans le préambule de cet
acte important : « Le peuple, qui n'a pas la science, dit le
« législateur, est conduit comme un esclave, ainsi que le dé-
« clare l'Écriture sainte. C'est pourquoi nos ancêtres fixèrent à
« Paris, par les priviléges qu'ils accordèrent ou qu'ils obtinrent
« du siége apostolique, l'école de la théologie, le premier des
« arts libéraux, à l'étude duquel les autres ne sont qu'une pré-
« paration. Afin que la culture de la théologie y fleurît plus

---

[1] *Ordonnances*, t. I, p. 497.
[2] *Id.* p. 497, 500.
[3] *Id.* p. 501.

« librement, ils ne permirent pas d'y enseigner les lois sécu-
« lières ou le droit civil ; bien plus, ils le firent défendre, sous
« peine d'excommunication, par le saint-siége. Cependant,
« pour les affaires et causes civiles qui ne touchent ni à la spi-
« ritualité ni aux sacrements de la foi, notre royaume est régi
« par des traditions, des coutumes et non par le droit écrit. A
« la vérité, dans plusieurs parties de ce royaume, les habitants,
« en vertu de l'autorisation de nos ancêtres et de la nôtre, sui-
« vent, sur certains points, des lois écrites ; mais ces lois sont
« admises comme des coutumes introduites par les mœurs, sous
« forme de lois écrites, et non comme des lois proprement dites.
« Et, de même que l'étude des arts libéraux conduit à la science
« de la théologie, ainsi l'étude des principes sur lesquels repo-
« sent les lois et le droit écrit perfectionne l'intelligence et la
« raison, adoucit les mœurs, habitue au respect de la justice et
« prépare à la connaissance des coutumes. L'histoire nous ap-
« prend, en effet, que, dans l'origine, les Romains emprun-
« tèrent aux Grecs, pour les appliquer à leur propre usage, leurs
« lois et leurs coutumes. Il a plu à nos ancêtres, et nous voulons
« que les lois civiles et le droit écrit soient enseignés, en res-
« pectant le privilége de l'école de Paris, dans des lieux choisis
« de notre royaume, afin de favoriser l'affermissement des
« règles de raison et d'équité par lesquelles on est accoutumé d'y
« juger les causes civiles, quand les jugements, les constitutions
« ou ordonnances de nos prédécesseurs et de nous, que nous
« plaçons au-dessus de toute coutume, viennent à manquer, et
« que l'on ne peut trouver un usage certain propre à four-
« nir une décision. Qu'on ne croie pas que nos ancêtres aient
« admis et que nous admettions des coutumes ou des lois quel-
« conques par cela seul qu'elles sont étudiées dans les écoles ;
« quoique non reçues, elles servent aux progrès de la science.

« L'église ne suit pas divers canons, tombés en désuétude ou
« rejetés dès le principe, qui, néanmoins, sont lus par les étu-
« diants dans le but de s'instruire, car connaître les idées, les
« usages, les mœurs des temps et des pays divers, est nécessaire
« à l'avancement de quelque science que ce soit. »

Cette ordonnance fut délibérée en parlement, comme tous
les actes qui se rapportent à la sédition d'Orléans; on a donc
sous les yeux l'exposé officiel de l'opinion que professait la
cour du roi sur la législation française; or nous voyons ici,
et sans aucune surprise, que cette savante assemblée appréciait
les coutumes nationales à leur juste valeur, ou fort peu; qu'elle
n'attribuait au droit romain qu'une autorité purement doctri-
nale, et que ses respects aussi bien que ses espérances se
concentraient sur les ordonnances des rois, qui étaient son
propre ouvrage. Cette appréciation si juste et si profonde
donne l'explication de la politique suivie par la cour pendant
tout le temps où elle réunit le pouvoir de faire la loi à celui
de l'appliquer.

L'ordonnance déclare que les docteurs et les étudiants de
l'école de droit d'Orléans sont placés sous la protection du roi.
Les bourgeois, s'ils veulent éviter d'encourir son indignation,
doivent se montrer favorables à l'école. Si les docteurs et les écoliers ont souffert quelque injure, les baillis d'Orléans, présents
et à venir, leur en feront faire réparation, tout privilége cessant,
même celui des bourgeois d'Orléans, s'ils en ont de contraires;
car l'école est un ornement de la ville, et les citoyens doivent
comprendre que les priviléges qui lui sont accordés augmen-
tent la gloire et la prospérité de la cité. Le roi exhorte les étudiants à témoigner, de leur côté, aux citoyens de bons et
loyaux sentiments; car, pour achever paisiblement leurs études,
ils ont besoin de vivre avec eux en bonne intelligence. Les

affaires civiles des écoliers seront jugées sommairement. Les docteurs pourront faire des règlements, tant pour eux que pour ceux-ci; ils choisiront deux bourgeois présentés par le prévôt, pour les aider, ainsi que les écoliers, dans la défense de leurs droits; ces bourgeois seront, comme les docteurs et les étudiants, exempts de toutes tailles, dépenses communes et contributions municipales. Les assemblées générales de l'école sont interdites comme une cause de scandale; cependant, si quelque injure est faite à un docteur ou à un écolier, les docteurs pourront appeler un nombre quelconque de bacheliers ou d'autres personnes pour délibérer sur ce qu'il conviendrait de faire. Le port d'armes est interdit aux docteurs et aux écoliers. Le prévôt d'Orléans sera le conservateur des priviléges de l'école, et il jurera d'observer la présente ordonnance, qui est terminée par un article déclarant que l'école ne forme pas un corps d'université et n'a point de juridiction, parce que l'expérience a démontré que de semblables priviléges sont le plus souvent une source de désordres et d'usurpations. Au mois de décembre, le roi revint sur ce dernier objet et répéta que ni lui ni son conseil n'avaient consenti à ce que l'école d'Orléans formât une université; qu'en conséquence les docteurs avaient méconnu leurs devoirs en décidant qu'ils jureraient de maintenir leurs priviléges et les statuts émanés des docteurs, et en intentant des poursuites contre ceux qui refusaient de prêter ce serment. Le roi prend des mesures pour que de tels faits ne se reproduisent plus et pour que les magistrats, en réprimant sans retard les atteintes portées aux priviléges de l'école, enlèvent tout prétexte à de semblables empiétements[1].

Philippe le Bel se préoccupa beaucoup, et avec raison, de l'esprit d'association turbulent qui animait l'école de droit

[1] *Ordonnances*, t. I, p. 510.

d'Orléans; mais cet esprit était l'abus d'une chose bonne et utile en soi, qu'il se garda de détruire. Il décora cet établissement d'honneurs et de priviléges, lui décerna, devant toute la France, de magnifiques éloges; mais il lui refusa ce qui pour tant de villes était un principe de séditions et de maux, c'est-à-dire une indépendance que rien ne pouvait plus justifier, depuis que la royauté était rentrée en possession du droit et des moyens de régir et de protéger tous les intérêts publics. L'école de droit d'Orléans fleurit à l'abri de cette faveur, elle produisit un grand nombre d'hommes distingués qui, imbus de la connaissance des lois romaines, contribuèrent à répandre dans les provinces des notions propres à corriger les coutumes, à améliorer les mœurs, à favoriser les accroissements du pouvoir qui représentait la société; elle devint un foyer puissant de civilisation et de science, et ce n'est pas un faible honneur pour Philippe le Bel que de l'avoir, sinon fondée, au moins restaurée et affermie.

Pendant un règne de plus de vingt-neuf années, Philippe le Bel commit, sans doute, de grandes fautes; mais ces fautes furent le produit de son caractère et non de sa politique, qui ne s'éloigna pas de celle de ses prédécesseurs et resta, en tous points, conformé aux besoins véritables de la France. Il s'était aliéné le clergé par ses violences contre le souverain pontife, le peuple, par ses guerres et par ses exactions, la bourgeoisie, par son dédain des priviléges concédés aux villes, en sorte que l'aristocratie put croire, dans les derniers jours de ce règne, que le moment de venger ses vieilles injures et de reconquérir tout le terrain que la royauté lui avait fait perdre était venu pour elle. Des historiens prétendent que Philippe le Bel succomba de chagrin, en voyant se former autour de lui une ligue de la noblesse contre laquelle il se sentait dans l'impuissance de lutter. Adopter une semblable opinion, ce serait méconnaître la sagacité de ce prince, qui ne dut pas un seul instant se méprendre sur le véritable caractère d'une coalition dont son fils, malgré son peu d'autorité et d'expérience, triompha sans de grands efforts.

Il faut convenir cependant que cette conjuration se présenta sous des dehors redoutables, car rien de pareil ne s'était encore offert. Les nobles et les bourgeois du Languedoc, de la Normandie, de la Champagne, des pays d'Artois, de Vermandois, de Beauvoisis, de Ponthieu, de Lafère, de Corbie; ceux de Bourgogne, d'Auxerre, de Tonnerre, du Forez, etc. s'unirent et s'engagèrent par des traités formels, dont plusieurs se sont conservés [1], à poursuivre par tous les moyens le redressement de leurs griefs contre la couronne. Rien de plus curieux à lire que ces actes d'union, où les représentants de la noblesse française racontent, pour ainsi dire, le long dépérissement de leur autorité. Nous croyions qu'entraînés par les légistes dans d'interminables discussions de droit, ils avaient perdu jusqu'au souvenir des principes sur lesquels reposait la vieille société féodale; il n'en est rien. La féodalité apparaît éclatante et intacte à leurs yeux, et ils demandent ou plutôt ils exigent qu'elle soit rétablie, après un trop long interrègne, dans tous ses priviléges et dans tous ses honneurs. En parlant de ces actes d'alliance, un moderne défenseur du principe aristocratique s'écrie : « Ce sont ici les derniers titres de notre liberté [2]. » En effet, après cette solennelle et inutile tentative, on n'entendit plus, en France, la noblesse réclamer la souveraineté de son droit de justice, le respect des limites imposées au service militaire, l'indépendance du seigneur sur son fief, le droit de

---

[1] Boulainvilliers, *Lettres sur les anciens parlements de France*, t. II, p. 28.
[2] *Id.*

guerroyer, de battre monnaie, de n'être jugé que par ses pairs, de relever sans entraves les gages de bataille; en un mot, elle n'osa plus demander à la royauté d'abandonner le fruit d'un siècle d'efforts, de travaux et de victoires.

Il existe une analogie remarquable entre la ligue des seigneurs français, en 1314, et l'association des barons anglais, qui, cent ans auparavant, avait arraché au roi Jean-sans-Terre la grande charte, principe des libertés du peuple anglais. Les empiétements de la royauté étaient, de part et d'autre, les mêmes, et l'aristocratie de France, plus puissante que celle de l'Angleterre, n'apporta dans sa conduite ni moins de résolution ni moins d'accord que cette dernière. Cependant les conséquences furent bien différentes. Le respect de l'autorité royale avait trop de force chez les Français pour que les seigneurs osassent déclarer la guerre à leur souverain et marcher sur sa capitale. Quoique blessés dans leurs plus chers intérêts et dans leur dignité, ils se contentèrent de déposer au pied du trône des requêtes plus ou moins humbles, où la noblesse de chaque province stipulait en son nom particulier, parce que, en effet, les conquêtes de la couronne n'avaient pas été partout aussi étendues. Le roi, ne pouvant résoudre à lui seul des difficultés qui exigeaient la connaissance du droit public de la France et des usages particuliers aux localités, renvoya l'examen de ces pétitions à son parlement; et dès lors il fut aisé de prévoir que les résultats de cette levée de boucliers seraient nuls, puisque les gens de loi intervenaient dans l'affaire. La cour du roi examina soigneusement les demandes présentées par les confédérés, en approuva et en rejeta quelques-unes, mais ajourna le plus grand nombre. Les gentilshommes de Champagne demandaient la restauration complète du système féodal, comme s'il était possible à la royauté ou à eux-mêmes de faire revivre ce qui n'existait plus. La noblesse de Normandie, mieux inspirée, exigea et obtint que l'échiquier ne relevât plus du parlement, et que les concessions faites par le roi fussent consignées dans une charte solennellement jurée, et placée par de nombreuses précautions à l'abri de toute atteinte. La *charte aux Normands* fut, en définitive, tout ce qui resta de ce mouvement aristocratique, dont l'énergie semblait devoir entraîner de si graves changements dans le régime politique de l'État. En cette circonstance, comme en tant d'autres, la fierté des gentilshommes vint échouer contre l'expérience et l'astuce des légistes. Un seul exemple suffira pour montrer avec quelle simplicité les premiers se laissèrent décevoir par leurs implacables adversaires.

Les empiétements de la couronne s'étaient réalisés sous l'égide du dogme de la souveraineté royale, que les jurisconsultes proclamaient dans toutes les cours de justice. Ce dogme blessait les premiers principes du droit féodal, qui n'accordaient au suzerain, à quelque degré qu'il se trouvât placé, que des droits déterminés. Depuis le règne de saint Louis, époque où fut inventée la théorie des cas royaux, les seigneurs et leurs officiers ne cessaient de demander aux baillis, sans pouvoir l'obtenir, de préciser l'étendue de la juridiction royale; de leur dire quels étaient les cas royaux, c'est-à-dire les causes qui, de leur nature, appartenaient exclusivement au jugement des tribunaux du roi. En 1315, les confédérés renouvellent leur supplique, et enfin le roi y fait droit; mais voici comment: par des lettres du 15 septembre, Louis X déclare que les nobles de Champagne l'ont supplié de vouloir bien déterminer les cas qui touchent à sa royale majesté. « Nous les « avons éclairci, dit-il, en cette manière; c'est assavoir que la

---

[1] *Ordonnances*, t. I, p. 606.

« royal majesté est entendue ès cas qui de droit ou de an-
« cienne coustume puent et doient appartenir à souverain
« prince et à nul autre. » Si les nobles de Normandie se
tinrent pour satisfaits de cette explication, il faut avouer qu'ils
étaient faciles à contenter, et que la couronne rencontrait en
eux des adversaires aussi peu intelligents que peu redoutables.

Munis de leurs chartes ou de leurs lettres patentes, les nobles
rompirent l'association et se retrouvèrent peu après dans la
position d'où ils avaient cru facile de sortir par un effort commun. Le peuple ne cessa pas de considérer le roi comme le
gardien et le défenseur des intérêts généraux de la société;
le parlement continua avec autant de fermeté, autant de prudence, l'œuvre de réforme commencée sous saint Louis; les
officiers royaux ne se montrèrent ni moins hostiles aux droits
des seigneurs, ni plus scrupuleux dans leurs envahissements,
en sorte qu'après tout ce qui venait de se passer, il fût clairement établi que si le principe aristocratique possédait encore assez de force pour communiquer au pays, par ses folles
prétentions, une agitation passagère, il ne pouvait plus en-
traver l'accomplissement de la grande mission que la couronne
avait acceptée.

La ligue des nobles s'était formée à la fin du règne de Philippe le Bel, parce que ce prince, en éloignant de lui le cœur
de son peuple, semblait avoir fourni à la noblesse une occasion favorable de relever son drapeau; mais ce motif ne fut
pas le seul, et elle eut assez de bon sens pour comprendre
que, si elle laissait s'affermir le système de gouvernement et
d'administration auquel ce prince venait de donner tant de
souplesse et de vigueur, elle se trouverait bientôt enlacée
dans des liens qui étoufferaient jusqu'aux derniers restes de

ses prérogatives. C'est, en effet, au règne de Philippe le Bel qu'il convient de placer l'origine de ce régime administratif qui semble avoir atteint, sous nos yeux, le plus haut degré de perfection. A partir de cette époque, le pouvoir judiciaire se subdivise conformément à la variété des intérêts publics et privés; les institutions se multiplient, la responsabilité des fonctionnaires de tout ordre se fonde; le principe d'unité commence à surgir du sein de ce royaume, partagé, pendant tant d'années, en une multitude de fiefs qui formaient autant de souverainetés; les doctrines les plus solides du droit civil sont soutenues et enseignées avec faveur, et, si elles ne peuvent encore qu'ébranler l'autorité des lois féodales et des coutumes, il leur est réservé d'en triompher avec l'aide du temps. N'est-il pas évident que la France entre dans la voie qui doit la conduire à un gouvernement sage, régulier, conforme à ses vrais besoins, comme aux lois de la raison et de la justice? Sans doute elle y marchera longtemps sans arriver au but; sans doute elle rencontrera bien des obstacles, dont elle ne triomphera que péniblement. Qu'importe? Réformer ses mœurs, ses lois, ses institutions, est pour toute nation une entreprise formidable, et elle ne doit pas plus regretter le temps et les efforts qu'elle y a employés, qu'il ne lui est permis de refuser le tribut de sa reconnaissance aux institutions ou aux hommes qui l'ont le plus secondée dans une œuvre aussi laborieuse.

Dirigés par cet instinct du pouvoir qui n'abandonne jamais les rois, et par leurs propres lumières, Louis le Gros, Philippe-Auguste, saint Louis et Philippe le Bel conçurent la pensée de reconstituer en France l'unité du pouvoir, et tous ils travaillèrent à la réaliser avec une louable persévérance; mais, jetés dans le tourbillon de la vie féodale, distraits con-

tinuellement de l'exécution de leurs plans par la guerre intérieure ou étrangère, ces souverains, si habiles politiques qu'ils
fussent, ne pouvaient pourvoir par eux-mêmes à tout ce qu'exi-
geait la propagation des idées de justice, d'ordre et de droit
dans les rangs d'une société livrée au despotisme féodal. Ils
avaient besoin d'un conseil composé d'hommes versés dans la
connaissance des usages nationaux et de la science des lois,
habiles à fonder des traditions et à en assurer l'autorité, dé-
voués par leur naissance et par leur éducation aux intérêts
du trône, et dont le soin eût été de placer ses entreprises et
ses conquêtes politiques sous la garantie du droit et sous la
sanction de l'intérêt public. Ils formèrent le parlement à ce
rôle considérable et difficile. Cette institution était, dans le
principe, une institution aristocratique et militaire; elle devint un corps politique et judiciaire, qui, agrandissant son
crédit par l'étendue de ses services, dirigea plus souvent la
couronne qu'il ne fut dirigé par elle. Le parlement est honoré,
de nos jours, parce qu'il chercha, dans les temps postérieurs,
à poser certaines limites au pouvoir de la couronne; on cé-
lèbre ses remontrances, ses refus d'enregistrement, son oppo-
sition constante aux officiers royaux; cependant ses titres réels
à nos respects, ce qui maintiendra la mémoire de cette cour
de justice au nombre des souvenirs glorieux de l'ancienne monarchie française, ce n'est pas sa résistance aux volontés de
la couronne, c'est, au contraire, la part qu'elle prit à la restauration du pouvoir, c'est-à-dire du principe d'ordre indispen-
sable à toute société régulière. Si, aujourd'hui, nous jouissons
du bienfait précieux de la liberté, à l'ombre d'une autorité
qui peut seule empêcher qu'elle ne tourne en licence, et ne
devienne une source de tyrannie et de calamités, n'oublions pas
que cette autorité est ancienne parmi nous, et que nous sommes

redevables de sa restauration à l'illustre assemblée dont les
Olim publient si haut la sagesse et le patriotisme.

Ce volume contient le quatrième et dernier registre des
Olim, appelé *Livre des enquêtes*, parce qu'il renferme les enquêtes
jugées de 1299 à 1318. Ce registre se compose de 407 feuillets,
dont les 25 premiers donnent la table de toutes les enquêtes
placées dans le registre. Cette table ne reproduisant que les
noms et qualités des parties, il ne nous a pas paru utile de
l'imprimer, nos tables fournissent un moyen de recherches
beaucoup meilleur. Les folios 26, 27, 30 et 31 sont restés en
blanc, mais les folios 28 et 29 offrent la transcription de quelques arrêts, ordonnances ou extraits de vieux registres dont
le greffier explique les motifs dans cette apostille : *Istud transcriptum posui in quaterno memorialium, non per modum arresti, sed
per modum memorialis, ut, cum talis casus delatus fuerit ad curiam,
ipsa..... super hoc respondeat quod fuerit rationis.* La source où plusieurs de ces extraits avaient été puisés se trouve indiquée dans
trois notes ainsi conçues : *Extract. de registro tenui qui facit mencionem de armariol.* et est penes dominum P. de Stampis (on a
ajouté postérieurement *in thesauro cartarum regiarum*). — *Extract. de registro magistri J. de Caleto.* — *Extract. de veteri registro curie grosso cum asseribus.* Nous ne donnons pas non plus ces
extraits, qui sont sans nul intérêt. Des folios 32 à 407, les enquêtes se suivent sans aucune interruption.

LES OLIM.

ENQUÊTES ET PROCÈS.

LES OLIM.

ENQUÊTES ET PROCÈS[(1)].

INQUESTE ET PROCESSUS

ALII, JUDICATI IN PARLAMENTO OCTABARUM OMNIUM-SANCTORUM,

ANNO DOMINI MCCXCIX.

I. Cum in curia nostra controversia moveretur inter ballivum Philippe IV,
[1299.
nostrum Viromandensem, pro nobis, ex una parte, et majorem et
juratos Ville-Nove in Belvacesio, nomine sue communie, ex altera,
super eo quod dicebant dictum ballivum, vel ejus mandatum, eis
de prisione sua, indebite, de novo et sine cause cognicione, amo-
visse Johannem, dictum Biau-Valet, quem in sua prisione detinebant
pro suspicione arsionis cujusdam domus in dicta Villa-Nova facte et
eidem Johanni imposite, asserentes iidem major et jurati, se esse in
sesina cognoscendi et justiciandi de omni casu criminis contingente
in dicta Villa-Nova, exceptis raptu et murtro; ballivo nostro predicto
asserente in contrarium et dicente se esse in sesina cognoscendi et
justiciandi, nomine nostro et pro nobis, de omni casu alte justicie
contingente in dicta Villa-Nova et banleuca ejusdem ville: Tandem,
visa inquesta super hoc facta, visis eciam attestacionibus hinc et inde
productis et diligenter examinatis, visa eciam quadam carta ipsorum
majoris et juratorum, in modum probacionis per eosdem majorem et
juratos producta, auditisque racionibus parcium predictarum et que-

cumque partes ipse proponere voluerunt et que nostram curiam
movere poterant et debebant, per ipsius curie nostre judicium pronunciatum extitit supra dictos majorem et juratos, nomine sue communie dicte ville, esse de dicto prisionario resesiendos, salva tamen
questione proprietatis pro nobis contra ipsos, si et quando expedire
viderimus intentanda.

II. Visa inquesta et instrumentis productis ex parte hominum po-
pulacionis parrochie Sancti-Johannis ville Stellensis, in Navarra, super impositionibus supercensuum super domibus eorumdem, mandatum fuit, per litteras Regis, gubernatori Navarre quod ipse amoveat
impedimentum super hoc appositum per gentes Regis, cujus littere
Regis tenor ligatus est in inquesta predicta.

III. Cum orta esset discordia inter homines de Chalou et de Molendinis-Novis, ex una parte, ac preceptorem et gentes domus Templi
de Chalou, ex altera, super eo quod dicti homines dictarum villarum
dicebant quod ipsi uti poterant et debebant de franchisiis concessis
a regibus Francie hominibus de Lorriaco, et quod ipsi sunt in say-
sina quod gentes Templi non possunt levare a commorantibus et habitantibus in dictis villis, si aliquis eorum caderet in emendam, nisi
emendas abbreviatas, prout in eorum privilegiis continetur, scilicet
de emendis que sunt per constumam taxate ad sexaginta solidos, nisi
quinque solidos tantummodo, et, de minoribus quam sexaginta, nisi
duodecim denarios, et, de illis de ajornamento de sexdecim denariis,
nisi quatuor denarios tantummodo; dictis Templariis de Chalou asserentibus in contrarium, pro Templo, contra dictos homines, quod
Templum est in bona saisina, et quod ipsi usi sunt, a tempore de
quo memoria in contrarium non existit, de tenendo, justiciando et
gubernando dictas duas villas de Chalou et de Molendinis-Novis ac
commorantes et habitantes in eisdem villis, ad usus et constumas
patrie et villarum vicinarum non privilegiatarum : Tandem, visa inquesta super hoc, de mandato nostro, facta, visis eciam cartis et pri-

vilegiis ab utraque parte, productis, auditisque racionibus propositis hinc et inde, pronunciatum fuit, per curie nostre judicium, dictos homines de Chalou et de Molendinis-Novis teneri, de emendis taxatis ad sexaginta solidos, ad quinque solidos tantummodo, et, de illis de minori quam sexaginta solidorum, ad duodecim denarios tantummodo, et, de illis de ajornamento de sexdecim denariis, ad quatuor denarios tantummodo, exceptis forisfactis melleiarum, de quibus stabitur usibus et constumis patrie et villarum vicinarum non privilegiatarum.

IV. Inquesta facta inter Regem et Sanctum Petrum Puellarum Bitturicensem non est facta sufficienter, et ideo curia ordinavit quod partes iterato vocabuntur et audientur.

V. Philippus, etc. Cum dilectus et fidelis noster episcopus Morinensis conquestus nobis fuisset quod Aymericus de Nova-Villa, Egidius, ejus frater, milites, Gerardus de Vimiaco et Petrus de Beelle, armigeri, et eorum complices, graves injurias eidem episcopo et gentibus suis ac officiali suo et gentibus ejusdem officialis, minus juste irrogassent, et super hoc et circonstanciis et aggravacionibus multiplicibus injuriarum earumdem mandassemus veritatem inquiri per ballivum nostrum Ambianensem, vocatis predictis et ceteris evocandis, et inquestam hujusmodi curie nostre referri : Tandem, inquesta per dictum ballivum super hoc facta et curie nostre relata, visa et diligenter examinata, et auditis eciam ballivo et aliis quibusdam de consilio nostro, visis insuper racionibus quas dictus Aymericus coram dicto ballivo proposuit, et auditis eciam hiis que ipse Aymericus, presens in curia nostra, voluit proponere, per judicium curie nostre, dictum fuit et pronunciatum predictum Aymericum, pro supradictis injuriis et aggravacionibus quamplurimis earumdem, contra ipsum sufficienter et legittime probatis et reppertis, nobis et memorato episcopo Morinensi debere facere emendam, et, pro predicta emenda, nobis mille libras Turonenses, et predicto episcopo alias mille libras solvere debere. In cujus, etc. Insuper injunctum fuit dicto ballivo quod ipse predictos Egidium, militem, et Gerardum de Vimiaco venire faciat Parisius, in Castelleto.

VI. Visa inquesta facta inter dominum Johannem de Xantolio et Johannem le Saunier, super eo quod dictus Saunerius contra dictum militem proponebat quod ipse, propter suam negligenciam, ceciderat a prosecucione cause cujusdam retractus contra ipsum: Per arrestum curie, dictum fuit quod, non obstantibus propositis ex parte dicti Johannis Saunerii, processus principalis, factus in causa dicti retractus, videbitur et judicabitur.

VII. Visa inquesta et processu cause retractus, coram domina regina Margaritta habitis, inter dominum Johannem de Xantolio, militem, ex una parte, et Johannem Saunerii, ex altera: Per judicium curie, dictum fuit quod dictus miles sufficienter probaverat intencionem suam, et quod ipse ad hujusmodi retractum admittetur.

VIII. Cum Robertus de Berron a quodam judicato contra ipsum, pro Johanne de Seriaco, milite, super quadam pecunie summa, per ballivum Silvanectensem lato, tanquam a falso et pravo, ad nostram curiam appellasset, et, auditis parcium racionibus hinc et inde, facta fuisset super hoc inquesta: Tandem, visa et diligenter audita inquesta predicta, ac processu cause predicte diligenter audito, per curie nostre judicium, anullati fuerunt tam processus dicti ballivi et ejus judicatum, quam appellacio interposita ab eodem, et injunctum ballivo Silvanectensi, qui modo est, quod si dictus miles petere voluerit coram se pecuniam predictam, audiat eum, et, vocato Roberto predicto, super hoc exhibeat partibus justicie complementum.

IX. Cum inter ballivum Ambianensem, pro nobis, ex una parte, et episcopum Ambianensem, ex altera, esset orta questio super eo quod idem episcopus dicebat se esse, et predecessores suos episcopos fuisse in possessione vel quasi talis juris quod nullus casticiare potest in civitate Ambianensi, in terra, nec solium ponere, nisi a gentibus nostris et ab ipso episcopo vel ejus mandato, prius petita licencia et obtenta, qua obtenta, ponens solium nobis duodecim et episcopo duodecim denarios debebat; quod si forsan, absque ipsius episcopi licencia, alias casticiari fecisset, episcopus dicebat sibi deberi sex libras pro emenda; et cum dictus ballivus dictum episcopum, ut proponebat, impediret et perturbaret in possessione juris predicti, petebat episcopus ut dictus ballivus cessaret a perturbacione predicta, et quod pronunciaretur ipsum episcopum esse et remanere debere in possessione juris predicti; ex adverso autem, pro nobis proponebatur quod nos sumus in bona saisina, qua bene et diu sumus usi per nos seu gentes nostras solum, absque vocacione ipsius episcopi vel ejus gencium, dandi licenciam et auctoritatem casticiandi, percipiendique duos solidos a singulis qui super hoc licenciam obtinebant, quorum duorum solidorum duodecim denarii ad ipsum episcopum pertinebant; proponebatur insuper quod in dicta emenda sex librarum, quandocumque commissa erat, idem episcopus tantummodo decem solidos per manum nostram habebat, postquam eciam fuerat dicta emenda per majorem Ambianensem declarata seu judicata; propter que et alia plura proposita, dicebat idem ballivus quod dictus episcopus, contra racionem, nitebatur in sua peticione predicta : Tandem, dictis partibus sufficienter auditis, visa eciam inquesta super predictis facta, omnibusque rite actis, pronunciatum fuit, per judicium curie nostre, predictum episcopum intencionem suam sufficienter probasse, dictumque ballivum a dicta perturbacione cessare debere, et eumdem episcopum in dicta possessione remanere. Quantum autem ad dictam emendam sex librarum, nichil fuit pronunciatum per curiam antedictam.

X. Cum inter ballivum Ambianensem, pro Rege, ex una parte, et episcopum Ambianensem, ex altera, super forisfactura et confiscatione cujusdam prati, siti prope Ambianum, versus manerium condam magistri Galteri de Folloy, quod pratum fuisse dicitur Petri de Sancto-Fussyano, orta fuisset questio; pro eo quod dictus episcopus asserebat dictum pratum situm esse in terra sua et infra fines territorii Ambianensis, in quo ipse episcopus et sui predecessores consueverunt omnimodam altam et bassam habere jurisdicionem, et sic dictum pratum ex forisfactura ipsius Petri ad eumdem episcopum pertinere debere; et ex adverso, dictus ballivus proponeret dictum pratum situm esse infra scabinatum Ambianensem, extra fines territorii de Hoqueto et de Rike-Bourc, et Regem esse in saisina alte justicie et forisfacturarum in dicto scabinatu seu locis similis condicionis, et, ob hoc, ipsum pratum ex dicta forisfactura ad Regem pertinere, et sibi remanere debere : Tandem, vocatis partibus et sufficienter auditis, visa eciam inquesta super hoc facta, omnibusque rite actis, per curie judicium pronunciatum fuit quod dictus episcopus intencionem suam non probaverat, et ideo curia dictum ballivum absolvit, ab impeticione episcopi memorati.

XI. Cum prior et conventus de Cella in Brya, dicentes se esse in bona saisina alte et basse justicie in villa que dicitur Viller-Templom, et se, racione specialis garde nostre, debere et consuetos esse per Parisiensem prepositum gardiari, conquererentur de ballivo Trecensi et ejus preposito de Columberiis, qui, ut dicebant, impediendo super hiis dictos religiosos, injuste et de novo quasdam prisia fecerant ibidem justiciando, peterentque prisias hujusmodi sibis reddi per manum dicti Parisiensis prepositi vel nostram; et e contra dictus ballivus, racione Campanie, diceret se esse in possessione alte et basse justicie in villa predicta, et se non teneri ad reddendum prisias antedictas : Tandem, auditis racionibus parcium hinc et inde, et visis duabus informacionibus super hoc factis, una per P. Saimel, tunc ballivum Trecensem, et alia per prepositum Parisiensem, vel per deputatos ab ipsis, per curie nostre judicium, dictum fuit quod, totaliter anullatis informacionibus et processibus antedictis, dictus ballivus resaisiet dictum locum de prisiis antedictis et, hoc facto, prisie hujusmodi et totum debatum ponetur ad manum nostram, tanquam superioris, et per manum nostram fiet dictis religiosis recredencia de prisiis antedictis, et committetur personis ydoneis, que vadant ad locum et inquirant, vocatis partibus, super dicta discordia veritatem, et curie remittant inquestam quam fecerint; et fiet jus super ea.

XII. Cum Raymbaudus Pavays, a quodam judicato, per prepositum Parisiensem contra se facto pro Manuele Bertrandi, fratre et executore defuncti Roberti Bertrandi, super facienda execucione cujusdam littere, summam ducentarum trigenta et duarum librarum parvorum Turonensium continentis, tanquam a falso et pravo, ad nostram curiam appellasset : Tandem, in causa dicte appellacionis, comparentibus in nostra curia dictis partibus, et auditis earum racionibus hinc et inde, visisque processibus earumdem et judicato predicto, per judicium nostre curie, dictum fuit predictum prepositum male judicasse, et dictum Raymbaudum bene appellasse.

Mercurii ante Nativitatem Domini.

XIII. Inquesta facta inter Radulphum de Joncheriis et Bertrandum de Pestilhac, super quibusdam expensis.

XIV. Item, inquesta facta pro eodem R. super valore bonorum Stephani de Monguihon.

Iste due, simul ligate, vise fuerunt, et michi reddite, nec fuerunt judicate, quia non fuerunt bene facte.

XV. Cum inter Johannem de Xantolio, militem, ex una parte, et Johannem Saunerii de Pontisara, ex altera, in causa retractus vendicionis quorumdam bonorum, que pendebat inter eos, per nostram fuisset curiam judicatum quod dictus miles admitteretur ad retractum predictum, et postmodum, dictis bonis ad manum nostram positis, idem miles predictum Johannem Saunerii adjornari fecisset, Parisius, coram nobis, recepturum pecuniam dicti retractus, per eumdem militem curie nostre traditam, depositam et consignatam, ac, de precio dicte vendicionis, prout suaderet justicia, deducturum exitus et proventus ex dictis bonis perceptos; tandem, dictis partibus in nostra curia constitutis, dictus miles, predicte pecunie deposite solucionem eidem Johanni Saunerii offerens, peciit judicatum predictum execucioni mandari, et, facta deductione predicta, sibi deliberari retractum predictum; dictus vero Johannes Saunerii, requirens dicta bona sibi primitus deliberari et reddi, multas proposuit raciones, per quas ostendere nitebatur quod dictus miles carere debebat commodo judicati predicti: Quibus partibus, sic auditis, et diligenter earum hinc inde racionibus intellectis, per curie nostre judicium, dictum fuit et pronunciatum quod, non obstantibus propositis ex parte dicti Johannis Saunerii, judicatum predictum, pro dicto milite factum, execucioni mandaretur, et quod, de precio dicte vendicionis eidem Johanni Saunerii reddendo, deducerentur exitus et proventus ex dictis bonis percepti, habita racione sustentacionis eorum, ab illo tempore quo primo dictus miles peciit dictorum bonorum venditorum retractum, dicte vendicionis precium offerendo.

XVI. Senescallo Carcassonensi: Cum Philippus de Levies, domicellus, diceret castrum de Senegacio a nobis teneri ad consuetudinem Albigesii et non Francie, et ideo nos non debere, pro ipso castro, rechatum habere; nosque mandassemus senescallo tunc Carcassonensi ut, recepta a dicto Philippo ydonea caucione de rechato et aliis juribus ac deveriis nostris solvendis nobis pro dicto castro, quod erat in manu nostra, ac fructibus inde perceptis nobis restituendis, si castrum ipsum ad consuetudinem Francie circiter Parisius reperiretur debere teneri, amota inde manu nostra, dictum castrum, cum suis pertinenciis, eidem Johanni deliberaret, et super hoc veritam, vocatis partibus, inquireret et nobis referret: Tandem, facta super hoc inquesta curie nostre relata, visa et diligenter examinata, visisque curie nostre registris, dictum fuit et, per curie

nostre judicium, pronunciatum dictum castrum a nobis, ad consuetudinem Francie circa Parisius, debere teneri, et ideo debere nobis, pro ipso castro, rechatum et jura alia, secundum consuetudines Francie predictas; quo circa, mandamus vobis quatenus pro
dicto castro levetis pro nobis dictum rechatum, necnon alia jura et
deveria pro ipso castro nobis debita, tam in fructibus quam aliis
consistencia, pro quibus prestita fuit caucio supradicta, secundum
quod de consuetudine predicta Francie fuerit faciendum (2).

XVII. Visa inquesta facta super quibusdam excessibus servientibus Regis et prioris de Aurecyo gentibus, qui est de garda speciali
Regis, per Girbertum de Soleingnac, dominum de Aurecyo, et ejus
gentes illatis : Per judicium curie condempnatus fuit idem G. domino Regi in sexcentis libris Turonensibus, pro emenda.

XVIII. Cum inter homines habitantes apud Leure, ex una parte,
et homines habitantes apud Harefleu, ex altera, contencio esset
mota super eo quod dicti habitantes de Leure asserebant dictos homines de Harefleu de novo quamdam trancheyam fecisse, scindendo
terras, ab habulo suo de Leure usque ad cursum Secane, et per dictam trancheyam ducendo aquam dulcem riverie currentis apud
Harefleu, eam usque ad Secanam dirigendo, et antiquum ac naturalem cursum dicte dulcis aque quem habere solebat ad crotum, seu
habulum de Leure, totaliter avertendo, in dicti habuli detrimentum
et hominum habitancium in dicta villa de Leure prejudicium et
gravamen; petentes per nos pronunciari dictam trancheyam amoveri debere, dictis hominibus de Harefleu contrarium dicentibus, et
asserentibus se de jure dictam trancheyam posse fecisse, et eam in
statu in quo est remanere debere : Tandem, visa inquesta, de mandato gencium nostrarum tunc scacarium Rothomagense tenencium,
super hoc facta, racionibus et causis utriusque partis diligenter auditis et examinatis, quia inventum fuit quod dicta dulcis aqua, secundum antiquum et naturalem ejus cursum, fluere solebat ad dictum

crotum, seu habulum de Leure, et quod per dictam trancheyam impeditur et totaliter avertitur dictus cursus, in dicti habuli detrimentum et dictorum habitancium de Leure prejudicium et gravamen, per curie nostre judicium, pronunciatum fuit dictam trancheyam, quatenus avertit et est facta contra naturalem et antiquum cursum dicte dulcis aque et in detrimentum dicti habuli et prejudicium dictorum habitancium de Leure, amoveri debere.

XIX. Cum abbas et conventus de Alneto, pro firma barre veteris Semylli, per ballivum Cadomensem, de mandato dilectorum et fidelium nostrorum magistrorum scacarii, pro certo annuo redditu, tradita abbati et conventui Sancti-Laudi, Constanciensis dyocesis, plus offerent quadraginta libras redditus annui, dicentes nos deceptos fuisse, ac solempnitates debitas non fuisse servatas in tradicione firme predicte, petentesque dictam firmam sibi tradi per inchariamentum predictum; et e contra dicti abbas et conventus Sancti-Laudi proponerent dictam firme tradicionem bene et solempniter, sicut consuetum est in talibus, fuisse factam, ac per nos confirmatam et se eandem per plures annos tenuisse et quamplures melioraciones in ea fecisse, pluribus racionibus pretendentes dictos monachos de Alneto non debere admitti ad inchariamentum predictum : Tandem, auditis parcium racionibus hinc et inde et visa quadam apprisia super hoc facta, visisque litteris dicti ballivi super tradicione dicte firme, ac litteris nostris super ejusdem confirmacione confectis, necnon arresto quodam super hoc facto in scacario Pasche novissime preterito, ac quorumdam fide dignorum audita super hoc relacione, per judicium nostre curie, dictum fuit et pronunciatum dictam firmam predictis abbati et conventui Sancti-Laudi, sicut est eis tradita, remanere debere, et predictos abbatem et conventum de Alneto ad inchariamentum ejusdem firme non debere admitti. In cujus, etc. Actum, Parisius, anno, etc. mense Januario.

XX. Inquesta facta contra illos de Exelduno, super mortaliis et

commissis rebus pro censa non soluta, dormiet, quia auditores inquisiverunt de mortaliis et eorum commissio hoc non continebat;
item, quia auditores de rebus commissis inquisiverunt, non auditis responsionibus parcium ad articulos propositos super hoc contra
ipsos; et iterum facienda est, et fiet commissio super hoc in bona
forma.

XXI. Cum curia de Marosio, senescallie Belli-Cadri, sentencialiter
condempnasset Gailhardum de Favars, militem, Raymundum Bernardi, bajulum episcopi Mimatensis, et plures alios homines castri
Sancti-Hylarii, in dicta sentencia nominatos, in certis pecuniarum
summis, quarum omnium summa est circiter centum sexaginta undecim libre decem solidorum, racione incisionis et combustionis cujusdam nemoris quod Gaubertus de Sareneco, miles, ad se dicit pertinere, et racione quarumdam aliarum injuriarum et violenciarum
dicto Gauberto factarum per homines antedictos, et ab hujusmodi
condempnacione dicti condempnati ad nostram curiam appellassent :
Tandem, inquesta et processibus super hoc factis visis et diligenter
examinatis, cum inventum non fuerit quod dicti appellantes appellacionem suam infra tempus debitum fuerint prosequti, ordinavit curia
et mandavit quod senescallus Belli-Cadri predictam sentenciam condempnatoriam executioni demandet, nisi ipsi coram eo causam ra-
cionabilem pretendant et de ea faciant promptam fidem propter
quam dicta executio debeat impediri vel retardari.

Jovis post conversionem sancti Pauli.

XXII. Inquesta facta super destructione molendinorum et paxe-
riarum Arnaldi de Montfanes, Orgolosii de Orgolio, et Gaillardi de
Gaillardello, per cameram denariorum expedita per novam commissionem factam super hoc senescallo Agenensi.

XXIII. Cum inter ballivum nostrum Senonensem pro nobis, ex
parte una, et religiosos viros abbatem et conventum de Joyaco, Se-

Philippe IV,
1299.

nonensis dyocesis, ex parte altera, orta esset materia questionis
super eo quod dicti abbas et conventus proponebant se habere et
habuisse hospites et hostisias in villa de Gastins, et ipsos hospites,
tanquam suos, super mobilibus et catallis necnon super factis corporis mercatis et simplicibus injuriis tanquam eorum justiciam expletasse tempore eciam sufficienti ad acquirendum proprietatem in
justicia antedicta; proponebant eciam consuetudinem, in castellania de Meleduno et in villa de Gastins, talem esse quod quicumque
habebat hospites in dictis locis, talem qualis supradicta est, habebat justiciam in eisdem, et quod indebite dictus ballivus noster
tenebat et expletabat, nomine nostro, justiciam antedictam; propter
quod petebant dicti religiosi, per curiam nostram, pronunciari ad
ipsos et non ad nos dictam justiciam pertinere, et manum dicti ballivi nostri, super hiis appositam, amoveri debere; ex adverso autem,
pro nobis, proponebatur justiciam castri et castellanie de Meleduno
ad nos de jure communi pertinere, nosque in saisina esse et fuisse
latronis et basse justicie in villa de Gastins, in terra dictorum religiosorum, et per gentes nostras, super hiis usitasse et expletasse
tempore sufficienti ad acquirendum jus : Auditis igitur partibus in
eis que proponere voluerunt, visa inquesta super premissis facta et
omnibus rite actis, pronunciatum fuit, per curie nostre judicium,
dictos abbatem et conventum intencionem suam, quantum ad bassam justiciam in hiis que pro parte eorum superius sunt exposita,
competenter probasse, et manum dicti ballivi nostri esse, quantum
ad hoc, admovendam.

    Mense Februario.

    XXIV. Cum, ex parte religiosorum virorum abbatis et conventus
Mortui-Maris, nobis supplicatum fuisset quod, cum ipsi essent in
possessione habendi in abbacia sua unam forgiam grossalem et faciendi carbones de lignis foreste nostre de Leonibus ad opus hujusmodi forgie, absque ullo precio nobis inde solvendo, et gentes nostre
ipsos impedirent quominus dicta possessione faciendi predictos car-

bones pro dicta forgia possent gaudere, nos impedimentum hujusmodi faceremus amoveri : Tandem, auditis partibus, et inquesta super premissis, de mandato nostro, facta visa et diligenter examinata,
visis eciam dictorum religiosorum privilegiis et registris, in rotulis
nostris dicte foreste contentis, per curie nostre judicium, dictum fuit
et pronunciatum predictos religiosos debere remanere in sua possessione faciendi carbones de lignis dicte foreste nostre pro una grossali
forgia tantummodo, et ad usum proprium abbacie sue predicte solummodo, ac impedimentum super hoc per gentes nostras appositum
amoveri debere.

Mense Februario.

XXV. Cum domina de Villa-Cendrier, coram ballivo Cathalanensis
episcopi, domum dou Franc-Morier cum jardino et octoginta libris
annui redditus, que omnia dictus ballivus posuerat et tenebat ad
manum suam, ad instanciam heredum Jaquier dicti Bridoul, quondam mariti dicte domine, per modum requeste peteret sibi adjudicari in saisina et proprietate; dictis heredibus in contrarium asserentibus dictam dominam, eo modo quo petebat, non esse super
hoc audiendam, dictus ballivus, per judicium suum, pronunciavit
predictam dominam non esse super hoc audiendam per viam requeste, sed si ipsa vellet venire, per viam juris, paratus erat idem
ballivus super hoc exhibere sibi justicie complementum; a quo judicio, tanquam a falso et pravo, dicta domina ad nostram curiam
appellavit : Tandem, auditis partis utriusque racionibus et viso dicto
processu super hoc facto coram ballivo predicto, per curie nostre
judicium, dictum fuit et pronunciatum predictum ballivum bene judicasse, et dictam dominam male appellasse.

Sabbato ante Cineres.

XXVI. Cum ballivus Bitturicensis bona quondam defuncti Guillelmi de Monte-Acuto ad manum nostram posuisset, dicens dicta
bona ad nos pertinere pro eo quod nullus, ut dicebatur, extabat de

consanguinitate dicti defuncti, qui, tanquam heres, petere posset bona predicta, et Petrus de Vastino, miles, qui, super possessione dictorum bonorum, pro se sentenciam, coram dicto ballivo, habuerat contra Galterum dominum de Tarrosio, militem, Rogerium, ejus fratrem, et Johannem de Toncorcaut, scutiferum, asserens se proximiorem heredem de consanguinitate dicti defuncti, peteret dictorum bonorum possessionem sibi deliberari, et impedimentum predictum ballivum super hoc appositum amoveri : Tandem, auditis super hoc dictorum Petri et ballivi racionibus, et inquesta facta super predictis visa et diligenter examinata, per judicium nostre curie, dictum fuit et pronunciatum quod dictus ballivus impedimentum quod apposuerat in dictis bonis amoveat, et eorum saisinam predicto Petro deliberet et reddat, salvo in omnibus, super eisdem bonis, jure nostro et alieno.

Mense Februario.

XXVII. Cum dilectus clericus noster magister Radulphus Rousseleti, canonicus Dolensis, ad partes Agennenses destinatus a nobis, virtute commissionis nostre quosdam processus et inquestam fecisset, contra consules et communiam Agennenses, super quibusdam rebus que dicebantur nobis commisse; item, super sigillo dicte communie et aliis quibusdam in dictis processibus et inquesta contentis, dictique consules et communia super quibusdam articulis ab audiencia clerici nostri predicti ad nostram curiam appellassent : Tandem, auditis dicti clerici nostri relacione ac procuratore consulum et communie predictorum, curia nostra, predicta appellacione per eam anullata, de speciali gracia sic ordinavit quod dicti processus et inquesta dormiant, et quod manus nostra, per dictum R. in predictis apposita, ad presens amoveatur, et quod inhibiciones per eumdem R. facte super premissis cessent, quantum ad presens, salvo jure nostro in omnibus, et quod per hoc nullum eisdem jus queratur nec in proprietate nec in possessione super premissis, sed super eis jus nostrum per omnia et in omnibus illesum servetur ; et, quando

nobis placuerit, certas mittemus personas ad sciendum veritatem PHILIPPE IV,
1299.
super predictis, tam super possessione quam super proprietate, et
super hiis jus nostrum et ipsorum civium et communie faciemus
illesum servari.

Jovis ante Cineres.

XXVIII. Visa inquesta, de mandato curie facta, ad denunciacionem ballivi Arvernie, de quibusdam inobedienciis et injuriis factis,
ut dicebatur, preposito nostro Belle-Garde per Petrum de Bechea
et Germanum Paneteris, servientes comitis Marchie, inventum fuit
probatum sufficienter quod dictus Petrus, a dicto preposito, ex parte
nostra, requisitus quod eidem portam castri de Albussione aperiret
et permitteret eumdem intrare, dixit eidem preposito quod non intraret, et portam dicti castri impetuose clausit in facie dicti prepositi,
quamquam plures alios permitteret ibidem intrare; et ideo fuit injunctum ballivo Arvernie quod dictum Petrum, sub fida custodia,
mittat Parisius, in Casteletum, et inquirat et referat veritatem de
facultatibus ejusdem; et contra dictum Germanum nichil inventum
fuit probatum, et ideo fuit super hoc absolutus.

XXIX. Visa inquesta facta contra illos qui blada capta seu arrestata per eosdem in ballivia Senonensi pro garnisionibus nostris dicuntur, propter dona inde recepta, ab eis relaxasse, per curiam nostram in modum qui sequitur extitit judicatum :

Quantum ad Symonem de Courceaus, tunc prepositum Meledu-
nensem, Robertum de Buysiau, ejus sororium, burgenses Meledunenses, et Johannem, ejusdem Symonis clericum, quia non fuit
inventum in dicta inquesta quod ipsi ad hoc fuerint vocati, dicta
inquesta fuit anullata.

Quantum ad Richardum Chalipot, dictum Chiere-Laynne, Johannem de Fonte-Bliaudi, Bertrandum Conversum, dictum Boule-Co-
tigni, Johannem Picardi, Johannem Geolarium, Andream de Ruello,
Huetum de Palefredis, Adam de Blennis, Jacquetum Blanc-Vilain,

et Lombardellum, servientes Meledunenses, dictum est quod isti suis serviciis priventur.

Quantum ad Egidium le Grant, Johannem la Vache, Reginaldum Faintart, Johannem Lescot et Richerium de Petra-Galteri, tenentem locum prepositi de Chasdelle, dictum fuit quod isti penam pecuniariam sustinebunt, et quod ballivus Senonensis inquirat et referat valorem de facultatibus eorum pro emenda cercius contra ipsos taxanda.

De Petro Conversi nichil fuit dictum, quia parum deliquit.

De Guillelmo Monachi, inventum est in inquesta quod ipse emendavit, coram auditoribus, id videlicet quod ipse dearrestavit tres modios bladi arrestatos pro municionibus nostris, et, propter hoc, habuit duo sexteria pisorum; dictum fuit quod iste pecuniariter puniatur, et quod sciatur veritas de valore bonorum suorum.

Injuncta fuit ballivo Senonensi execucio ejus judicati, et preceptum eidem ballivo quod contra predictos Symonem et Robertum, ipsis vocatis, inquirat super hoc et referat, ut si ipsi in hujusmodi deliquerunt, pecuniariter puniantur.

XXX. Cum Radulphus de Meullento, miles, obtinuisset litteram a Rege quod in villa sua de Buieres-supra-Mare, ballivie Cadomensis, de novo facere posset mercatum una die in septimana, si esset utilitas Regis et patrie; et super hoc se opponeret eidem Radulpho Radulphus, dominus de Croeslio, miles : Tandem, auditis racionibus parcium hinc et inde et visa informacione super hoc facta per ballivum predictum, per judicium curie, dictum fuit, quia hoc esset dampnum Regis et patrie, quod ipse non faciet mercatum predictum.

XXXI. Cum inter ballivum Silvanectensem, pro nobis, ex una parte, et decanum et capitulum ecclesie Silvanectensis, ex altera, contencio verteretur super eo quod dicti decanus et capitulum asserebant se esse et fuisse in saisina tocius basse justicie hospitum suorum, commorancium in villa de Verrines, et se de novo impeditos esse per dictum ballivum in usu et saisina justicie predicte; item, super eo quod dicti decanus et capitulum asserebant se esse et fuisse in saisina alte justicie villarum de Molignon, de Eve, de Oyri et de Valle-Profunda, et se usos esse et fuisse longuo tempore dicta alta justicia in dictis villis et qualibet earumdem in omnibus casibus qui ad eorum noticiam pervenerunt, et se de novo impeditos per dictum ballivum in predictis, dicto ballivo pro nobis contrarium asserente et dicente nos esse in saisina tocius basse justicie ville de Verrines; item, in saisina alte justicie villarum de Molignon, de Eve, de Oyri, et de Valle-Profunda : Tandem, visis et diligenter examinatis inquestis de mandato nostro factis super predictis, inventum fuit et, per curie nostre judicium, pronunciatum dictos decanum et capitulum fuisse et esse in saisina tocius basse justicie hospitum suorum commorancium in villa de Verrines, ac impedimenta per dictum ballivum super hoc apposita esse amovenda, salvis nobis, in eadem bassa justicia, questione proprietatis ac jure nobis competente in saisina et proprietate alte justicie dicte ville. Item, inventum fuit et pronunciatum dictos decanum et capitulum fuisse et esse in saisina alte justicie villarum de Molignon, de Eve et de Oyri et de Valle-Profunda, necnon impedimenta circa hoc apposita amoveri debere; et insuper, si occasione predictorum aliqua sint capta vel arrestata seu ad manum nostram posita, ea dictis decano et capitulo fore reddenda et deliberanda.

XXXII. Cum mota fuisset discordia, in curia nostra, inter Guiardum de Foullueillo, scutiferum tunc, ex una parte, et Aubertum de Angesto, militem, ex altera, super eo quod predictus Guiardus dicebat et proponebat contra dictum Aubertum quod, cum ipse Guiardus et sui predecessores essent et fuissent a decem, viginti, triginta, quadraginta annis, et a tempore a quo potest esse memoria, in saisina custodiendi et deffendendi nemora sua de Foulleyo, sicut garennam et in garenna, ac eciam in saisina capiendi et arrestandi venantes in dictis nemoribus sine licencia dicti Guiardi et

3.

predecessorum suorum, cum canibus et arnesiis suis, ac eciam le-vandi emendas a venantibus ibidem contra voluntatem suam, et specialiter a predecessoribus predicti Auberti; que nemora dictus Guiardus, ut dicitur, a nobis tenet in feodum cum dominio et jus-ticia alta et bassa, et quod de predictis erat fama publica, et quod predictus Aubertus impediebat dictum Guiardum in saisina predicta, venando et venari faciendo per gentes suas in dictis nemoribus, contra voluntatem dicti Guiardi; quare petebat dictus Guiardus impedi-menta, per dictum Aubertum et gentes suas, super hoc apposita amoveri, et loca resaisita in manu nostra posita in manu dicti Guiardi reponi, et emendari predicta, dicto Auberto predicta ne-gante, et in contrarium asserente quod predicta nemora sunt talia et talis condicionis quod omnes nobiles et religiosi, et specialiter pre-decessores ipsius Auberti, venati fuerunt in predictis nemoribus, et sunt in saisina venandi ibidem, et usi fuerunt quocienscumque pla-cuerit eisdem predictis et omnibus pertinentibus ad chaciam, et quod de novo et a tali tempore quod non potest prescripsisse saisinam garenne, dictus Guiardus in defensa proposuerat dicta nemora sicut garennam, contra prohibicionem nostram et usagium bonarum gen-cium et ipsius Auberti, et quod de predictis publica erat fama : Tandem, inquesta super predictis facta de mandato nostro visa et diligenter examinata, pronunciatum fuit, per curie nostre judicium, predictum Guiardum debere remanere in saisina custodiendi et de-fendendi predicta nemora sua, sicut garennam et in garenna, contra predictum Aubertum, et impedimenta per dictum Aubertum super hoc apposita debere amoveri, et loca resaisita et posita in manu nostra debere reponi in manu dicti Guiardi, et dictum Aubertum debere emendare predicta tam nobis quam Guiardo predicto.

XXXIII. Cum ex querimonia religiosorum virorum abbatis et con-ventus Virziliacensium intellexerimus quod gentes dilecti et fidelis nostri comitis Nivernensis, cum magna multitudine armatorum, pe-ditum et equitum, ad loca de Chameco et de Dorneci, in quibus dicti religiosi dicunt se omnimodam habere jurisdictionem et se esse et fuisse in saisina ejusdem, sola superioritate et garda et specialiter dictorum locorum ad nos solum pertinente, accedentes de novo, portas domus de Chameco fregerunt, item ceppos ibidem existentes fregerunt et amoverunt, et in loco de Dorneci furchas erigi de novo fecerunt et poni; que omnia predicta et plura alia dicti religiosi asserunt esse facta in prejudicium superioritatis et garde nostre, ac jurisdictionis sue dampnum non modicum et gravamen, nos, super predictis, veritatem scire volentes, quosdam probos viros ad dicta loca destinavimus, mandantes et committentes eisdem quatinus ea que clara et liquida de predictis invenirent, ad pristinum statum reduci facerent; que vero dubia per debatum parcium invenirent, locis primitus resaisitis, debatum ad manum nostram ponerent, et diem super hoc partibus assignarent ad subsequens proximo parlamentum, prout in litteris commissionis predicte plenius continetur; verum cum dicti commissarii de predictis inquisivissent, auctoritate commissionis predicte, pronunciaverunt, et inter alia preceperunt procuratori dicti comitis quod, pro fractione dicte domus de Chameco, nobis et dictis religiosis emendam faceret et furchas predictas dirui faceret seu deponi. A qua pronunciacione seu precepto dictus procurator, se et dictum comitem senciens gravatos, ad nos, tanquam a falso et pravo judicio, appellavit, asserens se proposuisse ante dictam pronunciacionem et post, et se probaturum obtulisse, videlicet quod dicta loca de Chameco et de Dorneci sita sunt in comitatu Nivernensi et castellaniis dicti comitis de Mahers et de Clameci; item, quod in dictis locis dictus comes habet omnimodam jurisdictionem et dominium, item gardam, superioritatem, correctionem et obedienciam omnium que dicti religiosi habent in locis predictis, et est dictus comes, per se et predecessores suos, in saisina omnium predictorum et maxime in saisina jurisdictionis de Dorneci, per judicium ballivi Bituricensis; item, quod dicti religiosi ceppos de novo posuerant in loco predicto de Chameco, et quod hoc de novo ad noticiam gencium dicti comitis pervenerat; item,

quod, si ipsi fregerunt portas domus de Chameco, hoc fuit quia dicti
religiosi non paciebantur eos intrare dictam domum ad videndum
et capiendum dictos ceppos, quod facere sibi licitum fuit, secundum usum et consuetudinem loci, ut dicebat; item, quod, secundum usum et consuetudinem de Dorneci, quicumque habet altam jurisdictionem, sibi licitum est furchas facere; item, plures alias
raciones et causas idem procurator asseruit se proposuisse racionabiles atque justas, et se sufficienter eas probaturum obtulisse, quibus non admissis, immo spretis, dicti commissarii, ut dicebat,
contra ipsum et predictum comitem ad dictam pronunciacionem et
preceptum processerunt perperam et inique, petens idem procurator
dicti comitis, per raciones et causas predictas ac plures alias, dictam
appellacionem suam per nos justam pronunciari; et per dictos commissarios pronunciatum et preceptum fuisse perperam et inique;
procuratore dictorum religiosorum pluribus causis et racionibus
contrarium asserente et petente : Tandem, visa inquesta super hoc
de mandato nostro facta, quia inventum fuit procuratorem dicti comitis dictas raciones et causas et plures alias, ante dictam pronunciacionem et preceptum, coram dictis commissariis proposuisse et se
eas sufficienter probaturum obtulisse, nec ipsum ad eas probandum
fuisse admissum, per curie nostre judicium, pronunciatum fuit per
dictos commissarios male pronunciatum et preceptum fuisse, dictumque procuratorem juste et legittime appellasse.

XXXIV. Inquesta super excusacione domini de Maignac et ejus
filiorum, contra abbatem et capitulum Dauratenses, judicata et expedita, prout continetur supra, in libro Arrestorum, in secundo folio
libri, in quarta pagina dicti libri (3).

XXXV. Cum inter decanum et capitulum Belvacenses, ex una
parte, et dilectum militem nostrum Reginaldum de Trya, ex altera,
contencio verteretur super eo quod dicti decanus et capitulum asserebant se esse in saisina omnimode justicie in villis de Boencourt

et de Louviller, in suis hostisiis et in trefundis que tenentur ab eis- PHILIPPE IV, 1299.
dem, et se usos fuisse saisina dicte justicie longuo tempore in locis
predictis, per se vel per gentes suas; asserebant eciam dictum militem eos, et sine causa, injuste impedire in dicta saisina, videlicet
scindi faciendo hayas seu dumos, et eciam emendas et aspavas levari
faciendo, et nitendo facere garennam extra nemora sua in locis predictis, in prejudicium dictorum decani et capituli, saisinam dicte
justicie dictorum decani et capituli impediendo seu eciam perturbando; quare petebant per nos declarari saisinam dicte justicie ad
eos pertinere et predicta impedimenta amoveri; dicto milite in contrarium asserente se juste posse predicta facere et se esse in saisina
faciendi predicta: Tandem, facta super hoc, de mandato nostro, inquesta, ea visa et diligenter examinata, per curie nostre judicium,
pronunciatum fuit saisinam dicte justicie ad dictos decanum et capitulum pertinere in hostisiis suis et in trefundis qui tenentur ab
eisdem et predicta impedimenta debere amoveri, ac dictum Reginaldum garennam facere non posse, extra nemora sua, in locis predictis, in quantum tangit decanum et capitulum supradictos. Item,
cum dicti decanus et capitulum assererent se habere in villis et territoriis predictis loca communia cum dicto milite, et eciam justiciam
communem in predictis locis, et se esse in saisina dicte justicie
communis, et habendi seu levandi et percipiendi, per suos proprios
servientes, medietatem emendarum et aliorum exituum seu proventuum ex dicta justicia communi proveniencium; assererentque dictum militem eos injuste et sine causa impedire in predictis, videlicet apropriando predicta loca communia, et arbores communes
scindi et apportari faciendo, et emendas communes et aspavas levari faciendo, et sibi appropriando, et dando terras communes ad
censum et apropriando sibi emolumenta proveniencia ex inde, et
eciam plantas in locis communibus plantando et sibi apropriando,
que omnia et singula communia esse deberent; quare petebant predicta impedimenta amoveri, dicto milite in contrarium asserente et
dicente se predicta juste posse facere, et omne emolumentum quod

possunt habere dicti decanus et capitulum in locis communibus, racione dicte justicie communis, debere capere per manum dicti militis, et se esse in saisina predictorum : Tandem, inquesta super hoc, de mandato nostro, facta, visa et diligenter examinata, per curie nostre judicium, pronunciatum fuit saisinam porcionis dicte justicie, ipsos decanum et capitulum pro indiviso contingentis in locis com- munibus predictis, ad eosdem decanum et capitulum pertinere, et medietatem fructuum et proventuum et eciam emendarum, ex dicta justicia proveniencium, partem eorum contingentem ipsos debere capere per suos proprios servientes, et predicta impedimenta, super hoc, ex parte dicti militis, apposita, debere amoveri.

XXXVI. Inquesta facta inter abbatem et conventum Sancti-Lau- rencii de Abbacia et decanum et capitulum Sancti-Hylarii Pictaven- sis, reficienda est propter defectum auditorum, qui copiam sue com- missionis et articulorum partis dictorum religiosorum procuratori dictorum decani et capituli facere noluerunt.

XXXVII. Cum orta esset contencio seu discordia inter nos seu gentes nostras, nomine nostro, ac religiosos viros abbatem et con- ventum monasterii Sancti-Ulmari-in-Nemore, ex una parte, et dilec- tum ac fidelem nostrum comitem Bolonie, ex alia, super eo quod dictus comes dicebat et asserebat gardam dictorum abbatis et con- ventus Sancti-Ulmari ac eciam ipsius ecclesie et omnium bonorum et rerum ipsorum que habent, tenent et possident infra comitatum Bolonie et pertinencias ejusdem, ad se pertinere, et quod sibi de- liberari debebat dicta garda, tanquam domino superiori et gardiano ipsorum religiosorum, quia, ut dicebat, dicta ecclesia fundata est et dotata a suis antecessoribus, dominis et comitibus Bolonie, et si- tuata in dicto comitatu; dicti vero religiosi, scilicet abbas et conven- tus Sancti-Ulmari, una cum gentibus nostris, in contrarium asse- rebant quod dicta Sancti-Ulmari ecclesia fuit et est fundata in franco allodio Sancti-Ulmari, qui quidem sanctus fuit abbas dicte ecclesie et dominus duorum comitatuum, quorum unum dedit ecclesie Sancti-Ulmari, et eamdem ecclesiam suum instituit heredem, alium vero comitatum, videlicet comitatum Bolonie, reliquit cuidam suo fratri minori genito, et quod dicta ecclesia tenet id quod tenet in bonis, possessionibus et redditibus in comitatu distincto et diviso a comitatu Bolonie, et sunt in saisina essendi in garda nostra et requirendi eam quociens eis placuit; ac eciam gentes nostre dicebant se esse in saisina eos gardandi eciam contra comitem Bolonie et gentes suas, et quod de hoc fueramus sufficienter usi, prout dicte gentes nostre asserebant : Tandem, visa inquesta super hiis de mandato nostro facta, visis cartis et privilegiis dicte ecclesie Sancti-Ulmari, auditis eciam racionibus hinc et inde propositis, pronunciatum fuit, per curie nostre judicium, gardam predicte abbacie Sancti-Ulmari, suorumque bonorum omnium et rerum situatarum in comitatu Bolonie et ejus pertinenciis, ad dictum comitem pertinere, ita tamen quod in omnibus contentis in cartis seu privilegiis dicti monasterii, quarum vel quorum tenores inferius continentur, dictus comes non poterit nec debebit se de garda intromittere, nisi ex parte dicti monasterii super hoc requisitus. Sequuntur tenores dictarum cartarum seu privilegiorum.

« In nomine sancte et individue Trinitatis, amen : Quoniam vita presens brevis et labilis, vel iniquis interitum vel gaudium piis parit eternum; ego Eustacius, Bolonie comes, notum facio universis, tam presentibus quam futuris, quod ecclesia Sancti-Ulmari-in-Nemore penitus libera est ab omni exactione et consuetudine et pacis terrene, in tota terra sua omnem comitatum et omnem justiciam, et quicquid ad libertatem et dominium pertinet, ex antiqua antecessorum meorum donacione et confirmacione necnon ipsius loci fundacione, hereditario jure et libera possessione, obtinet, videlicet in villis sibi pertinentibus, in hominibus, in silvis, in aquis, in piscacionibus, in pratis et in marescis, et in omnibus eventibus. Villarum autem et locorum hec sunt nomina : villa Sancti-Ulmari, forum et quicquid ad forum vel villam pertinet, Mintinum,

quedam pars Pannigetum, Condeta; Berkem, Hedinium cum pertinenciis suis, Fouhem, Colonia cum pertinenciis suis, Kalika cum
pertinenciis suis, Berniules, quedam pars de Frenc. Habet eciam
prefata ecclesia terras, hospites circa Boloniam, apud Cluses, apud
Essingehem, apud Hermerenges, apud Rikenacre, et in aliis pluribus locis, apud Niveniel berkariam unam et hospites. Si ergo contingat infra dominium prefate ecclesie aliquid accidisse quod nequeat
vindicare, vel ei tedium illatum fuisse, ego et homines mei indilate ecclesiam quietare et ab omni infestacione deffensare et jus
suum integrum ei debemus conservare; nec id tamen ei facere debemus, nisi prius a monachis vel ab eorum nunciis vocati fuerimus.
Cognosco eciam quod monachi sepedicti cenobii, vel eorum nuncii,
nec traversum nec pedagium nec aliquam consuetudinem debent
infra terminos comitatus Bolonie. Preterea, quicquid monachis pre-
taxate ecclesie, pia devocione fidelium, largitum fuerit vel in futuro
donabitur, vel quicquid sibi in decimis comparare vel invadiare
potuerint, quantum ad me pertinet, eis ad presens et in futurum
concedo; novas consuetudines infra terras eorum vel nemora michi
vel aliis facere excludo; asiamenta terre mee ipsi et homines eorum
ubique, sicut ab antiquo consueverunt, habebunt; in expedicione,
communitatem tocius comitatus sequi debebunt homines ecclesie, et
in omnibus bannum abbatis tenere. Ut ergo prememorate ecclesie
libertas cognita inviolataque in futuris temporibus, tam a me quam
a successoribus meis, permaneat, quicquid in presenti pagina continetur ei in perpetuum quiete concedo possidendum et confirmo;
ad majorem corroboracionem, sigillum meum appono, et testium
presencium nomina subscribere facio, Cononis de Fieules, Eustacii
et Rogerii, filiorum ejus; Balduini de Ostruich, Willermi vicecomitis,
Manasse de Seles, Gaufridi Piscerne, Gosselini de Odre. Actum
anno Verbi incarnati millesimo centesimo duodecimo, mense Julio.
Datum Bolonie. »

Sequitur tenor secunde carte, littere vel privilegii.

« Matheus, Bolonie comes, omnibus ad quos presens scriptum

pervenire contigerit in Domino salutem : Quum hoc nequam seculum de die in diem exarescit, ejusque gloria tempore temporis subrepenté decrescit, quandoque penam futuram pervitare, quamdoque ad gloriam decet aspirare, eapropter universitatem vestram certificare propono me ecclesiam beati Ulmari et diligere et venerari velle, nec ejus jura in diebus meis deperire vel minui. Cognosco igitur abbatem et monachos Sancti-Ulmari-in-Nemore in omni possessione ejusdem ecclesie, omnem libertatem et comitatum et quicquid ad justiciam pertinet ex integro habere, villarum eciam et locorum nomina ad jam nominatam ecclesiam pertinencium exprimere curo : villa Sancti-Ulmari, forum et consuetudines fori, quicquid ad villam vel ad forum pertinet. Mintinum, quedam pars Pannigetum, Condeta, Berkem, Rikenacre, Hidinium cum pertinenciis suis, Foukem, Colonia cum pertinenciis suis, Kalika cum pertinenciis suis, Berniules, quedam pars de Frenc. Habet eciam prefata ecclesia terras et hospites circa Boloniam apud Cluses, apud Hessinghehem, apud Hermerenges et in aliis pluribus locis. Si vocaverint me vel servientes meos abbas vel monachi in auxilium sibi pro aliqua injuria eis illata, sine mora debemus eis subvenire, sed non nisi vocati fuerimus. Monachi vel eorum nuncii nec traversum nec pedagium nec aliquam consuetudinem debent infra terminos comitatus Bolonie. Preterea quicquid in decimis acquirent eis concedo ; consuetudines novas inferre in possessionem eorum hominibus meis contradico ; aisiamenta terre mee ipsi et homines eorum, ubique habeant, apud Hydinium quod habere consueverant, scilicet boscum mortuum et asiamenta in silva, eis concedo. Ut ergo hec libertas, cognita et firma permaneat presenti pagine sigillum meum apponere facio, et rei geste viros meos, quorum subscribuntur nomina testimonium conferre jubeo. Ferrannum de Tingri, Ysaac de Boezingehem, Radulphum de Lens, Arnulphum, Stephanum de Kaieu. Actum anno Verbi incarnati millesimo centesimo sexagesimo primo, mense Maio. »

Sequitur tenor tercie carte seu privilegii.

« Stephanus, Dei gracia, comes Bolonie et Moreti, omnibus suis
Francis et Anglis et universis sancte matris ecclesie filiis, tam futuris
quam presentibus, in domino Jeshu-Cristo, salutem : Quam sit
necessarium sancte matris ecclesie utilitati et servorum Dei in ea mi-
litancium, paci et indempnitati providere, solerti cura perpendere
nos condecet, quos Deus, non nostris meritis sed sola misericordia
sua, super populum suum principari permisit, quibus, ad vindic-
tam reproborum, laudem vero bonorum, gladium materialem concessit ; eapropter, presentibus notum facimus et presenti scripti
testimonio memorie futurorum, in primis volumus quod, ad peticionem venerabilis viri domini Balduni, abbatis Sancti-Wlmari-de-
Nemore, suique sacri collegii, ad exemplar excellentissimorum predecessorum nostrorum, Eustacii junioris, Eustacii senioris, Ernulfi,
comitum Bolonie, quorum scripta autentiqua vidimus et approbavi-
mus, monasterium Sancti-Wlmari, cum tota villa et foro et consuetudinibus ipsius fori, ab omni jurisdictione terreni et secularis do-
minatus excipimus, et nichil omnino juris in hiis omnibus, sed nec
in electione abbacium vel institucione fratrum requirimus, cum ex
relacione fidelium et ex fama publica constet idem monasterium,
cum suis pertinenciis, non ab alio potente quam ab ipso glorioso
Cristi confessore, in propriis allodiis nobiliter, sicut cernitur, fundatum fuisse. Preterea, villas et possessiones quas a prima fundacione
idem monasterium habuit, vel quas ex liberalitate predecessorum
nostrorum postmodum acquisivit, ab omni jurisdictione successorum nostrorum liberas esse decernimus, et ut immediate dicti monasterii imperpetuum subjaceant legibus, presenti scripto sancivi-
mus. Villarum autem sunt hec nomina : villa Sancti-Wlmari, que
ab antiquis Silviacus dicitur, cum foro et premissis libertatibus,
Mintinum, Berkem, Hedinum, Kitingehem, Moringehem, Fouhem,
Colonia, cum circumjacentibus marescis, piscariis et paludibus,
Kalika cum boscis, pasturis et aliis appendiciis suis, Bernules et
quedam pars ville de Frenc. Habet quoque memorata ecclesia terras
et hospites circa Boloniam, apud Cluses, apud Hessingehem, apud

Hermerenges, apud Rikenacre et apud Ultra-Aquam, apud Niveniel berkariam unam et hospites, et in pluribus aliis lociis plerasque terras cum omnimodo comitatu; in Anglia, ex donacione nostra, ecclesiam de Fobinch, cum decimis et appendiciis suis; cognoscimus eciam quod eidem monasterio suo auxilium debemus, vocati, conferre; nec ipsi vel eorum nuncii traversum, pedagium vel theloneum, infra dominium nostrum, debent persolvere; quicquid autem in decimis acquirere poterunt eis concedimus; exacciones, procuraciones et taillias, monachi vel homines eorum, nobis aut successoribus nostris minime persolvant; si pro reverencia sui patroni aisiamenta in omnibus locis in quibus quandoque habere consueverant, libere habeant; in expedicione pro deffendenda patria tamen homines ecclesie contra malefactores cum communitate tocius patrie resistant, et non nisi abbatis banno obediant. Datum per manum Rikardi Anglici, notarii nostri, anno Verbi incarnati millesimo centesimo quadragesimo quinto. Testes super hoc fuerunt Heufridus dapifer, Robertus dapifer, Eustacius de Fieules, Willermus et Rogerius, fratres sui, Bernardus vicecomes, Osto, Eustacius de Cortona, Hugo marescallus, Radulphus capellanus, Rogerus de Lemesio, Evrardus, Fulbertus, Bauso et alii multi, tam clerici quam laycy. Nos autem, in testimonium premissorum et ut rata permaneant in futurum, presentibus litteris nostrum fecimus apponi sigillum. Actum Parisius anno Domini millesimo ducentesimo nonagesimo nono, mense Decembris. »

XXXVIII. Cum inter abbatem et conventum Sancti-Cornelii Compendiensis, ex parte una, et majorem et juratos Compendienses, nomine communie ejusdem ville, ex altera, olim, de mandato curie nostre, facta fuerit quedam inquesta super pluribus et diversis articulis hinc inde propositis, ac curie nostre reportata et judicata, et ad requisicionem parcium predictarum, quedam declaraciones quorumdam contentorum in primo judicato facte fuerint in nostra curia, prout continetur in judicato et declaratione predictis; interque declaratum fuit majorem et jurates predictos non habere jus impediendi dictos religiosos, capiendo hostia et fenestras in trefundo dictorum religiosorum, pro taillia ville, addito in dicta declaracione quod curia non intendebat aliquid declarare quod dicti major et jurati possent vel non possent capere in trefundo dictorum religiosorum, pro tallia dicte ville, mobilia et catalla; propter quod, dicebant dicti major et jurati pronunciari debere, virtute inqueste predicte, ipsos habere jus capiendi mobilia et catalla in trefundo dictorum religiosorum pro tallia ville, dictis abbate et conventu in contrarium asserentibus pronunciari debere ipsos majorem et juratos non habere jus capiendi in trefundo predicto, pro tallia dicte ville, mobilia et catalla. Preterea, cum, ex parte dictorum abbatis et conventus, fuisset propositum quod in primo judicato nichil erat pronunciatum de divisione prepositurarum nec de halis, super quibus ipsi pronunciari petebant, propter quod, in declaratione predicta, curia nostra, super pronunciacione predictorum, tunc reservacionem fecerat ad aliud parlamentum : Tandem, visa iterum diligenter inquesta predicta, quia non fuit inventum predictos majorem et juratos peticionem seu articulos fecisse super capcione mobilium et catallorum, pro tallia dicte ville, pronunciatum fuit, per curie nostre judicium, nos per dictam inquestam differire non debere dictos majorem et juratos habere vel non habere jus capiendi mobilia et catalla, pro tallia supradicta, set faciet curia nostra inter partes justicie complementum, cum fuerit requisita. Super articulo vero prepositurarum, pronunciatum fuit quod abbas et conventus Compendienses per prepositum suum justiciare poterunt in casibus justicie in dicto primo judicato adjudicatis eisdem et locis in eodem contentis, nec dicti major et jurati poterunt se intromittere in casibus justicie adjudicatis dictis religiosis, nec ipsos religiosos aliquatenus impedire. Major vero, tanquam prepositus dicte ville, nomine suo, juratorum et communie predicte ville, in casibus et locis sibi adjudicatis per judicatum predictum, justiciare poterunt; nec abbas et conventus poterunt se intromittere in casibus justicie adjudicatis

Philippe IV,
1299.

dictis majori et juratis, nec ipsos quomodolibet impedire. De halis vero, pronunciatum fuit majorem et juratos predictos non habere jus tenendi clausam halam, de qua erat contencio, per tres dies nundinarum medie Quadragesime, nec habere jus impediendi predictos religiosos quominus ipsi theloneum suum possint colligere tribus diebus predictis in dicta hala, et impedimenta super hoc dictis religiosis amoveri debere.

Mense Januario.

XXXIX. Inquesta facta super injuriis et sevitatibus illatis domine de Beau-Val per maritum suum visa est et expedita, et mandatum ballivo Ambianensi quod ei de securitate provideat, ita quod ejus maritus sevicias non exerceat contra eam, et de victu sibi faciat sufficienter provideri, pro se et liberis suis qui sunt cum ea; et quia dictus maritus cum ea acceperat tria millia librarum, curia ordinavit summam victus ad trecentas libras Turonenses, pro anno, et sic injunxit curia ballivo, quando venit ad curiam.

XL. Cum inter priorem et capitulum Sagienses, ex una parte, et gentes nostras tenentes regale episcopatus Sagiensis, sede vacante, pro nobis et nomine nostro, in scacario nostro Rothomagensi, ex altera, controversia verteretur super eo quod predicti prior et capitulum asserebant se esse et fuisse, a tempore cujus de contrario hominum memoria non existit, in pacifica possessione vel quasi percipiendi, ab episcopis Sagiensibus, qui pro tempore fuerunt, certos dinerios seu procuraciones, certis diebus in anno, videlicet in Paschate, in Ascencione, in Penthecoste, in festo sancti Gervasii estivalis, in Assumpcione beate Marie, in festo Omnium-Sanctorum, in festo sancti Gervasii hyemalis, in Nativitate Domini, in Epiphania, in Purificacione beate Marie, in die jovis in septimana sancta; et illis eciam diebus certas peccunie quantitates pro suis servientibus a predictis episcopis, affirmantes eciam dicti prior et capitulum se esse et fuisse a tempore de cujus contrario memoria

non existit, in pacifica possessione, vel quasi percipiendi dictos dinerios seu procuraciones a gentibus nostris tenentibus regale dicte
sedis, ipsa vacante, et eciam dictas pecunie quantitates, antequam
eciam sigillum officialis Sagiensis aliqui valeret, pro suis servientibus, usque ad ultimam vacacionem dicte sedis, cujus vacacionis
tempore, gentes nostre tenentes regale dicte sedis Sagiensis, dictis
priori et capitulo solvere dictos dinerios seu procuraciones et predictas pecunie quantitates pro suis servientibus, denegarunt, ipsos
sic in sua pacifica possessione vel quasi perturbando; ex adverso
vero gentes nostre, pro nobis et nomine nostro, affirmabant nos per
gentes nostras esse et fuisse a tempore a quo non extat memoria,
in possessione levandi et colligendi regale episcopatus prefati, absque solucione dineriorum seu procuracionum facienda et pecunie
predictarum quantitatum pro servientibus prioris et capituli predictorum : Tandem, visa quadam inquesta, de mandato nostro super
hoc facta, visis eciam attestacionibus super hoc productis, inspectis
eciam quibusdam cartis ex parte ipsorum prioris et capituli productis, et omnibus diligenter examinatis que curiam movere poterant
et debebant in decisione dicte cause, per curie nostre judicium,
pronunciatum extitit ipsos priorem et capitulum in sua predicta possessione vel quasi pacifica debere remanere, et impedimentum appositum super hoc per gentes nostras esse amovendum, et de vigenti
dineriis seu procuracionibus, qui vel que evenerunt tempore ultime
vacacionis, sibi per gentes nostras non solutis, esse solvendis. Quantum vero ad saisinam supradictarum pecunie quantitatum, quas
idem prior et capitulum pro suis servientibus petebant, pronunciatum per idem curie nostre judicium extitit sepedictos priorem et
capitulum nichil sufficienter probasse.

XLI. Cum episcopus Briocensis conquestus fuisset de quibusdam
injuriis et dampnis sibi et suis gentibus illatis per servientes ballivi Constanciensis, per eumdem ballivum deputatos ad capiendum
et explectandum bona temporalia ipsius episcopi, posita ad ma-

PHILIPPE IV,
1299.

num Regis : Tandem, vocatis partibus et facta super hoc inquesta, curie relata, visaque et diligenter examinata, dicti servientes in sentencia nominati per judicium curie condempnati fuerunt, pro injuriis et dampnis predictis dicto episcopo et suis gentibus ibidem nominatis; in certis summis contentis in judicato predicto, et cum hiis Petrus de Sancto-Severo in emenda trecentarum librarum Turonensium, et Guillelmus Guiton in emenda quadraginta librarum Turonensium, duo de predictis servientibus domino Regi, condempnati fuerunt.

Sentencia ista plenius est cum inquesta; et de hoc facta est littera ad ballivum Constanciensem.

XLII. Cum domini castri de Monte-Agrerio peterent manum nostram, per gentes nostras appositam in jurisdictione alta et bassa castri et castellanie de Monte-Agrerio, amoveri : Tandem relatis curie nostre, visisque et diligenter examinatis racionibus parcium predictarum, ac pluribus processibus super hoc habitis coram senescallis nostris Petragoricensibus successive, per judicium nostre curie, dictum fuit et pronunciatum manum nostram esse amovendam de jurisdictione dicti castri et castellanie de Monte-Agrerio pertinenciarumque ejusdem ac parrochiarum de Brassaco et de Sancto-Victore, existencium de castellania predicta, et dictos dominos non debere ulterius impediri quin ipsi uti valeant libere et pacifice possessione totalis jurisdictionis predicte in litis[1] superius nominatis, et pignora inde capta eisdem dominis fore restituenda, servientesque nostros et quoscumque alios, qui super hoc dictos dominos molestaverunt seu molestari fecerunt, teneri ad dampna et expensas que et quas dicti domini, occasione hujusmodi, sustinuerunt a tempore quo primo a Johanne de Arreblayo, milite et senescallo nostro tunc Petragoricensi, mandatum super hoc emanavit, et ipsos ad restitucionem dampnorum et expensarum hujusmodi fore compellendos, prout postulaverit ordo juris; salva nobis questione

[1] Lisez : litibus.

proprietatis in predicta jurisdictione, cum de ea voluerimus experiri. Veneris ante Brandones, mense Februario.

XLIII. Visa inquesta facta contra illos qui in ballivia Senonensi deputati fuerunt ad faciendum monstram armorum et ad capiendum arma peditum, et qui, propter dona que ipsi inde receperunt, relaxaciones super hoc fecerunt, per curiam nostram in modum qui sequitur extitit judicatum, videlicet quod Richerus de Petra-Galteri, Galterus de Lorriaco, Robertus Berfunez, Coletus de Ruyvasseleur, Guillelmus Monachi, tunc prepositus Nemosi, Johannes dictus Venator, Jacobus Major, tunc prepositus de Ladit, Theobaldus Girope, Felix de Scambio, et Colardus le Mercier, tunc prepositus de Dymon, quem ballivus Senonensis statim compellat reddere viginti solidos Turonenses Reginaldo de Chanlot, quos ab ipso habuit racione predicta; isti decem penam peccuniariam domino Regi solvent, et statim inquirat ballivus et rescribat de valore bonorum ipsorum veritatem. Item, judicatum fuit quod Johannes le Picart, Johannes de Fonte-Bliaudi, Bertrandus Conversus, serviens Meledunensis, alius Bertrandus, serviens in prepositura Senonensi, Johannes Boitine, Stephanus de Bello-Monte, Stephanus Auberee, Primoay et Johannes le Borne; isti novem servientes a suis serviciis amoveantur; et cum hoc, ballivus Senonensis omnes predictos, decem et novem, in Castelletum, Parisius, faciat in quadrigis statim adduci. Mercurii post Reminiscere.

XLIV. Cum super bonis nobis incursis in senescallia Agenensi inquiri mandaverimus, et per inquestam predictam inventum fuerit plurima de bonis que fuerunt Johannis Candavere, quondam thesaurarii regis Anglie in Agenno, nobis incursis pervenisse ad manum Arnaldi de Noylhyaco, de Agenno, ipsumque Arnaldum bona predicta, per eum occupata in nostrum prejudicium, diucius detinuisse: Per nostram fuit curiam ordinatum quod omnia bona dicti Arnaldi, mobilia et immobilia, ad manum nostram ponantur, et fiat certum

inventarium de eisdem; quodque persona dicti Arnaldi capiatur, et Philippe IV, 1299.
in prisione nostra teneatur donec super hiis ad emendam pecunia-
riam duxerimus ordinandum. Jovis post Oculi mei.

Facta est littera super hoc ad senescallum Agenensem, et quod
rescribat veritatem de bonorum valore et in quibus consistant.

XLV. Cum per gentes nostras, deputatas ad inquirendum contra
eos qui lanas, post et contra defensam nostram, portaverunt extra
regnum, Hugo Giraudi fuisset in emenda trecentarum librarum
Turonensium condempnatus, et ipse ab hujusmodi condempnacione
ad nostram curiam appellasset : Tandem, visis processibus super
hoc habitis et inquesta super hoc facta, dictus Hugo, per curie nostre
judicium, fuit a prestacione dicte emende sentencialiter absolutus.

Lune post sanctum Gregorium.

XLVI. Cum datum fuerit nobis intelligi Durandum Maillardi a
Johanne de Managliers, quondam senescallo nostro Agennensi, ex
causa donacionis, obtinuisse quamdam domum, sitam in bastida
Regalis-Montis, necnon et terras quasdam cum earum pertinenciis,
sitas in Agennesio, que fuerant Johannis de Candavere, quondam
thesaurarii regis Anglie in Agennesio, nobis incursas et confirmacionem dicte donacionis a nobis obtinuisse, nosque in donacione et confirmacione hujusmodi deceptos plurimum ac enormiter lesos fuisse,
super premissis inquiri mandavimus diligenter : Visa inquesta predicta et diligenter inspecta, donacio predicta et quicquid ex ea et
ob eam seu ejus occasione secutum est, per curie nostre judicium,
extitit revocata, irritata ac eciam anullata, dictusque Durandus condempnatus ad restitucionem fructuum, quos de bonis predictis percepit a tempore quo ipse scivit aut scire potuit revocacionem quam
idem Johannes, tunc adhuc senescallus noster in dicta senescallia,
fecit de donacione predicta, ex quibus tamen sunt deducende melioraciones quas fecit in bonis predictis et census ac redevancie alie
quas, pro bonis predictis, usque nunc solvit idem Durandus.

Philippe IV,
1299.

Sabbato ante mediam Quadragesimam.

Senescallo Agennensi.

XLVII. Cum, per informacionem gencium nostrarum ac relacionem super hoc ab eis curie nostre factam, inventum fuerit sufficienter quod Arnaudus Topine, durante guerra nostra Wasconie, ad inimicos nostros se transtulit, ac postmodum, tacita super hoc veritate, litteras in nostra curia impetravit quod bona sua, ad manum nostram propter dictam ejus rebellionem posita, deliberarentur eidem seu ad recredenciam traderentur, que bona non est dubium esse nostra et nobis commissa, mandamus vobis quatinus, predictis litteris ab eodem Arnaudo, veritate tacita, ut premissum est, super hoc impetratis non obstantibus, ipsa bona ad manum nostram ponatis et teneatis, et ea, cum sint nostra et nobis commissa, taliter explectetis pro nobis quod inde nobis possitis efficaciter reddere racionem.

Sabbato ante mediam Quadragesimam.

Senescallo Agennensi.

XLVIII. Cum dudum, sicut intelleximus, significatum fuisset custodibus nundinarum nostrarum Campanie quod Johannes Clavelli, filius Johannis Clavelli de Albenacio, duos pannos furtive asportaverat de quibusdam nundinis de Pruvino, quodque idem Johannes, in curia dilecti et fidelis nostri domini Montis-Lauri, factum istud recognoverat spontanea voluntate, et super recognicione hujusmodi fuerat confectum publicum instrumentum; propter quod, ad dictorum custodum instanciam, senescallus Belli-Cadri vel ejus locum tenens predictum Johannem, super hoc ad jus vocatum, bannivit, ejus bona ad manum nostram posuit, facto inventario de eisdem, pluresque processus fecit super hoc contra ipsum; deinde custodes predicti eumdem Johannem, coram eis propter hoc comparentem et suam super facto hujusmodi innocenciam allegantem, carcerali custodie manciparunt : Tandem, ad requisicionem dicti Johannis, suam innocenciam super hoc multipliciter pretendentis, ipso de dicto car-

Philippe IV,
1299.

cere liberato, super predictis contra ipsum denunciatis, inquiri mandavimus veritatem; inquesta igitur super hoc facta, curie nostre relata,
visa et diligenter examinata, quia, per eamdem inquestam, curie
nostre constitit evidenter de innocencia ipsius Johannis super imposicione furti predicti, per ipsius curie nostre judicium, dictum fuit
et pronunciatum quod, predictis processibus omnibus contra dictum Johannem super hoc factis totaliter anullatis et revocatis, omnia
bona sua, racione predicta ad manum nostram posita, sine difficultate
quacumque deliberentur, et reddantur eidem.
  Mense Marcii.

  XLIX. Cum facta fuisset inquesta contra homines Podii-de-Gom-
taldo, Agennensis dyocesis, super eo quod ipsi diu cessaverant, in
solucione centum solidorum Morlanensium, quos ipsi debent annuatim domino Regi, pro exercitu suo : Tandem procurator eorum
super hoc composuit cum curia hoc modo, quod ipsi homines de
cetero solvent dictum redditum anno quolibet in festo Omnium-
Sanctorum thesaurario Agenensi, et pro arreragiis centum libras
Turonensium parvorum in instanti festo Nativitatis Domini.
  Sabbato post Oculi mei, mense Marcii.
  Facta est super hoc littera ad senescallum Agennensem.

  L. Super eo quod dicebatur Martinum de Garineto, de Manso-
Agennensi, novum levasse pedagium apud Mansum, procurator ejus
composuit cum curia ad centum libras Turonenses solvendas ad Penthecostem, salva fama sua; et stabit juri, si aliud petatur ab eo.

  LI. Cum, super saisina domus cujusdam, contenciose inter
Mariam dictam la Bordine, de Dompno-Martino, ex una parte, et
Philippum Regis, Jaquetum Maroie, et comitem Domni-Martini, ex
altera, coram preposito Parisiensi, orta esset materia questionis, dictaque Maria, tanquam de novo desaisita ante omnia peteret resaisiri, et dictus comes peteret suam curiam rehabere : Tandem, vocatis

partibus et auditis, visaque inquesta super hoc facta, per curie nostre judicium, pronunciatum fuit et ipsi preposito Parisiensi verbotenus injunctum quod ipse prepositus Parisiensis in primis dictam Mariam de dicta domo resaisiret et, lite pendente, super hoc coram eo inter dictas partes, eam in sua saisina defendat, et faciat partibus justicie complementum. Actum Parisius; die veneris post festum beati Petri-ad-Vincula, anno Domini millesimo trecentesimo.

LII. Visa inquesta, de mandato cantoris Aurelianensis facta ad instanciam decani et capituli Aniciensium, super eo quod manus Regis tenetur apposita per ballivum tunc Vallavie-in-Villa redditibus et justicia de Arelabasco, que dicebant ipsi esse de feodo ecclesie Aniciensis; non fuit inventum quod manus Regis apposita fuerit ibidem injuste, et ideo dictum fuit quod manus Regis ibi remanebit; et cum ipsi requirant se super hoc ad financiam admitti, scriptum fuit senescallo Belli-Cadri vel ejus, etc. quod se informet et rescribat qualiter magis expedit domino Regi aut dictum castrum retinere, aut inde financiam recipere. Actum Parisius, die martis post decollacionem beati Johannis, anno trecentesimo.

LIII. Visa inquesta, de mandato domini comitis Attrebatensis facta, super eo quod bajuli Agenenses impediebant M. J. de Monstreleto, qui tenet execucionem sigilli Agenensis, in percepcione quinque solidorum pro quolibet clamore super sigillato de quo sequitur execucio, et aliorum emolumentorum ad dictam execucionem pertinencium: Per judicium curie dictum fuit quod dictum impedimentum amoveatur, et quod ipse M. J. gaudeat saisina predictorum; et habuit super hoc litteram secundum formam que ligata est in inquesta.

LIV. Processus factos per judicem et locum tenentem vicarii Bitterrensis inter innobiles et nobiles villarum dicte vicarie, super contribucione in talliis pro quinquagesima faciendis, curia anulla-

vit, pro eo solummodo quia senescallus Carcassonensis recordatus
fuit in curia quod dicti auditores fecerant dictos processus postquam
ipse revocavit mandatum suum, et inhibuit ne procederent super
hoc; et commisit curia negocium istius cause M. R. Rosselleti, adjuncto secum alio probo viro, et probata fuit curia et reservavit
domino Regi quod quecumque dictarum parcium succumbat, non
prejudicabit domino Regi quin isti nobiles, sicut debent in equis et
armis, teneantur servire domino Regi. Actum jovis in octabis nativitatis beate Virginis, anno Domini millesimo trecentesimo.

(Judicatum istud quod sequitur, de P. de Bouchon, scribi debuit
in pagina subsequenti istius folii, ad istud signum[1].)

LV. Cum Petrus de Bouchon, presbyter, a quodam judicato
contra se facto pro Johanne de Sancto-Albino, domino de Bouchon,
per homines curie nostre Ambianensis, per quod ipsi homines judicatum quoddam factum inter dictas partes per prepositum Sancti-
Richarii, qui judicaverat legatum quod dictus presbyter fecerat de
quibusdam rebus immobilibus, sitis sub dicto domino, Johanni
Aoustin et Burge, ejus uxori, ac filiabus eorum, esse contractum donacionis et non vendicionis, in causa appellacionis super hoc ad ballivum Ambianensem a dicto domino interposite infirmaverant, tanquam a falso et pravo ad nos appellasset; peteretque, tam contra
dictum dominum quam contra dictos homines, per nostram pronunciari curiam male judicatum contra se per dictos homines fuisse, et
se bene appellasse; et e contra dictus dominus pro se proponeret
dictum judicatum pro se factum esse legitimum et bonum, requirens quod processus sigillatus quem habebat dictus ballivus super
hoc videretur; dictique homines, pro parte sua, pluribus racionibus
proponerent dictum judicatum suum esse legitimum atque bonum,
et predictum presbiterum male super hoc appellasse : Tandem, auditis partibus hinc et inde, visisque processu predicto et quibusdam

[1] Voyez p. 42.

40 LES OLIM.

PHILIPPE IV, litteris ex parte dicti presbyteri productis, habitaque deliberacione
1300. super hoc diligenti, per judicium nostre curie, dictum fuit et pronunciatum predictos homines male judicasse et dictum presbyterum
bene appellasse, et quod dicti homines hoc nobis emendarent.
Mense Decembris.

INQUESTE ET PROCESSUS

ALII, JUDICATI IN PARLAMENTO OMNIUM-SANCTORUM,

ANNO DOMINI MCCC.

I. Cum dilectus et fidelis noster abbas Compendiensis conquereretur de ballivo Viromandensi, super eo, ut dicebat, quod dictus
ballivus eumdem abbatem injuste impediebat in cognicione et punicione cujusdam occisionis de Johanne de Castis, scutifero, nuper
facte in terra et justicia ipsius abbatis et a suis justiciabilibus apud
Royz-super-Massam; et e contra, dictus ballivus proponeret hujus
facti cognicionem et punicionem ad nos, non ad ipsum abbatem,
pertinere, cum idem armiger, ut dicebat, in conductu servientis
nostri et contra ipsius servientis prohibicionem fuisset occisus: Tandem, auditis partibus hinc et inde, per judicium nostre curie, dictum fuit quod, quia dictus armiger in conductu nostri servientis et
contra ejus defensam fuerat occisus, hujus facti cognicio et punicio
nobis remanebit, salvo jure dicti abbatis in aliis casibus ad eum
pertinentibus, qui contingent in loco predicto, ac salvo eciam jure
ipsius abbatis in forisfactura bonorum dictorum malefactorum con-
sistencium sub eodem. In cujus, etc. Mense Novembris.

Debuit poni supra in quaterno arrestorum.

II. Cum major et jurati ville de Brueriis, pro se et Johanna, filia
quondam Johannis de Anisiaco, peterent judicatum per nostram

PHILIPPE IV,
1300.

curiam factum super quadam inquesta, facta inter ipsos, ex una parte, et dilectum et fidelem nostrum episcopum Laudunensem, ex alia, super bonis dicti defuncti Johannis, execucioni mandari, et e contra dictus episcopus proponeret quod inquesta predicta non fuerat completa, peteretque dictum judicatum suspendi, et probaciones suas super hoc adhuc admitti, vel diem consilii seu appensamenti, tanquam novo episcopo, sibi super hoc concedi: Tandem, auditis partibus hinc et inde, et iterato diligenter visa inquesta predicta, visoque tenore litterarum et privilegiorum in ea productorum, per ipsius curie nostre judicium, dictum fuit quod predictum judicatum mandabitur execucioni. In cujus, etc. Mense Decembris.

III. Cum curie nostre significatum fuisset quod super quibusdam prisiis hominum et equorum, quas Erardus et Guillelmus de Thiengiis, fratres, nunc milites, per se et eorum gentes apud la Vau-Sancti-Germani et Sanctum-Germanum, in terra abbatis et conventus Sancti-Germani-de-Pratis Parisiensis, dicebantur fecisse vindicando se per manum suam de quibusdam injuriis, surprisiis et malefactis eisdem fratribus per dictos religiosos aut eorum gentes, sicut dicti fratres proponebant, illatis, ballivus Senonensis, in ejus assisia Meledunensi, pro dictis fratribus judicaverat quod ipsi remanere debebant in saisina prisiarum hujusmodi sic factarum, et, contra judicatum hujusmodi, proponeretur quod nullum erat ipso jure, et quod ei stare non debebat, cum factum esset contra jus et bonos mores et generalem antiquam et approbatam consuetudinem regni nostri; et, pro parte dictorum fratrum, proponeretur ex adverso quod, cum ipsi pluries consuevissent se contra dictos religiosos taliter vindicare, prout per inquestam factam super hoc apparebat, judicatum predictum validum erat et tenere debebat, maxime cum ab eo non fuerit appellatum: Tandem, auditis partibus, visisque diligenter inquesta, sentencia et processu predictis, per curie nostre judicium, dictum fuit et pronunciatum quod predictum judicatum nullum est et tanquam nullum non tenebit, salva parti cuilibet, tam in posses-

sione quam in proprietate, peticione sua, si super dictorum locorum
justicia voluerint experiri.

Lune post Sanctum-Andream, mense Decembris.

(Hic debet scribi judicatum P. de Bouchon, presbiteri, quod est
in precedenti pagina istius folii[1].)

IV. Cum dilectus et fidelis noster episcopus Cathalanensis quamdam inquestam seu informacionem ad ejus instanciam de mandato
nostro factam, ut dicebat, per ballivum Vitriaci vel deputatos ab
ipso super manibusmortuis, quas ipse petit in villa de Fraxino, videri peteret et judicari, et e contra major et jurati dicte ville de
Fraxino, pluribus racionibus, proponerent dictam inquestam non
esse videndam sed pocius anullandam : Tandem, auditis partibus
hinc et inde, visoque processu dicte inqueste, eadem inquesta, per
curie nostre judicium, extitit annullata, et, si dictus episcopus aliquid petere voluerit contra dictos majorem et juratos, vocabuntur
partes, et fiet jus inter eas.

Sabbato post Sanctum-Nicolaum.

V. Cum homines habitatores Vallis-Charti assererent se habere
litteras continentes aliquas franchisias eisdem hominibus a predecessoribus nostris comitibus Campanie concessas, quibus se usos a retroactis temporibus affirmabant, dicentes quod hujusmodi littere,
propter sui vetustatem, erant viciate, et sigillum, casu fortuito,
propter pargameni putredinem et negligenciam custodum, a parga-
meno ceciderat; asserebant insuper se dictarum litterarum habere
duo transcripta sub sigillo curie Trecensis, supplicantes nobis ut me-
moratas franchisias vellemus eis de novo confirmare; nos de hiis volentes habere noticiam pleniorem, mandavimus ballivo nostro Trecensi ut de dictis litteris et contentis in eis, et utrum dicti homines
usi essent pacifice et quiete continuando saisinam suam seu usum
hujusmodi, et utrum predicta transcripta essent vera, suspicione

[1] Voyez plus haut, p. 39.

carencia, diligenter inquireret veritatem : Visa igitur inquesta, de
mandato nostro, super hiis facta, per curie nostre judicium, pronunciatum extitit predictos homines Vallis-Charti suam intencionem sufficienter probasse et cartam predictam eorum debere renovari, cujus
tenor sequitur in hec verba : « Ego Theobaldus, Trecensis comes pala-
tinus, universis, tam futuris quam presentibus, notum facio me con-
cessisse hominibus Maraye et villarum appendencium, scilicet Sancti-
Medardi, Chevini et Vallis-Charti, quod quicumque in ipsis manserit
et terram cum animalibus sive cum animali excoluerit, duodecim
denarios et minam unam avene per annum persolvet; qui vero nullum
animal ad terre culturam apposuerit, duodecim tantum denarios annuatim reddet. Hanc eciam prefatis hominibus contuli libertatem
quod a tallia et ab omni exacfione permanebunt inmunes; nec theloneum nec pedagium, quod meum sit in terra mea, donabunt ad
hec. Forefactum de sexaginta solidis, quinque solidis terminabitur;
illud de quinque solidis, duodecim denariis conplebitur; clamor
quoque, quatuor denariis emendabitur. Concessi eciam prefatis hominibus quod, si quis inde abire voluerit, venditis domibus et penis,
ceterisque rebus propriis, quiete poterit abire. Hanc itaque convencionem omnibus qui in prefatis villis manserint, a me et ab heredibus meis, firmiter et perpetualiter observandam depactus sum; et
ut hec nota permaneant litteris annotata, sigilli mei impressione
firmavi. Actum Trecis, anno Verbi incarnati millesimo centesimo nonagesimo octavo. Datum per manum Galteri cancellarii. Nota Petri
Mercurii post Circumcisionem Domini. » In cujus rei testimonium tenorem dicte carte comitis Theobaldi de verbo ad verbum, ut supra
presenti nostre carte incorporari fecimus, eique nostrum apponi sigillum, ex hiis dumtaxat periculo vetustatis antique carte predicte
cere et pargameni ipsius videlicet providere volentes. Nos autem
Johanna, Dei gracia, Francie et Navarre regina, Campanie et Brie
comitissa palatina, de cujus hereditate predicta movere noscuntur,
nostrum in premissis, quantum ad nos pertinet imparcientes assensum, sigillum nostrum fecimus apponi presentibus, una cum si-

gillo precarissimi domini et conjugis nostri Francie regis predicti.

VI. Visa informacione facta de mandato domini nostri Regis super jure collacionis prebendarum Sancte-Crucis Stampensis, dixerunt magistri quod dominus Ludovicus, dominus Stampensis, poterit facere inquiri de jure suo super collacione predictarum prebendarum, quando placebit ei, et vocentur tunc qui fuerint evocandi, et non fuit judicata ista informacio, quia facta fuit partibus non vocatis.

Mercurii post Circumcisionem Domini.

VII. Cum inter ballivum Sylvanectensem, pro nobis, ex una parte, et religiosos viros abbatem et conventum monasterii Sancti-Geremari Flaviacensis, ex altera, mota fuisset questio super eo quod dictus ballivus dicebat nos esse et fuisse in possessione alte et basse justicie villarum de Condreto, de Puteolis et de Sourmarkais; predictis religiosis in contrarium asserentibus se esse et fuisse in possessione alte et basse justicie predictarum villarum : Tandem, super premissis, de mandato curie nostre, inquesta facta, visa et diligenter examinata, pronunciatum fuit, per curie nostre judicium, predictos religiosos debere remanere in possessione alte et basse justicie predictarum villarum de Condreto et de Sourmarkais.

Item in possessione basse justicie et sanguinis et latronis in villa de Puteolis, salvo nobis jure super questione proprietatis alte et basse justicie predictarum villarum quarum saisina adjudicata est religiosis predictis.

Mercurii post Circumcisionem Domini.

VIII. Cum dilectus consanguineus et fidelis noster comes Attrabatensis conquestus fuisset in curia nostra quod decanus et capitulum Attrabatensis ecclesie, in claustro et civitate Attrabatensibus aliqua fecerant in signum novi mercati seu aliquas indebitas novitates, requirens quod faceremus predicta cadere et ad statum debitum reduci : Tandem, super premissis de mandato curie nostre facta

inquesta, visa et diligenter examinata, visis eciam objectis hinc et
inde propositis contra testes, auditis eciam racionibus hinc et inde
propositis, pronunciatum fuit, per curie nostre judicium, non esse
inventum, probatum quod predicti decanus et capitulum aliquas fecerint indebitas novitates in claustro et civitate predictis in signum
novi mercati.

Mercurii post octabas Nativitatis Domini.

IX. Cum significasset nobis decanus de Yssigiaco, monasterii de
Sarlato, quod cum ipse et predecessores sui, nomine ecclesie sue,
essent et fuissent in possessione vel quasi meri et mixti imperii ac
jurisdictionis omnimode alte et basse parrochiarum de Monte-Alto,
Sancti-Pardulphi et Montis-Seguelli, idem feodi et retrofeodi parrochie de Ribanhaco, excepto tenemento de Bono-Fonte, quod est
de dicta parrochia Montis-Siguelli; et ea usi essent per decem viginti et triginta annos pacifice et quiete, et de predictis essent in
nostra gardia speciali; et multipliciter impediretur idem decanus in
saisina jurisdictionis predicte per Reginaldum de Ponte, dominum
Brageriaci, et per gentes suas, ipso mandante vel ratum habente,
de novo et sine causa racionabili, in ipsius decani, ecclesie sue ac
dicte garde nostre prejudicium, ut dicebat; peteretque dictum Reginaldum et gentes suas prohiberi ne dictum decanum seu gentes suas
in saisina predicte jurisdictionis amodo perturbent vel inquietent, et
a predictis impedimentis cessent totaliter et desistant, dampnaque
per hoc sibi illata reddant usque ad ducentas marchas argenti; nosque super predictis mandaverimus inquiri, vocatis partibus, veritatem : Tandem, visa inquesta super hoc facta, inventum est dictum
decanum et predecessores suos usos esse et fuisse jurisdictione predicta, et se esse et fuisse longo tempore in saisina meri et mixti
imperii ac jurisdictionis omnimode parrochiarum predictarum, et
eundem decanum multipliciter impeditum in eadem per dictum
Reginaldum et gentes suas; propter quod, per curie nostre judicium,
dictum fuit et pronunciatum predictum Reginaldum esse prohiben-

dum quominus, per se vel per alium, dictum decanum impediat in saisina jurisdictionis omnimode parrochiarum predictarum, et impedimenta per eundem Reginaldum seu gentes suas super hiis apposita, amoveri et cessare debere.

Mense Januario.

X. Cum decanus de Yssigaco nobis conquestus fuisset quod Reginaldus de Ponte, dominus Brageriaci, Arnaldus de Montibus, miles, Bertrandus ejus filius, Raymondus Buada, Rolandus Rannulphi, Oliverius Prepositi, Galterius et Raymundus Prepositi, Guillelmus de Silvia, Arnaldus Boassa, Grimoaldus de Merens, Arnaldus le Clavier dictus Jaques, Guillelmus de Lossa, Geraldus Francisci, Raymundus de Podio-Petroso, Raymundus Gibrani, Guillelmus de Felen, Guido de Leuga, Guillelmus Petri, Petrus et Helyas de Verdon, Stephanus et Guillelmus Petri, et plures alii, usque ad numerum sexcentorum hominum, tam equitum quam peditum, more hostili cum armis, contra pacis statuta et bonos mores regni, de nocte, cum pulsaretur ad matutinas, ad locum de Yssigaco sive villam accesserunt, et circa auroram diei sequentis, posse suum facientes de intrando dictam villam, hostiliter debellarunt, clamando: Bargerac! ad mortem! ad ignem! ad molendinum dicti decani trahendo tela, quarrellos, sagittas et lapides proiciendo ad et infra dictam villam, ignemque facientes seu ibidem immittentes, barrias dicte ville et quinquaginta domos, necnon molendinum ipsius decani et ipsius furchas, cum duobus ibidem suspensis, diruerunt, fregerunt ac etiam combuxerunt, propter quod incendii periculo fuit posita tota villa; item aliquos homines ibidem vulneraverunt, bacones, carnes salsas, gallinas et plura alia bona que ibi erant combuxerunt, et plura rapuerunt et secum portaverunt; pluresque injurias, violencias et excessus ibidem committendo, in grave dampnum et prejudicium dicti decani, ecclesie sue et hominum justiciabilium suorum, necnon in injuriam et contemptum nostrum ac jurisdictionis et garde nostre specialis, ut dicebat; nobisque supplicasset dampna sibi, ecclesie sue et hominibus justiciabilibus suis, ut dictum est, illata, per predictos usque ad quinque milia librarum emendari et resarciri sive reddi, factaque predicta tam enormia corrigi et puniri prout justum esset et consonum racioni; nosque super excessibus predictis inquiri fecerimus, vocatis partibus, veritatem : Tandem, visa inquesta super hiis, de mandato nostro, facta et diligenter examinata, omnibusque sollempnitate qua convenit rite actis, inventum est omnia et singula supradicta in querimonia seu facti narracione dicti decani contenta, bene et sufficienter esse probata; propter quod, per curie nostre judicium, dictos Reginaldum et complices suos condempnavimus ad emendam, item ad restitucionem seu refectionem barriarum, domorum et molendini predictorum, et ad dictarum furcharum restitucionem seu reposicionem cum figura duorum hominum in eis suspensorum, dictorumque bonorum combuxtorum et raptorum restitucionem seu estimacionem eorumdem, necnon ad omnium aliorum dampnorum restitucionemque dictos decanum et homines justiciabiles suos pro dictis violenciis, incendio et excessibus legitime constiterit incurrisse. Item, dictum Reginaldum de Ponte condempnavimus, contra ipsum emendam taxando predictam, in quinque millibus libris Turonensibus nobis, et dicto decano in mille libris ejusdem monete, pro emenda predicta solvendis; retenta nobis taxacione dicte emende contra alios superius nominatos facienda, cum de quantitate bonorum cujuslibet eorumdem fuerimus informati.

Mense Januario.

XI. Cum senescallus noster Petragoricensis, super injuriis, excessibus et vulnere denunciatis per Guillelmum Grabaldi contra Gasbertum de Salis, inquiri fecisset, et tandem dictum Gasbertum pro dictis injuriis, excessibus et vulnere per ipsum illatis dicto Guillelmo pensato insidio seu ex proposito eum interficiendi, condempnasset in centum quinquaginta libris nobis, et dicto Guillelmo in quinquaginta libris, cum gagio bajuli de Sarlato dandis seu solvendis; dic-

tus vero Gasbertus a dicta sentencia ad nostram curiam Parisiensem
appellasset, necnon procurator noster et dictus Guillelmus a modica
summa in condempnacione predicta contenta, similiter appellassent;
dictique appellantes plures causas et raciones proposuissent in curia nostra Parisiensi hinc inde, propter quas dictam sentenciam asserebant nullam esse vel injustam; super quibus mandavimus inquiri,
vocatis partibus, veritatem : Tandem, visis inquestis, tam super denunciacione predicta quam super causis dictarum appellacionum factis, et diligenter examinatis, pronunciatum fuit, per curie nostre
judicium, bene fuisse per dictum senescallum judicatum, et male
appellatum quantum ad summas in predicta condempnacione contentas et gagium bajuli supradicti, et quod dictus Gasbertus compelletur ad solvendum dictas summas cum gagio bajuli supradicti.
 Jovis post Circoncisionem Domini.

XII. Cum domicella Ada de Kesnel coram nobis peteret amoveri
quoddam impedimentum sibi appositum, ut dicebat, ex parte Ingerranni, dicti Germani, videlicet ne dicta domicella contra dictum
Ingerranum jus suum posset prosequi coram Johanne de Villaribus,
armigero, super quibusdam rebus que ab eodem Johanne tenentur :
Tandem, visa inquesta super hoc facta, et articulis dictarum parcium
in ea contentis et responsionibus ad eosdem, per curie nostre judicium dictum fuit impedimentum predictum amoveri debere, et dictam domicellam jus suum posse prosequi contra dictum Ingerranum
super dictis rebus in curia armigeri supradicti.
 Jovis post Circoncisionem.

XIII. Cum de mandato nostro fuisset inquisitum super possessione
alte et basse justicie ville de Mayroles inter nos, ex una parte, et
priorem dicte ville, ex altera, in qua possessione, ut dicebat dictus
prior, ipse erat et ejus predecessores fuerant tempore quo dos seu
dotalicium olim avie nostre carissime Margarite, Francorum regine,
extitit assignatum, gentibus nostris in contrarium asserentibus pro

nobis : Tandem, inquesta super hoc facta, visa et diligenter examinata, quia inventum est dictum priorem et ejus predecessores fuisse et esse in possessione vel quasi dicte justicie alte et basse, tempore quo dos vel dotalicium dicte Regine extitit assignatum, per curie nostre judicium, dictum fuit et pronunciatum predictum priorem et ejus predecessores esse et fuisse in possessione vel quasi dicte justicie alte et basse tempore supradicto, et quod impedimentum amovebitur, quod eidem priori, super hoc, prepositus Parisiensis apposuerat post dicte regine Margarite decessum.

Mense Januario.

XIV. Informaciones, ad instanciam capituli Carnotensis, contra ballivum Aurelianensem facte, racione cujusdam hominis de corpore, vise et per M. Pasquirion reportate ad M. Andream Pocheron et J. de Montigniaco solos, invente fuerunt per eos minus sufficienter facte et judicandas non esse. Istud non fuit pronunciatum, sed quibusdam de capitulo dictum ad partem.

Sabbato ante Sanctum-Gregorium. Et dixit michi dictus Jo. quod de hoc non facerem litteram alicui.

XV. Visa inquesta facta ad instanciam magistri Giraudi de Malo-Monte et domini de Tyerno, ex una parte, contra ballivum Arvernie, pro nobis, et abbatem de Tyerno, ex alia, super quibusdam desaisinis et novitatibus, ut dicebatur, factis per dictum ballivum in castro et castellania de Tyerno, visisque racionibus in dicta inquesta contentis, ac curie nostre registris, per ipsius curie nostre judicium, inquesta predicta fuit totaliter anullata.

Sabbato post Epiphaniam.

XVI. Senescallo Ruthenensi, salutem: Querimoniam Petri Tholosani de Petruzia recepimus, continentem quod cum ipse, in habitu clericali existens, captus fuisset et in carceribus nostris detentus, licet indebite, curiales nostri Ville-Nove et alii inimici sui, videlicet

Geraldus Piscatoris, Arnaldus de Geneberiis, Arnaldus et Guillelmus, ejus filii, et Remundus la Greza, eundem Petrum diversi mode
tormentaverunt, videlicet cordis magno pondere lapidum, ovis ca-
lidis et igne, propter que tormenta, membra dicti Petri facta fuerunt
impotencia et inutilia, sicut dixit, et eorum occasione tormentorum
expendit in medicis et aliis necessariis trecentas libras Turonenses,
sicut dixit, petentis curiales nostros et alios superius nominatos,
pro dampnis sibi illatis, condempnari in trecentis libris Turonensibus, et sibi emendari predicta, prout esset consonum racioni; nosque
super predictis mandaverimus inquiri: Tandem, visa inquesta super
hoc facta et diligenter examinata, inventum est quod dictus Petrus,
tonsuram et habitum deferens clericales, per Petrum de Cliniaco,
Guillelmum Triligot, Bernardum Constancii, servientes nostros ibidem; item, per Geraldum Piscatoris et Guillelmum de Geneberiis,
predictis et aliis generibus tormentorum extitit tormentatus, propter
quod eosdem condempnavimus ac eciam condempnamus ad emendam pecuniariam nobis et dicto Petro Tholosano prestandam, taxandam cum de quantitate bonorum cujuslibet ipsorum fuerimus informati; quocirca mandamus vobis quatinus diligenter vos informetis
de quantitate bonorum dictorum condempnatorum; item, contra
magistrum Berengerium de Galliaco, Arnaldum de Geneberiis et
Arnaldum, ejus filium, Remundum la Greza, renoncium servientem
Ville-Nove, Arnaldum, nuncium dicti Berengerii, Jolinum et alios
quos dictus Petrus duxerit nominandos, vocatis ipsis et aliis qui
fuerint evocandi, et prout ad vos noveritis pertinere de predictis
tormentis dicto Petro illatis, diligenter veritatem inquiratis; item,
informetis vos de quantitate bonorum ipsorum et aliorum quos
super hiis culpabiles inveneritis, et interim bona predictorum condempnatorum et culpabilium omnia ad manum nostram ponatis et
eosdem captos teneatis, absque periculo corporum et membrorum,
quousque aliud a nobis receperitis in mandatis, prout tamen ad vos
noveritis pertinere, et quicquid super hoc feceritis gentibus nostris,
Parisius existentibus, celeriter rescribatis.

Jovis ante Candelosam.

XVII. Cum in causa arbitrali inter Johannem dictum Robaiche, ex una parte, et Waquelinum dictum Balam, ex altera, mota et agitata coram Nicolao dicto Cavalier, arbitro a partibus ipsis electo super omnibus discordiis et querelis quas partes alterutrique habere possent tunc temporis, in tantum fuisset processum quod dictus arbiter condempnavit dictum Johannem dicto Waquelino per suam arbitralem sentenciam in centum et sexdecim libris Turonensibus petitis, ex una parte, et in centum et decem libris Turonensibus de summa sepcies viginti librarum Turonensium, ex altera, in ceteris in peticione dicti Waquelini contentis dictum Johannem absolvendo, declarando per eandem sentenciam quod de contentis in peticione dicti Waquelini, que processum et factum inquisitorum nostrorum, quos dudum ad partes ducatus Normannie misimus, tangebant, se intromittere non intendebat, dictusque Johannes curie nostre supplicasset quod pronunciaretur dictam sentenciam nullam esse, aut si esset aliqua, quod ipsa ad boni viri arbitrium reduceretur; proponens quod super sepcies viginti libris predictis dictus Waquelinus nullam omnino peticionem sibi ediderat coram dicto arbitro; parte adversa contrarium proponente : Tandem, viso processu coram dicto arbitro inter dictas partes habito et diligenter examinato, per curie nostre judicium, fuit pronunciatum quod ballivus noster Caletensis inquiret, non obstante processu predicto, utrum dictus Waquelinus fecerit peticionem contra dictum Johannem coram dicto arbitro, super dictis sepcies viginti libris Turonensibus, et si invenerit ita esse, sentenciam predictam in omni sui parte demandabit execucioni, sin autem, quantum ad illas sepcies viginti libras, quantum dictus Johannes fuit in eis vel earum parte condempnatus per dictum arbitrum, sentenciam hujusmodi irritabit et eam in ceteris execucioni debite demandabit.

Sabbato ante Candelosam.

Philippe IV,
1300.

XVIII. Cum ex parte dilecti et fidelis nostri comitis Marchie nobis
expositum fuisset quod Johannes de Sancto-Dyonisio, miles, tunc
senescallus noster Pictavensis, plura gravamina et dampna injuste
intulerat eidem, barrerias quasdam dirutas in villa Dauratensi rele-
vando in prejudicium saisine et juris dicti comitis, et eo non vocato
et eas de bosco et redditibus dicti comitis refici faciendo, pendente
eciam lite super eisdem barreriis inter dictum comitem et abbatem et capitulum Dauratenses; item, processum cujusdam inqueste,
complende pro dicto comite contra quemdam servientem, gardiatorem, et quosdam monachos monasterii Karoffensis, indebite retar-
dando propter donaciones, promissiones et subornaciones ab abbate
et conventu Karrofensibus factas eidem senescallo; super quibus, in
quadam cedula sub nostro clausis contrasigillo, ad supplicacionem
et instanciam dicti comitis, certis auditoribus a nobis deputatis, vocatis evocandis, mandavimus diligenter inquiri; ex adverso autem, pro
dicto senescallo, coram dictis auditoribus propositum extitit quod,
virtute commissionis predicte, procedere non debebant, propter hoc
quod dicta commissio, veritate tacita, fuerat impetrata, nam quidquid dictus senescallus fecerat, de predictis barreriis, fecerat, prout
proponebat, de speciali mandato nostro super hoc sibi directo, et
processerat vocato ad hoc dicto comite et juris ordine observato;
quibus et aliis pluribus racionibus pro dicto senescallo propositis,
ipsi auditores, a nobis deputati, virtute commissionis sibi directe ad
inquirendum nichilominus processerunt : Visa igitur inquesta super
premissis facta, auditis eciam deposicionibus testium utriusque partis,
et omnibus rite actis, pronunciatum fuit, per curie nostre judicium,
dictum comitem intencionem suam, super dictis gravaminibus et
dampnis, ab ipso contra dictum senescallum propositis, in quantum
tangebant ipsum comitem, non probasse; et ob hoc idem senescallus fuit super hiis, quantum tangebant ipsum comitem, per idem
curie nostre judicium absolutus.

Martis post Candelosam.

PHILIPPE IV,
1300.

XIX. Cum inter dilectos nostros episcopum, decanum, capitulum et ballivum nostrum Matisconenses, ex una parte, et abbatem Cluniacensem, ex altera, controversia mota esset, racione garde et jurisdictionis nostre, occasione gerbarum et bonorum quorumdam ablatorum per gentes dicti abbatis, ut dicitur, post arrestum et manum nostram appositam in eisdem, in quibus dicti episcopus, decanus et capitulum se debere percipere decimam et se esse et fuisse ab antiquo in possessione pacifica percipiendi eandem, racione ecclesie Matisconensis, dicebant, supplicantibus nobis quod loca faceremus resaisiri de dictis gerbis et bonis et eos in dicta saisina manuteneri et defendi, peteretque dictus ballivus dictum abbatem, pro pluribus inobedienciis et excessibus factis per suas gentes, asportando violenter et cum multitudine armatorum, monachorum et aliorum equitum et peditum gerbas et bona posita in manu nostra et arresto, ut predictum est, condempnari nobis in decem millibus marcharum argenti; et, pro injuriis dicto ballivo factis per gentes dicti abbatis, sibi condamnari dictum abbatem in duobus millibus marcharum argenti; dicto abbate contra dicente et petente se absolvi a predictis, necnon petente dictum ballivum, pro pluribus gravaminibus, dampnis, injuriis et expensis, sibi ac monasterio suo illatis, ut dicebat, per eundem, condempnari sibi in tresdecim millibus librarum Turonensium parvorum, ballivo nostro Matisconensi contrarium asserente, nosque super predictis omnibus, quantum ad nos pertinet, racione garde et jurisdictionis nostre, mandaverimus inquiri : Visa inquesta super predictis facta, diligenter examinata, et omnibus rite et solempniter, prout decuit, actis, inventum est quod, ad requestam dictorum episcopi, decani, et capituli, propter debatum seu contencionem quam sibi faciebant gentes dicti abbatis in percepcione quarumdam gerbarum et bonorum, racione decime, quam se habere dicebant in quibusdam terris pertinentibus ad domos seu grangias de Sarci, Chevingnes, Besornay et quibusdam aliis qui sunt monasterii Cluniacensis et de quibus facta est ostensio, manum nostram appositam in quibusdam gerbis et bonis existentibus ibidem

PHILIPPE IV,
1300.

per servientes nostros prohibentes, ex parte nostra, pluries ne gerbas
et bona predicta asportarent seu facerent asportari quousque de jure
parcium esset certum; quibus arrestis et prohibicionibus spretis,
gentes dicti abbatis gerbas et bona arrestata et in manu nostra posita, ut dictum est, ad domum suam seu grangiam de Sarci violenter
et cum armis rescousserunt, asportarunt seu asportari fecerunt, dicendo : « Non habemus Regem nec cognoscimus eum; » et minando
servientibus nostris de percuciendo; postea, cum magna multitudine
hominum, monachorum et aliorum equitum et peditum, cum armis
apparentibus, ad alia loca accesserunt et gerbas et alia bona in manu
nostra posita et arrestata, cornu cornato, violenter et cum armis ad
domos suas seu grangias de Chevingnes, de Besornay et alibi re-
cousserunt, asportarunt seu asportari fecerunt, servientibus nostris
presentibus et fieri prohibentibus; que omnia videntur esse facta in
vituperium nostrum et prejudicium garde et jurisdictionis nostre;
propter quod, per curie nostre judicium, dictum abbatem condempnavimus et condempnamus in quinque millibus librarum Turonensium parvorum, nobis solvendis pro emenda, de quibus damus et
concedimus ballivo nostro predicto trecentas libras Turonenses, pro
labore et expensis quas fecisse dicitur in prosecucione negocii memorati, necnon dictum ballivum absolvimus ab omnibus gravaminibus, dampnis, expensis et injuriis sibi impositis et petitis per dictum abbatem, similiter ipsum abbatem ab injuriis quas gentes sue
fecisse dicuntur dicto ballivo duximus absolvendum. Item, volumus
et precipimus loca resaisiri de gerbis et aliis bonis amotis et asportatis per gentes dicti abbatis post arrestum et apposicionem manus
nostre, prout, in sentencia deputatorum a nobis super hoc lata, plenius continetur; insuper, quia sufficienter informati sumus, quantum
ad nos pertinet, racione garde nostre, de saisina dictorum episcopi,
decani et capituli percipiendi decimam gerbarum et quorumdam
aliorum bonorum in terris pertinentibus ad dictum abbatem, de
quibus facta est ostensio, situatis in ballivia nostra Matisconensi,
volumus et precipimus episcopum, decanum et capitulum predictos

· in percepcione earumdem manuteneri et defendi, quousque de possessione seu jure decime questio per eum ad quem cognicio et diffinicio pertinet fuerit terminata.

Veneris post Brandones.

XX. Cum Petrus Barufel, mercator de Berbezillo, proponens se post factam, ut dicit, publice proclamacionem, ex parte nostra, quod, sub securitate et tutela nostra, mercatores irent ad nundinas Sancti-Emiliani, dum ipse iret ad dictas nundinas, derobatum et captum fuisse per inimicos regni apud Garrigam in castellania Podii-Normanni, dictosque inimicos sibi abstulisse decem et octo pecias pannorum quamlibet precii decem librarum Turonensium; item, quingentas libras pro sua redempcione diceret contra Guillelmum de Mirmanda, militem, castellanum dicti castri Podii-Normanni, se et gentes suas sufficienter requisitos fuisse super hoc negligentes, et eumdem militem extorcisse a dicto mercatore decem libras Turonenses antequam vellet sibi reddere quosdam pannos et equos suos quos inimici dimiserant in capella beati Dyonisii, necnon adeo male tractasse unum de dictis equis, precii quindecim librarum Turonensium, quod statim mortuus fuit apud eundem mercatorem; ideoque peteret dictum militem ad reddendum sibi predicta compelli; dicto milite e contrario pluribus racionibus proponente se ad ea non teneri, et processus super hoc habitos non valere : Tandem, auditis partibus hinc et inde, visisque processibus earumdem, dictus miles, per curie nostre judicium, extitit condempnatus ad reddendum dicto mercatori predictas decem libras Turonenses ac dictas quindecim libras pro precio equi predicti, et in ceteris contentis in peticione seu articulis dicti mercatoris sentencialiter extitit absolutus.

Mercurii post Brandones.

XXI. Cum contencio verteretur inter religiosos viros abbatem et conventum Sancti-Petri-Vivi Senonensis, ex una parte, et dominum Philippum de Attrabato, dum viveret, ex altera, super saisina bonorum Bejone, femine quondam de corpore, defuncte, pro eo quod dicti religiosi asserebant Luquetam, matrem dicte Bejone, fuisse feminam eorum de corpore et de orina, et per consequens dictam Bejonam eorum feminam extitisse; asserebant eciam se fuisse in possessione vel quasi talliandi et explectandi dictas feminas, tanquam feminas suas de corpore et de servili condicione, quando casus se offerebat; ballivo dicti domini Philippi in contrarium asserente, et dicente dictum dominum Philippum esse et fuisse in bona saisina habendi manusmortuas de illis qui fuerunt de genere dicte Bejone et de quibus exivit dicta Bejona : Tandem, inquesta, super hoc facta de mandato ballivi nostri Senonensis, visa et diligenter examinata, quia inventum est et probatum dictos religiosos fuisse in possessione talliandi et explectandi dictas feminas, tanquam feminas de corpore et de servili condicione, pronunciatum fuit, per curie nostre judicium, dictis religiosis possessionem seu saisinam bonorum dicte Bejone ad manummortuam pertinencium debere deliberari, salva questione proprietatis super hoc parti adverse.

Sabbato ante Sanctum Gregorium.

XXII. Cum inter Adam Chace-Lievre, militem, ex parte una, et homines villarum de Pertes, de Orgenoy, de Voves, de Vilers et de Flori, in Byeria, necnon homines ville et parrochie de Chally, ex parte altera, orta esset materia questionis super eo quod idem miles proponebat quod nemus suum proprium erat, de cujus nemoris pasturagiis questio erat et ostensio facta fuerat inter dictas partes, et quod dicta eciam pasturagia erant sua propria, ad ipsum, tanquam dominum proprietatis, pertinencia, et quod de eis, tam de nemore quam de pasturagiis, ipse erat in fide et homagio domini sui, nec pertinebant dicta pasturagia ad dictos homines dictarum villarum, licet ipsi homines essent in saisina ducendi bestias suas in dicta pasturagia, quod eis non licebat, precipue cum, super hiis pasturagiis, nullam facerent redibenciam predicto militi, et consuetudo erat notoria quod in nemore et pasturagiis alienis nullus bestias suas ducere poterat ad pascendum, nisi inde domino proprietario pastu- ragiorum redibenciam faceret et de assensu illius a quo tenebat, et si dicti homines faciebant aliquam redibenciam, eam faciebant pro aliis causis; quare petebat idem miles pronunciari quod ad eum pertinebat jus dicte rei contenciose, et quod homines predicti jus non habent ducendi bestias suas in pasturagia supradicta; ex adverso autem, pro dictis hominibus proponebatur eos et antecessores eorum esse et fuisse in bona saisina pacifica de pasturando bestias suas in nemoribus dicti militis, a tempore tanto quod acquisierunt jus proprietatis in pasturagiis predictis, videlicet a decem, viginti, triginta et quadraginta annis, et eciam a tempore a quo super contrario memoria non existit, ducendo videlicet in dicta pasturagia, vacas ad quintum folium, equos post duos annos completos a tempore scissionis dicti nemoris, et communiter omnes bestias, absque eciam garda, tempore quo terra in tota patria et territorio cooperta est nive, et omni anno in die veneris in Passione Domini, ac in die Resurrectionis ejusdem; proponebatur eciam pro eis quod hoc eis licebat titulo donacionis eis facte a quondam rege Francie, et a dominis qui antiquitus fundaverunt dictas villas super subsidia seu aysancias pasturagiorum nemorum predictorum, et quod, pro dictis pasturagiis, illi qui habebant bestias solvebant, singulis annis, redibenciam, videlicet quodlibet hospicium unum denarium de louvagio, et eciam dominus, sub quorum dominio morabantur, unum panem vel unum denarium de forestagio; pro ipsis autem hominibus ville et parrochie de Chally, ultra premissa, proponebatur quoddam judicatum fuisse factum pro ipsis contra dictum militem super saisina dictorum pasturagiorum, et eciam consuetudo quedam; quare petebant procuratores hominum dictarum villarum pronunciari quod ad ipsos homines pertineat jus pasturandi bestias suas in dictis nemoribus dicti militis, temporibus et diebus predictis: Quibus et aliis pluribus hinc inde propositis, partibus sufficienter evocatis et auditis, visa inquesta super hiis facta, visis eciam deposicionibus testium utriusque partis et omnibus rite actis, pronunciatum fuit per curie nostre judicium ipsos homines dic-

PHILIPPE IV,
1300.

tarum villarum intencionem suam sufficienter probasse, et jus ipsis hominibus habitantibus in dictis villis competere pasturandi in dictis nemoribus bestias suas, videlicet vacas ad quintum folium, equos post dictos duos annos completos, et communiter bestias suas omnes dicto tempore nivis et omni anno predictis Passionis et Resurrectionis diebus, dum tamen non pasturent dictis tempore nivis et diebus ante quintum folium, equis predictis dumtaxat exceptis. Fuit eciam per idem judicium declaratum quod homines habitatores ville et parrochie de Chally bestias suas, temporibus et diebus predictis, ducere poterant ad pasturandum in illis nemoribus que habebat idem miles tempore predicti judicati super saisina facti et non in nemoribus postea acquisitis; et sic, super hiis que petebat idem miles contra ipsos homines dictarum villarum, fuerunt ipsi homines, per idem curie nostre judicium, absoluti.

Mense Marcii, sabbato post Reminiscere.

XXIII. Inquesta inter cives Agennenses et ecclesiam Sancti-Caprasii de Agenno, remissa est ad senescallum ut perficiat et remittat. Cedulam habeo de commissione et ejus renovacione facta post parlamentum, postea fuit michi reportata.

XXIV. Inquesta facta super saisina justicie de Lyeus inter dominum Regem et abbatem et conventum Sancti-Dyonisii propter defectum commissionis, et quia non invenitur facta fuisse de mandato domini Regis et propter alias certas causas, per judicium curie extitit anullata; et si dicti religiosi super hoc aliquid petere voluerint, vocatis partibus audientur, et fiet jus.

Veneris post Reminiscere.

Idem dictum fuit de inquesta inter dictas partes super saisina justicie de Cony.

Idem dictum fuit de inquesta facta inter easdem partes super messoribus de Sergi.

Istas tres inquestas fecit fieri Guillelmus de Hangesto, tunc ballivus Silvanectensis, et sunt in eodem sacco simul ligate in sacco hujus parlamenti.

XXV. Inquesta facta per ballivum Turonensem super viginti libris Turonensibus ad manum Regis positis, quas quondam habebat defunctus Bernardus Servientis annuatim in pixide Turonensis prepositure, et quas petebat Egidius Baldoini, racione Philippe, uxoris sue, dicti defuncti filie, sibi deliberari et reddi, quia inventum est quod minus sufficienter est facta, per curie judicium extitit totaliter anullata.

Dominica in Letare Jerusalem.

XXVI. Mota questione inter mercerios et corrigiarios parvorum stallorum hale Parisiensis, ex una parte, et mercerios et corrigiarios magnorum stallorum hale ejusdem, ex altera, super stallis hale predicte que sunt supra halam sutorum et tannatorum; dictis parvis merceriis et corrigiariis judicatum quoddam per Parisiensem prepositum factum pro ipsis super facienda per bonos viros avaluacione stallorum magnorum et parvorum hale predicte, secundum situm et qualitatem eorum, pro solvenda pensione nobis debita, racione stallorum eorumdem, in curia nostra petentibus pro bono teneri et execucioni mandari; predictis magnis merceriis et corrigiariis e contrario proponentibus non fuisse taliter judicatum, et, si sic fuerit judicatum, pronunciari debere nullum vel malum esse, et emendari debere judicatum predictum : Tandem, auditis et diligenter discussis racionibus parcium predictarum, visoque processu coram dicto preposito super hoc habito, et ejus judicato predicto, per judicium nostre curie dictum fuit predictum judicatum esse bonum et debere execucioni mandari.

Mercurii post Letare Jerusalem.

XXVII. Cum in causa dudum mota coram preposito Parisiensi inter Colinum dictum Tybout, ex una parte, et magistrum J. Ti-

baudi, ejus fratrem, ex alia, super eo quod dictus Colinus petebat a dicto magistro Johanne fieri sibi peticionem seu divisionem
conquestuum quos ipse Johannes fecerat a tempore mortis patris
communis ipsorum; dicto magistro Johanne, pluribus racionibus, in
contrarium proponente, et dicente se ad predicta non teneri; dictus
prepositus, pro dicto magistro Johanne, contra dictum Colinum sentenciam absolutoriam protulisset; idemque Colinus ab hujusmodi
judicato contra se facto, tanquam a falso et pravo ad nostram curiam
appellasset: Tandem, in causa dicte appellacionis, auditis partibus
hinc et inde, visoque processu coram dicto preposito super hoc habito, quia per ejusdem processus inspectionem curie nostre constitit
quod dictus prepositus, super quibusdam consuetudinibus hinc inde
propositis a partibus coram ipso, nec probacionem nec informacionem aliquam recepit, curia nostra super eis se diligenter informavit;
visa igitur informacione facta super hoc, per curie nostre judicium
extitit pronunciatum dictum prepositum bene judicasse et predictum Colinum male appellasse, salvo tamen et per eandem pronunciacionem dicto Colino reservato jure suo in omnibus, si quod sibi
competat, contra dictum magistrum Johannem racione successionis
materne.

    Mercurii post Letare Jerusalem [1].

    XXVIII. Cum Richardus de Chambliaco, prepositus Silvanecten-
sis, pro quibusdam inobedienciis et rescussis quas ipse imponebat
Petro le Descauz, de Braele, tres emendas peteret ab eodem, et
propter hoc ejus bona cepisset; et e contra dictus Petrus proponeret
se, racione factorum sibi impositorum, in emendis aliquibus non
teneri: Tandem inquesta de mandato ballivi Silvanectensis facta super
hoc, visa et diligenter examinata, per judicium nostre curie, dictum
fuit predictum Petrum non teneri in emendis predictis, et quod sibi

<hr>

[1] On lit en marge ce qui suit:
« Anno ccc tercio, jovis post Penthecosten, de mandato J. de Montigniaco processum istum tradidi M. Hugoni Retore,
in quo partes compromiserunt. »

reddentur bona sua propter hoc capta, vel eorum valor si non extent.
Mercurii ante Pascha.

XXIX. Confirmacio sentencie per senescallum Petragoricensem late pro Rege et abbate Terracinensi contra Gaufridum de Ponte, scripta est in inquesta et in rotulo hujus parlamenti prope finem.

XXX. Cum Guillelma, uxor Geraldi de Boeria, coram bajulo Montis-Pessulani pro illustri rege Majoricarum, quarumdam domorum cum viridario eisdem adjuncto, sitarum in Monte-Pessulano in carreria vocata de Balenis, de quibus dicebat se spoliatam fuisse per Johannem de Londris, peteret restitucionem, et Ermessende Carderina se in contrarium opponente, et dicente se esse in possessione dictarum domorum et jardini, et eorum recipiendi pensiones, que omnia offerebat se legitime probaturam, et ad hec probanda produxisset testes qui coram dicto bajulo, in presencia partis adverse, juraverunt, licet non fuerint examinati nec steterit, ut dicitur, per eandem Ermessendim, dictus bajulus, non obstantibus propositis et ipsa Ermessende non vocata, pronunciavit dictam Guillelmam esse reducendam in possessionem dictorum domorum et jardini. A qua sentencie dicta Ermessendis ad locum tenentem dicti regis Majoricarum appellavit, coram quo proposuit omnia illa que coram dicto bajulo proposuerat; qui locum tenens, non obstantibus propositis sive scriptis, pronunciavit sentenciam dicti bajuli debere execucioni demandari. A qua pronunciacione dicta Ermessendis iterato ad nos ad cautelam appellavit; quam causam appellacionis magistro Geraldo de Corthona, judici nostro tunc Aquarum-Mortuarum, commisimus audiendam et fine debito terminandam; qui magister Geraldus, visis processibus hinc inde habitis et omnibus aliis que ipsum movere poterant et debebant, sentencialiter pronunciavit dictas sentencias esse nullas, et dictam Guillelmam, per eandem sentenciam, condempnavit ad restitucionem dictarum domorum et jardini faciendam heredibus dicte Hermessendis, una cum fructibus exinde perceptis a tempore dictarum senteneiarum, et in quinquaginta libris pro expensis. A qua sentencia dicta Guillerma ad nos appellavit; quam appellacionis causam magistro Petro de Petrusia, judici nostro tunc Uticensi, commisimus audiendam et nostre curie remittendam: Tandem, per nostram curiam, visis processibus omnibus supradictis et auditis partibus supradictis, per nostre curie judicium, dictum fuit et pronunciatum dictum magistrum Geraldum de Corthona bene et legitime pronunciasse, et dictam Guillelmam male appellasse, predicti Geraldi sentenciam confirmando.

Mercurii ante Pascha.

XXXI. Item, fiat quedam alia littera, in qua mandetur senescallo Belli-Cadri quod recipiat ab heredibus Ermessendis Carderine, scilicet quinquaginta libras pro legatis indistincte relictis, racione testamenti defuncte Ricarde, quondam sororis dicte Ermessendis, et viginti libras pro subsidio Terre-Sancte, et quod serventur pacta habita inter dictam Carderinam et collectores seu deputatos ad negocium subsidii Terre-Sancte.

Mercurii ante Pascha.

Postea mandatum est sibi quod permittat quod collectores hujusmodi legatorum ea levent.

———

JUDICATA QUE SEQUENTUR FACTA FUERUNT PER MAGISTROS IN CAMERA POST PARLAMENTUM, ET SUNT REPOSITE HUJUSMODI INQUESTE POST PARLAMENTUM PREDICTUM JUDICATE, IN SACCO DICTI PARLAMENTI.

I. Gubernatori Navarre: Cum abbas et monachi Cisterciensis ordinis, in nostra speciali gardia existentes, nobis conquesti fuissent quod camerarius et monachi Clugniacenses, una cum suis complicibus eciam laicis, eosdem Cistercienses in possessione sua monasterii Sancti-Salvatoris Legerensis in Navarra, per violenciam armorum molestabant multipliciter et turbabant; procuratore Clugniacensis ordinis ex adverso conquerente et dicente abbatem et monachos Clugniacensis ordinis esse in possessione dicti monasterii Legerensis et ipsum monasterium esse et fuisse monasterio Clugniacensi subjectum, dictosque abbatem et monachos Clugniacenses per monachos Cisterciensis ordinis super dicta possessione indebite turbari ac eciam molestari; cumque per nostras vobis dedissemus litteras in mandatis quod super premissis, vocatis dictis partibus, informaretis vos diligenter, vocato ad hoc vobiscum uno probo viro, et informacionem super hoc factam nobis sub sigillis vestris remitteretis inclusam: Tandem, premissa informacione per vos facta et curie nostre missa et per curiam nostram visa, inventum est abbatem et monachos Cisterciensis ordinis per camerarium et monachos Clugniacensis ordinis, ac eorum complices eciam laicos per violenciam armorum in possessione dicti monasterii Sancti-Salvatoris esse et fuisse impeditos seu turbatos ac indebite molestatos; quare, mandamus vobis quatinus, dictum impedimentum amoventes, dictis abbati et monachis Cisterciensis ordinis super dicta possessione inferri violenciam non permittatis, nec eos super ea indebite molestari, sed eos in dicta possessione teneatis et deffendatis, donec inter dictas partes discussum fuerit per eum ad quem spectat de jure possessionis et proprietatis monasterii supradicti. Actum Parisius, die lune post festum Beati-Barnabe apostoli, anno Domini MCCC primo.

Magister R. Rousseleti reportavit.

II. Hugo de Gierra et Thierricus, ejus filius, super morte uxoris dicti T., per inquestam inde factam ex officio judicis, absolutus fuerit quantum ad Regem. Sentenciam non habeo, quia non feci eam; sed inquestam habeo.

III. Cum, de mandato senescalli nostri Ruthenensis, inquesta facta fuisset contra priorem et monachos monasterii ville de Amiliano, super pluribus injuriis et violenciis quos ipsi, cum eorum complicibus eciam laicis, Fratribus Predicatoribus dicte ville de Amiliano intulisse multipliciter dicebantur, discoperiendo domum eorumdem Fratrum, sitam in dicta villa in carreria de la Pairolaria, ac frangendo quoddam oratorium in dicta domo per dictos Fratres constructum, una cum ornamentis ejusdem, eosdem Fratres et domum predictam, pluribus sibi associatis, cum armis hostiliter invadendo, non obstantibus baculi nostri apposicione ad tuicionem dicte domus, ac prohibicione judicis et servientum nostrorum eisdem facta ne premissa facere attemptarent, dicto priore in dicta villa presente, premissaque sciente, mandante seu ratum habente, et post predicta maleficia predictos malefactores receptante, dictus senescallus noster, visa per ipsum inquesta predicta, mandavit et precepit quod de bonis temporalibus dicti prioratus levarentur centum libre Turonensium parvorum, quarum bajulo dicti loci quatuor libre, pro jure suo, et sex libre notariis qui dictam inquestam scripserunt, solverentur, et residuum dictarum centum librarum nobis applicaretur; item, centum solidi solvendi dictis Fratribus pro refectione dicte domus eorumdem Fratrum. A quibus sentencia seu precepto dictus prior, tanquam ab iniquis, et procurator noster, tanquam a modica condempnacione seu taxacione, ad nostram curiam appellarunt: Tandem dicta inquesta una cum dictis appellacionibus ad curiam nostram missis et eis per dictam curiam nostram visis et diligenter inspectis, pronunciatum fuit dictam sentenciam, non obstantibus antedictis appellacionibus, in suo robore permanere.

Lune post festum beati Barnabe apostoli.

Magister R. Rousseleti reportavit.

IV. Cum inter Guidonem, dominum de Severiaco, militem, ex parte una, et priorem prioratus de Vernhia, ex altera, questio mota fuisset coram senescallo nostro Ruthenensi, super hoc quod dictus miles saisinam seu manum nostram, appositam in villa seu affario de Vernhia pro jure nostro et dicti prioris, amoveri petebat, asserens factum de Vernhia, sibi in escambium fuisse traditum per Eustachium de Bello-Marchesio, quondam senescallum nostrum Tholosanum, et a tempore dicti escambii se dictum factum possedisse; super quibus offerebat ipsius militis procurator, coram dicto senescallo, facere promptam fidem, petens instanter super premissis procedi summarie et de plano, proponensque hoc fieri debere de consuetudine et stilo curie Ruthenensis, procuratore nostro et priore predicto contrarium asserentibus, ac proponentibus super premissis non summarie, sed, juris ordine servato, fore procedendum. Demum testibus et instrumentis ex utraque parte super premissis hinc inde productis, dictus senescallus predictam saisinam amovit, et voluit ac precepit quod dictus prior dicto militi, pro dictis locis, sicut nobis solebat, obediret. A quibus sentencia seu precepto, tanquam ab iniquis et injustis, protestato de nullitate eorumdem, idem prior, quantum sua interesse poterat, appellavit. Causa vero appellacionis postmodum per nos magistro Guillelmo Vitalis commissa, idem commissarius, vocatis partibus, in dicta causa processit, testes hinc inde productos et alia que partes producere et proponere voluerunt de jure et de facto audiendo; tandem, coram eo concluso in dicto negocio, processum dicte cause ad curiam nostram remisit: Visis igitur, tam principalis cause quam appellacionis predictarum, processibus, omnibusque diligenter consideratis, pronunciatum fuit, per curie nostre judicium, predicti senescalli sentenciam nullam esse et fuisse, salvo dicto Guidoni si et cum de jure proprietatis, si quod sibi in premissis competat, modo debito vocatis quorum interest, voluerit experiri.

Actum mercurii post festum beati Barnabe apostoli.

M. R. Rosseleti reportavit.

V. Nicolaus Lombardi, super morte dicti Cormarant qui licite hoc fecit, per inquestam inde factam fuit absolutus; et est sentencia in rotulo meo hujus anni, et eciam in inquesta que est apud me.

VI. Inquesta ex commissione domini Regis per ballivum Gisorcii facta inter dominum Regem, ex una parte, et prepositum merca-

torum aque Parisiensis, ex altera, super eo videlicet ad quem pertineat servientem ad custodiam aque Vernonensis, in descensu et
ascensu navium ponere et tenere et positum removere, per curiam
visa, et attestacionibus in ea contentis diligenter inspectis, quia non
fuit inventum jus regium fuisse sufficienter in hujusmodi prosequtum, nec articulos pro jure Regis fuisse traditos, nec testes per procuratorem regium, ex parte domini Regis fuisse productos, immo
nec illos qui producti sunt in inquesta predicta apparuit interrogatos fuisse de saisina vel jure domini Regis, per judicium curie dictum fuit et pronunciatum inquestam predictam, attento presertim
tenore dicte commissionis, minus sufficienter fuisse factam et esse
invalidam; et iterum super contentis in dicta commissione diligenter inquirendum esse, vocatis procuratore domini Regis et aliis evocandis.

Actum jovis post festum beati Barnabe apostoli.

M. R. Rousselleti reportavit[1].

VII. Cum orta esset discordia inter religiosos viros abbatem et
conventum Sancti-Florencii de Saumur, racione prioratus eorum
Sancti-Gondulphi, ex una parte, et nobilem mulierem, dominam
Soliaci, pro se et liberis suis, dominis et heredibus Soliaci, ex altera; super eo quod dicta domina dicebat et asserebat dictum prioratum Sancti-Gondulphi situm esse in castro et castellania Sancti-
Gondulphi, in justicia et dominio dominorum Soliaci, et quod ipsa,
pro se et liberis suis predictis ac eorum antecessores, domini Soliaci, sunt et fuerunt, per tanti temporis spacium quod jus saisine est
eis acquisitum, in bona saisina justiciandi in locis et hereditatibus
dicti prioratus, in casibus ibidem emergentibus, racione ressorti
garde seu castellanie; dicti vero abbas et conventus Sancti-Florencii
de Saumur, racione dicti prioratus sui Sancti-Gondulphi, ex adverso
dicebant et asserebant quod prior dicti prioratus Sancti-Gondulphi

---

[1] On lit en marge : « Commissum est
M. Philippo Conversi et domino J. Venato-
ris ut iterato inquirant vocatis, etc.; et
misi eis istam inquestam que fuit anullata. »

est, et ejus predecessores, ejusdem prioratus priores, fuerunt, a tanto
tempore quod sufficit ad saisinam acquirendam, in saisina bona quod
ipsi sint gardiati per dominum Regem scilicet, per prepositos et servientes domini Regis de Lorriaco et de Giemo in dicto prioratu,
rebus et bonis ac pertinenciis ejusdem, ab injuriis et violenciis quibuscumque, et generaliter contra omnes quocienscumque neces-
sitas requirebat, et specialiter contra dominos Soliaci, et eciam
quod dictus prioratus est et fuit a regibus Francie fundatus: Facta
igitur inquesta super hoc et curie reportata et procuratoribus dictorum abbatis et conventus ac Henrici, domini et heredis Soliaci,
cum instancia petentibus ut inquesta super hoc facta judicaretur,
visa inquesta predicta, et auditis parcium racionibus hinc inde propositis, quia inventum est dictum prioratum esse fundatum a regibus Francie, necnon priorem dicti prioratus Sancti-Gondulphi esse
et ejusdem predecessores fuisse in saisina quod sint gardiati per dominum Regem et de ressorto domini Regis et curiarum ejus de Lorriaco et de Giemo racione dicti prioratus, rerum, bonorum ac pertinenciarum ejusdem, pronunciatum fuit, per curie judicium, dictum
dominum Regem esse in saisina habendi ressortum et gardam dicti
prioratus Sancti-Gondulphi, prioris, rerum et bonorum dicti loci, et
dictum priorem esse in saisina quod sit de garda et ressorto ipsius
domini Regis, salvo dictis partibus jure suo justiciarum suarum in
terris et dominiis suis, tam in saisina quam in proprietate.

Actum veneris post festum beati Barnabe apostoli.

M. P. de Monti reportavit.

VIII. Cum inter Bertrandum castri de Cressaco et Guillelmum
Francheneda, castri de Sancto-Medardo, dominos, ex parte una, et
Maurellum de Loaing, servientem, ut dicitur, nostrum in senescallia Petragoricensi, Gilebertum Johannis, militem, senescallum
episcopi Caturcensis, et procuratorem ejusdem episcopi, ex parte
altera, coram senescallo nostro Petragoricensi et Caturcensi seu ejus
locum tenente et commissariis eorumdem, orta fuisset materia ques-

. LES OLIM.

tionis super eo quod predicti Bertrandus et Guillelmus proponebant
quod cum ipsi, quilibet pro jure suo, essent et fuissent diu, virtute cujusdam judicati per curiam nostram facti, in possessione pacifica dictorum castrorum, que a nobis se tenere dicebant, cum pertinenciis eorumdem in gardia nostra speciali, et ipsi venissent ad
quamdam assisiam de Caturco, dictus Maurellus, cum quibusdam
complicibus suis, pensatis incidiis, ut dicebant, venit ad portam
dicti castri de Cressaco, et familiam dicti Bertrandi, in dicto castro,
existentem, minis et terroribus seducens, dictum castrum introivit
et statim quodam cornu cornavit, ad cujus sonitum dictus Gileber-
tus, cum multitudine armatorum accedens, dictum castrum intravit
et, cum sic intrassent, familiam dicti Bertrandi inde expulerunt,
bona ibidem existencia violenter abstulerunt, ipsum Bertrandum
dicta possessione castri et bonorum dissaisiando et spoliando; proponebant eciam quod, eadem die, ipsi Maurellus et Gillebertus, cum
armis et per violenciam ceperunt et occupaverunt predictum castrum Sancti-Medardi, et gentes dicti Guillermi ibidem existentes violenter inde expulerunt, eundem Guillelmum possessione dicti castri
et bonorum suorum spoliando et dissaisiando; ex adverso autem, ad
defensionem ipsorum Morelli et Gileberti et episcopi, multa dicebantur coram predictis judicibus proposita et exhibita fuisse. Super
quibus, plures processus inter dictas partes facti, sentencie late et
appellaciones interjecte dicebantur; cumque dictus senescallus noster dictam altercacionem et dictas partes, cum suis processibus, ad
curie nostre de assensu dictarum parcium, remisisset examen : Visis
et diligenter inspectis processibus et actis dictarum partium, viso
eciam in registris curie nostre quodam judicato pro Bertrando de
Cressaco super proprietate villarum de Cressaco et de Sancto-Medardo et mansis, villis, terris et pertinenciis omnibus et singulis eorumdem prolato, viso eciam quodam processu coram senescallo
nostro Agenensi inter dictas partes facto et per gentes dicti episcopi
exhibito, et ipsis partibus sufficienter auditis, per arrestum curie nostre dictum fuit et pronunciatum ipsos Bertrandum et Guillelmum

possessione dictorum castrorum de Cressaco et de Sancto-Medardo
et mansis, villis, terris et pertinenciis omnibus et singulis eorum
in primo judicato contentis, que predicti episcopus Maurellus et
Gilbertus, tenent vel tenuerunt post tempus judicati predicti, ex
nunc esse resaisiendos, et ad restitucionem dictorum castrorum ipsos episcopum Caturcensem, Gilebertum Johannis, militem, et Maurellum compellendos, necnon ad restitucionem omnium bonorum
que in dictis castris existebant tempore spoliacionis et dissaisicionis
predictarum, per dictos Gilebertum et Maurellum, ut dicitur, factarum, seu valoris eorumdem, postquam de dictis excessibus, bonis
et valore eorumdem constiterit competenter; ut autem super premissis excessibus et bonis, sciri plenius valeat veritas facti, et que
pena seu emenda et cui fuerit pro tantis excessibus, si de eis constiterit, imponenda, ordinatum extitit per eandem curiam nostram quod
duo probi viri non suspecti mittentur ad loca supradicta, qui, vocatis
evocandis, super dictis excessibus et bonis, de novo inquirent de
plano cum diligencia veritatem, omni appellacione cessante, non
obstantibus processibus, sentenciis seu appellacionibus predictis, qui
omnes ex eis arrestis et judicatis curie nostre fuerunt per ejusdem
curie nostre judicium penitus anullati; et si dictus episcopus, contra
nos vel contra partem adversam, aliqua proponere voluerit, audietur.
Anno trecentesimo primo.

Sabbato ante festum beati Clementis.

IX. Inquesta facta super alta justicia castri de Porciano et pertinenciarum ejus, inter Guidonem de Ruppe, militem, dominum
Posqueriarum et de Porcinio, ex una parte, et procuratorem domini
Regis in senescallia Carcassone, ex alia, visa et diligenter examinata,
dictum fuit, per curiam, quod dominus Rex remanebit in saisina
dicte alte justicie, salva dicto Guidoni questione proprietatis super
hoc, cum de ea voluerit experiri.

Lune ante nativitatem beati Johannis Baptiste.

M. R. de Mellento reportavit.

PHILIPPE IV,
1301.

X. Senescallo Tholosano : Notum sit omnibus quod, cum de mandato magistri Sicardi de Vauro, tunc judicis majoris senescalli nostri Tholosani, inquesta facta fuisset, vocatis qui debuerunt evocari, contra Arnaudum de Guitano, castellanum de Scanabra, Arnaldum Raymondi Bastol, castellanum de Podio-Maurino, ac homines dictorum castrorum, nec non homines insule de Zonis, de Scados, de Monte-Gaillardo, ac plures alios eorum in lite consortes comitatus Convenarum, super excessibus et violenciis cum armis factis per ipsos in villa de Mundelhanis, contra consules et homines dicte ville, verberando eosdem et incarcerando, ac eorum bona asportando, servientemque nostrum vulnerando, post et contra appellacionem per dictos homines de Mondelhanis ad curiam senescalli nostri Tholosani interpositam, et inhibicionem, dictis reis factam per dictum servientem nostrum, ex parte judicis appellacionum senescalli nostri Tholosani, ne post vel contra dictam appellacionem aliquid, in prejudicium dictorum hominum, innovarent seu eciam attemptarent : Tandem, dicta inquesta predicto magistro Sicardo relata, visa per ipsum et diligenter examinata, servato juris ordine, dictos reos in certis pecunie quantitatibus, nobis pro predictis excessibus applicandis, per diffinitivam sentenciam condempnavit ; a qua dicti rei, tanquam ab iniqua, in quantum contra ipsos, et procurator noster, in quantum contra nos, ad nostram curiam appellarunt, et postmodum judicem sibi dari obtinuerunt, in causa appellacionis predicte, per carissimum consanguineum et fidelem nostrum R. comitem Attrebatensem, tenentem tunc locum nostrum in terra Vasconie et toto ducatu Aquitanie ; qui judex in causa dicte appellacionis procedens, vocatis dictis partibus et earum articulis admissis, deffensionibus et allegacionibus auditis, testibus examinatis, concluso in negocio, ad nos remisit processus tam cause principalis quam eciam appellacionis : Visis igitur per curiam nostram utriusque cause processibus et diligenter examinatis, fuit, per curie nostre judicium, dicta sentencia confirmata, et pronunciatum, per idem judicium, eam execucioni mandari debere, predicta appellacione, tanquam invalida, non obstante.

Lune ante nativitatem beati Johannis Baptiste.
M. R. Rousselleti reportavit[1].

In duobus saccis est, videlicet in sacco et mala de tela.

XI. Cum inter ballivum Bituricensem pro nobis, et religiosos viros abbatem et conventum Sancti-Satiri et eorum priorem de Meva, ex una parte, et Robertum, dominum de Betunia, comitem tunc Nivernensem, nomine suo et liberorum ejusdem, in ballo sive garda sua existencium, ex altera, controversia mota fuisset super eo quod dictus comes, nomine quo supra, dicebat et asserebat comites Nivernenses, qui pro tempore fuerunt, quorum liberi predicti R. sunt heredes, esse et fuisse longuo tempore in saisina garde dicti prioratus de Meva et pertinenciarum ejusdem quousque gentes nostre de dicta garda desaisierunt eosdem, peteretque, nomine quo supra, pluribus causis et racionibus, se ad gardam predictam restitui et resaisiri; ballivo Bituricensi, pro nobis, et dictis religiosis, pro se, contrarium asserentibus, pluribusque racionibus petentibus se absolvi ab impeticione predicta dicti comitis, necnon pronunciari pro nobis et ipsis religiosis nos et ipsos religiosos esse remanendos in saisina garde predicte; cumque, ballo seu garda predictis finitis, procurator comitis Nivernensis, qui nunc est, nomine cujus de saisina dicte garde actum fuit, peteret inquestam de mandato nostro super hoc factam videri ac eciam judicari: Visa predicta inquesta et diligenter examinata, omnibusque rite ac solemnitate qua convenit actis, per curie nostre judicium, ballivus noster predictus, pro nobis, et dicti religiosi, pro se, ab impeticione predicta dicti comitis absoluti fuerunt, et per idem judicium pronunciatum fuit nos et dictos religiosos in saisina garde dicti prioratus de Meva et pertinenciarum ejusdem debere remanere, salvo jure dicti comitis, si quod habet in proprietate garde predicte in cujus, etc.

Lune post nativitatem beati Johannis Baptiste.

[1] On lit en marge: « Nota. Mandamus vobis quatinus dictam condempnacionem, prout in nostris registris continetur, execucioni mandetis... M. V IIII^{xx} III libras Turonenses. »

M. P. Toffardi reportavit.

XII. Item, cum inter ballivum Bitturicensem pro nobis et religiosum virum priorem Sancti-Stephani Nivernensis, monasterii Cluniacensis, ex una parte, et Robertum, dominum de Bethunia, comitem tunc Nivernensem, nomine suo et liberorum ejusdem, etc. sicut supra per omnia mutato nomine prioratus, et sub eadem data.

Idem, P. reportavit.

Et sunt in eodem sacco.

XIII. Commissum est ballivo Silvanectensi quod iterato sollempnius faciat inquestam super injuriis illatis priori de Merlou.

XIV. Cum inter homines ville de Givisiaco, ex una parte, et Johannem de Campania, ex altera, esset discordia super mensura ad quam dicti homines solvere debent eidem Johanni, ex dono regis Francie, quatuor modios avene cum dimidio annuatim, et super hoc plures habiti fuissent inter dictas partes processus, tam coram Parisiensi preposito quam in parlamento nostro, per viam appellacionis: Tandem, rejectis totaliter dictis processibus, placuit eisdem partibus quod, super hujusmodi mensura a dictis partibus observanda, curia nostra preciperet quod videret racionabiliter faciendum. Ordinavit igitur curia nostra quod dicti homines avenam predictam eidem Johanni solvant de cetero ad illam mensuram ad quam eam consueverunt solvere ex antiquo; de cujus mensure quantitate ipsa curia nostra se plenius informaret: Facta siquidem informacione sufficienti super hoc et nostre curie reportata, quia per eam inventum fuit quod predicti homines ab antiquo solvere et dictus Johannes recipere dictam avenam consueverunt ad mensuram prioris de Givisiaco, vel eidem similem in quantitate mensuram, ad illam videlicet ad quam ipse prior similem avene quantitatem, ex dono regis Francie, percipit annuatim ab hominibus antedictis, per judicium nostre curie, dictum fuit quod homines predicti solvere et dictus Johannes recipere de cetero tenebuntur dictam avenam ad mensuram omnino similem et equatam dicte mensure prioris predicti, et quod, ad omne scrupulum super hoc in posterum evitandum, due tales fient mensure consimiles, quarum unam dictus Johannes habebit, et altera in Castelleto Parisiensi custodienda perpetuo deponetur. In cujus, etc.

Jovis post Magdalenam.

Magister Dyonisius de Senonio reportavit.

XV. Inquesta facta inter dominum Montis-Morenciaci et ballivum Gysorcii, super prisia duarum Judearum, reddita et expedita, prout continetur in rotulo hujus parlamenti.

XVI. Inquesta facta pro abbate Sancti-Maxencii, super feodo Amiable, reddita et non fuit judicata, quia non invenitur quod, cum tangat dominum Regem, procurator ejus fuerit in ea vocatus.

M. Ludovicus de Voisserio reportavit.

INQUESTE ET PROCESSUS

ALII, JUDICATI IN PARLAMENTO OMNIUM - SANCTORUM,

ANNO DOMINI MCCCI.

I. Cum dilectus et fidelis noster Ludovicus, Nivernensis et Registetensis comes, proponens voeriam de Doucheri-super-Mosam ad ipsum, racione dicti comitatus sui Registetensis, pertinere, maxime cum Robertus, quondam comes Nivernensis, ejus genitor, tempore quo ipse ballum dicti Ludovici tenebat, dictam voeriam acquisivisset, ut dicebat, ex permutacione facta pro ipsa voeria de bonis quibusdam ad dictum comitatum Registetensem pertinentibus, peteret ma-

num nostram, in ea appositam pro facto dicti patris sui, inde amoveri, et eandem voeriam sibi deliberari : Tandem, inquesta super hoc
facta et curie reportata, visa et diligenter examinata, per curie nostre
judicium, dictum fuit et pronunciatum quod manus nostra amovebitur de voeria predicta.

Veneris post Sanctum Andream.

II. Cum Johannes de Lespoisse, miles, in curia nostra proponeret
quod, cum ipse justiciando, cepisset quemdam hominem piscan-
tem in marchesio de Cormeram, et eumdem in sua prisione teneret;
pro eo quod dictum marchesium, ut ipse miles dicebat, est suum
et deffensabile, et illud tenebat in feodo a vicecomite Meleduni, et
quod ipse bassam justiciam in dicto marchesio habebat per castellanie Meleduni consuetudinem, que talis est, ut dicebat, quod quicumque tenet feodum nobile, per consequens bassam habet justiciam in eodem, gentes nostre prepositure Meleduni dictum hominem de sua prisione injuste amoverant et duxerant in prisione nostra
Meleduni, quare petebat dictum hominem sibi reddi et restitui;
dicteque gentes nostre dicerent, ex adverso, predictum hominem
injuste captum fuisse a dicto milite et non debere eidem reddi,
pro eo quod dictum marchesium, ut dicebant, est commune omnibus illis qui eo uti volunt, et ad piscandum et ad adaquandum et
ad cetera facienda, sicut in communibus marchesiis est fieri consuetum; dicendo insuper dictum marchesium non esse deffensabile nec
eciam feodale : Tandem, facta super hiis inquesta, visa et diligenter
examinata, quia per eam inventum fuit predictum marchesium esse
ita commune, sicut gentes nostre asserebant, dictusque miles in pro-
bacione eorum que proposuerat defecit, per curie nostre judicium,
dictum fuit et pronunciatum predictum hominem omnino esse liberandum, et quod dictus miles predictam prisiam de dicto homine,
injuste factam, emendabit.

Lune post Sanctum Andream.

M. Aymo reportavit.

PHILIPPE IV,
1301.

III. Cum Petrus de Brocia, miles, dominus, ut dicitur, de Bocac, nobis significasset quod castellania de Bocac est et fuit ab antiquo de ballivia Bituricensi et de ressorto Exoldunensi, prout per judicatum curie nostre apparere poterat, ut dicebat, et quod senescallus Pictavensis, ballivus Arvernie, contra dicti judicati tenorem et in ipsius militis prejudicium, ut dicebat, quotidie balliare et justiciare nitebantur in dicta castellania, et specialiter in villis de Percac et Glérignac, in dicta castellania sitis, et in territoriis earumdem; nosque super predictis, vocatis evocandis, et specialiter senescallo Pictavensi et ballivis Bituricensi et Arvernie, mandaverimus inquiri: Visa inquesta, super hoc de mandato nostro facta, ac eciam diligenter examinata, necnon viso judicato predicto, per curie nostre judicium, pronunciatum fuit ac eciam declaratum dictam castellaniam de Bocac, et specialiter predictam villam de Percac et ejus territorium, de ballivia Bituricensi, sicut premissum est, fuisse, esse ac remanere debere.

Mense Januario.

M. P. Toffardi reportavit.

IV. Cum super quibusdam inobedienciis, injuriis et excessibus que per majorem, scabinos et communiam de Divione, dicebantur facte fuisse Guillelmo de Roquemont, servienti nostro in ballivia Senonensi, et Gilloni dicto Chabot, ex officio nostro fecerimus veritatem inquiri : Tandem, inquesta super hoc facta, visa et diligenter examinata, quia inventum est, per dictam inquestam, dictos majorem et scabinos et communiam erga dictum servientem nostrum multas inobediencias commisisse, ipsi, racione dictarum inobedienciarum, in mille libris Turonensibus nobis pro emenda solvendis fuerunt, per nostre curie judicium, condempnati, et, super injuriis ab eis factis, ut dicitur, dicto Giloni, in quantum nos tangit, fuerunt per idem judicium absoluti.

Mercurii post octabas Nativitatis Domini.

Bocellus reportavit.

V. Inquesta pro Guillelmo de Daurato, domicello, super quadam associacione facta inter suos predecessores et quondam Francie regem, facta per castellanum de Hermeinc, de mandato ballivi Arvernie, qui commissionem domini Regis super hoc receperat, propter ejus deffectus non fuit judicata, et maxime pro eo quod dictus ballivus non potuit committere, nec apparet quod ibi vocatus fuerit aliquis pro domino Rege.

Sabbato post Nativitatem Domini.

Et dixit curia quod commissio dicti Guillelmi super hoc per curiam non renovabitur.

VI. Visa inquesta, ad instanciam Henrici de Bobic facta, super quibusdam attemptatis post appellacionem ab ipso interpositam de quibus conquerebatur de episcopo Leonensi, inventum est quod ipse, post appellacionem suam, desaisitus fuit de quibusdam terris et bonis per gentes dicti episcopi, et quod ipse Henricus post ea de dictis terris et bonis fuit resaisitus; unde mandatum est duci Britannie quod eumdem Henricum manu teneat in saisina sua, pendente appellacione predicta, nec permittat aliquid contra eum attemptari in prejudicium appellacionis predicte.

Veneris post Nativitatem Domini.

VII. Thomas Egidii de Vitriaco, super morte Johanne, uxoris sue, fuit, quantum ad curiam, absolutus, prout in rotulo hujus parlamenti plenius continetur.

In crastino Epiphanie.

VIII. Visa informacione per senescallum Pictavensem facta super saisina alte justicie Lemovicensis, dictum fuit, per arrestum curie, quod dicta informacio, propter ejus deffectus, non judicabitur, sed iterato fiet ad certum finem, prout continetur plenius in rotulo hujus parlamenti.

Jovis post octabas Epiphanie.

Istam informacionem; de mandato litterarum domini Regis, misi cantori Aurelianensi per clericum suum.

IX. Inquesta, facta pro monialibus Longi-Campi, juxta Sanctum-Clodoveum, racione cujusdam earum monialium Philippe, super augmentacione cujusdam annui redditus quem ipse percipiunt in bursa domini Regis, expedita est, et facta super hoc littera ad balli-vum Cadomensem; cujus littere tenor est cum inquesta.

Jovis ante Sanctum Mathiam.

X. Inquesta facta pro M. Helia de Malo-Monte et Aymerico de la Cassanha, contra Gaufridum de Pontibus et gentes suas, super quibusdam prisiis et violenciis, per curiam anullata et iterato facienda.

Jovis ante Sanctum Gregorium.

XI. Inquesta facta inter abbatem et conventum de Vallibus in Ornayo, et dominum Johannem de Godrencort, militem, super quibusdam violenciis, anullata et iterum facienda.

Sabbato ante Cineres.

XII. Cum inter Giletam, uxorem Johannis de Chauniaco, et eundem Johannem, suo, ac Galteri fratris, Marie, Alisie, sororum dicte Gilete, annis minorum, nomine, heredum dicte quondam Majorisse de Vallibus, ex parte una, et ballivum nostrum Viromandensem pro nobis, ex parte altera, vocatis ad hoc eciam majore et juratis Laudunensibus, orta esset materia questionis super quadam domo dicte quondam Majorisse, sita in foro Laudunensi, quam dictus ballivus ad manum nostram posuerat et tenebat, et quam domum dicta Gileta, pro se et predictis minoribus, racione successionis dicte Majorisse, avie sue, tanquam heredes propinquiores ejusdem, petebat, proponens quod dicta Majorissa, tempore quo ipsa decessit, erat saisita de domo predicta, petens eciam amoveri impedimentum quod dictus ballivus, pro nobis, pretextu cujusdam confiscacionis,

in dicta domo apponebat injuste, ut dicebat : Visa quadam inquesta
super hoc de mandato nostro facta, per judicium nostre curie, dictum fuit quod impedimentum dicti ballivi in domo predicta appositum amovebitur, et quod ejusdem domus possessio dicte Gilete,
nomine quo supra, deliberabitur, sibique reddentur exitus et proventus qui per dictum ballivum percepti sunt seu percipi potuerunt
ex domo predicta, ab illo tempore quo dictus ballivus eam posuit
ad manum suam, salva Egidio de Lauduno et ejus uxori, super
domo predicta, in proprietate et possessione, peticione eorum contra
quoscumque.

Dominica ante Cathedram sancti Petri.

M. Jacobus de Sancto-Oberto reportavit.

XIII. Cum inter abbatem et conventum de Ceraseyo, ex una parte,
et procuratorem nostrum in Normannia, pro nobis, in quantum nos
tangit, ex altera, super jure patronatus ecclesie Sancti-Amandi et
capelle Sancti-Laurencii de Thorigniaco, dyocesis Bajocensis, plures
habiti fuerint processus, tam coram ballivo Cadomensi quam in sca-
cariis ac parlamentis nostris, et, pro utraque parte, plura super hoc
facta fuerint judicata : Tandem, dictis partibus in nostra curia, Parisius, constitutis, auditisque eorum racionibus hinc et inde, visisque
privilegiis et litteris dictorum religiosorum, ac judicatis predictis,
per judicium nostre curie, jus patronatus dicte ecclesie Sancti-Amandi
et capelle Sancti-Laurencii, in quantum nos tangit, adjudicatum fuit
religiosis predictis.

Mense Februarii.

Rosselletus reportavit.

XIV. Dilecto et fideli suo episcopo Bajocensi, salutem et dilec-
tionem : Cum in causa diu est in curia nostra agitata inter abbatem
et conventum de Ceraseyo, ex una parte, et procuratorem nostrum
in Normannia, pro nobis, ex altera, super jure patronatus ecclesie
Sancti-Amandi et capelle Sancti-Laurencii de Thorigniaco, vestre

dyocesis, dictum jus patronatus, quantum nos tangit, per curie nostre judicium, adjudicatum fuit religiosis predictis, prout in litteris nostris super dicto judicato confectis plenius continetur; significamus vobis quod, quantum nostra interest, placet nobis quod vos ad dictas ecclesiam et capellam vacantes, presentatum vobis a dictis religiosis, quantum ad vos pertinere noveritis, admittatis et in eisdem instituatis.

Veneris post Candelosam.

XV. Inqueste, tam vetus quam nova, inter Johannam, relictam Radulphi Goatre, et ejus liberos, contra abbatem et conventum Sancti-Geremerii de Flayaco, super saisina trahendi minam ad ferrum in loco qui dicitur le Codre Sancti-Geremerii, totaliter anullate sunt; et de novo super hoc inquiretur ad sumptus dictorum religiosorum; et interim dicta relicta et ejus liberi trahere poterunt minam de dictis mineriis per manum Regis.

Sabbati post Cathedram sancti Petri.

Sanctus-Obertus reportavit.

XVI. Inquesta domini Sancti-Venancii reportata fuit coram episcopo Suessionensi, constabulario, thesaurario Andegavensi et aliis quibusdam, et super hoc dominus constabularius loqui debet cum domino Rege et cum dicto domino Sancti-Venancii.

Dominica post Cathedram sancti Petri.

Sanctus-Obertus reportavit.

XVII. Visa inquesta, de mandato curie facta, super pluribus injuriis Helye Armandi, de Sancto-Emiliano, qui a curia seculari prioris et capituli Sancti-Maclovei a deffectu juris ad dominum Regem appellaverat, per justiciarios dicte curie illatis, qui, post appellacionem predictam et in ejus contemptum, eumdem Helyam incarceraverant, in compedibus posuerant, et redimerant de decem libris Turonensibus pro sua liberacione, per judicium curie, con-

dempnati fuerunt dicti prior et capitulum in emendam quingentarum librarum Turonensium, et ad reddendum dicto Helye predictas
decem libras ab eodem extortas; de quibus quingentis libris, dominus Rex habebit quadringentas libras, et dictus Helyas, una cum predictis decem libris, pro suis labore et dampnis, centum libras.
— Mercurii post Cathedram sancti Petri.

XVIII. Cum inter procuratorem nostrum, pro nobis, et religiosos
viros abbatem et conventum monasterii Beati-Remigii Remensis,
pro se, ex una parte, ac dilectum et fidelem nostrum archiepiscopum
Remensem, pro se, ex altera, questio esset mota, predicto archiepiscopo, ecclesie sue nomine, pluribus causis et racionibus asserente,
et petente per judicium nostre curie declarari ac pronunciari proprietatem garde dicti monasterii, pertinenciarum et membrorum
ejusdem sitorum Remis et infra banleucam Remensem, ad ipsum,
ecclesie sue nomine, pertinere debere ; et e contra procurator noster,
pro nobis, dictique religiosi, pro se, pluribus causis et racionibus
proponentes dictam gardam ad nos, non ad dictum archiepiscopum,
pertinere, peterent nos et ipsos religiosos absolvi debere ab impeticione predicta ; nosque super predictis, vocatis partibus, inquiri
fecerimus veritatem : Tandem, auditis parcium racionibus hinc et
inde, visaque inquesta super hoc de mandato nostro facta, visis
eciam privilegiis necnon scriptis antiquis in modum probacionis
super hoc a partibus productis, predictos procuratorem nostrum,
pro nobis, et religiosos, pro se, ab impeticionne predicta dicti archiepiscopi, super proprietate garde predicte, per curie nostre judicium, duximus absolvendos.

Mercurii post Cathedram sancti Petri, Februarii.

XIX. Cum prior Fratrum et procurator Sororum ville Insulensis,
ordinis Predicatorum, quandam inquestam, de mandato nostro factam per Radulphum de Betencourt, super destructione domorum ipsorum Insulensium, videri peterent et judicari ; et e contra scabini

Insulenses, dicentes inquestam hujusmodi minus sufficienter esse factam, et plures consuetudines et facta ac raciones alias proponentes, dicerent eandem inquestam debere totaliter anullari : Tandem, auditis hinc inde propositis, per arrestum curie dictum fuit quod super dictarum domorum destructione et dictorum scabinorum ac aliorum quorum interest deffensionibus, factis et consuetudinibus, curia faciet inquiri plenius veritatem; et interim dormiet inquesta predicta: qua facta, super hoc faciet curia id quod videbitur racionabiliter faciendum.

Jovis ante Cineres.

XX. Cum, tempore guerre nostre Vasconie quamdam fortem domum Arnaudi et Bozonis de Bovinghano, fratrum, que vocabatur Mota, quidam malefactores, ut dicebatur, de nocte et clandestine subintrantes, contra pacis statuta, eandem cum bonis ibidem existentibus combuxissent, et, ad ipsorum fratrum instanciam, dilectus et fidelis noster constabularius Francie bajulo Grandis-Castri mandasset ut, vocatis evocandis, super hoc inquireret veritatem, et eisdem fratribus, secundum usum et consuetudinem patrie, faceret justicie complementum; nosque postmodum eidem bajulo mandassemus ut inquestam, super hoc factam per eum de mandato dicti fidelis nostri, servata patrie consuetudine, diffiniret; lata sentencia per dictum bajulum, super ea significavit nobis Bernardus de Bovinhano, scutifer, quod dicta Mota pro eo fuerat combusta quia contra gentes nostras tenebatur munita; propter quod dicta Mota ad manum nostram fuit posita, et executio sentencie dicti bajuli impedita; nos vero deinde, ad requisicionem dictorum fratrum, super predictis nobis denunciatis inquiri fecimus veritatem : Visa igitur inquesta predicta et auditis tam dicti Bernardi quam dictorum fratrum racionibus, visa eciam senescalli nostri Agennensis rescripcione, ac procuratoris nostri in Agenesio relacione, per curie nostre judicium, dictum fuit quod predicta Mota, manu nostra inde amota, eisdem fratribus deliberabitur, et quod predicta dicti bajuli sentencia mandabitur execucioni.

Sabbato post quindenam Candelose.

XXI. Super requestis factis et contencionibus motis inter Hardoinum de Mairoles, ex una parte, et Alanum de Chemire, ex altera, racione bonorum terre de Mairoles, que quondam fuerunt defuncti Huberti de Mairoles, fratris dicti Hardoini, ac terre Dardenne, que fuerunt Esmeline Dardenne, matris quondam Huberti et Hardoini predictorum : Auditis parcium racionibus, et visa inquesta super hoc, de mandato curie nostre, partibus vocatis, facta, per quam inquestam repertum est predicta bona omnia ad manum nostram posita fuisse et bona predicta terre de Mairoles dicto Hardoino adjudicata fuisse, et per manum nostram dictum Hardoinum in eorum saisina, virtute dicti judicati, posita fuisse, et ipsum Hardoinum in eorum possessione, contra dicti judicati tenorem, pluries turbatum fuisse, per judicium nostre curie, dictum fuit quod omnia bona predicta et terre de Mairoles et terre Dardenne statim ad manum nostram ponentur, et quod judicatum predictum, super bonis predictis terre de Mairoles, pro dicto Hardoino factum, in eisdem bonis statim et absque dilacione quacumque mandabitur execucioni per illos dominos sub quibus hujusmodi bona consistunt; et si super hoc ipsi fuerint negligentes, ballivus Turonensis in eorum deffectum, statim et absque dilacione quacumque, faciet execucionem predictam et eundem Hardoinum in eorumdem bonorum possessione custodiet et deffendet; dato eidem Hardoino eciam uno de servientibus nostri Castelleti Parisiensis, cum litteris patentibus dicti ballivi Turonensis, ad dictam execucionem, deffensionem et custodiam faciendas, et quod dictus Alanus, si curie videbitur, emendabit id quod ipse dicta bona ad manum nostram posita occupavit; et super dictis bonis terre Dardenne, sic positis ad manum nostram, audientur partes, et fiet jus.

Sabbato post Cathedram sancti Petri.

Andreas le Riche, serviens eques Castelleti.

XXII. Informacio facta super garda de Longo-Villari inter balli-

vum Ambianensem et comitem Bolonie; quia articuli comitis facti
sunt super proprietate dicte garde, et illud invenitur esse factum pro
domino Rege, nec invenitur quod dicta informacio facta fuerit de
mandato curie, fuit totaliter anullata.

Dominica ante Sanctum Andream.

XXIII. Per inquestam ballivi Aurelianensis, visam et judicatam,
Johannes de Bou, super verberacione et morte Guillelmi de Materna,
quantum ad Regem et officium curie sue pertinet, liberatus fuit et
absolutus.

XXIV. Cum Bertrandus de Pestilhaco conquestus fuisset coram
magistro Petro Marini, vices gerente sue commissario magistri Raymundi de Bisturre, judicis a nobis dati eidem Bertrando in omnibus causis suis, quod cum ipse Bertrandus et predecessores sui essent et fuissent, ut ipse dicebat, a tempore cujus in contrarium
memoria non existit, in possessione pacifica recipiendi vinatam et
bladatam in certis parrochiis sitis et existentibus in honore et pertinenciis castri de Pestilhaco, a singulis terras et vineas ibidem exco-
lentibus sibi vel mandato suo solvendi certis modis, diebus et loco
et sub certa pena, prout in quodam judicato super hoc per curiam
nostram Petragoricensem et Caturcensem pro ipso lato contineri dicebat; diceretque dictus Bertrandus se in possessione dictarum bladate et vinate impeditum per Philippum de Joncheriis, tenentem locum gardiatoris bastide Montis-Caprarii, et consules dicte bastide, eo
quod publice prohiberi fecerunt quod predicta deveria bladate et
vinate sibi per aliquos minime solverentur; peteretque dictus Bertrandus dictum impedimentum amoveri, et homines predictos compelli ad solvendum deveria predicta; dictusque Petrus Marini, vocatis
partibus inquisiverit super possessione, judicato et impedimento predictis: Visa inquesta predicta, nobis per ipsum remissa et diligenter
examinata, viso eciam judicato predicto, per curie nostre judicium
pronunciatum fuit, non obstantibus quibusdam appellacionibus per

dictos Philippum et consules interpositis, dictum impedimentum in possessione dictarum bladate et vinate eidem Bertrando per predictos appositum esse amovendum, et dictum Bertrandum ad statum in quo erat tempore dicti impedimenti appositi reducendum, prohibendo ne, contra dicti judicati tenorem, ipsi vel alii dictum Bertrandum impediant vel perturbent.

Jovis post Brandones.

Toffardus reportavit.

XXV. Inquesta ad instanciam Bertrandi de Pestilhaco, contra consules et habitatores bastide Montis-Caprarii et vicinos dictorum locorum, et specialiter contra Armandum de Monte-Acuto, militem, facta super clandestinis maleficiis in molendinis, stangnis et domibus dicti Bertrandi perpetratis, propter suspicionem et vicium processus ipsius inqueste, fuit per curiam totaliter anullata. Poterit tamen idem Bertrandus, si voluerit, iterato super dictis maleficiis conqueri et ea prosequi ut debebit.

Jovis post Brandones.

Toffardus reportavit.

XXVI. Inquesta ad instanciam Bertrandi de Pestilhaco contra Philippum de Joncheriis tenentem locum gardiatoris bastide Montis-Caprarii, necnon consules et alios de dicta bastida facta super excessibus et violenciis factis in castro de Pestilhaco, propter vicium processus ipsius inqueste, per curiam extitit anullata, et reficienda est per aliquos probos qui ex parte Regis ad hoc mittentur.

Eadem die.

Per eundem reportata.

XXVII. Cum collectores nostri manuummortuarum, pro nobis, in nostra proposuissent curia contra Johannem Provain, quod ipse Johannes erat homo servilis condicionis de manumortua et forismaritagio Johannis dicti Mengier, scutiferi, et quod dictus scutifer

eundem hominem tenebat sub feodo nostro, racione Campanie, dicto
Johanne Provain in contrarium asserente et se esse liberum proponente ; tandem, dicto scutifero causam hujusmodi non prosequente,
dicti collectores et Johannes Provain in eadem causa processerunt :
Auditis igitur racionibus eorumdem, et visa inquesta super hoc, de
mandato curie nostre, facta, per curie nostre judicium, dictum fuit et
pronunciatum predictos collectores, pro nobis, intencionem suam
predictam contra dictum Johannem Provain sufficienter probasse.
    Martis ante Annunciacionem dominicam.
    Bocellus reportavit.

XXVIII. Cum magister Raymundus de Bisturre, judex a nobis
datus Bertrando de Pestilhaco in omnibus causis suis super pluribus
violenciis, excessibus et injuriis magistro Petro Marini, tunc ipsius
M. Raymundi vices gerenti, et quibusdam aliis cum eo existentibus,
ipsiusque officium immo nostrum exercentibus, illatis et eidem judici, per dictum magistrum Petrum, denunciatis contra Philippum de
Joncheriis, tenentem locum gardiatoris Montis-Caprarii, Bernardum
de Pestilhaco de Bastida, Poncium de Sancto-Egidio, Helyam de Cermeto, Hugonem de Manhaco, Bertrandum de Guillelmo, et Guillelmum de Podio-Gizeelli, et plures alios homines dicte bastide Montis-Caprarii, ipsis vocatis et per contumaciam absentibus, positisque
per eum pluries in deffectu, fecisset veritatem inquiri : Tandem, visa
inquesta predicta et diligenter examinata, per eandem inventum est
quod dictus Philippus de Joncheriis et alii prenominati, ac alii plures,
cum magna multitudine, centum hominum et plurium, tam equitum
quam peditum, diversis armorum generibus armatorum, exeuntes
de dicta bastida in via publica, irruerunt in dictum magistrum Petrum ac Petrum de Mozeiis et Simonetum, servientes nostros, cum
eo existentes, et eundem M. Petrum per frenum equi sui in platea de
Pestilhaco adduxerunt, et ibidem sibi plures injurias intulerunt, inter quos Petrus Santilli dixisse invenitur, « Interficiamus ipsum; » Philippo de Joncheriis et Hugone de Menhaco dicentibus : « Male erit si

recedat quin dilanietur. »Quibus auditis, dicti magister Petrus et servientes ad castrum de Pestilhaco fugerunt, et timore mortis ibidem
se recluserunt, dicto Philippo de Joncheriis dicente, « Frangamus portas castri ; » ac deinde Bernardum de Miro-Monte et Vivianum de
Cermeto, procuratores dicti Bertrandi, dictus Philippus et plures alii
fugaverunt, clamando : « Ad mortem ! Ad murtrarios, non eant ! » Item
lanceas quas dicti servientes nostri portabant abstulerunt eisdem,
Petrusque de Arragone et quidam alii, de mandato dictorum Philippi, Hugonis et Helye, Johannem Philippi, nuncium dicti M. Petri
versus dictam bastidam duxerunt manibus a tergo ligatis ; propter
que dictos Philippum de Joncheriis, Petrum Santilli, Petrum de
Arragone, et alios superius nominatos, per curie nostre judicium,
condempnamus in emendam ducentarum et quinquaginta librarum
Turonensium, videlicet ducentis libris nobis solvendis, et quinquaginta libris dicto magistro Petro, pro se et dictis servientibus nostris
ac ipsius predicto nuncio persolvendis.

Jovis post S. Gregorium.

Toffardus reportavit.

XXIX. Cum facta esset, de mandato nostro, quedam inquesta super eo quod Rolandus de Concis, miles, per se vel gentes suas, servientes nostros violenter impediverat quominus ipsi, ad hoc missi per
senescallum Xantonensem, diruerent quasdam furchas per eundem
militem erectas de novo, eisdem servientibus, cum armatorum multitudine resistendo, et super quibusdam aliis inobedienciis factis ab
eodem milite servientibus nostris, et super eo maxime quod idem
miles vel gentes sue noluerunt dare aditum servienti nostro ad manerium ipsius militis de Rocha-Ayraut, immo contra dictum servientem pontem ipsius manerii levaverunt, licet dictus serviens, ex parte
nostra, gentibus dicti militis in dicto manerio existentibus pluries
preciperet et clamaret ut sibi dictum manerium aperirent, ita quod
ipse posset ibidem suum officium adimplere : Tandem, inquesta
predicta visa et diligenter examinata, dictus miles in emendam

Philippe IV,
1301.

quingentarum librarum Turonensium nobis solvendam, propter
predicta, per curie nostre judicium, extitit condempnatus, hoc insuper addito quod porte dicti manerii diruentur, et sic dirute remanebunt per annum. Poterit tamen dicta apertura manerii claudi de
spinis et ibi fieri unus parvus guichetus.

 Jovis predicta.

 Bocellus reportavit.

 XXX. Cum Bertrandus de Alsona, Poncius Cabrici, Stephanus
Escuissa, Stephanus Cabacerii, et Johannes Martini, tunc consules
ville de Laurano, jus nostrum usurpando propria temeritate, fecissent
de novo mensuras seu pondera, suoque signo signassent, cum quibus
ipsi mensurari et ponderari faciebant in villa predicta, et certum ponderatorem constituissent ibidem, sibique injunxissent quod alicui
nobili dicte ville non ponderarent[1], et propter hoc per nostram curiam Carcassonensem arrestati fuissent et diu detenti, ac postmodum
sub recredencia liberati; ipsi postmodum, ad dictam villam redeuntes, presumpcione temeraria et inobedienter, iterato constituerunt ut
prius ponderatorem ibidem, et similem inhibicionem fecerunt eidem; propter quod ipsi in emendam ducentarum et quinquaginta
librarum Turonensium nobis solvendam, per senescallum tunc Carcassonensem, fuerunt sentencialiter condempnati; a qua sentencia
condempnatoria ipsi ad nostram audienciam appellarunt: Tandem
visis processibus omnibus predictarum, tam principalis quam appellacionis causarum, necnon racionibus, defensionibus et confessionibus consulum predictorum, ac deposicionibus testium in causa
hujusmodi productorum, per curie nostre judicium, dictum fuit et
pronunciatum dictum senescallum bene judicasse, et predictos consules male appellasse, dictamque sententiam condempnatoriam debere execucioni mandari.

 Jovis post Brandones.

 M. P. de Monti reportavit.

[1] Lisez *ponderaret*.

XXXI. Cum in curia nostra questio mota fuisset inter ministrum et fratres domus Sancte-Trinitatis Fontis-Bliaudi, ex una parte, et homines villarum de Fonte-Bliaudi, de Bosco-Regis et de Samosiis, ex altera, super eo quod dicti religiosi dicebant se usos fuisse et eciam se jus habere immittendi porcos suos, quotquot vellent, tempore peissone, ad pascendum in valleiis nostre foreste Byerie, cum redevencia trium denariorum pro quolibet porco, et se injuste, ad procuracionem dictorum hominum, per gentes nostras fuisse super hoc impeditos; dictis hominibus contrarium asserentibus, et dicentibus jus predictum ad parrochianos seculares dictarum trium villarum tantummodo pertinere, ita quod non ad religiosos predictos : Tandem, auditis racionibus partis utriusque, visaque inquesta, super hoc, de mandato nostro, facta, per curie nostre judicium, dictum fuit ad dictos homines villarum predictarum non pertinuisse religiosos predictos facere impediri in predictis, et ideo dictum impedimentum, quantum ad dictos homines, amoveri debere. Verum, quia dicti religiosi asserebant se jus predictum habere, videlicet inmittendi porcos suos in valleiis dicte foreste nostre, cum redevencia predicta, et se esse in saisina juris predicti, cujus peticionis defensio ad nos, tanquam dominum et proprietarium ejusdem foreste, pertinet, intencionis nostre non est per hoc aliquid in proprietate vel possessione pro dictis religiosis pronunciasse in predictis, sed pocius jus nostrum salvum nobis in hujusmodi remanere.

Jovis post Brandones.

M. L. de Voissy reportavit.

XXXII. Cum consules bastide nove de Tauriaco nobis supplicassent ut quasdam villas circomadjacentes, numero sex vigenti vel circiter, que hactenus ab antiquo consueverunt esse de ressorto tam Martelli quam Foncium quam Brive, poneremus de ressorto bastide predicte, pro melioracione ipsius bastide : Tandem, inquesta super hoc facta, utrum expediat fieri translacionem predictam, visa et diligenter examinata, per nostram curiam dictum fuit quod dicta translacio non fiet, et quod dicte ville sub illo ressorto remanebunt Philippe IV, 1301. sub quo ipse hactenus fuerunt.

Marcii post Brandones.

M. Allou reportavit.

XXXIII. Cum mercatores ultramontani, in regno nostro mercaturas exercentes, curie nostre conquesti fuissent de pedagiariis nostris Peronensibus ac de pedagiariis Nigelle, dicentes quod cum ipsi in quolibet dictorum pedagiorum consueverunt ab antiquo dictis pedagiariis solvere tantummodo decem et octo denarios cum obola Parisienses, pro quolibet trosello pannorum sive de Flandria sive de Attrabato aut aliunde hujusmodi trosselli adducerentur, et in curru seu quadriga vel ad collum seu alio vehiculo veherentur, et sic de qualibet chargia seu giba, pro numero trossellorum, dicti pedagiarii injuste et de novo dictos mercatores compellebant ad solvendum eis, de quolibet trosello, tres solidos et undecim denarios Parisienses, et sic de qualibet chargia seu giba pro numero trossellorum; vocatis igitur in causa hujusmodi dictis pedagiariis, ad dictorum instanciam mercatorum, ac dictis pedagiariis de Nigella nolentibus comparere nec defendere causam istam, predicti pedagiarii Peronenses cum dictis mercatoribus in causa hujusmodi processerunt : Visa igitur inquesta super hoc de mandato curie nostre facta, per curie nostre judicium, dictum fuit quod dicti pedagiarii nostri cessabunt de cetero ab hujusmodi indebita novitate, et antiqua prestacione predicta erunt contenti.

Mercurii ante Annunciacionem dominicam.

M. Dyonisius reportavit.

XXXIV. Cum Ysabellis, domina de Faya, curie nostre conquesta fuisset super eo quod ipsa, ut dicebat, existente in saisina manerii de Faya et ejus pertinenciarum, necnon terre, castri et castellanie de Monte-Morelli, Dyonisius de Paredo, miles, senescallus tunc Xantonensis, ad instanciam dilecti et fidelis nostri comitis Marchie,

90 LES OLIM.

PHILIPPE IV, 1301.

res predictas, sine causa racionabili, saisiverat et posuerat ad manum suam; peteretque dictas res sibi deliberari et reddi; dictus vero comes e contrario, pluribus racionibus, peteret dictas res sibi tradi et deliberari, quamdam exhibens litteram ad probandum quod Fulco de Monte-Andronis, miles, maritus dicte domine, centum libras annui redditus eidem comiti donaverat, et eas sibi assignaverat super dicto manerio de Faya et pertinenciis ejusdem: Tandem, auditis hinc inde racionibus parcium predictarum, visaque inquesta, super hoc, de mandato curie nostre, facta, visis eciam litteris et cartis ex utraque parte productis, per curie nostre judicium, dictum fuit predictorum bonorum omnium saisinam, necnon fructus exinde perceptos a tempore quo dictus senescallus eadem bona posuit ad manum nostram, esse reddendos et deliberandos domine predicte, salva dicto comiti questione proprietatis in predictis.

Sabbato post Brandones.

M. P. de Monti reportavit.

XXXV. Cum inter religiosos viros abbatem et conventum Sancte-Genovefe, Parisiensis, ex una parte, et abbatem et conventum Sancti-Victoris Parisiensis, ex altera, contencio esset mota super proprietate justicie clausi dicte abbacie Sancti-Victoris ac pertinenciarum ejusdem clausi, prout se comportant usque ad clausum Tyronis; item curie ejusdem abbacie Sancti-Victoris, pro parte, predictis religiosis beate Genovefe, pluribus causis et racionibus, proponentibus ac petentibus per diffinitivam sentenciam dici et declarari proprietatem justicie locorum predictorum ad ipsos, et non ad dictos religiosos Sancti-Victoris, pertinere, et impedimentum per eosdem religiosos Sancti-Victoris, in justicia predictorum locorum appositum amoveri, dictis religiosis Sancti-Victoris pluribus causis et racionibus contrarium asserentibus, et a predictis petentibus se absolvi: Tandem, visis inquestis super predictis factis, necnon privilegiis et aliis litteris et instrumentis ex utraque parte productis, visis et diligenter examinatis, per curie nostre judicium, pronunciatum fuit et declaratum proprietatem justicie dicti clausi Sancti-Victoris ac pertinenciarum ejusdem, prout se comportant per totum usque ad dictum clausum Tyronis, ad dictos religiosos beate Genovefe, et non ad ipsos religiosos Sancti-Victoris, pertinere, religiosos eosdem Sancti-Victoris ab impeticione predicta dictorum religiosorum Sancte-Genovefe facta, super proprietate justicie dicte curie, sentencialiter absolventes.

Mense Marcii.

Toffardus reportavit.

XXXVI. Aprisia pro Raymundo Guillelmi de Bodos, quod possit construere domum fortem, propter defectus in ea repertos, fuit per curiam anullata.

Martis post Annunciacionem Domini.

M. Aymo reportavit.

XXXVII. Cum magister Oliverius de Albigniaco curie nostre significasset quod ipse in empcione annalis fructuum archipresbyteratus de Azayo, diocesis Pictavensis, quod annale ipse a gentibus nostris emerat, in quadam pecunie summa dampnificatus fuerat per factum episcopi Pictavensis et gencium suarum, et ad ejus instanciam mandassemus super hoc veritatem inquiri : Tandem, inquesta super hoc facta, visa et diligenter examinata, eadem inquesta, propter deffectus in ea repertos, per curie nostre judicium fuit totaliter anullata.

Veneris ante Annunciacionem Domini.

Toffardus reportavit.

XXXVIII. Cum Galterus de Brabancia, serviens noster Trecensis, curie nostre conquestus fuisset super eo, ut dicebat, quod, ipso suum officium exercente, Galterus de Porta, prepositus Trecensis, ipsum injuriose verberando et male tractando, ejusque litteras, de dicto suo servicio, per ballivum Trecensem sibi concessas, eidem violenter aufferendo, et, cum multis opprobriis et verbis inhonestis,

12.

eas lacerando, plurimas injurias, verbera et alia gravamina intulerat
eidem, et ipsum amoverat a servicio suo predicto, et ad ipsius servientis instanciam ac ex officio nostro mandassemus, partibus vocatis,
inquiri super hoc veritatem : Tandem inquesta, super hoc facta,
visa et diligenter examinata, per curie nostre judicium, dictum fuit
quod dictus serviens recuperabit servicium suum predictum, et quod
de ejus recuperacione ballivus Trecensis dabit eidem litteras suas patentes, et quod dictus Galterus de Porta solvet nobis quadringentas
libras Turonenses pro emenda predictorum, et dicto servienti centum
libras Turonenses, pro injuria et dampnis sibi per eumdem illatis.

Veneris predicta.

Divio reportavit.

XXXIX. Cum a quodam judicato per ballivum Cenomanensis episcopi lato, pro Gaufrido le Vallet contra Johannem Dyerre, in quadam causa que super recuperacione quarumdam rerum hereditariarum coram dicto ballivo vertebatur inter partes predictas; qui
ballivus pronunciavit in causa hujusmodi procedendum esse per recepcionem juramenti et probacionum, dictus Johannes, tanquam a
falso et pravo, ad nostram curiam appellasset, et in causa dicte appellacionis, super factis ab ipsis partibus in nostra curia propositis,
fecissemus veritatem inquiri : Tandem, visis et diligenter examinatis
tam inquesta quam processibus omnibus antedictis, per curie nostre
judicium, dictum fuit et pronunciatum predictum ballivum bene judicasse et dictum Johannem male appellasse, et quod ipse Johannes
hoc nostre curie emendabit.

Veneris predicta.

Magister Lambertus de Voyssi reportavit.

XL. Cum inter Petrum Giffardi, civem Parisiensem, ex una parte,
et Oudardum, draperium, civem Silvanectensem, ex alia, coram
Silvanectensi preposito questio mota fuisset super eo quod dictus
Petrus contra predictum Oudardum proponebat quod ipse Petrus,

in territorio ville de Gonniex, in censiva et dominio abbatis Sancti-
Dyonisii, habebat quatuor arpenta vinearum, in quibus quatuor
dolia vini excreverant, que dolia vini, ut idem Petrus dicebat, predictus Oudardus, sine causa racionabili, levaverat et in ipsius Petri
prejudicium detinebat; peteretque dicta quatuor vini dolia sibi reddi,
et eumdem Oudardum ad ea sibi reddenda compelli; predicto Ou-
dardo in contrarium proponente, et pluribus causis dicente se ad
hoc non teneri; dictus prepositus, auditis parcium racionibus, eumdem Oudardum ab impeticione predicta dicti Petri per suum judicium absolvit; a quo judicato, tanquam a falso et pravo, dictus Petrus
ad ballivum nostrum Silvanectensem appellavit; qui ballivus, in causa
dicte appellacionis procedens, predicti prepositi sentenciam confirmavit; a cujus ballivi sentencia confirmatoria dictus Petrus iterato
ad nostram curiam appellavit : Tandem, in causa dicte appellacionis,
auditis parcium racionibus hinc et inde; et super factis ipsarum parcium inquesta facta, visa et diligenter examinata, visisque processibus omnibus antedictis, per curie nostre judicium, dictum fuit et
pronunciatum predictos prepositum et ballivum bene judicasse, et
dictum Petrum male appellasse, et quod ipse Petrus hoc curie nostre
emendabit.

    Mercurii ante Annunciacionem Domini.
    M. Allou reportavit.

    XLI. Cum inter majorem et juratos communitatis Meldensis,
ejusdem communitatis nomine, ex una parte, et Girardum de Solerio, monetarium, ex altera, in curia nostra controversia mota esset
super eo quod dicti major et jurati dicebant dictum Girardum contribuere debere in solucione cense nobis debite ab eisdem racione
Campanie, pro concessione communitatis predicte, asserentes se
usos et consuetos fuisse a longissimis temporibus et se esse in saisina, negligentes dictam censam solvere, compellendi ad hoc per
capcionem bonorum suorum, et propter hoc peterent per jus dici
dictum Girardum, tamquam civem dicte communitatis, debere con-

tribuere in premissis, et pignora ipsius Girardi propter hoc capta per dictos majorem et juratos per nos dicto Girardo ad recredenciam data et in manu nostra tanquam superioris posita, apud eos reponi et manum eorum deligari, ut possint dictum Girardum compellere ad contribucionem predictam; eodem Girardo contrarium asserente, et dicente se esse monetarium, ac, virtute et auctoritate privilegiorum a nobis monetariis concessorum et aliis racionibus se ad premissa non teneri: Tandem, super articulis dictarum parcium hinc inde in curia nostra super premissis traditis, inquesta de mandato nostro facta et per curiam nostram visa et diligenter examinata, visis eciam privilegiis et litteris utriusque partis, per curie nostre judicium, dictum et pronunciatum extitit dictum Girardum contribuere debere, cum civibus dicte communitatis, in solucione cense predicte, eosdemque cives esse in saisina dictum Girardum compellendi contribuere cum dictis civibus in dicte cense solucione, ac pignora dicti Girardi pro premissis capta apud dictos majorem et juratos ad finem predictum debere reponi.

Martis post Annunciacionem Domini.

Rosselletus reportavit.

XLII. Cum abbas et conventus monasterii Sallatensis nobis significassent quod, cum Guillelmus de Fontibus, bajulus pariagii de Sallato, communis inter nos et ipsos religiosos, una cum Bernardo Breban, ejus serviente, irent per villam de Sallato perquirentes, pro capiendo malefactores quosdam qui maleficia quedam commisisse dicebantur, ibidem consules ejusdem ville seu gentes eorum, cum complicibus eorumdem, ipsos bajulum et servientem violenter ceperunt, male tractaverunt, et secum captos duxerunt, dictique consules in domo consulatus eorum ipsos detinuerunt captos per duas noctes et unam diem, ideoque peterent predicta, tam nobis quam ipsis religiosis, emendari; et e contra dicti consules, ad sui deffensionem, proponerent quod quidquid in facto hujusmodi per ipsos et gentes eorum factum fuerat, ipsi fecerant juste et licite, et jure suo

utendo, pro custodia dicte ville, dicentes se, ex facto hujusmodi, ad
emendam aliquam multis racionibus non teneri ; Tandem, auditis
parcium racionibus hinc et inde, et inquesta de mandato nostro super hoc facta, visa et diligenter examinata, visis eciam litteris regiis
in inquesta predicta productis, predictos consules et eorum complices, per curie nostre judicium, absolvimus a predictis propositis
contra ipsos, hoc siquidem observato, quod per hujusmodi judicatum, cause principali super consulatu dicte ville, et ejus juribus
inter procuratorem nostrum et dictos religiosos, ex una parte, et per
dictos consules, ex altera, coram nobis pendenti, nullum prejudicium generetur.
_ Martis post Annunciacionem Domini.
Monti reportavit.

XLIII. Cum in causa mota, coram senescallo nostro Petragoricensi,
inter procuratorem nostrum, pro nobis, ex una parte, et Guillelmum
et Bernardum de Buxeria, fratres, ex altera, super hoc quod idem
procurator noster asserebat quod dicti fratres, in quodam furno
nostro sito in barrio de Lauserta, extra muros, prope domum magistri Arnaldi Carpentarii et prope domum Arnaldi de Campiras,
utebantur furneria de quoquendo panem, et portando et reportando
panem in dicto furno coquentibus, ac percipiendo duos tortellos de
quolibet ibi panem dequoquente, cum jus hoc faciendi non haberent, ut idem procurator dicebat, petens eos prohiberi ne dicta
furneria de cetero uterentur, lata fuisset diffinitiva sentencia per
dictum senescallum pro nobis et contra dictos reos, dicti rei a predicta sentencia, tanquam ab iniqua, ad nos appellantes, judicem sibi
dari in causa appellacionis hujusmodi impetrarunt; qui judex, vocatis partibus, super ipsarum articulis veritatem inquisivit, et negocium hujusmodi perfectum ad curiam nostram remisit: Visis igitur,
per curiam nostram, tam principalis quam appellacionis cause predicte partis utriusque processibus et diligenter examinatis, pronunciatum fuit, per curie nostre judicium, male pronunciatum fuisse

per dictum senescallum, et per dictos Guillelmum et Bernardum bene fuisse appellatum, et fuerunt dicti rei ab impeticione dicti procuratoris nostri, per idem judicium, super hoc absoluti.

Rosselletus reportavit.

Jovis post Annunciacionem Domini.

XLIV. Cum, in causa mota coram senescallo nostro Petragoricensi, inter procuratorem nostrum, pro nobis, ex una parte, et Raymundum Alacris, ex altera, super hoc quod idem procurator noster asserebat quod dictus Raymundus, in quodam furno nostro sito apud Lausertam, prope portam vocatam de Ecclesia, in domo que confrontatur cum portali dicte porte, utebatur furneria de quoquendo panem et portando et reportando in dicto furno panem coquentibus, ac percipiendo duos tortellos de quolibet ibi panem dequoquente, cum jus hoc faciendi non haberet, ut idem procurator dicebat, petens eum prohiberi ne dicta furneria de cetero uteretur, lata fuisset diffinitiva sentencia per dictum senescallum pro nobis et contra dictum Raymundum, dictus Raymundus a predicta sentencia, tanquam ab iniqua, ad nos appellans, judicem sibi dari in causa appellacionis hujusmodi impetravit; qui judex, vocatis partibus, super earum articulis per nostram curiam sibi missis testes recipiens, inquisivit super hoc veritatem, et negocium perfectum ad curiam nostram remisit: Visis igitur, per curiam nostram, tam principalis cause quam appellacionis utriusque patris processibus, et diligenter examinatis, pronunciatum fuit, per curie nostre judicium, male pronunciatum per dictum senescallum et bene appellatum per dictum Raymundum fuisse, et fuit dictus Raymundus ab impeticione dicti procuratoris nostri, per idem judicium, super hoc absolutus.

Jovis post Annunciacionem Domini.

Rosselletus reportavit.

XLV. Cum causa mota fuisset coram senescallo nostro Petragoricensi inter procuratorem nostrum, ex una parte, et Guillelmum et Bernardum de Buxeria, fratres, ex altera, super hoc quod idem procurator noster asserebat quod dicti fratres, in quodam furno nostro, sito infra muros de Lauserta, prope domum Arnaldi Lalberuco et prope domum que fuit quondam Guillelmi Bertonis, utebantur furneria dequoquendo panem et portando et reportando in dicto furno panem quoquentibus, ac percipiendo duos tortellos a quolibet ibi panem dequoquente, cum jus hoc faciendi non haberent, ut idem procurator dicebat, petens eos prohiberi ne dicta furneria de cetero uterentur, et lata fuisset sentencia diffinitiva per dictum senescallum, pro nobis, et contra dictos reos, dicti rei a dicta sentencia, tanquam ab iniqua, ad nos appellantes, judicem sibi dari in causa appellacionis hujusmodi impetrarunt; qui judex, vocatis partibus, super earum articulis per nostram curiam sibi missis testes recipiens, inquisivit super hoc veritatem, et negocium perfectum ad curiam nostram remisit : Visis igitur, per curiam nostram, tam principalis cause quam appellacionis utriusque partis processibus, et diligenter examinatis, pronunciatum fuit, per curie nostre judicium, male pronunciatum per dictum senescallum, et bene appellatum per dictos reos fuisse, et fuerunt dicti rei ab impeticione dicti procuratoris nostri super hoc absoluti.

Jovis post Annunciacionem Domini.

Rosselletus reportavit.

XLVI. Cum Symon dictus Piquet ageret contra Jacobum dictum le Feutrier, et quamdam domum sitam Parisius que, ex forisfactura Bernardi dicti le Chaucier, ad nos devenerat, que per gentes nostras Castelleti Parisiensis exposita venalis fuerat, et pro qua habenda dictus Symon dicebat se, infra debitum tempus, plus obtulisse, quam domum idem Jacobus possidebat, peteret sibi adjudicari et deliberari, vel saltem jus suum in eadem sibi salvari, et emolumenta per dictum Jacobum ex dicta domo percepta sibi reddi, necnon litteram eidem Jacobo concessam super vendicione dicte domus,

sibi factam per gentes nostras predictas totaliter anullari, predicto
Jacobo e contrario proponente, et, pluribus racionibus, petente ab
impeticione predicta dicti Symonis se absolvi : Tandem, auditis super hoc racionibus parcium predictarum, et super factis earum inquesta facta, visa et diligenter examinata, dictus Jacobus, per curie
nostre judicium, ab impeticione predicta dicti Symonis extitit absolutus.

Jovis post Annunciacionem Domini.

M. Dyonisius reportavit.

XLVII. Cum abbas et conventus Sancti-Victoris Parisiensis et
eorum prior de Brayo dicerent et proponerent, contra hospites suos
de Ruilli et de Chamissi, quod ipsi injuste et sine causa se posuerant in saisina eligendi servientes pro justiciando et custodiendo
justiciam dictorum religiosorum, declarato inter partes quod dicti
hospites eligebant duos viros et presentabant dicto priori seu ejus
mandato, qui duo jurabant ad sancta Dei Evangelia quod quinque
bonos viros de dictis villis eligerent; qui quinque electi jurare debebant similiter quod alios duos bonos viros eligerent et presen-
tarent domino dictarum villarum, et isti duo jurarent dicto domino
quod bene et fideliter custodirent territorium et villas predictas et
reportarent dicto domino maleficia pro suis emendis; quo facto, illi
duo, de auctoritate dicti domini, remanebant servientes per unum
annum ibidem; item, et quod dicti hospites injuste se posuerant in
saisina utendi de pasturagiis in maresio sito inter villam de Brayo
et dictam villam de Ruilli; item in saisina custodiendi l'estalon mensure ad vinum; item et ponendi mensuratores pro mensurandis redditibus qui a dictis hospitibus dictis religiosis in dictis locis debentur; declarato eciam inter partes quod dicti hospites eligebant
duos homines, quos presentabant domino dictarum villarum, qui
duo jurabant dicto domino quod ipsi eligerent duos alios probos
homines, qui duo ultimi jurarent dicto domino quod ipsi bene et
fideliter reciperent redditus dicto domino debitos et illis de Vic-

toria et de Silvanecto; que omnia dicebant dicti religiosi ad ipsos et non ad dictos hospites pertinere; quare petebant dicti religiosi pronunciari et declarari; per curie nostre judicium, jus omnium predictorum ad eos pertinere, dictosque hospites a predictis injustis possessionibus seu saisinis esse totaliter expellendos; dictis hospitibus contrarium asserentibus multis racionibus et petentibus se ab impeticione dictorum religiosorum super premissis absolvi : Tandem, inquesta super predictis, de mandato nostro facta, visa et diligenter examinata, dicti hospites ab impeticione predicta dictorum religiosorum fuerunt per curie nostre judicium absoluti.

Veneris post Annunciacionem Domini.

— M. Aymo reportavit.

XLVIII. Cum curie nostre significatum fuisset quod Guiardus de Marchia, domicellus, in castellania de Archiaco proclamari fecerat ne quis extra dictam castellaniam vinum, bladum vel aliud quodcumque venale deferret vel deferri faceret; quodque senescallus Xantonensis, ex parte nostra, quemdam misit servientem ad dictum bannum, tanquam factum inracionabiliter, annullandum, eo quod proclamando quod, de quacumque castellania in aliam dicte senescallie castellaniam, liceret cuilibet victualia deportare; quodque, dum idem serviens in foro de Archiaco predictum mandatum sibi injunctum adimpleret et proclamaret, Petrus Audrant et Aymericus, valleti dicti Guiardi, eumdem servientem sic injunctum sibi officium exercentem, ceperunt per guttur, eum arrestaverunt ex parte dicti Guiardi, et male tractaverunt; item, Petrus Audrant, ballivus dicti Guiardi, et eciam ejusdem Guiardi prepositus, qui tunc erat apud Archiacum, qui presentes fuerunt maleficio supradicto, nullum, in facto hujusmodi, arcendo malefactores predictos, consilium aposuerunt; propter quod senescallo nostro Xantonensi mandavimus, per nostras litteras, quod, vocatis qui essent evocandi, super predictis et eorum circonstanciis universis diligenter inquireretur veritatem, et inquestam quam inde faceret ad diem sue senescallie nostri

13.

parlamenti remitteret sub suo clausam sigillo : Visa igitur dicta inquesta, et consideratis omnibus que nostram curiam movere poterant et debebant, per nostram fuit curiam ordinatum, non obstante
quadam appellacione per dictum Guiardum interposita, quam ipsa
curia nostra frivolam reputavit, quod, si dictus Guiardus advoet factum predictum, ipse solvet nobis quingentas libras Turonenses pro
emenda excessuum predictorum, de quibus habebit dictus serviens
quinquaginta libras; si vero dictum factum non advoaverit, predictus Petrus Audrant et Aymericus, valleti dicti Guiardi, ac dictus
Petrus Audrant, ballivus dicti Guiardi, et prepositus qui tunc erat
apud Archiacum, capientur per senescallum predictum et in Castelleto
nostro Parisiensi, sub fida custodia, per dictum senescallum mittentur puniendos pro computo excessuum, prout curie nostre videbitur faciendum.

Sabbato post Annunciacionem Domini.

Gorintus reportavit.

XLIX. Cum coram ballivo dilecti ac fidelis nostri episcopi Lingonensis Johanna dicta la Vautiere, civis Lingonensis, contra Peronam, relictam defuncti Jaquini le Gantier, proposuisset quod prepositus Lingonensis contra tutores liberorum defuncti predicti Jaquini
pronunciaverat quod ipsi tutores non dixerant aliquid nec propo-
suerant propter quod ipsa Johanna deberet perdere suam partem
bonorum que fuerunt Alaidis, defuncte matris sue, peteretque dicta
Johanna quod prefatus ballivus predictum judicatum execucioni faceret demendari, dicta Perona in contrarium se pluribus racionibus
opponente; tandem, post multas raciones hinc inde propositas, prefatus ballivus diffinitive pronunciavit quod dicta Perona remaneret
in saisina tali quali de bonis predictis, tali condicione quod ipsa
Perona, ex tunc supra pedes suos, diceret vel proponeret bonum titulum et causam propter quam ipsa deberet vel vellet predicta bona
tenere, alioquin adjudicabat incontinenti predicte Johanne saisinam
et proprietatem bonorum predictorum. A quo judicato prefati ballivi,

tanquam a pravo et falso, dicta Perona ad nostram curiam appellavit: Tandem, super premissis inquesta, de mandato curie nostre facta, visa et diligenter examinata, per curie nostre judicium, pronunciatum extitit prefatum ballivum male et inepte pronunciasse, et predictam Peronam bene appellasse, salvo tamen predicte Johanne jure sibi competente contra dictam Peronam et contra quoscumque alios in omnibus bonis que fuerunt predicte Alaidis, defuncte matris sue.

Lune post mediam Quadragesimam.

M. Allou reportavit.

L. Inquesta facta ad instanciam Ayquelini Guillelmi de Sparra, super recuperacione castri et terre de Sparra, visa et diligenter examinata, propter ejus defectus, per curie nostre judicium, fuit anullata, et iterato facienda est, vocatis procuratore nostro et aliis evocandis.

Lune post mediam Quadragesimam.

Facta est commissio super hoc ad senescallum Vasconie et Giraudum Balayne.

LI. Inquesta facta contra Johannem Blondelli, prepositum Montis-Letherici, super eo quod dicebatur ipsum negligentem fuisse in capiendo Johannem Furnerii, servientem suum, qui dicebatur vulnerasse Dyonisium le Goulu, postquam ipse Dyonisius eidem servienti se reddiderat et arma sua, visa et diligenter examinata, idem prepositus, per curie nostre judicium, condempnatus fuit nobis in ducentis libris Parisiensibus pro emenda, et ad tenendam prisionem firmatam per duos menses, Parisius, in Castelleto nostro et ad solvendum quindecim libras Parisienses pro expensis auditorum et testium inqueste predicte.

Lune predicta.

LII. Inquesta inchoata inter comitem Claromontensem, ex una parte, et capitulum Belvacense, ex altera, super garda et ressorto de Baillouval et quibusdam aliis dictarum parcium articulis, cum ejus commissione fuit, auditis partibus, per curie judicium, anullata.

Mercurii sequenti.

Gorinthus reportavit.

LIII. Cum dilectus et fidelis noster episcopus Belvacensis, in curia nostra, diceret et proponeret, contra religiosos viros abbatem et conventum ecclesie beati Dyonisii in Francia, quod ipsi religiosi, prope villam de Montmeliant, fecerant quoddam molendinum ad ventum, in prejudicium ipsius episcopi et episcopatus sui; quare petebat idem episcopus dictum molendinum dirui et omnino amoveri, et per jus dici quod dicti religiosi jus non habent faciendi nec tenendi dictum molendinum in loco predicto; dictis religiosis in contrarium proponentibus, et, pluribus racionibus, petentibus ab impeticione predicta dicti episcopi se absolvi : Tandem, auditis hinc inde racionibus parcium predictarum, et, super earum factis, inquesta facta, visa et diligenter examinata, dicti religiosi ab impeticione predicta dicti episcopi fuerunt, per curie nostre judicium, absoluti.

Mense Aprilis.

M. Aymo reportavit.

LIV. Cum in causis in curia nostra motis inter religiosos viros abbatem et conventum ecclesie beati Dyonisii in Francia, ex una parte, et Rogerium de Clichiaco et ejus uxorem; ex altera, super jure emolumentorum et exituum duarum quartarum parcium baci seu bacelli portus de Clichiaco, quod jus in dictis duabus quartis partibus predicti conjuges ad se pertinere, pluribus racionibus, asserebant; predictis religiosis e contrario proponentibus et multis racionibus dicentibus predictum jus emolumentorum et exituum predictorum ad se pertinere : Tandem, auditis parcium racionibus hinc et inde et super earum articulis super hiis ex utraque parte traditis, inquestis, de mandato nostro factis, visis et diligenter examinatis,

Philippe IV, 1301.

per curie nostre judicium, dictum fuit et pronunciatum predictos conjuges intencionem suam sufficienter super premissis non probavisse, fueruntque dicti religiosi a dictis peticionibus conjugum predictorum, per idem judicium, sentencialiter absoluti.

Veneris post mediam Quadragesimam, mense Aprilis.

Rosselletus reportavit.

LV. Inquesta de Miranda anullata est et reficienda; et facta est super hoc commissio, prout in rotulo hujus parlamenti plenius continetur, de consensu parcium.

Jovis post Brandones.

Et inde removi quinque paria litterarum, quas tradidi consulibus dicte ville et copiam nominum testium.

LVI. Significavit nobis Poncius de Castellione, miles, quod, cum ipse esset et sui predecessores fuissent, ut ipse dicebat, ab antiquo in possessione vel quasi altam justiciam exercendi in villa de Villario-Savarico, pro parte ipsum contingente, preter quam in certis casibus, superbajulus noster Fani-Jovis ipsum dicta sua possessione vel quasi indebite dessaisiverat; et quod, de mandato nostro, super predictis inquesta quedam facta fuerat, que judicata non fuerat, ut dicebat, quia, propter malam custodiam notarii qui eam scripserat, reperiri non poterat, ut dicebat, propter quod mandavimus senescallo nostro Tholosano, vel ejus locum tenenti, quod, si ita esset, super premissis, vocatis evocandis, de novo inquireret veritatem. Visa igitur et diligenter inspecta inquesta super hoc facta, compertum fuit quod ipsa facta fuerat, forma mandati nostri predicti minime observata, et quod a longo tempore citra fuimus et sumus in possessione justicie supradicte; propter quod, per curie nostre judicium, dicta inquesta fuit totaliter anullata, et per idem judicium pronunciatum fuit nos debere remanere in saisina predicta; et, si dictus miles aliquid super hoc petere voluerit, sive in possessione sive in proprietate, vocatis procuratore nostro et aliis

evocandis, servato juris ordine super hoc, fiet ei justicie complementum.

- Lune ante Ramos Palmarum.

M. Dyonisius reportavit.

LVII. Cum Thomas Porrete, mercator de Sancto-Dyonisio, contra
Girardum de Monte de Figiaco, proponeret quod ipse dicto Girardo
vel ejus certo mandato, videlicet dicto Tortoire, mercatori et insti-
tori suo, eodem Girardo mandante et precipiente, vendicionis nomine, tradiderat et deliberaverat de pannis suis pro precio triginta
sex librarum et duodecim solidorum; quodque dictus Girardus ra-
tificaverat contractus omnes qui facti fuerant et qui eciam fierent
cum predicto institore suo, et quod eciam idem Girardus confessus
fuerat dictum Tortoyre esse mercatorem et institorem suum et
quidquid idem Tortoyre emerat et eciam emeret ipse Girardus se
promiserat soluturum; ideoque peteret dictum Girardum compelli
ad solvendum eidem Thome debitum antedictum; dicto Girardo
pluribus racionibus in contrarium proponente et dicente se ad hoc
non teneri: Tandem auditis parcium racionibus hinc et inde, et super factis earum inquesta facta, visa et diligenter examinata, dictus
Girardus, ad solvendum eidem Thome summam peccunie predictam per curie nostre judicium, extitit condempnatus.

- Mercurii post mediam Quadragesimam.

M. Aymo reportavit.

LVIII. Similiter iste Girardus ex simili causa fuit condempnatus
decem et octo mercatoribus Sancti-Dyonisii, et habent inde litteras;
et sunt eorum nomina et summe condemnacionis in cedula sentencie cum inquesta.

LIX. Visis inquestis, ad instanciam procuratoris nostri senescallie Petragoricensis, factis super eo quod abbas Tutellensis seu
gentes et ministri temporalis jurisdictionis ipsius abbatis, in preju-

Philippe IV,
1301.

dicium et contemptum jurisdictionis nostre et dicta jurisdictione sua temporali abutendo, bajulo nostro Montis-Dome, suum officium exercenti, multas injurias intulerunt, baculum nostrum regium, in quodam portali apud Ruppem-Amatoris per servientem nostrum appensum, amoverunt et in lutum seu terram projecerunt, homines ville Ruppis-Amatoris ad mandatum gencium nostrarum, in nostrum exercitum volentes venire arrestaverunt et impediverunt venire, et plures ad nos et nostram curiam appellantes, post appellacionem ad nos interpositam, ceperunt, arrestaverunt et incarceraverunt, vulneraverunt aliquos eorumdem, et cuidam homini condempnato per eos ad amittendum manum sinistram, qui ad nos appellavit, post appellacionem hujusmodi manum dexteram amputaverunt, per arrestum nostre curie, dictum fuit quod abbas predictus, pro predictis excessibus ministrorum suorum, quorum aliquibus presens fuisse reperitur, emendam quatuor millium librarum Turonensium nobis solvet.

Super eo vero quod ministri dicti abbatis quemdam hominem, positum seu saisitum ad manum nostram, post dictam apposicionem manus et inhibicionem factam eis, ex parte nostra, suspendisse dicuntur, vocatis partibus, veritas inquiretur; et remittetur inquesta ad curiam judicanda.

Sabbato post mediam Quadragesimam.

Gorinthus reportavit.

Audient dominus Guillelmus de Plaisiaco et Guillelmus de Viriaco, vel ille eorum qui vacare poterit.

LX. Facta inquesta per senescallum Carcassonensem, super excessibus et armorum portacione illicita factis in terra domini Mirapicis per quam plures homines nobiles et innobiles villarum de Lordaco, de Caussono, de Apino, de Unacho, de Favinhano, de Lorda et de quibusdam aliis villis et locis comitatus Fuxensis, cum illis de Andorra qui sunt de extra regnum, dictus senescallus condempnavit eos in pluribus summis pecunie domino Regi pro emenda solvendis; ipsi ab hujusmodi condempnacione appellarunt. Nomina condempnatorum et summe pecunie in sentencia senescalli et in inquesta predicta, que est apud curiam, continentur. In causa appellacionis dicti senescalli, sentencia fuit per curiam confirmata et appellacio reprobata.

Lune ante Ramos Palmarum.

M. Pasqüerius reportavit.

Ista condempnacio excedit summam septem millium librarum Turonensium.

LXI. Visa inquesta per ballivum Aurelianensem facta, ad instanciam Philippi Bougrat de Cheneveriis, scutiferi, ballivi quondam vicecomitis Meledunensis, super morte Guilloti de Buignon et super arbitrali sentencia inter ipsum Philippum et Adelotam, sororem dicti mortui, prolata per Arnulphum de Riveriis et Johannem de Vadis, arbitros a dictis partibus electos; dicta inquesta fuit per curiam anullata; et, si dictus Philippus ad dictam arbitralem sentenciam anullandam vel redigendam, ad arbitrium boni viri, negocium hujusmodi diligenter prosequatur, vocata ad hoc parte adversa, execucio dicte sentencie interim suspendetur.

Lune ante Pascha.

Toffardus reportavit.

LXII. Gum abbas et conventus monasterii Sancti-Laurencii de abbacia curie nostre conquesti fuissent, super eo, ut dicebant, quod thesaurarius, decanus et capitulum ecclesie beati Hylarii Pictavensis seu ministri eorum, in terra et justicia, pro indiviso communi eisdem religiosis et Pictavensibus, sita in dyocesi Autissiodorensi, que quondam fuit communis pro indiviso dictorum Pictavensium et Odonis de Soliaco et Francisie, sororis ejusdem, ac in expletis et emolumentis ejusdem justicie aliisque reddítibus, proventibus et expletis hominum, terrarum, boscorum, essartorum et aliorum plurium communibus inter ipsos pro indiviso, eosdem religiosos in eorum sai-

Philippe IV,
1301.

sina predictorum, pro parte eos contingente, de predictis injuste impediverant et impediebant et ibidem multas prisias fecerant per se,
sine dictis religiosis vel allocato eorum, predicta in ipsorum religiosorum prejudicium attemptando, et eciam manum nostram frangendo, que, propter debatum parcium, erat et adhuc est apposita in
predictis, peterentque dicti religiosi predicta impedimenta, in eorum
articulis plenius expressa, amoveri, prisiasque predictas ad locum reponi, et hujusmodi attemptata ad debitum statum reduci, ac dampna
per hoc, ut dicebant, sibi illata per ipsos Pictavenses, usque ad summam centum marcharum argenti sibi reddi : Tandem, auditis hinc
inde propositis et visa inquesta super hiis, de mandato curie nostre
facta, per ipsius curie nostre judicium, dictum fuit et pronunciatum predictos religiosos intencionem suam super saisina predicta et
impedimentum sufficienter probasse, dictaque impedimenta amoveri
debere, dictasque prisias per Pictavenses predictos in predictis locis
communibus, absque dictis religiosis vel eorum allocato, factas, si
extent, alioquin earum valorem dividendo inter ipsos, debere reponi
ad locum, et attemptata per ipsos Pictavenses ad statum debitum reduci, manu nostra, propter dictum debatum apposita in predictis pro
premissis adimplendis, inde prius amovenda. Ipsos tamen Pictavenses a peticione dictarum centum marcharum, racione dampnorum
petitorum, cum dicta dampna adeo sufficienter quod in eis debeat per
curiam nostram fieri condempnacio probata non fuerint, absolvendo:
De pena vero quinque millium librarum Turonensium, que dicitur
contineri in littera quadam confecta super convencionibus quondam
super dictis rebus et bonis habitis inter dictos Pictavenses, ex una
parte, et predictos Odonem et Francisiam, ex altera, cujus littere
transcriptum in inquesta continetur predicta, curia nostra nichil dixit
ad presens.

Mercurii ante Pascha.

Bocellus reportavit.

LXIII. Cum, ex parte Fortanerii, domini de Gordonio, militis,

14.

asserentis quod, cum ipse diversis debitis usurariis honeratus, quamdam villam suam, vocatam bastidam Fortanerii de Gordonio, cum
omnibus ejus pertinenciis, pro certo precio, convento et sibi soluto,
Jacobo Johannis, burgensi de Caturco innobili, vendidisset, dum
tamen hujusmodi vendicioni nostrum preberemus consensum, et
hoc, ut dicitur, adjuncto quod, si dictus miles infra quinquennium a
tempore dicte vendicionis facte vellet dicto emptori reddere et solvere precium supradictum, villam predictam, cum ejus pertinenciis,
sic venditam recuperaret et haberet, senescallus noster Petragoricensis, videns villam predictam cum ejus pertinenciis que a nobis
in feudum et homagium tenetur, sic venditam sine licencia nostra,
positamque de manu nobili in manum innobilem, dictum precium
dicto innobili reddidisset, et nobis villam predictam, cum pertinenciis suis, adhuc durante dicto quinquennio, applicasset, idem miles
infra dictum quinquennium predicto senescallo nostro predictum
precium competenter pro predictis venditis rehabendis obtulit, prout
conventum fuerat inter predictos militem et emptorem, predicto senescallo nostro premissa facere recusante, nobis supplicatum fuisset
quod super premissis faceremus inquiri veritatem, et ejus faceremus
requestam de recuperandis predictis : Tandem, super premissis facta
inquesta de mandato nostro, vocatis procuratore nostro et predicto
milite, auditis propositis, ex parte predictorum procuratoris nostri
et militis, visa et diligenter examinata inquesta predicta, visis eciam
litteris et instrumentis hinc inde productis, per curie nostre judicium, dictus procurator noster a predictis per militem predictum
propositis et petitis fuit sentencialiter absolutus.

Jovis post Sanctam-Trinitatem.

M. Pasquerius reportavit.

LXIV. Propter excusacionem domini de Maignaco et filiorum suorum, inquesta facta inter ipsos et abbatem et capitulum Dauratenses, fuit per curiam anullata, et iterato facienda est, prout in fine
rotuli hujus parlamenti plenius continetur.

Philippe IV,
1301.

LXV. Inquesta inter magistrum Johannem de Crassa et abbatem de Crassa, judicata est et reddita, et est sentencia scripta in fine rotuli hujus parlamenti.

LXVI. Inquesta inter bolengerios Parisienses et Guillelmum Petit-Maistre judicata est et reddita, et est sentencia scripta in fine rotuli hujus parlamenti.

LXVII. Cum Dyonisius Chasnel precium domus sue, quam vendiderat Symoni d'Espernon, scutifero, videlicet quadringentas libras Parisienses, quod precium, propter debatum parcium, erat in manu prepositi Parisiensis, peteret sibi reddi; et e contra dictus Symon diceret quod, secundum convenciones inter ipsos habitas, idem venditor domum predictam, que pro suis erat debitis obligata, debebat ante omnia ab obligacionibus hujusmodi liberare : Tandem, viso processu super hoc habito inter partes predictas coram preposito Parisiensi, et auditis convencionibus in dicto contractu habitis inter ipsas, curia ordinavit et precepit dicto preposito quod ipse precium hujusmodi dicto venditori reddat, tunc demum cum ipse venditor in manu dicti prepositi caucionem ydoneam, pignora vel fidejussorem prestiterit de garantizando dicto emptori domum predictam, saltem usque ad dicti precii quantitatem.

Lune ante Sanctum-Petrum ad Vincula.

Bocellus reportavit.

LXVIII. Visa inquesta, inter procuratorem domini Regis et heredes defuncti Reginaldi de Clameciaco facta, super manumortua bonorum dicti defuncti, propter defectus in ea repertos, curia ordinavit quod inquesta predicta non judicabitur, immo partes iterato et tanquam de novo super hoc audientur, et, eis auditis, faciet eis curia justicie complementum.

Lune ante Sanctum-Petrum ad Vincula.

Bocellus reportavit.

LXVIII. Inquesta facta de mandato domini Regis per ballivum Vitriacensem super quibusdam injuriis illatis, ut dicitur, abbati Mauri-Montis per quosdam homines Nove-Ville-ad-Pontem, ad finem emende et quarte domino Regi prestande vel non, visa et curie reportata, ex causa non fuit judicata, et iterato inquirendum est de totali facto hujusmodi, et contra partes in dicta inquesta contentas, et contra omnes alios culpabiles hujus facti; et, per testes jam productos et per alios, commissum est ballivo Vitriacensi, Guioto de Enaudi-Monte et Johanni Morelli, burgensibus Sancte-Maneheudis, cum illa clausula tres vel duo.

Lune ante Candelosam.

Bocellus reportavit.

Super asserem est.

LXX. Inquesta facta super statu et portamento Renerii le Blavier, servientis in ballivia Viromandensi, reportata curie coram domino archidiacono Brugeriarum et aliis, non fuit judicata, sed ipse archidiaconus debet super hoc ordinare.

Bocellus reportavit.

Super asserem est.

LXXI. Inquesta pro consulibus Belli-Regardi, in Caturcinio, super valore partis quam ipsi habent in decis, furneria et bassa justicia dicte ville, quam ipsi volunt vendere domino Regi, non fuit judicata, et mandatum est senescallo Petragoricensi quod, cum Rex ad presens ista non velit emere, manum suam propter hoc in predictis appositam amoveat.

In octabis Candelose.

Per dominum thesaurarium Andegavensem.

Super asserem est.

INQUESTE ET PROCESSUS

ALII, JUDICATI IN SEQUENTI PARLAMENTO OCTABARUM CANDELOSE,

ANNO MCCCII.

I. Cum senescallus Carcassonensis baillum liberorum quondam Guillelmi Prunele, militis, et Ysabellis, ejus uxoris, defunctorum, ad manum nostram posuisset, pro eo, ut dicebatur, solummodo quod Bernardus de Monte-Esquivo, miles, dictorum patruus liberorum, ad quem dicebatur baillum predictum, jure hereditario, pertinere, propter heresis vicium ad mortem fuerat condempnatus, cujus condempnacionis racione, bona omnia dicti condempnati nobis venerant in incursum; et Bernardus de Monte-Esquivo, domicellus, nepos, ut dicitur, dicti militis, et dictorum consanguineus liberorum, asserens dictam condempnacionem, diu est, fuisse factam et per plures annos antequam dictum baillum adveniret, predictam manum nostram inde peteret amoveri, et sibi tanquam proximiori dictum baillum deliberari : Tandem, inquesta super hoc facta visa et diligenter examinata, per curie nostre judicium, dictum fuit quod manus nostra, racione predicta in dicto baillo apposita, inde amovebitur, et eidem domicello, tanquam proximiori apparenti, deliberabitur baillum predictum, salvo in aliis jure nostro et jure in omnibus alieno. Veneris post Sanctum-Mathiam, mense Marcii.

II. Cum orta esset discordia inter prepositum ecclesie Remensis, ex parte una, et Milonem de Mutriaco, militem, ex altera, super eo quod dictus prepositus dicebat et asserebat quod, cum ipse esset et predecessores sui fuissent ab antiquo in pacifica possessione exercendi altam et bassam justiciam in villa de Villaribus-ad-Nodos, in territorio banni sui, in quo, ut dicebatur, sita est domus Constancii, majoris ipsius prepositi, in qua habebat idem prepositus unum compedem pro dicte justicie exercicio faciendo, quem dictus miles violenter fregerat et acceperat in domo predicta, impediendo et perturbando indebite et de novo eundem prepositum super possessione predicta, quare petebat idem prepositus quod manus nostra, in dicto compede apposita, propter debatum parcium predictarum, inde amoveretur, et quod dictus compes in domo predicta reponeretur ad exercicium dicte justicie sue faciendum, et quod impedimentum sive turbacio per dictum militem super hoc apposita amoverentur, necnon quod injurie et violencie a dicto milite sibi facte super hoc emendarentur eidem; dictus vero miles in contrarium dicebat et proponebat quod ipse habebat omnem altam justiciam in tota villa predicta, et specialiter in terra que a dicto preposito tenetur ibidem, quare petebat quod ipse resaisiretur, de dicto compede, in quo manus nostra erat apposita ex causa predicta, et quod pronunciaretur quod ipse nichil forisfecerat frangendo compedem predictum : Hinc est quod, auditis hinc inde propositis, visaque inquesta super hiis de mandato nostro facta, per curie nostre judicium, dictum fuit et pronunciatum quod manus nostra, racione predicta, in dicto compede apposita, inde amovebitur, et quod, per dictum Milonem, de dicto compede fiet restitucio, in dicta domo, preposito predicto, et quod impedimentum et turbacio predicta per eundem militem super hoc apposita inde amovebuntur, et quod injurias et violencias predictas idem miles nobis et dicto preposito emendabit.

Mercurii post Sanctam-Mathiam.

Monti reportavit.

Taxata fuit ista emenda per curiam, pro domino Rege, ad sexaginta libras Parisienses, et pro preposito ad viginti libras Parisienses.

III. Cum gentes domini Regis super Nicolaum de Dichi et Nicolaum Daubi de Duaco cepissent viginti sex pannos de Flandria,

dicentes eos esse domino Regi commissos; et e contra dicti mercatores, pluribus racionibus proponentes dictos pannos non esse commissos, peterent eos sibi reddi : Tandem auditis hinc inde propositis, et visa inquesta super hoc de mandato nostre curie facta, per
judicium nostre curie, dictum fuit quod dicti panni reddentur eisdem mercatoribus, vel, si non extent, valor eorum.

Martis post octabas Brandonum.

Divio reportavit.

IV. Cum quoddam judicatum factum fuisset in Castelleto nostro
Parisiensi per prepositum Parisiensem, seu locum ejus tenentem,
contra Johannem le Breton et Agnetam la Brete, ejus uxorem, pro
Guidomaro le Breton, super successione bonorum Yvonis dicti Gra-
vadou, cujus dicta Agnes cognata et heres erat, ut dicebat, et a dicto
judicato, tanquam a pravo et falso, ad nostram curiam, pro parte
ipsorum conjugum, fuerit appellatum : Tandem, auditis partibus
hinc et inde, et earum racionibus et defensionibus intellectis, viso
eciam processu habito coram eodem preposito, et testibus de novo
super hiis examinatis, dictum fuit, per arrestum nostre curie, dictos
conjuges bene appellasse et male pronunciatum fuisse in hac parte,
et saisinam seu possessionem bonorum hujusmodi debere restitui
conjugibus antedictis, salva questione proprietatis, si pars adversa
super hoc agere voluerit contra eos; dantes preposito Parisiensi tenore presencium in mandatis, quatinus dictis conjugibus saisinam
bonorum ipsorum, modo predicto, amoto impedimento quocumque,
sine dilacione qualibet faciat liberari.

Dominica qua cantatur Letare Jerusalem.

V. Cum major et jurati Suessionenses, secundum arrestum nostre
curie, nobis emendam gagiaverint pro eo quod ipsi dilecti et fidelis
nostri episcopi Suessionensis servientem ceperunt, qui serviens dicebatur quemdam dictum le Gay pro suspicione furti cepisse in terra
episcopi predicti, et noluerunt eum reddere servienti nostro, ad

gardiandum dictum episcopum deputato, et, per aprisiam inde factam de mandato nostro, fuerimus informati quod dicta prisia dicti
le Gay facta fuit supra calceatam ville Suessionensis, in trefundo
comitis Suessionensis, in qua dicti major et jurati facere prisias
consueverunt : Mandamus tibi quatinus, racione dicte capcionis
servientis predicti, non compellas eosdem majorem et juratos solvere nobis emendam, sed, propter eorum inobedienciam, pro eo
quod eundem dicto servienti nostro non reddiderunt ab eo requisiti,
pro qua gagiaverunt eciam nobis emendam, ab ea non liberes eos,
sed ad presens supersedeas de ea levanda. Per hoc tamen eidem episcopo, in jure suo per dictum arrestum quesito, nolumus prejudicium aliquod generari.

Jovis ante Annunciacionem Domini.

Ballivo Viromandie.

VI. Ballivo Turonensi : Ad instanciam dilecti et fidelis nostri
episcopi Cenomanensis, asserentis quod custodes regalium Ceno-
manensium, a nobis deputati in duabus ultimis vacacionibus ecclesie
Cenomanensis, decimas, firmas et pensiones quarumdam ecclesiarum
Cenomanensis dyocesis, ad episcopatum Cenomanensem pertinentes, videlicet ecclesiarum de Ambitriis, de Colsiaco, de Montigneyo,
de Gastinia, de Luneyo, de Alneto, de Brulonio, de Lineriis, de
Fontibus, de Argentreio, de Sauceya, de Chimiriaco, et quarumdam
aliarum ecclesiarum quas dictus episcopus declarare debebat, per-
ceperant et levaverant, licet decime, firme et pensiones predicte
alias in regalia non venissent, predecessori tuo mandavimus ut, vocatis evocandis, diligenter inquireret utrum termini solucionum
decimarum, firmarum et pensionum predictarum, durantibus regalibus nostris alias quam in dictis vacacionibus ceciderant, levate et
recepte fuerant pro nobis per custodes regalium nostrorum qui pro
tempore fuerunt, et inquestam curie nostre remitteret factam super
istis; visa igitur per curiam nostram inquesta super hoc facta de
mandato nostro, per quam probatur quod, licet per custodes re-

PHILIPPE IV,
1302.

galium nostrorum alique firme et pensiones predictarum parrochiarum, tempore regalium quorumdam, capte et levate fuissent, fuerant tamen per ipsos custodes restitute capitulo Cenomanensi, futuro episcopo reservande, de mandato curie nostre, ut in ipsa restitucione, ex parte unius custodum regalium, altero presente, fuit dictum; de quo mandato quedam copia fuit in curia nostra ostensa, et in qua inquesta unus de custodibus regalium per suum juramentum hoc asserebat, nec per ipsam inquestam sit repertum quod in aliis vacacionibus custodes regalium ipsam habuerint, levaverint vel perceperint pro nobis: Notum facimus universis quod intencionis nostre non est, nec voluntatis, quod custodes regalium nostrorum pro nobis levent vel nostris usibus applicent denarios sinodaticos, cathedraticos, aut firmas vel pensiones supradictas, in predictis parrochiis debitas episcopo Cenomanensi, pro decimis nunquam a laicis in feodum detentis, nec tempore regalium nostris progenitoribus applicatis; verumtamen retinemus pro nobis ut si reperiri posset decimas aliquas, pro quibus ipse firme vel pensiones episcopo Cenomanensi in dictis parrochiis debentur, fuisse a layeis in feudum detentas, vel ipsas pensiones vel firmas, pro temporalitate ad nos pertinere debente, deberi, jus nostrum in ipsis salvum persistat.

Jovis post Reminiscere.

VII. Senescallo Pictavensi, pro magistro J. de Brugeriis, canonico Sancte-Radegunde Pictavensis: Cum, propter suspicionem que habebatur de dicto M. J. quod ipse adhereret inimicis domini Regis, dictus senescallus in ejus bonis seu fructibus apposuerit impedimentum, et per aprisiam inde factam et curie reportatam, nichil super hoc contra dictum M. J. fuerit inventum, mandatum est senescallo quod ipse amoveat impedimentum per eum super hiis appositum racione predicta.

Sabbato ante Annunciacionem Domini.

POST PARLAMENTUM.

I. Gentibus scacarii : Cum informacio per Guillelmum le Ferrom facta, ad instanciam Henrici de Heugue-Villa, super serjenteria de Pavelliaco, quam serjenteriam dictus Henricus asserit ad se, jure hereditario, pertinere, Nicolao de Valle eandem ad nos, non ad dictum Henricum, pertinere dicente, presentibus et auditis dictis Nicolao et Henrico, fuerit ex certis causis per nostram curiam anullata, salvo jure dicti Henrici, si quod eidem competat in serjenteria supradicta; mandamus vobis quatinus, ad conservacionem juris nostri super hoc intendentes, si dictus Henricus super dicta serjenteria aliquid petere voluerit, ipsum per jus ducatis, et, vocatis defensore nostro, pro jure nostro defendendo, et aliis evocandis, super hoc exhibeatis partibus justicie complementum.

Sabbato post Penthecosten, anno trecentesimo tercio.

II. Cum dilecti et fideles nostri quondam Matheus, abbas ecclesie beati Dyonisii in Francia, et Symon, dominus Nigelle, defuncti, nomine nostro et pro nobis, dudum mutuo recepissent a burgensibus ville de Gandavo, per manus scabinorum ejusdem ville, septem millia et quingentas libras Turonenses, et super hujusmodi receptione mutui nostras eisdem sub sigillo ad coronam patentes litteras concessissent; et postea debitum sive creditum hujusmodi cum certis bonis ipsorum burgensium, propter eorum rebellionem, nobis in commissum venisset, intellecto nuper quod dicta littera mutui predicti ad manus Tassardi de Ribodi-Monte devenerat, idem Tassardus super hoc per gentes nostras ad jus fuit vocatus; et petitum fuit ab ipso pro nobis quod ipse, racione dicti commissi, nobis redderet litteram antedictam vel summam pecunie predictam in ea contentam, si eam magister Johannes, ejus pater, cujus est heres, recepisset; ex parte vero dicti Tassardi, pluribus racionibus, fuit propositum se ad hoc non teneri : Tandem, auditis racionibus parcium hinc

et inde, et visis inquestis super hoc factis, per judicium nostre
curie dictum fuit et eidem Tassardo injunctum quod ipse predictam
litteram nobis redderet et assignaret, cum non fuerit repertum ipsum magistrum Johannem recepisse aliquid de summa pecunie predicta. Quo arresto sic pronunciato, dictus Tassardus incontinenti
curie nostre reddidit et assignavit predictam litteram integram et
illesam.

Veneris ante Panthecosten, anno trecentesimo tercio.

III. Cum, ex parte nostra et pro nobis, fuisset propositum contra
Tassardum de Ribodo-Monte, filium et heredem defuncti magistri
Johannis de Ribodo-Monte, quod litteras nostras, in quibus continebatur nos, ex causa mutui, obligatos esse ville et burgensibus de
Duaco in tribus millibus libris Parisiensibus, dictus magister Johannes, tempore quo ipse vivebat, a dictis burgensibus habuerat, pro
recipiendo et recuperando a nobis dictum debitum, nomine et ad
opus ville predicte, et quod idem magister Johannes mille et quingentas libras Parisienses a nobis receperat, nomine dicte ville, et super hujusmodi debiti recepcione obligatus erat dictis burgensibus,
tempore rebellionis eorum, propter quorum rebellionem, tam obligacio predicta quam cetera ipsorum burgensium bona nobis in commissum venerunt, ideoque petitum fuisset ad eodem Tassardo, pro
nobis, quod ipse dictam pecuniam, a dicto patre suo receptam, virtute dictarum litterarum nobis redderet et assignaret, et eciam dictas
litteras, si essent apud ipsum; et e contra, pro parte dicti Tassardi,
pluribus racionibus fuisset prepositum se ad hoc non teneri : Tandem,
auditis hinc inde propositis, et visis inquestis super hiis factis, per judicium nostre curie, dictum fuit et eidem Tassardo injunctum quod
ipse Tassardus dictam pecunie summam a dicto patre suo, virtute dictarum litterarum, a nobis receptam, nobis restituat et assignet, ac
dictas litteras si apud ipsum existant. Quibus actis deinde visis, et
perlectis rotulis et scriptis nostre camere denariorum, vocato ad
hoc procuratore dicti Tassardi, inventum fuit quod dictus magister

Johannes, dum viveret, non solummodo dictas mille et quingentas
libras, verum eciam predicta tria millia librarum Parisiensium, integre receperat; de dicta camera nostra denariorum, cujus scripti
facta fuit copia dicto procuratori et sibi, procuratorio nomine dicti
Tassardi, injunctum quod dicta tria millia librarum Parisiensium nobis integre reddat et assignet.

Veneris ante Penthecosten, anno trecentesimo tercio.

IV. Cum religiosi viri abbas monasterii Menatensis nobis supplicasset ut mercatum quod in villa Menatensi, singulis diebus sabbati, fieri consuevit, ad diem mercurii mutare vellemus, et, ad ejus
instanciam, ballivo Arvernie mandassemus ut diligenter se informaret
si, absque nostro, locorumque vicinorum incommodo, et sine cujusquam prejudicio, fieri posset mutacio predicta : Visa igitur et diligenter, per curiam nostram, examinata informacione predicta, cum
per eam appareat dictam mutacionem, si fieret, prejudicialem ac
dampnosam fore, tam nobis quam locorum dominis vicinorum, et
in rebus novis constituendis evidens debeat utilitas attendi; per judicium nostre curie, dictum fuit predictam mutacionem fieri non
debere.

Veneris post festum Trinitatis, anno trecentesimo tercio.

V. Cum Martinus Luppi de Urroz, miles de Navarra, contra
Riconem Galligani, lombardum, proponeret quod duo paria litterarum, sigillo nostro sigillatarum, in quibus dictus miles dicebat
nos eidem teneri in mille septingentis libris Turonensibus et plus,
eidem lumbardo pignori obligaverat, pro quadam pecunie quantitate dicto militi a dicto lumbardo mutuata; dicebat eciam dictus
miles quod dictus lumbardus, per fraudem et maliciam, eum induxerat ad vendendum eidem dictas litteras, occasione mutui supradicti, hoc tamen acto expresse in vendicione predicta quod, quocienscumque idem miles dicto lumbardo solveret pecuniam mutuatam,
idem lumbardus dicto militi redderet litteras antedictas; quare,

cum dictam pecuniam dicto lumbardo sufficienter obtulisset pro
qua eidem dictas litteras obligaverat, eas sibi reddi petebat; dictusque lumbardus ex adverso dicebat dictam vendicionem litterarum
sibi factam fuisse, hoc acto quod, si dictus miles, termino jamdiu
elapso, dicto lumbardo precium dictarum litterarum et debiti solveret, litteras dicto militi restitueret, predicta vendicione non obstante; dicebat eciam quod ipse dictas licteras jam cuidam alteri
lumbardo vendiderat bona fide, quare eas minime reddere tenebatur. Factis igitur super hoc, de mandato nostro, inquesta non solum una, sed pluribus inquestis, visisque et diligenter examinatis
que in eis continentur, quia inventum est liquide quod dictus miles
predictas litteras pro septingentis septuaginta libris Turonensibus
obligaverat dicto lumbardo, et quod facta fuit dicta vendicio, hoc
tamen acto expresse in vendicione predicta quod, quocienscumque
idem miles dicto lumbardo solveret pecuniam mutuatam, dictus
lumbardus dicto militi redderet litteras antedictas, judicatum fuit
per curiam nostram quod, satisfacto dicto lumbardo de dictis septingentis septuaginta libris Turonensibus, dictus lumbardus reddet
dicto militi litteras antedictas.

Jovis post festum sancti Barnabe, anno trecentesimo tercio.

Per magistros in camera denariorum (4).

Et ista inquesta non fuit michi tradita nec reddita.

VI. Ballivo Rothomagensi : Visa inquesta, de mandato nostro
per te et vicecomitem Rothomagensem facta, super possessione venandi ad grossum animal seu grossam feram, quam pater dilecti
Johannis de Gaillon, militis nostri, habebat, tempore quo decessit
in garenna de Grollayo, quamque dictus miles de successione dicti
patris ad se pertinere, et sibi per gentes nostras indebite impedi-
tam fuisse dicebat, mandamus tibi quatinus ipsum militem sua
possessione predicta in dicta garenna ad grossum animal seu grossam feram venandi gaudere permittas, impedimentum ibi per gentes
nostras appositum penitus amovendo.

Philippe IV,
1303.

Actum apud Vincennas, martis ante Magdalenam, anno trecentesimo tercio.

Reportata michi per M. G. Charité et Martinum de Crepon, ex parte archidiaconis Remensis.

VII. Cum, pro excessibus et injuriis quamplurimis per Johannem de Chanlayo, nunc militem, cum armatorum multitudine, dudum illatis Guillelmo Buisardi, militi, idem Johannes nobis in emendam quatuor millium librarum Turonensium per gentes nostras condempnatus fuisset, et deinde dictus Johannes plures proposuisset raciones per quas ipse dicebat et requirebat quod dicta emenda anullari vel saltem moderari debebat : Tandem, inquesta super hoc facta, visa et diligenter examinata, per curie nostre judicium, dictum fuit et pronunciatum quod dictus Johannes nichil probaverat propter quod dicte emende solucio debeat amplius retardari.

Veneris post sanctum Petrum ad Vincula, anno trecentesimo tercio, sabbato post Assumpcionem.

Pronunciatum fuit quod dominus Rex istam emendam de gracia relaxabat usque ad octingentas libras Turonenses.

VIII. Cum Alanus Briquet, coram inquisitoribus a nobis in prepositura Parisiensi deputatis, suam exposuisset querelam, dicens quod Matheus Galerani de Bougival violenter et injuriose ipsum excecaverat, et quod prepositus Parisiensis, qui super hoc, ut dicebat, testes receperat, diucius negligens fuerat in sibi justicia super hoc exhibenda ; et e contra dictus Matheus proponeret se nolle stare deposicioni testium per dictum prepositum receptorum, cum eos, ut dicebat, non vidisset jurare ; item, diceret quod, cum ipse non fuisset officialis noster, inquisitores predicti de hoc facto cognoscere non debebant ; et e contra proponeretur quod, cum dicti inquisitores essent de magistris curie nostre, et super hoc argueretur negligencia dicti prepositi, ipsi de hoc cognoscere poterant et debebant ; tandem placuit dicto Matheo quod dilectus et fidelis consiliarius noster Oudardus de Villa-Nova, tunc negocio dicte inquisicionis intendens, sciret super hoc veritatem. Qui Oudardus, vocatis partibus, super hoc per fide dignos fecit veritatem inquiri : Inquesta vero predicta, nostre curie reportata, visa et diligenter examinata, vocatoque dicto Matheo ad jus super hoc audiendum, per judicium nostre curie, dictum fuit predictum Alanum contra dictum Matheum intencionem suam sufficienter probavisse ; et quod eidem Alano, quandiu ipse vixerit, pro dampnis suis, dictus Matheus annuatim persolvet decem et octo libras Parisienses, et eciam triginta et sex libras pro arreragiis dicti redditus de duobus annis preteritis a tempore lesionis predicte, et quod dicti Mathei hereditas et bona ad hoc remanebunt obligata Alano predicto; et quod idem Matheus, racione facti predicti, trecentarum librarum Parisiensium nobis persolvet emendam.

Lune in octabis Magdalene, anno trecentesimo tercio.

IX. Cum in causa in curia nostra mota inter priorem et capitulum ecclesie Santi-Caprasii de Agenno, ex una parte, et consules et universitatem, civitatis Agennensis, ex altera, super pluribus violenciis, injuriis et oppressionibus, per dictos consules et universitatem eciam cum armis, in dicta ecclesia factis, ut dicebatur ; auditis et pluries parcium predictarum racionibus hinc et inde, per arrestum nostre curie dictum fuisset quod inquesta super hoc de mandato nostro facta videretur et judicaretur : Tandem, inquesta predicta per curiam nostram visa et diligenter examinata, dicta inquesta, quantum ad partes predictas, propter compromissum inter se factum super predictis, fuit ad presens posita in suspenso, et ad judicatum reservata. Veruntamen, quantum ad nos, per judicium nostre curie, dictum fuit quod dicti consules et universitas, pro factis predictis, decem millium librarum Turonensium nobis persolvent emendam.

Lune post Sanctum Laurencium, anno trecentesimo tercio.

X. Cum Thomas de Graveria quamdam inquestam, super sergenteria Sancti-Hilarii-le-Hascuit, contra Galterum Corbelin, ex commissione nostra, per certos auditores factam et curie nostre reportatam, videri peteret et judicari; et e contra dictus Galterus, pluribus racionibus proponens dictam inquestam et commissionem predictam debere totaliter anullari, seque dicta serjenteria sine cause cognicione et contra patrie consuetudinem desaisitum fuisse, requireret quod, anullatis commissione et inquesta predictis, ipse reponeretur in saisina sergentarie supradicte : Tandem, auditis hinc inde propositis, visaque dicta inquesta, necnon commissione predicta, ac relacione auditorum predictorum, dicta inquesta, cum ejus commissione, per curie nostre judicium, extitit anullata, et pronunciatum fuit dictum Galterum in saisina sua dicte sergenterie debere reponi, salvo jure partis utriusque super dicta sergenteria, tam in possessione quam in proprietate.

Sabbato post Decollacionem sancti Johannis, anno trecentesimo tercio.

XI. Ballivo Rothomagensi : Cum super eo quod nos, vacante nuper prioratu leprosarie Sancti-Egidii de Ponte-Audomari, ad eundem prioratum presentaveramus Johannem Rabot, conquestus fuisset dilectus et fidelis noster episcopus Lexoviensis, dicens fratres dicte leprosarie esse in saisina eligendi sibi priorem et eundem dicto episcopo presentandi, et ipsum episcopum esse in saisina dictum priorem, sic electum, instituendi in leprosaria supradicta; et per informacionem super hoc de mandato nostro factam inventum fuit quod, vacante dicto prioratu, fratres ejusdem leprosarie sunt in saisina, vocatis ad hoc vicecomite et majore ville Pontis-Audomari, pro eis consulendis et violenciis amovendis, eligendi sibi priorem, et eundem dicto episcopo, racione spiritualitatis dicte leprosarie, presentandi, qui prior, per episcopum approbatus, ad nos pro temporalitate dicte domus consuevit venire, mandamus tibi quatinus eosdem episcopum et fratres dicta possessione, secundum quod premissum est, gaudere permittas, salva in hujusmodi questione proprietatis.

Philippe IV,
1303.

Sabbati post Decolacionem sanctis Johannis, anno trecentesimo
tercio.

XII. Cum in causa mota coram camerario Sancte-Genovefe Parisiensis, inter Esmelinam, uxorem Johannis de Sancto-Martino, cum
auctoritate dicti mariti sui, ex una parte, et Henricum de Burgo-
Regine, garandum Arnulphi de Alta-Domo, nomine dicti Arnulphi,
ex alia, super divisione cujusdam domus et ejus pertinenciarum et
terrarum arabilium, sitarum apud Trinon et in ejus territorio, in
justicia dicte ecclesie Sancte-Genovefe, quam divisionem dicta Esmelina sibi fieri petebat; et de quibus rebus facta fuit ostencio inter
partes, judicato facto per dictum camerarium, pro Esmelina predicta contra dictum Henricum; idem Henricus a judicato hujusmodi,
tanquam a falso et pravo, ad prepositum Parisiensem appellasset, et
idem prepositus, in causa dicte appellacionis procedens, auditis partibus et viso dicto processu, judicasset bene judicatum per dictum
camerarium in predictis fuisse, et eundem Henricum male appellasse;
idem Henricus a dicto judicato prepositi predicti, tanquam a falso et
pravo, ad nostram iterato curiam appellavit: Visis igitur, per curiam
nostram, dictis processibus et judicatis, ac auditis dictis partibus
in causa appellacionis predicte, cum idem Henricus de falsitate seu
pravitate dictorum judicatorum non docuerit, per judicium nostre
curie, dictum fuit bene judicatum in premissis fuisse per dictos camerarium et prepositum, et male fuisse appellatum per Henricum
predictum.

Lune post Decollacionem sancti Johannis, anno trecentesimo
tercio.

XIII. Cum aurifabri, pro suo artificio supra Magnum-Pontem Parisiensem operatoria sua ex parte Castelleti tenentes, curie nostre
conquesti fuissent, dicentes quod, cum ipsi essent in saisina cam-
biandi et cambium tenendi in operatoriis eorum predictis, et ipsorum aliqui tapetos suos in dictis operatoriis suis haberent pro cam-

Philippe IV,
1303.

bio ibidem tenendo, prepositus Parisiensis, eos impediendo injuste
in hujusmodi, ad requisicionem campsorum stalla sua supra dictum
pontem ex parte Gravie tenencium, dictos eorum tapetos amovit,
inhibendo ipsis ne ibidem cambium tenerent, requirentes dictum
impedimentum amoveri, ita quod ipsi possent uti saisina sua predicta cambium tenendi in eorum operatoriis supradictis; et e contra pars dictorum campsorum pluribus racionibus proponeret dictum impedimentum, tanquam juste appositum, non debere amoveri:
Tandem, auditis hinc inde propositis, visisque litteris quibusdam
ac inquesta super hoc facta, per arrestum nostre curie, dictum fuit
quod factum predictum dicti Parisiensis prepositi non retractabitur.
In vigiliis Omnium-Sanctorum, anno trecentesimo tercio.

XIV. Cum procurator karissime consortis nostre, Johanne, Dei
gracia, Francie et Navarre regine, executricis inclite recordacionis
defuncte, matris sue, quondam Navarre regine, super hoc a nobis
autorizate, executorio nomine predicto diceret et proponeret, contra mercatores societatis Mozorum et eorum procuratorem, quod
cum, pro quadam execucione cujusdam obligacionis facienda contra Donatum de Velluz, et certa causa, ad quam idem Donatus et
ejus societas erant obligati erga gentes dicte regine Navarre, certi
equi supra dictum Donatum per gentes predictas capti fuissent, et
appreciati usque ad summam trium millium librarum Turonensium,
et pro dictorum equorum sub precio predicto recredencia, que per
easdem gentes dicto Donato facta fuit, Lappe-Picte, socius seu fautor mercatorum de societate Mozorum, suo et dicte societatis nomine, erga gentes dicte regine Navarre pro dicto donato fidejussisset,
et se et predictam societatem et eorum bona obligasset ad reddendum et reponendum in manu dicte regine Navarre vel ejus mandati
dictos equos in eodem statu in quo capti fuerant supra Donatum
predictum, vel summam trium millium librarum Turonensium supradictam, et quod, de consuetudine Campanie, socius seu fautor alicujus
societatis eamdem societatem et ipsius societatis mercatores et eorum

bona potest efficaciter obligare; ideoque peteret dictos mercatores societatis Mozorum et eorum procuratorem predicto nomine compelli ad reddendum et reponendum in manu dicte consortis nostre, predicto nomine executorio dicte matris sue, dictos equos in statu predicto, aut summam pecunie supradictam; et e contra dicti mercatores Mozorum et eorum procurator, pluribus racionibus, proponerent predicta fieri non debere : Tandem, auditis hinc inde propositis, et super factis parcium predictarum inquisita plenius veritate, visisque cum deliberacione inquestis super hiis factis, per judicium nostre curie, dictum fuit et pronunciatum predictum procuratorem dicte consortis nostre intencionem suam sufficienter probasse, et per idem judicium dicti mercatores societatis Mozorum, racione dicte obligacionis, et eorum procuratorem, predicto nomine eorumdem, condempnati fuerunt ad reddendum et reponendum in manu dicte consortis nostre, executorio nomine predicto, equos supradictos in statu predicto, vel tria millia librarum Turonensium supradicta, salvo dictis mercatoribus jure suo de habendo recursu super eorum de dampnificacione in hujusmodi contra donatum predictum et ejus societatem. In cujus, etc.

Martis ante festum Omnium-Sanctorum, anno trecentesimo tercio.

XV. Cum inter procuratorem nostrum, pro nobis, ex una parte, et Guiotum Meilleur-Gaigne, pro se et sociis suis et mercatoribus societatis de Meilleur-Gaigne, ex alia, esset mota contencio coram nobis, super eo quod dictus procurator noster, pro nobis, asserebat quod Girardus Chipre, in suo testamento seu ultima voluntate sua, nobis legavit quartam partem sexdecim millium ducentarum et viginti quatuor librarum Turonensium parvorum, in qua summa pecunie ipse Girardus dicebat dicti Guidonis socios et societatem predictos, ex causa certa et legitima, sibi teneri; peteretque idem procurator noster dictos socios et societatem nobis condempnari, et condempnatos compelli ad reddendum quartam partem summe predicte; parte adversa pluribus racionibus contrarium proponente, et petente se absolvi a peticione predicta: Tandem, auditis super hoc partibus antedictis, visis litteris et aliis que dicte partes in curia nostra exhibuerunt, ac inquestis super hinc inde propositis, factis diligenter, visis et examinatis, per curie nostre judicium, dicti socii et mercatores condempnati fuerunt ad reddendum nobis quartam partem quindecim millium librarum Turonensium parvorum de summa predicta, deductis tamen de hujusmodi quarta parte nobis adjudicata centum et viginti librarum Turonensium parvorum, racione compensacionis quarte partis quarumdam summarum contentarum in quibusdam litteris curie nostre per dictum Guiotum exhibitis, de quibus constitit curie nostre predicte. In cujus, etc.

Lune post Sanctum Clementem, anno trecentesimo tercio.

XVI. Per inquestam factam super vendicione quorumdam bonorum mobilium Esdeline la Poilesse, pro debito Regis, per Danielem de Insula, et, ut ipsa dicebat, contra usum et consuetudinem loci, et in dicte Esdeline prejudicium : Quia dicta Esdelina hoc non probavit, immo contrarium invenitur esse probatum, dictus Daniel, per curie judicium, super predictis extitit absolutus.

Presentibus thesaurario Andegavensi, Petro de Bella-Pertica, et J. de Montignaco.

Sabbati post Sanctum Lucam, anno trecentesimo tercio.

XVII. Cum Robertus le Parmantier, civis Silvanectensis, qui payssonam foreste nostre Cuysie, anni millesimi trecentesimi secundi novissime preteriti, pro certo precio a gentibus nostris emerat, nobis conquestus fuisset quod ipse, per factum gencium nostrarum, in hujusmodi quamplurimum dampnificatus fuerat, pro eo quod gentes nostre in dicta payssona eodem tempore porcellos nostros in magno numero posuerant et tenuerant contra voluntatem ipsius, ideoque peteret sibi ressaisiri dampna que ipse, per factum gencium nostrarum, sustinuerat in predictis: Tandem, visa informacione super hoc de mandato nostro facta, visa eciam quadam littera Gaufridi Coca-

Philippe IV,
1304.

trif, caucionis nostri, ac magistri garnisionum nostrarum per eumdem ballivo Silvanectensi directa, et continente quod ipse porcellos nostros in dicta paissona tunc poni faceret, non obstante quod eam vendidisset, et quod ipse Gaufridus, secundum numerum dictorum porcorum, computari faceret emptori payssone predicte, per curie nostre judicium, dictum fuit quod nos eidem Roberto, pro dictis dampnis suis, centum et octoginta libras Parisienses reddemus.

Jovis post octabas Epiphanie.

J. de Montigniaco fecit eam judicari, et fuit presens.

XVIII. Cum inter Symonem Poart et ejus uxorem, ac Johannem Floret et Mariam ejus sororem, liberos defuncti Martini Floret, tanquam garandisatores dicti Symonis, ex una parte, et Michaelem Tire-Lire et ejus uxorem, ex altera, orta fuisset materia questionis super jure proprietatis et dominii cujusdam domus, site Parisius, in Campellis, propre fontem, inter domum quondam Roberti Sache-Espee, ex una parte, et domum quondam Roberti Carpentarii, ex altera, cujus domus saisina dictis Michaeli et ejus uxori per curiam Castelleti Parisiensis nuper fuerat adjudicata; dictique Symon, ejus uxor et liberi supradicti, proponentes jus proprietatis et dominii dicte domus ad predictum Symonem pertinere, peterent dictam domum eidem Symoni adjudicari, et predictos Michaelem et ejus uxorem ad dimittendum et deliberandum eidem Symoni dictam domum sentencialiter condempnari; et ex adverso dicti Michael et ejus uxor proponentes ad ipsos, non ad dictum Symonem, jus proprietatis et dominii domus hujusmodi pertinere, peterent se absolvi a predictis contra se petitis, et sibi adjudicari domum predictam: Tandem, lite super hiis legittime contestata, auditisque parcium racionibus hinc et inde, visisque litteris et judicatis super hoc exhibitis, ac inquesta et processibus super hiis factis, omnibusque rite actis, et concluso a partibus in causa predicta, per curie nostre judicium, dictum fuit et pronunciatum predictos Michaelem et ejus uxorem intencionem suam super predictis sufficienter probavisse, dictamque domum ad ipsos jure proprietatis et dominii pertinere, et per idem judicium dicti Michael et ejus uxor, super predictis contra ipsos petitis, non obstantibus propositis a parte adversa, fuerunt sentencialiter absoluti.

Jovis ante Candelosam, anno trecentesimo tercio.

XIX. Super saisina donandi capellaniam Sancti-Petri in ecclesia Sancti-Bartholomei de Bethunia, seu presentandi ad eandem, de qua est controversia inter capitulum ipsius ecclesie et dominum nostrum Regem : Visis deposicionibus testium hinc inde productorum, et quibusdam litteris episcopi Attrabatensis, per curiam dictum fuit quod non consuletur domino Regi quod ipse dimittat saisinam in qua repertum est, per predicta, ipsum esse donandi dictam capellaniam, sive presentandi ad eandem, salvo jure super hoc in petitorio dicto capitulo, si viderit expedire.

Martis ante Assensionem, anno trecentesimo quarto.

XX. Inquesta pro regina Navarre facta, super ressorto castri de Soullaines, non fuit judicata, quia commissio non extendebat se ad hoc, nec invenitur quod Rex fuerit vocatus.

XXI. Cum mota discordia coram preposito nostro Parisiensi inter Bertaudum le Flauteur et Margaritam, ejus uxorem nunc, quondam vero uxorem defuncti Bertaudi Arrode, junioris, ex una parte, et Gaufridum Touche-Feu ac Nicolaum Boucelli, executorem defuncte Agnetis Arrode, ejus quondam uxoris, et tutorem seu curatorem et legittimum administratorem Johannis, filii sui, minoris annis, et garantissorem dicti Gaufridi, qui, in garantissorem advoatus a dicto Gaufrido coram Parisiensi preposito, ejus garendiam dicitur recepisse, suo et predictorum nomine, ex altera, super eo quod dicti conjuges, racione dicte Margarite, pro suo dotalicio, petebant, supra domum dicti Gaufridi, de qua ostencio fuit facta, medietatem septem librarum cum decem solidis Parisiensibus census seu redditus

annualis, que fuerant Bertaudi Arrode supradicti, tempore quo ipse
contraxit matrimonium cum Margarita predicta, et arreragia dicti
redditus de novem annis novissime preteritis vel circa; idem prepositus per suum judicium predictum Nicolaum, quo supra nomine, con-
demnasset ad reddendum dicte Margarite, quamdiu ipsa viveret,
sexaginta et quindecim solidos Parisienses annuatim, racione sui dotalicii, pro medietate redditus supradicti, supra domum predictam
situati, et omnia arreragia dicti dotalicii, a tempore litis contestate
super hoc inter dictas partes coram preposito supradicto; dictusque
Nicolaus, nomine quo supra, ab hujusmodi judicato contra se facto,
tanquam a falso et pravo, ad nos appellasset : Tandem, in causa dicte
appellacionis, predictis partibus in nostra curia constitutis, visisque
judicato, processibus et litteris parcium earumdem, per curie nostre
judicium, dictum fuit et pronunciatum dictum prepositum bene judicasse, et predictum Nicolaum male appellasse. In cujus, etc.

Sabbati post Assensionem, anno trecentesimo quarto.

Emendam remisit curia dicto Nicolao, racione predictorum minorum.

XXII. Cum inter Raymundam, relictam quondam magistri Stephani Gonelli, clerici, tam pro se quam pro liberis suis, et procuratorem nostrum senescallie Petragoricensis, pro nobis, ex una parte,
et consules Moyssiaci, ex parte altera, mota esset materia questionis super eo quod predicti Raymunda et procurator noster, nomine
quo supra, proposuerunt quod per dictos consules, et specialiter
per Guillelmum Raymundi, scutiferum, Bernardum Galterii, Gerardum Textorem, Bernardum Johannis de Magistro, seniorem, et
Bernardum Astorgii, consules Moyssiaci, et ad eorum instanciam
seu mandatum, occasione talliarum ipsius communitatis, et post
appellacionem ad nos per dictum Stephanum, dum vivebat, ut dicitur, interjectam, ipsi Stephano, Raymunde et sue familie, multe
injurie, ejectiones et violencie, in personis eorum, et multa dampna
in rebus et bonis eorumdem, tam mobilibus quam immobilibus,

illata fuerunt injuste, et banna contra ipsos cum tubicinio, tam super
participacione cum ipsis quam super vendicione bonorum suorum,
per preconem communitatis Moyssiaci proclamata, in ipsorum conjugum grave vituperium et dampnum, prout in eorum articulis plenius continetur, quare supplicaverunt super hiis inquiri, et emendam
condignam fieri, et dampna ac deperdita hujusmodi sibi reddi seu restitui, et ipsos consules super hiis condempnari prout et in quantum
justicia suaderet; dictis consulibus in contrarium proponentibus,
et pluribus racionibus dicentibus petita fieri non debere : Tandem,
auditis omnibus que dicte partes hinc inde proponere voluerunt, et
inquestis et processibus, factis super predictis, visis et diligenter examinatis, dicti consules et communitas ville Moyssiaci, super predictis
ipsi Raymunde, nomine quo supra, in novies centum libris Turonensibus, et nobis, pro emenda nostra, in quingentis libris Turonensibus, per curie nostre judicium, sentencialiter condempnati fuerunt.
Jovis ante Penthecostem, anno trecentesimo quarto.

XXIII. Due parve informaciones facte super minagio Pictavensi ad
illum finem : Si dominus Rex in hac causa debeat partem facere
cum monachis de Pinu, contra majorem et communiam Pictavenses,
et, quia nichil valent, non fuerunt judicate, set causa super hoc est
remissa ad senescallum Pictavensem.
Sabbati post Penthecostem, anno trecentesimo quarto.

XXIV. Cum Guillelmus Rousselli, civis Aurelianensis, nobis conquestus fuisset quod ipse, in conducendo adesiam quam ipse, de
mandato ballivi tunc Turonensis, emerat ad opus domorum nostrarum
de Castro-Novo, plurimum dampnificatus fuerat in amissione dicte
adesie, absque culpa ejusdem, per subversionis infortunium, necnon in ejus fractione et mala computacione, ac in expensis et missionibus quas ipse pro predictis fecerat, ut dicebat, requirens dampna
hujusmodi sibi reddi, et se super hoc indampnem servari; super
dampnis predictis inquiri fecimus veritatem : Visa igitur inquesta

super hoc de mandato nostro facta, per curie nostre judicium, dictum
fuit quod eidem Guillelmo nonaginta libre Parisienses, pro omnibus
predictis, reddentur de nostro. In cujus, etc.

Veneris post Penthecostem, anno trecentesimo quarto.

XXV. Cum decanus et capitulum Senonenses, de nostra speciali
gardia existentes, nobis denunciassent quod Jacobus de Tornodoro,
prefectus vigiliarum, seu decanus excubiarum, et Johannes le Cava-
tier, Johannes ejus filius, Girardus de Vauchans et Giletus Codriau,
excubie majoris et communie Senonensis, Johannem le Coquetier,
clericum subdiaconum et de choro Senonensis ecclesie existentem,
in nullo delicto repertum violenter ceperunt, et ipsius ecclesie ja-
nuis et anulo inherentem inde avulserunt, ipsius ecclesie immunitatem frangendo multipliciter, et violando impudenter, ipsumque dicte
ecclesie immunitate reclamantem verberaverunt, vulneraverunt, et
ad dicte communie carcerem captum duxerunt et usque in crastinum
detinuerunt; requirentes predictos malefactores ad dictam communiam, cujus ipsi existunt ministri et servientes, compelli ad emendam exinde sibi faciendam condignam ; super denunciatis predictis
inquiri fecimus, vocatis partibus, veritatem : Visa igitur inquesta super hoc facta, et auditis propositis hinc et inde, per curie nostre judicium, dicti prefectus et excubie privati fuerunt omnino et perpetuo ab eorum predicto servicio, et omni alio servicio justiciandi et
serjentandi in toto regno nostro, et ad faciendum unam processio-
nem publice et in communi ad ecclesiam supradictam, discooperto
capite, in tunica, sine zona, ad requisicionem decani et capituli predictorum, et ad solvendum dictis decano et capitulo centum viginti
libras Parisienses, pro se et eorum predicto clerico leso et injuriam
passo, et nobis centum libras Turonenses pro emenda, et ad tenendum prisionem firmatam quousque ipsi solverint pecuniam supradictam, cujus pecunie solucio per eorum alterum facta, alios libe-
rabit. Predicti vero major et communia, quia contra ipsos probatum
non extitit quod fuerint in culpa de excessu violencie predicte, super

17.

hoc absoluti fuerunt, salvis privilegiis et libertatibus ecclesie et communie predictarum.

Veneris post Penthecostem, anno trecentesimo quarto.

XXVI. Cum discretus vir magister Grimerius de Placencia, thesaurarius Bajocensis, nobis conquestus fuisset quod Radulphus de Mellento, dominus de Cursella, miles, ipsius thesaurarii domos de Berneriis et Tombetis, cum armatorum multitudine, fregit, violenter intravit et occupavit, ac detinet occupatas, necnon quemdam equum, quindecim capones et quinquaginta quinque libras Turonenses, dicti thesaurarii existentes, ibidem cepit et secum portavit, dampnaque plurima alia intulit eidem; nos super hiis, vocato dicto milite, fecimus veritatem inquiri : Visa igitur et diligenter examinata inquesta predicta, et procuratoris ipsius thesaurarii juramento recepto super summa pecunie supradicte et dictorum numero caponum, dictus miles, per curie nostre judicium, sentencialiter extitit condempnatus ad dimittendum et liberandum eidem thesaurario domos suas predictas et reddendum eidem et restituendum in loco dicte capcionis dictum equum, in valore in quo erat tempore capcionis predicte, necnon pecuniam et capones predictos, et reddendum eidem ducentas libras Turonenses, pro ceteris dampnis et injuriis sibi, in premissis, per militem predictum, illatis, per eundem juratas, taxacione nostre curie precedente, et ad solvendum nobis mille libras Turonenses pro emenda. Actum apud Vicennas, Martis post quindenam Penthecostes, anno trecentesimo quarto.

Ista condempnacio fuit suspensa per dominum Regem.

XXVII. Cum prior de Argentolio curie nostre conquestus fuisset quod quemdam hominem, qui falsus monetarius dicebatur, prior ipse, ut dicebat, in sua justicia ceperat et captum detinebat, et prepositus Parisiensis ipsum priorem super hoc in justicia facienda, que ad ipsum pertinebat, minus racionabiliter impediebat; dicto preposito dicente ad ipsum priorem jurisdictionem hujusmodi non pertinere : Auditis hinc inde propositis, et visa inquesta super hoc facta, visisque privilegiis ex parte predicti prioris exhibitis, per judicium nostre curie, dictum fuit et pronunciatum impedimentum, super hoc per dictum prepositum in jurisdictione dicti prioris appositum, debere amoveri, et dictum priorem permitti justiciam super hoc exhibere. In cujus, etc.

Sabbato post Sanctum Bernabam, anno trecentesimo quarto, mense Junii.

XXVIII. Cum inter dilectum et fidelem nostrum comitem Donni-Martini, ex una parte, et priorem Sancti-Nicolay Silvanectensis, ex altera, penderet controversia coram nobis, super eo quod idem comes dicebat villam, nemora et terras de Loysiaco esse de ressorto prepositure Parisiensis, dictusque prior asserebat predicta esse et ab antiquo fuisse non de ressorto prepositure Parisiensis, sed de ressorto ballivie Silvanectensis : Tandem, auditis hinc inde propositis, et visa diligenter inquesta super hoc facta, per judicium nostre curie, dictum fuit et pronunciatum predictam villam, nemora et terras de Loysiaco esse et remanere debere sub ressorto ballivie Silvanectensis. In cujus, etc.

Veneris post Sanctum Bernabam, anno trecentesimo quarto.

XXIX. Cum mota discordia coram preposito Parisiensi inter sellarios ville Parisiensis, ex una parte, et lormarios ville ejusdem, ex altera, super eo quod dicti lormarii predictos sellarios gagiaverant, imponentes eisdem quod ipsi sellarii opera pertinencia ad officium lormariorum, non ad officium sellariorum, facere nitebantur injuste et de novo, in prejudicium dictorum lormariorum et contra tenorem ordinacionis registri Castelleti Parisiensis (5), ex parte domini Regis facti inter partes predictas, a quodam judicato, per dictum prepositum Parisiensem super hoc facto, pro dictis lormariis contra sellarios predictos ; idem sellarii, tanquam a falso et pravo, ad nostram curiam appellassent : Tandem, auditis super hoc parti-

Philippe IV,
1304.

bus antedictis, visisque processibus dicte cause, necnon judicato
predicto, ac registris Castelleti Parisiensis factis, super ordinacione
officiorum predictorum, per judicium nostre curie, dictum fuit et
pronunciatum quod, predicta appellacione ad nichilum posita, predicta registra tenebuntur predictorum ministeriorum, tam sellariorum quam lormariorum, cuilibet suo officio remansuro, secundum
predictorum registrorum tenorem, per eandem pronunciacionem
declarantes quod, licet dicti sellarii, sui officii racione, pectoralia,
estriverias et culerias de duobus coriis suere non possint, nec stri-
giles seu estrivos, bucculas, mordacia, cappas seu clavos facere aut
fabricare, ipsi tamen predicta omnia, si sint bona et legalia, emere,
acquirere seu habere poterunt, secundum quod dicta registra decla-
rant, et ea in sellis et bastis suis ponere, clavare et rivare, et sellas
et basta sua ex eis munire et preparare poterunt, et scuta inarmare,
ac cetera facere, ad ipsorum officium pertinencia, que ipsi facere
possunt secundum predictorum registrorum tenorem. In cujus, etc.

Lune ante Nativitatem beati Johannis-Baptiste, anno trecentesimo
quarto.

Henricus de Broyselles, lormarius, juravit.

XXX. Absolucio magistri Raymundi Coste, judicis majoris Carcassonensis, in sacculo est peticionum et cedularum hujus temporis.

XXXI. Inter dominas de Cantain et de Cauni judicatum est in rotulo hujus temporis. Inquestam earum portavit J. de Montignaco ad
dominum Regem.

XXXII. Cum nos ad manum nostram posuissemus, ex certa (6)
causa, comitatus Marchie et Engolisme, cum pertinenciis eorumdem,
et alia quedam bona que Hugo dictus le Brun, quondam comes Marchie et Engolisme, tempore quo ipse decessit, tenebat, et Guiardus
de Marchia, germanus dicti quondam comitis, nobis pluries et cum
instancia supplicasset quod, cum ipse, ut dicebat, tanquam proxi-

Philippe IV,
1304.

mior et heres masculus solus defuncti predicti, comitatuum et bonorum aliorum predictorum, secundum jus et patrie consuetudinem,
possessionem apprehendisset, et esset in saisina predictorum, ut
ipse asserebat, antequam ad manum nostram ea poneremus, manum
nostram inde amoveremus, offerens se ad nostra homagia pro predictis omnibus, prout requirit condicio eorumdem, et ad dicta homagia
nostra se admitti requirens instanter dilectis et fidelibus nostris
comite de Sancero, nomine et racione uxoris sue, et Gaufrido de
Lesignam, milite, gerente se pro herede scripto et instituto per dictum comitem quondam in ipsius testamento, dictoque Guiardo in
testamento eodem, ex certis causis, ut dicebatur, exheredato, multas
raciones proponentibus ex adverso ne predicta, ex parte dicti Guiardi
requisita et supplicata, faceremus; et similiter petentibus dicto comite, nomine et racione uxoris sue, et dicto Gaufrido, suo nomine,
racione predictorum comitatuum et bonorum, ad nostra homagia
se admitti : Tandem auditis super hiis partibus antedictis, et inquesta
super propositis hinc et inde de mandato nostro facta, nobisque reportata, visa et diligenter examinata, per curie nostre judicium, dictum fuit et pronunciatum quod nos predictam manum nostram a
comitatibus et bonis predictis amovebimus, et dictum Guiardum
pro predictis, eorum saisinam sibi deliberando, ad nostra homagia
admittemus, salvo jure nostro et quolibet alieno, reservata predictis comiti de Sancero, nomine et racione quibus supra, et Gaufrido
de Lesignam in predictis comitatibus et bonis questione proprietatis,
si sibi viderint expedire.

Mercurii in octabis Nativitatis beati Johannis-Baptiste, anno
trecentesimo quarto.

XXXIII. Cum Berangarius de Fraxino, rector ecclesie de Joncoso,
frater, et Berengarius de Fraxino, clericus, filius Petri Arnaldi de
Fraxino, quondam civis Narbonensis, peciissent attemptata in eorum
prejudicium, per dilectum et fidelem nostrum Almaricum, vicecomitem Narbonensem, post quamdam diffinitivam sentenciam criminalem

quam idem vicecomes se tulisse dicebat, contra dictum P. Arnaldi et ejus bona, quam sentenciam frater et filius supradicti dicebant et asserebant legittima appellacione suspensam revocari et ad pristinum statum reduci ; dicto vicecomite contrarium asserente : Tandem, auditis super hoc racionibus utriusque partis, visaque et diligenter inspecta inquesta, de mandato nostro super hoc facta, quia curie nostre constitit sentenciam seu pronunciacionem predictam fuisse et esse, infra tempus debitum appellacione per predictos interjecta, suspensam, et bona dicti P. Arnaldi, post dictam sentenciam, exequendo eandem, dicto vicecomiti applicata, vicecomes predictus per arrestum nostre curie condempnatus fuit ad reddendum et restituendum predicto filio omnia bona mobilia et immobilia dicti Petri, que idem vicecomes post sentenciam seu pronunciacionem predictam, seu ejus occasione, occupavit, et cepit aut sibi applicavit. Que sentencia lata fuit nonas Januarii, anno Domini millesimo trecentesimo secundo, ut in litteris, exhibitis ex parte procuratoris dicti vicecomitis, continetur et per eumdem procuratorem extitit confessatum ; recepta tamen sufficienter caucione, per senescallum nostrum Carcassonensem vel ejus mandatum, a predicto filio de bonis mobilibus predictis reddendis et restituendis, in eventum litis predicte cause principalis inter ipsas partes pendentis, si fuerit faciendum ; et insuper eidem filio, per curiam nostram expresse fuit inhibitum ne ipse, dicta lite pendente, de bonis immobilibus supradictis quicquam alienare presumat.

Martis post Magdalenam, anno trecentesimo quarto.

XXXIV. Cum Bernardus de Durbanno, miles, et Gaubertus de Leucata, domicellus, domini castri de Leucata, nobis conquesti fuissent super eo quod, cum ipsi, ut dicebant, fuissent et essent in possessione, vel quasi, predicti castri de Leucata, dilectus et fidelis noster Almaricus, vicecomes Narbonensis, per vim et potenciam suam, dictum castrum violenter occupaverat et occupare fecerat, ipsos conquerentes possessione sua vel quasi predicta indebite spo-

liando, petentes dictum vicecomitem compelli ad restituendum eisdem castrum predictum; dicto vicecomite in contrarium proponente,
et dicente se dictum castrum cepisse et tenere, utendo jure suo :
Tandem, auditis super hoc racionibus utriusque partis et visa ac diligenter inspecta inquesta super hoc de mandato nostro facta, dictus
vicecomes, per arrestum nostre curie, condempnatus fuit ad restituendum Bernardo et Gauberto predictis castrum supradictum, salvo
eidem vicecomiti jure suo, tanquam domino feodali et alias in eodem castro, si et in quantum de jure seu patrie consuetudine salvum
esse debebit.

Martis post Magdalenam, anno trecentesimo quarto.

XXXV. Cum inter dilectum et fidelem nostrum episcopum Belvacensem, ex una parte, et magistrum Thomam de Sarnayo, clericum
nostrum, et Johannem de Monceyo, regalatores nostros nuper Belvacenses, ex alia, controversia esset orta super eo quod dictus episcopus asserebat quod dicti regalatores, durante regalia Belvacensi,
contra jus et consuetudinem regalium multa dampna intulerant dicto
episcopatui, scindendo episcopatus nemora in nimia quantitate, et
eciam ante tempus conveniens et consuetum ad ea scindendum, vineas dicti episcopatus dimittendo incultas, recipiendo pecuniam de
calceata Belvacensi, et eam non convertendo in dicte calceate susten-
tacionem, et multa alia gravamina et dampna in eisdem regalibus inferendo, ideoque petebat dampna et gravamina predicta sibi resarciri et emendari; dictis regalatoribus in contrarium dicentibus et
pluribus racionibus proponentibus quod, quicquid ipsi fecerant, in
dictorum regalium custodia et explectatione, factum fuerat bene et
juste, et secundum regalium consuetudinem jure nostro utendo :
Tandem, auditis hinc inde propositis, et visa inquesta super hiis de
mandato nostro facta, predictos regalatores ad reddendum dicto episcopo sexaginta libras Parisienses, racione vinearum dicti episcopatus
non bene cultarum dicta durante regalia, et ad reddendum bonum
compotum de vigenti tribus libris Parisiensibus, quas se recepisse

racione dicte calceate confessi sunt, curia nostra sentencialiter condempnavit eosdem regalatores in ceteris articulis propositis contra
ipsos per idem judicium absolvendo.

Sabbati post Nativitatem beate Marie, anno trecentesimo quarto.

XXXVI. Cum a quadam sentencia confirmatoria inter Aalesiam
dictam la Mareschale, ex una parte, et Gaufridum Scotum, et Mariam, ejus uxorem, dicte Aalesie filiam, ex altera, super quadam
domo in qua dicti conjuges morabantur, per ballivum episcopi Parisiensis lata pro dicta Aalesya contra conjuges predictos, ipsi conjuges,
tanquam a falso et pravo judicato, ad nostram curiam appellassent :
Tandem, auditis hinc inde partibus antedictis, et visis processibus
dicte cause et judicato predicto, per judicium nostre curie, dictum
fuit bene judicatum fuisse, et male appellatum.

Sabbati ante Nativitatem beate Marie, anno trecentesimo quarto.

XXXVII. Inquesta inter Templum et armigeros de Pacyaco reficienda est et mittenda auditori.

M. Pasquerius reportavit.

XXXVIII. Cum inter Johannem Chochon, et rectorem Universitatis
scholarium Parisiensium, ex una parte, et majorem ville Pontisare,
ex alia, esset orta questio super eo quod dicti Johannes et rector dicebant quod, in injuriam et dampnum dicti Johannis, existentis scolarem Parisiensem, et in prejudicium privilegiorum dicte Universitatis,
idem major bona dicti Johannis venalia exposuerat, et idem super
hoc intulerat multa dampna; ideoque petebant revocari et retractari
quicquid dictus major super hoc fecerat, et certas pecunie summas
eisdem Johanni et rectori persolvi et reddi a dicto majore, pro dampnis et injuriis supradictis; et e contra dictus major, pluribus racionibus preponens se licite et juste fecisse quicquid ipse fecerat in
predictis, peteret se absolvi a predictis contra ipsum propositis et
petitis : Tandem, antedictis hinc inde partibus auditis, et visis proces-

sibus et inquestis super hiis factis inter partes predictas, per curie nostre judicium, dictum majorem absolvimus ab impeticione predicta Johannis et rectoris predictorum.

Sabbati ante Nativitatem beate Marie, anno trecentesimo quarto.

INQUESTE ET PROCESSUS

JUDICATI IN PARLAMENTO OMNIUM-SANCTORUM,

ANNO MCCCIV,

Quia anno precedenti, propter guerram Flandrie, non fuit parlamentum.

I. Visa informacione, de mandato Suessionensis episcopi, ad partes Burdegalenses destinati, facta ad requisicionem Baudeti Burgundi, servientis domini Regis, super dampnis sibi illatis, ut dicebat, in rebellione ville Burdegalensis, per curiam dictum fuit quod ipse per viam requeste super hoc non audietur, nec judicabitur informacio predicta, sed per viam actionis audietur, si velit.

Martis post octabas Omnium-Sanctorum.

II. Visa inquesta, de mandato magistri Raymundi Boudin, deputati per dominum Regem super facto falsarum monetarum, per commissarios ab ipso super hoc deputatos, facta contra Radulphum de Viri, ejus uxorem, ipsius uxoris liberos, ac Johannem le Maque, dictorum conjugum servientem, super eo quod eis imponebatur quod ipsi erant culpabiles et suspecti de falsa moneta, nichil inventum fuit probatum super hoc contra ipsos, et a predictis sibi impositis per curie judicium absoluti fuerunt; et fuit dictum quod bona eorum, occasione hujusmodi capta, deliberabuntur eisdem.

Sabbati post Sanctum Martinum hyemalem.

18.

III. Visa inquesta, de mandato domini Regis facta inter gentes ipsius domini Regis, ex una parte, et religiosos viros abbatem et conventum Sancte-Genovefe, et eorum priorem de Espinolio, ex altera, super eo quod, statim post obitum recordationis inclite regine Margarite manus domini Regis apposita fuerat in alta justicia de Espinolio, de quo dicti religiosi conquerebantur; et super eo quod ipsi religiosi quoddam expletum alte justicie postea fecerunt ibidem, de quo conquerebatur domini Regis procurator : Per judicium curie nostre, dictum fuit quod manus domini Regis de dicta justicia, et impedimentum per ipsius domini Regis gentes super hoc dictis religiosis appositum amovebuntur, et ab emenda que propter hoc petebatur ab eis remanebunt immunes.

Lune post Sanctum Martinum hyemalem.

IV. In eodem bello, defunctis Johanne, domino de Boychavoine, et Egidio, ejus primogenito, militibus, super adipiscenda possessione hereditatis et terre de Boychavoine orta fuit, in curia Nigelle, discensio inter Petrum, dicti domini filium, ex una parte, et dominam de Ronaucourt, dicti Egidii relictam, racione dotalicii sui et nomine bailli liberorum suorum ex dicto Egidio susceptorum, ex altera; utraque parte pluribus racionibus proponente se, tanquam proximiorem, debere admitti ad homagium et saisinam bonorum predictorum. In qua causa, concluso a partibus antedictis, homines dicte curie judicaverunt dictum Petrum, tanquam proximiorem, ad homagium et saisinam dicte terre de Boichavoine debere admitti, salva questione proprietatis parti adverse; a quo judicato, tanquam a falso et pravo, dicta relicta, nomine quo supra, ad nostram curiam appellavit : Constitutis igitur, in causa dicte appellacionis, in nostra curia dictis partibus, et exibito ipsi curie nostre totali processu dicte curie Nigelle, super quo fundatum fuit judicatum predictum, prout confesse fuerunt in nostra curia dicte partes, auditisque racionibus ipsarum parcium hinc et inde, et visis diligenter processu predicto ac litteris parcium predictarum, per curie nostre judicium, dictum fuit

et pronunciatum dictos homines male judicasse, et relictam predictam bene appellasse, et ad mandatum nostre curie procurator dictorum hominum super hoc nobis gagiavit emendam.

Sabbati ante Sanctum Andream.

V. Visa inquesta inter abbatem et conventum Sancti-Victoris Parisiensis, et ballivum Silvanectensem, pro domino Rege, facta super
saisina justicie et expleti cujusdam casus mesleye qui in eorumdem
religiosorum grangia de Amblain-Villa acciderat, per judicium nostre curie dictum fuit quod dominus Rex, tamquam pars, dictum casum mesleye justiciabit et explectabit, salva dictis religiosis peticione tam proprietatis quam possessionis in justicia loci predicti,
si super hoc voluerunt contra dominum Regem movere questionem.

Veneris post Sanctum Andream.

VI. Orta questione in curia seculari abbatis et conventus Sancti-
Germani-de-Pratis Parisiensis inter Johannem de Bailli, clericum,
ex una parte, et Johannam la Bouchiere, ex alia, super eo quod
dictus Johannes duarum domorum sitarum apud Sanctum-Germanum, ac centum et novem solidorum Parisiensium census seu redditus annualis, in ipsius Johannis peticione specialiter declaratorum,
medietatem, ex certis causis in ejus peticione contentis, a dicta Johanna petebat, ad illum finem quod predictarum rerum ab eo petitarum adjudicata sibi, quantum ad proprietatem et possessionem
medietate super hoc, per dictam curiam, divisio fieret inter ipsos :
Tandem, per viam appellacionis, totali predicto negocio, prius ad
Castelletum nostrum Parisiensem, et deinde ad nostram curiam,
cum ipsius cause processibus devolutis, auditisque parcium racionibus hinc et inde, et visis dictis processibus et judicatis super hoc
factis, quibusdam ex eis ex certa causa per curiam nostram rejectis,
per curie nostre judicium, dicta Johanna a predictis contra ipsam
per dictum Johannem petitis, prout ipsius peticio continet, fuit sentencialiter absoluta.

Philippe IV,
1304.

Dominica ante Nativitatem Domini.

VII. Judicatum in causa appellacionis per curiam factum inter comitem Donni-Martini et Rogerium de Nantuellet, militem, est in rotulo hujus parlamenti.

VIII. Inquesta facta super mercato faciendo in villa de Sancto-Genesyo, senescallie Belli-Cadri, inventa fuit minus sufficienter facta, et ideo fuit totaliter anullata; et facta fuit iterato commissio super hoc per curiam sub certa forma.
Jovis post octabas Epiphanie.
Cortona reportavit.

IX. Visa inquesta pro Johanne Dalberti, milite, facta super mercato et nundinis ville de Bochis, ballivie Arvernie, inventum fuit quod sufficienter non erat facta, et ideo dictum fuit quod non judicaretur, sed, si veniat ad curiam iste miles, audietur ejus requesta.
Jovis post octabas Epiphanie.
Divio reportavit.

X. Inquesta, ad instanciam abbatis et conventus de Sordua, super quodam pariagio et quibusdam injuriis et dampnis facta, virtute commissionis facte super hoc sub certa forma gubernatori Navarre et senescallo Tholosano, propter defectus in ea repertos, et quia commissarii formam commissionis non servaverunt, fuit per curiam totaliter anullata, et iterato committetur eisdem. Facta est iterato commissio super hoc ad eosdem.
Lune post octabas Epiphanie.
Sanctus Obertus reportavit.

XI. Inquesta facta super pluribus attemptatis, ut dicebatur, per gentes comitisse Vindocinensis, contra abbatem et conventum Vindocinenses, post appellacionem ab eis interpositam ad dominum Regem, a judicato, per curiam domini Karoli, contra se facto pro comitissa predicta, quia forma commissionis facte super hoc in ea non fuit observata, fuit per curiam totaliter anullata, et ad inquirendum iterato super predictis et eciam super aliis dictarum parcium attemptatis hinc inde fiet commissio ad certos auditores.

Dominica post Sanctum Vincencium.

XII. Cum nostre denunciasset curie procurator ecclesie beati Dyonisii in Francia, de speciali garda nostra cum membris suis existentis, quod in justicia prioratus eorum dicte ecclesie de Capella-Aude, super homines ibidem commorantes, dominus de Culento, violenter et contra prohibicionem gencium, dicti prioratus plura gagia ceperat et secum portaverat, et cum multitudine gencium et quadrigarum nemus dicti prioratus secaverat et portari fecerat ad domum suam, et quemdam dicti prioratus monachum ac prepositum, per viam publicam equitantes, arrestaverat, de equis suis ad terram projecerat, graviter verberaverat et vulneraverat, et eorum equos dictumque prepositum duxerat secum captos, super predictis inquiri fecimus veritatem : Visa igitur inquesta, partibus vocatis, facta super hoc per auditores deputatos a nobis, non obstantibus frivolis excepcionibus ex quibus idem dominus a dictis auditoribus a defectu juris se appellasse dicebat, per curie nostre judicium, dictum fuit et pronunciatum quod prisie predicte, tam gagiorum quam lignorum, integre reponentur ad locum, si extent, alioquin estimacio earumdem, et ibidem reposite ad manum nostram tanquam superioris ponentur, et de eis, per manum nostram, fiet recredencia religiosis predictis; et super debato hujusmodi dies competens partibus assignabitur, Parisius, coram nobis; et pro injuriis et violenciis supradictis, idem dominus dictis religiosis quingentas, ac nobis mille libras Turonenses, pro emenda, persolvet.

Dominica post Candelosam.

Postea fuit suspensa per cameram ista condempnacio quousque fuerit super hoc plenius inquisitum.

PHILIPPE IV,
1304.

XIII. In causa cujusdam appellacionis ad nostram curiam interposite a judicato custodum nundinarum Campanie, facto inter relic-
tas Nicolay Chapelier et Johannis de Marla defunctorum : Visis dictarum parcium processibus et judicato predicto, predicta judicatum
et appellacio, per curie nostre judicium, fuerunt totaliter anullata; et
audiet nostra curia dictas partes super earum principali questione.
Dominica ante Candelosam.

XIV. Visa inquesta de mandato curie nostre, vocatis et auditis
partibus, facta, inventum est sufficienter probatum quod, in causa
mota coram domino Montis-Morenciaci seu ejus curia, inter dominum de Harou-Villa, ex una parte, et Bouchardum de Laval, militem, ex altera, lis fuit a dictis partibus contestata antequam serviens
ballivi Silvanectensis inhiberet dicto domino ne ipse procederet in
causa predicta.
Mercurii post quindenam Candelose.

XV. Cum a quodam judicato per ballivum Lingonensem facto
contra homines thesaurarii Lingonensis pro Theobaldo Comere et
Garnerio, ejus genero, racione ventarie Lingonensis, quam ipsi af-
firmaverant ab episcopo Lingonensi, dicti homines, tanquam a falso
et pravo, ad nostram curiam appellassent, et, propter quemdam
defectum, quem in dicta causa appellacionis fecerant homines predicti, mandatum fuisset ballivo Senonensi ut ipse dictum judicatum faceret execucioni mandari, factisque super hoc inter dictas partes quibusdam processibus coram ballivo Senonensi vel ejus locum
tenente, a quodam judicato, per dictum ballivum Senonensem vel
ejus locum tenentem facto, super hoc ad nos iterato appellatum fuisset : Tandem, visis processibus et judicatis predictis, et auditis parcium racionibus hinc et inde, per curie nostre judicium, dicti processus et judicatum ballivi Senonensis et ejus locum tenentis fuerunt
totaliter anullati, et dictum fuit quod judicatum predictum ballivi
Lingonensis, in quantum est pro ventariis, mandabitur execucioni.

Jovis post quindenam Candelose.

XVI. Cum Paganellus de Luca, pro se et sociis suis, quasdam litteras summam ducentarum librarum Parisiensium continentes, racione cessionis sibi facte a G. Marescalli, coram Parisiensi preposito peciisset contra Johannam de Sancto-Martino execucioni mandari, et a quodam judicato seu prolacione super hoc factis ad nos appellatum fuisset : Tandem, obmissa appellacione predicta, auditis parcium racionibus super dicta principali questione, et visis litteris obligacionis et cessionis predicte, per curie nostre judicium, dictum fuit quod littere predicte non mandabuntur execucioni, sed in nostra curia remanebunt cum processu habito per easdem; salvo dicto Paganello et ejus sociis actione sua contra dictam Johannam, si ipsa sit eis ex alia causa in aliquo obligata.

Jovis post quindenam Candelose.

XVII. Super questione mota inter abbatem et conventum monasterii Sancti-Geremari Flaviacensis, ex una parte, et ballivum Silvanectensem, pro domino Rege, ex altera, super saisina alte et basse justicie villarum de Condreto, de Surinarkes et de Puisseaus : Visa inquesta de mandato domini Regis facta, per curie nostre judicium, adjudicata fuit domino Regi saisina alte et basse justicie dicte ville de Condreto, reservata super hoc dictis religiosis questione proprietatis, et, per idem judicium, adjudicata fuit dictis religiosis saisina alte et basse justicie dicte ville de Surinarkes, reservata domino Regi super hoc questione proprietatis; verumtamen, quantum ad dictam villam de Putheolis, quia dicti religiosi plura probant expleta de latronibus ibidem per eos suspensis, scietur veritas si talia expleta sint casus alte justicie per consuetudinem dicti loci.

Veneris post Sanctum Mathiam.

XVIII. In quadam appellacionis causa pendente in curia nostra inter Stephanum de Caturco, suo et liberorum suorum nomine, ex

una parte, et magistrum Mauricium de Nigella, ex altera, super quodam judicato facto inter dictas partes per ballivum episcopi Parisiensis. Viso processu cause dictarum parcium habito coram ballivo predicto, necnon judicato dicti ballivi super dicto processu
facto, a quo fuit appellatum, per arrestum nostre curie, dictum fuit
quod dictus processus, propter defectus in eo repertos, non judicabitur, sed remittentur dicte partes ad ballivum predictum, ut super earum articulis, in dicto processu contentis, vocatis et auditis
partibus, veritatem inquirat, et faciat jus inter eas.
Veneris post Sanctum Mathiam.

XIX. Super eo quod prepositus Laudunensis certas billoni quantitates, tanquam domino Regi commissas, super quosdam Italicos
arrestaverat, et eundem billonem dicti domini Regis gentibus tradiderat, prout contineri dicitur in quadam littera, sigillo Gaufridi
Cocatrici sigillata, quem billonem procurator ducis Brabancie, dicens esse ejusdem ducis, reddi et restitui dicto duci petebat : Inquesta super hoc de mandato domini Regis facta, visa et diligenter
examinata, per curie nostre judicium, dictus prepositus, suo et dicti
domini Regis nomine, a peticione hujusmodi fuit sentencialiter absolutus.
Dominica ante Cathedram Sancti Petri.

XX. Cum a quadam sentencia, per judicem nostrum causarum
appellacionum senescallie Tholosane seu ejus commissarium lata, pro
Raymundo et Sycardo Cathalani, fratribus, contra Vitalem Nizeti,
in quadam appellacionis causa ad eundem judicem interposite per
dictos fratres, a quodam precepto executorio per judicem Lauraguе-
sii, seu de ejus mandato facto contra ipsos pro dicto Vitali, per eundem Vitalem ad nostram fuisset curiam appellatum : In causa appellationis hujusmodi, auditis racionibus parcium predictarum, et visis
instrumentis et processibus earumdem, per curie nostre judicium,
dictum fuit et pronunciatum dictum judicem appellacionum seu

ejus commissarium bene sentenciasse, et predictum Vitalem male
appellasse.

Sabbati post Brandones.

XXI. Visa inquesta, de mandato nostro facta, contra Stephanum
Boucelli de Lorriaco, in prisione nostra detentum pro suspicione
mortis Guillelmi Chapeau, et audita ipsius Stephani confessione,
per curie nostre judicium, dictum fuit quod terciam partem bonorum omnium mobilium et immobilium dicti Stephani, vel eorum
valorem, pro emenda nostra capiemus, et corpus ejus cum ceteris
bonis suis mobilibus et immobilibus sibi deliberabuntur.

Sabbati ante Brandones.

Inquestam non habeo.

XXII. Cum nobis denunciatum fuisset quod Jacobus de Poligniaco, vadia nostra recipiens pro custodia muri Carcassone, et quidam alii inferius nominati, plura bona, que nobis erant commissa,
detinebant et sibi applicaverant illicite et in prejudicium juris nostri, super hoc vocatis partibus, inquiri fecimus veritatem; visa igitur
inquesta super hoc facta, inventum est sufficienter probatum quod
bona que secuntur nobis erant commissa, et quod idem Jacobus ea
illicite et in nostri prejudicium detinebat, videlicet castrum de
Monte-Irato, cum acquisitis ibidem factis per magistrum Guillelmum Guerrici, de heresi condempnatum; item, brolium et quamdam peciam terre que quondam fuerunt magistri Guillelmi Bruneti,
de heresi condempnati; item pratum et vineam que fuerunt Raymundi magistri; item, domum et partem orti que fuerunt Bertho-
lomei de Spernone, de heresi condempnati; item, per eandem inquestam, inventum fuit quod Petrus de Vernone, tenens locum
nostri procuratoris incursuum, pratum et vineam que fuerunt Raymundi de Cassillihaco, nobis commissos; item, quod Stephanus de
Assutria, estimator nostrorum incursuum, quemdam campum, nobis commissum, quod fuit Raymundi magistri de heresi condemp-

nati, illicite et in nostri prejudicium detinebat : Et idcirco, per
curie nostre judicium, dictum fuit et pronunciatum quod, non obstantibus contractibus et convencionibus super hiis per predictos
factis, ac confirmacionibus a nobis obtentis, res omnes predicte ad
nos revertentur et nobis remanebunt. Item, inventum fuit sufficienter probatum quod, pro viginti libris Turonensibus annui redditus,
quas eidem Jacobo super nostris incursibus percipiendas, quamdiu
nobis placeret, concesseramus, idem Jacobus dolose sibi procuraverat assignari bona nobis commissa, que fuerunt Arnaudi Embrini
de heresi condempnati, plus valencia in dupplo, et idcirco per idem
judicium dictum fuit quod ex nunc, revocata donacione predicta,
bona hujusmodi ad nos revertentur et nobis remanebunt, punicione
fraudis et doli, in premissis per predictos habitores, arbitrio nostro,
quantum ad nos pertinet, reservata.

Sabbati ante Brandones.

Ista inquesta est cum alia que judicata fuit in parlamento, anno
Domini millesimo trecentesimo undecimo.

XXIII. Cum nobis denunciatum fuisset quod Hugolinus, nepos
Jacobi de Poligniaco, de illis tribus denariis quos condempnatis de
heresi facimus ministrari per diem, et de pecunia que eisdem ab
eorum amicis mittebatur, certam partem sibi retinebat; item, quod,
post obitum aliquorum in muro decedencium, stipendia pro eis recipiebat per annum vel biennium, antequam mors eorum sciretur;
item, quod de merreno et tegulis nostris quamdam domum pro se
fecerat edificari : Visa inquesta super hiis facta, nichil de predictis
inventum fuit contra ipsum sufficienter probatum, et idcirco ab hujusmodi sibi impositis fuit sentencialiter absolutus.

Sabbati ante Brandones.

XXIV. Cum consules castri Lemovicensis coram inquisitoribus nuper a nobis in Pictavensi senescallia deputatis, contra Gerardum de
Buxolio, militem, proponentes quod, eo tempore quo ipse erat ba-

Philippe IV,
1304.

julus Lemovicensis, pro ducentis et viginti quinque libris Turonensibus, quas ei solverunt, ipse promiserat eis impetrare bonas litteras
quitacionis a nobis de octingentis libris, in quibus ipsi consules nobis pro subsidio nostri exercitus tenebantur; et cum ipsi quasdam
litteras, quas idem miles super hoc eis asportaverat, quitacionem
hujusmodi continentes, senescallo Pictavensi exhibuissent, et idem
senescallus eas nostre camere denariorum in suis compotis tradidis-
set, dicte littere fuerunt false invente, et, hiis non obstantibus, com-
pulsi fuerunt dicti consules solvere nobis octingentas libras predictas,
ideoque peterent dictum militem condempnari et compelli ad reddendum eisdem predictas ducentas et viginti quinque libras, ac centum libras Turonenses pro dampnis que ipsi sustinuerant in predictis; et e contra dictus miles ad sui defensionem proponeret quod
quidam clericus predictas litteras procuraverat et sibi tradiderat tamquam bonas, et quod predictas ducentas viginti quinque libras non
insolutum, sed ex causa mutui receperat a consulibus antedictis : Visa
igitur inquesta super hoc facta, per curie nostre judicium, dictus miles ad reddendum eisdem consulibus dictas ducentas viginti quinque
libras, ab eo receptas, ac centum libras Turonenses pro dampnis eorum sentencialiter extitit condempnatus, reservato nobis de proce-
dendo contra dictum militem, ad finem emende pecuniarie racione
falsitatis predicte.

Jovis post Brandones.

XXV. Judicatum in causa appellacionis, factum inter Guiardum
le Chaucier et Johannem Doyn et ejus generum, est in rotulo hujus parlamenti.

XXVI. Inter villam et monachos Moyssiaci anullate sunt deposiciones quatuor testium, secundum tenorem arresti quod est in rotulo hujus parlamenti.

XXVII. Quamdam informacionem, ad instanciam abbatis et conventus de Marchenis, contra comitem Hanonie et ejus gentes, factam per prepositum Sancti-Quintini, super quibusdam prisiis et novitatibus, de quibus dicti religiosi conquerebantur, petebant ipsi religiosi videri et judicari; e contra procurator dicti comitis, pluribus racionibus, petebat eam annullari: Auditis igitur hinc inde propositis, per arrestum nostre curie, dictum fuit quod informacio predicta non judicabitur, et ambe partes super hiis que una contra aliam proponere voluerint audientur, et fiet jus; et super injuria et violencia facta servienti domini Regis per castellanum de Bochain, ut dicitur, scietur veritas, et punietur prout fuerit racionis.

Lune post Brandones.

XXVIII. Cum inter religiosos viros abbatem et conventum monasterii Sancti-Quintini-in-Insula, ex una parte, et majorem et juratos ville Sancti-Quintini, ex altera, super quatuor articulis infra sequentibus controversia mota fuisset, dictis religiosis dicentibus quod, cum ipsi essent et fuissent in saisina piscandi in aquis suis apud Sanctum-Quintinum, prout se comportant, major, jurati et communia ville predicte dictos religiosos in dicta saisina piscandi impediebant injuste et de novo, vadum de novo faciendo et licias ibidem ponendo; peterentque dicti religiosi dictum impedimentum amoveri, et eos in dicta saisina pacifice teneri; predictis majore, juratis et communia contrarium asserentibus, et petentibus a predictis se absolvi: Visa inquesta super hoc de mandato nostro facta, per curie nostre judicium dictum fuit et pronunciatum dictas licias debere inde amoveri, et dictos religiosos in possessione predicta piscandi pacifice debere teneri. Dicti tamen major, jurati et communia, pro utilitate communi, remanebunt in saisina dicti vadi; verum si aliquod periculum propter fossam vel aliam justam causam in usu dicti vadi immineat, vel racionabiliter timeatur, dictum periculum amovebitur per eum qui justiciam habet in dicto vado; si autem negligens vel in defectu fuerit justiciarius predictus, per ballivum nostrum Viromandensem providebitur, ita quod usus dicti vadi sit conveniens et securus. Item, cum dicti religiosi dicerent se esse in saisina justicie districtus insule predicte de extra forisburgos, fatuas mulieres ibidem capiendo, fugando et imprisionando, dicti major, jurati et communia ipsos impediebant in saisina sua predicta, ut dicebant, capiendo seu capi faciendo in districtu predicto dictas fatuas mulieres, peterentque dicti religiosi dictum impedimentum amoveri, et eos in saisina predicta pacifice teneri, dictis majore, juratis et communia contrarium asserentibus et petentibus ab hujusmodi se absolvi: Per idem judicium, dictum fuit dictos religiosos remanendos in saisina capiendi, fugandi et expellendi, in districtu suo predicto, dictas fatuas mulieres. Dicti tamen major, jurati et communia remanebunt in saisina capiendi, fugandi easdem de tota communia predicta, si in hec prevenerint religiosos predictos. Item, cum dicti religiosi dicerent se esse in saisina justiciandi familiares suos cubantes et levantes infra terminos dicte abbacie sue, et quod dicti major et jurati eosdem impediebant in saisina predicta, adjornando et banniendo familiares suos predictos, peterentque dicti religiosi dictum impedimentum amoveri, dictaque adjornamentum et bannum pro nullis pronunciari, et se in saisina predicta pacifice teneri; majore, juratis et communia predictis contrarium asserentibus, et petentibus ajornamentum et bannum predicta teneri: Per idem judicium, absoluti fuerunt dicti major, jurati et communia ab hujusmodi peticione religiosorum predictorum, salva dictis religiosis libertate seu immunitate confugencium ad ecclesiam et atrium eorumdem. Item, cum dicti religiosi dicerent se esse in saisina recipiendi et levandi per totum districtum dicte insule, ab hiis qui vendunt ibidem merces seu denariatas in stallis seu fenestris, quinque denarios quolibet anno, videlicet, in festo Sancti-Remigii tres denarios, in Nativitate Domini unum denarium, et in Paschate unum denarium, et gagiendi deficientes in solucione predictorum, et quod dicti major, jurati et communia impediebant eosdem in saisina predicta, et quasdam prisias, quas dicti religiosi fecerant ibidem propter causam predictam, in manu Regis poni fecerunt,

peterentque dicti religiosi dictum impedimentum amoveri et se in
saisina predicta pacifice teneri, et dictas prisias sibi reddi, dictis majore, juratis et communia contrarium asserentibus, et petentibus a
predictis se absolvi : Per idem judicium, dictum fuit et pronunciatum
dictos religiosos pacifice tenendos esse in saisina capiendi dicta deveria, et gagiandi, pro illis dictis diebus et noctibus, illos qui dicta
deveria solvere deficient vel cessabunt. Dicti tamen major et jurati
in dicto districtu violenciam, si super hoc dictis religiosis fieret, amo-
vebunt, et ibidem gagiare poterunt, propter hoc, si a dictis religiosis fuerunt super hoc requisiti.

Jovis post Brandones.

XXIX. Cum inter Johannam de Sancto-Martino, ex una parte,
et Petrum Insularium, ejus maritum, ex altera, per curiam ecclesie
divorcii sentencia lata fuisset, predicta Johanna coram Parisiensi preposito Alaydim Normannam, dicti Petri matrem, et eundem Petrum
traxit in causam, petens dicta Johanna sibi reddi, ab adversa parte,
ducentas libras, eidem Petro promissas in maritagio cum Johanna
predicta contracto, necnon ad deliberandum et dimittendum ipsi
Johanne, pro suo dotalicio, res hereditarias sitas apud Romain-Ville
et Boigneaus, que, tempore dicti matrimonii contracti, donate fuerant eidem Petro, donacione irrevocabili sibi facta inter vivos, om-
niaque bona dicti Petri sibi adjudicari, racione dicti divorcii, culpa
dicti Petri inter eos celebrati ; qui prepositus omnia predicta, per
dictam Johannam petita, sentencialiter judicavit sibi esse prestanda
et facienda, partem adversam in predictis, a dicta Johanna petitis,
per suum judicium condempnando ; a quo judicato, tanquam falso
et pravo, ad nostram extitit curiam appellatum : Auditis igitur, in
causa dicte appellacionis, parcium racionibus, et visis processu et
judicato predictis, quia inventum fuit dictum judicatum in majori
sui parte falsum esse et pravum, per curie nostre judicium, dictum
fuit et pronunciatum, reprobato judicato predicto, quod dicta Johanna habebit et sibi retinebit bona immobilia et parafernalia, si

que sint, que ipsa secum asportavit, quando ipsa matrimonium contraxit cum dicto Petro, et de dictis ducentis libris dicta Alaydis sibi solvet centum libras, deducendo exinde quicquid de eis est sibi solutum; et dicta Alaydis recuperabit et habebit predictas res hereditarias, sitas apud Romain-Ville et Boigneaus, quas ipsa possidebat tempore mote contencionis predicte coram dicto preposito Parisiensi, et de quibus ipsa fuerat spoliata virtute judicati predicti, cum fructibus et exitibus per dictam Johannam inde perceptis a tempore quo sibi fuerunt tradite res predicte, racione judicati predicti per curiam reprobati; et si dicta Johanna in eisdem bonis, vel parte eorum, velit aliquid, racione dotalitii, petere, super hoc, vocatis partibus, fiet justicie complementum.

Sabbati post Reminiscere.

XXX. Super eo quod Robertus de Castro-Marino, scutifer, conquerebatur quod, ipsum existentem in possessione castrorum seu locorum de Pairiola, de Tornamina, et de Blansaco, necnon alte et basse justicie ac percepcionis fructuum et proventuum locorum predictorum, officiales nostri, in senescallia Tholosana, predictorum possessione spoliaverant injuste et de novo. Inquesta inter ipsum, ex una parte, et procuratorem nostrum dicte senescallie Tholosane, ex altera, virtute commissionis nostre facta, visa et diligenter examinata, per curie nostre judicium, dictum fuit et pronunciatum quod possessio predictorum eidem Roberto restituetur, ac fructus et exitus per gentes nostras inde percepti a tempore dicte spoliacionis sibi reddentur, salva nobis in predictis castris seu locis questione proprietatis, salvisque nobis in predictis locis exercitu et cavalcata, necnon alberga et pace, ac aliis deveriis que nos et predecessores nostri consuevimus ibidem habere.

Sabbati post Reminiscere.

XXXI. Cum inquisitores nuper a nobis in senescallia Belli-Cadri deputati, Rostangnum et Petrum, dictos de Biterris, fratres, liberos et heredes defuncti magistri Petri de Biterris, quondam procuratoris nostri in senescallia predicta, ad reddendum et restituendum Guillelmo Ricani, militi, castrum et pedagium Sancti-Stephani de Sors, cum eorum pertinenciis, et quibusdam aliis, in peticione dicti Ricani contentis, sentencialiter condemnassent, et predictorum saisinam eidem Ricano tradidissent, quanquam ipsi a judicato hujusmodi ad nos appellassent, dictosque fratres ad proponendum raciones suas contra judicatum predictum per viam supplicacionis, cum appellaciones a talibus inquisitoribus interpositas non reciperemus, de speciali gracia admisissemus, et certos auditores super hoc dictis partibus dedissemus : Tandem, auditis hinc inde propositis et visis processibus et inquesta super hoc factis, necnon littera transactionis cum interposicione juramenti super hoc habite inter partes predictas, per curie nostre judicium, dictum fuit et pronunciatum predictos inquisitores male judicasse, et dictos fratres bene supplicasse, dictum Guillelmum ad restituendum res predictas dictis fratribus per idem judicium sentencialiter condempnando.

Sabbati post Reminiscere.

XXXII. Cum Gregorius de Boniface, de societate des Cavacols, Marinum de Marins, civem Januensem, coram custodibus nundinarum Campanie ajornari fecisset, et ab eo peteret quingentas libras Turonenses, tanquam de corpore nundinarum, quas idem Gregorius Bonifacio de Marins, dicti Marini quondam filio, seu ejus procuratori in nundinis Campanie mutuaverat, ut dicebat, dictusque Marinus, declinando super hoc curiam dictorum custodum, pluribus racionibus, peteret se super hujusmodi peticione ad locum sui judicis remitti, et dictum Gregorium, racione dicte temere vocacionis, sibi in expensis legittimis, juxta dictarum nundinarum consuetudinem, condempnari ; dicto Gregorio pluribus racionibus contrarium proponente : Auditis hinc inde propositis, custodes predicti, per suum judicium, pronunciaverunt predictum Marinum non debere compelli ad respondendum coram eis super peticione predicta, sed ipsum debere super hoc remitti ad curiam Januensem ; dictumque Gregorium ad reddendum eidem Marino, pro suis expensis, octoginta libras Turonenses, per idem judicium condempnarunt. A quo judicato, tanquam falso et pravo, dictus Gregorius ad nostram curiam appellavit : Auditis igitur, in causa dicte appellacionis, parcium racionibus hinc et inde, et visis processu super hoc facto coram custodibus predictis, ac judicato predicto, per curie nostre judicium, dictum fuit et pronunciatum predictos custodes bene judicasse et dictum Gregorium male appellasse.

Sabbati post Reminiscere.

XXXIII. In rotulo hujus parlamenti scriptum est arrestum [per] quod admissa est appellacio Gileti de Latigniaco et ejus sociorum, qui a judicato episcopis Aurelianensis contra se facto pro Johanne Cornu appellaverunt.

XXXIV. Judicatum factum inter Robinum de Capella et monachos Sacri-Portus scriptum est supra in libro Arrestorum (7).

XXXV. Judicatum factum inter comitem Hanonie et mercatores de societate Renerii de Passu, super sentencia arbitrali comitisse Hanonie, scriptum est in rotulo hujus parlamenti.

Correctum fuit.

XXXVI. Judicatum factum contra J. Chaufe-Cire, castellanum de Ouzon, super piscaria et garenna dicti castri, est in rotulo hujus parlamenti.

XXXVII. Arrestum factum pro Aniciensi episcopo, de amovenda manu domini Regis, in quibusdam feodis suis apposita per inquisitorem senescallie Belli-Cadri, scriptum est in rotulo hujus parlamenti.

PHILIPPE IV,
1305.

XXXVIII. In rotulo hujus parlamenti scriptum est arrestum quod processus magistrorum nundinarum Campanie super pannis portatis per Percevallum de Janua, propter defectus in eis repertos, non judicabuntur, reservatis tamen reprobacionibus ibidem existentibus super quibusdam consuetudinibus; et iterato super eisdem consuetudinibus et super articulis parcium in eisdem contentis inquiretur.

XXXIX. Visa inquesta super facto false monete imposito Johanni de Sancto-Martino, nichil inventum fuit contra ipsum probatum, et ideo, per curiam mandatum fuit preposito Parisiensi et ballivo Aurelianensi quod ejus corpus et bona recredant sub ydonea caucione de stando juri; verumptamen prepositus domini Regis de Monte-Argi, qui super hoc debuit audiri, non fuit auditus, licet vocatus, quia infirmabatur.

Martis ante Sanctum Dyonisium, anno trecentesimo quinto.

INQUESTE ET PROCESSUS

JUDICATI IN SEQUENTI PARLAMENTO OCTABARUM PASCHE,

ANNO MCCCVI,

Quia anno quinto precedenti non fuit parlamentum.

I. Cum inter Jacobum Dalbe, clericum, curatorem Ogeri de Gaviers, minorem etatis, nomine curatorio et pro ipso Ogero, ex una
parte, et Bernardum, dominum de Morolio, militem, ex altera, orta
fuisset discordia super eo quod dictus curator, nomine quo supra,
petebat judicatum quoddam curie nostre de duobus millibus libris
Parisiensibus factum pro Guillelmo de Gaviers, de Ast, Lumbardo,
defuncto patre dicti Ogeri contra dictum militem execucioni mandari, et dictum militem condempnari et compelli ad solvendum ipsi
curatori, nomine quo supra, dictam pecunie summam; ex adverso
autem, pars dicti militis negabat dictum Ogerum fuisse filium et
heredem dicti Guillelmi de Gaviers, proponens quod esto quod
probaretur dictum Ogerum filium et heredem esse dicti Guillelmi,
non tamen erat dictus miles, ut dicebat, condempnandus nec com-
pellendus, quantum ad summam judicati predicti, eo quod de consensu dictorum Guillelmi et militis, post dictum judicatum, si quod
extiterat, recessum fuerat a judicato predicto per convencionem expressam, per quam dictus Guillelmus eundem militem de summa
predicta specialiter et expresse quittaverat pro quingentis libris Parisiensibus, ipsi Guillelmo a dicto milite certis temporibus persolvendis : Visis igitur actis et probacionibus parcium predictarum, per
curie notre judicium, dictum fuit predictum militem eidem Ogero,
tanquam filio et heredi dicti Guillelmi, ex causa predicta, teneri in
quingentis libris Parisiensibus predictis. Quantum autem ad resi-

Philippe IV,
1300.

duum duorum millium librarum predictarum, quantum ad dictum Ogerum pertinet, fuit idem miles per eandem sentenciam absolutus.

Jovis post Sanctum-Marcum.

Dictum est curie quod dominus Rex debet habere terciam partem in dictis duobus millibus libris Parisiensibus. Loquendum est de hoc cum thesaurario Andegavensi et cum magistro R. de Foilleyo.

II. Cum datum fuisset nobis intelligi quod quedam domus, sita Pontisare, que fuit defuncti Bertaudi de Labeville, et quam domum ipse, tempore quo decessit, possidebat, nobis, propter ipsius Bertaudi delictum, venerat in commissum : Tandem, inquesta super hoc, de mandato nostro facta, visa et diligenter examinata, per curie nostre judicium, dictum fuit et pronunciatum domum predictam nobis in commissum non venisse.

Mense Aprilis.

III. Cum Johannes Veillet significasset nobis quod ipse, racione cujusdam simplicis cirographi, per quod ipse Jacobo et Petro Heritiau, fratribus, in quadam summa pecunie tenebatur, fuerat injuste per prepositum nostrum Sancti-Quintini, ad instanciam dictorum fratrum, carceri mancipatus et in ferris tam diu detentus quod ipsum oportuerat in majori summa, tam principali quam usuraria, per vim prisionis dictis fratribus obligare; qua obligacione sic facta, a dicta prisione adhuc non potuit liberari, immo per dictum prepositum in dicta prisione retrusus tam diu detentus extitit, quod ipse per usuram, et bonorum suorum explectacionem et vendicionem factam, ipso in prisione existente, fuit in summam mille et ducentarum librarum vel circa dampnificatus indebite, ut dicebat; super predictis inquiri mandavimus veritatem : Inquesta igitur super permissis facta, et per curiam nostram examinata diligenter, quia inventum fuit obligacionem seu recognicionem mille quadringentarum et sexaginta quindecim librarum Turonensium, a dicto Johanne dictis fratribus factam coram preposito et hominibus Sancti-Quintini, per vim prisionis extortam fuisse; dicta obligacio seu recognicio, et omnia contenta in quadam littera super hoc confecta, sigillis prepositi et hominum predictorum sigillata, fuerunt, per dicte curie nostre judicium, totaliter anullata, salva dictis fratribus obligacione mille librarum, contenta in cirographo predicto, et salvis ipsi Johanni suis excepcionibus et defensionibus, tam super solucionibus factis per ipsum de summa dictarum mille librarum, quam super aliis super quibus fiet bonum compotum inter ipsos, et salva eidem Johanni questione super dampnis et expensis que ipse sustinuisse dicitur occasione premissorum.

Mercurii post Invencionem Sancte Crucis.

IV. Cum questio verteretur inter Thomam de Calvo-Monte et Johannem Beau-Voisin, de Sancto-Gervasio, ex una parte, et majorem et communiam de Calvo-Monte, ex altera, super eo quod dicti Thomas et Johannes dicebant se esse in bona saisina eundi, onerandi et ducendi proprias merces suas libere, et absque solucione traversi majori et communie predictis, veniendo citra calceyam, que dicitur Julius Cesar, versus Calvum-Montem, que incipit apud Sanctum-Clarum, veniendo per capellam recte ad molendinum de Planchia, citra dictam chauceyam, infra quas metas prisia facta fuit, de qua erat contencio inter partes predictas eundo recte ad Spinam-Pouleuse, veniendo de Gysorcio ad Ulmetellum-Concavum, qui termini sunt in castellania de Calvo-Monte, quamvis dicte merces sint onerate extra dictam castellaniam et per castellaniam predictam conducte; dictis majore et communia contrarium asserentibus quod quociens-cunque devenit ad noticiam suam, vel illorum qui pro ipsis dictum traversum recipiebant, predicti Thomas et Johannes, in casu predicto, dimidium traversum solverunt eisdem : Inquesta super hoc facta visa et diligenter examinata, per judicium curie nostre dictum fuit dictos Thomam et Johannem nichil probavisse quin ipsi trans-

eundo cum mercibus suis per loca predicta, majori et communie
predictis dimidium traversum solvere teneantur.

Mercurii post Invencionem Sancte Crucis.

V. Cum prior Sancti-Germani-in-Laya proponeret coram nobis
quod ex edificacione monasterii beati Ludovici, quod in clauso
nostro Pissiaci facimus edificari, idem prior in decime sue percepcione dampnum non modicum sustinebat, ac peteret sibi et prioratui suo, racione cujusdam judicati super hoc alias per curiam
nostram facti, sibi fieri super hoc recompensacionem condignam,
commisimus preposito nostro Parisiensi quod super dictis dampnis
et predicta recompensacione facienda, viso dicto judicato et vocatis
dicto priore, procuratore nostro et aliis evocandis, diligenter inquireret veritatem : Visis igitur inquesta super hoc facta et judicato predicto, consideratisque omnibus que nostram curiam movere poterant et debebant, per curie nostre judicium dictum fuit nos teneri
dicto priori, racione recompensacionis predicte, in septem libris
Parisiensibus annui et perpetui redditus persolvendis, et in viginti
una libris pro arreragiis dicte decime trium annorum novissime pre-
teritorum.

Jovis post Invencionem Sancte Crucis.

VI. Cum Johannes de Sancto-Martino, commorans apud Montem-
Argi, pro suspicione false monete, ad quorumdam denunciacionem,
per gentes nostras captus, se super hoc supposuisset inqueste, fecimus super hoc veritatem inquiri, vocatis ad hoc et auditis ballivo
Aurelianensi et preposito Montis-Argi, in prosecucione negocii supradicti, et interim dictum Johannem recredi : Visa igitur inquesta
super hoc facta, curia nostra dictum Johannem super hoc sentencialiter absolvit, eundem Johannem et bona ipsius, racione hujusmodi sub recredencia detentos, ac ejus fidejussores propter hoc
datos, totaliter liberando.

Jovis post Invencionem Sancte Crucis.

VII. Cum prior de Melloto curie nostre denunciasset quod domina de Melloto, ipsa presente, mandante et precipiente, per complices suos et homines de Melloto in magna multitudine, dicto priori et ejus prioratui et personis ejusdem, qui, cum bonis suis, de speciali garda nostra esse dicuntur, violencias, injurias et dampna plurima fecerat inferri, nos super predictis, vocatis partibus, inquiri fecimus veritatem : Visa igitur inquesta super hoc facta, et auditis super hoc confessione dicte domine ac mariti sui ratificacione, in inquesta predicta contentis, dicta domina priori predicto, pro injuriis, violenciis et dampnis predictis, in quingentis libris Turonensibus, ac nobis in aliis quingentis libris, pro emenda, per curie nostre judicium, extitit condempnata.

Mercurii post Invencionem Sancte Crucis.

VIII. Cum Fulco de Mastaz, miles, super omni jure quod sibi dicebat competere in civitate et castellania Xanctonensibus, peticionem seu requestam nobis fecisset, senescallo Xanctonensi certam fecimus commissionem pro inquirenda super hoc veritate : Visa igitur inquesta super hoc facta, ut dicitur, per Fulcherium dou Perron et Berengarium Jusser, commissarios super hoc deputatos, ut dicitur, a magistro Guillelmo Gaillardi, locum tenente dicti senescalli, non fuerunt invente commissiones que facte dicuntur super hoc locum tenenti et commissariis predictis, et idcirco non fuit processum ad judicandum inquestam predictam, maxime cum ad presens dictam terram non teneamus.

Mercurii predicta.

IX. Abbas et conventus Sancti-Victoris Parisiensis, asserentes se habere intra clausuram murorum abbacie sue predicte omnimodam jurisdicionem altam et bassam, conquerebantur de preposito Parisiensi super eo quod, cum ipsi, ut dicebant, Symonem de Sancto-Ferreolo intra dictam clausuram cepissent, et incarceratum in prisione sua tenerent, pro suspicione homicidii in persona Arbeloti Normanni intra clausuram predictam, ut dicitur, perpetrati, dictus prepositus vel gentes ipsius de carcere et domo ipsorum religiosorum extraxerunt, quare petebant dicti abbas et conventus se de dicto Symone resaisiri : Visa igitur inquesta super hoc, de mandato nostro, facta, per curie nostre judicium, dictum fuit dictos religiosos intencionem suam sufficienter super hoc probavisse, et nichil per procuratorem nostrum super hoc esse probatum, dictosque religiosos de predicto Symone esse resaisiendos.

Mercurii predicta.

X. Inquesta contra dominum Johannem de Guines, qui vileniavit prepositum Regis, et super hoc gagiavit emendam, prout continetur in rotulo hujus parlamenti.

Expedita.

XI. Cum Agatha Furneria de Valle-Giraudi arreragia dotis sue, pro octo annis preteritis de terris et vineis ad eam, racione dotis sue pertinentibus, quas coluerant, debladaverant et explectaverant per dictum tempus, ut ipsi[1] dicebat, R. Burgondi, nunc defunctus, et Alisia, ejus relicta, peteret sibi reddi : Auditis partibus et visa inquesta super hoc facta, de mandato curie nostre, dicta relicta eidem Agathe, pro arreragiis predictis de septem annis, in septem libris Parisiensibus semel ei solvendis, per curie nostre judicium, extitit condempnata.

Veneris post Invencionem Sancte Crucis.

M. Droco reportavit.

XII. Cum magister et frater Domus-Dei de Belvaco dicerent se esse in saisina justiciandi in domo sua, sita apud Franchum-Castrum, et pertinenciis ejusdem, et ex adverso magister et fratres domus Templi de Boisdescuz dicerent se esse in saisina justicie predicte, et propter debatum hujusmodi, quedam prisia, que justiciando fuerat

[1] Lisez *ipsa.*

ibi facta per magistrum et fratres domus Templi predicte, ad manum
nostram, tanquam superioris, posita fuisset, et de ea magistro et
fratribus dicte Domus-Dei per eandem manum nostram recredencia
facta fuisset : Tandem, auditis parcium predictarum racionibus, et
visa inquesta super hoc, de mandato nostro, facta, per curie nostre
judicium adjudicata fuit dictis magistro et fratribus Domus-Dei de
Belvaco saisina justicie domus eorum predicte et pertinenciarum
ejusdem, et predicta prisia, que ad manum nostram posita fuerat et
quam hactenus per recredenciam habuerant magister et fratres Domus-Dei predicte, dicta manu nostra inde amota, deliberata fuit eisdem ad plenum, salva tamen in hujusmodi questione proprietatis,
magistro et fratribus domus Templi predicte.

Dominica post Invencionem Sancte Crucis.
⟨ Monci reportavit.

XIII. Cum nos Matheum, dictum de Gysorcio, diu tenuissemus
et teneremus carceri mancipatum, pro eo quod nobis intimatum
fuerat quod ipse Bertaudo, filio suo, aliqua verba dixerat, ex quibus
ipse Bertaudus Johannem, dictum de Meleduno, vulneraverat, ex
quo vulnere idem Johannes infra paucos dies decesserat, et ipsum
Bertaudum per verba sua animaverat et induxerat ad delictum hujusmodi perpetrandum : Tandem super hiis et ad hec pertinentibus
inquiri diligenter fecimus veritatem, Johanna, matre, Aubertino,
fratre, et Johanneto de Pontisara, consanguineis dicti Johannis defuncti, vocatis et presentibus coram inquisitoribus deputatis ad hoc
a nobis, ac dicentibus et respondentibus quod super facto predicto
nichil contra dictum Matheum proponere vel dicere volebant, nec
ipsum super hoc suspectum habebant; vocatis eciam quibusdam aliis
amicis dicti defuncti, qui non comparuerunt; facta igitur et curie
nostre reportata ac diligenter visa dicta inquesta, quia idem Matheus,
nec per ipsam inquestam nec alias, convinci super hiis potuit, ipsum
super delicto hujusmodi absolvendum duximus, per curie nostre
judicium, et a nostro carcere liberandum, dantes preposito nostro

21.

Parisiensi, ceterisque justiciariis nostris quibuscumque, tenore presencium, in mandatis ut dictum Matheum, in persona vel bonis,
occasione predicta, de cetero non molestent; et si, ob hanc causam,
bona aliqua ipsius Mathei saisita vel arrestata fuerint, eadem, visis
presentibus, liberare, sine delacionis obstaculo, non omittant.

Mercurii in vigilia Assencionis.

XIV. Cum super eo quod Guillelmus, dictus le Duc, de Broys-
sellis, viginti pannos et alia bona mobilia, que prepositus Parisiensis,
propter homicidium quod Godefredus, dicti Guillelmi filius, Parisius, in personam Gervasii dicti Pizdoue commisisse dicebatur, ad
manum nostram, tanquam commissa, posuerat, sua esse dicebat, et
ea cum instancia sibi reddi et deliberari petebat, de mandato nostro
facta fuisset inquesta et nostre curie reportata : Tandem, dicta inquesta per curiam nostram visa et diligenter examinata, auditaque
relacione Petri de Dyci, tunc prepositi Parisiensis, qui prisiam fecerat predictam, dicentis quod ibi erant viginti panni, qui tunc esti-
mati fuerant nonagentas et quinquaginta libras Parisienses, per curie
nostre judicium, dictum fuit dictos pannos vel eorum estimacionem
eidem Guillelmo esse reddendos et deliberandos.

In vigiliis Assensionis.

Rocelletus reportavit.

XV. Cum debatum esset inter episcopum Belvacensem, ex una
parte, et abbatem et conventum de Alneto, dyocesis Belvacensis,
ex altera, super combustione cujusdam domus site tunc apud Cour-
benval, que domus, dicto episcopatu vacante, per dictos monachos
injuste, et de novo justiciando combusta fuerat, ut asserebat idem
episcopus, de qua postea per dictos religiosos locus predictus fuerat
resaisitus, parte dicti episcopi proponente quod gentes ipsius episcopi resaisinam predictam levaverunt et asportaverunt pacifice et
sine aliqua opposicione dictorum monachorum; dictis religiosis in
contrarium asserentibus quod, loco predicto resaisito, ipsi se super

PHILIPPE IV, 1306.

hoc opposuerunt, et ad dictam resaisinam manum posuerunt, et quod, propter debatum parcium, dicta resaisina ad manum domini Regis fuerat posita, ut dicebant : Tandem, visa inquesta super hoc, de mandato curie nostre facta, per curie nostre judicium, dictum fuit per dictos monachos sufficienter esse probatum quod ipsi dicte resaisine se opposuerunt, et quod, propter debatum parcium, ad manum nostram, tanquam superioris, postea fuit resaisina predicta.

Mercurii in vigiliis Assensionis.

XVI. Cum significatum nobis fuisset, ex parte religiosorum virorum abbatis et conventus Sancti-Dyonisii in Francia, in nostra speciali garda existencium, quod ad villam de Solesmis, in qua dicti religiosi omnimodam justiciam asserunt se habere, Galterus de Bozies, miles, venerat et multa de bonis hominum dicte ville ceperat violenter, et extra regnum nostrum duxerat, in nostri prejudicium, ac ipsorum religiosorum et hominum predictorum dampnum non modicum et gravamen : Tandem, inquesta super hoc, de mandato nostro, facta, visa et diligenter examinata, inventum est sufficienter probatum dictum militem multas vacas hominum dicte ville, in justicia dictorum religiosorum, in garda nostra existencium, violenter cepisse, et extra regnum nostrum duxisse; cumque dictis religiosis et hominibus de dictis dampnis et injuriis sit plene satisfactum, prout procurator dicti monasterii curie nostre retulit viva voce, dictus miles, per curie nostre judicium, nobis, pro emenda nostra, in ducentis libris Turonensibus extitit condempnatus.

Mercurii post Assensionem.

XVII. De inquesta inter P. de Brocia et monachos de Barbael, pars facta pro dicto P. dormiet quousque pro dictis monachis, si prosequi voluerint, sit completa, prout continetur in rotulo hujus parlamenti.

XVIII. Cum domina de Langiis coram ballivo Aurelianensi conquereretur de domino de Merevilla, racione cujusdam prisie quam, ut ipsa dicebat, dictus dominus, apud Mostorolium in domo relicte Roberti Houci, pro suspicione mortis filii sui justiciando, fecerat injuste et de novo, dicens, dicta domina, se esse in saisina justicie alte et basse in loco predicto et in villa Mostorolii, et in omnibus domaniis et feodis suis in villa predicta, petensque manum nostram de dicta prisia, propter debatum parcium ibidem positam, amoveri, et eandem prisiam sibi reddi et deliberari, dicto domino e contrario proponente dictam villam de Mostorolio sitam esse in castellania sua de Merevilla, et se esse in saisina alte justicie ville predicte, petenteque dictam prisiam sibi reddi : Tandem, inquesta per dictum super hoc facta et nostre curie reportata, visa et diligenter examinata, per curie nostre judicium, dictum fuit et pronunciatum dictam dominam intencionem suam plenius probavisse, et quod dicta prisia, manu nostra inde amota, sibi reddetur, questione proprietatis dicto domino super hoc reservata,

In vigiliis Assensionis.

Roya reportavit.

XIX. Cum abbatissa monasterii Beate-Marie, juxta Pontisaram, conquesta fuisset super injuriis cuidam de sui monasterii conversis, per Radulphum Maissent, quondam majorem Pontisare, ut dicebatur, illatis : Tandem, audito dicto Radulpho, et inquesta super hoc facta, visa et diligenter examinata, per curie nostre judicium, dictus Radulphus nobis in centum libris Turonensibus, et eidem abbatisse in aliis centum libris Turonensibus, pro emenda, extitit condempnatus.

Dominica post Assensionem.

XX. Cum de mandato nostro facta fuisset inquesta super controversia mota in curia nostra inter thesaurarium Sancti-Hilarii Pictavensis et capitulum ejusdem ecclesie, super alta justicia burgi Sancti-Hylarii Pictavensis, dictaque inquesta, ad nostram curiam reportata, visa et diligenter examinata, inventum fuerit eam, pluribus de cau-

PHILIPPE IV,
1306.

sis, minus sufficienter esse factam, ordinatum fuit per eamdem curiam nostram quod super articulis a dictis partibus super premissis de novo tradendis, coram auditoribus super hoc deputandis, iterato fiet inquesta, et ea perfecta ad nostram curiam remittetur ad judicandum, una cum attestacionibus testium in dicta priori inquesta examinatorum.

Lune post Assensionem.

Bocellus reportavit.

XXI. Cum mota fuisset in curia nostra controversia inter religiosos viros abbatem et conventum monasterii Vallis-Beate-Marie, de speciali garda nostra, ut dicitur, existentis, ex una parte, et dilectum et fidelem nostrum dominum Montis-Morenciaci, ex altera, super prisia quam de quodam appro injuste et de novo, ut dicti religiosi dicebant, infra clausuram dicti monasterii fecerant gentes domini predicti, de qua prisia, propter debatum parcium, locus fuerat resaisitus et debatum hujusmodi positum ad manum nostram, tanquam superioris, dictis religiosis pluribus racionibus proponentibus ac petentibus dictam prisiam debere remanere in loco predicto penes ipsos, et impedimentum super hoc per dictum dominum eis appositum amoveri debere; dicto domino e contrario pluribus racionibus proponente dictos religiosos non esse super hoc audiendos, dictamque prisiam sibi debere reddi et deliberari : Tandem, auditis hinc inde propositis, et visa inquesta super hoc, de mandato nostro, facta, per curie nostre judicium, dictus dominus ab impeticione predicta dictorum religiosorum extitit absolutus, et per idem judicium dictum fuit quod dicta prisia deliberabitur eidem.

Veneris ante Penthecostem.

M. Pasquerius reportavit.

XXII. Cum inter magistrum Michaelem Morelli, de Cadomo clericum, ex una parte, et priorem et fratres de Longo-Jumello, ordinis Vallis-Scolarium Parisiensium, magistrum Parisetum, de Lin-

gono, clericum nostrum, garandum dictorum religiosorum, et Almaricum de Broysellis, dicti magistri Pariseti garandum, necnon
heredes defuncti Roberti de Moneta, in quantum quemlibet eorum
tangere potest, tam conjunctim quam divisim, ex altera, orta fuisset
materia questionis super eo quod dictus magister Michael vendicionem grangie de Grandainvillari, cum omnibus ejus pertinenciis,
sitam in castellania Montis-Letherici, factam eidem Michaeli per
prepositum Montis-Letherici, pro facienda execucione cujusdam littere, sigillo prepositure Parisiensis sigillate, in qua dictus magister
Michael confessus fuerat se teneri dicto Roberto, ex causa mutui, in
septuaginta libris Parisiensibus, pluribus racionibus petebat retractari seu nullam pronunciari, et dictam granchiam cum suis pertinenciis sibi reddi et deliberari; parte adversa, pluribus racionibus, e
contrario proponente dictum Michaelem non esse super hoc audiendum : Tandem, auditis parcium racionibus hinc et inde, et inquesta
super hoc facta, visa et diligenter examinata, predicti religiosi, Pari-
setus, Almaricus et heredes dicti Roberti, per curie nostre judicium,
ab impeticione predicta dicti Michaelis sentencialiter absoluti fuerunt.
   Veneris ante Penthecostem.

— Gorintus reportavit.

   XXIII. Cum in curia nostra mota fuisset controversia inter homines
de Bonnuel, ex parte una, et Guillelmum de Moyaco, curatorem
Johannis de Moyaco, militis, ejus patris, nomine curatorio ipsius,
ex altera, in causa appellacionis ad nos interposite per dictum curatorem a quodam judicato per dictos homines in curia dominorum
de Bonnuel contra ipsum facto pro domina de Raray, relicta defuncti Petri de Moyaco, militis, super saisina terre de Ausonviller et
pertinenciarum ejusdem : Tandem, auditis racionibus parcium predictarum et visa inquesta super hoc facta, ac toto processu dicte cause
inspecto et diligenter examinato, per curie nostre judicium, dictum
fuit et pronunciatum predictos homines bene judicasse, et dictum
curatorem male appellasse, et quod ipse hoc emendabit.

Veneris ante Penthecostem.
Meullentus reportavit.

XXIV. Cum inter Johannem de Insula, militem, dominum Feritatis-Nerberti, ex una parte, et Stephanum, dominum de Graciaco,
et Aelidim, ejus uxorem, dicti Johannis sororem, in quantum tangit
quemlibet, ex altera, coram ballivo Aurelianensi, orta esset materia
questionis super eo quod dictus Johannes, pluribus racionibus, dicebat quod ad homagium suum dictus Stephanus, racione uxoris sue,
venire debebat pro terra de Vouson et ejus pertinenciis, que bona
idem Stephanus, racione dicte uxoris sue, tenebat, racione frares-
chie de terra et castellania Feritatis-Nerberti, et e contra dictus Stephanus, pluribus racionibus, proponebat se de terra predicta debere
ad nostrum, non dicti Johannis, homagium venire; dictus ballivus,
in hujusmodi causa procedens, et cum istud negocium nostra interesse videret, se pro nobis in dicti negocii prosecucione adjungens,
inquisita super propositis a dictis partibus plenius veritate, judicatum suum tulit contra Johannem predictum, pronunciando dictum
Stephanum, pro terra predicta, non esse compellendum dicti Johannis homagium intrare, sed eundem Stephanum, secundum quod
ipse proponebat, ad homagium nostrum, pro terra predicta, debere
venire. A quo judicato, tanquam a falso et pravo, dictus Johannes ad
nostram curiam appellavit : Constitutis igitur in curia nostra dictis
Johanne et ballivo in causa appellacionis predicte, et auditis parcium
racionibus hinc et inde, ac visis inquesta et processu super hoc habitis coram ballivo predicto, per curie nostre judicium, dictum fuit
dictum ballivum bene judicasse, et predictum Johannem male appellasse, et quod ipse hoc emendabit.
Veneris ante Penthecostem.
M. P. Champion reportavit.

XXV. Visa inquesta super eo quod J. de Barra, cum inquisitor
[esset] ballivie Bituricensis, furasse dicebatur per vim prisionis ad

centum libras, quia quemdam suspectum de furto abire permiserat, mandatum est ballivo quod dictas centum libras non levet, sed super hujusmodi facto contra ipsum civiliter procedat, prout ad ipsum pertinet.

In rotulo hujus parlamenti plenius continetur.

XXVI. In causa appellacionis a judicato prepositi Parisiensis, facto contra Henricum de Traynel, militem, ad curiam nostram per dictum militem interposite, in causa que vertebatur coram dicto preposito inter dominam de Langis, ex una parte, et dictum militem, ex altera, per quod judicatum condempnatus fuerat dictus miles ad recipiendum ad homagium et fidelitatem suam Egidium, dictum Grange, armigerum nostrum, de terra quam tenebat dicta domina a dicto milite, et quam permutaverat cum dicto Egidio, necnon ad restituendum dicto Egidio fructus et exitus quos exinde perceperat dictus miles a tempore quo dictus Egidius dictum militem requisivit ut eum ad suum homagium reciperet pro predictis : Viso diligenter processu inter dictas partes coram dicto preposito habito, confessionibus parcium et litteris in modum probacionis exhibitis diligenter inspectis, per curie nostre judicium, dictum fuit et pronunciatum bene fuisse per dictum prepositum judicatum, et per dictum militem male appellatum, et quod ipse hoc emendabit.

Mercurii post Penthecostem.

Roya reportavit.

XXVII. Cum mota fuisset controversia inter nos et homines ville de Gressibus, ex una parte, et dilectum et fidelem nostrum archiepiscopum Senonensem, ex altera, super eo quod dictus archiepiscopus proponebat, in nostra curia, se esse in saisina instituendi et destituendi magistrum leprosarie de Gressibus, Senonensis dyocesis, ac eciam in saisina regiminis bonorum temporalium ipsius leprosarie, nobis et predictis hominibus in contrarium asserentibus nos et ipsos esse et fuisse in saisina predictorum : Tandem, facta inquesta de man-

Philippe IV,
1306.

dato curie nostre super predictis, visa et diligenter examinata, auditisque racionibus hinc et inde propositis, per curie nostre judicium, dictum fuit et pronunciatum nos et predictos homines sufficienter probasse intencionem nostram, et debere remanere in saisina predictorum, salvo tamen in predictis jure proprietatis archiepiscopo predicto.

Mercurii post Penthecostem.

XXVIII. In causa que coram priore de Brayo, super saisina quorumdam bonorum immobilium, vertebatur inter sororem Evam de Ponte et ejus sorores, ex una parte, et tutores liberorum defuncti Reginaldi Ridel, ex altera, dictus prior saisinam predictam adjudicavit tutoribus predictis; a quo judicato, tamquam a falso et pravo, dicte sorores appellaverunt ad prepositum Silvanectensem, qui prepositus dictum judicatum sentencialiter confirmavit; a cujus confirmacione dicte sorores ad ballivum Silvanectensem iterato appellaverunt, qui ballivus judicatum et confirmacionem predictos per suum judicium infirmavit. A cujus ballivi judicato, tanquam a falso et pravo, dicti tutores ad nostram curiam appellaverunt. Constitutis igitur in curia nostra dictis partibus in causa appellacionis, predicte auditisque racionibus earumdem, et visis processibus antedictis, per curie nostre judicium, dictum fuit predictos priorem et prepositum male judicasse, et dictas sorores bene appellasse, dictumque ballivum pro dictis sororibus bene judicasse, et predictos tutores male appellasse, et quod dicti prior et tutores hoc emendabunt.

Veneris post Penthecostem.

Monci reportavit.

XXIX. Processus in causa appellacionis inter Ysabellim parvam dominam, et R. Barberium et ejus garandum, M. Stephanum de Acon: pacificatum est inter eos, prout M. R. de Folleyo michi reportavit de requestis quas audiebat; et michi redditus fuit dictus processus.

Die ultima Maii.

XXX. Cum gentes dilectorum Bichii et Moucheti, militum nostrorum, de mandato eorum ut dicitur, occasione tallie singulis Lumbardis imposite, a Jacobo Cypriani de Florencia, moram trahente in Britannia, in villa que dicitur Villa-Hates, quamdam pecunie summam exigere niterentur, sicut a certis Lumbardis commorantibus in regno nostro, dicto Jacobo contradicente, et plures raciones proponente quare dictam summam pecunie minime solvere tenebatur : Tandem, auditis partibus, et inquesta de mandato nostro facta super hoc, visa et diligenter examinata, per curie nostre judicium, dictum fuit predictum Jacobum intencionem suam sufficienter probavisse, et dictos milites ab exactione predicta cessare debere.

Mercurii post Trinitatem.

M. Droco reportavit.

XXXI. Cum inter religiosos viros abbatem et conventum de Cheminon, ex una parte, et homines ville de Cheminon-Villa, ex altera, controversia esset super eo quod dicti religiosi asserebant se esse et ab antiquo fuisse in pacifica possessione vel quasi levandi et recipiendi manusmortuas ab hominibus et mulieribus dicte ville, de eorum hereditatibus existentibus in dicta villa, sive territorio ejusdem, quocienscumque dicti homines sive mulieres sine herede de suo proprio corpore moriuntur, dictis hominibus et mulieribus in contrarium asserentibus se esse et ab antiquo fuisse in possessione vel quasi, usque ad hec tempora, libertatis et immunitatis dictam manummortuam non prestando : Tandem, auditis partibus, et inquesta de mandato nostro facta super hoc, visa et diligenter examinata, quia inventum est et probatum dictos religiosos esse et ab antiquo fuisse in possessione vel quasi recipiendi et levandi, sicut premissum est, manusmortuas de predictis hereditatibus hominum et mulierum dicte ville, quando ipsi sine herede de suo proprio corpore moriuntur, per curie nostre judicium, dictum fuit et pronunciatum dictos religiosos in predicta possessione vel quasi debere remanere, et impedimentum super hoc eis appositum ex parte

Philippe IV, 1306.

dictorum hominum et mulierum debere amoveri, salva in hujusmodi dictis hominibus et mulieribus proprietatis questione.

Mercurii post Trinitatem.

Bocellus reportavit.

XXXII. Cum in curia nostra questio verteretur inter Agnetem de Arsyaco, ex una parte, et Petrum de Inclaustro, civem Parisiensem, ex altera, super eo quod dicta Agnes petebat pronunciari et declarari per curiam nostram quamdam vineam, sitam in territorio vocato Torset, contiguam, ex una parte, vinee Guillelmi de Arsiaco, militis, et vie publice ejusdem loci, ex altera, suam esse, et ad eam jure dominii pertinere, et litteras donacionis propter nupcias sibi et marito suo quondam a patre et matre ipsius Agnetis super hoc factas, et sigillo comitis Autissiodorensis sigillatas, sufficientes et legittimas judicari, dicto Petro in contrarium asserente, et pluribus racionibus proponente dictam vineam ad ipsum pertinere, et sibi fuisse venditam, et ex causa vendicionis legitime traditam a parentibus antedictis: Tandem, articulis hinc inde traditis super premissis, testibus et instrumentis productis, et aliis processibus super premissis factis, visis diligenter et examinatis, et consideratis aliis que super premissis considerari poterant et debebant, per curie nostre judicium, dictum fuit et pronunciatum dictam vineam ad dictam Agnetem pertinere, et dictas litteras super hoc confectas, quantum ad hoc, esse validas ac eciam efficaces, salva obligacione quam Robertus Levrier, civis Remensis, super dicta vinea dicitur habere.

Mercurii post Trinitatem.

Bocellus reportavit.

XXXIII. Cum inter procuratorem nostrum, pro nobis, Petrum, Johannem Alphunsum et socios eorum, mercatores Hyspanenses, ex parte una, et Petrum Flamingi, et Robertum As-Gauz, cives Parisienses, ex altera, mota esset discordia super eo quod, pro nobis et mercatoribus predictis, dicebatur ipsos Petrum et Robertum fraudu-

Philippe IV,
1306.

lenter et indebite ducentos et triginta pannos dictorum mercatorum cepisse nomine nostro, et vendidisse pro multo minori precio
quam valerent, arrestum eciam nostrum super quibusdam pannorum predictorum de mandato nostro factum contemptibiliter infre-
gisse, dampnaque alia plurima in aliis rebus suis injuste, sub pretextu officii sibi commissi, dictis mercatoribus intulisse ; quare dicti
procurator et mercatores petebant super hiis inquiri, ipsosque Petrum et Robertum sibi condempnari, in eo quod dicti panni valebant ultra summam mille octingentarum et quadraginta librarum
Turonensium, quas inde habuerant dicti mercatores, et eciam condempnari in mille et quingentis libris Turonensibus pro dampnis
deperditis et interesse predictis ; ex adverso vero, pro dictis Petro
et Roberto, dicebatur dictos pannos captos fuisse et venditos sine
fraude et pro utilitate nostra, prout melius tunc potuerunt vendi,
de mandato et assensu cantoris de Milliaco ac domini Richardi
Touse, tunc ibidem superintendencium, ut eciam dampna nostra
per hoc evitarentur majora ; propter quas et alias plures raciones
proponebatur processum contra eos super hiis fieri non debere, et
si factus esset, ipsum debere anullari ; cumque super hiis mandaverimus veritatem inquiri, et per inquestam factam inventum sit
ipsos Petrum et Robertum dictos pannos sibi indebite attraxisse, et
multo minori precio quam valerent venditos fuisse, inventum eciam
sit arrestum nostrum fractum in hujusmodi fuisse, et dictos mercatores dampnificatos injuste per eosdem Petrum et Robertum, seu
per eorum ministros, sic manifeste in commisso sibi officio excedendo : Visis super hiis et auditis hiis que curiam nostram movere
poterant et debebant, per ejusdem curie nostre judicium, dictum
fuit quod dicti Petrus et Robertus reddent et solvent mercatoribus
antedictis mille sexcentum et triginta tres libras Turonenses, ultra
id quod jam receperunt dicti mercatores pro valore predictorum
pannorum ; reddent eciam eis, pro dampnis sibi illatis in predictis,
mille libras Turonenses, nobisque, pro emenda nostra, solvent duo
millia librarum Turonensium, salvo jure dictorum mercatorum con-

PHILIPPE IV, 1305.

tra Renerium de Grimaldis, militem, amiraldum nostrum, prout racio suadebit.

Mercurii post Trinitatem.

G. Obertus reportavit, dicens quod domini G. de Nogareto et H. de Cellis habent partem de isto processu.

XXXIV. Cum datum fuisset nobis intelligi quod Rolandus de Tremerront, miles, ejus frater, et complices eorum, Aufredo, servienti nostro, qui ad ejus manerium iverat ex parte ballivi Turonensis cum litteris, mandatum sibi injunctum continentibus, pro execucione cujusdam ajornamenti, ad instanciam prioris de Lehunio, ex parte nostra, sibi faciendi, prout dictus ballivus a nobis habuerat in mandatis, necnon Guerino Heymon, et quibusdam aliis cum dicto serviente existentibus, quamplures injurias et violencias intulerant, equos et quasdam alias eorum res eis abstulerant, multaque verba contumeliosa de nobis dixerant, et dictum manerium inforciaverant, et clausum tenuerant contra gentes nostras, verbo et facto resistendo eisdem, vocatis partibus, super hoc inquiri fecimus veritatem : Auditis igitur dicti Rolandi racionibus, et visa inquesta predicta, per judicium nostre curie, dictum fuit quod fortalicium dicti manerii totaliter dirui faciemus, et ejusdem fortalicii portam frangi et destrui, salvis remanentibus domibus circa dictum fortalicium existentibus, et dictus Rolandus in Castelleto nostro Parisiensi tenebitur quousque dicti frater et complices, Parisius, in Castelleto fuerint adducti, ejusque tota terra ad manum nostram remanebit quousque dictus Rolandus proinde, tam nobis quam dictis injuriam passis, secundum arbitrium nostrum, emendam prestiterit competentem, ac eisdem reddiderit equos et alias res eorum sibi, ut premissum est, ablatas, et de fructibus dicte terre dicto Rolando in prisione nostra ministrabuntur expense, et de eis interim fiet sufficiens provisio ejus uxori et liberis pro expensis eorum.

Mercurii post Trinitatem.

XXXV. Super eo quod major et jurati communie de Poiz conquesti fuerant quod dominus de Poiz, post minas per ipsum eisdem illatas, fecerat seu procuraverat plures de hominibus dicte communie vileniari et mutilari: Auditis parcium racionibus hinc et inde, et visa inquesta super hoc, de mandato nostro, facta, per curie nostre judicium, dictum fuit et pronunciatum quod dicta communia et ipsius communie homines ac bona eorum, ex nunc, erunt totaliter exempti a jurisdicione et potestate dicti domini ad vitam ipsius, et dicti lesi cum eorum bonis, quamdiu vixerint, similiter exempti erunt totaliter a jurisdicione et potestate dicti domini et heredum suorum, et omnes predicti sic exempti nobis suberunt inmediate, cum bonis eorum, durante exempcione predicta, quodque de terra ipsius, ubi nobis placuerit, ad manum nostram ponemus et tenebimus usque ad valorem quingentarum librarum Turonensium redditus annualis, que quingente libre dictis lesis, secundum qualitates, mutilaciones seu lesiones et condiciones eorum, per manum nostram annuatim distribuentur; quorum lesorum, quando decedent, porcio de dictis quingentis libris, que solverentur eisdem viventibus, redibit ad dominum predictum, et deducetur de summa predicta; quodque dictus dominus nobis, pro emenda, quinque millia librarum Turonensium prestabit; ejusque terram ultra dictas quingentas libratas terre saisitam tenebimus quousque nobis fuerit satisfactum de emenda predicta.

Veneris post Trinitatem.

XXXVI. Cum ad supplicacionem seu requestam hominum de villa Ryomi, in Arvernia, inquiri fecerimus per ballivum nostrum Arvernie an esset commodum reipublice et nostrum fieri de novo duas nundinas in dicta villa, certis temporibus et sub certis condicionibus, prout a nobis dicti homines requirebant: Tandem, inquesta super hoc facta per dictum ballivum, seu per deputatos ab ipso, visa et diligenter examinata, quia inventum est sufficienter probatum dictam requestam, si eam concederemus, nobis et reipublice

patrie illius fore dampnosam, per curie nostre judicium, dictum fuit
et pronunciatum predictam requestam non esse eis concedendam.
Veneris post Trinitatem.

XXXVII. Cum, de mandato nostro, Hugo de Calvo-Monte, quondam ballivus Vitriaci, curie nostre miserit quamdam inquestam cum
ejus processu, quam ipse, tempore quo fuit ballivus dicti loci, fecit
super prestacione avene, seu modo prestacionis ejusdem, ad quam
nobis, racione comitatus Campanie, tenentur homines quatuor villarum sequencium, scilicet ville de Summa-Tourba, ville de Sancto-
Johanne-a-Tourbe, ville de Laval et ville de Verge-Molin : Tandem
visa dicta inquesta et diligenter examinata, per curie nostre judicium,
dictum fuit predictos homines nobis teneri ad prestacionem dicte
avene, secundum mensuram tantummodo ad quam communiter ibidem avena in foro mensuratur, que videlicet fut-a-fut vulgariter nuncupatur.
Veneris post Trinitatem.

XXXVIII. Visa inquesta per ballivum Turonensem curie nostre
tradita et facta ad instanciam abbatis et conventus Majoris-Monasterii Turonensis, et eorum prioris sancti Maclovii de Dinanno contra
Henricum d'Avaugor, domicellum, racione amocionis quarumdam
crucum que erant super quibusdam domibus sitis apud Dinannum,
per quemdam commissarium seu servientem nostrum facte, et hominum manencium in dictis domibus : Quia non invenitur quod
dictus Henricus in ea fuerit vocatus, dicta inquesta, quantum ad
ipsum, fuit totaliter anullata; procedetur tamen adhuc in predictis, secundum formam quarumdam aliarum literarum nostrarum,
quas ballivo Turonensi mittimus ob predicta.
Veneris post Trinitatem.

XXXIX. Cum orta fuisset discordia in curia seculari dilecti et
fidelis nostri episcopi Aurelianensis, inter ipsum episcopum, ex

una parte, et Guillelmum Buticularii, militem, ex altera, super eo quod dictus miles dicebat quod ipse erat et sui predecessores fuerant in bona saisina habendi altam justiciam in villa de Loiriaco et territorio ejusdem, quare petebat impedimentum sibi super hoc per dictum episcopum appositum amoveri; et e contra dictus episcopus proponebat se esse et predecessores suos fuisse in saisina dicte alte justicie, et quod apud eum, racione ecclesie sue, dicta saisina remanere debebat; auditis hinc inde propositis, per dicte curie episcopalis judicium, dictum fuit quod predicte alte justicie saisina penes dictum episcopum remanere debebat. A quo judicato, tamquam a falso et pravo, dictus miles ad nostram curiam appellavit: Auditis igitur, in causa appellacionis predicte, per curiam nostram, dictis partibus, et viso processu super hoc habito inter dictas partes in curia speciali predicta, per curie nostre judicium, dictum fuit predictam episcopalem curiam male judicasse, et dictum militem bene appellasse, et quod impedimentum amovebitur per dictum episcopum appositum eidem militi in saisina alte justicie predicte.

Mercurii post Trinitatem.

Monci reportavit.

XL. Cum prior Podii-Liborelli, senescallie Xanctonensis, de speciali garda domini Regis, racione monasterii Bone-Vallis, existens, conquestus fuisset de pluribus gravibus injuriis, gravaminibus et violenciis, sibi et gentibus suis, ac Gaufrido Rotier, servienti domini Regis, sibi deputato ad ejus custodiam per senescallum Xanctonensem, virtute mandati quod per litteras domini Regis receperat, illatis, ut dicebat, per Gaufridum Vigerii, dominum Donne-Petre in Alnisio, senescallie predicte, Helyam de Faya, ejus fratrem, ac Matheum de Dolis, dicti domini prepositum et allocatum; Tandem, super hoc vocatis partibus, inquisita plenius veritate, quia inventum est predictas injurias et violencias sufficienter esse probatas, per curie nostre judicium, dictum fuit quod dictus dominus predicto priori, pro dampnis suis, reddet ducentas libras Turonenses, dictoque servienti, qui factus est altera manu inutilis, quingentas libras, ut inde emat sibi redditus ad vitam, ac domino Regi mille libras Turonenses pro emenda; dictique Helyas et Matheus Parisius adducentur in Castelletum et ibidem, quamdiu domino Regi placuerit, prisionem tenebunt.

Dominica post Trinitatem.

Nogaretus reportavit.

XLI. Cum orta esset discordia inter dominum Regem, racione Campanie, et majorem et scabinos Sancti-Florentini, ex parte una, et archiepiscopum Senonensem, ex altera, super eo quod dictus archiepiscopus dicebat se esse in saisina instituendi et destituendi magistros et fratres in domo leprosarie dicte ville Sancti-Florentini, ac eciam visitandi et corrigendi ibidem, et compotos dicte domus audiendi, et, ex adverso, major et scabini predicti, una cum domino Rege conjunctim, racione Campanie, dicebant se esse et fuisse in saisina instituendi et destituendi magistros et fratres in domo predicta, et compotos dicte domus audiendi : Visa inquesta super hiis, de mandato nostro facta, et auditis parcium racionibus hinc et inde, ac eciam dictis partibus petentibus et dicentibus quod, licet in commissione a domino Rege facta et articulis utriusque partis fiat mencio de proprietate, attamen non est eorum intencionis nec fuit quod procederetur nec judicaretur super proprietate, sed solummodo super possessione, et quia inventum est dictos majorem et scabinos, cum domino Rege conjunctim, racione Campanie, esse et fuisse in saisina instituendi et destituendi magistros et fratres in dicta domo, ac compotos dicte domus audiendi, pronunciatum est, per curie nostre judicium, dictam saisinam penes nos et dictos majorem et scabinos conjunctim, racione Campanie, remanere debere, salva proprietatis questione super hoc archiepiscopo predicto.

Lune post quindenam Penthecostes.

M. Droco reportavit.

180   LES OLIM.

Philippe IV,
1306.

XLII. Cum inter abbatem et conventum de Crassa et dictum Bonum-Filium, Belhon, Mousse, et Sabronum, ac quosdam alios judeos quos dicti abbas et conventus dicebant esse suos proprios et originarios et eorum talliabiles, ex una parte, et procuratorem nostrum in senescallia Carcassonensi, ac procuratorem communitatis judeorum regni nostri, asserentes in contrarium pro nobis et judeis nostris, dictos judeos nostros esse et nobis talliabiles, ex altera, controversia mota esset; et super hoc, dictis partibus ad invicem contendentibus super dicta contensione, senescallo nostro Carcassonensi, qui pro tempore erat ibidem, per nostras litteras mandavimus, sub certa et speciali forma, quod super premissis veritatem inquireret diligenter. Dictus vero senescallus, inquisicione facta super hoc per eundem, et coram eo partibus evocatis, pronunciavit et declaravit, per suam sentenciam, dictos judeos esse proprios dictorum abbatis et conventus et talliabiles eorumdem; a qua sentencia dictus procurator noster ad nostram curiam appellavit. Postmodum vero dictus procurator noster, cum ad curiam nostram venisset pro appellacione sua prosequenda, consensit, una cum procuratore dictorum abbatis et conventus, quod in dicta curia nostra dicta inquesta et processus super hoc habiti viderentur, et quod, secundum ea que in dicta inquesta reperirentur, pro dicta pronunciacione confirmanda vel infirmanda pronunciaretur. Tandem, visa per curiam nostram dicta inquesta et toto processu predicto, et specialiter viso tenore commissionis predicte, per quam constitit curie nostre non posse dictum senescallum auctoritate ejusdem pronunciare, viso insuper tenore cujusdam littere nostre, post dictam commissionem dicto senescallo per nos directe de judeis in dicta senescallia talliandis, quocumque mandato contrario non obstante, pronunciatum fuit, per curie nostre judicium, dictam pronunciacionem senescalli predicti nullam esse ac fuisse, salvo in omnibus super hoc jure parcium predictarum.

Martis post quindenam Penthecostes.

Voyssi reportavit.

XLIII. Item, simile judicatum inter abbatem et conventum de Electo, Mosse Astrugi, Vitalem, Bonum Astrugum, et Mosse Kathalani, ac quosdam alios judeos quos dicti abbas et conventus dicebant esse suos proprios et originarios et eorum talliabiles, ex una parte, et procuratorem nostrum in senescallia Carcassonensi, ac procuratorem communitatis judeorum regni nostri, asserentes in contrarium, pro nobis et judeis nostris, dictos judeos nostros esse et nobis talliabiles, ex altera, controversia mota esset, etc. Ut supra.

Martis predicta.

Voyssi reportavit.

XLIV. Cum inquisitores a nobis in Petragoricensi senescallia deputati, in quodam papiro cujusdam notarii dicte senescallie, tunc defuncti, scriptum invenissent quod Petrus Salinerii, quondam burgensis Figiaci, occasione submersionis Petri Predicaire, nobis, per locum tenentem senescalli Petragoricensis, in mille marcis argenti fuerat condempnatus, et idcirco, tam per ipsos inquisitores quam deinde per curiam nostram, dictum fuisset et injunctum quod dicta condemnacio contra Bertrandum Salinerii, filium et heredem dicti Petri, mandaretur execucioni; cujus virtute mandati dictus Bertrandus compulsus fuit certam pecunie quantitatem nobis solvere de condempnacione predicta; datumque postea fuerit nobis intelligi quod dictus papirus falsatus fuerat, et quod predicta condempnacio, non per manum illius cujus fuerat dictus papirus, sed post ejus obitum, per manum alterius, falso fuerat ibi scripta, super hoc inquiri fecimus veritatem: Visa igitur et diligenter examinata inquesta super hoc de mandato nostro facta, inventum fuit sufficienter probatum quod dicta condempnacio per manum alienam falso fuerat ibi scripta, et idcirco dictus Bertrandus ab hujusmodi condemnacione et ejus execucione fuit, per curie nostre judicium, totaliter absolutus, et eidem reddi faciemus quicquid ipse nobis solvit de condempnacione predicta.

Philippe IV,
1306.

Mercurii post quindenam Penthecostes.
Roya reportavit.

XLV. Inquesta per ballivum Bituricensem seu ejus commissarios facta, super eo quod abbatissa et conventus de Karantonio advoaverant se esse in saisina quod gardientur per dominum Regem, et dominum Regem esse in saisina gardiandi easdem; comite de Sancero e contrario asserente dicte garde saisinam ad eum pertinere: Visa ad illum finem tantummodo utrum dicta advoacio esset nova vel antiqua, inventum est sufficienter esse probatum quod dicta advoacio nova est, nec invenitur quod dicte religiose aliqua privilegia ostenderint per que appareret eas esse de garda domini Regis, et idcirco, per arrestum nostre curie, dictum fuit quod manus domini Regis, racione dicte advoacionis super hoc apposita, inde amovebitur, salvo jure domini Regis et dictarum religiosarum super hoc, tam in possessione quam in proprietate.

Lune post quindenam Penthecostes.
Meullentus reportavit.

XLVI. Cum ex parte prioris prioratus Molendini-Pissini ballivo nostro Arvernie fuerit graviter conquerendo monstratum quod, licet dictus prior, ejus prioratus et bona sint in nostra gardia speciali, et dictus prioratus esset palhonatus et brandonatus ex parte nostra, certa de causa, in presencia Bertrandi de Ruppe-Forti, militis, domini de Auroza, et ipso sciente, idem Bertrandus, familiares seu servientes sui, cum armis, dictum prioratum violenter intraverunt et plures excessus commiserunt ibidem, ac in crastino redeuntes, armati cum malleis ferreis et securibus, cameram dicti prioris fregerunt, et celerarium dicti prioris, jacentem infirmum in suo lecto, violenter ceperunt, et captum duxerunt apud castrum de Auroza, ac ipsum ibidem in carcere dicti militis in compedibus posuerunt, et per octo dies tenuerunt, monachos, familiares et homines dicti prioratus vulneraverunt, quemdam ex eis precipitaverunt et quamplures ex ipsis fami-

liaribus et hominibus incarceraverunt, redemerunt, animalia dictorum hominum ceperunt bonaque dicti prioratus devastaverunt, dictumque priorem arrestaverunt sedentem super equum suum, ipsum
non permittentes descendere vel exire, per magnum noctis spacium
in garenna antiqua dicti prioris venati fuerunt, claperios destruxerunt,
dampna plurima dictis priori, prioratui et hominibus intulerunt et
plures enormitates ac atrocitates, post dictorum palhonum et manus
nostre appositionem, commiserunt ibidem, ac in dicto castro de
Auroza, cum suis predictis depredacionibus, pluries receptaverunt;
requirente itaque dicto priore inquestam factam super hiis judicari :
Visa dicta inquesta et diligenter examinata, consideratisque omnibus
que nostram curiam movere poterant et debebant, quia nostre curie constitit de predictis per inquestam predictam, prefata nostra curia,
per judicium, condempnavit dictum militem in mille libris Turonensibus, pro emenda nostra, ac dicto priori, prioratus sui nomine, in
quingentis libris Turonensibus, solvendis nobis et priori premisso
infra quatuor annos a data presencium computandos, videlicet anno
quolibet quarta parte condempnacionum predictarum; ac nichilominus pronunciatum fuit, per curie nostre judicium, dictum castrum
seu manerium de Auroza, in quo dicti malefactores, cum suis maleficiis, receptati fuerunt et dicti capti in prisione detenti, destruendum
esse et funditus diruendum.

Mercurii post quindenam Penthecostes.

Gorintus reportavit.

XLVII. Inquesta facta ex officio curie, super illa grandi dissen-
cione que erat inter episcopum et villam Belvacenses, ad finem civilem visa, condempnati fuerunt major, jurati et communia dicte
ville, per judicium curie, domino Regi in emenda decem millium librarum parvorum Parisiensium bonorum. Judicatum super hoc factum scriptum est in rotulo hujus parlamenti.

XLVIII. Homines Sancti-Germani-super-Maternam, pro excessibus factis hominibus de Marey, condempnati fuerunt ad solvendum domino Regi duo millia librarum, pro emenda, et ad restituendum dampna dictis hominibus de Mayrey, prout dominus G. de Nogareto michi reportavit. Et fuit judicata, ut dicit, anno trecentesimo quinto mense Marcio.

Inquestam habeo in sacco hujus parlamenti.

XLIX. Cum inter Gossinum Flamingi, mercatorem, ex parte una, et Nicolaum de Ponte-Levio, servientem tunc nostrum apud Bellum-Videre, in ballivia Turonensi, ex parte altera, orta fuisset discordia super eo quod, tempore guerrarum, quo idem Gossinus erat per gentes regis Anglie captus et in prisione detentus, idem Nicolaus, sub pretextu servicii ac officii nostri, maximam quantitatem salis, existentis in domo dicti Gossini apud Bellum-Videre, cepit, ut dicitur, violenter et injuste, et per ministros suos levavit et explectavit, in grave dampnum et prejudicium dicti Gossini, qui, postquam de dicta prisione exivit, fecit super premissis dictum Nicolaum coram gentibus nostris pluries ajornari, dicto Nicolao subterfugiente et contumaciter absente, nos super hiis mandavimus veritatem inquiri : Facta igitur super hiis inquesta et diligenter visa, repertum fuit dictum Nicolaum per servientes suos levasse et explectasse, dicto tempore, ducentas et quadraginta cargas salis predicti Gossini, ad magnam cargam patrie illius, que fuerunt estimate octies centum libras Turonenses, propter quod fuit dictus Nicolaus ipsi Gossino in octies centum libris Turonensibus, per curie nostre judicium, condempnatus, salva nobis emenda nostra, cujus taxacio fuit prorogata quousque sciatur veritas de valore bonorum ipsius, soluta condempnacione predicta.

Mercurii post Penthecosten.

Sanctus Obertus reportavit.

Mandabitur ballivo Turonensi quod sciat et rescribat valorem predictum.

L. Cum in curia nostra esset lis seu controversia inter deca-

PHILIPPE IV,
1306.

num et capitulum Noviomensis ecclesie, ex parte una, et episcopum Noviomensem et Colardum dictum Pocheron, Johannem dictum de Roy, et quosdam alios homines ville Pontis-Episcopi, ex altera, super eo quod dicti decanus et capitulum asserebant se esse et diu fuisse in saisina pacifica levandi et percipiendi theloneum, apud Noviomum et apud Pontem-Episcopi, a personis qui negociacionem emendi et vendendi exercerent ibidem, necnon arrestandi et justiciandi in locis in quibus ipsi percipiunt et percipere consueverunt theloneum, occasione thelonei non soluti, et se esse impeditos indebite et injuste in premissis per dictos episcopum et homines, et ob hoc peterent dicti decanus et capitulum dictum impedimentum et manum nostram, in premissis appositam propter debatum parcium, amoveri; dictis episcopo et hominibus se opponentibus et dicentibus dictos decanum et capitulum non habere jus in premissis, nec esse in saisina premissorum : Tandem, articulis super premissis traditis et probacionibus productis, visis processibus pluribus et inquestis super premissis factis et per dictam curiam nostram diligenter examinatis, quia inventum extitit dictos decanum et capitulum sufficienter probasse se esse in saisina levandi et habendi theloneum in villa Pontis-Episcopi, non tamen arrestandi et justiciandi, pronunciatum fuit, per curie nostre judicium, dictos decanum et capitulum remanere debere in saisina predicta in dicta villa Pontis-Episcopi, et impedimenta predicta et manum nostram, in premissis propter dictum debatum appositam, amoveri debere. De ceteris vero articulis, videlicet arrestandi et justiciandi in dicta villa Pontis-Episcopi, per dictos decanum et capitulum propositis, dictos episcopum et homines duxit eadem curia nostra absolvendos.

Lune post quindenam Penthecostes.

Rosselletus reportavit.

LI. Cum Haquinetus et Vinancius, judei de Dysisia, fratres, una cum patre ipsorum, conquererentur de ballivo Bituricensi, dicentes quod ipse, ad denunciacionem quorumdam aliorum judeorum, pro suspicione quorumdam pannorum furatorum, eosdem fratres tormentis supposuerat, et multa dampna eisdem et eorum patri propter hoc intulerat injuste, ideoque peterent dicta dampna usque ad summam duorum millium librarum Turonensium sibi reddi, et dictum ballivum sibi ad hoc condempnari; et e contra dictus ballivus, ad sui defensionem proponens quod ipse bene et juste fecerat quicquid per ipsum factum fuerat in predictis, ad [1] impeticione predicta dictorum judeorum peteret se absolvi, requirens quod contra predictos fratres procederetur, tanquam contra suspectos de furto predicto, maxime cum alter eorum confessus fuerit, ut dicebat, se conscium dicti furti; dictis fratribus e contra proponentibus dictam confessionem per violenciam tormentorum fuisse extortam, et petentibus se absolvi a facto predicto : Tandem, auditis hinc inde propositis, et visis processibus super hoc factis, per curie nostre judicium, dictus ballivus ab impeticione predicta dictorum judeorum, et dicti judei a suspicione predicti furti sentencialiter absoluti fuerunt.

Mercurii ante Sanctum Barnabam.

Dominus H. de Cella reportavit.

LII. Cum Symon et Johannes dicti Molet, fratres, uxor dicti Johannis, Guillelmus le Normant, Petrus de Lannoy, Philippa de Vallibus, Alisona et due filie dicte Philippe ac Huetus dictus Marcheant, curie nostre denunciati fuissent culpabiles de morte Jehanneti, filii Johannis la Troee, de Calvo-Monte, super hiis ex officio nostro inquiri fecimus veritatem : Visa igitur inquesta super hoc facta, predictos denunciatos, per curie nostre judicium, ab hujusmodi homicidio duximus penitus absolvendos, predicto Hueto dumtaxat excepto, quem, licet dictus Jehannetus causam mortis proprie sibi dedisse repertus fuerit, nichilominus, ob aliquam dicte mortis culpam, de regno nostro usque ad quinquennium tantummodo duximus relegandum, nisi placeret nobis forsitan ipsum cicius, de ampliori gracia,

_____
[1] Lisez ab.

PHILIPPE IV,
1306.

revocare. Actum apud Pissiacum, Lune ante nativitatem beati Johan-nis-Baptiste.

Nogaretus michi dixit.

LIII. Cum, pro attenuacione debiti in quo nobis mercatores de societate Magne-Tabule defuncti Rolandi Bon-Seigneur, mercatoris de Sena tenentur, ipsi nobis inter cetera tradidissent obligaciones duorum millium et quadringentarum librarum Turonensium, in quibus dicebant abbatem et conventum de Cereseyo sibi teneri; et e contra dicti religiosi proponerent se ad plenum satisfecisse mercatoribus predictis de pecunia supradicta : Tandem, auditis dictorum mercatorum et nostro procuratoribus, et visis litteris et processibus parcium predictarum, per curie nostre judicium, pronunciatum fuit dictos religiosos probasse se plenam satisfactionem fecisse mercatoribus predictis de pecunia supradicta, dictosque religiosos non esse super hoc amplius molestandos.

Jovis post nativitatem beati Johannis-Baptiste.

LIV. In causa appellacionis inter archiepiscopum Narbonnensem et preceptorem de Petrosio in auditorio senescaliarum, visus est processus et expeditus, prout continetur in fine rotuli hujus parlamenti.

INQUESTE ET ALII PROCESSUS

JUDICATI IN SEQUENTI PARLAMENTO OCTABARUM OMNIUM-SANCTORUM,

ANNO DOMINI MCCCVI.

I. Inquesta facta pro vicedomino ecclesie Remensis, pro judeis ejus originariis, visa fuit, et non fuit judicata propter defectus in ea repertos.

Sabbati post Sanctum-Martinum hyemalem.

Philippe IV,
1306.

II. Super quibusdam injuriis, contumeliis, violenciis et rescussis, quas preposito Aurelianensi, placita sua tenenti, ac servienti domini Regis, mandatum dicti prepositi exequenti, Lancelotus Barat, miles, intulisse dicebatur, ac super eo quod dicebatur ipsum domini Regis arrestum fregisse, dominus Rex mandavit, partibus vocatis, veritatem inquiri: Inquesta igitur facta super hoc visa et diligenter examinata, dictus Lancelotus in emenda mille librarum parvorum bonorum Turonensium, domino Regi solvenda, per curie judicium, extitit condempnatus.

Veneris in festo beati Martini hyemalis.

Inquestam non habui.

III. Super quibusdam injuriis et violenciis priori Ville-Sancti-Ermeti et ejus gentibus, necnon Roberto Bolengerio, servienti domini Regis, ad custodiam dicti prioris et ejus justicie per ballivum Viromandensem deputato, a quibusdam hominibus dicte ville, in presencia majoris et juratorum ville ejusdem non contradicencium, nuper illatis, visa inquesta per dictum ballivum facta, et auditis racionibus parcium predictarum, per judicium curie, dicti major, jurati et communia domino Regi in emenda ducentarum librarum parvorum bonorum Turonensium, et dictis injuriam passis in centum libris ejusdem monete condempnati fuerunt.

Jovis post festum beati Martini hyemalis.

M. Droco reportavit.

IV. Cum inter cives Tarbie, in Bigorra, ex una parte, et senescallum nostrum Bigorre, pro nobis, ex altera, controversia mota fuisset super eo quod dicti cives asserebant quod de novo dictus senescallus noster quamdam bastidam, vocatam Rabastain, construere nitebatur et construebat in nemore vocato le Loue, alias dicto Cabana-Fulhosa, contra eorum usagia, foros et consuetudines, in magnum prejudicium et dampnum eorumdem; dicto senescallo in contrarium, pluribus causis et racionibus, pretendente quod constructio

Philippe IV,
1306.

dicte bastide erat utilis nobis et communitati Bigorre et toti reipublice patrie illius : Tandem, visa quadam inquesta super hiis de
mandato nostro facta, visis eciam attestacionibus et auditis, lectis insuper instrumentis hinc et inde productis, et auditis racionibus parcium, et toto processu diligenter examinato, attentis eciam multis, et
considerentis que circa premissa nos movere poterant et debebant, per
curie nostre judicium, dictum fuit quod bastida predicta remanebit,
non obstantibus propositis per partem adversam. Super usibus vero,
foris et consuetudinibus et aliis deveriis que dicti burgenses in dictis
locis se habere dicebant, littera justicie facta fuit eisdem.

Jovis post Sanctum-Clementem.

Mellentus reportavit.

V. Visa inquesta ad instanciam Roberti de Mastacio, militis, facta
super quibusdam dampnis sibi illatis, ut dicebat, in castro suo de
Mornac, per stipendiarios domini Regis, existentes ibidem tempore
guerre, que dampna petebat idem miles sibi reddi a domino Rege,
inventa est minus sufficienter facta, et non vocatis procuratore domini
Regis et dictis stipendiariis qui debuerunt vocari secundum formam
commissionis, et idcirco, per judicium curie, fuit anullata.

In festo Sancti-Clementis.

Mellentus reportavit.

VI. Cum Reginaldus Bucca-Nigra, Lumbardus, gentibus nostris,
Parisius, pro nostris negociis, existentibus, conquestus fuisset quod,
cum ipse, tamquam mercator, pannos deferret de nundinis Campanie ad partes suas, et decem libras grossorum Turonensium pro expensis suis faciendis, custodes portuum in ballivia Matisconensi deputati a nobis dictas decem libras super ipsum ceperunt et detinent
injuste, quare petebat dictam pecuniam sibi reddi, Guillelmo de
Fargiis et Johanne de Bussily, militibus, ad dictorum portuum custodiam deputatis, dicentibus ex adverso et confitentibus se dictam
pecuniam, tamquam nobis commissam, cepisse, pro eo quod ipse, ut

dicebant, non est mercator sed usurarius manifestus; volens dictam pecuniam extra regnum nostrum et contra nostram prohibicionem deferre fraudulenter, et eciam transire per portum non consuetum et suspectum: Tandem, inquesta, super hoc facta de mandato dictarum gencium nostrarum, visa et diligenter examinata, quia non est inventum quod dictus Reginaldus sit usurarius, sed mercator, nec aliqua causa propter quam dicta pecunia nobis sit commissa, pronunciatum fuit, per curie nostre judicium, dictam pecuniam dicto Reginaldo a dictis militibus esse reddendam.

Jovis post Sanctum-Clementem.

Bocellus reportavit.

VII. Cum dominus de Miro-Monte diceret se esse in saisina habendi ostensionem armorum, exercitum et cavalcatam ac eciam emendas levandi inobediencium a burgensibus, scabinis et communitate dicte ville et commorantibus in eadem, et quod de hoc usus fuerat per spacium tanti temporis quod sufficit ad bonam saisinam acquirendam, quare petebat quasdam prisias, per ipsum factas super dictos burgenses et communitatem, racione inobedienciarum exercitus nostri Flandrie, in manu ballivi nostri Viromandensis captas propter debatum dictarum partium, sibi reddi et liberari, dictis burgensibus, scabinis et communitate dicentibus in contrarium se esse in saisina vivendi libere absque prestacione exercitus seu cavalcate contra dominos de Miro-Monte et contra dictum dominum qui nunc est, et quod in hac saisina fuerunt ipsi, ut dicunt, a tanto tempore quod bona saisina de hoc est eis acquisita, ideoque petebant quod prisie predicte sibi restituerentur et liberarentur: Visa inquesta super hiis de mandato nostro facta, visis cartis et aliis litteris ex parte dictorum burgensium, scabinorum et communitatis productis, auditisque racionibus propositis hinc et inde, quia inventum est dictos burgenses, scabinos et communitatem sufficienter probasse prisias, per dictum dominum, occasione guerre et exercitus nostrorum, super ipsos alias factas, bona eciam eorum per ipsum capta occasione pre-

Philippe IV,
1306.

dicta alias restituta fuisse dictis burgensibus et scabinis, pronunciatum fuit, per curie nostre judicium, prisias predictas, in manu dicti
ballivi positas, dicta manu nostra inde amota, dictis burgensibus,
scabinis et communitati debere reddi et liberari, salvo in omnibus
jure nostro.

Jovis post Sanctum-Clementem.

Monci reportavit.

VIII. Cum pro eo quod Alelmus Normanni, de Abbatis-Villa, dicebatur quemdam vocatum Roberie, Parisius, vulnerasse, prepositus
Parisiensis sexdecim pannos in hala de Duaco, Parisius, qui dicebant-
tur esse dicti Alelmi, arrestasset, videlicet septem viridos, duas bru-
netas nigras, quinque pannos de gueda, unum desguisetum et unam
brunetam moretam, Stephanus Normanni, mercator, dicens dictos
pannos suos esse, et se eos emisse, uno per alium quemlibet, decem
et octo libris Parisiensibus, peciit eos sibi reddi et deliberari: Visis
igitur deposicionibus testium ex parte dicti Stephani super hoc productorum et de mandato curie receptorum, injunxit curia dicto preposito quod ipse dicto Stephano deliberet et reddat pannos predictos.

In festo Sancti-Clementis.

IX. Cum homines ville de Lusarchiis conquesti fuissent, coram
ballivo episcopi Parisiensis, super eo quod Johanna de Tilleyo, domina de Lusarchiis pro parte, dictos homines in possessione libertatis
et franchisie, in qua se et predecessores suos esse et fuisse asserebant, nitebatur de novo impedire, capiendo seu capi faciendo pro se
victualia ad precium suum super homines dicte ville, eosque, per
proprium servientem, coram ballivo suo proprio ajornando, petentes
per dictum ballivum dictum impedimentum amoveri, vel saltem
dictum debatum ad manum suam, tanquam superioris, poni et teneri; dicta domina in contrarium petente dictos homines tanquam
suos justiciabiles, sibi remitti: Tandem, inter procuratores dictarum
parcium, prout asserebant dicti homines, extitit concordatum quod

dictus ballivus super predictis impedimentis et novitatibus de plano
se informaret, et, si de predictis novitatibus et impedimentis eidem
constaret, debatum hujusmodi ad manum nostram, sine prejudicio
parcium in proprietate seu saisina, caperet et teneret. Qui ballivus,
facta dicta informacione, presentibus procuratoribus parcium predictarum, sentencialiter pronunciavit articulos contenciosos super
debato hujusmodi ad manum suam debere poni et teneri, et ad manum suam debatum hujusmodi, per suum judicatum, posuit quousque de premissis esset plenius cognitum inter partes; a quo judicato,
tanquam a falso et pravo, procurator dicte domine ad nostram curiam appellavit : Visis igitur super hoc processibus et judicato predictis, cartis et instrumentis ex utraque parte productis, et racionibus
parcium plenius intellectis, per curie nostre judicium, dictum fuit
bene judicatum et male appellatum fuisse, et quod dicta domina hoc
emendabit.

In festo Sancti-Andree.

Roya reportavit.

Taxavit curia istam emendam ad quinquaginta libras parvorum
bonorum Parisiensium.

X. Cum religiosi viri abbas et conventus de Hamo, in Viromandia, in nostra speciali garda existentes, curie nostre conquesti fuissent quod in quodam eorum vivario et prato eidem contiguo, gentes
Oudardi, domini de Hamo, militis, ejus nomine et ipso ratum habente, plures injurias et violencias eisdem religiosis intulerant, et
supra ipsos in locis predictis quasdam prisias fecerant injuste et de
novo : Inquesta facta super hoc, vocatis partibus, et nostre curie reportata, visa et diligenter examinata, per curie nostre judicium, dictum fuit quod dictus dominus loca predicta resaisiet de prisiis antedictis, et dictis religiosis sexaginta libras, pro dampnis, et nobis
centum libras parvorum bonorum Turonensium, pro emenda, persolvet; et mandabitur ballivo Viromandensi quod dictos religiosos,
si pecierint, a dicto domino, ut justum fuerit, assecurari faciat.

Sabbati post Sanctum-Clementem.

Roya reportavit.

XI. Cum audita conquestione Guillelmi Peregrini, canonici Trecensis, super eo, ut dicebat, quod Petrus de Malo-Rege, pelliparius,
ejus filii et complices, violencias et dampna plurima sibi intulerant
in salceiis suis, contra prohibicionem servientum nostrorum, super
hiis mandassemus ballivo Calvi-Montis quod, vocatis evocandis, inquireret veritatem, et quos culpabiles inveniret, justicia mediante,
puniret; dictus ballivus, auditis partibus, dictarum sauceiarum saisinam adjudicavit Guillelmo predicto, dictosque Petrum, ejus filios
et complices, ad resarciendum eidem Guillelmo dampna sua predicta, et solvendum nobis trecentas libras Turonenses, pro emenda,
racione dicte inobediencie, sentencialiter condempnavit. Cum autem dicti rei, dicentes tam dictas partes quam rem contenciosam
esse de Trecensi ballivia, non Calvi-Montis, de processu dicti ballivi
nobis conquesti fuissent, reportatus fuit ad curiam nostram processus predictus: Viso igitur processu et judicato predictis, per curie
nostre judicium, dictum fuit quod judicatum predictum dicti ballivi
mandabitur execucioni.

Sabbati post Sanctum-Clementem.

Roya reportavit.

XII. Cum fuisset proclamatum publice per villam Parisiensem,
ex parte nostra, tempore retroacto, propter caristiam bladi et alterius grani in dicta villa existentem, sub pena amissionis averi et
corporis, ne mercator bladum vel aliud granum emeret ultra suam
necessitatem ab alio mercatore, et ne aliquis extra villam Parisiensem duceret seu duci faceret bladum seu aliud granum, et datum
fuisset nobis intelligi quod Robertus Aus-Gauz, Matheus de Gysorz,
Petrus Mau-Regard, et Richardus Morelli, fecerant contra predictam
proclamacionem, licet predicti Robertus et Matheus a nobis vel gentibus nostris, ad observandam predictam proclamacionem deputati

fuissent, necnon ad inquirendum blada et alia grana in villa Parisiensi
et alibi existencia, et ad distribuendum ea talemerariis, ad illum
finem quod de pane et alio grano melius forum haberetur : Tandem,
inquesta super hoc de mandato nostro facta, visa et diligenter examinata, auditis et visis omnibus que ipsi voluerunt, ad sui defensionem,
proponere, quia inventum est sufficienter probatum Matheum, Petrum et Richardum predictos emisse a dicto Roberto, tempore predicte caristie, contra predictam prohibicionem nostram, magnam
quantitatem bladi, et posuisse dictum bladum in quadam nave causa
ducendi apud Rothomagum; quod fecissent nisi dicta navis per gentes
nostras arrestata fuisset, prout inventum est in inquesta predicta ipsos
hoc confessatos fuisse; per judicium curie nostre, dictum fuit quod
dictum bladum commissum est domino Regi et sibi, nisi jam illud
habuerit, applicabitur tamquam commissum, et quod predicti Robertus mille, Matheus trecentas, Petrus sexaginta et Richardus triginta libras parvorum bonorum Parisiensium ipsi domino Regi, pro
emenda, persolvent.

Mercurii in festo Sancti Andree.

Bocellius reportavit.

XIII. Cum magister Hugo Rectore curie denunciasset quod Petrus
de la Queue, civis Parisiensis, cum suis complicibus, violenter et
cum armis domum suam intraverat, et quamdam puellam, per officialem Parisiensem, ad amicorum suorum requisicionem, ejus custodie deputatam, inde extraxerat contra prohibicionem servientis
domini Regis, per locum tenentem Parisiensis prepositi specialiter
deputati dicto Hugoni, ne sibi super hoc violencia inferretur, immo
dictum servientem atrociter vulneraverunt, requirens predictas injurias et violencias sibi emendari, et dictam puellam sibi reddi; et e
contra dictus Petrus, ad sui defensionem, plures raciones pretendens, inter cetera proponeret quod cum dicta puella, neptis sua, de
consensu amicorum suorum, ex utroque latere ad hoc specialiter
vocatorum, per judicem competentem ejus custodie tradita fuisset,

PHILIPPE IV,
1306.

et eamdem per plures annos fideliter custodisset, et educasset usque ad annos pubertatis, dictus Hugo de novo, per fraudem et maliciam excogitatam, menciendo, dictam puellam, de consensu amicorum suorum et servato juris ordine, per officialem Parisiensem ejus custodie fuisse traditam, eamdem puellam quantum poterat renitentem et reclamantem, de domo ipsius Petri, tunc absentis, violenter extraxit, et secum duxit; quod, cum nunciatum fuisset eidem Petro, ipse Petrus, curam habens et sollicitudinem de custodia dicte puelle, sicut ad eum pertinebat, statim ivit ad domum dicti Hugonis pacifice et sine armis, una cum duabus bonis. matronis de parentela ipsius puelle, pro sciendo causam quare de domo sua fuerat extracta; quem dum vidit dicta puella, conquerens de dicta violencia sibi facta per Hugonem predictum, statim ad eum confugit, sibi adherendo et secum redeundo, dictusque Hugo, cum suis complicibus et cum armis, volens eam sibi auferre, multas injurias et violencias intulit eidem et matronis predictis; quare petebat se et predictos complices suos a predictis contra ipsos denunciatis absolvi, et predictas injurias et violencias, sibi per dictum Hugonem illatas, competenter emendari : Auditis igitur parcium racionibus hinc et inde, et visa inquesta super hoc de mandato curie facta, per judicium curie, dictus magister Hugo in quadringentis libris, et dictus Petrus, cum suis complicibus, in ducentis libris parvorum bonorum Parisiensium, in emendam domino Regi solvendis pro factis et excessibus predictis, dictique Petrus et ejus complices ad resarciendum dicto servienti leso dampna sua, sentencialiter condempnati fuerunt.

Mercurii in festo beati Andree.

Dominus H. de Cella reportavit.

In suspenso est ista emenda.

H. Rectore dixit michi : Dominus Bajocensis litteram domini Regis habet de quittatione hujus emende. Transcriptum habeo.

XIV. Super denunciacione contra Philippum de Gevrines facta ballivo Aurelianensi, tam super verberacione quam super morte de-

PHILIPPE IV,
1306.

functi Ade Douart de Jimiler, visa inquesta seu aprisia per dictum ballivum facta, per curie nostre judicium, idem Philippus, super morte dicti Douart, fuit sentencialiter absolutus; sed propter quosdam excessus, per dictum Philippum in facto hujusmodi commissos, fuit dictus Philippus domino Regi in emendam ducentarum librarum parvorum bonorum Turonensium, per idem judicium, condempnatus.

Jovis post Sanctum-Lucam.

Dominus G. de Plaisiano reportavit.

XV. Cum Nicolaus Garart, de Janua, proponens quod ipse, tempore guerre Flandrie, navem quamdam, vocatam Crux-Auberti-de-Campo, cujus magister vocabatur Tydone Cudoir, onerari frumento fecerat apud Libornam, et eamdem, per gentes suas, recta via apud Galesium, pro subsidio gencium nostrarum, duci faciebat de licencia et assensu senescalli nostri Vasconie, Castellani de Foissart et aliorum custodum portuum nostrorum, et cum litteris eorumdem; quodque Guillelmus Guerardi et Guillelmus de Monasterio duas naves, vocatas la Bofarde et la Mariote, cum Guillelmo de Burdegala et Martino Hierome de Loire et aliis complicibus suis, per mare ducentes et eis obviantes, invaserunt et vulneraverunt eosdem, et ipsos violenter et injuste et cum armis spoliaverunt dicta navi et frumento suo in ea existente, peteret dictos invasores compelli ad sibi reddendum dictum bladum, si extat, alioquin nogentas libras Parisienses pro ejus valore; et e contra dicti defendentes proponerent se, ex parte nostra, ad custodiam portuum deputatos, utendo suo officio, dictam navem, quia erat de Flandria, cujus magister erat Martinus Dor, Flamingus et inimicus noster, contra bannum nostrum ad inimicos nostros euntem cum blado in ea existente, tamquam nobis commisso, juste et racionabiliter cepisse, maxime cum ipsius conductores, sufficienter ab eis requisiti, nollent fidem facere de suo conductu, sed chablum suum sciderunt ut fugere possent, pluribus racionibus petentes se a dicta peticione absolvi, et dictum Nicolaum in ducentis libris Parisiensibus, pro dampnis sibi per hoc illatis ab ipso, sibi sentencialiter condempnari : Tandem, inquesta super hiis facta, visa et diligenter examinata, predicti defendentes a predicta dicti Nicolay peticione, et ipse Nicolaus a peticione predicta dictorum defendencium, per curie nostre judicium, fuerunt sentencialiter absoluti.

Jovis post Sanctum-Lucam.

Sanctus-Obertus reportavit.

XVI. Inquesta facta contra majorem, juratos et communiam Ambianenses, super rescussa quatuor malefactorum bannitorum, et super dirucione quarumdam domorum, etc. judicata fuit, et postea declarata fuit condempnacio de viginti millia librarum Parisiensium bone monete.

Mercurii post Nativitatem Domini.

Plaisianus et P. de Dici reportaverunt.

Hujus judicatum et ejus declaracio sunt in rotulo hujus parlamenti circa medium.

XVII. Cum inter nos et Johannem de Hamello, armigerum, ex una parte, et Taxardum de Ribodi-Monte, militem, ex altera, controversia verteretur super eo quod dictus armiger dicebat et avoabat feodum comitis de Maceriis super Ysaram a nobis immediate movere, dicto Taxardo in contrarium asserente dictum feodum ab ipso immediate teneri, quosdam super hiis deputavimus auditores ut, vocatis ballivo seu defensore nostro pro nobis, dicto Johanne ac dicto Taxardo et aliis evocandis, de nostro et dicti Johannis ac dicti Taxardi jure, super hoc inquirerent veritatem : Visa igitur et diligenter examinata inquesta super hoc facta, quia de citacione vel vocacione parcium et quorum intererat, et ex parte cujus testes producti fuerint, non apparebat per inquestam predictam, et quia plures ex testibus in ea productis minus sufficienter interrogati fuerant, pronunciatum fuit, per curie nostre judicium, feodo predicto in manu nostra remanente, si ad manum nostram captus fuit, alioquin ipse ad manum nostram tamquam superioris, salvo jure parcium predictarum, capto et remanente; inquestam hujusmodi nullius esse valoris, et eamdem, si partibus placuerit, reficiendam esse super eisdem articulis in inquesta predicta contentis.

Jovis post Sanctam-Luciam.

Gorintus reportavit.

XVIII. Super eo quod comes Bolonnie requirebat quod habitatores castri Montis-Gasconis justiciarentur et tractarentur de cetero per preposituram tantummodo Pontis-Castri, mandavit dominus Rex ballivo Arvernie quod, vocato procuratore suo et aliis evocandis, veritatem inquireret si absque prejudicio vel incommodo domini Regis vel alieno hoc fieri posset, et si ex hoc utilitas aliqua domino Regi vel alio proveniret : Visa igitur informacione per deputatos a dicto ballivo super hoc facta, inventum fuit quod dicta informacio minus sufficienter est facta, pro eo maxime quod publice non fuit proclamatum, modo consueto, quod quicumque vellent se in hujusmodi opponere, ad certam diem et competentem ad hoc comparerent cum intimacione in talibus consueta, et idcirco anullata fuit informacio predicta.

Jovis post Sanctam-Luciam.

XIX. Cum super eo quod Johannes le Jene, Anglicus, in Castelleto Parisiensi petebat ab Herbelino Gougon, ex vendicione pelliparie, triginta libras Turonenses, residuas de summa sexaginta et unius librarum Turonensium; dicto Herbelino solucionem super hoc proponente modum et partes solucionis hujusmodi distinguente et exponente, benedictus de Sancto-Gervasio, auditor dicti Castelleti (8), partibus auditis, dictum Herbelinum a predicta peticione dicti Johannis per suum judicium absolvisset, et idem Johannes, super hoc senciens se gravatum, dicti judicati emendacionem a Parisiensi preposito petiisset, dictus prepositus, in causa dicte emendacionis procedens, auditis partibus, sentencialiter pronunciavit dicti

judicati emendacionem bene fuisse, petitam, et erratum fuisse in
compoto solucionis predicte, dictumque auditorem male judicasse,
ipsius judicatum predictum infirmando, dictumque Herbelinum ad
reddendum eidem Johanni predictas triginta libras Turonenses condempnando; a quo judicato, tanquam a falso et pravo, dictus Her-
belinus ad nostram curiam appellavit : Auditis igitur, in causa dicte
appellacionis, partibus antedictis, et visis processibus et judicatis
predictis, per curie nostre judicium, dictum fuit et pronunciatum
dictum prepositum bene judicasse, dictumque Herbelinum male appellasse, et quod ipse hoc emendabit (9).

Jovis predicta.

Monci reportavit.

XX. Super eo quod domicella Ada de Kaynel conquerebatur se
de possessione centum et quatuor jornalium terre movencium de
feodo Johannis de Villaribus, armigeri, per Johannem de Voyssi,
militem, ballivum Viromandensem, violenter et injuste ejectam, occasione cujusdam judicati super hoc contra ipsam pro Colaa Germainne facti per homines curie Montis-Desiderii, licet ipsa judicio
eorum nonquam se supposuerit, ut dicebat, dicto ballivo contrarium asserente : Tandem, inquesta super hoc facta per certos auditores, quibus commissum fuerat ut, vocatis evocandis, super hoc
inquirerent veritatem, visa et diligenter examinata, quia non est inventum quod dicta Colaa, que pro se dictum habuerat judicatum,
vocata fuerit per dictos auditores in inquesta predicta, per judicium curie, dicta inquesta fuit totaliter anullata, et dicta Ada requirat quod voluerit, et justicia sibi fiet.

Jovis post Sanctam-Luciam.

Gorintus reportavit.

XXI. Cum a quodam judicato per prepositum Parisiensem facto
pro Garnoto de Lugduno, cive Parisiensi, contra Nicholaum Les-
chacier, carpentarium, super summa ducentarum et quadraginta li-

brarum Parisiensium, idem Nicolaus, tanquam a falso et pravo, ad nostram curiam duxerit appellandum : In causa dicte appellacionis, auditis partibus antedictis, et visis processu et judicato predictis, per curie nostre judicium, dictum fuit et pronunciatum predictum prepositum bene judicasse et dictum Nicolaum male appellasse, et quod ipse hoc emendabit.

Jovis post Sanctam-Luciam.

Monci reportavit.

XXII. Cum Guillelmus, dominus Montis-Acuti, miles, et Maria, ejus uxor, coram custodibus nundinarum Campanie, vendicionem omnium bonorum, mobilium et inmobilium, que Herveus Jodon et Johannes, ejus filius, habebant et habere poterant in villa et Parrochia d'Arquain, ad instanciam creditorum suorum, de mandato dictorum custodum, pro facienda execucione contractus dictarum nundinarum, per dominam Sancti-Verani factam Johanni Darrebloy, peterent anullari, et dicta bona eisdem conjugibus tradi et deliberari, dicto Johanne plures raciones in contrarium proponente, auditisque parcium racionibus hinc et inde, dicti custodes, per judicium suum, pronunciassent, non obstantibus racionibus ex parte dictorum conjugum propositis, dictam vendicionem valere et tenere, dictumque emptorem dictis bonis gaudere debere; predicti conjuges a judicato predicto, tanquam a falso et pravo, ad nostram curiam appellarunt : Constitutis igitur in curia nostra dictis partibus in causa appellacionis predicte, et auditis eorum racionibus, ac visis processu et judicato predictis, per curie nostre judicium, dictum fuit et pronunciatum dictos custodes bene judicasse, et predictos conjuges male appellasse, et quod judicatum predictum dictorum custodum mandabitur execucioni, et quod ipsi hoc emendabunt.

M. Egidius de Remio reportavit.

Dominica post Sanctam-Luciam.

XXIII. Cum super eo quod dominus de Mailliaco petebat Johan-

nem Nicolay ad se remitti, juri pariturum coram eo, super quodam
facto de quo ipse insequebatur eundem, racione cujusdam pueri inventi mortui in vivario dicti Johannis, et dominus Karolus, proponens eundem Johannem esse justiciabilem suum et sub se cubantem
et levantem et non fuisse sub dicto domino Mailliaci in presenti delicto inventum, de dicto Johanne petebat curiam sibi reddi, ipso
Johanne similiter petente se ad dictum dominum Karolum, tanquam
dominum suum, remitti, certe commissiones per curiam facte fuissent, primo ballivo Turonensi, ac deinde Thesaurario Andegavensi:
Tandem, viso super hoc dictorum commissariorum processu, et audita eorum relacione, per arrestum curie reddita fuit super hoc
curia domino Karolo predicto.
  Martis ante Nativitatem Domini.
  Thesaurarius Andegavensis habet processum, et debet reddere
domino Karolo.

  XXIV. Super quibusdam injuriis, violenciis et dampnis abbati et
conventui de Cheminon, et eorum gentibus et cuidam eorum converso, et maxime in nemoribus eorumdem, per homines ville de
Cheminon-Villa nuper illatis, contra prohibicionem servientis domini Regis, inquesta, de mandato domini Regis, vocatis partibus,
facta, visa et diligenter examinata, per curie nostre judicium, homines predicti, considerata dicte ville combustione, predictis religiosis, pro dampnis et injuriis eorum, in viginti libris, et domino Regi,
pro emenda sua, in sexaginta libris parvorum bonorum Parisiensium, condempnati fuerunt.
  Martis ante Nativitatem Domini.
  Bocellus reportavit.

  XXV. Cum mota fuisset controversia inter dominam de Creseques, nomine heredis de Creseques, ex una parte, et episcopum
Morinensem, ex altera, super eo quod dicta domina, proponens
quod, post prohibicionem et defensam per dominum Regem factam

ne cum Roberto, domino de Creseques, viro suo, tanquam fatuo
et dissipatore, aliquis contraheret, decrevendo nullos esse contractus qui fierent cum eodem, ac eidem episcopo modo debito signi-
ficatam et per litteras domini Regis sibi ostensam, idem episcopus
ab eodem domino emerat, prima vice, proprietatem cujusdam ga-
gerie quam a dicto domino idem episcopus receperat pro certa pecunie quantitate, videlicet quingenta jornalia, tam terre arabilis quam
boscorum, vel circa; item, secunda vice, postea centum et viginti
jornalia terre arabilis vel circa, et quinquaginta et sex jornalia prati,
vel circa, et aquam que fluit de Sancto-Augustino apud Creseques,
pluribus racionibus petebat dictas vendiciones nullas pronunciari, et
dictarum rerum saisinam, nomine dicti heredis, sibi tradi et deliberari, dicto episcopo multas raciones in contrarium proponente : Tandem, auditis hinc inde propositis, et inquesta super hiis de mandato
curie nostre facta, necnon litteris dicte defense visis et diligenter examinatis, per curie nostre judicium, dictum fuit et pronunciatum vendiciones predictas, tam primam quam secundam, penitus esse nullas
et nullius existere firmitatis, et quod dictarum rerum secundo venditarum totalis saisina dicte domine, nomine quo supra, plene et integre deliberabitur, et quod in tali saisina rerum primo venditarum,
quam habebat dictus dominus tempore dicte prime vendicionis, ipsa
reponetur.

　　Veneris ante Nativitatem Domini.

　　Bocellus reportavit.

XXVI. Cum Andreas de Chambon, mercator Aurelianensis, contra Gaufridum Quarterii, hostelarium de Parisius, proponens se
nuper hospitatum fuisse penes dictum Gaufridum, et secum ibidem
portasse et immisisse, scientibus et videntibus uxore et familia dicti
Gaufridi, quasdam besacias bene sigillatas, in quibus erant quingente et sexaginta libre Parisienses, quas besacias sic sigillatas, cum
predicta pecunia intus existente, ipse posuit in quadam archa cujus
clavem sibi tradidit dicta uxor, et archa firmata, secum clavem ar-

PHILIPPE IV.
1300.

che portavit, et in suo reditu invenit dictam archam fractam, besacias inde extractas et fractas, et suam pecuniam predictam furatam fuisse, ac valletum quemdam, in camera in qua erat dicta archa cum eo hospitatum, cujus camere clavem dicta uxor eidem valleto tradiderat, fugiisse, pluribus racionibus peteret dictum Gaufridum condempnari ad sibi reddendam pecuniam predictam, dicto Gaufrido predicte summe quantitate negante, ac plures raciones in contrarium proponente : Tandem, auditis hinc inde propositis et visa inquesta super hoc de mandato curie facta, per ipsius curie judicium, heredes dicti Gaufridi, modo defuncti, condempnati fuerunt ad reddendum dicto mercatori quingentas et sexaginta libras Parisienses predictas, nisi idem mercator, per suum juramentum quod super dicta quantitate prestabit, aliquid detraxerit de summa predicta.

Veneris ante Nativitatem Domini.

Rosselletus reportavit.

XXVII. Cum, a quodam judicato per prepositum Parisiensem facto pro Symone de Boyssiaco, forperio, et Johanna, ejus uxore, contra Thomam de Carnoto, forperium, super medietate cujusdam domus site Parisius in Ferroneria, et super medietate quadraginta solidorum annui census, super domo Guillelmi Tapicerii assignatorum, et super arreragiis predictorum, que res in judicato sunt predicto plenius declarate, et quas res dicti conjuges ad eandem Johannam spectare dicebant ex successione fratris Guillelmi ordinis Carmelitarum professi, dicte Johanne nepotis, dictus Thomas, tanquam a falso et pravo ad nostram curiam appellasset : Tandem, in causa dicte appellacionis dictis partibus in nostra curia constitutis, et auditis hinc inde propositis, visisque tam processu super hoc habito quam judicato predicto, per curie nostre judicium, dictum fuit et pronunciatum dictum prepositum bene judicasse et dictum Thomam male appellasse, et quod judicatum predictum dicti prepositi mandabitur execucioni.

26.

Veneris ante Nativitatem Domini.
Rosselletus reportavit.

XXVIII. In causa que coram preposito Parisiensi extitit agitata inter Guillelmum de Mailliaco et ejus uxorem, Katherinam, filiam quondam Nicolay Tegularii, civis Parisiensis, agentes, ex una parte, et Isabellim, dictam la Damee, defendentem, ex altera, super medietatibus duarum domorum, sitarum Parisius, et aliis quibusdam in peticione dictorum conjugum plenius declaratis, que res fuerunt Nicolai predicti; idem prepositus, in eo quod dicti conjuges contra dictam Ysabellim dictas medietates domorum ut suas sibi adjudicari et deliberari petebant, per suum judicatum, dictam Ysabellim absolvit, et, in eo quod ipsi petebant contra eandem Ysabellim dictas medietates sibi esse obligatas pronunciari, et sibi ut obligatas tradi et deliberari ab eisdem conjugibus tenendas et explectandas, una cum quadam vinea apud Villam-Novam-Regis sita, conquestibus et aliis bonis dicti quondam Nicolay, pro perficiendo eisdem conjugibus defectum quindecim librarum annui redditus et octoginta librarum in bonis mobilibus, et pro acquitando et liberando eosdem conjuges erga creditores dicte Katherine de ducentis libris quas dicta Katherina debebat, tempore quo matrimonium contraxit cum Guillelmo predicto, dictam Ysabellim per idem judicium sentencialiter condempnavit; a quo judicato condempnatorio dicta Ysabellis, tanquam a falso et pravo, ad nostram curiam appellavit: Auditis igitur in causa dicte appellacionis partibus antedictis, et visis processibus et judicato predictis, per curie nostre judicium, dictum fuit et pronunciatum dictum prepositum bene judicasse, et dictam Ysabellim male appellasse, et quod dictum judicatum mandabitur execucioni.

Veneris ante Nativitatem Domini.
M. J. Anthonius reportavit.

XXIX. Cum a quodam judicato per custodes nundinarum Campanie facto, pro Morando de Morfaut contra fratrem Milonem, pro-

Philippe IV,
1306.

curatorem abbatis et conventus Sancti-Salvatoris de Virtutibus, per quod ipsi processum habitum coram eis inter dictum Morandum, ex una parte, et quemdam alium procuratorem tantummodo dicti abbatis, absque sigillo dicti conventus, ex altera, super eo quod dictus Morandus bona temporalia dicti monasterii petebat pro quadam summa pecunie vendi et explectari, dicto Milone proponente administracionem bonorum dicti monasterii debito modo interdictam fuisse abbati predicto eo tempore quo dictus Morandus proponebat actionem sibi fuisse quesitam contra dictum abbatem et bona monasterii predicti, pronunciaverunt tenere et valere non obstantibus racionibus dicti Milonis, et in eodem processu debere ulterius procedi, secundum raciones et facta proposita in eodem; dictus Milo, procurator, tamquam a falso et pravo, ad nostram curiam appellasset: Auditis in causa dicte appellacionis partibus antedictis, et visis processibus et judicato predictis, per curie nostre judicium, dictum fuit et pronunciatum dictos custodes male judicasse, et dictum Milonem bene appellasse, salva principali questione Morandi predicti.

Veneris ante Nativitatem Domini.

Dominus J. de Voissi reportavit.

XXX. Super eo quod, ex parte Mathei, Ade et Johannis, dictorum Malequins, fratrum, de Sancto-Quintino, et quorumdam amicorum suorum, ballivo Viromandensi fuerat denunciatum quod major et jurati ville Sancti-Quintini in Viromandia per suos servientes, et eciam ipsi servientes de precepto et voluntate eorumdem, plures violencias et injurias eisdem et de nocte intulerant, eosque violenter et sine causa racionabili ceperant, et diu tenuerant carceri mancipatos, in cujusmodi capcione Colinum, eorumdem famulum, interfecerant, requirendo predicta sufficienter emendari et puniri, hoc idem quibusdam amicis dicti Colini petentibus et requirentibus; et e contra dicti major, jurati et servientes, ad sui defensionem, plures proponebant raciones, litteras officialis Noviomensis exhibentes, ad cujus officialis requisicionem et mandatum ipsi dicebant predictos fratres, qui clerici erant et sunt, se cepisse, et premissa facta fuisse propter eorum rebellionem injuriosam et manifestam : Tandem, inquesta super hoc facta, visa et diligenter examinata, per curie nostre judicium, dicti major, jurati et servientes ab omnibus predictis contra ipsos denunciatis, sentencialiter fuerunt absoluti.

Veneris ante Nativitatem Domini.

XXXI. Cum Guiardus de Navibus, curie nostre conquerendo, monstrasset quod, cum ballivus Senonensis ipsum nuper, pro quibusdam criminibus contra ipsum denunciatis, carceri mancipasset, et postmodum, super eis informatus, ipsum a dicto carcere liberasset, nichilominus Guillelmus de Molendinis, locum tenens ballivi Trecensis, ipsum postea, non zelo justicie sed ex odii fomite, ut dicebat, eadem crimina sibi imponens, iterato cepit et carceri mancipavit, ipsumque violenter compulit inquesta super dictis criminibus expectare ; quam inquestam fecit aut commisit fieri dictus Guillelmus, dicto Guiardo ad hoc non vocato, sed semper in carcere nostro detento. Inquesta hujusmodi nostre curie reportata, per ipsius curie nostre judicium, fuit totaliter anullata, et super criminibus predictis dicto Guiardo impositis, vocatis evocandis, inquiri fecimus veritatem : Visa igitur et diligenter examinata inquesta predicta, per curie nostre judicium, dictus Guiardus a predictis criminibus sibi impositis fuit sentencialiter absolutus, et super compulsione predicta dicto Guillelmo imposita, vocatis partibus, faciemus inquiri veritatem, ad finem de dampnificandi dictum Guiardum, et nobis et ipsi factum hujusmodi, prout racionabile fuerit, emendandi, maxime cum auditor dicte inqueste curie nostre retulerit quod in ea dictus Guillelmus sufficienter non fuit vocatus.

Veneris ante Nativitatem Domini.

XXXII. Cum, Johanne de Mauroy, una cum aliis quibusdam civibus Trecensibus, propter adventum quorumdam amicorum suorum de Sancto-Jacobo, festum facientibus et in equis suis currentibus et lanceas frangentibus, quidam dictus li Borgnes in via publica casualiter, ut dicitur, ab equo dicti Johannis impulsus fuisset, et infra paucos dies postea decessisset, nos super facto hujusmodi et ejus circumstanciis, et maxime si dictus Johannes erat homo bone fame et si dictum le Borgne odio habebat, inquiri fecimus veritatem : Inquesta igitur super hoc facta, visa et diligenter examinata, per curie nostre judicium, dictus Johannes super facto hujusmodi fuit sentencialiter absolutus.

Veneris ante Nativitatem Domini.

XXXIII. Inquesta facta pro Bertrando de Petra-Forti, armigero, super mercato et nundinis ville de Sirmene, anullata est, quia domini villarum vicinarum, quorum interest et interesse potest, non fuerunt vocati.

Sabbato post Epiphaniam.

M. Droco reportavit.

XXXIV. Cum orta discordia inter Huonem de Calvo-Monte et Johannem Chaym, custodes nundinarum Campanie deputatos a nobis, et utroque propter hoc ab officio predicto suspenso, dictus Johannes contra predictum Huonem multos excessus proposuisset, et inter alia quod idem Huo, dicte suspensionis tempore, vadia nostra ac si dictum officium teneret receperat; item, quod ipse de emolumento sigilli dictarum nundinarum multo minorem quam recepisset reddiderat quantitatem; item, quod ipse, contra debitum officii sui, illicite receperat, in pecunia, jocalibus et rebus aliis, plura munera et a multis, nos, super excessibus hujusmodi et defensionibus ipsius Huonis, vocatis partibus, inquiri fecimus veritatem : Visa igitur et diligenter examinata inquesta predicta, dictus Huo inventus fuit culpabilis in tribus articulis supradictis, et idcirco, per curie nostre judicium, condempnatus fuit ad reddendum nobis, pro vadiis nostris que male recepit de anno integro quo suspensus fuit ab officio predicto, ducentas libras Turonenses debilis monete; item, pro

PHILIPPE IV,
1306.

emolumento dicti sigilli integre non reddito, durante tempore officii
sui predicti, pro quatuordecim nundinis, mille et quadringentas libras
Turonenses debilis monete; item, pro estimacione dictorum mune-
rum ab ipso illicite receptorum, trecentas libras Turonenses debilis
monete; ceterorum bonorum suorum, tam mobilium quam immobilium, medietate, pro emenda dictorum excessuum, nobis integre
applicanda. Item, cum dictus Huo contra predictum Johannem plures
excessus proposuisset, nos super excessibus hujusmodi et defensionibus ipsius Johannis, vocatis partibus, inquiri fecimus veritatem :
Visa igitur et diligenter examinata inquesta predicta, per curie nostre
judicium, dictus Johannes a predictis contra ipsum propositis fuit
sentencialiter absolutus, et ad predictum officium custodie restitutus
in eodem, quamdiu nobis placuerit, remansurus.

Mercurii post Nativitatem Domini.

Martillus habet istam inquestam.

XXXV. Cum Petrus de Bougon, mercator porcorum, Reginaldum
Buille, civem Bituricensem, traxisset in causam, peticionem suam
faciens contra ipsum super trecentis triginta et quatuor porcis, quos
dicebat eundem R., tempore quo ipse, pro nobis et exercitu nostro
Flandrie, victualia capiebat, in quadam foresta, in qua impingua-
bantur, cepisse, dicto R. capcionem dictorum porcorum negante, et
ad sui defensionem multa proponente; factaque super hoc inquesta,
et nostre curie reportata, visa et diligenter examinata, dictus R., per
curie nostre judicium, condempnatus fuisset ad reddendum eidem
Petro dictorum porcorum valorem, et dampna omnia que ipse sustinuerat in predictis, ipsius punicione ulterius nobis retenta : Tandem, curia nostra, super hoc habita deliberacione nobiscum, et eidem R. in vita et membris parcendo, propter clericorum nostrorum
presenciam qui priori interfuerant judicato (10), sentencialiter pronunciavit omnia bona dicti R., tam mobilia quam inmobilia, tanquam commissa, nobis esse integre applicanda.

Mercurii post Nativitatem Domini.

Mercurii post Nativitatem Domini.

Nogarettus habet istam inquestam.

Dictum judicatum, pro dicto Petro factum, est in fine rotuli hujus parlamenti.

XXXVI. Cum questio mota fuisset inter majorem, juratos et
communiam de Asneriis, ex una parte, et Theobaldum de Asneriis,
ex parte altera, super eo quod dicti major, jurati et communia dicebant ad se pertinere omnimodam bassam justiciam in domo, censivis et aliis possessionibus quas dictus Theobaldus obtinet intra
fines et banleucam communie dicte ville, cujus justicie adjudicata
fuit saisina in locis predictis, per ballivum Silvanectensem, dicto
Theobaldo, racione cujusdam defectus facti ex parte majoris, juratorum et communie predictorum in assisia Belli-Montis, predicto
Theobaldo, pluribus racionibus, in contrarium dicente dictam bassam
justiciam in locis predictis ad se pertinere : Auditis igitur partibus,
et inquesta super hoc facta de mandato nostro, visa et diligenter
examinata, per curie nostre judicium, dictum fuit et pronunciatum
dictam bassam justiciam ad dictos majorem, juratos et communiam
pertinere, exercendam ab eis in casibus et prout tantummodo datum et concessum fuit eis in carta fundacionis communie predicte,
sigillo, recordacionis inclite, regis Ludovici sigillata, quam ipsi, annis
singulis, jurare consueverunt.

Sabbato post Epiphaniam.

M. Droco reportavit.

XXXVII. Cum controversia verteretur coram custodibus nundinarum Campanie, inter mercatores Cathalanenses et alios mercatores de locis vicinis, qui vendiderunt pannos suos, in dictis nundinis Campanie, Percevallo Longo de Janua, ex una parte, et alios
mercatores de Laigniaco, de Malines et de Attrebato, qui vendiderunt pannos suos apud Landicium eidem Percevallo et extra corpus
dictarum nundinarum Campanie, ex altera, super eo quod dicti

PHILIPPE IV,
1306.

mercatores Cathalanenses et eorum consortes requirebant quod panni, quos emerat dictus Percevallus apud Landicium, et de quibus ipse inventus fuerat saisitus, qui eciam reducti fuerunt de longinquis partibus apud Pruvinum, virtute mandatorum dictorum magistrorum, dicto Percevallo in fuga existente, venderentur et explectarentur, secundum privilegia, usus et consuetudines dictarum nundinarum, pro debitis contractis in dictis nundinis acquitandis, dictis mercatoribus qui vendiderunt dictos pannos suos apud Landicium in contrarium petentibus dictos pannos sibi reddi, cum ipsi, ut dicebant, vendiderint et tradiderint dictos pannos dicto Percevallo, juxta usum et consuetudinem dicti Landicii, nondum eis de precio satisfacto, tum quia dicti panni, venditi in dicto Landicio, inventi fuerunt integri et in manu dicti Percevalli, allegantes usus et consuetudines nundinarum (11) tales esse quod, quando mercator ab alio mercatore, extra corpus nundinarum Campanie, emit aliquas mercaturas et fugit cum eisdem nondum de precio satisfacto, si dicte mercature invente fuerunt integre, non in aliam personam translate, restitui debent venditoribus, non obstante quod dictus fugittivus sit aliis mercatoribus de corpore nundinarum Campanie obligatus, et quod alias, in casu simili, fuit totaliter per dictam consuetudinem judicatum; tandem, auditis racionibus utriusque partis, dicti custodes, per suum judicium, pronunciaverunt dictos pannos debere vendi pro debitis nundinarum Campanie acquittandis. A quo judicato, tanquam a falso et pravo, mercatores predicti de Landicio ad nostram curiam appellarunt; processibus igitur super hoc factis coram dictis custodibus ad nostram curiam missis, et eis visis, non potuerunt dicti processus, propter aliquos defectus in eisdem repertos, judicari; propter quod commisimus certis auditoribus ut, super articulis dictarum parcium et consuetudinibus hinc inde allegatis, vocatis partibus, plenius inquirerent veritatem: Visis igitur utrisque processibus, tam custodum nundinarum Campanie quam eciam auditorum predictorum, pronunciatum fuit, per curie nostre judicium, dictos custodes male judicasse, et dictos mercatores de

Philippe IV,
1306.

Landicio bene appellasse, et dictos pannos in Landicio ab eis dicto Percevallo venditos et apud ipsum inventos integros et reductos, virtute mandatorum dictorum custodum, dictis mercatoribus de Landicio esse restituendos.

Mercurii post Circumcisionem Domini.

Bocellus reportavit.

XXXVIII. Cum Johannes Grapins de Boulages, propter suspicionem cujusdam murtri, circa abbaciam, sublus Planciacum perpetrati, captus fuisset per gentes nostras apud Cezanne, et diu in carcere nostro detentus, super facto hujusmodi inquiri fecimus veritatem : Inquesta igitur super hoc facta visa et diligenter examinata, dictus Johannes, per curiam nostram, fuit, super facto predicto, quantum ad nos pertinet, liberatus.

Solvet tamen trecentas libras Turonencium bonorum.

Sabbato post Nativitatem Domini.

Plaisianus reportavit.

XXXIX. Cum nos mandassemus inquisitoribus in ballivia Viromandensi deputatis a nobis, per certam commissionem eis specialiter factam, quod ipsi inquirerent de Lisione Corbelli et Jacobo Luce, servientibus nostris, in prepositura Laudunensi constitutis, quibus imponebatur quod Egidium de Commino, pro quo mandaveramus, ex certa causa, quod nobis mitteretur, absentari fecerant, seu auxilium, consilium, seu juvamen prestiterant ut ipse evaderet manum nostram : Hinc est quod, visa inquesta super hiis de mandato nostro facta, dictos Lisionem et Jacobum a predictis sibi impositis curia nostra sentencialiter absolvit.

Sabbati post Epiphaniam.

Monci reportavit.

XL. Cum religiosi viri prior et conventus Sancti-Martini-de-Campis Parisiensis dicerent se esse et fuisse in saisina, per se seu gen-

27.

tes suas, habendi et explectandi, in terra sua, quam habent Parisius, movente de ecclesia Sancti-Martini, albenos et successionem bastardorum, ac eciam habendi cognicionem omnium emolumentorum inde proveniencium, quocienscumque casus se offerebat et offert, et gentes nostre de novo eos turbarent et impedirent minus racionabiliter, ut dicebant, in sua possessione predicta ; quare petebant dicti religiosi ut predictum impedimentum amoveretur, et de saisina sua uti pacifice permitterentur : Hinc est quod, visa inquesta super hiis de mandato nostro facta, vocatis preposito Parisiensi et procuratore nostro in prepositura Parisiensi, ac eciam magistro Thoma de Sernayo, tunc procuratore nostro manuummortuarum, quia inventum est sufficienter probatum predictos priorem et conventum esse et fuisse in saisina albanorum et bastardorum per totam terram suam ab ecclesia Sancti-Martini moventem, pronunciatum fuit, per curie nostre judicium, penes dictos priorem et conventum dictam saisinam debere remanere, impedimentum in dicta saisina per gentes nostras appositum totaliter amovendo, salva nobis super hoc questione proprietatis.

Sabbato post Epiphaniam.

Monci reportavit.

XLI. Cum inter nos et abbatem et conventum de Pynu, ex una parte, et majorem et juratos communie Pictavensis, ex altera, controversia verteretur super eo quod nos et predicti religiosi dicebamur nos esse in saisina capiendi et levandi, pro indiviso, minagium ab illis qui vocantur roturiers et ab aliis mercatoribus vendentibus bladum apud Pictavum, ubi nostre et dictorum religiosorum mensure currunt, eciam ab illis de communia predicta, scilicet de una cuyta bladi unum boisellum, et de duobus sextariis bladi dimidium boisellum, et de uno sextario bladi quartam partem unius boiselli; item capiendi et levandi bis in anno, scilicet in Nativitate Domini et in Nativitate beati Johannis-Baptiste, de quolibet homine commorante in mercato bladi Pictavensi et vendente bladum in suis graneriis, et tenente mensuras ad bladum, sive sit de dicta communia sive non, ave-

nam racione minagii, ad voluntatem capientis; quare nos et dicti religiosi petebamus impedimentum, super hoc appositum ex parte dictorum majoris et juratorum Pictavensium, amoveri, majore et juratis
predictis asserentibus in contrarium et dicentibus se esse in saisina immunitatis et franchisie dictum minagium non prestandi : Tandem,
inquesta super hoc de mandato nostro facta visa et diligenter examinata, quia inventum est sufficienter probatum nos et predictos abbatem et conventum, pro indiviso, esse et fuisse in saisina dicti minagii, eciam super illos de communia predicta, pronunciatum fuit, per
curie nostre judicium, nos et predictos abbatem et conventum debere remanere in saisina predictorum, et impedimentum super hoc
appositum, ex parte dictorum majoris et juratorum, debere amoveri,
salva super hoc majori, juratis et communie predictis questione proprietatis.

Sabbato post Epiphaniam.

Bocellus reportavit.

XLII. In causa appellacionis ad curiam nostram interposite ab
audiencia dilecti et fidelis nostri Aurelianensis episcopi, super eo
quod dictus episcopus vel ejus curia secularis Johannem de Que-
beu, Giletum de Latingi, et Arnulphum Lentier per suum judicium
condempnaverat ad reddendum et restituendum Johanni Thome,
Agneti, ejus uxori, et Johanni, filio eorumdem, septem quarteria vinearum sitarum in territorio de Bon, de quibus agebatur inter partes predictas, solutis prius ipsis condempnatis a dictis conjugibus et
filio novem libris sex solidis et septem denariis; a quo judicato, tanquam falso et pravo, dicti condempnati ad nostram curiam appellarunt : Viso processu et judicato predictis, per curie nostre judicium,
dictum fuit et pronunciatum dictum episcopum et ejus curiam bene
judicasse et predictos appellantes male appellasse, et quod judicatum
predictum dicti episcopi mandabitur execucioni.

Jovis post octabas Epiphanie.

M. H. Cuillier reportavit.

XLIII. Cum inter Durandum Fabri de Arvernia, clericum, ex parte
una, ac Johannem et Egidium dictos de Silvanecto, servientes Castelleti Parisiensis, ex parte altera, questio verteretur super eo quod idem
Durandus dicebat quod dicti servientes injuste manus suas injecerant
in eum temere violentas, ipsum percuciendo sub maxilla, pulsando
in pectore et fugando eundem cum ense extracto, quasi vellent eum
interficere, convicia et opprobria alia sibi dicendo et inferendo, quam
injuriam sustinere noluisset, ut dicebat, pro centum marchis argenti,
immo magis voluisset tantum de suo proprio perdidisse; quare petebat dictos servientes super hiis puniri, et emendam dicto Durando
fieri competentem; ex adverso autem negabant dicti servientes quod
percussissent seu pulsassent eundem, dicentes quod si tetigerunt ipsum sub maxilla, hoc fecerunt sine lesione ipsius et absque proposito injuriandi eidem, licet, ut asserebant dicti servientes, idem Durandus multas rebelliones contra ipsos fecisset; et si ensem traxerunt,
hoc non fecerunt causa invasionis, sed defensionis eorum, cum time-
rent ne dictus Durandus curreret ad sumendum arma et ad invaden-
dum eosdem : Visa igitur inquesta super hiis facta, inspectis eciam
tam personis quam condicionibus parcium predictarum, quia repertum fuit dictos servientes in premissis excessisse dictoque Durando
injuriam intulisse, per curiam nostram dictum fuit quod dicti servientes solvent dicto Durando, pro emenda, decem libras Parisiensium parvorum bonorum, si dictus Durandus tantum jurare velit, et
quantum ad residuum estimacionis centum marcharum predictarum
fuerunt idem servientes sentencialiter absoluti.

Veneris post Epiphaniam.

Sanctus Obertus reportavit.

XLIV. Visa inquesta, contra majorem, juratos et communiam ville
Corbeye facta, super eo quod ipsi nuper extra suum territorium, in
terra et justicia abbatis et conventus Corbiensis, turba multorum coadunata, arma portaverant per modum vindicte, per curie nostre judicium, dicti major, jurati et communia in emendam quingentarum li-

brarum parvorum bonorum Turonensium domino Regi condempnati fuerunt. Nichil fuit adjudicatum dictis religiosis, quia quidam ex eis dederunt causam contencioni predicte.

Sabbato post octabas Epiphanie.

XLV. Cum, propter suspicionem allocandi et expendendi falsam monetam, ballivus Aurelianensis Johannem de Vaus, militem, detineret carceri mancipatum, ejusque bona arrestasset, idem miles super facto predicto supposuit se inqueste : Visa igitur inquesta, de mandato dicti ballivi super hoc facta, dictus miles super facto, predicto, per curie nostre judicium, fuit sentencialiter absolutus, et corpus et bona sua, propter hoc detenta, sibi deliberabuntur.

Sabbato post octabas Epiphanie.

Plaisianus michi reportavit.

XLVI. Cum in curia nostra mota fuisset controversia inter burgenses, homines et habitatores Sancti-Juliani de Saltu, de Naalli et de Brinon, villarum archiepiscopi Senonensis, ex parte una, et procuratorem nostrum, ex altera, super eo quod asserebant dicti homines et habitatores se esse et fuisse in possessione seu saisina, a tempore cujus memoria non existit, mercaturas exercendi libere et quiete in villa Senonensi, absque prestacione thelonei, pedagii et alicujus costume, procuratore nostro in contrarium asserente nos, seu gentes nostras, pro nobis, esse et fuisse in possessione levandi et percipiendi theloneum, pedagium et alias costumas ab omnibus mercaturas exercentibus in villa Senonensi predicta : Tandem, inquesta super premissis de mandato nostro facta, visa et diligenter examinata, quia inventum est predictos homines, burgenses et habitantes intencionem suam super hoc sufficienter probavisse, per curie nostre judicium, dictum fuit et pronunciatum ipsos in possessione, seu saisina predicta remanere debere, salva nobis super hoc questione proprietatis.

Jovis ante festum beati Vincencii.

Roya reportavit.

PHILIPPE IV,
1306.

XLVII. Cum in nostris Campanie nundinis, coram dictarum nundinarum custodibus, mota esset controversia inter Jacobum et Geraldum dictos Chauchet et Guillelmum Poncii, cives et mercatores Claromontenses, ex parte una, et bajulum curie Montis-Pessulani, carissimi avunculi et fidelis nostri regis Majoricarum illustris, ex altera, super eo quod dicti mercatores petebant et requirebant registrari quamdam sentenciam seu defensam, ad eorum instanciam, contra universitatem mercatorum et hominum de Monte-Pessulano et subditos dicti bajuli et eorum bona, latam per custodes predictos, pro eo quod dictus bajulus in execucione mandatorum dictorum custodum de compellendo, per suorum vendicionem bonorum et capcionem corporum, Philippum, Jacobum et Petrum de Cruzoliis, et alios de societate dictorum de Cruzoliis, ad reddendum et solvendum dictis mercatoribus quasdam pecuniarum quantitates, in quibus dicti debitores de corpore nundinarum dicebantur eisdem mercatoribus efficaciter obligati, negligens fuerat et eciam defectivus; dicto bajulo in contrarium asserente se semper esse et fuisse in execucione dictorum mandatorum diligentem, et, multis aliis racionibus, proponente dictam inhibicionem seu defensam non tenere nec registrari debere; tandem, auditis racionibus parcium predictarum, per dictos custodes fuit pronunciatum dictam interdicti sentenciam seu defensam, non obstantibus propositis ex parte dicti bajuli, esse registrandam, et quod registraretur. A qua sentencia, tamquam falsa et prava, fuit per procuratorem dicti bajuli, nomine suo et subditorum suorum, ad nostram curiam appellatum : Auditis igitur, in curia nostra, dictis partibus in causa appellacionis predicte, visisque processibus dictarum parcium, et racionibus, ex parte dicti bajuli propositis, plenius intellectis, per curie nostre judicium, dictum fuit et pronunciatum dictos custodes male judicasse, et dictum procuratorem dicti bajuli, nomine subditorum suorum, bene appellasse, dictamque interdicti sentenciam seu defensam non debere servari.

Eadem sentencia debet fieri pro dicto bajulo contra Robertum Bondeti, Doat et Hugonem de Ryomo, cives et mercatores Claro-

montenses; vel ponantur nomina, si placet, una cum aliis, et sit una PHILIPPE IV,
1306.
sentencia.

Sabbati post octabas Epiphanie.

Roya reportavit.

XLVIII. Cum proponeret in curia nostra procurator prioris et
conventus Sancti-Martini-de-Campis Parisiensis, contra comitissam
de Drocis et de Monte-Forti, quod dicta comitissa, bona quorumdam
hospitum suorum in villa Sancti-Hyllarii, propter hoc quod dicti hospites ad mandatum dicte comitisse noluerant ire ad juvandum repa-
rare castrum, seu turrim Montis-Fortis, ceperat, seu capi fecerat,
in prejudicium dictorum religiosorum, ipsosque perturbando seu
molestando de novo et injuste in saisina justicie dicte ville, proponendo dictas prisias, propter debatum parcium ad manum nostram,
tamquam superioris, fuisse positas, et per eamdem manum nostram
factam fuisse dictis religiosis recredenciam de eisdem; propter que
petebant dicti religiosi dictam comitissam condempnari et compelli
ad cessandum a perturbacione et impedimento predictis, et ad emendandum eisdem factum predictum, dictamque recredenciam eis ad
deliberacionem converti; dicta comitissa in contrarium, pluribus racionibus, proponente et dicente se esse in saisina faciendi premissa,
et petente dictam manum nostram de dictis prisiis amoveri et eas
ad manum suam reponi : Pluribus articulis hinc inde traditis ad finem
predictum; et inquesta super eis de mandato curie nostre facta, visa
et diligenter examinata, quia inventum extitit intencionem dicte comitisse sufficienter esse probatam, in casu predicto, per curie nostre
judicium, dictum fuit et pronunciatum dictam manum nostram, in
dictis prisiis appositam, amoveri debere, et eas ad manum dicte comitisse debere reponi, salva super hoc, dictis religiosis, questione
proprietatis.

Jovis ante Sanctum Vincencium.

Rosselletus reportavit.

XLIX. Cum Margarita de Hanonia, relicta defuncti R. quondam comitis Attrebatensis, contra Mathildim, nunc comitissam Attrebatensem, peteret sibi dotalicium assignari in bonis comitatus predicti, sive secundum consuetudinem inter pares Francie, in similibus casibus observatam, si de ea posset constare, alioquin secundum convenciones que super hoc invenientur habite et concesse fuisse per comitem antedictum; plures ad hoc pro parte sua raciones, consuetudines et facta proponendo; predicta Mathildi, pro parte sua, plures similiter raciones, facta et consuetudines in contrarium proponente, et inter cetera producente cujusdam littere sub sigillo tabellionis transcriptum super convencionibus dicti dotalicii, per dictum comitem habitis et concessis : Tandem, auditis hinc inde propositis, et inquesta, super hoc de mandato nostro facta, visa et diligenter examinata, dictaque Margarita, cum non appareret dicti transcripti originalis littera, per curiam nostram interrogata si dicto transcripto credi et fidem adhiberi volebat, hoc expresse volente et concedente, cum de consuetudinibus predictis inter pares Francie, a dictis partibus allegatis, nichil inventum fuerit sufficienter probatum, per curie nostre judicium, dictum fuit et pronunciatum quod dicta Margarita, pro predicto dotalicio suo, habebit, in bonis comitatus predicti, tria millia et quingentas libras Turonenses, ab ipsa percipiendas ad vitam suam, et sibi assignandas, secundum quod in transcripto predicto continetur ordinatum fuisse per defunctum predictum, necnon arreragia dicti dotalicii pro tempore usque nunc preterito a die obitus comitis supradicti, facta inde deductione de receptis per eam habitis, ex provisione, lite pendente, super hoc per curiam nostram sibi facta.

Jovis post octabas Epiphanie.

M. H. Cuillier reportavit.

L. In causa viduitatis mota inter Margaritam de Hanonia, relictam defuncti R. quondam comitis Attrebatensis, ex una parte, et Mathildim, nunc comitissam Attrebatensem, ex altera, super eo quod

dicta Margarita, ultra partem sibi competentem, ut dicebat, in bonis
mobilibus communibus inter ipsam et defunctum predictum, pro vi-
duitate sua sibi tradi et deliberari, precipua petebat omnia jocalia,
harnesia, vasselamenta et utensilia, parata et ordinata pro suo corpore et pro suis camera et hospicio, tam morando quam proficiscendo,
et plura alia, prout in ejus articulis continetur, vel saltem tale jus
quale nobiles mulieres et uxores nobilium, racione viduitatis sue, secundum usus et consuetudines patrie, debent et possunt habere;
parte adversa istud fieri non debere pluribus racionibus proponente:
Tandem, auditis hinc inde propositis, et visa inquesta super hoc de
mandato curie nostre facta, per ipsius curie nostre judicium, dictum
fuit et pronunciatum quod predicta Margarita, racione dicte viduitatis
sue, habebit precipua, plaustrum, seu currum suum sine equis, et
de vestibus suis, illam quam eligere voluerit, totam, sicut est, de uno
panno paratam et instructam; item lectum suum, totum paratum et
garnitum, sicut ipsa eo utebatur; et de quolibet genere utensilium
unum melius ad electionem suam, absque auro et argento; in ceteris vero bonis, racione dicte viduitatis ab ea petitis, fuit dicta Mathildis per idem judicium absoluta.

Sabbato post quindenam Epiphanie.

M. H. Cuillier reportavit.

LI. Inquesta facta, contra gentes abbatis Sancti-Poncii Thomelia-
rum ad instanciam gardiatoris archiepiscopi Narbonensis judicata est;
et sunt condempnati predicti ad terciam partem bonorum suorum
mobilium, et terciam partem proventuum suorum unius anni, et
erunt due partes istius condempnacionis domini Regis, et tercia pars
dicti gardiatoris et ejus socii.

Sabbato ante Sanctum Vincencium.

Rosselletus reportavit.

Judicatum istud plenius continetur circa finem rotuli istius parlamenti, et est ligatum cum inquesta.

Philippe IV,
1306.

LII. Cum in curia nostra fuisset controversia inter dilectum et fidelem nostrum episcopum Tornacensem, ex una parte, et prepositos, juratos et rectores ville Tornacensis, ex altera, super eo quod petebat dictus episcopus quamdam pecunie prohibite quantitatem, per dictos rectores supra quosdam campsores in eorum domibus et cambiis, apud Tornacum, captam, et ad instanciam dicti episcopi, propter debatum parcium, ad manum nostram positam, sibi reddi et deliberari, asserens se esse in saisina justiciandi dictos campsores in domibus et cambiis eorum super hiis que ad hujusmodi officium pertinent, necnon capiendi et sibi, tamquam commissam, applicandi pecuniam prohibitam, tam in cambiis quam in domibus campsorum seu alibi in villa Tornacensi repertam, dictis prepositis, juratis et rectoribus in contrarium asserentibus se esse in saisina, nomine communie dicte ville, justiciandi dictos campsores in eorum domibus et cambiis et in tota villa Tornacensi, necnon capiendi monetam prohibitam, tam super dictos campsores in domibus et cambiis eorum quam eciam alibi in civitate Tornacensi et ejus pertinenciis repertam, et tamquam commissam sibi applicandi, petentibusque dictam pecunie quantitatem, ad manum nostram positam, sibi reddi et deliberari : Tandem, inquesta, super hoc de mandato nostro facta, visa et diligenter examinata, quia inventum est sufficienter probatum dictos prepositos, juratos et rectores esse et fuisse in saisina justiciandi dictos campsores in cambiis et domibus ipsorum, necnon capiendi et, tamquam commissas, sibi applicandi pecunias prohibitas seu defensas supra dictos campsores, tam in domibus et cambiis ipsorum quam alibi in villa Tornacensi repertas, per curie nostre judicium, dictum fuit et pronunciatum dictos prepositos, juratos et rectores in possessione seu saisina premissorum remanere debere, et dictam pecunie summam, dicta manu nostra inde amota, debere eisdem reddi, salva super hoc dicto episcopo proprietatis questione.

Sabbato post quindenam Epiphanie.

Bocellus reportavit.

LIII. Factis nuper Senonis duabus electionibus, videlicet de Petro Pelliparii et Philippo Truele, civibus Senonensibus, utroque ipsorum in majorem dicte ville in discordia electo, et, super hujusmodi debato, partibus in curia nostra constitutis, quilibet eorum suas proposuit raciones ad illum finem quod electio de se facta valeret et tenere deberet; pro parte vero nostra fuit propositum nos esse in saisina quod, quociens est ibi discordia in electione majoris, nos, pro toto illo anno, ponimus et tenemus ibidem majorem; super quibus hinc inde propositis, inquiri fecimus veritatem : Visa igitur inquesta super hiis de mandato nostro facta, inventum fuit electionem de dicto Petro sufficientem et electionem de dicto Philippo minus sufficientem, in discordia tamen factas fuisse, nosque esse in saisina, in casu talis discordie, ponendi, pro toto illo anno, in villa Senonensi, majorem, et idcirco, per curie nostre judicium, dictum fuit et pronunciatum nos in predicta saisina remanere debere, salva super hoc parti adverse questione proprietatis; et quia inventum est in inquesta predicta quod in facto dicte electionis, contra manum nostram et gencium nostrarum prohibicionem, facte fuerunt quedam violencie et portaciones armorum, inquesta predicta ad ballivum Senonensem remittetur, et sibi mandabitur ut ipse facta hujusmodi, tam nobis quam injuriam passis, competenter faciat emendari.

Sabbato post quindenam Epiphanie.

Marcilli reportavit.

Remissa fuit ad dictum ballivum inquesta predicta.

LIV. Cum, in causa proprietatis cujusdam domus site Parisius, in vico qui dicitur vicus Comitis Attrebatensis, coram Parisiensi preposito mota inter Petrum de Gyemo et Mariam, ejus uxorem, agentes, ex una parte, et magistrum Johannem de Meleduno, defendentem, ex altera, dicti conjuges a judicato dicti prepositi contra se facto, tanquam a falso et pravo ad nostram curiam appellassent : Tandem, in causa dicte appellacionis auditis partibus et visis processu et judicato predictis, per curie nostre judicium, dicti processus et judicatum,

Philippe IV,
1306.

propter defectus in eis repertos, fuerunt totaliter anullati, salvo jure
dictarum parcium in nova peticione et defensione quas ipsi facere
voluerunt in predictis, si et quando viderint expedire.

:Sabbato post quindenam Epiphanie.

Voyssi reportavit.

Habui istam inquestam.

LV. Cum Stephanus de Ferreriis, castellanus Montis-Albani, patruus Guilloti de Ferreriis, tanquam conjuncta persona ipsius Guilloti, denunciasset seu significasset senescallo nostro Tholosano, contra Nicolaum Burgesii, castellanum nostrum castri Mont-Ogii, quod,
occasione cujusdam furti, falso imposili dicto Guilloto, de quo fuerat inquesta inchoata contra ipsum Guillotum per consules dicti loci,
et postmodum per locum tenentem judicis Ville-Longue, idem castellanus Mont-Ogii, auctoritate propria, licet nullam jurisdictionem
seu potestatem haberet super hoc, dictum Guillotum incarceravit, et
in carcere seu prisione in tormentis et questionibus pluries posuit, et
postea, in foresta dicti loci et aliis pluribus, locis diris et diversis tormentorum generibus, sepius, de die et de nocte, subjecit, ipsum crudeliter et inhumaniter quamplurimum pertractando et carcerem pri-
vatum faciendo, adeo quod dictus Guillotus diu fuit ob hoc infirmitate
et gravi languore detentus et membris et corpore debilitatus, et quasi
inhabilis et impotens est effectus; super quibus, vocatis evocandis,
per dictum senescallum et suos commissarios facta fuit inquesta, et
postmodum ad nostram curiam, de speciali mandato nostro, per dilectum et fidelem militem nostrum Guillelmum de Nogareto et dictum senescallum reportata : Tandem, dicta inquesta in dicta curia nostra, de speciali mandato nostro, eciam extra parlamentum ad finem
civilem visa et diligenter examinata, quia inventum extitit dictum
Nicolaum in premissis culpabilem multipliciter extitisse, fuit dictus Nicolaus in mille libris parvorum bonorum Turonensium solvendis, videlicet medietate dicto Guilloto, pro emenda sua, et alia
medietate dicto Stephano, pro dampnis et expensis que et quas ipse

sustinuit in prosecucione dicte inqueste, per nostre curie judicium,
sentencialiter condempnatus, salvo[1] jure nostro et emenda nostra con-
tra dictum Nicolaum super excessibus supradictis ad finem civilem.
Lune ante cathedram sancti Petri.
Nogaretus reportavit et protulit.
Inquestam istam non habui.

LVI. Inquesta inter Nicolaum, Regis burgensem, et Petrum de Cor-
tenayo judicata fuit apud Lochias, et est judicatum in rotulo hujus
parlamenti. Quod judicatum, anno, per dominum Regem fuit mode-
ratum, et hujusmodi moderacio non fuit publicata, nec inde factum
fuit arrestum.

Ista inquesta est in sacco inquestarum hujus parlamenti.

INQUESTE

ET ALII PROCESSUS JUDICATI IN SEQUENTI PARLAMENTO OCTABARUM
OMNIUM - SANCTORUM,

ANNO DOMINI MCCGVII.

I. Cum orta esset discordia inter abbatem et conventum Sancte-
Genovefe Parisiensis, ex una parte, et collectores nostros manum-
mortuarum, pro nobis, ex altera, super saisina cognicionis et explec-
tationis aubenarum et bastardorum, ac bonorum ipsorum, in veteri
terra Parisiensi Sancte-Genovefe, et de hoc habendi curiam et emolumenta, peterentque dicti religiosi impedimentum, per gentes nostras in dicta saisina sua super hoc appositum, amoveri: Visa inquesta
super hoc de mandato nostro facta, vocato eciam et super hoc audito
magistro Thoma de Sarnayo, collectore nostro manuummortuarum,

[1] Lisez salvis.

qui dictum impedimentum apposuerat in predictis, quia inventum
est sufficienter probatum dictos religiosos esse et fuisse in saisina predictorum, per curie nostre judicium, dictum fuit et pronunciatum
predictum impedimentum debere amoveri, dictosque religiosos debere in sua saisina predictorum remanere, dictumque impedimentum curia nostra amovit, salva in predictis questione proprietatis
domino Regi.

. In festo beati Andree.

. Monci reportavit.

II. Cum conquestus fuisset coram nobis Anselmus de Hodi-Villa,
miles, de ballivo Silvanectensi, super eo quod dictus miles asserebat se, racione messarie, quasdam prisias quorumdam animalium fo-
risfaciencium, virtute cujusdam judicati, pro ipso prolati, per dictum
ballivum inter ipsum, ex una parte, et nos ac decanum et capitulum
Sancti-Frambaldi Silvanectensis ac communitatem ville Angiaci, ex
altera, juste et licite fecisse, et quod dictus ballivus ipsum super
hoc impediebat injuste, requirebatque dictum judicatum debite execucioni demandari, et impedimentum super hoc per dictum ballivum sibi appositum amoveri : Tandem, inquesta super hoc de mandato nostro facta visa et diligenter examinata, viso eciam judicato
predicto et declaracione ejusdem judicati, quia inventum est dictum
militem fecisse dictas prisias contra tenorem dicti judicati et decla-
racionem ejusdem, dictum fuit et pronunciatum, per curie nostre judicium, dictam requestam predicti militis super hujusmodi prisiis
non esse sibi faciendam, et dictum judicatum cum sui declaracione
in suo robore remanere debere.

In festo beati Andree.

Bocellus reportavit.

III. Cum esset mota discordia coram nobis inter dominam de Chantilliaco, ex una parte, et comitem Donni-Martini, ex altera, super
eo quod dicebat dicta domina quod dictus comes injuste eam turba-

bat et impediebat in justicia sua, quam dicebat se habere in terra sua de Villa-Nova-subtus-Donnum-Martinum et pertinenciis dicte terre, petens ipsum comitem compelli ad cessandum ab impedimento et perturbacione predictis, et pronunciari ipsum non habere jus impediendi ipsam in predictis, et dictam justiciam ad eam pertinere, dicto comite contrarium dicente, et petente pronunciari se esse in possessione alte justicie, in terra predicta, et se debere in ea remanere : Visa inquesta super hoc de mandato curie nostre facta, viso eciam quod super hoc, pendente lite, dicta domina rebus humanis exempta, successit eidem in predictis magister Radulphus de Chantilliaco, filius ejus et heres, resumens et prosequens dictam causam, quia inventum fuit dictum Radulphum super hoc suam intencionem sufficienter probavisse, quantum ad terram suam de Villa-Nova predicta in suo domanio existentem, pronunciatum fuit, per curie nostre judicium, dictum comitem impedimentum predictum injuste apposuisse et illud debere amoveri, et ad dictum Radulphum dictam justiciam in terra predicta pertinere, reservata dicto comiti questione super jure, si quod ipse habebat, ante motam litem predictam, ajornandi coram se homines dicte terre.

In festo beati Andree,

Cuillier reportavit,

IV. Cum mota esset discordia coram nobis inter Geraldum de Cornelio, militem, et Guillelmam, ejus sororem, ex una parte, et magistrum Fulconem de Soris, procuratorem nostrum in senescalliis Petragoricensi et Caturcensi, ex altera, super eo quod dicebant dicti conjuges quod Geraldus Flote, miles, tunc senescallus Petragoricensis et Caturcensis, eos coram se traxerat in causam, ad instanciam procuratoris nostri predicti, asserentis dotem dicte Guillelme et quedam alia bona ejusdem esse nobis commissa, dictusque senescallus pronunciaverat, per diffinitivam suam sentenciam, dictam dotem et quedam alia bona ejusdem Guillelme esse nobis commissa; a qua sentencia, tamquam nulla seu iniqua, dicti conjuges ad nos appellaverant, petentes predictam sentenciam nullam pronunciari, vel, si esset aliqua, injustam decerni, procuratore nostro predicto contrarium dicente : Viso dicte cause totali processu, pronunciatum fuit, per curie nostre judicium, dictum senescallum male pronunciasse, et dictos conjuges bene appellasse.

In festo beati Andree.

Cuillier reportavit.

V. In causa, coram camerario Sancti-Victoris Parisiensis, mota inter Guillelmum de Monsterolio, alias dictum Caorsini, ex parte una, et Mariam Franche, Aalesiam, relictam defuncti Thome dicti Crastuisim, et liberos dictorum Thome et Aalesie, ac eciam tutores seu curatores dictorum liberorum, ex altera, super eo quod dictus Guillelmus, dicens dictum Thomam consanguineum suum fuisse, et quod dictus Thomas, dum viveret, eum tenebat pro suo consanguineo, petebat coram dicto camerario se, tanquam consanguineum dicti Thome, admitti, mediante et oblata bursa, prout debet fieri, ad retraccionem cujusdam domus et quarumdam hereditatum ad dictam domum pertinencium, que fuerant dicti Thome et erant tempore quo decessit, et per mortem ejus devenerant ad dictos liberos dicti Thome, quas domum et hereditates dicti liberi et eorum tutores seu curatores vendiderant dicte Marie Franche; in qua causa, partibus presentibus et ad judicium adpunctatis coram dicto camerario, dictus camerarius dictos reos predicto Guillelmo per suum judicium condempnavit in predictis per dictum Guillelmum petitis, a quo judicato, tanquam falso et pravo, dicti Maria, Aalesia et liberi ac eorum tutores, ad nostrum prepositum Parisiensem appellaverunt; qui prepositus, in dicta causa procedens, auditis parcium racionibus et viso dicto processu et judicato predicto dicti camerarii, per suum judicium pronunciavit dictum camerarium male judicasse, et predictos appellantes bene appellasse; a quo judicato dicti prepositi, tanquam a falso et pravo, dictus Guillelmus ad nos appellavit : Visis igitur processibus omnibus et judicatis predictis, auditisque

parcium racionibus hinc et inde, per curie nostre judicium, dictum Philippe IV,
1307.
fuit et pronunciatum dictum prepositum male judicasse et dictum
Guillelmum bene appellasse, et quod dicti camerarii judicatum predictum mandabitur execucioni.

In festo beati Andree.

M. J. Anthonius reportavit.

VI. Cum, mota controversia inter abbatem et conventum Majoris-
Monasterii Turonensis et eorum priorem de Dynanno, dicencium se
esse et nos eciam in saisina garde dicti prioris et ejus prioratus, ex
parte una, et Henricum de Avalgorio, domicellum, ex altera, super
eo quod dictus domicellus violenter et injuste et in prejudicium dictorum religiosorum et dicte garde nostre, ut dicebatur, amoverat
quasdam cruces existentes super certas domos suas apud Dynannum,
quas dictus prior ibidem, dicte amocionis tempore, positas tenebat et
tenuerat per duos annos ante et ultra, necnon super justicia alta et
bassa in dictis domibus et in toto feodo Sancti-Vincencii, et super quibusdam injuriis dicto priori et suis gentibus per gentes dicti domicelli
ut dicebatur, illatis, certi commissarii, virtute litterarum nostrarum,
a ballivo Turonensi super hoc deputati, in premissis procedentes,
per eos cognito nos et dictos religiosos esse in saisina garde prioratus predicti, dictumque priorem dictas cruces in dictis domibus,
sicut premissum est, positas tenere et tenuisse, et eas per dictum
domicellum violenter et injuste amotas fuisse, dictamque altam et
bassam justiciam locorum predictorum esse contenciosam inter partes
predictas, dictas cruces super dictas domos reponi fecerunt, dictamque justiciam ad manum nostram, tanquam superioris, propter debatum parcium, posuerunt, diem coram nobis, Parisius, ad parlamentum, dictis partibus super hoc assignantes: Dicto igitur processu ad
nostram curiam reportato, viso et diligenter examinato, curia nostra
id quod per dictos commissarios super hiis factum extitit per suum
judicium approbavit, et precepit quod super injuriis predictis, vocatis qui fuerint evocandi, veritas inquiratur et referatur per certos

Philippe IV,
1307.

auditores, quibus tradetur id quod per dictos commissarios super hoc extitit inchoatum.

In festo beati Andree.

M. J. Anthonius reportavit.

VII. Cum, a quodam judicato, per curiam secularem abbatis et conventus Sancte-Genovefe Parisiensis pro Jacobo Boucelli, cive Parisiensi, lato contra magistrum Lambertum de Voyssiaco, domini Regis clericum, per quod judicatum pronunciatum fuit quod, non obstantibus racionibus ex parte dicti magistri Lamberti propositis, dictus Jacobus, contra defensiones ex parte dicti magistri propositas, poterat replicare, per dictum magistrum Lambertum ad curiam nostram appellatum fuisset : Auditis super hoc partibus in causa dicte appellacionis, et viso processu et judicato predictis, per curie nostre judicium, dictum fuit et pronunciatum bene fuisse judicatum per curiam dictorum religiosorum, et predictum magistrum Lambertum male appellasse, et redibunt partes ad dictorum religiosorum curiam in eorum principali causa ulterius processure.

Mercurii in festo beate Lucie virginis.

Monci reportavit.

VIII. Cum orta esset discordia coram gentibus nostris tenentibus dies Trecenses, inter abbatem et conventum monasterii de Bese, racione curie secularis eorum, ex una parte, et Henriotum dictum Lodier, et Johannem, ejus filium, ex altera, super eo quod Henriotus et Johannes predicti, proponentes quod curia secularis dictorum religiosorum Luciotam, uxorem Henrioti predicti, racione cujusdam burgesie, ceperat, et tamdiu in carcere tenuerat quod ipsa ibidem decessit, petebant sibi super hoc justiciam exhiberi, dictis religiosis, ad ipsorum et curie sue secularis innocenciam super facto predicto purgandam, in contrarium proponentibus quod, si dicta Luciota et Henriotus, ejus maritus, per gentes eorum, ob causam burgesie, capti fuerant, hoc juste et licite facere potuerunt, secundum statuta et ordinaciones domini Regis super burgesiis facta, et quod, tempore predicte capcionis, dicta Luciota apparebat infirma cuilibet intuenti, et diu exivit eorum prisionem antequam ipsa moreretur[1]; item, quod predictis Henrioto et Luciota, per dictos religiosos alias captis, racione burgesiarum, et per ballivum Calvi-Montis, qui erat pro tempore, a dictorum religiosorum prisione extractis, ipsi religiosi fuerunt, cum cause cognicione, per dictum ballivum de dictis Henrioto et Luciota restituti : Visa inquesta super hoc de mandato nostrarum gencium dies Campanie tenencium facta, et ad curiam nostram, de consensu parcium, asportata, quia inventum est dictos religiosos, juxta statuta et ordinaciones domini Regis, juste et licite predictos incarcerasse, ac dictam Luciotam, quando ipsa dictum carcerem intravit, fuisse infirmam et diu vixisse postquam exivit predictum carcerem, per curie nostre judicium, dicti religiosi et eorum curia secularis ab impeticione predicta dictorum Henrioti et Johannis sentencialiter absoluti fuerunt.

Mercurii predicta.

Monci reportavit.

IX. Inquesta facta super violenciis et injuriis illatis, ut dicitur, monachis Sancti-Richarii et eorum gentibus per quosdam homines dicte ville, propter multos defectus ibidem repertos, est reficienda.

Mercurii predicta.

Monci reportavit.

Inquesta est in sacco reliquiarum hujus parlamenti.

X. Cum domicella Ada de Kaisnel nobis significasset quod Johannes de Voyssiaco, miles, tunc ballivus Viromandensis, ipsam de possessione centum et quatuor jugerum terre, de feodo Johannis de Villaribus, armigeri, movencium, violenter et injuste ejecerat occasione cujusdam judicati super hoc contra ipsam, ut dicitur, per homines Montis - Desiderii pro Coleta Germainne facti, ipsaque proponeret

---

[1] Lisez *moriretur*.

Philippe IV,
1307.

quod nunquam se supposuerat super hoc judicio dictorum hominum, sed semper pecierat se remitti ad dictum dominum feodalem,
dicto ballivo contrarium asserente : Visa inquesta, super hoc vocatis partibus, de mandato curie nostre facta, pronunciatum fuit, per
curie nostre judicium, dictam Coletam in sua possessione terre predicte remanere debere, salva dicte Ade questione proprietatis in predictis.

Mercurii predicta.

Cuillier reportavit.

XI. Cum homines communie de Pontisara contra bolengerios
ejusdem ville proposuissent quod, licet dicta villa esset et sit adeo
libera quod bolengerii villarum dicte ville vicinarum et quicumque
extranei poterant et possunt asportare ad dictam villam panes magnos et parvos, ad voluntatem suam, per tres dies, scilicet diebus
martis, jovis et sabbati, qualibet septimana, et ista libertate longo
tempore fuissent usi; tamen bolengerii dicte ville predictos bolengerios extraneos ne diebus martis et jovis possent panes, ut predictum est, ad dictam villam asportare, et eosdem ibi vendere injuste
impediebant, contra libertatem predictam dicte ville ac eciam in eorum detrimentum, petentes per nos declarari predictos bolengerios
foraneos posse panes, ad voluntatem suam, dictis diebus, ad villam
predictam asportare et vendere, petentes eciam quod, cum per predecessores nostros Francie reges sit bolengeriis dicte ville concessum quod quicumque intraverit eorum officium debet potare bolengerios, et singulis dare gastellum unius oboli, dicti bolengerii,
predicta concessione abutentes, in exactione dicti potus adeo exce-
debant, quod ipsi intrantes dictum officium viginti et triginta librarum et plus quandoque faciebant in vino expendere, et ideo pauci
vel nulli volebant dictum officium assumere vel intrare; quare petebant super hiis per ordinacionem nostram remedium apponi. Petebant eciam quod boni viri, alii quam de artificio dictorum bolengeriorum, dentur eis ad videndum panes et corrigendum defectus

Philippe IV,
1307.

in panibus existentes; bolengeriis dicte ville contrarium dicentibus,
et asserentibus se esse in saisina prohibendi ne extranei bolengerii
predicti vel alii possint asportare panes ad vendendum in dicta villa,
nisi in die sabbati tantummodo et non talliatum et subtus valorem
duorum denariorum, et eciam dicebant se esse in saisina habendi
regardum in panibus per homines sui artificii et corrigendi defectus
in panibus existentes : Visa igitur inquesta super hiis de mandato curie nostre facta, pronunciatum fuit, per curie nostre judicium, quod
bolengerii extranei poterunt de cetero, libere et sine impedimento
quocunque, asportare ad dictam villam, diebus martis, jovis et sabbati, qualibet septimana, panes suos non talliatos subtus valorem
duorum denariorum et eos ibidem vendere, et quod quicumque intraverit de cetero ministerium bolengeriorum dabit cuilibet bolengerio gastellum unius oboli et duos denarios monete currentis, pro
potu tantummodo; defectus autem existentes in panibus per totum
annum videbunt et corrigent duo probi viri, non bolengerii, una
cum duobus aliis probis viris bolengeriis super hoc a ballivo deputatis.

Mercurii in festo beate Lucie virginis.

Cuillier reportavit.

XII. Cum Guillelmus de Fayno, clericus, nobis conquestus fuisset quod magister Johannes, cancellarius Bituricensis, et Petrus de
Sancta-Cruce, miles noster, inquisitores super officiales nostros a nobis deputati in senescallia Belli-Cadri, formam potestatis sue a nobis
eisdem tradite excedentes, cum ipse, ut dicebat, in servicio nostro
nunquam fuisset, contra ipsum, tanquam officialem nostrum, procedentes, ipso in contrarium reclamante, domum ejus frangi et equum
suum adduci et bona ejus vendicioni exponi fecissent, et plura eciam
gravamina injuste eidem intulissent; et nos, per litteras nostras, dictis inquisitoribus mandavissemus ut, si ita esset, dicta gravamina
revocarent, clausulam in dictis litteris apponentes quod, nisi ipsi inquisitores predictum mandatum nostrum adimplerent, per easdem

litteras senescallo Belli-Cadri dabamus in mandatis ut predictum mandatum nostrum adimpleret, predictis inquisitoribus sufficienter super
hoc requisitis et existentibus in defectu, predictus Guillelmus dicto
senescallo supplicavit quod, cum ipse esset et sit clericus, et dicti
inquisitores, formam potestatis sue excedentes, predicta gravamina,
sine justa causa, eidem intulissent, ipse pronunciaret predicta, contra
eum, per doctos inquisitores, utpote a judice non competenti facta,
non valere, et facta ab eisdem, tam de persona quam de bonis dicti
Guillelmi, ad statum debitum debere reponi; procuratore nostro, magistro Matheo de Mantina, in illis partibus a nobis deputato, contrarium dicente, et proponente predicta fieri non debere, et tandem
senescallus predictus seu ejus commissarius, auditis racionibus et
allegacionibus utriusque partis, causam predictam, de consensu parcium, ad nostram curiam instructam remiserit: Viso igitur processu
coram dicto senescallo seu ejus commissario super hoc facto, pronunciatum fuit, per curie nostre judicium, bona omnia dicti clerici,
mobilia et immobilia, ad manum nostram, de mandato dictorum inquisitorum posita, eidem debere integraliter restitui.

Mercurii predicta.

Cuillier reportavit.

XIII. Coram Johanne de Arreblayo, milite, senescallo Petragoricensi et Caturcensi, proposuit magister Fulco de Surys, procurator
noster in senescallia predicta, contra abbatem et conventum Bran-
tholmenses, quod cum ipsi, cum multitudine hominum, ad quemdam
ortum prope Brantholmum, tamquam domini temporales dicti loci,
causa diruendi seu demoliendi quamdam domum et quoddam trolium per Arnaldum Saunerii ibidem edificatum, accessissent ad instanciam Petri dicti Batelat, asserentis se dictum locum possidere et
injuste a dicto Arnaldo edificatum esse, et ipse Arnaldus, hoc sciens,
a dictis abbate et conventu, ne dirueretur dictum edificium, ad nos
vel ad senescallum predictum, in presencia dictorum abbatis et conventus, appellasset, et eisdem abbati et conventui, ex parte nostra

et senescalli predicti, in quantum poterat, inhibuisset ne dictum edificium destrueretur, dictus abbas respondit quod, nec propter appellacionem, nec propter Regem, nec propter roqum, dimitteret quin
ipse edificium predictum destrueret, et, spreta dicta appellacione,
primus contra dictam domum percuciens clamavit : *Fondez! fondez!*
et tunc gentes ipsius abbatis funditus dictum edificium destruxerunt;
propter quod peciit dictus procurator, contra predictos religiosos et
eorum curiam secularem, pro tantis excessibus, emendam condignam
nobis adjudicari et Arnaldo predicto, procuratore dictorum abbatis
et conventus contrarium dicente; tandem senescallus predictus, auditis racionibus utriusque partis, per diffinitivam sentenciam, in trecentis libris Turonensibus nobis pro emenda, et in centum, et quinquaginta libris Turonensibus, ipsi Arnaldo, racione demolicionis, vel
dirucionis predicte, solvendis taxavit et judicavit emendam contra
dictos religiosos et eorum curiam secularem, et expensas dicte litis
eidem Arnaldo adjudicavit, et pronunciavit eundem esse et fuisse in
possessione dicti orti tempore demolicionis predicte; pronunciavit
eciam ipsum reducendum esse in possessione dicti orti, et quod ipsum trolium reedificare et in priori statu reponere posset; a qua
sentencia, tanquam iniqua, utraque parcium, in quantum contra se
faciebat, ad nos appellavit; partibus igitur in nostra curia comparentibus, peciit dictus procurator noster, cum constet, ut dicebat,
partem dictorum religiosorum vim publicam in hujusmodi commisisse, ipsos in amissione omnium bonorum suorum temporalium aut
dicte jurisdicionis sue temporalis, saltem quoad vitam suam condempnari, et quoad hanc condempnacionem per dictum senescallum
factam augmentari, procuratore abbatis et conventus petente dictam sentenciam nullam esse pronunciari, aut si esset aliqua, eam injustam decerni : Auditis igitur parcium racionibus hinc et inde, et
viso toto processu predicto, curia nostra sentenciam predicti senescalli, in eo quod ipse taxavit et adjudicavit, racione predicta, trecentas libras Turonenses, pro emenda nostra, et centum et quinquaginta
libras Turonenses dicto Arnaldo, pro dampnis ab eo passis, racione

dirucionis seu demolicionis dicti trolii seu edificii, solvendas, et in
eo quod dictus Arnaldus edificium predictum in statu in quo erat
ante dictam litem motam reponat, si sibi videbitur expedire, per
suum judicium, confirmavit, et in ceteris dicti senescalli judicatum
predictum infirmavit, salvo tamen dictis Arnaldo et Petro jure suo,
si quod ipsi habebant in loco predicto ante litem motam predictam,
tam in possessione quam in proprietate, quibus nolumus per dictam
sentenciam aliquod prejudicium generari.

Mercurii in festo beate Lucie.

Cuillier reportavit.

XIV. Cum, inter textores, ex una parte, et fullones et tincturarios
ville Castri-Nanthonis, ex altera, super eorum officiis predictis orta
quondam discordia, facta fuisset, per ballivum tunc Senonensem, ordinacio quedam, continens quod omnes et singuli textores, fullones
et tincturarii dicte ville quicumque vellent officia predicta omnia insimul et per se quodlibet eorum facere possent et exercere, predicti
fullones et tincturarii nobis super hoc conquesti fuerunt, pluribus racionibus proponentes dictam ordinacionem in eorum dampnum et
prejudicium, et contra usum et consuetudinem dicte ville et aliarum
villarum, in quibus hec officia communiter exercentur, et non vocatis
illis quorum intererat, factam fuisse, parte dictorum textorum pro
dicta ordinatione tenenda contrarium, multis racionibus, asserente :
Auditis igitur dictis partibus, et facta de mandato nostro super hoc
inquesta visa et diligenter examinata, inventoque dictos fullones et
tincturarios, quorum intererat, minus sufficienter vocatos fuisse in
ordinacione predicta, et quedam alia fuisse in ea pretermissa que super dictis officiis attendi consueverant et debebant, per curie nostre
judicium, ordinacio predicta fuit penitus anullata, et pronunciatum
fuit eam non debere teneri, et nos, super officiis predictis et super
punicione illorum qui delinquerint in eisdem, ordinabimus, prout
et quando fuerit oportunum et viderimus faciendum.

Mercurii predicta.

Sanctus Obertus reportavit.

XV. Cum, coram bajulo et judice curie Montis-Pessulani illustris regis Majoricarum, controversia mota fuisset inter Johannem de Monte-Arnaldo et Guillermam, ejus socrum, ex una parte, et Jacobum de Alba, de Monte-Pessulano apothecarium, ex altera, super eo quod predicti Johannes et Guillerma asserebant se, in quadam domo bassa dicti Jacobi et depressa, jus habere servitutis alcius eam non tollendi et luminibus non officiendi cuidam eorum alte domui, et se esse in possessione vel quasi dicte servitutis, predicto Jacobo contrarium asserente, et dicente domum suam predictam esse liberam ab omni servitute, predicti bajulus et judex, in causa hujusmodi procedentes, diffinitivam in ea tulerunt sentenciam, dictum Jacobum a peticione predicta sentencialiter absolvendo; a qua sentencia, tamquam ab iniqua, per dictos actores appellatum fuit ad locum tenentem predicti regis Majoricarum in Monte-Pessulano. Qui locum tenens, in causa dicte appellacionis procedens, predictam sentenciam confirmavit; a cujus confirmacione, tamquam iniqua, dicti actores iterato ad nostram curiam appellarunt. Auditis igitur, in causa dicte appellacionis, partibus antedictis, et visis processibus et judicatis predictis, per curie nostre judicium dictum fuit et pronunciatum dictos judicantes bene judicasse, et predictos appellantes male appellasse, et quod ipsi hoc emendabunt.

Mercurii in festo beate Lucie.

Mellentus reportavit.

XVI. Cum, in nostra curia, questio verteretur inter Romanam de Quarreriis, ex parte una, et magistrum Guillelmum de Remis, tunc auditorem Casteleti nostri Parisiensis, ex altera, super eo quod dicta Romana petebat a dicto magistro Guillelmo, tamquam officiali nostro, plures pecuniarum summas sibi reddi, racione plurium bonorum ipsius Romane per dictum magistrum Guillelmum, tamquam officialem nostrum, vel ejus mandatum captorum, distractorum et eciam con-

sumptorum, petens ad hoc dictum magistrum Guillelmum, ut officialem nostrum, per curie nostre judicium, condempnari; dicto magistro Guillelmo in contrarium, pluribus racionibus, proponente se ad
hoc non teneri : Tandem, auditis hinc inde propositis, et visis quadam
inquesta, de mandato curie nostre facta super hoc, et quodam judicato curie nostre super hoc exhibito, per curie nostre judicium, dictum fuit et pronunciatum quod dictus magister Guillelmus, qui tunc
temporis officium nostrum gerebat, reddet predicte Romane sexcentas libras Parisienses, sub valore monete currentis tempore illo quo
dicta bona capta fuerunt, videlicet anno Domini millesimo ducentesimo nonagesimo nono, salva dicto magistro Guillelmo actione contra
servientes dicti Castelleti nostri Parisiensis et filium dicte Romane,
ac omnes alios qui de dictis bonis aliquid recepisse dicuntur.

Sabbato ante Nativitatem Domini.

Roya reportavit.

XVII. Cum comes Autissiodorensis et Tornodori, dicens se esse
in saisina gardie monasterii monialium de Rubeo-Monte, et se ac
predecessores suos in saisina predicta fuisse a tempore cujus contrarii
memoria non existit, quodque dicte religiose, ipsum super hoc impediendo, injuste et de novo advoaverant se esse de nostra gardia
speciali, peciisset dictum impedimentum amoveri, ballivo Senonensi
mandavimus, vocatis evocandis, super hoc veritatem inquiri : Visa
igitur inquesta super hoc facta, non fuit inventum aliquem defensorem pro nobis, qui jus nostrum in hujusmodi defenderet, in ea comparuisse, nec aliquos testes pro parte nostra vel dictarum monialium
in ea fuisse productos, et idcirco, per curie nostre judicium, dictum
fuit quod dicta inquesta ad presens non judicabitur, sed veritas super hoc plenius inquiretur, et committetur aliquibus ydoneis, qui, vocato ballivo Senonensi pro nobis, dictis religiosis et aliis evocandis,
secundum articulos, a partibus tam traditos quam tradendos, reci-
piant parcium probaciones, et inquestam hujusmodi, una cum alia
predicta, curie mittant ad judicandum.

Voluerunt quod J. de Roya mittatur, qui reportavit et habet istam inquestam.

Sabbato predicta.

XVIII. Cum Guillelmus de Grandelayn, serviens noster de Calviaco, per inquisitores super officiales nostros in ballivia Viromandensi tunc deputatos a nobis, in pluribus pecuniarum summis nobis et pluribus personis, que de ipso conqueste fuerant, condempnatus fuisset, et ipse postea, super hoc conquerens, in curia nostra proposuisset quod dicti inquisitores ejus bonas defensiones, quas coram eis proposuerat et se eas obtulerat legittime probaturum, audire et admittere recusaverant, requirens sibi super hoc provideri, nosque ballivo Viromandensi mandassemus, dictas defensiones eidem sub nostro clausas contra-sigillo mittentes, ut ipse diligenter inquireret veritatem, si dictus Guillelmus coram predictis inquisitoribus dictas defensiones proposuerat et eas obtulerat se legittime probaturum, et si ipsi eas admittere recusaverant, et utrum essent vere defensiones predicte; dictus vero ballivus, cui super hoc specialem commissionem feceramus, ejus ad hoc industriam eligendo, inquestam hujusmodi commisit aliis faciendam : Visa igitur, per curiam nostram, inquesta predicta, ipsa, per curie nostre judicium, fuit totaliter anullata, et si dictus Guillelmus dictas defensiones suas prosequi voluerit et probare infra instans parlamentum, dabuntur sibi auditores, qui, vocatis evocandis, probaciones suas recipient, prestita prius ydonea cautione a dicto Guillelmo de dictis condempnacionibus reddendis si succumbat in causa, alioquin fiet execucio contra ipsum de condempnacionibus antedictis.

Sabbato ante Nativitatem Domini.

Cuillier reportavit.

XIX. Orta discordia inter Johannem de Chauny et ejus uxorem, ex una parte, et majorem et juratos ville Laudunensis, ex altera, super vendicione bonorum Majorisse de Vallibus et locagiis cujusdam do-

238

LES OLIM.

PHILIPPE IV, 1307.

mus in burgo Laudunensi site, a dictis majore et juratis receptis, super hoc mandavit dominus Rex inquiri veritatem : Inquesta igitur super hoc facta per curiam nostram visa, propter defectus in ea repertos, nec fuit ad hoc aliquis pro dicta villa vocatus, per curie nostre judicium, fuit anullata, et mandabitur ballivo Viromandensi quod, si dicti conjuges super hoc aliquid petere voluerint, vocatis partibus, super hoc exhibeat celeris justicie complementum.

Sabbati predicta.

Monci reportavit.

Non habui inquestam.

XX. Super eo quod Thomas Sorciau de summa mille et ducentarum librarum, pro precio octingentorum porcorum a Johanne Pelaut venditorum, a dicto Johanne suam debitam porcionem, racione societatis mercature, petebat coram ballivo Senonensi, dicto Johanne proponente quod, per compotum certa die factum super hoc inter ipsos, dictus Thomas tenuerat se super hoc pro pagato, predicto Thoma dictum compotum negante, et replicante quod illa die qua proponitur dictum compotum fuisse factum, et per unum mensem ante et alium mensem post, continue ipse fuerat absens a patria, per octoginta leucas et ultra, et quod bene per annum unum post dictam diem inter eos extitit concordatum quod super hoc bonus fieret compotus inter ipsos ; dicto Johanne e contrario, pluribus racionibus, proponente eundem Thomam non debere super hoc audiri; dictus ballivus judicavit, non obstantibus propositis ex parte dicti Johannis, predictum Thomam ad illum finem ad quem intendebat esse super predictis suis racionibus admittendum; a quo judicato, tamquam falso et pravo, dictus Johannes ad nos appellavit : Auditis igitur dictis partibus in causa appellacionis predicte, et visis judicato et processu predictis, per curie nostre judicium, dictum fuit et pronunciatum dictum ballivum bene judicasse, et predictum Johannem male appellasse, et quod ipse hoc emendabit.

Sabbati predicta.

Monci reportavit.

XXI. Quidam modicus processus ad instanciam monachorum Sancti-Dyonisii, super garenna territorii de Prato-Sancti-Gervasii, per Castelletum factus, fuit per curiam anullatus, prout continetur in rotulo hujus parlamenti.

XXII. Inter Adam Espertim, civem Parisiensem, ex una parte, et Ysabellim la Houdoyne et Guiotum, ejus filium, ex altera, coram Parisiensi preposito, mota questione super execucione quam petebat fieri dictus Adam cujusdam gagiamenti, summam octoginta et duodecim librarum Parisiensium continentis, et super cujusdam erroris revocacione, per dictum Adam incontinenti factam, dictus prepositus, auditis partibus, judicavit dictum Adam predictum errorem posse incontinenti revocasse, ac predictum gagiamentum debere execucioni mandari; a quo judicato, tamquam falso et pravo, pars adversa ad nos appellavit: Auditis igitur dictis partibus in causa appellacionis predicte, et visis judicato et processu predictis, per curie nostre judicium, dictum fuit et pronunciatum dictum prepositum bene judicasse, et dictos appellantes male appellasse, et quod ipsi hoc emendabunt.

Sabbato ante Nativitatem Domini.

Monci reportavit.

XXIII. Cum mota fuisset in curia nostra questio inter majorem et pares communie Belvacensis et Michaelem Boulie, juratum eorum, ex una parte, et Garnerium de Credolio, prepositum Belvacensem, ex altera, super eo quod predicti major, pares et Michael, proponentes quod dictus Garnerius predictum Michaelem, extra metas prepositure sue existentem, cum aliis de communia Belvacensi, pro mostra nostra facienda, sine causa racionabili, verberaverat usque ad sanguinis efusionem, et quasdam alias injurias eidem intulerat, dictam mostram impediendo, petebant dictas injurias nobis et sibi emendari, dicto

Garnerio hoc negante, et in contrarium proponente dictum Michaelem sibi injuriam intulisse, et eam sibi emendari petente et se a petitis contra ipsum absolvi; tandem, super premissis facta per curiam nostram commissione decano Sancti-Frambaldi Silvanectensis et Jacobo de Curtilis, burgensi ville de Pontibus-Sancte-Maxencie, cum illa clausula, causam hujusmodi audiatis et fine debito terminetis, predicti commissarii, de dicta causa cognito, dictum Garnerium a predictis contra ipsum petitis per suum judicium absolverunt; a quorum judicato, tanquam falso et pravo, predicti major, pares et Michael ad nostram curiam appellarunt : Auditis igitur, in causa dicte appellacionis, predictarum parcium racionibus hinc et inde, visisque processibus et judicato predictis, per curie nostre judicium, dictum fuit et pronunciatum predictos commissarios bene judicasse, et dictos appellantes male appellasse et quod ipsi hoc emendabunt.

Sabbati predicta.

M. Pasquerius reportavit.

XXIV. Cum Guido, dominus de Auneel, miles, proponens quod Gaufridus de Vitriaco, commissarius a nobis deputatus, tempore caristie preterite, ad investigandum et venalia exponendum granaria, reservato sufficienter victu et semine dominorum quorum essent blada reperta, certo precio, pro cujuslibet bladi sextario, per nos eidem taxato, sex modios et quatuor sextarios frumenti dicti Guidonis, apud Corbolium, in quodam granario, pro ipsius victu repositos, contra ipsius voluntatem et dicte commissionis sue tenorem, cepit, ipsum in hujusmodi plurimum dampnificando, peteret dictum Gaufridum, pro precio dicti bladi, secundum predictam taxacionem nostram, in centum et quinquaginta duabus libris Parisiensibus, et in ducentis libris Parisiensibus pro suis dampnis predictis, sibi condempnari et condempnatum ad solvendum compelli; dicto Gaufrido plures raciones in contrarium proponente, et quod juste et licite fecerat, secundum dictam commissionem suam, quicquid ipse fecerat in predictis : Tandem, auditis super hoc partibus antedictis, et visa inquesta super hoc

de mandato nostro facta, per quam non fuit inventum dictum militem aliquid habuisse de precio dicti bladi venditi per Gaufridum
predictum, per curie nostre judicium, dictus Gaufridus, pro precio
dicti bladi, secundum predictam taxacionem nostram, in predictis centum et quinquaginta duabus libris Parisiensibus, dicto militi reddendis, extitit condempnatus, reservato sibi, per curiam nostram, quod
sibi locum teneat illud quod ipse probare poterit dictum militem de
predicta summa pecunie habuisse, et in predictis ducentis libris, per
eundem militem, pro suis dampnis petitis, fuit idem Gaufridus sentencialiter absolutus.

Sabbati predicta.

Bocellus reportavit.

XXV. Cum Johannes de Aubergniaco, et Margarita, ejus uxor,
contra Johannam dictam Touz-Sainz coram Parisiensi preposito proponentes se ab heredibus defuncti Michaelis Tire-Lire, seu tutoribus
eorumdem, quamdam domum, sitam Parisius, pro certo redditu annuo, accepisse, prout hoc, in confectis super hoc litteris, contineri
dicebant, quam domum inhabitabat dicta Johanna nomine locagii sibi
facti a Michaele predicto, peciissent quod dicta Johanna domum predictam exire et ipsis conjugibus dimittere compelleretur; predicta
Johanna in contrarium proponente se dictam domum ad censum
annuum accepisse a Johanne le Mo et Johanne Lescot, tutoribus
Stephaneti, filii et heredis dicti Michaelis, et se non teneri dictam
domum exire, Radulphus de Vallibus, auditor tunc Castelleti Parisiensis, dictarum parcium auditis racionibus, per suum judicium,
pronunciavit dictam Johannam, non obstantibus contra eam propositis, debere in domo predicta remanere; a quo judicato dicti conjuges
emendacionem Parisiensis prepositi pecierunt; dictus vero prepositus, de causa predicta cognoscens, per suum judicium, pronuntiavit
dictum auditorem male judicasse, dictam Johannam condempnans
ad dimittendum dictis conjugibus domum predictam, salva eidem
Johanne actione sua contra tutores predictos; a quo dicti prepositi ju-

dicato, tanquam falso et pravo, dicta Johanna ad nostram curiam appellavit : Auditis igitur partibus in causa dicte appellacionis, et visis processu et judicatis predictis, per curie nostre judicium, dictum fuit et pronunciatum dictum prepositum bene judicasse, et dictam Johannam male appellasse.

Sabbati ante Nativitatem Domini.

Cuiller reportavit.

Medietatem emende curia remisit, ex causa, dicte Johanne.

XXVI. Cum, ex parte abbatis et conventus de Barbael in speciali garda nostra existencium, fuisset nobis expositum quod ea que ipsi habent, infra metas prepositure nostre de Castelleyo et de Hericiaco, sunt et esse consueverunt de jurisdictione et ajornamentis prepositure nostre Meledunensis, et quod ipsi sunt in saisina quod de predictis per servientes prepositure Meledunensis justicientur et ajornentur, petentes se in dicta possessione defendi, dilecto Petro de Brocia, hostiario nostro armorum et majore de Brocia, in contrarium proponente corpus dicte abbacie, domos de Hericiaco, de Vulaines, Bordam-Episcopi, Moleigni, Logias, Aubequin et de Pratis, Villam-Frainoy et le Gripon, esse de jurisdictione et ajornamentis prepositure nostre de Chasteleyo et de Hericiaco, eciam per majorem de Brocia faciendis; et se esse in saisina predictorum et petente se in ea defendi : Visa inquesta super hoc de mandato curie nostre facta, inventum fuit dictum Petrum intencionem suam super hoc melius probavisse, et idcirco, per curie nostre judicium, dictum fuit et pronuntiatum dictum Petrum, majorem de Brocia, esse et debere remanere, racione dicte majorie, in saisina ajornandi in locis predictis coram preposito nostro de Chastelleyo et de Hericiaco, et capiendi in locis predictis malefactores et eos ducendi apud Hericiacum et Chastelleyum, et in crastino apud Meledunum, et eciam cognoscendi de causis civilibus locorum predictorum, racione dicte prepositure nostre de Hericiaco et de Chastelleyo, salva questione proprietatis dictis religiosis.

Sabbati predicta.

Cuillier reportavit.

XXVII. Super debato quod pendet inter procuratorem abbatis et conventus de Faverno, ex una parte, et magistrum Johannem de Faverno, ex altera, auditis partibus, per curiam dictum fuerat quod processus eorum videretur. Dictus vero procurator processum suum curie tradidit, et dictus Johannes dixit quod nullum processum habebat, fori declinatorias proponendo : Viso igitur per curiam dicto processu, curia nostra processum hujusmodi, propter defectus in eo repertos, anullavit, salva cuilibet parti actione sua ; et super hoc quod dicti religiosi bannitos regni dicuntur receptasse, dominus Rex, quando voluerit, precipiet inquiri veritatem.

Veneris post Nativitatem Domini.

XXVIII. Cum, inter Adam dictum Espertim, de Parisius, ex parte una, et Stephanum dictum le Chaussier, ex altera, lis mota fuisset coram preposito Parisiensi super eo quod dictus Adam petebat quamdam domum, sitam Parisius, inter domum ipsius Ade et domum Andree de Gynach, sibi tradi et deliberari, tradendo ac solvendo eidem Stephano sumptus, misias et expensas litis mote inter dictum Stephanum, ex parte una, et dictum Andream de Gynach, ex altera, proponens sic fuisse actum et conventum inter ipsos, parte dicti Stephani dictas convenciones negante, et, racionibus pluribus, proponente se non teneri ad tradendum et deliberandum eidem Ade domum predictam; quibus hinc inde propositis, prepositus predictus, per suum judicium, dictum Stephanum condempnavit ad reddendum et deliberandum dicto Ade dictam domum, reddendo et solvendo ipsi Stephano sumptus, misias et expensas litis predicte, mote inter Andream et Stephanum predictos; a quo judicato, tamquam falso et pravo, dictus Stephanus ad nostram curiam appellavit : Auditis igitur in causa dicte appellacionis dictis partibus, et visis processu et judicato predictis, per curie nostre judicium, pronunciatum fuit dictum prepositum male judicasse, et predictum Stephanum bene appellasse.

31.

Philippe IV,
1307.

Martis post Circumcisionem Domini.

Sanctus Obertus reportavit.

XXIX. Cum nos Ingerranno, domino Couciaci, militi, tradidisse-
mus chaciam et garennam quas habebamus in boscis decani et capituli Sancti-Quintini in Viromandia, ac in boscis abbatis et conventus
Sancti-Nicolai-in-Bosco, racione cujusdam permutacionis cum ipso domino facte, postea quedam commissio super hoc obtenta fuit a nobis
ad certos auditores, quibus mandavimus ut ipsi, vocatis partibus,
inquirerent veritatem si, tempore quo tradidimus Ingerranno predicto
garennam et chaciam predictas, nos eramus in possessione garenne
et chacie predictarum, et a quanto tempore ante, et si dictos boscos
erga omnes, et specialiter erga dictum capitulum ante pronunciacionem predictam tenueramus liberos et inmunes ab omni chacia et
garenna : Auditis igitur racionibus propositis hinc et inde, et visa inquesta super hiis de mandato nostro facta, per curie nostre judicium, dictum fuit et pronunciatum inventum fuisse sufficienter probatum quod nos in possessione et saisina dictarum garenne et chacie
et custodiendi dictam garennam, tempore facte dicte permutacionis,
eramus et fueramus per quatuordecim annos ante factam permutacionem predictam, dictumque dominum et causam a nobis in predictis habentem remanere debere in saisina predicta, salvo super hoc
jure proprietatis parti adverse.

Martis predicta.

Monci reportavit.

XXX. Mota controversia coram preposito Parisiensi, inter priorem
Sancti-Martini-de-Campis Parisiensis, ex parte una, et dominum
Montis-Morenciaci, ex altera, super eo quod dictus prior dicebat
dictum dominum, injuste et in dicti prioris prejudicium, proclamari
faciendo in suo castro Montis-Morenciaci mostram fieri generalem
pro eundo ad exercitum nostrum Flandrie, precepisse seu precipi
fecisse hospitibus Sancti-Martini, commorantibus in villis de Taver-

niaco et de Turno, ut ipsi cum armis irent in dictum exercitum cum aliis gentibus castellanie dicti domini, turbando in hoc et impediendo dictum priorem in sua saisina, in qua dicebat se et suos antecessores fuisse et esse, videlicet precipiendi dictis hospitibus ut ipsi irent ad nostrum exercitum seu ad aliud nostrum mandatum, cum expedit vel alias expedivit, et levandi subvenciones a dictis hospitibus quandocumque casus requirit vel alias requisivit, et de predictis sit et fuerit dictus prior, ut dicebat, solus, per se et suos antecessores, in bona saisina; quare petebat dictam turbacionem, seu impedimentum, sibi factam de novo per dictum dominum vel ejus gentes, amoveri, et se in sua saisina predicta servari, et dictum preceptum dictis hospitibus factum de eundo ad nostrum exercitum revocari, predicto domino contrarium asserente, ac dicente se fuisse et esse, per se et per suos antecessores, in bona saisina faciendi et percipiendi predicta, et se absolvi petente ab impeticione predicta dicti prioris; quibus a dictis partibus hinc et inde propositis et petitis, auditis racionibus et allegacionibus earumdem, dictus prepositus diffinitive pronuntiavit dictum priorem intencionem suam sufficienter probasse, dictum dominum eidem priori in predictis per dictum priorem petitis sentencialiter condempnando; a quo judicato, tanquam falso et pravo, per dictum dominum ad nostram curiam extitit appellatum: Visis igitur dicte cause processibus et judicato predicto, per curie nostre judicium, dictum fuit et pronunciatum dictum prepositum bene judicasse, et predictum dominum male appellasse, et quod ipse hoc emendabit, salvo et retento dicto domino quod ipse, in sua castellania, cum opus fuerit, monstram generalem possit facere proclamari.

    Martis post Circumcisionem Domini.

    M. J. Anthonius reportavit.

    XXXI. Cum frater Amblardus, prior prioratus de Cardeliaco, nobis exposuisset quod, ipso existente in pacifica possessione predicti prioratus, ex collacione sibi facta per abbatem Figiaci, ad quem dicti prioratus collacio, a tempore cujus contrarii memoria non existit, dicitur pertinere Johannes de Oratorio, Guillelmus de Cardeliaco, Guido et Guillelmus de Popia, fratres, Deodatus de Columphac, Odilius de Bello-Forti, Hugo de Bolengario, domicelli, cum magna multitudine armatorum, dictum priorem et ejus prioratum, in nostra speciali gardia existentem, in prejudicium garde nostre et, contra statuta pacis, hostiliter expugnantes, per violenciam armorum a dicto prioratu eum expulerunt, et prioratum hujusmodi obsidentes et obsessum tenentes, in castro de Cardeliaco et in locis vicinis ad arma publice proclamarunt, requirens per nos super hiis remedium oportunum apponi : Visa inquesta super hoc, vocatis partibus, de mandato curie nostre facta, inventum fuit sufficienter esse probatum dictum fratrem Amblardum, per predictum Johannem de Oratorio, tunc servientem nostrum, una cum predictis et pluribus aliis complicibus suis, de possessione predicta dicti prioratus, per violenciam armorum, injuste ejectum fuisse, et dictum prioratum, per predictum Guillelmum de Popia, fuisse violenter occupatum, et idcirco pronunciatum fuit, per curie nostre judicium, dictum prioratum debere dicto priori restitui per dictum Guillelmum de Popia, una cum omnibus fructibus, proventibus et exitibus perceptis et qui percipi potuerunt ex occupatis predictis, et dictum priorem debere reponi in eo statu predictorum in quo ipse erat ante violenciam predictam sibi illatam, et dampna omnia per hoc sibi illata debere resarciri eidem per occupatorem predictum ; et quia, per inquestam predictam, constitit predictos Guillelmum, Guidonem et Guillelmum Deodatum et Odilium, in predicta invasione interfuisse armatos, dicti Guillelmus de Cardeliaco in trecentis quinquaginta libris, Guillelmus et Guido de Popia, fratres, in centum libris, Deodatus de Columhac, in centum libris, et Odilius de Bello-Forti, in quinquaginta libris Turonensibus, pro emenda nostra, sentencialiter nobis condempnati fuerunt; et quia intelleximus quod Raymundus de Fato, Guillelmus Vasconis, Guillelmus de Phalhoriols, Renerius de Phalhoriols, Poncius de Podio, Deodatus de Balangario, Johannes de Oratorio, Guillelmus Gast de

Meleto et Hugo de Cardeliaco in predicto maleficio interfuerunt, licet ipsi in inquesta predicta non fuerint vocati, voluimus quod contra eos, vocatis partibus, de predictis inquiratur, et quod, secundum quod invenietur, ipsi nobis, in emendam condignam et pecuniariam, condemnentur.

Martis post Circumcisionem Domini.

De istis fiat littera dirigenda senescallo Petragoricensi; et estimacionem facultatum dictorum prenominatorum penes se habet M. H. Cuillier, qui dictam reportavit inquestam.

XXXII. Cum frater Hugo de Murellis, prior prioratus Sancte-Crucis, ad monasterium Figiaci immediate pertinentis, nobis exposuisset quod cum idem prior, existens in nostra gardia speciali, esset et fuisset in pacifica possessione vel quasi, predicti prioratus ex collacione abbatis Figiaci, ad quem dicti prioratus collacio dicitur pertinere, certo a nobis super hoc gardiatore ad ejus custodiam deputato, nichilominus Guillelmus de Cardeliaco, Guido et Guillelmus de Popia, cum pluribus aliis armatis, palam et publice ad prioratum et villam hujusmodi personaliter accedentes portas dicte ville, per vim et armorum potenciam, a suis portalibus amoverunt, et de eis catas fecerunt, et prioratum et ecclesiam dicti loci obsidentes, per tres dies et noctes hostiliter expugnarunt, contra pacis statuta et rei publice detrimentum ac nostre garde contemptum, et dictum priorem cum quodam quarello vulnerarunt, et quemdam monachum, dicti prioris socium, et familiam ipsius de predicta ecclesia expulerunt, petens super hiis per nos remedium opportunum apponi, et dictum prioratum et dampna sibi per hoc illata eidem restitui et reddi : Visa inquesta super hoc, partibus vocatis, de mandato curie nostre facta, repertum fuit dictum priorem sufficienter intensionem suam super hoc probavisse, et dictum prioratum, in nostra speciali garda existentem, per dictum Guidonem de Popia, per potenciam armorum, in contemptum garde nostre fuisse occupatum, et idcirco pronunciatum fuit, per curie nostre judicium, dictum prioratum cum omnibus fructibus, proventibus et exitibus, perceptis et qui percipi ex eo potuerunt, dicto priori fore restituendum per Guidonem de Popia predictum, et dampna omnia per hoc sibi illata debere resarciri eidem per occupatorem predictum, et, quia per predictam inquestam repertum fuit Guillelmum de Cardeliaco, Guidonem et Guillelmum de Popia predictos, et Deodatum de Columhac, Odilium de Bello-Forti, Hugonem de Balengario, in invasione predicta interfuisse armatos, dictus Guillelmus in trecentis quinquaginta libris Turonensibus, dicti Guido et Guillelmus in centum libris Turonensibus, dictus Deodatus in centum libris Turonensibus, dictus Odilius in quinquaginta libris Turonensibus, et dictus Hugo in quinquaginta libris Turonensibus, nobis, pro emenda nostra, sentencialiter condempnati fuerunt; et quia, per inquestam predictam, intelleximus quod Bertrandus de Bolengario junior, Fortanerius de Gordonio, Johannes de Melhorne, Hugo de Mirabello, Olricus le Vert, Guillelmus de Palheriols et plures alii usque ad sexaginta in predicto maleficio interfuerunt, qui tamen in predicta inquesta non fuerunt vocati, volumus quod contra eos super predictis, vocatis partibus, inquiratur, et quod, secundum quod invenietur, ipsi nobis in emendam condignam et pecuniariam condempnentur.

Martis predicta.

Littera fiat de istis senescallo Petragoricensi, et estimacionem facultatum suarum penes se habet magister H. Cuillier, qui dictam inquestam reportavit.

XXXIII. Cum, ex relacione dilecti et fidelis P. de Chambliaco, domini de Wlmis, militis et cambellani nostri, acceperimus quod cum gentes sue quedam animalia in quodam loco, in quo ipse omnimodam jurisdictionem asserit se habere, in presenti forisfacto cepissent, gentes abbatis et conventus monasterii Sancti-Medardi Suessionensis per portamentum et violenciam armorum, eisdem dicta animalia rescusserunt, et gentes dicti domini de Wlmis verberaverunt et eidem multas injurias intulerunt : Tandem, inquesta super

hoc de mandato nostro facta, visa et diligenter examinata, visa eciam
inquesta facta super suspicione proposita contra illum qui dictam
fecit inquestam, quia inventum est sufficienter probatum magnum
priorem dicte ecclesie, fratrem Adam de Resson, thesaurarium
dicte ecclesie; prepositum de la Chese, Johannetum, armigerum
dicti magni prioris, Johannem Forminet et Tassinum, una cum
quibusdam aliis complicibus suis invasisse violenter et cum armis
Letardum, majorem dicti domini de Wlmis., de Carelles, et sibi
rescussisse quedam animalia que dictus major, in chemino dicti domini de Wlmis justiciando, ceperat et secum ducebat, et eos dictum
majorem verberasse usque ad sanguinis effusionem, per curie nostre
judicium, dictum fuit et pronunciatum quod dictus locus de predictis
animalibus resaisietur, et quod dicti malefactores dicto domino de
Wlmis, pro violenciis et dampnis predictis, solvent sexaginta libras
Turonensium bonorum, et, pro emenda nostra, propter predictam
armorum portacionem, dicti prior, thesaurarius et prepositus mille
libras, et dicti Johannes, Tassinus et Johannes, quilibet eorum, viginti libras Turonenses nobis persolvent.

Martis predicta.

Bocellus reportavit.

XXXIV. Cum magister Theobaldus dictus Maucion proposuisset
coram preposito Parisiensi, quod Stephanus dictus de Mondidier et
ejus uxor tenebantur eidem in sexaginta libris Parisiensibus, sicut
per litteras Castelleti Parisiensis dicebat apparere, et, contra dictos
conjuges ad hoc citatos, peciisset dictas litteras execucioni demandari in bonis cujusdam firme quam tenebant dicti conjuges a Guillelmo dicto de Buc, armigero, et magister Reginaldus dictus le Bel,
dicens dicta bona ad se pertinere, ex causa empcionis a dictis conjugibus sibi facte, in hujusmodi se opposuisset, scientibus conjugibus
antedictis, proponens plures raciones propter quas dicebat quod
dicte littere non deberent dictis bonis execucioni demandari, et
auditis racionibus dicti Reginaldi, et defensionibus dicti Theobaldi,

prepositus Parisiensis pronunciasset litteras dicti Theobaldi execucioni fore demandandas in bonis predicte firme, a qua sentencia non fuit appellatum; tandem dictus Stephanus dicte execucioni se opposuit, dicens predicta bona ad se pertinere, et proponens plures raciones propter quas dicebat quod non deberent dicte littere execucioni demandari in bonis predictis; dictus autem Theobaldus in contrarium proposuit plures raciones propter quas dicebat dictum Stephanum super hoc non debere audiri; dictus vero prepositus, super hoc auditis partibus, pronunciavit dictas litteras execucioni fore demandandas in bonis firme predicte, non obstantibus propositis ex parte dicti Stephani; a cujus judicato, tamquam falso et pravo, dictus Stephanus ad nostram curiam appellavit : Auditis igitur dictis partibus in causa appellacionis predicte, et visis processibus et judicatis dictis, pronunciatum fuit, per curie nostre judicium, dictum prepositum bene judicasse, et dictum Stephanum male appellasse, et quod ipse hoc emendavit.

Martis post Circumcisionem Domini.

Cuillier reportavit.

XXXV. Mota controversia inter Huardum Hapart, ex una parte, et Guiotum Robinum et Martinum, fratres et heredes Ysabellis, uxoris quondam dicti Huardi defuncte, et nos, ex altera, super bonis recelatis per dictum Huardum non contentis in inventario bonorum dicte defuncte, que bona nobis et dictis heredibus, per arrestum nostre curie, debebant applicari, et super quibusdam rescussis factis per ipsum Huardum, ut dicitur, contra gentes nostras volentes capere et vendere bona sua pro emenda nostra mille librarum Turonensium, in qua pecunie summa dictus Huardus fuit nobis condempnatus per arrestum nostre curie, racione combustionis cujusdam papiri, et super dampnis que dicti heredes dicebant se sustinuisse racione dicte combustionis : Tandem, inquesta super hoc de mandato curie nostre facta visa et diligenter examinata, quia inventum est dictum Huardum nobis solvisse dictas mille libras, nec fecisse super hoc aliquas

PHILIPPE IV,
1307.

rescussas indebitas, de predictis mille libris jam solutis et rescussis antedictis, dictus Huardus, per curie nostre judicium, fuit sentencialiter absolutus; de bonis vero predictis per dictum Huardum, ut dicitur, recelatis, et de dampnis que dicti heredes asserunt se et nos sustinuisse, racione combustionis papiri predicti, propter defectus repertos in predicta inquesta, faciemus iterato veritatem inquiri.

Martis predicta.

Bocellus reportavit.

XXXVI. Mota controversia inter Petrum de Foresta, scutiferum, ex parte una, et Bernardum de la Cuielha, militem, et Ysabellim, relictam defuncti Bertrandi de la Cuielhe, militis, nomine suo et nomine tutorio et curatorio liberorum suorum ex dicto Bertrando susceptorum, ex altera, super eo quod dictus Petrus petebat sibi tradi et deliberari saisinam seu possessionem medietatis, pro indiviso, castri de Builhon, et alte ac basse justicie et pertinenciarum ejusdem castri, cum fructibus et profectibus qui ex predictis percepti fuerunt et percipi potuerunt, que petebat sibi fieri dictus Petrus; ex causa et racione cujusdam convencionis expresse facte et habite, ut ipse dicebat, inter partes predictas, et vallate dictarum parcium juramento in quodam compromisso habito inter dictum Petrum et B. predictum coram ballivo Arvernie, predictis Bernardo et Ysabelli, nomine quo supra, contradicentibus et asserentibus petita fieri non debere, sed pocius ipsos in saisina dictarum rerum petitarum remanere et conservari debere, ex convencione super hoc expresse habita inter dictas partes et juramento earum vallata in compromisso predicto : Visa igitur inquesta super hoc de mandato nostro facta et diligenter examinata, per curie nostre judicium, dictum fuit et pronunciatum quod dicta saisina medietatis pro indiviso castri et justicie predictorum et pertinenciarum eorum tradetur et deliberabitur dicto Petro, et sibi reddentur fructus, proventus et exitus qui exinde percepti fuerunt et percipi potuerunt a tempore quo, finito dicto compromisso, dictus Petrus primo requisivit dictum nostrum ballivum ut sibi traderet et

Philippe IV,.
1307. deliberaret predictam medietatem petitam, salva super hoc dictis
partibus questione proprietatis.

- Martis post Circumcisionem Domini.

M. J. Anthonius reportavit.

XXXVII. Cum abbas et conventus de Viziliaco, in nostra gardia
speciali, cum eorum bonis, existentes, nobis graviter conquerendo,
significassent quod gentes comitis Nivernensis, coadunatis ad hoc plurium villarum hominibus cum diversis armorum generibus, dictorum religiosorum nemora, in quibus ipsi dicunt se omnimodam habere justiciam, violenter et injuste scindi fecerant, per diversa loca, et
dirimi, in nostre gardie prejudicium et ipsorum religiosorum non
modicum detrimentum, cum precipue serviens noster, ad hujusmodi
gardiam specialiter deputatus, hoc expresse fieri prohiberet eisdem;
quare petebant dampna sibi illata per dictas gentes ipsius comitis in
dictis suis nemoribus sibi reddi, et injurias ac violencias sibi per
hoc injuste illatas emendari, que dampna et injurias estimabant
dicti religiosi ad summam duorum millium librarum Turonensium,
in quibus petebant dictum comitem sibi propter hoc sentencialiter
condempnari; super quibus dampnis, injuriis et violenciis dedimus
in mandatis ballivo nostro Bituricensi ut, vocatis evocandis, inquireret seu inquiri faceret veritatem : Visa igitur diligenter inquesta
super hoc de mandato nostro facta, per curie nostre judicium, dictus comes fuit eisdem religiosis sentencialiter condempnatus ad reddendum et solvendum eisdem, pro dampnis, injuriis et excessibus
predictis, trecentas et sexaginta libras parvorum bonorum Turonensium, ac nobis quingentas libras dicte monete pro nostra emenda.

Martis predicta.

M. J. Anthonius reportavit.

XXXVIII. Mota controversia inter abbatem et conventum monasterii Sancti-Quintini-in-Insula, ex parte una, et ballivum Viromandensem pro nobis, ex alia, super eo quod dicti religiosi asserebant

se esse et fuisse, a longo tempore, in saisina capiendi, levandi, asportandi et habendi estraheriam seu fourfaituram in suo districtu de Insula, quare petebant impedimentum sibi per gentes nostras appositum in estraheria seu fourfaitura Johannis dicti de Laon, que evenit in districtu suo predicto de Insula, et manum nostram, tamquam superioris, propter debatum parcium ibidem appositam, amoveri, et ipsos in saisina sua predicta pacifice teneri, ita quod ipsi possint de dicta estraheria seu fourfaitura amodo pacifice gaudere, ballivo nostro predicto in contrarium asserente et dicente nos esse et fuisse in saisina habendi, levandi, capiendi et asportandi hujusmodi estraheriam seu fourfaituram in loco predicto; quare dicebat dictus ballivus dictam estraheriam seu fourfaituram nobis, tamquam parti, debere remanere : Tandem, inquesta de mandato nostro super hoc facta visa et diligenter examinata, quia inventum est sufficienter probatum dictos religiosos esse et fuisse, a longo tempore, in saisina capiendi, levandi, asportandi et habendi pacifice estraheriam seu fourfaituram in districtu suo predicto de Insula, pronunciatum fuit, per curie nostre judicium, dictam manum nostram, in dicta estraheria predicti Johannis de Laon appositam, propter debatum parcium, totaliter amovendam et eisdem religiosis debere reddi, ipsosque religiosos in sua saisina predicta remanere debere, salva nobis super hoc questione proprietatis.

Martis post Circumcisionem Domini.

Bocellus reportavit.

XXXIX. Significatum fuit nobis quod, cum frater Jacobus de Marla, canonicus regularis monasterii de Spernaco, a majori et saniori parte illorum qui in electione rectoris seu administratoris domus Sancti-Lazari de Spernaco jus habere dicuntur, in rectorem ejusdem domus fuisset electus, necnon in possessionem corporalem dicti officii, de mandato nostro, inductus, nichilominus nonnulli habitatores et burgenses ejusdem ville de Spernaco, de consilio scabinorum ejusdem ville, turba coadunata, dictum fratrem Jacobum ab eadem domo et

possessione predicta violenter expulerunt, pluraque bona dicte domus secum asportaverunt, manum nostram ibidem appositam frangendo; super quibus excessibus et excedencium nominibus, ex officio
nostro, mandavimus, per ballivum nostrum Vitriaci, vocatis evocandis, veritatem inquiri et nostre curie reportari : Visa igitur inquesta
super hoc facta, et per curiam nostram diligenter examinata, visis
eciam quibusdam racionibus, tam ex parte communitatis quam ex
parte quarumdam personarum singularium dicte ville propositis, quia
inventum est Johannem dictum Gombaut, Johannem dictum Sauve
et Huardum dictum le Hongre, tunc scabinos dicte ville, item Johannem dictum le Filier, Huetum et Coletum dictos Buhos, fratres,
Johannem dictum le Catre, Theobaldum dictum le Bolengier, in
premissis culpabiles et gentibus nostris inobedientes fuisse, dictus
Johannes Gombaus in ducentis, Johannes dictus Sauve in centum
quinquaginta, Huardus dictus le Hongres in quadraginta tamquam
scabinos; item, Johannes dictus li Filiers in centum, Huetus et Coletus dicti Buhot, fratres, in ducentis, Johannes dictus li Catre in viginti libris; item, Theobaldus dictus li Bolengiers in centum solidis
parvorum bonorum Turonensium, attentis eorum facultatibus et qualitate delictorum, nobis, pro emenda, per curie nostre judicium, condempnati fuerunt, salvo nobis et retento quod contra alios delinquentes, contra quos non fuit inquisitum ad plenum, faciemus inquiri.

Lune post octabas Epiphanie.

Facta est commissio super hoc magistro Johanni de Roya, qui
dictam reportavit inquestam, et quod de bonis asportatis de dicta
domo inquirat, et faciat ea reddi domui predicte.

XL. Visa inquesta inter Margaritam, relictam Johannis d'Auberive,
ex parte una, et Stephanum d'Auberive, Lambertum et Johannem
d'Auberive, ejus nepotes, ex altera, super fractione domus dicte Margarite, dampnis et injuriis per predictos et eorum complices eidem
illatis, ut dicitur facta, quia inventum est dictam inquestam non esse
perfectam, per curie nostre judicium, dictum fuit quod in ea renova-

bitur commissio ad certos auditores quibus mittetur dicta inquesta, et qui, vocatis partibus, dictam inquestam perficient, et facient per juramentum parcium, cum nondum sit ad plenum responsum propositis ex utraque parte singulis articulis, responderi, et, tam de falsitate testium productorum quam de aliis que a partibus proponentur, inquirent diligenter veritatem, et inquestam super hoc completam ad curiam nostram remittent.

Lune predicta.

Roya reportavit et habet adhuc.

Ex causa Bernardus de Meiso mittatur cum ballivo Calvi-Montis ad inquirendum.

XLI. Cum orta esset discordia, in curia nostra, inter episcopum Belvacensem, ex una parte, et Ansellum Buticularii, militem nostrum, ex altera, super eo quod dictus episcopus proponebat se gentes suas, cum canibus et rethibus, misisse ad boscum vocatum de Fossis, pro chaciando ibidem ad grossas bestias, ad quem locum gentes dicti Anselli venientes ceperunt gentes dicti episcopi, canes et rethia eorum, dicendo dictum Ansellum in dicto bosco habere garennam, gardam garenne ac justiciam ad gardam garenne pertinentem, gentibus dicti episcopi hoc negantibus, plures raciones e contrario proponentibus, et dicentibus quod dictum nemus, vocatum de Fossis, est proprium domanium dicti episcopi, et ibi habet justiciam et erat ibi in saisina chaciandi ad grossam bestiam, et quod ipse gentes dicti Anselli, chaciantes ibidem, licite ceperat, tamquam forisfacientes in domanio et justicia sua; et idcirco, propter debatum dictarum parcium, res et prisie predicte fuerunt in manu nostra, tamquam superioris posite; quare petebat dictus episcopus prisiam super hoc justiciando factam per gentes suas de gentibus dicti Anselli debere in manu sua reponi, tamquam in manu justicie loci predicti, et prisias, per dictum Ansellum ibidem factas, sibi reddi, et impedimentum, per dictum Ansellum in sua saisina ibidem chaciandi appositum, amoveri, predicto Ansello in contrarium proponente et petente dictas prisias, per se

PHILIPPE IV,
1307.

factas, sibi reddi, et in manu sua reponi, racionibus antedictis.: Tandem, auditis racionibus hinc et inde, et visa inquesta super hoc de mandato curie nostre facta, quia inventum est sufficienter probatum dictum boscum, vocatum de Fossis, esse proprium domanium dicti episcopi, et eum ibidem habere justiciam, nec est inventum dictum Ansellum in dicto bosco habere gardam garenne, nec justiciam ad gardam garenne pertinentem, pronunciatum fuit, per curie nostre judicium, manum nostram in predictis prisiis appositam debere amoveri, et debere dicto episcopo reddi et in manu sua reponi, tamquam in manu justicie dicti loci; item, quia inventum est sufficienter probatum predictos episcopum et Ansellum, per se et predecessores suos, esse et fuisse in saisina chaciandi in predicto bosco ad grossas bestias, pronunciatum fuit eos remanere debere in saisina chaciandi ibidem, prout ipsi hactenus chaciare consueverunt, salvo jure proprietatis utrique parti in garenna et chacia predictis.

Lune predicta.

M. Pasquerius reportavit.

XLII. Cum archiepiscopus Senonensis proposuisset, in curia nostra, contra ballivum nostrum Senonensem, quod ipse ballivus quasdam surprisias et novitates indebitas fecerat in atrio ecclesie Senonensis, contra ipsius atrii libertatem et immunitatem dicte ecclesie Senonensis, capiendo in atrio supradicto quemdam homicidam, videlicet Guillelmum, barbitonsorem, qui ad libertatem et immunitatem dicti atrii confugerat, ut dicebat, ac faciendo ibidem quedam stacionaria; ad dictum archiepiscopum, ut dicitur, nomine ecclesie supradicte pertinencia, reparari; quare petebat dictus archiepiscopus predictum locum resaisiri de dicto Guillelmo, et impedimentum super hoc appositum per dictum ballivum debere amoveri; petebat eciam dictus archiepiscopus factum dicti ballivi, de reparacionibus stacionariorum dicti atrii, in prejudicium dicti archiepiscopi, debere revocari et anullari, et hoc ad finem saisine tantummodo proponendo; predicto ballivo nostro in contrarium asserente, et propo-

nente se nullas fecisse surprisias seu novitates indebitas in eis que
ipse super predictis fecit, sed ea jus nostrum conservando fecisse,
petendo se absolvi a predictis : Tandem, auditis parcium racionibus
hinc et inde, visa et diligenter examinata inquesta super premissis
de mandato curie nostre facta, pronunciatum fuit, per curie nostre
judicium, dictum ballivum nullam surprisiam seu indebitam novitatem fecisse capiendo dictum Guillelmum in loco ubi predictum Guillelmum cepit, et super hoc dictus ballivus a predicta peticione dicti
archiepiscopi fuit absolutus. Dictum fuit eciam quod factum dicti ballivi, super reparacione dictorum stacionariorum, tenebit, salvo dicto
archiepiscopo jure censive sue in dictis stacionariis, ac jure immunitatis et libertatis in eisdem, si et quatenus site sunt in dicto atrio
ac eciam in parte vacua atrii supradicti.

Lune post octabas Epiphanie.

M. Pasquerius reportavit.

XLIII. Cum super quadam portacione armorum, ac super pluribus excessibus et violenciis, et invasione seu occupacione plurium
rerum, perpetratis, ut dicitur, contra gardam nostram specialem, ac
inhibicionem quorumdam servientum nostrorum, per Begonem de
Petra-Forti, archidiaconum Conthensem, in ecclesia Ruthenensi, in
quadam domo seu prioratu de Pahaco, ordinis Cluniacensis, et adja-
centibus eidem, pertinentibus ad priorem Sancti-Flori in Arvernia, ad
instanciam dicti prioris per ballivum nostrum montanarum Arvernie
super predictis, vocatis partibus, diligenter inquiri fecerimus veritatem : Tandem, visa inquesta super hoc facta, per curie nostre judicium, dictum fuit et pronunciatum bona temporalia dicti Begonis
debere poni in manu nostra, et remanere quousque dicto ballivo nostro pro nobis fuerit pro dictis excessibus de summa quingentarum
librarum parvorum bonorum Turonensium de emenda satisfactum,
et dicto priori, pro suis dampnis et injuriis, de summa centum librarum ejusdem monete, ac attemptata contra dictum priorem, in prejudicium dicte garde nostre, debere in statum pristinum reponi, et

ipsum in sua predicta pacifica possessione, quam habebat, debere, per gentes nostras, custodiri. Nec est intencionis nostre ceteros complices dicti Begonis in dictis excessibus debere impunitos remanere, immo dicto ballivo, per alias litteras nostras, mandabitur quatinus, vocatis evocandis, contra dictos complices super facto hujusmodi et super eorum nominibus, conditionibus et facultatibus, inquirat veritatem, et inquestam remittat, etc. Fiat super hoc littera ad ballivum.

Lune predicta.

M. L. de Voyssi reportavit.

XLIV. Effectum aprisie seu informacionis, facte de mandato prepositi de Anverso et cantoris Aurelianensis, super valore jurisdicionis locorum de Chaisnaco et de Tresnarz, pro commodo domini Regis, debent ad dominum Regem reportare magistri qui sunt constituti ad judicandum inquestas, sed tamen bene videtur eis quod supplicacio hominum de Monte-Cuto sit admittenda pro commodo domini Regis, qui per dolum Templariorum, vel saltem re ipsa, ultra dimidiam et plus dicitur fuisse deceptus in venditione quam ipse fecit Templariis de rebus contentis in dicta informacione; unde consulunt dicti magistri quod predicta vendicio retractetur et applicetur dictis hominibus sub modo et forma quibus volunt eam recipere ad commodum domini Regis cujus interest, ut dictum est, propter dictam decepcionem.

Lune post octabas Epiphanie.

M. L. de Voyssi reportavit.

XLV. Cum inter abbatem et conventum ville de Nantho, senescallie Ruthenensis, ex parte una, et homines dicte ville, ex altera, lis mota fuisset coram magistro Bertrando Galterii, tenente locum senescalli nostri Ruthenensis, super eo quod pars dictorum religiosorum petebat, cum instancia, execucioni mandari litteram quamdam, quam ipsi obtinuerant a nobis contra dictos homines, in qua continebatur quod a tribus annis et dimidio citra ipsi homines de novo, contra prohi-

bicionem dicti abbatis et absque privilegio nostro, immo contra
prohibicionem majoris nostri judicis Ruthenensis, consules eligere
presumpserant in dicta villa, quare mandabatur senescallo Ruthenensi, seu ejus locum tenenti, quod, si constaret eis de premissis,
ipsos electos in consules a dictis hominibus uti consulatu hujusmodi
minime permitterent, et deinceps super creacione consulum in dicta
villa perpetuum imponerent eisdem hominibus silencium, nisi ostenderent se super hiis a nobis esse privilegiatos; pars autem dictorum hominum asserebat dictam litteram non debere execucioni mandari, immo pocius debere anullari, propter plures raciones ab ipsis
hominibus propositas; tandem, super predictis inquisita veritate,
dictus Bertrandus, judicando, pronunciavit dictos homines nichil ad
plenum probasse propter quod execucio dictarum litterarum deberet
impediri, et idcirco predictis hominibus prohibuit uti consulatu predicto, perpetuum super eo silencium imponendo eisdem; a qua sentencia, tanquam ab iniqua, pars dictorum hominum ad nos appellavit. Visis igitur, in causa dicte appellacionis, processibus parcium
super premissis factis, et auditis hiis que dicte partes proponere voluerunt, per curie nostre judicium, dictum fuit predictum Bertrandum bene et juste pronunciasse, et dictos homines male appellasse;
et quod ipsi hoc emendabunt.

Lune predicta.

Sanctus Obertus reportavit.

XLVI. Cum nobis significatum fuisset quod Petrus Brison, de
Nantho, Guillermus de Noguerio, Hugo de Linquerio, et Bernardus
Guit, per homines ville de Nantho fuerant electi de novo in consules dicte ville de Nantho, et se pro consulibus gerebant absque privilegio nostro, in dampnum et prejudicium abbatis et conventus dicti
loci et in contemptum nostrum et scandalum patrie, licet a judice
nostro majore in senescallia Ruthenensi inhibitum fuisset personis
predictis ex parte nostra, sub pena mille librarum Turonensium,
nobis applicanda, ne consulatu predicto uterentur nec se gererent

ut consules, donec eidem majori nostro judici fidem fecissent de privilegiis que se habere dicebant, inhibitumque fuisset hominibus dicte ville ab eodem judice nostro, sub consimili pena mille librarum Turonensium, nobis applicanda, ne ipsi predictis quatuor obedirent ut consulibus vel collegiatis, nec ad eos super aliquo recursum haberent, tamquam ad consules vel collegiatos, inhibitum eciam fuisset dictis hominibus de Nantho, similiter sub pena mille librarum Turonensium, nobis applicanda, ne conventiculas seu congregationes inter se facerent, nec se ultra tres vel quatuor congregarent; a quibus inhibicionibus, tamquam ab injustis, dicti homines ad nos contra dictum judicem appellaverunt, ut dicitur, et judicem in causa appellacionis sue impetrarunt, utendo et explectando dicto consulatu, congregacionesque faciendo, et contra inhibiciones predictas in hujusmodi multipliciter excedendo; super quibus excessibus mandavimus veritatem inquiri : Visa igitur inquesta super hoc de mandato nostro facta, cum sit inventum quod prenominati, se, pro consulibus gerentes et homines dicte ville, spretis injuste inhibicionibus predictis, contra eas fecerunt nec appellaciones suas sufficienter prosecuti fuerunt, per curie nostre judicium, ipsi nobis pro predictis excessibus fuerunt in mille libris parvorum bonorum Turonensium sentencialiter condempnati.

Lune predicta.

XLVII. Preterea, cum nobis significatum fuisset quod homines dicte ville, gentibus nostris deputatis ad levandum subvencionem nobis debitam, vituperia multa et rescussas fecerunt in contemptum nostrum et scandalum patrie, super excessibus predictis mandavimus veritatem inquiri : Visa igitur inquesta super hiis de mandato nostro facta, quia per eam repertum fuit Petrum Brison, sutorem, Johannem, ejus fratrem, Petrum Brison, filium Petri Martellarii, Johannem de Vebrot, Johannem de Bret, Raymundum Garini, Raymundum Aremanni, Rolandam, uxorem Bernardi Triaire, Petrum Chabannarii, Petrum Columbi, juniorem, et plures alios, graviter excessisse et culpabiles extitisse in premissis, per curie nostre judicium, fuerunt ad emendam nobis proinde solvendam sentencialiter condempnati; videlicet dictus Petrus Brison, sutor, in centum libris parvorum bonorum Turonensium, Johannes, ejus frater, in sexaginta libris, Petrus Brison, filius Petri Martellarii, in octoginta libris, Johannes de Vebrot in sexaginta libris, Johannes de Bret in sexaginta libris, Raymundus Garini in sexaginta libris, Raymundus Eremanni in triginta libris, Rolanda, uxor Bernardi Triaire, in viginti libris, Petrus Chabannarii in sexaginta libris, et Petrus Columbi, junior, in decem libris monete predicte.

Et est intencionis curie nostre quod ceteri non nominati, qui in premissis excesserunt, similiter loco et tempore puniantur.

Lune predicta.

Sanctus Obertus reportavit.

Iste tres inqueste de Nantho habui.

XLVIII. Inquesta Vivariensis, super combustione et dirucione quarumdam domorum, est in sacculo hujus parlamenti, et non fuit judicata, quia placuit domino Regi.

XLIX. Cum a quodam judicato facto per majorem clericum curie secularis capituli Sancti-Mederici Parisiensis pro Jacobo Boucelli, contra Johannam Qui-Donnoye, Johannam, ejus filiam, Philippum Bouvetin, Jaquelinam, ejus uxorem, Nicolaum de Paciaco, Emelinam, ejus uxorem, Symonem de Pratis et Margaritam, ejus uxorem, seu procuratores ipsorum, ad curiam secularem decani et capituli Parisiensium, ex parte dictorum condempnatorum, tamquam a falso et pravo, appellatum fuisset; tandem Reginaldus de Chemino, camerarius laycus dicte Parisiensis ecclesie, et magister Guido de Gondete, ejusdem Parisiensis ecclesie canonicus, ex commissione dictorum decani et capituli Parisiensium super hoc eis facta, in causa appellacionis hujusmodi procedentes, judicatum suum tulerunt in ea pro dictis appellantibus contra Jacobum memoratum, infirmando

Philippe IV,
1307.

dicti majoris judicatum predictum, a quorum judicato, tamquam a falso et pravo, dictus Jacobus ad nostram curiam appellavit. Auditis igitur dictis partibus in causa appellacionis predicte, et visis processibus et judicatis predictis, per curie nostre judicium, dictum fuit predictos Reginaldum et Guidonem male judicasse, et dictum Jacobum bene appellasse, et quod cause principalis dictarum parcium cognicio, in statu in quo erat coram dicto majore Sancti-Mederici, quando fuit ab eo ad dictum capitulum Parisiense appellatum, in curia nostra remanebit.

Lune post octabas Epiphanie.

M. J. de Dyvione reportavit.

L. Apprisia seu informacio facta de mandato litterarum domini Regis, ballivo Senonensi directarum, super dampnis que dicit se habuisse Symon Coquere, de Meleduno, in empcione reddituum domini Regis de Meleduno, visa est per magistros in camera inquestarum deputatos, et ordinaverunt quod remittenda est domino Regi pro eo quia facta est ad informandum conscienciam domini Regis, nec inventum est quod gentes sue ad hoc fuerint vocate, nec facta fuit per ballivum Senonensem, cui illa informacio facienda fuit commissa, sed facta fuit per alios, cui dictus ballivus hoc commisit.

Lune predicta.

Bocellus reportavit.

LI. Cum inter Margaritam de Hanonia, relictam R. quondam comitis Attrebatensis, ex una parte, et Mathildim, nunc comitissam Attrebatensem, ex altera, mota fuisset in curia nostra, discordia super eo quod dicebat dicta Margarita quod dictus R. quondam ejus maritus, tempore quo ipse vivebat et constabat matrimonium inter eos, et tempore quo ipse decessit, habebat plura bona mobilia, que bona dicta Matildis, ut heres predicti R. se eisdem inmiscens, habuerat et adhuc penes se habebat vel per eam stabat quominus ea haberet, et ideo petebat dictorum bonorum inter eas divisionem fieri et eorum

medietatem sibi deliberari, offerens se ad medietatis debitorum dicti
R. que erant tempore mortis ejus solucionem paratam, pluribus racionibus et consuetudinibus pro parte sua ad hoc allegatis, dicta comitissa Mathildi contrarium dicente, et proponente dictam Margaritam super hoc audiri non debere, utpote exclusam ab hujusmodi
peticione sua, per lapsum temporis, ex patrie consuetudine super
hoc introducti, et asserente se ad predicta non teneri, pro eo maxime
quod, etsi nobilis vir Otto, comes Burgundie, quondam ejus maritus,
se bonis mobilibus dicti R. immiscuerat, hoc tamen fuerat contra
voluntatem ipsius Mathildis, et quod, mortuo dicto Ottone, bonis
mobilibus ejusdem ipsa Mathildis renunciavit, plures ad hoc, pro se,
raciones et consuetudines proponens : Visa igitur inquesta super hoc
de mandato curie nostre facta, pronunciatum fuit, per curie nostre
judicium, dictam Margaritam ab hujusmodi petitione sua non esse
per lapsum temporis exclusam, et dictorum bonorum mobilium,
que habebat dictus R. tempore quo ipse decessit, inter dictas partes
divisionem eo modo quo petitur, scilicet medietatem dictorum debitorum solvendo, esse faciendam et dicte Margarite deliberandam.

Lune post octabas Epiphanie.

M. H. Cuillier reportavit.

LII. Cum inter Margaritam de Hanonia, relictam defuncti R.
quondam comitis Attrebatensis, ex una parte, et Mathildim, nunc
comitissam Attrebatensem, ex altera, mota fuisset in curia nostra
discordia super eo quod dicebat dicta Margarita dictum R. quondam
maritum suum, constante matrimonio inter eos, plures conquestus
fecisse, tam apud Kalesium quam in terra de Merke, quam apud
Hysdinum et in villa d'Avesnes, et eundem eciam R. villam de Es-
pleke et le Tourneham et la Montoire, durante predicto matrimonio,
acquisivisse, petens medietatem dictorum conquestuum sibi deliberari, pluribus ex parte sua racionibus et consuetudinibus ad hoc
allegatis; dicta comitissa Mathildi contrarium dicente, et plures ad
hoc raciones et consuetudines, pro parte sua, proponente : Visa in-

PHILIPPE IV,
1307.

questa super hoc de mandato curie nostre facta, visis eciam omnibus
que ab utraque parte fuerant super hoc proposita et probata, dicta
comitissa Mathildis, per curie nostre judicium, fuit ab impeticione
predicta dicte Margarite sentencialiter absoluta.

Lune predicta.

M. H. Cuillier reportavit.

LIII. Cum comitissa Hanonie peteret in curia nostra quamdam
sentenciam arbitralem ab ipsa prolatam, ut dicebat, in causa mota
inter defunctum comitem Hanonie et burgenses de Malbodio et Bin-
cio, ex una parte, et Rochynum Bonnenseigne et ejus societatem, ex
altera, contra dictum Rochinum et ejus societatem execucioni mandari, et dictus Rochinus et ejus socii proponerent e contrario plures
raciones, ad finem quod dicta sentencia arbitralis erat nulla, maxime
quia Franciscus Joie, qui in dictam comitissam, dicte societatis nomine compromiserat, ut dicebatur, non potuerat ad hoc dictam societatem compromittendo obligasse, proponerent eciam plures raciones ad finem quod, si dicta sentencia erat aliqua, tamen erat
iniqua et ad equitatem reducenda; quare petebant dictam sentenciam
nullam pronunciari, vel si esset aliqua, eam debere reduci ad arbitrium boni viri : Tandem, inquesta facta super predictis visa et diligenter examinata, pronunciatum fuit, per curie nostre judicium,
dictum Franciscum Joye potuisse obligasse dictam societatem et bona
dicte societatis compromittendo, ut dictum est, in dictam comitissam, et sentenciam arbitralem dicte comitisse super hoc tenuisse, non
obstantibus processibus et pronunciacionibus quibuscumque super
hoc per curiam nostram alias factis; et quod, si predicti Rochinus et
ejus socii voluerint prosequi de iniquitate dicte sentencie, in curia
nostra partes super hoc audientur et fiet jus; et, auditis super hoc
dictis partibus postea, dicta sentencia, quatenus reperta fuerit equa,
mandabitur execucioni.

Lune predicta.

M. Pasquerius reportavit

LIV. Prior et capitulum ecclesie secularis Sancti-Petri-Puella-rum Bituricensis et curatus ecclesie parrochialis Sancti-Germani-de-Bosco, nobis, conquerendo, monstrarunt quod, cum propter deba-tum inter eos, ex una parte, et abbatem et conventum Nigri-Lacus, ex alia, racione saisine juris percipiendi decimas de novalibus in parro-chia Sancti-Germani predicta, in cujus juris saisina se existere dicti conquerentes dicebant, ballivus Bituricensis unum servientem depu-taverat ad defendendum eosdem ab injuriis et violenciis manifestis, et ad capiendum res contenciosas inter partes in manu nostra, tam-quam superioris, qui, cum ad certa loca novalia, cum dicto serviente, accederent, et ibidem suo jure et saisina uterentur, magna multitudo monachorum et conversorum abbacie supradicte, associatis sibi aliis complicibus clericis et laycis de familia ipsorum, cum diversis ar-morum generibus, in ipsos hostiliter irruentes, contra prohibicio-nem servientis predicti, commissionem suam eisdem ostendentis et legere offerentis, curatum predictum graviter verberarunt et eum le-taliter in duobus locis vulnerarunt, presente et advoante abbate pre-dicto; super quibus, per ballivum nostrum Bituricensem, adjuncto secum officiali Bituricensi, vocatis partibus, mandavimus veritatem inquiri, et inquestam perfectam nobis remitti; qui, vocato secum officiali predicto, vocatis partibus et auditis earum racionibus, su-per premissis inquisivit veritatem, et inquestam perfectam, sigillis eorum sigillatam, ad curiam nostram remisit: Qua visa et diligenter inspecta, inventum fuit premissa esse vera, necnon dictos religiosos nisos fuisse dictum servientem de equo suo prosternere ad terram, et manus in ipsum violenter injecisse, et dictum abbatem advoasse premissa, unde, per judicium curie nostre, dictum fuit quod bona temporalia abbacie supradicte ad manum nostram tenebuntur quous-que dictis priori et capitulo, nomine emende pro injuria, de vi-ginti libris Turonensibus, et dicto curato, pro injuria et dampnis, de octingentis libris Turonensibus, si eas jurare voluerint, et ser-vienti predicto de viginti libris Turonensibus, et nobis de quingentis libris Turonensibus fuerit satisfactum.

Lune post octabas Epiphanie.

M. Symon de Rabuisson reportavit.

Scribetur abbati Cisterciensi, cui subest dictum monasterium, quod dictum abbatem, monachos et conversos, et eorum complices sibi subditos, taliter puniat quod metu pene de cetero similia non attemptent, et quod, ob defectum ejus, non oporteat dominum Regem de alio remedio providere.

LV. Cum abbas et conventus monasterii Fontis-Frigidi conquererentur de manu domini Regis, per ipsius gentes apposita in saisina alte justicie castrorum de Sancto-Nazario et de Sancta-Valeria, peterentque, pluribus racionibus, dictam manum inde amoveri; et procurator domini Regis senescallie Carcassonensis plures in contrarium proponeret raciones, et de dicta justicia dictis religiosis de mandato domini Regis sub ydonea caucione facta fuisset recredencia usque ad presens parlamentum : Tandem, visa inquesta super hoc de mandato curie nostre facta, per ipsius curie nostre judicium, dictum fuit et pronunciatum quod manus predicta domini Regis, in predictis apposita, inde amovebitur, et predicta recredencia cedet eis in deliberacionem, salvo tamen in omnibus, super hoc, jure domini Regis tam in possessione quam in proprietate.

Lune predicta.

M. H. Cuillier reportavit.

LVI. Processus per M. Egidium de Reminio factus super recredencia quorumdam civium Remensium fuit per curiam approbatus, prout continetur in libro arrestorum presentis parlamenti.

LVII. Cum coram senescallo Belli-Cadri Guillelmus de Nogareto, miles noster, contra homines ville de Lunello, peciisset quamdam sentenciam arbitralem super ejus manso Tarinaleti et quibusdam aliis locis, de quibus inter eos fuerat in certos arbitros seu arbitratores coram eodem senescallo compromissum, per ipsos, pro

PHILIPPE IV,
1307.

dicto Guillelmo, contra predictos homines latam, execucioni demandari, procuratoribus vel syndicis dicte ville, ex adverso, plures proponentibus raciones, propter quas dicebant dictam execucionem fieri
non debere; et tandem dictus senescallus, vel ejus locum tenens,
non obstantibus predictis racionibus, procedendum decrevit ac processit ad execucionem sentencie supradicte ; procuratores vero vel
syndici dicte ville ad nostram curiam super hoc appellarunt : Auditis
igitur, in causa dicte appellacionis, omnibus que partes predicte proponere voluerunt, et visis processibus et inquesta super predictis
factis, pronunciatum fuit, per curie nostre judicium, dictos procuratores vel syndicos male appellasse, et dictum senescallum vel ejus
locum tenentem in predictis legittime processisse, et ordinatum fuit,
per dictam curiam nostram, quod dicta arbitralis sentencia, pro dicto
Guillelmo, contra dictos homines ville de Lunello, in quantum tangit
dictas partes, mandabitur execucioni, salvo tamen in omnibus jure
domini Regis.

Et mandabitur senescallo Belli-Cadri quod, cum in dicta causa
mota inter predictum Guillelmum de Nogareto, militem nostrum,
ex una parte, et homines de Lunello, ex altera, per dictos homines
fuerint testes producti, per quos videtur evidenter probatum quod
execucio predicte arbitralis sentencie, pro dicto Guillelmo late contra
predictos homines, sine prejudicio juris domini Regis, videatur fieri
non posse, quatinus in execucione predicta nullatenus paciatur jus
domini Regis diminui vel ledi.

Lune post octabas Epiphanie.

M. H. Cuillier reportavit.

LVIII.. Causa mota coram ballivo nostro Senonensi, vel ejus locum tenente, inter abbatem et conventum de Barbael, ex una parte,
et homines ville de Poligny, ex altera, super eo quod dicti homines
asserebant se esse in saisina ponendi porcos suos in nemoribus dictorum religiosorum sine solucione panagii, predictis religiosis in
contrarium asserentibus, et dicentibus se esse in saisina capiendi pa-

34.

PHILIPPE IV,
1307.

nagium a dictis hominibus et a quibuscumque aliis; tandem, locum tenens dicti ballivi, auditis racionibus utriusque partis, racione cujusdam defectus facti a dictis religiosis coram auditoribus super premissis deputatis a dicto locum tenente, pronunciavit dictos religiosos de cetero non esse admittendos ad tradendum facta sua, nec ad producendum testes suos super premissis, secundum usum et consuetudinem patrie, alio processu in dicta causa habito coram dictis auditoribus in suo robore duraturo; a quo judicato, tamquam a falso et pravo, dicti religiosi ad nostram curiam appellarunt: Auditis igitur partibus in causa appellacionis predicte, et viso processu super hoc facto, vocato eciam et audito ballivo nostro Senonensi nunc existente, per curie nostre judicium, dictum fuit et pronunciatum dictum locum tenentem predicti ballivi bene judicasse, et dictos religiosos male appellasse, et quod ipsi hoc emendabunt, et quod dicte partes ad examen dicti ballivi Senonensis ad procedendum ulterius in dicta causa eorum redibunt.

Lune predicta.

Bocellus reportavit.

LIX. Visa inquesta inter gentes domini Regis, ex una parte, et abbatem et conventum Sancti-Benedicti-super-Ligerim, ex altera, facta racione sergenteriarum curie de Marrigni et de Mota-de-Corgon, propter defectus plures in ea repertos, non fuit judicata et precepit curia quod iterato fiat, vocatis qui fuerint evocandi.

Lune predicta.

Bocellus reportavit.

Remissa est inquesta ad perficiendum.

LX. Proposuerunt in curia nostra Guichius de Senella, Guichius Attaviani, Symon Spinelli et Bambe de Burgo, pro se singulariter et divisim, asserentes se causam et jus agendi habere, videlicet dictus Guichius de Senella, racione cessionis sibi facte ex causa vendicionis per Castre Gaufredi, Guichius Attaviani, ex persona Attaviani

Philippe IV,
1307.

Alberti, Symon Spinelli, tamquam filius et heres Spinelli, patris sui, et Hugueti Symoneti, patrui sui, et Bambe de Burgo, tamquam filius et heres Hugonis de Burgo, qui Castre Gaufredi, Actavianus Alberti, Spinel et Huguetus Symoneti, et Hugo de Burgo, fuerunt, ut asserunt dicti actores, olim socii societatis de Burgo, contra Nothe Terroche et alios socios societatis de Bardis, racione porcionis dictos actores et quemlibet eorum contingentis, pro porcione quam Castre Gaufredi, Attavianus Alberti et alii prenominati habuerunt in societate predicta, quod Huguetus Symoneti, quondam fautor et socius societatis de Burgo, triginta quinque annis elapsis et plus, ex causa seu racione depositi, tradidit et deposuit penes Renerium de Fornario, fautorem et socium societatis Bardorum, nomine predictorum sociorum et societatis de Burgo recipienti, nomine predicte societatis Bardorum, mille ducentas marchas stellingorum argenti, et quod dictus Renerius, pro dicta summa pecunie, omnia et singula bona dicte societatis Bardorum, pro dictis sociis et societate de Burgo, nomine seu racione pignoris et ypothece obligavit : unde pecierunt predicti Guichius de Senella, Guichius Attaviani, Symon Spinelli, et Bambe de Burgo, nomine et modo quo supra, declarari, per judicium curie nostre, omnia bona et omnes res dictorum sociorum et societatis Bardorum esse obligata dictis agentibus pro dicto deposito, nomine quo supra, et saisinam seu possessionem bonorum dictorum sociorum et societatis Bardorum, ipsis agentibus, pro porcione dicti debiti ipsos contingente, tenendam et habendam adjudicari quousque de dicto debito eisdem actoribus fuerit satisfactum, et eos ad premissa compelli; dictis vero Nothe Terrosche et quibusdam aliis de societate Bardorum premissa negantibus, et dicentibus, pluribus racionibus et causis, se et societatem suam predictam ad predicta non teneri, et specialiter quia dicta societas Bardorum, post tempus quo dictum depositum factum fuisse dicebatur, dissoluta fuerat, et nova societas, que nunc est, de novis bonis et inter novas personas contracta: Auditis racionibus utriusque partis, tam in jure quam in facto consistentibus, et negocio pro utraque parte plenarie examinato, inventum est dictos actores dictam intencionem suam non probasse, et idcirco dicti Nothe et socii et societas predicta Bardorum ab impeticione predicta dictorum agencium, per curie nostre judicium, absoluti fuerunt, salvo jure agendi dictis actoribus contra res et bona antique societatis Bardorum, que erat tempore dicti depositi facti, si super hoc voluerint experiri.

Lune post octabas Epiphanie.

Episcopus Abrincensis et cantor Aurelianensis reportaverunt.

LXI. Cum olim quedam sentencia, virtute cujusdam commissionis nostre, lata fuerit per magistrum Johannem Anthonii, quondam judicem nostrum ordinarium Caturcensem, pro procuratore senescallie nostre Petragoricensis et pro consulibus de Castilhonnays, contra Grimoardum de Balenxes, Raymundum et Arnuscaudum de Gavauduno, fratres, ejus filios, super omnimoda jurisdictione et justicia quarumdam parochiarum expressatarum in sentencia et processibus inde secutis, et a dicta sentencia per dictos patrem et ejus filios ad nostram curiam fuerit appellatum, et eciam quidam processus coram diversis judicibus, per dictos patrem et filios a nobis impetratis, super hoc facti fuerint, qui processus et sentencia, tam cause principalis quam appellacionis, ad curiam nostram remissi fuerint judicandi: Tandem, visis processibus et sentencia supradictis, propter intricacionem et defectus plures in hujusmodi processu repertos, per curie nostre judicium, dictum fuit et ordinatum quod, omnibus processibus et appellacionibus predictis omnino rejectis, ac dictis rebus contenciosis in statu in quo sunt remanentibus, certis auditoribus committetur quod ipsi ad patriam, coram se vocatis partibus ac procuratore nostro et gentibus ducis Aquitanie, si voluerint interesse, de principali questione predicta, secundum articulos a partibus inde sibi tradendos et per eos concordandos, summarie et de plano et absque strepitu judicii, diligenter veritatem inquirant, et inquestam, quam inde fecerint, curie nostre judicandam remittant sub eorum sigillis fideliter inclusam.

Lune post octabas Epiphanie.

M. Symon de Rabuisson reportavit.

Ad hoc sunt deputati auditores M. P. de Monci, senescallus Petragoricensis, et M. Matheus de Curtis-Jumellis, judex ordinarius Caturcensis, ita quod tres vel duo eorum, tercio non expectato , etc.
Loco dicti M. P. de Monci subrogatus est M. P. de Dycia, judex major Petragoricensis.

Remissa fuit inquesta auditoribus per procuratorem Petragoricensem.

LXII. Cum, ex parte Almarrici de Meullento, domicelli, cujus gardiam, racione minoris ejus etatis, tenemus, nobis signifficatum fuisset quod ad plures res et bona, quorum saisina ad eum pertinebat,
ex successione defuncti Johannis de Harecuria, quondam militis, et
que de facto tenebat occupata dilectus Guillelmus de Harecuria, miles noster, dicti defuncti Johannis quondam pater, manum nostram,
racione garde predicte, apponere debebamus, dicto Guillelmo plures raciones e contrario proponente; tandem, ex officio nostro, super
premissis sciri fecimus, vocatis partibus, veritatem : Viso autem quod
super hoc fuit inventum per curiam nostram et diligenter examina-
tum, per curie nostre judicium, dictum fuit et pronunciatum quod,
racione dicte garde in bonis et rebus infrascriptis, manum nostram
apponemus, videlicet in villa de Novo-Burgo cum ejus pertinenciis,
excepto patronatu dicte ecclesie, et exceptis tresdecim libris tam in
denariis, caponibus, quam gallinis debitis, et exceptis quinque domibus apud Novum-Burgum situatis, videlicet domo que fuit uxoris
Galteri de Bosco, et domibus que fuerunt quondam d'Odin, et domo
que fuit quondam Johannis de Caleto, et domo que fuit Johannis le
Goiz, et domo que fuit Richardi Cucufarii, et domo que fuit Male-
Branche, in vico qui nuncupatur vicus domini de Mau-Levrier, que
exceptata continentur in littera dicti Guillelmi, sigillo ballivie Rothomagensis, ac sigillo dicti defuncti Johannis sigillata; item, manum
nostram, racione dicte gardie, apponemus in banno ville Novi-Burgi ;

item in feodis Sancti-Amandi et Richardi Fichet; item in Haya de
Calle-Ville cum ejus pertinenciis, exceptis manerio et clauso, et eis
que infra muros dicti clausi continentur, et exceptis quibusdam conquestibus in villa et territorio de Calle-Ville a dicto G. factis, videlicet
terris que fuerunt Godefredi; item terris que fuerunt magistri Richardi de Calle-Ville, Roberti et Laurencii, ejusdem fratrum; item
terris que fuerunt Richardi de Haya; item tribus sextariis cum sex
boissellis avenne redditus, emptis a Rogero de Morain-Villa; item masura dicti Tranchant; item masura heredum Yveti de Mara-Curata;
item masuris Guillelmi le Bateeur; item terra que fuit au Boisselier;
item terra que fuit Philippi du Perier; item octo solidis annui redditus, emptis a Guillelmo dicto Baudoyn; item terra de Cruce, que
fuit Roberti de Castellione; item exceptis in dicta Haya et apud
Brionne sex libris cum duodecim denariis annui redditus, acquisitis
a Roberto de Novo-Burgo, milite; que exceptata continentur in littera predicta, sigillis dicte ballivie Rothomagensis et dicti defuncti
Johannis sigillata; item manum nostram, ratione dicte gardie, apponemus in villa de Combon, cum ejus pertinenciis, exceptis cultura
Manselli et quibusdam ibidem per dictum G. acquisitis, videlicet novem solidis redditus, quos Thomas Louchart debet pro terra que
fuit Male-Branche; item decem et novem solidis cum tribus caponibus quos Robertus Johannis debet pro terra que fuit Gervasii Rosselli;
item triginta solidis redditus quos Guillelmus Grancherius debet
pro terra que fuit Rogeri dicti Couveloe; item quinque solidis et
septem boissellis frumenti redditus quos debet dictus Guillelmus
pro terra que fuit Gervasii Rosselli; item decem solidis redditus quos
Guillelmus Rousee debet pro terra de Freebourt; item viginti duobus solidis redditus quos Guillelmus Grancherius, junior, debet de
terra que fuit Male-Branche; item terra que fuit au Bouchier; item
prato de Virgis; item septem acris terre quas emit dictus Guillelmus
a Male-Branche in parochia d'Espreville, que exceptata continentur
in littera predicta, sigillis ballivie Rothomagensis et dicti defuncti
Johannis sigillata; item manum nostram, racione dicte garde, appo-

nemus in villa Nove-Ville cum ejus pertinenciis, exceptis edificiis domus et molendini per dictum G. edificatis ibidem, que edificata dictus G. secundum tenorem cujusdam alterius littere, sigillo dicti Johannis defuncti sigillate, inde poterit amovere, et exceptis campo qui fuit Modreti, qui debet quinquaginta unum solidos et quinque capones redditus ; item terra que fuit Petri de Haricuria, que debet quinquaginta duos solidos quatuor denarios cum obolo, quatuor capones cum dimidio et cum uno quarterio caponis redditus; item terra que fuit Joguet, que debet triginta tres solidos cum tribus caponibus redditus, que exceptata continentur in littera predicta, sigillis ballivie Rothomagensis et dicti defuncti J. sigillata ; item in feodo de Mara, cum ejus pertinenciis, manum nostram, racione dicte garde, non apponemus; item in feodis, releveiis et hereditatibus antiquis, situatis in parrochiis de Yville, d'Espaingnart, de Vitol, de Vitocel, du Trunc, d'Anfreville, de la Puyllie, de Sancto-Albino, de Fraxinis, de Sancto-Nicolao-in-Bosco, du Teil, de Torville, de Semeleingne, de Quatremare et in omnibus que continentur in locis qui vocantur les Nouviaus-Bans, ubi abbas et conventus de Becco-Helloyni et capitulum Ebroycense percipiunt decimas, manum nostram, racione dicte garde, apponemus; sed manum nostram, racione dicte garde, non apponemus in conquestibus factis per dictum G. in predictis parrochiis contentis, et quittatis dicto G. ut dicitur, per dictum filium suum, de quibus fit mencio in predicta littera sigillata sigillo ballivie Rothomagensis et dicti J. de Haricuria, quondam militis, nunc defuncti; et, si aliquod dubium super hiis emerserit, scietur veritas per parcium sacramenta, et, si opus fuerit, nichilominus ex officio nostro plenius faciemus veritatem inquiri.

Martis post Circumcisionem Domini.

LXIII. Senescallo Carcassonensi vel ejus locum tenenti, salutem : Cum per inquestam, per vos seu commissarium vestrum, de mandato litterarum nostrarum, factam, et nostre curie reportatam, ipsi curie nostre constet quod Raymundus Frodoli, miles, et ipsius socii,

qui devesam nostri territorii de Serviano, pro centum viginti libris
Turonensibus, et furnum nostrum ville de Serviano, pro decem libris Turonensibus, nobis annuatim solvendis a dilectis et fidelibus
nostris magistris N. tunc preposito de Anverso, et J. cantore Aurelianensi, tempore quo debilis moneta nostra currebat, ad firmam annuam acceperunt, multum dampnificarentur, si ipsi dictam firmam
annuam in forti moneta nobis solvere compellantur, quodque ipsi,
ut a dicta firma liberentur et absolvantur omnino, parati sunt nobis
solvere centum libras Turonenses fortis monete, nos indempnitati
ipsorum compacientes, mandamus vobis quatinus, recipientes ab ipsis
centum libras predictas, liberetis eos omnino ab arrendacione predicta, et de devesa et furno predictis, utilitatem nostram prout melius videritis faciatis. Actum Pictavis, die Jovis, post Penthecostem,
anno Domini millesimo trecentesimo octavo.

Cortona reportavit.

INQUESTE ET PROCESSUS

PER CURIAM JUDICATI IN PARLAMENTO OCTABARUM NATIVITATIS DOMINI,

ANNO MCCCVIII.

I. Cum jamdudum consules et universitas bastide Montis-Dome,
per curie nostre judicium, condemnati fuissent ad solvendum nobis
quatuor millia librarum parvorum Turonensium, pro penis levatis per
ipsos a juratis dicte bastide non edificantibus nec residentibus in dicta
bastida Montis-Dome, hoc adjecto in judicato predicto quod dicti judicati execucio aliquantulum differretur, et videretur si dicti consules,
infra modicum tempus, producerent quedam privilegia per que dicebant se esse immunes a dictarum penarum prestacione, dictumque
judicatum anno Domini millesimo trecentesimo primo fuerit prola-

Philippe IV, 1308.

tum nec reperiatur dictos consules aliqua super hoc postea privilegia produxisse, per curie nostre judicium, dictum fuit et pronunciatum quod predicta condempnacio mandabitur execucioni.

Sabbato post Epiphaniam.

Mellentus reportavit.

De istis quatuor millibus libris, ad quas tenentur per dictam condempnacionem consules Montis-Dome postea apud Cachant, in presencia domini Regis, preceptum fuit per curiam et pronunciatum quod dicta summa ab eis levetur per terminos competentes, a senescallo Petragoricensi statuendos, et per manum ipsius expendatur in refectione et edificacione clausure turrium et pontis ville predicte, prout eidem senescallo videbitur expedire.

Sabbato post Sanctum Georgium.

II. Cum mota fuisset discordia in curia nostra inter episcopum Laudunensem, ex una parte, et majorem et juratos communie de Brueriis, ex altera, super eo quod dicti major et jurati proponebant pro se et pro dicta communia contra predictum episcopum, ipsum se posuisse injuste in saisina habendi cognicionem hominum ipsius episcopi de corpore captorum in presenti melleya in villa et communia de Brueriis, quia ad predictos majorem et juratos cognicio hominum predictorum captorum, in presenti melleia in villa et communia predictis pertinebat, ut dicebant; predicto episcopo hoc negante, et in contrarium proponente se esse juste in saisina predicta: Tandem, auditis parcium racionibus hinc et inde, et visa inquesta super premissis, de mandato curie nostre facta, visa eciam carta communie predicte, pronunciatum fuit, per curie nostre judicium, predictum episcopum debere remanere in saisina sua predicta, et, per idem judicium absolutus fuit dictus episcopus ab impeticione predicta majoris et juratorum predictorum.

Dominica post octabas Epiphanie.

Pasquerius reportavit.

III. Super bonis defuncti magistri P. de Sancto-Mario, contra Arnaldum Reginaldi, militem, et quosdam alios, informacio senescalli
Xanctonensis male fuit facta, et iterato fiet.

IV. Cum in causa retractus controversia verteretur inter Guillotum
le Cok, cum auctoritate tutoris seu curatoris sui, ex una parte, et
Petrum de Damas et Agnetem, ejus uxorem, ex alia, coram Johanne
le Cochetier, tenente locum, seu curiam communem pro priore et
conventu Sancti-Martini-juxta-Pontisaram, abbatissa et conventu de
Maubuisson et priore Sancti Petri de Pontisara ac Stephano dicto
Loumelle, habentibus pro indiviso jurisdictionem in loco ubi res
inter dictas partes contenciose sunt situate, super eo quod dictus minor, cum auctoritate predicta, petebat quasdam res inmobiles, quas
dicta Agnes emerat ab amitta dicti minoris, moventes ex latere suo,
offerendo sibi infra tempus sufficiens pecuniam seu precium dictarum
rerum emptarum; quare petebat dictas res sibi deliberari, tamquam
proximiori de genere apparenti, parte adversa in contrarium asserente, et proponente, multis racionibus, dictum minorem non esse
ad dictam retractionem admittendum, et dictos conjuges non teneri
respondere peticioni predicte; qui dictus tenens locum, seu curiam
dictorum dominorum, auditis racionibus hinc inde, per suum judicium pronunciavit dictos conjuges non teneri respondere peticioni
dicti minoris, immo eos debere recedere sine die, tamquam deadjor-
natos; a quo judicato, tamquam falso et pravo, dictus minor ad nostram curiam appellavit : Tandem, inquesta super hoc de mandato
nostro facta, visa et diligenter inspecta, pronunciatum fuit, per curie
nostre judicium, dictum locum tenentem male judicasse, et dictum
minorem bene et legittime appellasse, et quod super principali causa
curia hic remanebit, et quod dictus locum tenens hoc emendabit.
Dominica post octabas Epiphanie.
Bocellus reportavit.

V. Cum procurator religiosorum virorum abbatis et conventus

PHILIPPE IV,
1306.

Sancti-Dyonisii in Francia, nomine suo et dicte ecclesie proponeret
dictos religiosos esse et fuisse in bona saisina justiciandi omnes casus alte et basse justicie, venientes ad eorum noticiam, in villa de
Chalevanne, in viis, territorio et pertinenciis ejusdem, per tantum
tempus quod debet sufficere ad bonam saisinam acquirendam, ad
illum finem quod quidam equus et fardellus, capti per gentes suas,
in loco de quo facta est ostensio, et postmodum ad manum nostram,
tamquam superioris positi, manu nostra amota, restituerentur eisdem, procuratore nostro in contrarium asserente dictos equm et
fardellum penes nos remanere debere, et ipsum, nomine nostro,
ab impeticione dictorum religiosorum, debere absolvi. Auditis igitur
super hoc parcium racionibus, et visa inquesta super hoc de mandato nostro facta, attentis eciam confessionibus parcium, et visis
privilegiis seu litteris ex parte procuratoris dictorum religiosorum,
in modum probacionis productis, per curie nostre judicium, dictum
fuit et pronunciatum dictos equm et fardellum, non obstantibus propositis ex adverso, penes nos remanere debere.

Dominica post octabas Epiphanie.

Roya reportavit.

VI. Cum in causa coram ballivo Silvanectensi mota super eo quod
major et jurati communie Pontisare, Petrum le Senglier, de Oonya-
co, cubantem et levantem sub domino Rege, apud Pontisaram inventum ceperant, pro eo quod idem Petrus vileniasse dicebatur apud
Oonyacum, extra terminos dicte communie, quemdam hominem
de communia predicta, et eundem sic captum reddere noluerant ad
mandatum prepositi Silvanectensis, dictus ballivus, auditis partibus,
et visa carta dicte communie, et ipsorum majoris et juratorum probacionibus receptis, judicatum suum contra eos super facto predicto
tulisset, et ipsi, a dicto judicato, tanquam a falso et pravo, ad nostram curiam appellassent: Tandem, in causa dicte appellacionis partibus in curia auditis, visis processibus super hoc habitis coram ballivo predicto et puncto carte communie predicte, per curie nostre

PHILIPPE IV.
1808.

judicium, dictum fuit dictum ballivum bene judicasse, et dictos majorem et juratos male appellasse, et quod ipsi hoc emendabunt, salva
eisdem super hoc proprietatis questione.
Dominica predicta.

VII. Cum procurator noster, coram auditoribus datis ab inquisitoribus deputatis a nobis in senescallia Carcassone, contra abbatem
Montis-Olivi, proposuisset quod, licet locus quidam, prope Montem-
Olivum existens, in quo quondam fuerat castrum dictum de Malast,
qui locus quondam fuerat Trancavelli, vicecomitis Biterrensis, inimici
et faiditi ac eciam rebellis progenitorum nostrorum, nobis fuisset,
certis ex causis, cum locis eidem vicinis et contiguis commissus, et
postea per gentes progenitorum nostrorum omnino destructus, et, ara-
tro inmisso, heremus factus fuisset, tamen abbas predictus Montis-
Olivi, in prejudicium nostrum locum predictum occupando, pluribus
illicite concesserat licenciam ibidem edificandi; propter quod petebat dictus procurator noster predicta, sic usurpata et contra nos,
facta, emendari et locum predictum, cum edificiis ibi factis, nobis
esse commissum pronunciari, abbate predicto, pluribus racionibus,
in contrarium proponente predicta fieri non debere : Visa inquesta
super hoc facta, pronunciatum fuit, per curie nostre judicium, locum
predictum, prout se comportat a capite castri dicti de Malast usque ad
portale vocatum de Nandreya, quod est subtus et prope quamdam
ulmum, et, sicut includitur per aquas de Alzano et de Dura, nobis
tamquam commissum cum suis edificiis remanere et confiscari debere, et de edificiis predictis ibidem factis et de totali loco predicto,
per nos esse ordinandum prout nostre placuerit voluntati.
Martis post conversionem sancti Pauli.
Cuilhier reportavit.

VIII. Cum frater Galterius, abbas monasterii Belle-Pertice, Cisterciensis ordinis, coram senescallo nostro Tholosano, vocatus pro eo
quod quidam monachi monasterii predicti, ipso abbate sciente, man-

Philippe IV,
1808.

dante et consenciente, aut ratum habente, castrum nostrum Castri-
Sarraceni fregerant, et Heliotum, ibidem incarceratum ad suspendium propter homicidium, ut dicitur, condempnatum, et quemdam
alium, abinde secum extraxerant, et eciam, quia eosdem ad monasterium predictum ductos, dictus abbas et monachi sui receptaverant,
emendam, propter hoc, coram senescallo predicto, gagiasset, salvis
et retentis suis defensionibus legittimis, si quas haberet; tandem,
coram auditoribus a dicto senescallo super hoc deputatis, dictus abbas
suas defensiones proposuit, et ad eas probandas testes suos induxit,
et, quia dictus senescallus predictam emendam usque ad quinque
millia librarum Turonensium debilis monete tunc currentis taxavit,
dictus abbas ab hujusmodi condempnacione, tamquam iniqua, ad
nostram audienciam appellavit : Visis igitur omnibus processibus predictis, et omnibus que dictus abbas et procurator noster senescallie
predicte proponere voluerunt, taxacio emende predicte, per dictum
senescallum facta, fuit per nostram curiam usque ad mille, et quingentas libras Turonenses fortis monete temperata, et, per judicium
curie predicte, fuit pronunciatum quod gagiacio predicta, per dictum abbatem monasterii Belli-Pertice facta, usque ad quantitatem
predictam, sic moderatam, mandabitur execucioni.

Martis predicta.

Cuillier reportavit.

IX. Cum abbas et conventus Sancti-Dyonisii in Francia dicerent
sibi, per judicium curie nostre, adjudicatam fuisse saisinam omnimode justicie alte et basse in villa que dicitur ad Loca, et quod
propter debatum super hoc postea motum inter ipsos, ex una parte,
et ballivum Silvanectensem, ex alia, predicta saisina posita fuerat et
adhuc tenebatur ad manum nostram, tamquam superioris, requirentes quod, manu nostra inde amota, dicta saisina deliberaretur eisdem ; et e contra dictus ballivus noster proponeret, pro nobis, quod
nos, jure nostro et tamquam pars, sumus et hactenus fuimus in premissorum saisina : Tandem, visa inquesta de mandato nostro super

hoc facta, et viso judicato predicto, per curie nostre judicium, dictum fuit nos in saisina predictorum remanere debere, et requestam dictorum religiosorum non esse faciendam, salva in hujusmodi dictis religiosis questione proprietatis.

Martis predicta.

Roya reportavit.

X. Cum abbas et conventus Sancti-Dyonisii dicerent sibi, per judicium curie nostre, adjudicatam fuisse saisinam justiciandi hospites suos ac hospites monialium Sancte-Bathildis-de-Kala, in villa et territorio de Onyaco, et quod, propter debatum super hoc postea motum inter ipsos, ex una parte, et ballivum Silvanectensem, ex altera, predicta saisina posita fuerat et adhuc tenebatur ad manum nostram, tamquam superioris, ballivo nostro pro nobis in contrarium asserente nos jure nostro et tamquam partem esse in saisina predictorum : Tandem, visa inquesta super hoc de mandato nostro facta, visoque tenore judicati predicti, per curie nostre judicium, dictum fuit quod inquesta predicta, propter quosdam defectus in ea repertos, perficietur et in ea renovabitur commissio ad eosdem auditores qui, quantum ad dictos defectus plenius inquirendos, inquestam complebunt predictam.

Martis predicta.

Roya reportavit.

XI. Cum mota fuisset discordia in curia nostra inter episcopum Belvacensem, ex una parte, et majorem et pares Belvacenses, ex altera, super eo quod dictus episcopus petebat quod bona Garnerii de Credolio, prepositi sui Belvacensis, capta per majorem Belvacensem, et sibi recredita per manum nostram, dicto Garnerio redderentur et deliberarentur, et quod major Belvacensis, quem ballivus dicti episcopi ceperat, pro eo quod, coram eo, super dicta capcione noluerat respondere, et qui, in prisione dicti episcopi, propter hoc captus et detentus per gentes nostras, fuerat recreditus, per easdem

gentes nostras, reponeretur penes dictum episcopum pro ipso justiciando in casu predicto pro quo captus tenebatur; predictis majore
et paribus in contrarium asserentibus, et petentibus quod gagia predicta, capta per ipsos, penes dictum Garnerium, pro tallia dicte ville
super ipsum imposita, per ballivum Silvanectensem dicto Garnerio
recredita, reponerentur in manu eorum, pro tallia, super ipsum imposita, explectanda per eos et levanda, et quod impedimenta per dictum episcopum super hoc eisdem apposita amoverentur; petentibus
eciam dictam injuriam sibi factam per ballivum dicti episcopi, capiendo et captum tenendo in prisione dicti episcopi majorem predictum cum duobus paribus et uno serviente dicte ville, per octo
dies vel circa, occasione predictorum, nobis et sibi emendari : Tandem, auditis parcium racionibus hinc et inde, et inquesta super
hiis de mandato curie nostre facta, visa et diligenter examinata, visis
eciam cartis hinc inde productis, pronunciatum fuit, per curie nostre
judicium, predicta pignora dicti Garnerii debere reponi in manu predictorum majoris et parium, pro tallia predicta per eos levanda ac
eciam super dictum Garnerium explectanda, et quod dictus ballivus
predictam capcionem, racione predicta factam, de predictis majore,
paribus et serviente nobis et predictis emendabit.

Martis predicta.

Pasquerius reportavit.

XII. Cum nos, super pluribus excessibus, gravaminibus, injuriis
et violenciis per Gaillardum de Monte-Lanardo, ut dicebatur, factis
Gaillardo de Narzeyo, militi, mandaverimus inquiri super eo quod,
cum inventus fuisset in terra nostra armatus et promptus ad malum
faciendum, una cum multitudine armatorum equitum et peditum, et
per gentes nostras arrestatus fuisset, ac sibi, per easdem gentes nostras injunctum et preceptum, ex parte nostra, fuisset ut in statu in
quo ipse erat una cum comitiva sua se redderet captum in castro nostro Lauserte, inhibendo sibi expresse ne persone, bonis et rebus
dicti Gaillardi de Narzeyo, militis, per se seu alios aliquid forisfa-

PHILIPPE IV, 1308.

ceret seu dampna inferret, et quod dictum militem, una cum rebus et bonis suis, et specialiter repparium suum de Lancurra, capiebant et ponebant in salva garda nostra : Hinc est quod, visa inquesta super hiis de mandato nostro facta, quia inventum est sufficienter probatum dictum Gaillardum de Monte-Lanardo una cum complicibus suis, spretis omnibus premissis, reparium de Lancura, more hostili, cum armis, expugnasse et debellasse, gentibus nostris intus existentibus et vexillo nostro, in signum salve garde, in dicto reppario posito, item plures arbores fructiferas et alias, juxta piscariam dicti militis existentes, scindisse vel scindi fecisse, et hiis non contentum quoddam molendinum dicti militis totaliter combuxisse, per curie nostre judicium, dictus Gaillardus nobis in mille libris Turonensibus solvendis, et eciam, propter dicti facti atrocitatem, quod corpus suum in nostra clausa prisione teneatur usque ad voluntatem nostram, et dicto militi in mille libris Turonensibus, racione dictorum dampnorum sibi factorum, dictique Bertrandus de Lavela in quadraginta libris, Guichardus de Scaraco, in quinquaginta, Bertrandus de Guiscardo, in sexaginta, Bertrandus de Roseto, in quadraginta, et Ernaudus Sorelli, in centum libris nobis solvendis, quia reperti sunt fuisse auxiliatores et consiliarii, in predictis delictis faciendis, sentencialiter condempnati fuerunt.

Et contra alios qui dicuntur culpabiles in predictis, mandabitur senescallo Petragoricensi quod ipse, vocatis partibus, inquirat et referat ad finem civilem.

Martis post conversionem sancti Pauli.

Monci reportavit.

XIII. Cum ex querimonia Falquete, relicte Girardi de Roseo-Monte, quondam militis, acceperimus quod Gerardus de Defenso, miles, cum pluribus suis complicibus, domum dicte Falquete de Paredo-Loufrarii, in manu nostra cum pertinenciis suis existentem, cum multitudine armatorum violenter intravit, eam fregit et funditus diruit, necnon hereditates ad dictam domum pertinentes, videlicet stagna et molendina ipsius, destruxit, vineas ejus et arbores extirpavit, contra prohibicionem gencium nostrarum, manum nostram temerarie infringendo : Tandem, inquesta, super hoc de mandato nostro facta, visa et diligenter examinata, quia inventum est dictum Geraldum, cum suis complicibus, dictos excessus perpetrasse, et eciam dictum maleficium advoasse, dictus Geraldus nobis in mille libris Turonensibus, racione dictorum excessuum, et dicte Falquete in duobus millibus Turonensibus, pro dampnis, deperditis et injuriis in hujusmodi sibi factis, per curie nostre judicium, extitit condempnatus.

Et mandabitur ballivo Bituricensi quod de complicibus inquirat, vocatis partibus, super facto predicto, et inquestam remittat ad finem civilem judicandam.

Martis predicta.

Bocellus reportavit.

Dominus Rex postea, de dicta emenda sua mille librarum Turonensium sibi adjudicata, quitavit eidem militi, de gracia speciali, medietatem, et, de alia medietate, dedit eidem respectum per terminos, videlicet quod de eis solvat centum et quinquaginta libras ad proximam Candelosam, et ad sequentem Candelosam centum et quinquaginta libras, et residuas ducentas libras ad aliam Candelosam subsequentem.

XIV. Judicatum factum inter dominum de Mira-Bello, ex una parte, et decanum et capitulum et prepositum de Bladolio ecclesie Sancti-Martini Turonensis, ex altera, super alta justicia et alta vaeria terre Sancti-Martini, in prepositura de Bladolio, cum ejus suspensione, ex causa facta usque ad subsequens parlamentum, est in rotulo hujus parlamenti.

XV. Duo judicata facta contra Ratherium de Calceata, super quibusdam emendis pecuniariis, cum eorum revocacione, ex certa causa facta, quantum ad dominum Regem tantummodo pertinet, sunt in rotulo hujus parlamenti.

36.

XVI. Cum, in causa mota coram preposito Sancti-Maglorii Parisiensis inter Guillelmum de Parvo-Ponte, Geraudum Theobaldi de Florencia, ex una parte, et Guillelmum Chapiausac, ex altera, super saisina percipiendi quadraginta et octo solidos annui redditus super domo Clementis le Farner, dictus prepositus, per suum judicium, pronunciasset dictum Chapiausac in saisina predicta remanere debere, salva super hoc parti adverse proprietatis questione; et ab hujusmodi judicato, tamquam falso et pravo, dicta pars, que contra se dictum judicatum habuerat, ad prepositum Parisiensem appellasset, dictusque prepositus Parisiensis, in causa dicte appellacionis procedens, predictum judicatum confirmasset; tandem, a dicti prepositi Parisiensis judicato hujusmodi confirmatorio, tamquam falso et pravo, dictus Guillelmus de Parvo-Ponte ad nostram curiam appellavit: Auditis igitur, in causa dicte appellacionis, predictis partibus et visis processibus antedictis, per curie nostre judicium, dictum fuit predictos prepositos bene judicasse et dictum Guillelmum de Parvo-Ponte male appellasse, et quod ipse hoc emendabit.

Mercurii post Candelosam.

Cuillier reportavit.

XVII. Cum mota fuisset causa coram preposito Parisiensi, inter Anselmum de Hocherii, nomine Johanne, uxoris sue, ex una parte, et magistrum Yvonem de Herbet, gerentem se pro curatore dato bonis Hervei de Sancto-Renancio, tunc absentis, ex altera, super saisina quorumdam bonorum immobilium que fuerunt defuncte Aveline, quondam filie dicte Johanne, et super fructibus et exitibus ex dictis bonis per dictum Anselmum perceptis, et, in causa hujusmodi, dictus prepositus procedens judicatum suum tulisset pro dicto magistro Yvone contra Anselmum predictum, et a dicto judicato, tamquam falso et pravo, dictus Anselmus ad nostram curiam appellasset: Tandem, in causa dicte appellacionis auditis partibus et visis processibus antedictis, per curie nostre judicium, dictum fuit predictum prepositum male judicasse, et dictum Anselmum bene appellasse; et

ENQUÊTES ET PROCÈS. 285

quod impedimentum, racione premissorum, eidem Anselmo ad ins- PHILIPPE IV, 1308.
tanciam dicti magistri Yvonis appositum in dictis bonis et fructibus
eorumdem, amovebitur absque difficultate, ita quod ipse dictis bonis et eorum fructibus possit gaudere, et ea que dictus Yvo de bonis
predictis et eorum fructibus habuit, racione predicta, reddere tenetur Anselmo predicto.
 Mercurii predicta.
 Bocellus reportavit.

 XVIII. Cum habitatores ville de Mayriaco quamdam penam mille
librarum, tamquam commissam ex certis causis, videlicet nobis medietatem, et ipsis aliam medietatem, adjudicari et reddi peterent contra habitatores ville Sancti-Germani, dicta parte adversa contrarium
proponente : Tandem, inquesta de mandato nostro super hoc facta per
ballivum Viromandensem et ad nostram curiam reportata, visa et diligenter examinata, per curie nostre judicium, habitatores predicti de
Sancto-Germano a dicta pene peticione absoluti fuerunt.
 Mercurii predicta.
 Roya reportavit.

 XIX. Super quibus dampnis que petebant habitatores ville de
Mayriaco contra habitatores ville Sancti-Germani, et super racione
reddenda de quibusdam pecuniarum summis a dictis partibus, virtute mandati nostri, ut dicitur, levatis : Visa inquesta de mandato
nostro facta, quia quedam inventa sunt in ea plenius inquirenda, per
curie nostre judicium, dictum fuit quod, vocatis evocandis, dicta inquesta complebitur et remittetur ad curiam judicanda.
 Mercurii predicta.
 Roya reportavit.

 XX. Cum Guiotus de Lemovicis et soror ejus Margareta, uxor Bertrandi de Balastre, coram Radulpho de Vaus, tunc auditore Castelleti Parisiensis, proposuissent, contra Petrum de Senonis et ejus uxo-

rem, quod ipsi conjuges possidebant quamdam domum et quasdam
alias res immobiles et eciam mobiles, in articulis eorum expressatas,
que fuerant Guiardi de Lemovicis et Genovefe, ejus uxoris, tempore
quo ipsi decesserant, de hereditate et conquestu ipsorum moventes,
quorum eciam ipsi Guiotus et Margareta dicebant se esse liberos et
heredes, peciissentque dictos conjuges compelli ad restituendum
eis predicta, cum fructibus inde perceptis, dictis conjugibus plures
raciones proponentibus, propter quas dicebant predicta fieri non debere; tandem, auditis partibus, dictus auditor predictos conjuges ab
impeticione dicti Guioti absolvit, condempnans eosdem ad restituendum dicte Margarete et ejus marito medietatem omnium mobilium
et inmobilium, in articulis dictorum liberorum contentorum, et medietatem octoginta librarum in dictis articulis contentarum, et in residuis mobilibus eosdem absolvens; cujus judicati dicti conjuges
emendacionem Parisiensis preposito pecierunt; qui prepositus predictam sentenciam confirmavit; a qua confirmacione dicti conjuges
ad nostram curiam appellarunt; Visis igitur diligenter omnibus processibus predictis, et consideratis omnibus hinc inde allegatis, per
curie nostre judicium, dictum fuit predictum prepositum, in eo quod
ipse absolvit simpliciter dictos conjuges ab impeticione dicti Guioti,
et in eo eciam quod ipse condempnavit dictos conjuges precise ad restituendum dicte Margarete et ejus marito medietatem rerum mobilium et inmobilium, in articulis dictorum liberorum contentarum,
et medietatem dictarum octoginta librarum, male pronunciasse. Cum
enim constiterit curie dictam Genovefam legasse, dictis conjugibus
Petro et ejus uxori, quintam partem hereditatis sue cum omnibus
conquestibus et mobilibus suis, et dictos conjuges predictum Guiotum, qui, post mortem patris sui, in sella remansit de dicto legato,
postea quitavisse, pro certis rebus expressatis in litteris super hoc confectis et in dicto processu contentis, dicti conjuges ab impeticione
dictorum liberorum, quoad res in dictis litteris contentas, per curie nostre judicium, fuerunt absoluti, et condempnati fuerunt iidem
conjuges ad restituendum dictis liberis residuum bonorum inmobi-

lium in peticione ipsorum contentorum, cum fructibus inde perceptis, et eciam ad restituendum dictas octoginta libras, de quibus in
articulis ipsorum fit mencio. In eo autem quod dictus prepositus in
aliis bonis mobilibus predictos conjuges ab impeticione dictorum
liberorum absolvit, fuit dictum, per curie nostre judicium, dictum
prepositum bene pronunciasse, et in hoc ejus fuit sentencia confirmata.

Mercurii post Candelosam.

Cuillier reportavit.

XXI. In quadam causa coram ballivo episcopi Belvacensis mota
inter textores ac lanatores civitatis Belvacensis, parte dictorum textorum, nomine communitatis eorum, petente se admitti, virtute cujusdam procuratorii ibidem in judicio exhibiti, parte dictorum lana-
torum e contrario proponente dictum procuratorium non valere, cum
factum non fuisset, ut dicebat, de consensu majoris partis communitatis dictorum textorum, dictus ballivus judicavit predictum procuratorium non debere admitti; a cujus judicato, tamquam falso et
pravo, pars dictorum textorum ad nostram curiam appellavit. Visis
igitur in causa dicte appellacionis processibus antedictis, per curie
nostre judicium, dictum fuit dictum ballivum bene judicasse, et predictos textores male appellasse, et quod hoc emendabunt.

Jovis post Candelosam.

Monci reportavit.

XXII. Cum inter dominam de Harou-Villa, ex una parte, et Bochardum de La-Val, militem, ex altera, in curia nostra mota fuisset discordia, super eo quod dicta domina dicebat quamdam inquestam, per
curiam domini Montis-Morenciaci inter dictas partes factam et curie
nostre, ex parte dicti militis, traditam ad judicandam, non valere, nec
judicari debere, dicto milite contrarium proponente, multis racionibus et pluribus factis contrariis super hoc propositis hinc et inde :
Tandem, super factis hujusmodi dictarum parcium inquisita veritate,

PHILIPPE IV,
1308.

et inquesta super hoc facta ad curiam nostram reportata, visa et diligenter examinata, per curie nostre judicium, dictum fuit predictam dominam nichil probavisse quare judicari non debeat inquesta predicta, et quod, non obstantibus ex parte dicte domine propositis, curia nostra judicabit inquestam predictam.

- Jovis post Candelosam.

Pasquerius reportavit.

—

XXIII. Cum mota fuisset discordia coram ballivo domini Montis-Morenciaci, inter Bochardum de La-Val, militem, ex una parte, et dominam de Harou-Villa, ex altera, super eo quod dictus miles proponebat se et predecessores suos fuisse longo tempore et esse in saisina pacifica percipiendi et habendi, quolibet anno, quadraginta libras annui redditus super grangia et villa de Harou-Villa et ejus pertinenciis, et quod dicta domina impediebat et perturbabat ipsum de novo in dicta saisina injuste et sine causa, predictas quadraginta libras solvere, per biennium denegando; dicta domina hoc negante, et multa facta contraria ad sui defensionem proponente; postmodum, inquesta facta, de mandato dicti ballivi, super propositis a dictis partibus coram eo, et lite adhuc pendente, inhibitum fuit, ex parte nostra, dicto ballivo, ex certa causa, ne de dicta causa amplius cognosceret, et, dictis partibus, ne de dicta causa coram eo litigarent; qua inhibicione non obstante, dictus ballivus in dicta causa procedens, dictam dominam posuit in defectu, et ipsam, per suum judicatum, reputavit contumacem; a quo judicato, tamquam a falso et pravo, dicta domina ad nostram curiam appellavit; partibus vero auditis in curia nostra, in causa appellacionis predicte, pronunciatum fuit, per curie nostre judicium, dictum ballivum male judicasse, et dictam dominam bene appellasse, et per idem judicium dictum fuit dictam causam principalem debere per nostram curiam judicari : Tandem, visa inquesta dicte cause principalis, visis eciam aliis processibus antedictis, pronunciatum fuit, per curie nostre judicium, impedimentum predictum, appositum in predictis per dictam dominam, debere amoveri, et dic-

tum Bochardum debere remanere in saisina sua predicta, et omnia
arreragia dicti redditus, pro defectu solucionis, eidem militi a dicta
domina debita, sibi esse reddenda.

Veneris post Reminiscere.

Pasquerius reportavit.

XXIV. Cum olim questio verteretur inter Johannem dictum Chat,
actorem seu reclamantem, ex parte una, et Eblonem, Jaubertum de
Solhac, Bertrandum de Luco, militem, et Hugonem de Solhac, domicellum, reos, ex altera, super quadam factione seu teneura terre et
nemorum vocatorum vulgariter la Roca-de-Couc, quam, prout in
libello reclamacionis dicti Johannis designatur et confrontatur, dicebat dictus Johannes, ex certis causis, ad se et in solidum pertinere;
tandem dicte partes super premissis in dictum Hugonem de Solhac,
tamquam in arbitrum, arbitratorem seu amicabilem compositorem
compromiserunt, qui dictus Hugo in dicto compromisso, causa non
cognita, perperam et inique procedens, prout asserebat idem Johannes, dictum suum seu ordinacionem suam super premissis protulit in hunc modum, videlicet quod dictus Johannes terciam partem dicte teneure in libello confrontate haberet pacifice, et dicti rei
residuas duas partes haberent amodo pacifice et quiete; a quo quidem dicto seu ordinacione, tamquam falso et iniquo, dictus Johannes, in quantum contra eum faciebat, ad senescallum Petragoricensem, quamcito ad ejus pervenit noticiam, reclamavit, petens dictam
reclamacionem legittimam pronunciari, et declarari predictum domicellum contra dictum Johannem et pro dictis reis perperam et inique pronunciasse, et dictam pronunciacionem, seu ordinacionem ad
equitatem reduci per arbitrium boni viri, et dampna, que ipse propter hoc sustinuit, sibi reddi usque ad summam quinquaginta librarum Turonensium, parte adversa in contrarium multis racionibus
proponente, et petente dictum seu ordinacionem predictam legittimam pronunciari : Processibus igitur super hoc factis ac pronunciacione predicta ad nostram curiam, de mandato ipsius curie, repor-

tatis, visis et diligenter examinatis, per ipsius curie nostre judicium, dictum fuit predictum domicellum male pronunciasse, et dictum Johannem bene et legittime reclamasse, et dictam factionem seu teneuram, prout in libello dicte reclamacionis confrontatur, eidem Johanni restituendam esse cum fructibus a dictis reis inde percep- tis a tempore reclamacionis predicte, et, per idem judicium condemp- nati fuerunt dicti rei ad reddendum eidem Johanni quinquaginta libras Turonensium bonorum, pro dampnis suis predictis.

Jovis post Candelosam.

Roya reportavit.

XXV. Super eo quod Ysabellis, domina de Escri, curie nostre con- questa fuerat quod in ipsius prejudicium major, scabini et commu- nitas dicte ville aut major eorum pars, quasdam grossas et antiquas arbores, circa castrum suum de Escri existentes, maliciose, clam et de nocte sciderant et secum portaverant : Visa inquesta de mandato curie nostre facta, dictam inquestam propter multos defectus in ea repertos, curia nostra non judicavit, immo precepit quod, super con- tentis in commissione per quam facta fuit dicta inquesta, si hoc dicta domina prosequi voluerit, vocatis partibus, iterato veritas inquiratur ad finem civilem.

Jovis predicta.

Monci reportavit.

XXVI. Cum propter quamplures inobediencias quas dicebat balli- vus Arvernie sibi et ejus servientibus factas fuisse per Guillelmum Delphini de Arvernia, dominum castri de Monte-Rugoso, seu gentes ipsius, idem ballivus castrum predictum ad manum nostram posuis- set, dictus Guillelmus predictas inobediencias, quatenus inveniren- tur esse facte, nobis emendavit : Tandem, super dictis inobedien- ciis, de mandato nostro, vocatis partibus, inquisita plenius veritate, et inquesta super hoc facta visa et diligenter examinata, idem Guil- lelmus, propter inobediencias predictas, in emendam quingentarum librarum Turonensium bonorum, per curie nostre judicium, nobis extitit condempnatus.

Veneris post Candelosam.

Mellentus reportavit.

Episcopus Suessionensis michi reportavit quod dominus Rex quittat eidem Delphino medietatem istius emende.

XXVII. Cum Johannes Forget, scutifer, curie nostre significasset quod, ipso existente in bona saisina bosci vocati de la Saisine, et ad ipsum, ex parte domini Regis, custodiendum in dicta saisina dato sibi Petro Burgundie et quibusdam aliis, Haymericus Senglier et Hugo, ejus frater, cum eorum complicibus, post et contra defensam ex parte domini Regis eis factam sufficienter, ad dictum boscum venientes, operarios dictum boscum, de mandato dicti Forgeti, scindentes violenter ejecerunt, et dictum Petrum graviter vulneraverunt, et plures eidem injurias intulerunt, et, in nostri vituperium, inobediencias plures super hoc fecerunt, ac multas quadrigatas bosci secum inde, per violenciam, duxerunt : Visa inquesta super hoc, vocatis partibus, de mandato curie nostre facta, per curie nostre judicium, dictum fuit quod dictus Forget in predicta saisina sua dicti bosci custodietur, et impedimentum super hoc eidem per predictos appositum amovebitur, et reddent dicti fratres eidem Forgeto, pro dictis quadrigatis bosci per eos levatis, decem libras Turonenses, a curia nostra taxatas et a dicto Forgeto juratas, et dicto servienti sexaginta libras Turonenses, pro injuriis predictis sibi illatis, ac domino Regi ducentas libras Turonenses, pro emenda sua racione premissorum.

Veneris post Candelosam.

J. de Voyssi reportavit.

XXVIII. Mota controversia inter priorem et conventum Sancti-Mauricii Silvanectensis, ex una parte, et episcopum Belvacensem, ex altera, super eo quod dicti religiosi, asserentes se solos et in solidum esse in saisina habendi questam in villa de Castenoy, racione molen-

dini, ipsorum de Senecourt, et eciam capiendi quemcumque alium
invenirent in dicta villa querentem, et sibi prisias hujusmodi applicandi, petebant sibi reddi et deliberari quemdam equum cum farina
per eorum gentes in dicta villa, racione dicte queste, captum, et ad
manum nostram positum propter debatum parcium predictarum ;
dicto episcopo in contrarium proponente se esse in saisina solum et
in solidum habendi omnimodam altam et bassam justiciam in dicta
villa, et se, tamquam solum justiciarium, malefactores et delinquentes ibidem capiendi, ac petente dictum equum cum farina sibi deliberari et reddi : Tandem, inquesta super hoc de mandato nostro facta
visa et diligenter examinata, quia inventum est sufficienter probatum
dictos religiosos, racione dicti molendini sui, esse in saisina habendi
questam in dicta villa, et eciam alios ibidem querentes capiendi, et
hujusmodi prisias sibi applicandi, per curie nostre judicium, dictum
fuit equm predictum cum farina dictis religiosis esse reddendum
et deliberandum, salva in aliis omnimoda justicia dicti episcopi in
villa predicta.

Veneris post Candelosam.

Bocellus reportavit.

XXIX. Cum prior et conventus monasterii Sancti-Martini-de-Campis, juxta Parisius, dicentes se esse et fuisse in bona saisina ponendi,
habendi et tradendi mensuras vini, bladi, avene et aliorum grano-
rum in villa de Gooyllons, versus Yenvillam in Belsia, et se, per gentes
nostras, indebite et de novo impeditos, tam in dictis mensuris quam
in justicia ipsorum religiosorum in dictis casibus et aliis in villa predicta et territorio ac pertinenciis ejusdem moventibus a monasterio
predicto, requirerent dictum impedimentum amoveri et se de dictis
mensuris per gentes nostras captis resaisiri ; preposito nostro de
Yenvilla pro nobis contrarium proponente : Tandem, inquesta super
hoc facta visa et diligenter examinata, una cum litteris per dictos religiosos super hoc in modum probacionis productis, per curie nostre
judicium, dictum fuit impedimentum, per gentes nostras eisdem re-

ligiosis in saisina predicta ponendi, habendi et tradendi dictas mensuras in villa predicta, tantummodo appositum, amoveri debere et
eosdem de dictis mensuris esse resaisiendos, salvo jure nostro, tam
in aliis quam in alta justicia locorum predictorum, ac salva nobis in
mensuris predictis questione proprietatis.

Martis post octabas Candelose.

Roya reportavit.

XXX. Cum, de mandato ballivi Viromandensis, prepositus Peronensis, in quibusdam factum male-tolte dicte ville tangentibus, procedere vellet, ipse secum decanum Peronensem, Philippum de Har-
den-Curia, Philippum Bote, Guillelmum Germerii, milites fideles
nostros, ut consulcius ageret in hac parte, vocavit ut, de hiis que per
ipsum fierent, possent, si opus esset, testimonium perhibere; cumque ipsi ad domum communem dicte ville, cum dicto preposito, accessissent, ubi, ad sonum campane, major et jurati et tota communia dicte
ville convenerant, idem prepositus, cum predictis, stans ad fenestras,
et dicens se velle mandatum adimplere predictum, vidit populum
murmurantem, et duodecim vel circiter de grossioribus dicte ville
qui se ad partem traxerunt, et statim omnes de communia, quasi una
voce, clamare, et dictum prepositum huare ceperunt, dicentes: Ad
scalas! ad scalas! moriantur! commune! commune! et tunc, cum dictus prepositus et predicti perteriti descendissent, statim dicti prepositus et decanus a tribus millibus dicte communie vel circa inclusi et
ad terram prostrati fuerunt, et graviora sibi timuit dictus decanus
inferri, ut dicit, nisi ab aliquibus auxilium habuisset, super quibus
mandavimus veritatem inquiri : Visa igitur inquesta super hoc facta,
racionibus et defensionibus dictorum majoris, juratorum et communie diligenter attentis, per curie nostre judicium, communia
dicte ville fuit nobis in mille libris parvorum Turonensium, nomine emende, condempnata, et dicto decano nomine suo et ecclesie sue, pro injuriis predictis, in quadringentis libris monete ejusdem, retento quod contra singulares personas que invente fuerint

in premissis gravius deliquisse, curia nostra ad emendam condignam procedet.

Martis post octabas Candelose.

Roya reportavit.

Precepit curia quod contra istos inquiratur ad finem contribuendi, cum predictis condempnatis, in emenda predicta, quia satis est magna.

XXXI. Cum persone ecclesiastice necnon nobiles et populares castellanie Peronensis sua nobis conquestione monstrassent quod major et jurati dicte ville, de omnibus mercaturis et victualibus in ipsa villa venditis, quamdam costumam que dicitur mala-tolta, pro relevandis, ut asserebant, debitis et oneribus dicte ville, exigi faciebant et levari, quodque ballivus Viromandensis, forma mandati nostri litteratorie super hoc sibi facti non servata nec vocatis quorum intererat, dictam costumam majori et juratis predictis usque ad novem annos improvide concesserat, in dictorum conquerencium et libertatum suarum prejudicium non modicum et gravamen, nos, ad instanciam predictorum, mandavimus super hiis veritatem inquiri : Visa igitur inquesta super hoc facta, et propositis ex parte dictorum majoris et juratorum diligenter auditis, curia nostra, per judicium suum, dictam malam-toltam suspendit, et dixit quod ad dictam villam mittentur probi homines, qui de statu dicte ville et ejus oneribus inquirent diligencius veritatem, vocatis predictis personis et aliis evocandis, et dictam inquestam curie nostre remittent, ut consideratis que consideranda fuerint in hac parte, cum minori popularium et aliorum incommodo, per curiam nostram quod racionabile fuerit ordinetur.

Martis post octabas Candelose.

Roya reportavit.

XXXII. Gravem decani et capituli Peronensis ecclesie, in speciali garda nostra existentium, querimoniam accepimus, continentem quod, cum nuper quidam homines ville de Athies ad refugium et immunitatem dicte ecclesie confugissent, Godefridus, tunc prepositus Pero-

nensis, et Johannes Postel, ejusdem ville major, cum quibusdam eorum complicibus et cum armis, dictam ecclesiam violenter intrantes,
hostia ejus fregerunt et plures injurias dicto decano ac personis dicte
ecclesie intulerunt ibidem, in ecclesiastice libertatis ac dicte garde
nostre prejudicium et contemptum, super quibus mandavimus inquiri, vocatis partibus, veritatem: Visa igitur inquesta super hoc facta,
per curie nostre judicium, condempnati fuerunt dictus Godefridus in
centum libris Turonensibus, dictus Johannes in centum libris Turonensibus, et ceteri complices eorum, in inquesta predicta nominati, in
centum libris Turonensium bonorum, de quibus trecentis libris habebit dicta ecclesia, pro injuria predicta, medietatem, et dominus Rex,
pro emenda sua, aliam medietatem.

Nomina complicum sunt ista: Mayetus de Fay, Guillelmus Haneton,
Aubericus de Treny, Henricus Serviens, Guiotus Creton, Petrus et
Johannes Rutille, fratres; Erambaudus et Philippus, fratres; Floretus
et Johannes de Nigella, Nicolaus de Roy, Capi Gelee, Robertus de Vi,
Galterus de Beffredo, Johannes de Vinagio, Petrus Magistri, Guillelmus le Rart, Girardus Haneton, Reginaldus Hasle, Johannes Hasle,
Vincenetus, Philippus Gelee, Johannes Foursin, Symon Foursin, Petrus Boute, Rissole, Stephanus Haneton, Johannes Jacobus, et Richardus Dardanne, Forsinus Carbonier et Renaudus, filius, clerici.

Martis predicta.

M. L. de Voyssi reportavit.

XXXIII. Cum in causa coram preposito mercatorum Parisiensium
mota, inter Johannam Cucufariam, ex una parte, et Arnulphum dictum
de la Mule, ex altera, super saisina medietatis cujusdam domus, site
Parisius, in magno vico qui dicitur vicus Sancti-Jacobi, de qua facta
est ostensio inter partes, quam domum dictus Arnulphus et defuncta
Thomassia, ejus quondam uxor, dum viveret, acquisierant extante
matrimonio inter ipsos, dictus prepositus judicatum suum pro dicta
Johanna, contra predictum Arnulphum, tulisset, et, ab hujusmodi
judicato, dictus Arnulphus ad dominum Regem sufficienter appel-

lasset: Tandem, in causa dicte appellacionis, predictis partibus auditis et visis tam cause principalis quam appellacionis predicte processibus, per nostram fuit curiam ordinatum quod, amoto impedimento
per dictum Arnulphum in saisina dicte medietatis domus apposito,
predicta saisina eidem Johanne, quantum ad dictum Arnulphum, deliberabitur, salvo tamen super hiis, in omnibus, jure domini Regis.

Martis ante Brandones.

XXXIV. In causa mota inter dominum de Buxeria et magistrum
Stephanum de Sancto-Poncio super edificacione domus de Forneto,
quam dicit dictus dominus esse domum fortem et de novo edifica-
tam infra baroniam castri sui de Buxeria, in sui prejudicium et contra consuetudinem loci predicti, visa inquesta super hoc facta propter defectus in ea repertos, fuit, per curiam nostram, ordinatum quod
mandabitur ballivo Matisconensi, cui remittetur inquesta predicta, ut,
vocatis evocandis, per testes alias productos in dicta inquesta, cum
minus sufficienter fuerint examinati, et per alios quos dicte partes
producere voluerint, super premissis inquirat, per se vel per alium,
diligenter veritatem, cessante omni frivola appellacione, et inquestam hujusmodi plene perfectam curie nostre remittat judicandam,
et, quia dicta domus, propter dictarum parcium debatum, ad manum
domini Regis posita fuit, prout asseruerunt inquisitores super hoc
deputati, et dicta manus dicitur fracta fuisse, dicto ballivo mandabitur quod si ipse invenerit ita esse, dictam domum, hoc pendente,
ad dictam manum domini Regis teneat, sine custu et dampno parcium predictarum, et illos qui dictam manum fregerunt, justicia mediante, compellat ad emendam condignam inde faciendam.

Lune post Brandones.
Creci reportavit.

XXXV. Cum mota esset discordia inter dominum Karolum, comitem Valesie, ex parte una, et priorem de Autolio, ordinis Cluniacensis, ex altera, super eo quod dictus prior petebat quod que-

dam scala per gentes dicti comitis de novo posita in villa de Autolio,
turbando et impediendo dictum priorem in sua saisina alte justicie
in dicta villa et ejus pertinenciis, amoveretur, et quod alie novitates,
sicuti scindendi arbores in viariis dicte ville, per dictum comitem de
novo facte, ad statum debitum reducerentur, procuratore dicti comitis in contrarium proponente et petente quod scala in dicta villa
per eos posita ibidem remaneret, et quod dictus comes in saisina
dicte justicie, tamquam castellanie Feritatis-Millonis, remaneat, et
quod manus domini Regis ad requisicionem dicti prioris ibidem posita, amoveatur: Visa inquesta, super hiis de mandato nostro facta,
quia inventum est sufficienter probatum dictum priorem et predecessores suos esse et fuisse in saisina predicte justicie in dicta villa
et ejus pertinenciis, per curie nostre judicium, dictum fuit predictum priorem debere remanere in predicta saisina alte justicie in dicta
villa et ejus pertinenciis, et quod impedimenta predicta, per dictum
comitem et ejus gentes in predictis apposita, inde amovebuntur, et
quod predicta ad manum nostram posita eidem priori deliberabuntur, salva dicto comiti, in predictis, questione proprietatis.

· Lune predicta.

Monci reportavit.

XXXVI. Super eo quod Guillelmus Trousselier dicebatur violenter rapuisse et cognovisse Petronillam la Testaude, uxorem Guillelmi
Fortin, et super hoc se pacificasse cum Johanne, Hugone et Guillelmo
Testauz, fratribus dicte Petronille, per compromissum factum super
hoc inter partes, ipse positus fuisset ad racionem per commissarium
a domino Rege in illis partibus deputatum ad finem emendandi domino Regi factum predictum, et, ipse negando dictum raptum et violenciam predictam, asserendo eciam quod dictum compromissum
fecerat non spontaneus, sed compulsus ad hoc per senescallum Xantonensem et gentes suas, requisivisset quod super hiis veritas inquireretur, tam per dictam Petronillam quam per alios probos: Tandem,
inquesta super hoc facta visa et diligenter examinata, idem Guillel-

mus Trousselier a propositis super hoc contra eum per dictum commissarium in inquesta predicta contentis, fuit, per curie nostre judicium, absolutus.

XXXVII. Super eo quod Johannes Hugo et Guillelmus Testauz, de Rupella, fratres, cum suis complicibus dicebantur domum Guillelmi Trousselier violenter et cum armis invasisse et fregisse : Visa inquesta et diligenter examinata, per curie nostre judicium, dicti fratres, quilibet eorum, in quinquaginta libris Turonensibus, pro emenda domino Regi, condempnati fuerunt.

Lune post Brandones.

Corteheuse reportavit.

XXXVIII. Super eo quod quidam canonici Sancti-Frontonis Petragoricensis, cum quibusdam aliis, violenter et cum armatorum et laycorum potencia, ac contra prohibicionem servientis domini Regis, ad custodiendum curatum ecclesie Sancti-Ciliani in saisina sua dicte ecclesie sibi deputati, eundem curatum inde, ut dicitur, expulerunt, inquesta, de mandato senescalli Petragoricensis, per ejus commissarios, facta, visa et diligenter examinata, quia inventum est quod dicta inquesta facta fuit post recusaciones sufficientes, si probarentur, contra dictos commissarios propositas, et post appellacionem legittime super hoc interpositam, curia nostra dictam anullavit inquestam, et precepit quod dicta inquesta remittatur ad senescallum predictum, ut, per se vel per alios ydoneos partibus non suspectos, vocatis procuratore nostro et aliis qui fuerint evocandi, super predictis excessibus et violenciis, quantum ad curiam nostram pertinet, ad finem reddendi parti dampna sua et hoc emendandi domino Regi, tam per testes in dicta inquesta alias productos, quam per alios ydoneos, veritatem diligenter inquirat, et inquestam hujusmodi ad curiam remittat completam ad proximum parlamentum, et ad videndum eam judicari, quantum ad curiam nostram pertinet, diem partibus assignando, et de hoc curiam nostram certificando.

Remissa fuit per procuratorem Regis ad perficiendam,
Jovis post Brandones.

XXXIX. Cum quedam inquesta facta fuisset inter nos et episcopum Caturcensem, ex una parte, et consules de Caturco et eorum
complices, ex altera, super suspensione Johannis de Sancto-Jorio, clerici, et post appellacionem ad nostrum senescallum Caturcensem seu
ad nos legittime interpositam; que inquesta pro nobis, et non pro
dicto episcopo fuit judicata, et fuerunt condempnati nobis dicti consules in duobus millibus libris Turonensibus; propter quod dictus
episcopus nobis supplicavit ut dictam inquestam, in quantum tangit
ipsum episcopum, faceremus judicari; cujus supplicacioni annuentes,
iterum, in quantum tangit dictum episcopum, predictam inquestam
videri fecimus; qua visa et diligenter examinata, quia inventum est
dictos consules, eorumque complices, dictum Johannem, clericum,
in furcis dicti episcopi suspendisse, in prejudicium dicti episcopi non
modicum et gravamen, et post appellacionem ad dictum senescallum
seu ad nos legittime interpositam, dicti consules eidem episcopo,
propter factum predictum, in mille libris Turonensibus, per curie
nostre judicium, condempnati fuerunt, et ad resaisiendum dictum
episcopum de predicto clerico per unam figuram, maxime cum corpus ipsius sit consumptum.

Veneris post Brandones.

Bocellus reportavit.

Execucio istius judicati suspensa est per curiam usque ad proximum parlamentum, et tunc partes super hoc audientur, et debent
asportare litteras suas.

XL. Cum quedam inquesta facta fuisset de mandato nostro, inter Aymericum de Taillay, clericum, ex una parte, et priorem de
Saint-Geloy, ordinis Cluniacensis, ex altera, in quadam causa appellacionis interposite ex parte dicti prioris a quadam sentencia lata per
senescallum Pictavensem contra dictum priorem pro dicto Aymerico;

38.

dicta inquesta, visa et diligenter examinata, propter multos defectus ibidem repertos, per curie nostre judicium, extitit anullata, et iterato fiet.

Veneris post Brandones.

Bocellus reportavit.

XLI. Coram ballivo Matisconensi Berardus, dominus de Salornoy, cum auctoritate curatoris sui, contra procuratorem nostrum in ballivia predicta et procuratorem episcopi Matisconensis, libellum edidit, petens, quamdam sentenciam, pro dictis procuratoribus, contra eundem B., minorem annis viginti quinque, et in defensum, ut dicebat, latam in petitorio et possessorio, nullam esse pronunciari; dictisque procuratoribus plures raciones proponentibus propter quas dicebant se non teneri respondere libello predicto, dictus ballivus pronunciavit, per suam interloqutoriam, non obstantibus predictis racionibus, dictos procuratores debere respondere libello predicto; a qua pronunciacione dicti procuratores ad nostram curiam appellarunt: Visis igitur omnibus hinc inde propositis, per curie nostre judicium, dictum fuit dictum ballivum bene pronunciasse et dictos procuratores male appellasse.

Veneris predicta.

Creci reportavit.

XLII. Cum mota fuisset discordia coram ballivo Senonensi in assisia Ville-Nove-Regis, inter abbatem et conventum Sancti-Michaelis de Thornodoro, ex una parte, et comitissam Autisiodorensem et Tornodorensem, tam nomine suo quam nomine liberorum suorum, ex altera, super eo quod dicti religiosi proponebant quod dicta comitissa et gentes sue fuerant in tanto defectu faciendi sibi jus super pluribus causis et gravaminibus coram ipsis propositis quod, super predictis, judicium erat devolutum ad dictum ballivum, tamquam ad superiorem; quare petebant pronunciari dictam comitissam et gentes suas fuisse in defectu predicto, et quod cause predicte remanerent coram dicto ballivo in statu suo, et quod dampna sibi per hoc illata redderentur eisdem, dicta comitissa in contrarium proponente quod, tam de jure quam de usu et consuetudine notoriis, diu obtentis et observatis, specialiter in curia dicte Ville-Nove, dicti religiosi non poterant venire ad predictum ballivum, tamquam ad superiorem, nisi per appellacionem a falso et pravo judicio vel a defectu juris, dictis religiosis in contrarium asserentibus; tandem, auditis hinc inde propositis, dictus ballivus pronunciavit dictos religiosos non posse nec debere a curia dicte comitisse venire ad ipsum, tamquam ad superiorem, pro defectu juris, nisi per appellacionem; a quo judicato, tamquam falso et pravo, dicti religiosi ad curiam nostram appellarunt: Tandem, facta inquesta de mandato curie nostre super premissis, visa et diligenter examinata, auditis hinc inde propositis, pronunciatum fuit, per curie nostre judicium, dictum ballivum bene pronunciasse, et dictos religiosos male appellasse, et hoc emendabunt.

Veneris post Brandones.

Pasquerius reportavit.

XLIII. Cum Johannes de Levis, dominus Mirapiscis, incepisset inquirere contra quosdam homines ville Mirapiscis, super eo quod domum magistri Arnaldi Picis nisi fuerant diruere et quemdam ejus vineam extirpare, inhibitum fuisset per procuratorem nostrum senescallie Carcassonensis gentibus domini supradicti ne amplius de dicta causa cognoscerent, cum dicti delicti cognicio et punicio, racione delacionis armorum et fractionis pacis ad nos solum pertineret, ut dicebat; a qua quidem inhibicione procurator dicti domini Mirapiscis appellavit, qua appellacione tamquam frivola non obstante, de mandato senescalli nostri Carcassonensis fuit inquisitum de premissis, et postea, prepositus tunc de Anversio et cantor Aurelianensis, ad partes illas a nobis missi, dictam resumentes inquestam, eam cuidam commissario tradiderunt perficiendam et judicandam; coram quo procurator dicti domini Mirapiscis comparuit, petens curiam de dictis hominibus remitti ad dominum suum, exhibendo

quamdam litteram per quam mandabamus hoc fieri, nisi esset aliud
racionabile quod obstaret, petens jus sibi fieri in premissis; qui quidem commissarius, pro eo quod sibi constabat quod in premissis intervenerat armorum delacio et pacis fractio, pronunciavit curiam de
dictis hominibus dicto domino Mirapiscis non esse remittendam in
hoc casu; a qua pronunciacione procurator dicti domini ad nos appellavit: Visis igitur processibus antedictis, per curie nostre judicium,
dictum fuit predictum commissarium bene pronunciasse et dictum
procuratorem male appellasse, et curiam super hiis non debere ad
dominum predictum remitti, et quod dictus procurator hoc emendabit.

    Dominica post Cathedram sancti Petri.

    Creci reportavit.

XLIV. Cum lis mota fuisset in causa cujusdam retractus coram
preposito furni episcopi Parisiensis inter magistrum Richardum, dictum Laiguel, nomine tutorio seu curatorio liberorum defuncti Johannis Roussel, contra Rolandum Pougeri et ejus uxorem, libello in
ipsa causa dato, et die assignata ad probandum secundo hinc et inde,
dicto retractui se opposuerit Johannes de Barra et ejus uxor, tamquam proximiores, ut dicebant, propter quod dictus processus, per
dictum curatorem inceptus, fuit positus in suspenso, protestacione
facta ab eodem quo supra nomine, quod, si contingeret dictos opponentes subcumbere vel causam ipsam dimittere, quod processum
resumeret antedictum, tandem, dictis Johanne de Barra et ejus uxore
causam hujusmodi omnino dimittentibus, dictus curator coram dicto
preposito comparuit, petens et supplicans, nomine quo supra, se admitti ad prosequendum processum jam super hoc inchoatum ab ipso,
in eo statu in quo erat tempore opposicionis conjugum predictorum;
dictis Rolando et ejus uxore contrarium proponentibus; demum auditis hinc et inde propositis, et dicta causa coram ballivo Parisiensis
episcopi devoluta, ipse ballivus, inquisito de premissis, pronunciavit
quod dicte partes procederent in causa retractus predicta, in eo statu

PHILIPPE IV,
1308.

in quo erat tempore opposicionis supradicte; a cujus judicato, tamquam a falso et pravo, dicti Rolandus et ejus uxor ad nostram curiam
appellarunt : Visis igitur processibus antedictis, per curie nostre judicium, dictum fuit predictum ballivum bene judicasse, et predictos
conjuges male appellasse, et quod ipsi hoc emendabunt.

Dominica post Cathedram sancti Petri.

Creci reportavit.

XLV. Cum lis mota fuisset coram preposito furni episcopi Parisiensis, super eo quod Nicolaus le Tuillier, suo et tutorio seu curatorio nomine Belone et Esmelote, filiarum defuncti Guiardi Bertaut,
contra Petrum de Sancta-Cruce, militem nostrum, petebat pronunciari se, quo supra nomine, jus habere percipiendi sexaginta solidos
census annui redditus super quadam domo, sita Parisius, in vico qui
dicitur vicus comitis Attrebatensis, contigua domui magistri Johannis de Meleduno, quam dictus miles possidet in presenti, dictumque
militem minus juste contradixisse ne dictus curator pignora, sive nanta
capere posset in dicta domo, pro defectu solucionis census predicti;
cognito de dicta causa, dictus prepositus pronunciavit dictum Nicolaum, nominibus quibus supra, habere jus percipiendi dictum censum in domo predicta, dictumque militem indebite contradixisse
capcionem pignorum propter defectum solucionis census predicti;
quam quidem sentenciam peciit dictus miles per ballivum episcopi
Parisiensis emendari; qui ballivus, viso dicto processu, pronunciavit
dictam sentenciam emendacione nullatenus indigere; a cujus judicato, tamquam falso et pravo, dictus miles ad nostram curiam appellavit : Visis igitur processibus antedictis, per curie nostre judicium,
dictum fuit predictum ballivum bene judicasse, et dictum militem
male appellasse, fuitque dictum judicatum ballivi predicti per curiam
confirmatum. Curia tacuit de emenda.

Dominica predicta.

Creci reportavit.

PHILIPPE IV,
1308.

XLVI. Cum, ad instanciam Nigri de Maures, servientis nostri armorum, superintendentibus negociis annalium beneficiorum ecclesiasticorum in senescallia Petragoricensi deputatis a senescallo dicti
loci, mandassemus ut ipsi inquirerent, vocatis partibus, de valore
pedagii Solhyacensis, et de ipsius pedagii donacione predicto servienti, ut dicitur, facta per Ogerum de Duro-Forti, quondam decanum Solhiacensem, quod pediagium ad ipsius decani mensam pertinere dicebatur, dictique commissarii, vocatis partibus et presente
dicti decani procuratore, processissent ad inquirendum super predictis, et super aliis in facta sibi commissione contentis, tandem,
certa die ad procedendum super hiis ulterius coram ipsis auditoribus
dictis partibus assignata, unus de dictis commissariis solus, sine coa-
juncto, dicta die, in causa hujusmodi procedens, dictum decanum
posuit in defectu, et processum predictum ad nostram misit curiam
judicandum : Viso igitur per nostram curiam processu predicto, dicta
curia nostra defectum anullavit predictum, et precepit quod, secundum predicte commissionis tenorem, vocatis evocandis, dictus processus perficiatur per dictum senescallum, vel illos quos ipse ad hoc
deputaverit, et sibi reddetur processus predictus.

Dominica predicta.

Creci reportavit.

Traditus fuit processus senescallo predicto ad perficiendum.

XLVII. Cum, ex parte Lemovicensis episcopi, jamdudum fuisset
propositum coram senescallo Pictavensi, contra gerentes se pro consulibus ville Nobiliacensis, quod, cum propter debatum quod pendet
in curia nostra inter dictum episcopum, ex una parte, et dictos Nobiliacenses ac procuratorem nostrum, ex altera, saisina cognicionis causarum civilium dicte ville posita fuisset ad manum nostram, tamquam
superioris, et hoc fuisset per dictum senescallum eisdem Nobiliacen-
sibus significatum, et, ad exercendum in dicta manu nostra cognicionem dictarum causarum, dictus senescallus deputasset Guillelmum Papereti, servientem nostrum, et eisdem precepisset quod dicto

Guillelmo parerent et intenderent in premissis et ea tangentibus, et
eisdem inhibuisset ne de dictis causis cognoscerent, et quod postea,
contemptis predictis inhibicionibus, predicti Nobiliacenses de dictis
causis cognoscere communiter presumpserunt, et, dicto Guillelmo,
cognicionem dictarum causarum exercere volenti, multipliciter restiterunt, inhibendo hominibus dicte ville ne coram dicto Guillelmo
de dictis causis litigarent, frangendo saisinas per eum factas, et multas eidem rescussas faciendo, domos firmatas et sigillatas per eum
aperiendo, et sigilla frangendo, et ad terram prohiciendo, et plures
alios excessus, rescussas et inobediencias faciendo, in contemptum
nostrum et prejudicium dicti episcopi non modicum et gravamen;
propter quos excessus ipsi, tam nobis quam dicto episcopo, in certis
pecunie summis condempnati fuerunt, et eidem senescallo mandassemus quod dictos Nobiliacenses compelleret ad solvendum condempnacionem predictam; demum, dicto Guillelmo deputato per
dictum senescallum ad execucionem predicte condempnacionis faciendam, ipsi Nobiliacenses multipliciter in hujusmodi restiterunt,
plures excessus, rescussas et inobediencias faciendo et iterato mala
malis acumulando, in contemptum nostrum et prejudicium episcopi
supradicti; super quibus, vocatis partibus, inquiri fecimus veritatem :
Tandem, inquesta super premissis facta, visa et diligenter examinata, per curie nostre judicium, dictum fuit quod dicti Nobiliacenses,
pro predictis excessibus et inobedienciis iterato factis, solvent nobis
mille libras Turonenses, pro emenda, et dicto episcopo ducentas
libras, pro suis dampnis et interesse.

Dominica post Cathedram sancti Petri.

Pasquerius reportavit.

XLVIII. Cum, per arrestum curie nostre, dictum fuerit et pronunciatum quod fructus et exitus quorumdam bonorum inmobilium, super quibus, in nostra curia, questio vertebatur inter dominam de Creseques et ejus primogenitum, ex una parte, et episcopum Morinensem,
ex altera, quorum bonorum inmobilium vendiciones, per curie nostre

judicium, anullate fuerunt, eidem domine et ejus primogenito, non obstantibus propositis, tam ex parte Ingerranni, nunc episcopi Morinensis, quam ex parte heredum et executorum Henrici et Jacobi, quondam episcoporum Morinensium, a tempore articulorum in dicto negocio traditorum, deliberabuntur et reddentur, videlicet illi qui extant et illorum valor qui non extant, scito per officium curie nostre valore predicto : Facta igitur, ex officio curie nostre, vocatis dictis partibus, super valore predicto, diligenti inquesta visa et cum diligencia examinata, cum inventum fuerit sufficienter probatum quod de fructibus et exitibus dictorum bonorum inmobilium dictus Henricus pro tempore suo, videlicet per annum et dimidium, quod tempus incepit anno Domini millesimo ducentesimo octogesimo quinto, ad valorem trecentarum librarum et viginti solidorum Parisiensium, et dictus Jacobus, pro tempore suo, videlicet per quatuordecim annos inmediate sequentes, ad valorem tria millia et trecentarum septuaginta septem librarum Parisiensium, ac dictus Ingerranus, pro tempore suo, videlicet per quinque annos inmediate subsequentes, ad valorem mille et trecentarum et viginti librarum Parisiensium perceperunt et habuerunt, per curie nostre judicium, dictum fuit et pronunciatum quod omnes summe predicte dicte domine et ejus primogenito reddentur et deliberabuntur a partibus antedictis, videlicet ab heredibus et executoribus dicti Henrici trecente libre et viginti solidi Parisienses, ab heredibus et executoribus dicti Jacobi tria millia et trecente septuaginta septem libre Parisienses, et a dicto Ingerranno, nunc episcopo, mille et trecente et viginti libre Parisienses, in valore quo fuit moneta, distincte per singulos annos predictos, deductis tamen exinde, pro tempore dicti Henrici, quadraginta libris Parisiensibus, et, pro tempore dicti Jacobi, centum et viginti libris Parisiensibus, pro dotalicio domine de Marli ab eisdem soluto; hoc insuper salvo et retento quod, de facienda compensacione seu deductione illius summe pecunie, que, pro gageria dictorum bonorum, soluta fuit domino de Creseques ante interdictam sibi bonorum suorum administracionem, habebitur racio, prout de jure fuerit, auditis partibus antedictis.

Veneris post Brandones.

Roya reportavit.

XLIX. Cum Petrus Stephani, conquerendo, denunciasset senescallo Carcassonensi quod Poncius Bruneti, vicarius temporalis abbatis
et conventus de Electo, Petrus de Carionna, Secardus de Pomario,
Guillelmus Vasconis, et Johannes de Spongeto, pluribus aliis sibi
coadunatis, armata manu, hostili more, contra pacis formam et nostra
statuta, de nocte venientes ad quamdam domum in qua erat dictus
Petrus Stephani, frangendo portas ipsius domus cum securibus, et
prohiciendo lapides, insultum ibidem fecerunt, et hiis non contenti,
igne per eos in dicta domo inmisso, totam domum predictam, cum
rebus ibi existentibus, igne consumpserunt, exceptis personis que per
fuge remedium evaserunt; super quibus, de mandato dicti senescalli,
inquisita veritate, commissarius a dicto senescallo super hoc datus, et
habens super hoc potestatem ab eodem senescallo, per suam sentenciam condempnavit dictum Poncium in octogentis libris Turonensibus, et dictum Petrum de Carionna in trecentis libris Turonensibus,
dictum Secardum de Pomario in ducentis libris Turonensibus, dictum Guillelmum Vasconis in ducentis libris Turonensibus, et predictum Johannem de Spongeto in centum libris Turonensibus, solvendis domino Regi pro emenda, cognicionem et punicionem contra
predictum vicarium et contra dictum abbatem, racione sue temporalis
jurisdictionis, et cognicionem et taxacionem dampni dati propter incendium predictum, domino Regi reservando; a qua condempnacione
per ipsos condempnatos ad predictum senescallum fuit appellatum,
et inquisito postea de dicta appellacionis causa per quemdam commissarium super hoc deputatum per prepositum tunc de Anversio
et cantorem Aurelianensem, ad partes illas a domino Rege destinatos, dictis Poncio, Guillelmo Vasconis et Johanne de Spongeto tantummodo dictam causam appellacionis prosequentibus, per eundem
commissarium fuit predicta prima sentencia confirmata; a qua confirmacione iterato ad nostram curiam fuit appellatum : Visis igitur

39.

processibus antedictis, et consideratis omnibus que curiam nostram movere poterant et debebant, per curie nostre judicium, dictum fuit, in quantum tangit Poncium, Guillelmum et Johannem predictos, bene pronunciatum, et male appellatum fuisse, et ipsos compelli debere ad solvendum predictas pecunie summas in quibus ipsi condempnati fuerunt, mandabiturque probis viris ut ipsi, vocato abbate et electo, et aliis evocandis, inquirant diligenter in quantum reperientur super predictis culpabiles dictus abbas et ceteri ejus gentes et officiales, ac de dampnis per omnes predictos dicto Petro Stephani illatis per incendium supradictum, et inquestam, quam super hoc fecerint, ad curiam nostram remittant judicandam ad futurum proximo parlamentum ; verumtamen dicti Petrus de Carionna et Sycardus de Pomario, licet in predictis culpabiles fuerint inventi, redditi fuerunt archiepiscopo Narbonensi, quia clerici esse dicebantur; et curia tacuit de eis quando judicavit dictam inquestam. Facta est commissio judicibus majoribus Carcassone et de Saltu.

Veneris post Reminiscere.

Creci reportavit.

L. Mota controversia in curia nostra inter Johannem Waillet de Solesmis, ex una parte, et Jacobum de Laydin, quondam prepositum Sancti-Quintini, ex altera, super eo quod dictus Johannes asserebat se longo tempore detentum fuisse per dictum Jacobum, et carceri mancipatum minus juste et sine causa, in domo ceperii, apud Sanctum-Quintinum, in compedibus, et per vim et oppressionem carceris se compulsum ad recognoscendum se debere quamdam magnam pecunie summam Jacobo et Petro Heretiaus, fratribus, et, dicto Johanne sic existente in dicto carcere in compedibus, dictum quondam prepositum levasse minus juste et sine causa de bonis dicti Johannis usque ad summam quingentarum librarum Parisiensium, bone monete, et se eciam multa alia dampna, racione dicti carceris, incurrisse : Tandem, inquesta super hoc de mandato nostro facta visa et diligenter examinata, quia inventum est dictum prepositum

Philippe IV,
1808.

de bonis predicti Johannis levasse usque ad summam predictam, ipso existente in dicto carcere et in compedibus, minus juste et sine causa, nec dictam summam pecunie conversam fuisse in utilitatem dicti Johannis, et ipsum Johannem dampna multa, usque ad summam trecentarum librarum Parisiensium, bone monete, per dolum et nequiciam dicti prepositi propter hoc incurrisse, per curie nostre judicium, dictus Jacobus, prepositus, eidem Johanni in mille libris Turonensibus, bone monete, pro predictis catallis, dampnis et deperditis suis, et domino Regi in mille libris Turonensibus, pro emenda, fuit sentencialiter condempnatus.

Veneris post Reminiscere.

Bocellus reportavit.

LI. Inquesta facta inter archiepiscopum Remensem, ex una parte, et abbatem quondam monasterii Sancti-Nicasii Remensis, et monachorum sibi adherencium, ex altera, super administracione bonorum temporalium dicti monasterii, pendente appellacione interposita ad curiam Romanam, ex parte dicti abbatis contra dictum archiepiscopum, nullius est valoris, cum sit ibidem alius abbas pacifice, maxime cum illud triennium, usque ad quod dictus archiepiscopus asserebat se, de consensu dicti abbatis, debere habere dictam administracionem, sit elapsum, et idcirco predicta inquesta non fuit per curiam judicata.

Veneris predicta.

Bocellus reportavit.

LII. Cum mota esset lis in curia nostra inter Stephanum de Caturco, civem Parisiensem, ex una parte, et ballivum Ambianensem et dominam de Creseques, ex altera, super eo quod dicebat dictus Stephanus quod, cum ipse fuisset in possessione septuaginta et octo mensurarum terre arabilis et viginti et duarum mensurarum prati, et quorumdam eciam bonorum mobilium in articulis suis declaratorum, dictus ballivus, ad instanciam dicte domine, possessionem dictorum bonorum, eum non vocatum, ut dicebat, spoliaverat injuste, et petebat possessionem dictorum bonorum sibi restitui; petebat eciam sexaginta libras sibi reddi, quas ipse Stephanus expenderat, ut dicebat; pro eo quod dictus ballivus, per predictum Stephanum, pluries requisitus ut predicta sibi restitueret, hoc facere sibi denegaverat injuste, dictis ballivo et domina pluribus racionibus e contrario proponentibus predicta fieri non debere : Visa diligenter inquesta de mandato curie nostre super hinc inde propositis facta, dicti ballivus et domina, per judicium curie nostre, fuerunt ab impeticione predicta dicti Stephani sentencialiter absoluti.

Veneris predicta.

Cuillier reportavit.

LIII. Cum mota esset discordia, coram commissariis nostris, inter magistrum Egidium Camelini, tunc procuratorem nostrum, nomine nostro, et Arnaldum Guillelmi et Sicredum de Ardinhano, fratres, ex una parte, et Bernardum de Mira-Monte, militem, preceptorem domus Hospitalis Jerosolimitani de Bolbona, senescallie Tholosane, nomine ipsius domus, ex altera, super jure exercendi omnimodam justiciam altam et bassam in loco de Bolbona predicto cum pertinenciis suis, quod jus utraque parcium ad se pertinere dicebat : Visis omnibus que dicte partes proponere voluerunt, per curie nostre judicium, dictum fuit jus exercendi omnimodam justiciam altam et bassam in loco predicto de Bolbona cum ejus pertinenciis ad nos et dictos Arnaldum et Sicredum, fratres, pertinere, dictumque preceptorem et fratres dicte domus jus exercendi aliquam justiciam ibidem non habere; prohibitumque fuit eisdem, per dicte nostre curie judicium, ne de cetero tali justicia utantur in locis predictis, condempnatique fuerunt ipsi preceptor et fratres ad reddendum nobis emolumenta omnia que ipsi, racione dicte jurisdicionis, quam in dicto loco et ejus pertinenciis exercuerunt a tempore litis contestate, scilicet, ab anno Domini millesimo ducentesimo octuagesimo primo, perceperunt exinde.

Sabbati post Reminiscere.

Guillier reportavit.

Philippe IV,
1308.

LIV. Cum mota esset discordia, coram commissariis nostris, inter magistrum Egidium Camelini, tunc procuratorem nostrum, nomine nostro, ex una parte, et preceptorem et fratres domus Hospitalis Jerosolimitani de Podio-Sivrano, nomine ipsius domus, ex altera, super jure exercendi omnimodam justiciam altam et bassam in loco de Podio-Sivrano predicto, cum pertinenciis suis, quod jus utraque parcium ad se pertinere dicebat : Auditis partibus et visa diligenter inquesta super hoc facta, per curie nostre judicium, dictum fuit jus exercendi in loco predicto cum ejus pertinenciis omnimodam justiciam ad nos pertinere, dictosque preceptorem et fratres dicte domus non habere jus ibidem aliquam justiciam exercendi, prohibitumque fuit eisdem, per curie nostre judicium, ne de cetero aliquam exerceant justiciam in locis predictis, condempnatique fuerunt ipsi preceptor et fratres ad reddendum nobis emolumenta omnia que ipsi, racione dicte jurisdictionis, quam in dicto loco et ejus pertinenciis exercuerunt a tempore litis contestate, scilicet ab anno Domini millesimo ducentesimo octogesimo secundo citra, perceperunt exinde.

Sabbato post Reminiscere.

Guillier reportavit.

LV. Cum mota fuisset discordia, coram commissariis nostris, inter magistrum Egidium Camelini, tunc procuratorem nostrum, nomine nostro, ex una parte, et preceptorem et fratres domus Hospitalis Jerosolymitani de Garridiis, ex altera, super jure exercendi omnimodam justiciam altam et bassam in loco predicto de Garridiis cum pertinenciis suis, quod jus utraque parcium ad se pertinere dicebat : Auditis partibus et visa diligenter inquesta super hoc facta, per curie nostre judicium dictum fuit dictum jus exercendi omnimodam justiciam altam et bassam in loco predicto cum ejus pertinenciis ad nos pertinere, dictosque preceptorem et fratres jus non habere aliquam justiciam exercendi in loco predicto, prohibitumque fuit eisdem, per curie nostre judicium, ne de cetero aliquam exerceant justiciam in locis predictis, condempnatique fuerunt ipsi preceptor et fratres ad reddendum nobis emolumenta omnia que ipsi, racione dicte justicie, quam in dicto loco et ejus pertinenciis exercuerunt a tempore litis contestate, perceperunt exinde, scilicet ab anno Domini millesimo ducentesimo octogesimo secundo citra.

Sabbati predicta.

Cuillier reportavit.

LVI. Inquesta contra archiepiscopum Narbonensem et gentes suas, et vicecomitem Narbonensem et gentes suas, ad supplicacionem consulum seu regencium consulatum civitatis et burgi Narbonensium, super quibusdam articulis traditis preposito tunc de Anverso et cantori Aurelianensi, ad partes illas missis, ex parte domini Regis, pro reformacione patrie, per magistrum Johannem de Chaneto, judicem Biterrensem, commissarium super hoc deputatum, facta et curie nostre reportata, visa et diligenter examinata, quia inventum est dictam inquestam non esse perfectam, per curie nostre judicium dictum fuit quod dicta inquesta perficietur, vocatis partibus et auditis earum racionibus quas proponere voluerint coram commissariis super hoc deputandis, et inquestam hujusmodi perfectam curie nostre remittent judicandam.

Veneris post Reminiscere.

Bocellus reportavit.

Facta est commissio judici majori Carcassonensi, et inquesta sibi remissa quantum ad vicecomitem et non quantum ad archiepiscopum.

LVII. Inquesta de mandato curie nostre facta per senescallum Carcassone, super eo videlicet an juste retinere possimus castra de Thailerano, de Villario et de Furchis, que Almarrinetus de Nerbona, filius quondam Almarrici de Nerbona, domini de Perhiniagno, dicebat, diu est, pro nobis et ad commodum nostrum, pro certo pre-

Philippe IV,
1308.

cio, retenta fuisse per Symonem Brise-Teste, militem, quondam senescallum Carcassone, minus juste et in prejudicium dicti Almarrineti, ad nostram curiam asportata, visa et diligenter examinata, per
curie nostre judicium, dictum fuit dicta castra licite fuisse per dictum
senescallum retenta pro nobis, et quod, inspecta specialiter patrie consuetudine, dicta castra tamquam nostra juste possumus imperpetuum
retinere, mediante precio pro nobis per dictum senescallum inde per-
soluto in pecunia numerata domino Bertrando Bochardi, qui emerat
dicta castra, salvo tamen jure dicti Almarrineti in ducentis et quinquaginta libris bonorum Turonensium, pro residuo precii dictorum
castrorum, quod residuum dictus senescallus eidem Almarrineto
nunquam persolvit, licet hoc sibi promisisset.

Sabbato post Reminiscere.

M. L. de Voyssi reportavit.

LVIII. Cum ballivus Andegavensis, nomine domini Karoli, comitis Andegavensis, asserens dictum comitem et ejus predecessores esse
et fuisse, tamquam superiores, in saisina justiciandi res et homines
magistri et fratrum Hospitalis Sancti-Johannis Jerosolimitani in comitatu Andegavensi, necnon et habendi ressortum et gardam eorumdem, peteret manum nostram, tamquam superioris, appositam in
rebus quas habent et tenent dicti fratres in dicto comitatu, amoveri
ita quod ipse comes possit gardare et explectare, tamquam superior,
in premissis, procuratore dictorum religiosorum in contrarium petente homines suos, bona sua et hominum suorum capta, levata seu
impedita in dicto comitatu per comitem predictum seu ejus gentes,
quiete, libere et absque impedimento sibi restitui per nos, tamquam
superiorem et gardiatorem eorum : Visa inquesta super hoc de mandato curie nostre facta, per curie nostre judicium, dictum fuit quod
dicta inquesta, propter aliquos defectus in ea repertos, et quia nullus comparuit in ea pro domino Rege defensor, non judicabitur, sed,
vocatis defensore domini Regis et aliis evocandis, de novo inquiretur
super predictis.

PHILIPPE IV,
1308.

Sabbato predicta.

Roya reportavit.

•LIX. Cum dominus Rex, per litteras suas, senescallo Carcassonensi mandasset ut ipse, cum personis fide dignis, se diligenter informaret si dampnum vel prejudicium esset ipsi domino Regi vel
alii cuicumque; si mercatum aut nundine in villa de Cellis de novo
crearentur, informacione per judicem Biterrensem, ex commissione
dicti senescalli, super hoc facta ad nostram curiam reportata et visa,
inventum est per eam, facta super hoc in pluribus locis circonvicinis
publica preconizacione, et nullo contradictore interveniente, quod
utilitas est domino Regi et rei publice in dicta villa nundinas insti-
tui, que frequententur et teneantur ibidem anno quolibet semel in
festo beati Nicolay hyemalis, placet domino Regi quod dicte nundine
sic fiant.

Jovis ante Ramos Palmarum, mense Marcii.

M. L. de Voyssi reportavit.

LX. Cum lis mota esset, coram preposito furni episcopi Parisiensi, inter Maciotum dictum Lescot, ex una parte, et Gonterium
Lalement, ex altera, super proprietate cujusdam domus, site Parisius, in Perrino Gascelini, quam domum dictus Maciotus dicebat, ex
successione defuncte Margarete, matris sue, ad se pertinere, tamquam ad filium et heredem proximiorem ejusdem; dictus vero Gonterius, ex adverso, proponebat quod dictam domum tenebat et possidebat ex justo titulo; videlicet ex causa vendicionis sibi, vel alteri
a quo ipse habet causam, legittime facte per prepositum supradictum; videlicet pro solucione plurium debitorum ex parte matris dicti
Macioti, tempore quo vivebat, contractorum, et de quibus nondum
fuerat satisfactum; tandem, auditis racionibus parcium predictarum,
et concluso in dicta causa, dictus prepositus, per judicium suum,
dictum Gonterium ab impeticione predicta dicti Macioti absolvit, a
quo judicato, tamquam a falso et pravo, dictus Maciotus ad balli-

Philippe IV,
1308.

vum dicti episcopi appellavit; qui ballivus cognicionem et decisionem dicte cause appellacionis tunc Nicolao le Porteeur commisit; qui commissarius, per judicium suum, predicti prepositi judicium confirmavit, dictum Maciotum male appellasse pronunciando; a quo judicato, tamquam a falso et pravo, dictus Maciotus iterum ad dictum ballivum episcopi appellavit; qui ballivus iterato cognicionem et decisionem dicte appellacionis cause Gaufrido de Nitriaco commisit; qui Gaufridus, per judicium suum, pronunciavit dictum Maciotum bene appellasse, et judicata predicta dictorum prepositi et Nicolay infirmavit; a quo judicato, tamquam a falso et pravo, dictus Gonterius ad nostram curiam appellavit : Visis igitur processibus antedictis, et auditis racionibus parcium predictarum, per curie nostre judicium, dictum fuit dictum Gaufridum male judicasse et predictum Gonterium bene appellasse; et per idem judicium confirmata fuerunt dicta judicata prepositi et Nicolay predictorum.

M. R. de Thibotot reportavit.

LXI. Coram ballivo Bituricensi proposuit procurator noster, contra abbatem et conventum de Burgo-Dolensi et eorum preceptorem Sancti-Hylarii, quod quidam monachi dicte abbacie, euntes armati et cum ensibus, clavis et baculis, de precepto et voluntate dictorum abbatis et conventus ac preceptoris, una cum Nicolao dicto le Beus, serviente nostro, venerunt ad quemdam locum situm in parrochia de la Bretonniere, causa levandi et percipiendi decimam in dicto loco, cum tamen super possessione percipiendi dictam decimam tunc esset debatum inter ipsos, ex una parte, et abbatem et conventum Maciacensem eorumque priorem de Bretonneria et curatum ejusdem loci, ex altera, qui prior et curatus ac procurator abbatis et conventus predictorum Maciacensium tunc erant in dicto loco, una cum Symone dicto Duri, serviente nostro, eisdem deputato ad tenendos ipsos in suis justis possessionibus et a violenciis et oppressionibus deffendendos; cumque utraque pars levare et percipere niteretur decimam de loco predicto, dictus Symon, propter debatum parcium,

40.

res contenciosas posuit ad manum nostram, et personas procuratoris, prioris et capellani predictorum posuit in garda nostra, inhi-
bens dictis monachis de Burgo-Dolensi ne in personis aut bonis predictorum prioris et capellani aliquam violenciam inferrent; dicti
tamen monachi Burgi-Dolensis, aut unus ex ipsis, non obstantibus
manus opposicione et inhibicione predictis, dictum capellanum usque ad sanguinis effusionem percusserunt et eum ad terram prostraverunt, et in dictum servientem nostrum manus violentas appo-
suerunt, eumque usque ad collum equi sui inclinari fecerunt, et in
ejus faciem bis vel ter conspuerunt, dicentes quod nichil facerent
pro Rege; petens dictus procurator noster predictum factum nobis
pecuniariter emendari: Visa igitur inquesta, vocatis sufficienter partibus, super hoc de mandato nostro facta, ordinatum fuit, per curie
nostre judicium, quod de bonis temporalibus eorumdem religiosorum Burgi-Dolensis leventur et capiantur quingente libre Parisienses nobis, pro emenda nostra, solvende, et quinquaginta libre Parisienses dicto capellano, ac viginti libre Parisienses predicto servienti
solvende.

    Cuillier reportavit.

    LXII. Cum ballivo Bituricensi denunciassent abbas et conventus
Maciacenses, eorumque prior et curatus de Bretonneria quod, licet
ipsi et omnia monasterii Maciacensis membra in nostra essent et sint
gardia speciali, et in possessione quod gardientur per nos, haberent-
que Andream dictum la Joie, servientem nostrum, deputatum ad
tuendum eos in suis justis possessionibus et saisinis, essentque in
pacifica possessione ab antiquo percipiendi decimas bladorum et
animalium, racione prioratus predicti, in parrochia de Bretonneria,
et specialiter in quibusdam locis in processu eorum declaratis, perce-
pissentque anno presenti pacifice partem decime in locis predictis,
quidam monachi de Burgo-Dolensi, de mandato et voluntate abbatis
et conventus Burgi-Dolensis, eorumque preceptoris Sancti-Hilarii,
post denunciacionem eisdem abbati et preceptori factam per dictum

Andream, quod abbas et conventus Maciacenses, eorumque prior de Bretonneria et capellanus, erant in nostra garda speciali, et in pacifica possessione percipiendi decimas in loco predicto, post eciam inhibicionem eisdem religiosis de Burgo-Dolensi per dictum servientem factam ne dictos religiosos Maciacenses in sua possessione perturbarent, spretis denunciacione et inhibicione predictis, ad dictum locum accesserunt armati, et gerbas per dictos religiosos Maciacenses perceptas, racione decime, et in quadam grangia per eos positas et per servientem nostrum ad manum nostram appositas, levaverunt et asportaverunt, et pluries, per servientem nostrum requisiti, restituere noluerunt, sed adhuc eas detinent; et hiis non contenti, die sequenti, per locum predictum armati et equites discurrentes, nisi fuerunt gerbas ab agri cultoribus in campo racione decime dimissas, levare et asportare, sed per servientem nostrum fuerunt ad manum nostram posite; quare petebant ablata per dictos religiosos de Burgo-Dolensi eisdem restitui, et gerbas predictas ad manum nostram positas eis deliberari, et imposterum per nos in possessione percipiendi decimam in loco predicto gardiari : Visa igitur inquesta, super hoc vocatis partibus, de mandato nostro facta, ordinatum fuit, per curie nostre judicium, quod dicte gerbe, contra predicti servientis prohibicionem et manum nostram in eis appositam asportate, per dictos religiosos de Burgo-Dolensi predictis religiosis Maciacensibus restituentur, et alie gerbe que adhuc in manu nostra tenentur eisdem deliberabuntur, et quod ipsi religiosi Maciacenses in possessione sua percipiendi decimam in locis predictis per nos in futurum gardiabuntur, salva tamen super hoc questione proprietatis inter partes predictas coram judice competenti.

Cuillier reportavit.

LXIII. Cum, a quodam judicato, per decanum et capitulum Lingonenses vel eorum commissarios facto contra homines villarum de Marceleyo, de Planeto et de Tribus-Campis, tamquam a pravo et falso, ad nostram curiam per dictos homines extiterit appellatum, ac

super dicta appellacionis causa, in curia nostra, inter dictas partes fuerit litigatum, et certi articuli in dicta causa appellacionis facti fuerunt, et, ad inquirendum super eis, auditores certi fuerunt deputati :
Visa inquesta super hoc de mandato nostro facta, quia inventum est
testes super dictis articulis productos minus sufficienter interrogatos
et examinatos fuisse, per nostram curiam dictum fuit quod committetur certis auditoribus ut ipsi, super certis interrogatoriis sub
contra-sigillo nostro eis tradendis, iterato testes in dicta inquesta
productos examinent, et inquestam predictam, sic completam, ad
curiam judicandam remittant.

Monci reportavit.

Facta est commissio M. J. de Roya.

LXIV. Inquesta facta super forma et modo excambii castri de Revello, cum Chatallo de Revello et ejus uxore, est per curiam nostram
anullata, tum quia procurator noster vel aliquis pro nobis non fuit
in ea vocatus, tum quia dicta inquesta fuit commissa ballivo Arvernie facienda, eligendo industriam persone sue, et ipse commisit
quibusdam aliis personis dictam inquestam faciendam.

Bocellus reportavit.

LXV. Cum, ex parte comitis Autisiodorensis et Tornodorensis, nobis fuisset expositum quod, cum garda abbatisse et conventus monasterii de Rubeo-Monte ad ipsum, ut dicebat, et predecessores suos
pertineat et pertinuerit a tempore cujus contrarii memoria non existit, racione comitatus sui Tornodorensis, ipseque et predecessores
sui sint et a dicto tempore fuerint in saisina garde predicte, et dicte
religiose in prejudicium dicti comitis, se advoaverint indebite et de
novo esse de nostra gardia speciali, impediendo per hoc ipsum comitem, et faciendo per gentes nostras super saisina sua dicte garde
multipliciter impediri, et, ad instanciam dicti comitis requirentis
dictum impedimentum amoveri, mandaverimus super dicta saisina,
vocatis evocandis, veritatem inquiri : Tandem, inquesta, vocato pro-

PHILIPPE IV,
1308.

curatore nostro et aliis evocandis, super premissis facta visa et diligenter examinata, per curie nostre judicium, dictum fuit et pronunciatum predictum impedimentum debere amoveri, et dictum comitem debere remanere pacifice in saisina sua predicta, non obstante advoacione supradicta, salva super hoc questione proprietatis nobis et religiosis predictis.

Dominica qua cantatur : Letare Jerusalem.

Pasquerius reportavit.

LXVI. Cum, mota questione inter nobiles et innobiles castri et castellanie Sancti-Angeli, ex una parte, et abbatem et conventum Carrofenses et eorum priorem Sancti-Angeli, ex altera, super eo quod, licet ipsi sint et fuerint, ut dicitur, ab antiquo de ressorto nostro ballivie de Briva, que non distat a castro predicto Sancti-Angeli ultra unam dietam in qua eciam cause jure scripto deciduntur, tamen prior predictus homines castri et castellanie predictorum, in eorum prejudicium et gravamen, in casibus ressorti, de novo trahere nitebatur ad ressortum ballivie Montis-Maurilii, qui locus distat a dicto castro Sancti-Angeli per tres dietas, et in quo loco cause jure consuetudinario reguntur, peteret procurator dictorum nobilium et innobilium super hiis per nos remedium apponi; dicto priore e contrario proponente predicta fieri non debere : Visa igitur inquesta, per commissarios a nobis deputatos super hoc facta, vocato senescallo Petragoricense et aliis evocandis, visis eciam quibusdam litteris ex parte dicti prioris exhibitis, viso eciam quodam arresto in parlamento Tholosano dudum facto, per curie nostre judicium dictum fuit quod homines dicti castri Sancti-Angeli et ejus castellanie ad examen ballivie de Briva in casibus ressorti remittentur, secundum quod fuit antiquis temporibus observatum.

Dominica predicta.

Cuillier reportavit.

LXVII. Cum Petrus de Cligniaco, Guillelmus Trilegot, B. Cons-

Philippe IV,
1308.

tancii, servientes nostri Ville-Nove., senescallie Ruthenensis, Guillelmus de Genoberiis et Geraldus Piscatoris, pro eo quod Petrum Tholosani de Petrusia, in clericali habitu existentem, diversis generibus tormentorum torserant, per nos ad emendam pecuniariam nobis et dicto Petro prestandam fuissent condempnati, taxandam cum, de quantitate bonorum cujuslibet ipsorum, fuerimus informati, nos, per senescallum nostrum Ruthenensem, de dicta quantitate bonorum et contra quosdam alios, qui in premissis dicebantur fuisse culpabiles, mandavimus, vocatis evocandis, diligenter veritatem inquiri: Visa igitur inquesta super hoc facta, predictos Petrum, Guillelmum et B. Constancii, servientes, cum nichil reperiantur habere in bonis, per mensem ad carcerem nostra curia condempnavit, et ab omni officio et servicio nostris ipsos perpetuo privavit, et dictum Guillelmum de Genoberiis dicto Petro Tholosani in quinquaginta libris Turonensibus condempnavit; et cum, per dictam inquestam, Berengarius de Galliaco, tunc judex, Renuntius, serviens Ville-Nove, Arnaldus, serviens dicti Berengarii, Geolinus, Johannes Dona-Dei, notarius, Deode de Hilsaco, et Guillelmus Rogicerii, inveniantur fuisse culpabiles in dictis tormentis inferendis, et presentes interfuisse, predictum Berengarium de Galliaco dicto Petro Tholosani in centum libris Turonensibus nostra curia condempnavit, et mandabitur senescallo Petragoricensi ut ipse omnia bona sua ad manum nostram ponat, quousque nobis competenter emendaverit factum predictum; dictum vero Renuntium, servientem, et dictum Johannem Dona-Dei, notarium, ab officio et servicio nostris perpetuo privavit; dictos vero Arnaldum, servientem dicti Berengarii, et Geolinum, cum nichil reperiantur in bonis habere, per quatuor menses ad carcerem condempnavit, et dictos Deode de Hilsaco et Guillelmum Rogicerii dicto Petro Tholosani in centum libris Turonensibus condempnavit. Nulla facta est condempnacio pro Rege, quia de bonis condempnatorum non poterit exigi de quo leso satisfiat pro lesione, sumptibus et expensis. Geraldus Piscatoris in nullo condempnatur, quia prosequebatur mortem patris sui.

Dominica qua cantatur : Judica me.
Roya reportavit.

LXVIII. Cum ex parte Margarete, domicelle de Serrea, fuisset
nobis, conquerendo, monstratum quod, lite pendente inter procuratorem nostrum, ex una parte, et dominum Belli-Joci, ex altera,
super primo resorto domus et terre de Artingiis, quas terram et domum dicta domicella dicit ad se pertinere, idem dominus Belli-Joci,
tacito quod super hoc questio verteretur, dictum resortum procuravit a nobis sibi concedi, que concessio est eidem Margarete quamplurimum, ut asserit, prejudicialis ac dampnosa, propter quod mandavimus ballivo nostro Matisconensi quatinus, vocatis evocandis,
super premissis et eorum circonstanciis inquireret cum diligencia
veritatem, factaque inquesta super hoc, et curie nostre ad videndum
per dictam Margaretam tradita, una cum quadam alia de mandato
ballivi Matisconensis facta pro dicto domino Belli-Joci, super primo
ressorto dicte domus et terre de Artingiis, quod ressortum idem
dominus ad se pertinere dicebat : Utraque inquesta diligenter inspecta ad finem ad quem tradite fuerunt, quia inventum fuit quod
dicta Margareta nullum dampnum injuriosum incurrebat occasione
concessionis predicte, per curie nostre judicium, dictum fuit quod
concessio predicta, per nos facta dicto domino Belli-Joci de primo
ressorto terre et domus de Artingiis, tenebit, salvis eidem domicelle Margarete juribus et libertatibus suis, de quibus, tam ipsa
quam predecessores sui, in dicta domo et terra de Artingiis pacifice
ab antiquo usi fuerunt.
  Dominica predicta.
  Greci reportavit.

LXIX. Cum nobis conquesti fuissent prior et conventus de Cella,
in Bria, in nostra speciali gardia et de ressorto prepositure nostre
Parisiensis, racione Francie, existentes, ut dicebant, quod, licet inter ipsos, ex una parte, et ballivum Trecensem et Martinum de Cu-

Philippe IV,
1308.

ria-Roberti, tunc prepositum de Columbariis, racione Campanie, ex altera, super justicia ville de Villaribus-Templi, coram nobis mota fuisset questio, debatoque hujusmodi ad manum nostram, tamquam superioris, posito, et inhibicione, ex parte nostra, facta utrique parti ne de justicia dicte ville, lite pendente predicta, ullatenus se intromitterent, et Thoma dicto Virier ibidem posito per nostras gentes ad cognoscendum et explectandum ea que ad hujusmodi justiciam pertinent et pertinere possunt, hujusmodi debato durante, nichilominus dictus Martinus, prepositus, et servientes sui, contra inhibicionem predictam, multa indebite super hoc attemptarunt, adjornando et gagiando ibidem, et quemdam latronem, ibi in compedibus existentem, violenter amoverunt, et adduxerunt apud villam de Columbariis, et eundem suspenderunt contra prohibicionem dicti Thome, ibidem positi per gentes nostras ad dictam justiciam custodiendam et explectandam, et dictum Thomam male tractaverunt, accipiendo ipsum per capucium et torquendo per collum, et ipsum de dicta villa secum adduxerunt apud Columbarias, ipsum per quatuor dies captum detinendo, in dicte manus nostre prejudicium et contemptum: Tandem, inquesta, super hiis de mandato nostro facta visa et diligenter examinata, quia inventum est predictum Martinum de Curia-Roberti, cum suis servientibus, predicta in nostri prejudicium et contemptum fecisse, debato dicte justicie predicte ville ad manum nostram, tanquam superioris, posito; inventum est eciam Jaquetum de Buisson et quemdam Symonetum, servientes dicti prepositi, ibidem cum dicto preposito interfuisse, et dictum delictum gentibus nostris emendasse, per curie nostre judicium, dictus Martinus nobis, pro emenda predicta, in quingentis libris Turonensibus, et quilibet predictorum duorum servientum in viginti libris Turonensibus; dictus vero Martinus predicto Thome, racione dicte injurie sibi facte, in quadraginta libris dicte monete, condempnati fuerunt; et, per idem judicium, dictum fuit quod dicta attemptata, eo modo quod possibile est, ad statum debitum reducentur, et dicta justicia in manu nostra, tanquam superioris, remanebit; et, si partes super hoc velint jus suum prosequi, audientur.

Dominica qua cantatur : Judica me.
Bocellus reportavit.

LXX. Ballivo Matisconensi, cum, ad instanciam dilecti et fidelis nostri episcopi Eduensis, mandaverimus inquiri utrum expediret nobis et patrie quod villa de Montelou, cum suis pertinenciis et habitatoribus, que hactenus consuevit esse de ressorto Karoli-Loci, esset de ressorto castellanie Sancti-Jamgulphi, et utrum hoc sine alterius prejudicio fieri posset, et nos, visa inquesta super hoc facta, concesserimus de gracia speciali quod dicta villa de Montelou, pertinencie et habitatores ejusdem ville, sint de ressorto Sancti-Jangulphi quamdiu nostre placuerit voluntati, mandamus vobis quatinus predicta faciatis observari firmiter et teneri, donec super hoc aliud a nobis receperitis in mandatis.

Die sexta Aprilis.

LXXI. Cum orta esset discordia inter episcopum Noviomensem, ex parte una, et Johannem, castellanum Nigelle, militem, ex altera, super eo quod dictus castellanus petebat quod prisie de quadrigis et bonis suis, per dictum episcopum seu gentes suas facte in villa d'Erchin, racione calceye, turbando et impediendo de novo dictum castellanum, ut dicebat, in sua saisina libere transeundi per dictum locum, sibi quitte et libere redderentur, gentibus dicti episcopi dicentibus in contrarium dictum episcopum et predecessores suos esse et fuisse in bona saisina, a tanto tempore de quo memoria non existit, capiendi, levandi et recipiendi dictam calceyam ab omnibus transeuntibus per dictum locum, tam nobilibus quam innobilibus, et eciam eos arrestandi, et compellendi rebelles nolentes solvere dictam calceyam : Visa inquesta, super hoc de mandato nostro facta, et diligenter examinata, quia inventum est dictum castellanum esse in bona saisina transeundi libere quadrigas suas cum bonis suis per dictum locum absque solucione calceye, per curie nostre judicium, dictum fuit predictum castellanum debere remanere in sua saisina pre dicta, et quadrigas suas et alia bona sua, ut premissum est, capta, racione calceye, debere sibi reddi, salva dicto episcopo super hoc questione proprietatis.

Dominica qua cantatur : Judica me.

Monci reportavit.

LXXII. Cum ballivus noster Matisconensis Guigonem Veteris, domicellum, pro eo quod in quosdam servientes nostros manus violenter injecerat, in quingentis libris Turonensibus nobis, pro emenda, condempnasset, et a dicta condempnacione dictus Guigo ad nostram curiam appellasset : Visa inquesta super hoc facta, et dictis ballivo et Guigone auditis, dictam emendam ad centum libras Turonenses curia nostra moderavit, propter ipsius Guigonis paupertatem.

Dominica qua cantatur : Judica me.

Roya reportavit.

LXXIII. Cum, ex parte consulum ville Galliaci, in Tholosano, nomine universitatis dicte ville, conquerendo, denunciatum fuisset in curia senescalli Tholosani, contra consules et universitates hominum Castri-Novi-de-Arrio, et aliarum villarum bajulie ejusdem Castri, quod cum predicte universitates Castri-Novi et ejus bajulie de quodam exercitu reverterentur et essent prope villam Galliaci, venit clamor magnus ad dictam villam Galliaci quod homines dicti exercitus robabant gallinas et anseres hominum dicte ville Galliaci, et eorum vineas depopulabant, propter quod bajulus noster et duo servientes nostri dicte ville Galliaci prohibuerunt hominibus et consulibus dicti exercitus ne dampnum aliquod darent dicte ville Galliaci, cum sit nostra; qui, spreta inhibicione ex parte nostra eisdem facta, cum maxima multitudine eorumdem exercitus, cum diversis armorum generibus, sex vel septem baneriis erectis, tubis precedentibus et sonantibus, sediciose, hostiliter, ex certo proposito, cum magno tumultu clamando «A foc! a foc! via lais! Castri-nof! Castri-nof! Acarii! Acarii! moriantur rustici proditores! » intraverunt dictam villam Galliaci, et incendium in ea ponendo, septem domos ibidem combuxerunt, portas domorum ville fregerunt, arcas in eisdem existentes frangentes, pecuniam et vestes et bona alia plurima secum portantes, plura instrumenta possessionum sustraxerunt, dolia vini plena effuderunt, karellos, sagittas et lapides contra ecclesiam, ubi plures confugerant, projecerunt, et plura alia eciam graviora perpetrarunt; quare supplicabant dicti conquerentes predicta, tam domino Regi quam sibi, competenter emendari, et dampna predicta sibi reddi. Inquisita igitur de premissis veritate, et auditis racionibus parcium predictarum, locum tenens dicti senescalli Tholosani, seu ejus commissarius, dictos consules et universitates dicti Castri-Novi et ejus bajulie ad solvendum domino Regi, pro emenda sua, quatuor millia libras parvorum Turonensium bonorum, racione dictorum excessuum, et ad satisfactionem dictorum dampnorum predictis hominibus ville Galliaci illatorum, eorum taxacione sibi reservata, sentencialiter condemnavit, a majori pena absolvendo eosdem; a qua sentencia ad nostram curiam fuit appellatum : Visis igitur in dicte appellacionis causa processibus parcium predictarum, per curie nostre judicium, dictum fuit predictum judicem seu commissarium bene judicasse, et dictos condempnatos male appellasse, et fuit dicti judicis sententia confirmata, condempnavitque curia nostra eosdem consules et universitates dicti Castri-Novi et ejus bajulie ad reddendum dampna predicta et injurias passis ville Galliaci predicte trecentas libras parvorum Turonensium bonorum, pro dampnis et injuriis supradictis.

Dominica predicta.

Creci reportavit.

LXXIV. Cum mota fuisset discordia in curia nostra inter episcopum Belvacensem, ex una parte, et majorem et pares Belvacenses, ex altera, super eo quod dicti major et pares, suo et communie dicte ville nomine, dicebant et proponebant quod ipsi usi fuerant et erant in saisina ponendi gardas seu custodes in lana, filo, tincturariis et aliis necessariis ad pannos faciendos in tota villa Belvacensi, ac puniendi

et corrigendi, justiciando, ea que corrigenda inveniebantur circa predicta vel quodlibet predictorum, dicentes eciam se semper usos
fuisse et esse in saisina manutenendi cives suos ac omnes illos de
communia predicta, quibus ipsi, juxta morem consuetum, hacheyas
imposuerant pro delictis in predictis factis, quittos et inmunes ab
omni alia emenda per dictum episcopum imponenda seu levanda
pro delictis, pro quibus ipsi imposuerant hacheyas predictas, dicentes eciam se esse in saisina capiendi et levandi pecuniam que levari consuevit, apud Belvacum, pro calceiis faciendis, ac convertendi
eandem, pro sue libito voluntatis, in calceiis dicte ville reparandis,
absque eo quod predictus episcopus se deberet in aliquo intromittere
de predicta calceya levanda seu in usus quoslibet convertenda; et
quod predictus episcopus ipsos in predictis multimode impediebat
et perturbabat; petentes per nos impedimenta predicta amoveri, et
dictum episcopum ad cessandum a dictis impedimentis compelli;
predicto episcopo de predictis curiam suam repetente, et, ad finem
curiam super hoc rehabendi, proponente se esse in saisina omnium
predictorum et semper usum fuisse de predictis; petente eciam de
predictis omnibus curiam suam sibi reddi, et predictos majorem et
pares, tamquam suos justiciabiles, in predictis ad examen suum remitti; predictis majore et paribus asserentibus cognicionem predictorum in curia nostra remanere debere; predictis partibus diligenter super hiis auditis, pronunciatum fuit, per arrestum curie nostre, quod,
ad finem dicte curie, inquireretur de saisina et usibus utriusque partis propositis in predictis et quolibet predictorum : Tandem, inquesta
facta de mandato curie nostre super omnibus premissis, visa et diligenter examinata, auditisque racionibus hinc et inde propositis, et
visis privilegiis et cartis ex parte dicte communie super hoc productis, pronunciatum fuit, per curie nostre judicium, curiam de omnibus predictis dicto episcopo esse reddendam.

Jovis ante Ramos Palmarum.

Pasquerius reportavit.

LXXV. Cum, coram preposito Parisiensi proposuissent Laurencius dictus de Malaunoy, Johannes de Barra, Theophania, ejus uxor, et Guillelmus, dictus le Recouvreur, tutor seu curator Laurencete, sororis dicte Theophanie, ex una parte, contra Basiliam, relictam defuncti Girardi, dicti Laillo, civis Parisiensis, ex altera, quod ipsi tenebant et possidebant quamdam domum tamquam suam, sitam a parte anteriori in vico Salnerie, Parisius, et a parte retro, ex opposito, Sancti-Leufredi, quodque ipsi erant in saisina locandi dictam domum, et emolumenta inde proveniencia percipiendi, et in saisina libertatis censum aliquem, pro dicta domo dicte Basilie, non solvendi; item quod dicta Basilia de novo et injuste acceperat pignora quedam inquilinorum dicte domus, qui ab eisdem domum predictam conduxerant, turbando et impediendo eos in saisina sua libertatis predicte, petentes dicta pignora sibi restitui et dictum impedimentum et turbacionem predictam amoveri; dicta Basilia e contrario proponente se esse in saisina percipiendi super domo predicta octo libras, tresdecim solidos et quatuor denarios Parisienses annui census seu redditus, et quod ipsa, racione dicte saisine sue pignora predicta ceperat utendo jure suo; tandem, auditis omnibus que dicte partes proponere voluerunt, dictus prepositus, per suum judicium, pronunciavit dictam Basiliam melius intencionem suam predictam probavisse, et eam debere gaudere saisina sua predicta; a quo judicato, tamquam falso et pravo, procurator dicti Johannis de Barra ad nostram curiam appellavit: Auditis igitur dictis partibus, et visis in causa dicte appellacionis processibus antedictis, per curie nostre judicium, dictum fuit predictum prepositum bene judicasse, et dictum Johannem male appellasse, et quod ipse hoc emendabit.

Jovis ante Ramos Palmarum.

Cuillier reportavit.

LXXVI. Cum Aymericus de la Cassanna domicellus, in curia nostra assereret quod mansi de Podio, de la Genabia et Del-Rion, siti in parrochia de Cassanea, sunt proprii dicti Aymerici, et quod idem

Aymericus et ejus predecessores ab antiquo consueverunt percipere, a tenenciariis dictorum mansorum, certos redditus et tallias, pro voluntate ipsius Aymerici, necnon servicia, expleta et alia deveria consueta, et quod ipse, in dictis mansis et pertinenciis eorumdem, est in saisina exercendi solus et insolidum, ab antiquo et a tanto tempore cujus contrarii memoria hominum non existit, altam et bassam justiciam et omnimodam jurisdictionem in feodis et retrofeodis suis et possessionibus que ipse habet, movent et tenentur ab eodem in villa et tota parrochia de Cassanea, secundum quod in processu super hoc facto plenius continetur; assereret eciam se esse in saisina ab antiquo exercendi, una cum parciariis suis, in dicta parrochia de Cassanea, et in locis aliis, a predictis infra dictam parrochiam sitis, altam et bassam justiciam et omnimodam jurisdictionem in habitantes contrahentes et delinquentes in eadem; assereretque se et predecessores suos ab antiquo esse in saisina ponendi fabrum in parrochia de Cassanea, et compellendi homines dicte parrochie ad fabricandum cum eo, et levandi pedagium in dicta parrochia. Que omnia, tam ipse, quam ejus predecessores, advoaverunt et recognoverunt se tenere a magistro Helya de Malo-Monte, quondam domino de Burdelia, assererentque dictus magister Helias, dictus Aymericus, et procurator noster, in quantum quemlibet eorum tangit, et homines ipsius Aymerici, Gaufridum de Ponte et gentes suas, ipsius nomine seu mandato, ipso ratum habente, contra inhibicionem eis factam ex parte nostra per servientes nostros, ipsum Aymericum impedivisse et turbasse in possessione premissorum, et multa bona dicti Aymerici et hominum suorum, per violenciam armorum, levasse et secum asportasse, dictis bonis in manu nostra existentibus, et multas violencias, injurias, prisias et dampna alia eidem Aymerico et gentibus suis, contra dictam inhibicionem per servientes nostros factam, dicto Gaufrido et gentibus suis, per violenciam armorum, contra bonum statum pacis et patrie, intulisse, secundum quod in processu super hoc facto plenius continetur; et quosdam de hominibus dicti Aymerici vulnerasse, in contemptum nostrum et dicti Helye, ac

S

PHILIPPE IV,
1308.

ipsius Aymerici et hominum suorum prejudicium non modicum et gravamen; dicto Gaufrido in contrarium asserente, et dicente se predicta bona rite et juste levasse et secum asportasse, et se, a quatuor annis citra, esse et fuisse ex justa causa in saisina levandi predictos redditus, tallias, explecta et dicta deveria consueta, et se esse in saisina a dicto tempore exercendi altam et bassam justiciam et omnimodam jurisdictionem in dictis mansis et dicta parrochia : Tandem inquesta super hoc de mandato nostro facta visa et diligenter examinata, quia inventum est sufficienter probatum dictum Aymericum et predecessores suos esse et fuisse ab antiquo in saisina premissorum, et dictum Gaufridum et gentes suas, ipsius nomine seu mandato, ipso ratum habente, contra prohibicionem, tam sibi quam gentibus suis, ex parte nostra, per servientes nostros factam, ipsum Aymericum et gentes suas in predictis impedivisse et turbasse minus juste et sine causa, et multa bona ipsius Aymerici et gencium suarum, contra dictam inhibicionem, per violenciam armorum, levasse et secum asportasse, usque ad magnam summam, et quemdam hominem, deputatum per servientes nostros ad custodiam bonorum ipsius Aymerici hominumque suorum, et eciam quosdam alios homines dicti Aymerici graviter vulnerasse, et multas alias injurias, violencias, prisias, et dampna alia ipsi Aymerico et gentibus suis, contra dictam inhibicionem, per violenciam armorum intulisse, in contemptum nostrum et dicti Aymerici hominumque suorum, prejudicium non modicum et gravamen, et quedam verba contumeliosa de nobis dixisse; dictus Gaufridus, racione predictarum injuriarum et violenciarum, nobis in duobus millibus libris Turonensibus, pro emenda nostra, et dicto Aymerico et hominibus suis in sexcentis libris Turonensibus, pro dampnis suis, injuriis, deperditis et catallis, de quibus constitit per inquestam predictam, per curie nostre judicium extitit condempnatus, et, per idem judicium, dictum fuit quod impedimenta, apposita in predictis per dictum Gaufridum seu gentes suas, inde amovebuntur, peticione levatorum de bonis dicti Aymerici et gencium suarum per dictum Gaufridum et gentes suas, postquam inquesta predicta ad nostram fuit curiam reportata, dicto Aymerico et ejus gentibus reservata.

Dominica qua cantatur : Judica me.

Bocellus reportavit.

LXXVII. Cum senescallus noster Carcassone, ex officio suo inquirens, proposuisset contra G. de Villa-Nova, militem, vicarium Crasse, quod ipse injuste usurpaverat jurisdictionem nostram, quamdam faciendo condempnacionem contra Guillelmum Galensem, in casu ad eum non pertinente, et eciam quod, post et contra appellacionem ad senescallum predictum super hoc interpositam, decendio non expectato, idem vicarius condempnacionem predictam mandaverat exequicioni, tandem vicarius Carcassone, ex remissione per senescallum predictum super hoc sibi facta, dictum militem in ducentis libris, nobis solvendis, et in centum libris, dicto Galensi, condempnavit; a qua condempnacione dictus miles ad senescallum predictum appellavit; et tandem commissarius dicti senescalli, in dicta appellacionis causa procedens, condempnacionem predictam usque ad medietatem temperans, dictum militem in centum libris, nobis, et in quinquaginta libris, dicto Galensi solvendis condempnavit; a qua sentencia dictus miles ac procurator noster et dictus Galensis ad nostram curiam appellarunt : Visis igitur in causa dicte appellacionis processibus antedictis, pronunciatum fuit, per curie nostre judicium, dictum militem bene appellasse, et predicte sentencie contra eum late per dictum judicium infirmate fuerunt.

Dominica predicta.

Cuillier reportavit.

LXXVIII. Cum procurator Ruthenensis et consules de Naiaco requisivissent senescallum Ruthenensem quod, cum magister Guillelmus de Castaneto et Guido, ejus nepos, erexissent quasdam furcas in podio de Marqueyrol, quod est in pertinenciis ville de Castaneto, in quibus ipsi Guillelmus et Guido quemdam hominem justiciaverant;

que dicti procurator et consules dicebant de novo et indebite, in nostrum et dictorum consulum prejudicium, facta fuisse, asserendo ad nos justiciam altam et bassam in villa de Castaneto ac ipsius ville pertinenciis et districtu insolidum pertinere, et, propter hujusmodi debatum, per dictum senescallum, in ipsis furcis, manus nostra fuisset apposita, predictis Guillelmo et Guidone pretendentibus se esse in saisina alte et basse justicie dicte ville et ejus pertinenciarum et districtus, et requirentibus manum nostram inde amoveri; super quo, coram dicto senescallo, inter partes predictas diucius disceptato, senescallus ipse diffinitive pronunciavit dictos Guillelmum et Guidonem debere remanere in saisina habendi et tenendi dictas furcas erectas justiciabiles in loco predicto, et manum nostram et impedimentum quodcumque per ipsum appositum ibidem penitus amovit, salva nobis questione proprietatis in omnibus supradictis; a qua sentencia, tamquam ab iniqua, dicti procurator et consules ad nos appellarunt: Visis igitur, in causa dicte appellacionis, processibus antedictis, per curie nostre judicium, dictum fuit predictum senescallum bene judicasse, et dictos procuratorem et consules male appellasse.

Dominica predicta.

LXXIX. Cum prepositus mercatorum Parisiensium in nostra curia proposuisset quod ballivus Senonensis, pro ipso, contra abbatem et conventum de Barbael per suum judicium pronunciaverat quod, pro necessitate mercaturarum et securitate personarum, mercaturas per aquam Secane ducentium, oportebat duos gurgites dictorum religiosorum, quos habent subtus portum de Samesio et ante abbaciam de Barbael, retro trahere ita quod naves possint ibi transire, et eciam quod oportebat iter, seu cheminum per terram juxta abbaciam predictam facere, peteretque dictum judicatum, quod jam fuerat pro parte executioni mandatum, in totum execucioni mandari; procuratore dictorum religiosorum plura facta in contrarium proponente, propter que dicebat predicta fieri non debere: Visa igitur inquesta super hiis de mandato nostro facta, et audita relacione commissario-

42.

Philippe IV,
1308.

rum qui dictam inquestam fecerunt, pronunciatum fuit, per curie nostre judicium, quod predictum judicatum dicti ballivi in totum demandabitur execucioni.

Dominica predicta.

Guillelmus reportavit.

LXXX. Cum proposuisset coram senescallo Petragoricensi syn-
dicus consulum bastide nostre Montis – Caprarii, contra magistrum
Petrum Mangonis, judicem majorem Figiaci, quod dictus magister
Petrus, dicens se executorem cujusdam judicati pro Bertrando de
Pestilhaco facti sub velamine dicte execucionis, corruptus pecunia a
pluribus hominibus dicte bastide, plura pignora levaverat injuste,
pluribus eorum injurias et violencias inferendo, plures eorum et
eciam aliquos servientes nostros verberando, pluresque dictorum hominum de domibus suis ejecerat et domos eorum clauserat, adeo
quod duo pueri, propter factum ejus, expiraverunt, petens a dicto
senescallo quod, secundum formam mandati nostri super hoc sibi
facti, de predictis inquireret, et inquestam factam nobis remitteret,
ut cum predictis legittime puniremus; dicto magistro Petro ex adverso proponente se, racione dicte execucionis, a pluribus pignora
levasse juste tamen et secundum formam mandati sibi per dictum
senescallum facti, petens eos de predictis, sibi falso et calumpniose
impositis, et animo diffamandi, legittime puniri : Visa igitur inquesta,
super hiis de mandato nostro facta, per curie nostre judicium, dictum
fuit predictum magistrum Petrum de predictis, sibi impositis, culpabilem non fuisse inventum, et de predictis, per idem judicium, ab
impeticione dictorum consulum fuit absolutus; condempnatique fuerunt dicti consules, pro predictis, in ducentis libris Parisiensibus,
nobis pro emenda, et in centum libris Parisiensibus, dicto magistro
Petro solvendis.

Dominica predicta.

Cuillier reportavit.

LXXXI. Cum procurator abbatis et conventus Mauziaci coram Philippe IV, 1308. commissariis nostris proposuisset quod ipsi religiosi, nomine ecclesie sue Mauziacensis, erant in saisina exercendi omnimodam justiciam in locis infrascriptis cum pertinenciis suis, scilicet in villis de Ternhac, Sancti-Ursi, Sancti-Georgii-de-Montibus et de Monte-Autruc, et in quodam loco sito in Villa-Nova, et quodam loco sito infra villam Marciaci, petens predictos religiosos tueri in saisina sua predicta, et prisias quasdam, in dictis locis, per gentes nostras factas, eisdem restitui; procuratore nostro ballivie Arvernie e contrario proponente nos esse in saisina omnimodam justiciam in locis predictis exercendi : Visa inquesta super hiis de mandato curie nostre facta, et viso quodam privilegio, in curia nostra, pro religiosis predictis, super hoc exhibito, per curie nostre judicium, pronunciatum fuit dictum procuratorem nostrum melius intencionem suam probavisse, quantum ad saisinam alte justicie in loco sito in Villa-Nova predicta, et nos remanere debere in saisina exercendi ibidem altam justiciam, et dictos religiosos, quantum ad bassam justiciam seu jurisdictionem dicti loci, saisinam suam melius probavisse et eos remanere debere in saisina sua predicta; quantum autem ad alia loca predicta, per idem judicium fuit pronunciatum dictos religiosos, et quantum ad altam et quantum ad bassam justiciam, intencionem suam melius probavisse, et eos in saisina sua exercendi altam et bassam justiciam, in locis predictis cum eorum pertinenciis, remanere debere, et prisias, propter hoc per gentes nostras factas in locis predictis, eisdem debere restitui, salva hinc inde questione proprietatis.

Mercurii ante Pascha.

Cuillier reportavit.

LXXXII. Inter Symonam dominam castri Castriarum, ex una parte, et episcopum Magalonensem, ex altera, super eo quod utraque pars dicebat se habere justiciam in tenemento de Ferreriis, inquesta ad nostram curiam asportata, visa et diligenter examinata, quia non fuit in ea repertum quod procurator domini Regis, in eo quod ipsum

PHILIPPE IV.
1308.

tangit, ad hoc fuerit vocatus, nec fuit inventum quod lis in ea fuerit contestata ; item, quia partes in eadem inquesta non inveniuntur aliquid petere, curia nostra pronunciavit dictam inquestam, in statu in quo est non debere judicari, sed reficietur, vocatis et auditis qui fuerint evocandi.

   Mercurii predicta.

   Cuillier reportavit.

   Remissa est ad reficiendum.

   LXXXIII. Cum magister Gaubertus Pelphi, rector ecclesiarum de Cornaco et de Sancto-Martino, prope Bretenos, Caturcensis dyocesis, nobis denunciasset quod Geraldus de Roqueta, bajulus Guerini de Castro-Novo, militis tunc viventis, cum Gaucelino, Geraldo Furnerii, Solenaco, Raymundo de Sancto-Johanne et Boyscheto, dicti militis familiaribus, et aliis suis complicibus, ad domum dicti rectoris, in crepusculo noctis, injuriose et hostili more, venisset, quidam de suis complicibus contra inhibicionem sibi factam per Geraldum de Gosodor, servientem nostrum et gardiatorem eidem rectori et familie sue, auctoritate nostra, deputatum, in capellanos et clericos dicti rectoris irruerunt et eos atrociter percusserunt, vestes eorum lacerando, Bertrandum la Tremoliere, clericum ipsius rectoris, ad terram prosternendo, in capite et aliis suis membris multis ictibus percuciendo, et, hiis non contenti, predictum servientem nostrum ad terram prosternentes, pissidem, de qua mandatum nostrum extraxerat et eis palam legendum ostenderat, super capud servientis ejusdem in plura frustra fregerunt, et ipsum pedibus conculcarunt; et postea dictus miles dictos malefactores, de sua familia et in suis pristinis officiis ut prius retinens, et predicta maleficia probabiliter ignorare non valens, eaque sub quadam connivencia dissimulans, dictorum malefactorum opera usus fuit, nulla correpcione seu punicione habita de premissis; et defensionem suo nomine et predictorum familiarium suorum in hoc negocio assumpsit, ac inhibicionem quam, auctoritate mandati nostri, dictus serviens sibi faciebat contemp-

nens, per spatulas eundem servientem accepit, et ipsum succuciens
dixit ei : « Cosodor! Cosodor! qui te per collum suspenderet, nichil pro
te vel mandato tuo faceremus; » item, quod navem blado dicti rectoris oneratam, pro pedagio, a quo dictus rector, juxta libertates ecclesie
de Cornaco et composiciones dudum habitas inter predecessores dicti
militis et predecessores dicti rectoris, et ab ipso milite juratas, immu-
nis erat, contraque inhibicionem servientis nostri gardiatorisque dicti
rectoris, arrestari precepit; item, quod idem miles detinebat quamdam domum pro qua quatuordecim denarii census annui debentur
ecclesie de Cornaco, quos a decem annis citra dictum militem solvisse non constat; item quod Bernerius et Petrus Sicca, familiares
Matfredi de Castro-Novo, filii dicti militis, dicto Matfredo presente
et non contradicente, hostia domus dicti rectoris violenter fregerunt
et introierunt, contra voluntatem dicti rectoris et ejus familie, multasque violencias, invasiones, injurias et excessus intulerunt eidem
rectori et suis; nostra curia, deliberacione super hoc habita, ordinavit, ex causa, quod predicto rectore vel ejus procuratore nullatenus denunciacionis causam hujusmodi prosequente, nec ejus obstante
absencia super premissis, per certum commissarium a predicta curia
nostra datum, veritas diligenter inquireretur, et inquesta inde facta
predicte nostre curie judicanda remitteretur : Facta igitur, vocatis
dicto milite et aliis supradictis, ex officio curie nostre, et de mandato nostro super premissis inquesta et nostre curie reportata, et dicto,
per arrestum curie nostre, eam videri et judicari debere, visis processibus per dictam inquestam habitis super premissis et partibus diligenter auditis et veritate comperta super premissis, dictum militem
et Matfredum, ejus filium, in mille libris Turonensibus, et Geraldum, bajulum militis ejusdem, in centum libris Turonensibus, nobis applicandis sentencialiter condempnamus. Dictos vero Gauceli-
num, Geraldum Furnerii, Bernerium et Rogerum, Boyschetum et
Petrum de Sicca, quorum ad satisfaciendum de premissis suis excessibus non sufficiunt facultates, condempnamus carceri mancipan-
dos et per sex menses continuos detinendos. Item dictum militem et

filium ejus predictum condempnamus in trecentis libris Turonensibus, applicandis et solvendis dicto rectori pro dampnis, interesse,
violenciis, excessibus et injuriis, memorato rectori et ejus familiaribus illatis, et ut ipsi cessent et desistant impedire dictum rectorem et homines suos furnum facere et panem in furnis propriis de-
coquere; et quod dictum rectorem non compellant pedagium solvere,
contra libertates ecclesie de Cornaco predictas, et quatuordecim denarios, pro censu domus de qua supra fit mentio, annis singulis solvere teneantur, quamdiu tenuerint dictam domum, et ut arreragia
preteriti temporis solvant eidem rectori, nomine ecclesie de Cornaco; item condempnamus eundem militem et predictum Matfredum,
ejus filium, in sexaginta libris Turonensibus predicto Geraldo de
Cosodor, servienti nostro, pro predictis injuria et violencia sibi factis,
solvendis.

In octabis Pasche.

M. G. de Usto reportavit.

LXXXIV. Cum Fortanerius de Ruppe-Forti, nomine suo et consortum suorum, nobis significasset quod cum Manuchius de Vulterra,
procurator Johannis, Philippi et Nicolay Jacobi, mercatorum de Florencia, Nemausi, ut dicitur, commorancium, convenisset mutuare
eisdem consortibus quatuor millia et quadragintas libras Turonenses,
ac iidem consortes confessi fuissent se dictam summam pecunie dictis mercatoribus et eorum procuratori predicto debere ex causa si-
mulati contractus empcionis salis, secundum quod in instrumentis
super hoc confectis plenius continetur, et idem procurator dictorum
mercatorum Florentinorum, facta dicta obligacione cum publico instrumento super hoc confecto, numerare et tradere dictam summam
pecunie promiserit dictis consortibus, certa die, quod facere et complere obmittente dicto procuratore, ut promiserat, ad instanciam
dictorum consortum citati fuerunt predicti mercatores Florentini et
procurator predictus eorumdem, coram majori judice Carcassonensi,
qui citati sepe et sepius comparere neglexerunt, et propter hoc fuit

ordinatum per dictum judicem quod dicte littere sive instrumenta obligacionis contra dictos consortes, seu bona ipsorum execucioni non mandarentur, quousque de hoc et super hoc fuisset plenius cognitum et discussum; quibus non obstantibus, magister Stephanus de Ferrariis, deputatus, ex parte nostra, ad exigendum debita Bichii et Moncheti, militum, asserens dictos mercatores de Florencia fuisse de societate dictorum militum, dictam pecunie summam a dictis consortibus nisus fuerit exigere; quare supplicaverunt nobis consortes predicti quod vellemus facere inquiri, vocatis gentibus nostris et aliis evocandis, super hoc diligencius veritatem : Tandem, inquesta super hoc de mandato nostro facta et nostre curie reportata, visa et diligenter examinata, quia inventum est sufficienter probatum dictos consortes confessos fuisse se a dictis mercatoribus seu procuratore eorum recepisse et solvere promisisse dictam summam pecunie, spe future numeracionis, nec est inventum dictos consortes aliquid habuisse vel recepisse a dictis mercatoribus seu procuratore eorum, pronunciatum fuit, per curie nostre judicium, dictos consortes a dictis mercatoribus seu a nobis, virtute dictorum instrumentorum confectorum super dicta summa pecunie, non debere molestari, immo dictos mercatores Florentinos, seu eorum procuratorem, seu causam ab ipsis habentes, ad restitucionem dictorum instrumentorum dictis consortibus faciendam esse compellendos, et dicta instrumenta curia nostra per idem judicium anullavit, dictisque mercatoribus Florentinis et eorum procuratore, ac ab ipsis causam habentibus vel eciam habituris super peticione dicte pecunie perpetuum silencium per idem judicium imposuit, et ipsos consortes super hoc sentencialiter absolvit.

In octabis Pasche.

Bocellus reportavit.

LXXXV. Mota controversia inter Courrardum Bonnel, mercatorem de Florencia, ex una parte, et Firminum Coquerel, prepositum tunc Parisiensem, et Ferricum Tachier, militem gueti Parisiensis, ex altera, super eo quod dictus Courrardus, proponens se tres balas suas armorum in quadam domo, Parisius, posuisse ad custodiendas, que bene valebant trecentas libras Parisienses bone monete, dicebat dictum militem, seu alium ejus mandato, ipso ratum habente, duas de dictis balis, et dictum prepositum terciam balam, injuste et sine causa racionabili accepisse, petens easdem balas vel dictum valorem sibi reddi; dictis milite et preposito in contrarium dicentibus se dictas balas accepisse de nocte, et quod Courrardus predictus volebat eas mittere extra regnum, quare dicebant dictas balas esse commissas : Tandem, inquesta super hoc de mandato nostro facta visa et diligenter examinata, quia inventum est dictos militem et prepositum dictas balas de die accepisse, nec est inventum aliquid probatum in dicta inquesta propter quod dicte bale debeant dici commisse, dicti miles et prepositus, per curie nostre judicium, dicto Courrardo ad restitucionem dictarum balarum, si exstant, et si non exstant, ad reddendum dictum precium, condempnati fuerunt.

In octabis Pasche.

Bocellus reportavit.

LXXXVI. Cum Helyas de Burdelia incepisset edificare quoddam fortalicium et quedam alia edificia ante clausuram castri de Burdelia, prohibitumque fuisset eidem, ex parte nostra, ne ad ipsorum fortalicii et aliorum edificiorum construccionem seu edificacionem procederet, et postea, dicto Helya conquerente, prohibicionem hujusmodi fuisse minus justam, mandaverimus inquiri utrum ipse Helyas jus haberet premissa faciendi : Inquisito igitur de premissis, visaque inquesta super hoc facta, quia inventum est quod dictorum fortalicii et edificiorum construcciones et edificaciones essent adeo prejudiciales nobis et dicto castro, quod dictum castrum nostrum et ipsius fortalicium subesset fortaliciis et edificiis, ibidem per ipsum Helyam jam inceptis, cum nos, auctoritate superioritatis nostre, licite possemus omnia que possent prejudicare fortaliciis nostris, licet jam facta, destruere et multo forcius ne fierent impedire, per curie nostre

judicium, dictum fuit quod, non obstantibus quibuscumque racionibus ex parte ipsius Helye propositis, omnia predicta, sic per eum
edificata, reponentur et reposita tenebuntur in tali statu quod dicto
castro nostro et ipsius fortalicio nullatenus possent obesse.

In octabis Pasche.

Creci reportavit.

LXXXVII. Cum intellexerimus quod, occasione cujusdam pariagii
nuper, inter nos et episcopum Mimatensem, facti super regalibus et
superioritate comitatus Gaballitani, Chanlonc Salelas, locum tenens
bajuli Marologii, cum suis servientibus et pluribus aliis hominibus
dicte ville, armatis diversis armaturis, ac eciam ne cognosci possent
variis modis desguisatis, in ballivum ac servientes ac alios officiales
nobis et dicto episcopo in dicta villa communes, de nocte et ex proposito, insultum fecerunt, ac ipsos cum ensibus et lanceis ac aliis
gladiis invaserunt, adeo quod in dicto conflictu unum de servientibus
communis curie letaliter vulneraverunt, ac eciam Raymundum de
Valvas, locum tenentem dicti ballivi communis, de quodam magno
baculo in brachio vulneraverunt, ensesque et boclarios dictorum servientum communium violenter et injuriose abstulerunt et secum
indebite asportarunt, ac ipsum ballivum communem una cum suis
servientibus et aliis officialibus dicte communis curie, dictum insultum prosequendo et continuando, usque ad domum curie communis,
ubi morabantur, fugarunt, dictamque domum communem ac officiales communes intra eam existentes cum armis et hostiliter invaserunt,
clamantes et horribiliter vociferantes : « Ad mortem! ad mortem! des-
« truatur domus communis, et moriantur officiales communes et illi
« de regalia qui intus sunt! » et quamplures grossos lapides et lanceas
quamplurimas supra dictam domum communem et contra januam et
fenestras ipsius projecerunt, in tantum quod per ipsos non stetit quominus dictam domum diruerent, ac januam et fenestras ipsius confre-
gerunt; nec eo contenti, sed mala malis cumulantes, dictis officialibus communibus, intra dictam domum communem existentibus et

43.

reclusis, plures consimiles et majores insultus, quatuor vel quinque noctibus sequentibus, fecerunt ac eciam intulerunt, dictam domum communem cum armis fortiter invadendo ac eciam hostiliter expugnando; quin immo dictis officialibus communibus, in dicta domo communi sic existentibus et reclusis, nec ab eā metu mortis dictorum invadencium exire audentibus; et quia in dicta villa Marologii non inveniebant qui victualia eisdem, eciam oblata pecunia, vendere vellet, immo, cum per nuncios dictorum officialium communium, homines dicte ville, qui vinum et alia victualia publice vendere sunt consueti, super hoc requirerentur, asserebant et dicebant quod eisdem aliqua vendere non auderent, propter prohibicionem, super hoc, per dictum Campum-Longum et suos servientes eis factam; nos vero, tot et tanta nolentes pertransire impunita, super premissis mandavimus veritatem inquiri et nobis seu curie nostre referri : Visa igitur inquesta super premissis de mandato nostro facta, et auditis defensionibus dictorum invadencium, quia repertum est sufficienter probatum ipsos et eorum quemlibet super premissis fuisse et esse culpabiles et convictos, per judicium curie nostre, ipsi et eorum quilibet nobis et dicto episcopo proporcionibus equalibus condempnati fuerunt ad emendam in modum et formam qui sequitur: Primo dictus Campus-Longus privatur perpetuo ab omni officio publico obtento et obtinendo in regno nostro, eciam sub quocumque, et cum hoc in carcere per dimidium annum detinebitur, et in pecunia solvet mille libras Turonenses; quatuor ejus servientes, qui cum eo interfuerunt, videlicet Plomionus, Terreta, Tasquetus et Laluerias perpetuo privati sunt omni servicio, et cum hoc tenebuntur per annum in carcere; magister Johannes de Sagio, judex ordinarius dicte ville, quia male et negligenter se habuit circa punicionem et correctionem premissorum ab officio suo privatus est; Durandus de Villas, Arnaldus Costa, Guillelmus le Fornier, Robinus Minaudi, Petrus Gras, molinerius, Matheus Brissola, Johannes Dido, Guillelmus Congde, Jacobus Durandi, Sabatarius Sartor, isti decem in carcere per dimidium annum completum detinebuntur; Petrus Aymerici, Johannes Chal-

cerii, Guillelmus Egidii, isti tres sunt filii-familias, et quilibet eorum
in carcere detinebitur quousque quilibet eorumdem sexaginta libras
Turonenses solverit; Vitalis Fabri, quingentas libras Turonenses,
Bernardus Stephani, quingentas libras Turonenses, Austorgius Co-
lombeti, quadringentas libras Turonenses, Guillelmus Columbeti,
alias dictus Marona, ducentas libras Turonenses, et cum hoc domus
sua, ubi curia communis tenebatur, confiscabitur pro eo quia presens in invasionibus predictis interfuit, et pluries alta voce clamavit:
« Destruatur domus communis, quia mea est, et moriantur illi de re-
« galia qui intus sunt! » Bertrandus de Aqua, ducentas libras, Hugo
Pelegrini, centum libras, Petrus Tranquerii, sexaginta libras, Petrus Boaci centum libras, Guillelmus de Villas, triginta libras, Guillelmus Cristini, triginta libras, Bertrandus Gaieti, viginti libras, Guillelmus Floreti, viginti libras, Petrus Gras, lo Bastier, sexaginta libras
Turonenses, Bernardus Gras, sexaginta libras, Vitalis de Villas, sexaginta libras Turonenses persolvent. De pecunia vero supradicta magister Raymundus, locum tenens ballivi communis, pro injuria sibi
facta habebit centum libras, et serviens curie communis, qui fuit in
capite vulneratus, habebit, pro injuria sibi facta, quadraginta libras.

In octabis Pasche.

Thibotot reportavit.

Sequitur illud quod postea super hoc ordinatum fuit:

Ad requestas quas curie faciebat episcopus Mimatensis, per curiam, dictum fuit quod ipse contra adversarios suos adjornatos et contumaces habebit defectum, et iterato citabuntur super utilitate quam
petit dictus episcopus ex defectu predicto.

Item, super concordia in curia facta inter ipsum et quosdam alios,
dabitur sibi littera, prout fieri debebit.

Item, de condemnacione pecuniaria per curiam facta, racione violenciarum et injuriarum illatarum apud Marologium officialibus communis curie domini Regis et dicti episcopi, idem episcopus habebit
medietatem, et similiter fiet in similibus casibus, si et quando eve-
nerint apud Mimatum.

PHILIPPE IV,
1308.

Domus tamen in qua tenebatur apud Marologium dicta communis curia, que fuit confiscata occasione predicta, domino Regi soli remanebit commissa.

Salvo insuper in predictis jure domini de Petra, si quod habet, super quo fiet sibi justicia, si petat.

Salvo eciam jure domini Regis et dicti episcopi contra predictum dominum de Petra, super facto propter quod facta est condempnacio supradicta, si reperiatur culpabilis.

Sabbato post Sanctum Georgium.

LXXXVIII. Cum episcopus Lemovicensis, proponens castrum et castellaniam de Combornio esse de feodo suo, et se tamquam dominum feodalem, manum et saisinam suam, dictum feodum suum justiciando, ibidem ex certa causa posuisse et tenere, ac gentes domini Regis, amovendo inde dicti episcopi manum et gentes, sine cause cognicione, manum domini Regis ibidem posuisse, requireret dictam manum domini Regis inde amoveri et manum suam ibidem reponi; gentibus domini Regis plures in contrarium proponentibus raciones, tandem, super propositis hinc et inde, precepit dominus Rex veritatem inquiri: Inquesta igitur super hiis facta visa et diligenter examinata, per curie nostre judicium, dictum fuit quod dicta manus domini Regis in predictis castro et castellania, ut premissum est, apposita, inde retrahetur, et dicti episcopi manus in statu in quo ibi erat, tempore apposicionis dicte manus Regis, reponetur ibidem, salvo in omnibus super hiis et aliis jure domini Regis.

In octabis Pasche.

Creci reportavit.

LXXXIX. Cum Jordanus de Insula, miles, senescallus noster Belli-Cadri et Nemausi, vocatis et presentibus coram ipso Januensibus Nemausi commorantibus, exposuisset eisdem, pro se et sociis suis, qualiter potestas, abbas, anciani et commune consilium Janue ac Octo-Viri deputati super facto roberiarum restituendarum et emendandarum violenciarum per homines Janue ejusque territorii seu districtus factarum et illatarum, sexcies requisiti, tam per ipsos [1] senescallum quam per alios predecessores ipsius, ut Petro de Lama, Hamna et Bernardo Piquarlli, mercatoribus Montis-Pessulani, emendam condignam fieri facerent de rebus per piraticam pravitatem in mari ablatis eisdem per Perchevallum de Oria, Anthonium Marconi, Chier Galeas et plures eorum complices, cives Januenses, seu de districtu Janue existentes, excedentibus summam mille octingentorum florenorum auri, ac de dampnis per hoc illatis eisdem, quod facere requisiti sollempniter noluerunt, prout de premissis constabat per publica instrumenta; dicens eciam se in mandatis recepisse a nobis quod si, requisicione super hoc iterum sibi facta, nollent obedire et premissa complere, marcham dictis Januensibus indiceret prout est consuetum in personis et bonis eorum, et quod idem senescallus, juxta dictum mandatum nostrum, requisivit, potestatem, abbatem, ancianos, Octo-Viri Januenses, et alios quos inde requirere tenebatur, et quod ipsi predicta facere noluerunt, solempniter requisiti; quare dictam marcham idem senescallus concessit predictis mercatoribus de Monte-Pessulano, contra dictos Januenses Nemausi commorantes et socios eorumdem, et, juxta convenciones inhitas inter nos et Ytalicos, eisdem Januensibus et eorum sociis spacium unius anni et quadraginta dierum indixit, ab illa die computandum, infra quem terminum debita sua recuperassent, et personas suas una cum eorum bonis de senescallia predicta extraxissent, et quod ex tunc in antea eisdem interdixit totam senescalliam Belli-Cadri et Nemausi, decernendo quod ex tunc curreret contra eos defensio memorata, in tantum quod, si aliqui eorum, post dictum terminum infra dictam senescalliam invenirentur, arrestarentur in personis et in bonis, et tamdiu detinerentur quousque dictis burgensibus Montis-Pessulani, de predictis rebus ablatis, una cum dampnis et interesse eorum, esset plenarie satisfactum; quibus auditis predicti Januenses ibidem presentes dixerunt quod dictam marcham recipiebant quantum in se

[1] Lisez *ipsam.*

PHILIPPE IV,
1308.

erat, et ex tunc dictus senescallus concessit dictis burgensibus Montis-Pessulani marcham contra alios mercatores, cives seu justiciabiles
Janue et eorum districtus, decernendo quod ex tunc, ipsis primo
certificatis, memorata defensio curreret contra ipsos; super quo certi-
ficati fuerunt potestas, abbas, Octo-Viri et commune Januense, prout
de hoc constat per publicum instrumentum; a qua sentencia seu imposicione marche seu defense Pascalis de Porta et Romanus Otho-
viani, cives Januenses, syndici, ut dicebant, communis et hominum
Janue et districtus ejusdem, nullam tamen fidem facientes de dicto
syndicatu, quasi circa finem anni predicti, in presencia tenentis locum senescalli Belli-Cadri, protestantes de novo ad noticiam civium
hominum et justiciabilium Janue predictam inhibicionem pervenisse,
a dicta sentencia seu imposicione marche seu defense, tamquam a
nulla, et, si aliqua esset, tamquam a falsa et prava, ad nos seu nostram curiam appellaverunt; et, cum dictus senescallus, predicte appellacioni non deferens, multis racionibus in processu allegatis, vellet dictam sentenciam execucioni demandare, ex causa mandavimus
totum processum super premissis habitum ad curiam nostram remitti, execucionem dicte marche suspendentes quousque super premissis per nostram curiam ordinatum fuisset : Viso igitur processu
predicto et diligenter examinato, attentis requisicionibus et responsionibus dictarum parcium, et specialiter Octo-Virorum predictorum
super informacione de dictis roberiis eisdem facta, scilicet quod sufficienter erant informati, et quod non indigebant aliis informacionibus, et quod galee ipsius Percevalli et Anthonii erant in terminali Janue, non per ipsos, sed per commune Janue arrestate, attentis eciam
tam aliis probacionibus quam tenore instrumentorum publicorum,
per dictos burgenses super dictis roberiis in modum probacionis
productorum, et quod dicti Januenses Nemausi degentes, dictam
marcham sponte receperunt, et quod dicti potestas, abbas et commune, a tempore intimacionis super hoc sibi facte infra decem dies,
non appellaverunt, qualitate et natura dicti facti diligenter pensatis,
per curie nostre judicium, pronunciatum fuit dictam marcham seu

defensam rite et juste fuisse datam et concessam, et dictos appellantes male appellasse, et quod dicta marcha seu defensa demandabitur
execucioni, non obstantibus appellacione et aliis propositis ex adverso.
In octabis Pasche.
Roya reportavit.

XC. Cum Johannes Peissonis et Aymericus de Castro, cives Car-
cassonenses, coram senescallo Belli-Cadri proposuissent quod Mu-
cius Sarraceni et Blanquinus, ejus filius emancipatus, mercatores
Florentini, apud Nemausum olim commorantes, erant eisdem in
duobus millibus libris Turonensibus efficaciter obligati, ex causa
commande eisdem facte, promiserantque eisdem se dictam pecunie
summam apud Nemausum soluturos, ipsi tamen, cum rebus suis,
fracto arresto nostro propter hoc super eis facto, de regno Francie
aufugerant, et ad Florenciam, causa ibi morandi, se transtulerant;
proposuissent eciam quod potestas, capitaneus et priores Florentini,
per nostras et senescalli predicti litteras, legittime et instanter requisiti ut dictos Mucium et Blanquinum, cives suos, apud Nemausum
remitterent, facturos quod justicia suaderet, tam super fractione arresti predicti quam super dicto debito, noluerunt hoc facere, respondentes quod de hoc nichil facerent, nostras et senescalli predicti litteras retinentes; proposuissent eciam quod, secundo per litteras dicti
senescalli, incorporatas in eisdem nostris litteris, super predictis ad
dictum senescallum missis, inter cetera continentibus quod, nisi dicti
potestas, capitaneus et priores Florentini, per litteras dicti senescalli
requisiti, quod dictos Mucium et Blanquinum Nemausi remitterent
super predictis juri parituros, aperte dictus senescallus prediceret
eisdem quod, dando et concedendo marcham et aliis juris remediis,
procederet contra ipsos juxta formam dictarum litterarum nostrarum,
requisiti quod dictos Mucium et Blanquinum, cives suos, Nemausi
remitterent juri parituros, noluerunt hoc facere, dictas litteras senescalli nostri retinentes; petentes dicti Johannes et Aymericus a senescallo predicto quod, cum dicti potestas, capitaneus, et priores Flo-

rentini essent in defectu justiciam faciendi, et de predicto debito et fractione arresti eidem constaret, quod per concessionem marche et aliis juris remediis contra ipsos procederet, secundum tenorem nostrarum litterarum secundarum, consule mercatorum Florentinorum apud Nemausum commorancium, nomine ipsorum, e contrario, plura proponente, propter que dicebat predicta fieri non debere; tandem, dictis partibus auditis, dictus senescallus, in assisia Nemausensi dictis Johanni et Aymerico, contra mercatores Florentinos, apud Nemausum commorantes, marcham concessit, secundum formam et convenciones inter nos et mercatores Ytalicos olim factas; a qua concessione dictus consul, nomine ipsorum mercatorum Florentinorum, ad nostram curiam appellavit, et cognicionem cause dicte appellacionis cuidam nostro commissario obtinuit committi; qui, de meritis dicte appellacionis cognoscens, dictam concessionem marche pronunciavit nullam esse; a qua pronunciacione procurator dicti Aymerici de Castro et Petri Peissonis, filii et heredis dicti Johannis, ipsorum procuratoris nomine, ad nostram curiam appellavit: Visis igitur omnibus processibus predictis, per curie nostre judicium, pronunciatum fuit dictum commissarium male pronunciasse, et predictum procuratorem bene appellasse; et, per idem judicium, predicte marche concessio, per dictum senescallum facta, fuit confirmata.

In octabis Pasche.

Guillier reportavit.

XCI. Cum episcopus Nivernensis et Guillelmus de Plaisiano, miles noster, pro quibusdam arduis nostris negociis, ad partes Ruthenensis senescallie destinati, consulatum et jura castri de Competro, senescallie ejusdem, tamquam novum, sine permissione nostra seu alio justo titulo factum, ad manum nostram posuissent seu poni mandavissent, injungentes seu injungi facientes consulibus dicti castri quod ipsi, infra dies senescallie Ruthenensis futuri immediate proximi parlamenti, per inquisicionem interim faciendam, ydoneum titulum dicti consulatus probarent, alioquin ex tunc de dicto consulatu ordi-

naretur prout nobis seu nostre curie videretur ordinandum: Visa igitur inquesta super hoc facta, vocatis et auditis dictis consulibus et
procuratore nostro, deposicionibus testium et tenoribus instrumentorum in modum probacionis ab utraque parte productorum plenius intellectis, per curie nostre judicium, dictum fuit et pronunciatum dictum consulatum ibidem non debere remanere, et quod omnino
amovebitur; et, per idem judicium, condempnati fuerunt homines
dicte ville nobis in ducentis libris Turonensibus, pro emenda.

Dominica post octabas Pasche.

Roya reportavit.

XCII. Mota questione inter abbatem et conventum Sancti-Benedicti Floriacensis, ex una parte, et gentes nostras, ex alia, super eo
quod dicti religiosi dicebant quod, ipsis existentibus in possessione
percipiendi omnia emolumenta, profectus et explectamenta ac financias que dominus percipere potest in dumis curie de Marrigniaco,
quociens dicti dumi venditi fuerunt vel alias pecunialiter explectati,
quiquidem dumi sunt siti, prout constat per ostencionem factam de
eisdem, inter cheminum per quod itur de Lorriaco apud Molinetum,
in parte superiori, eundo versus dictam curiam, essentque dicti religiosi, ut dicebant, in possessione levandi emendas ab illis qui dictos dumos vendiderunt absque licencia eorumdem, ac tenendi eosdem
dumos liberos a gruagio, Adam dictus Chace-lievre, miles noster,
forestarius Chaumontesii, nomine nostro, eos impediebat in possessione sua predicta indebite et injuste, dicto Adam contrarium asserente: Inquisito igitur de premissis, de mandato nostro, visa inquesta
et diligenter examinata, per curie nostre judicium, dictum fuit predictum impedimentum esse amovendum.

Dominica predicta.

Creci reportavit.

XCIII. Mota questione inter abbatem et conventum Sancti-Benedicti Floriacensis, ex una parte, et gentes nostras, ex altera, super

44.

eo quod dicti religiosi dicebant quod, cum ipsi tenerent, ex causa ra-
chati, majoriam de Boyssiaco, moventem de feodo monasterii predicti, et, utendo jure suo, fecissent scindi duodecim quercus in bosco
dicti feodi existentes, gentes nostre dictos quercus ceperant et arrestaverant minus juste; quare petebant dictos quercus sibi reddi vel
valorem eorum; Adam dicto Chace-lievre, milite nostro, forestario
Chaumontesii, contrarium asserente : Inquesta igitur de mandato
nostro super hoc facta visa et diligenter examinata, per curie nostre judicium, dictum fuit quod dicte quercus restituentur eisdem religiosis vel valor eorumdem.

Dominica predicta.

Creci reportavit.

XCIV. Cum, mota questione inter abbatem et conventum monasterii Sancti-Benedicti Floriacensis, ex una parte, et gentes nostras,
pro nobis, ex altera, super eo quod dicti religiosi dicebant quod, in
quadam venda facta per gentes nostras in loco qui dicitur La-Broce-a-
la-Wille, partem pertinentem, jure dominii, ad dictum monasterium,
secundum ostensionem super hoc factam, videlicet a quercu prepositi, prout quidam antiquus fossatus se comportat, gentes nostre incluserant minus juste, quare petebant clausuram dicte vende restringi
usque ad locum predictum ostensum; Adam dicto Chace-lievre, milite
et magistro forestarum nostrarum, pro nobis, contrarium asserente,
et dicente quod dictus locus ostensus ad nos pertinebat : Inquesta,
partibus vocatis de mandato nostro, super hoc facta visa et diligenter
inspecta, per curie nostre judicium, dictum fuit quod dicta clausura
dicte vende restringetur usque ad locum supradictum ostensum.

Sabbato post Sanctum-Georgium, apud Cachant.

Creci reportavit.

XCV. Cum vicarius Tholose Stephanum de Punetis, Arnaldum
Briteri, Durandum de Tene, Petrum de Salinis, Guillelmum, filium
Arnaldi de Pinibus, Bernardum de Mora, Bernardum Escolavi, et

Bernardum de Campis, incolas de Villata, propter quamdam conjuracionem quam ipsi fecisse dicebantur, per quam se invicem astrinxerant juramento quod contra omnes homines de mundo expensis communibus se juvarent, et, pro posse suo, villam de Villata, que in vicaria Tholose posita inmediate et in solidum nobis subest bastide Sancti-Sulpicii, cujus pars media ad nos et pars alia ad hospitale Sancti-Johannis Jerosolymitani noscitur pertinere, in nostri juris prejudicium subicerent in octingentis libris Turonensis monete tunc currentis, nobis applicandis, per suam diffinitivam sentenciam condempnasset, dictus Arnaldus Briseti, suo et dictorum conjuratorum consortumque suorum procuratorio nomine, ad curiam appellacionum Tholosanam a dicta sentencia appellavit; judex vero dicte curie appellacionum, in dicta causa appellacionis procedens, cognito de ea et in ea concluso, ac predicto Arnaldo sentenciam ferri cum instancia postulante, predictam dicti vicarii sentenciam confirmavit; a qua sentencia confirmatoria dictus Arnaldus Briseti, suo et procuratorio nomine quo supra, iterato ad nostram curiam appellavit: Visis igitur per curiam nostram utriusque cause processibus, per curie nostre judicium, dictum fuit predictos vicarium et judicem bene judicasse et dictum appellantem male appellasse, et quod dicta condempnacio mandabitur execucioni.

De cujus solucione fecimus graciam, quod per terminos solvatur, videlicet per quatuor annos, quolibet anno ducente libre Turonensis monete tunc currentis, prima paga in instanti festo Omnium-Sanctorum incipiente.

Dominica post octabas Pasche.

G. de Usco reportavit.

XCVI. Cum, informacionem quamdam, ad instanciam consulum Caturcensium factam, super eo quod ipsi dicebant bajulum Caturcensem in novitate sua debere ipsis presentari, et certum eis facere juramentum, ipsi consules videri peterent et judicari, et e contra procurator episcopi Caturcensis, ad finem anullandi dictam informacio-

nem, plures proponeret raciones : Auditis hinc inde propositis, per
curie nostre judicium, anullata fuit informacio predicta, et dictum
fuit quod per senescallum Petragoricensem, vel alium super hoc specialiter a curia deputandum, super predictis, vocatis partibus et procuratore nostro, veritas inquiretur super eisdem articulis qui continentur in informacione predicta, et informacio que super hoc fiet
remittetur ad curiam judicanda.

Dominica post Reminiscere.

XCVII. Cum Petrus ad Parisienses, ex parte domini Regis, ad custodiam et regimen bonorum temporalium monasterii Sancte-Genovefe Parisiensis abbate vacantis, et ad personas ipsius monasterii ab
injuriis et violenciis defendendas, propter discordiam personarum
dicti monasterii, partes contrarias inter se faciencium, deputatus fuisset, tandem camerario dicti monasterii et sibi adherentibus de dicti
Petri administracione predicta conquerentibus, et ipso Petro a dicta
administracione revocato, et petente misias quas ipse in hujusmodi
fecerat, una cum salario competenti, sibi reddi, precepit dominus Rex
super premissis omnibus, vocatis partibus, veritatem inquiri : Inquesta
igitur, vocatis partibus et auditis, facta super hiis ad curiam reportata, visa et diligenter examinata, per curie nostre judicium, dictum
fuit et pronunciatum predictum Petrum bene et laudabiliter se habuisse in administracione predicta, et quod conventus dicti monasterii eidem reddet illud in quo, racione dicte administracionis, sibi
tenetur, per compotum legittimum factum jam super hoc inter ipsos,
et quod creditores dicti monasterii, erga quos dictus Petrus predictum conventum acquitavit, ipse faciet coram eis venire, presente ad
hoc magistro Egidio de Remino, quem ad hoc curia deputavit, ad
confitendum dictorum debitorum solucionem eis factam, aut bonas
litteras Castelleti super hoc reddet conventui predicto; item quod
dictus conventus predicto Petro, pro salario suo, racione administracionis predicte, reddet centum libras Turonensium bonorum.

Dominica in media Quadragesima.

M. Egidius de Remino reportavit.

Philippe IV,
1308.

XCVIII. Super eo quod Beatrix, uxor domini de Turre, cum ipsius autoritate, dum viveret, petebat quod dominus Rex eam reciperet ad homagium et saisinam quarte partis comitatus Ruthenensis, et totius terre quam defunctus nuper comes Ruthenensis, ejus pater, tempore quo decessit, tenebat, plures raciones et consuetudines ad hoc proponendo, et e contra Cecilie, sororis dicte Beatricis et uxoris comitis Armeniaci, cum ipsius auctoritate, procurator plures proponebat raciones et facta, offerens se paratum ea incontinenti probare, et ipso per arrestum curie nostre ad hoc admisso, et super hoc auditoribus sibi datis : Visa igitur inquesta super hoc de mandato curie nostre facta, et viso arresto predicto ac testamento defuncti comitis predicti, per ipsius curie nostre judicium, dictum fuit quod dicta Beatrix seu ejus liberi ad predicta homagium et saisinam non recipientur, salva eis super hoc questione proprietatis et supplemento legittime jure nature debite, si hoc prosequi voluerint ; verumtamen ad homagium et saisinam quarumdam rerum, in quibus dictus comes Ruthenensis eamdem Beatricem in suo testamento heredem instituit, predicti liberi, si hoc pecierint, recipientur, vel alius qui pro ipsis ad hoc fuerit admittendus.

Jovis post Sanctum-Gregorium.

XCIX. Cum dominus Bertrandus de Ruppe-Forti, miles, proponens quod, in inquesta quadam per nostram curiam nuper judicata contra ipsum, ad instanciam prioris Molendini-Pixini, ipse ad proponendum et probandum raciones et defensiones suas non fuerat sufficienter auditus, et, de gracia speciali, dominus Rex concessisset eidem quod iterato super hiis, vocatis partibus, veritas inquireretur : Inquesta igitur super hoc de novo facta ad curiam reportata et visa, per curie nostre judicium, dictum fuit predictum militem nichil probavisse per quod debeat retractari judicatum predictum, immo mandabitur execucioni.

Jovis predicta.

C. Cum ducissa Lothoringie curie nostre conquesta fuisset quod,
post et contra appellacionem ab ipsa ad dominum Regem interpositam a curia d'Audenarde, comitis Flandrie, a quodam judicato,
per homines dicte curie super hoc a dicto comite conjuratos, contra ipsam facto pro fratre Johanne de Bevre, racione castri et terre
de Bevre, dictus comes et ejus curia predicta plura attemptaverant
contra ipsam, in ejus prejudicium et dicte appellacionis sue contemptum, et contra prohibicionem servientis domini Regis habentis
super hoc potestatem, qui, statim post appellacionem predictam, dictam ducissam et ejus bona recepit in garda et protectione domini
Regis, inhibendo eis, ex parte domini Regis, ne aliquid contra ipsam
attemptarent, requirens dicta attemptata omnino revocari, et ad debitum statum reduci ; Facta super hiis certis auditoribus commissione, et inquesta super predictis, vocatis partibus, facta et ad nostram curiam reportata, visa et diligenter examinata, inventum est
sufficienter probatum quod dictus comes et homines dicte curie, ab
eo conjurati, post et contra appellacionem predictam, plura fecerunt
in predicto negocio judicata pro dicto fratre Johanne contra ducissam predictam, videlicet judicando dictum fratrem Johannem contra dictam ducissam lucratum fuisse causam suam ; item, quod reciperetur ad saisinam terre de Bevre ; item, quod saisina dicte terre
deliberaretur eidem ; item, quod, per unam festucam seu virgulam,
fuit de ea investitus, quodque dictus comes vel ejus gentes, de ipsius
mandato, dictum fratrem Johannem posuerunt in saisina dictorum
castri et terre, licet eadem ducissa ibidem haberet et teneret gentes
suas, sicut inventum est per inquestam predictam, quodque quidam
de hominibus dicte curie procuratorem dicte ducisse, ejus negocia
prosequentem, verberaverunt et multas eidem injurias intulerunt
ipsa die qua extitit appellatum ; et idcirco, per curie nostre judicium,
tam dicta judicata quam investitura et missio dicti fratris Johannis
in saisina dictorum castri et terre de Bevre, et quicquid ex eis se-

PHILIPPE IV,
1309.

qutum est, totaliter anullata fuerunt; et dictum fuit quod dictus frater Johannes, alioquin dictus comes, eidem ducisse reddent quicquid
de dictorum castri et terre fructibus, proventibus et exitibus perceptum est seu percipi potuit a tempore appellacionis predicte, et reponetur dicta ducissa, per se vel per gentes suas, in saisina predicta
castri et terre predictorum, et emendabunt dicti injuriatores domino
Regi et procuratori predicto violencias et injurias predictas, eidem
procuratori factas; dictus vero comes et homines dicte curie sue, racione contemptus predicti in prejudicium dicte appellacionis facti,
condignam emendam domino Regi prestabunt.

Jovis post Sanctum-Gregorium.

CI. Ballivo Arvernie. Cum ad instanciam comitis Bolonie mandaverimus inquiri utrum expediret nobis et patrie quod castrum dicti
comitis et castellania Montis-Gasconis, qui, cum ipsorum habitatoribus, hactenus fuerunt de ressorto prepositure Vichiachi pro parte,
et, pro parte, de ressorto prepositurarum Pontis-Castri, Ryomi et Cas-
tri-Guidonis, essent de ressorto prepositure predicte Pontis-Castri, et
utrum hoc, sine alterius prejudicio fieri posset; et nos, visa inquesta
super hoc facta, concesserimus, de gracia speciali, quod dictum
castrum et castellania, cum eorum habitatoribus, sint de ressorto
tantummodo dicte prepositure Pontis-Castri quamdiu nostre placuerit voluntati : Mandamus vobis quatinus predicta faciatis observari firmiter et teneri donec super hoc aliud a nobis receperitis in
mandatis.

Martis post Pascha.

———————

Die Sabbati post festum beati Georgii, anno trecentesimo nono,
pronunciata fuerunt judicata que secuntur apud Cachant (12).

I. Mota controversia inter textores ville Castri-Nanthonis, ex
una parte, et fullones et tincturarios ville ejusdem, ex altera, super

eo quod dicti textores dicebant quod, una cum artificio texture, ipsi
poterant ministerium fullonie et tincture exercere, dictis fullonibus
et tincturariis in contrarium dicentibus : Tandem, inquesta super
hoc de mandato nostro facta visa et diligenter examinata, consideratis eciam aliis que super hoc curiam nostram movere poterant et
debebant, habitaque deliberacione super hoc cum pluribus exper-
tis in artificiis supradictis, per curie nostre judicium, dictum fuit quod
dicti textores predictum ministerium fullonie et tincture una cum
officio texture, et similiter dicti fullones et tincturarii, cum eorum
ministerio, officium texture non poterunt exercere, sed utrique eorum suo ministerio sint contenti.

Sabbato post Sanctum-Georgium.

Creci reportavit.

II. Cum Jacobus de Placentia in nostra curia proposuisset quod,
cum ipse esset et diu fuisset campsor et mercator in nundinis Campanie, et dictas nundinas continue frequentaret, solvens omnes redditus et redebencias quas consueverunt solvere campsores et mercatores dictas nundinas frequentantes, plures de familia magistri
Guillelmi de Monte-Mauri, clerici nostri, racione certi officii, sibi
a nobis per litteras nostras commissi, cum balistis et diversis generibus armorum dictum Jacobum, venientem apud Trecas, prope dictam villam, invaserunt et ceperunt, equum suum eidem abstulerunt,
et super quemdam roncinum, ligatum manibus et pedibus, eum posuerunt, et sic captum per vias et devia ducentes, per septem septimanas vel circiter in diversis prisionibus eum detinuerunt, ita quod
nesciretur ubi ipse esset, requirentem tamen quod in aliqua de prisionibus nostris duceretur, et quod dictus magister Guillelmus, anno
Domini millesimo trecentesimo quinto, vina que habebat dictus Jacobus apud Barram-super-Albam, usque ad valorem trium millium
librarum Turonensis monete tunc currentis, injuste et sine causa
racionabili, terminos sue commissionis excedendo, cepit seu capi fecit, vendidit et distraxit; propter que premissa dicebat dictus Ja-

cobus se in aliis tribus millibus libris dicte monete dampnificatum
fuisse, quas sex mille libras petebat idem Jacobus a dicto magistro
Guillelmo sibi reddi, et ad hoc dictum magistrum Guillelmum,
tamquam officialem nostrum, per nostram curiam condempnari, et
injurias et violencias predictas sibi emendari ; dicto magistro Guillelmo in contrarium pluribus racionibus proponente se non teneri
ad restitutionem premissorum, et dicente quod illud quod ipse dictum Jacobum capi fecerat et de bonis suis et sociorum suorum levaverat, hoc fecerat juste et licite, officium sibi commissum exercendo,
et quod nobis applicaverat bona predicta : Visa igitur inquesta super
hoc de mandato nostro facta et diligenter examinata, confessionibus
parcium, litteris et instrumentis, in modum probacionis ab utraque parte productis, plenius intellectis, attentis facti natura et modo
procedendi in predictis, per curie nostre judicium, dictum fuit quod
predictus magister Guillelmus, tamquam officialis noster, pro valore
dictorum vinorum necnon dampnorum et interesse ipsius Jacobi quatuor millia librarum monete tunc currentis eidem Jacobo, et quingentas libras Turonenses debilis monete, pro injuriis eidem illatis,
ac nobis ducentas libras Turonenses bone monete, pro emenda,
reddet et persolvet; et habebitur racio de illis bonis dicti Jacobi que
dictus magister Guillelmus ostendere poterit se nostris gentibus ap-
plicasse; et, per idem judicium, omnes obligaciones facte per dictum
Jacobum predicto magistro Guillelmo, officiali nostro, vel ejus familie, post dictam ejus capcionem, fuerunt totaliter anullate.

Sabbati predicta.

Roya reportavit.

III. Cum nobis significatum fuisset quod, quamquam episcopus
Nivernensis, cum suis bonis omnibus, sit in nostra gardia speciali, et
comes Nivernensis in parlamento nostro ipsum episcopum et suos de
se et suis assecurasset, ac post dictam assecuracionem gentes predicti
episcopi, auctoritate sua ecclesiastica, tres clericos, in possessione vel
quasi tonsure vel habitus clericalis existentes, pro raptu cujusdam

mulieris in domo episcopali Nivernensi, in qua dictus episcopus et
ejus officialis jurisdictionem suam ecclesiasticam exercere consueverunt, arrestassent et arrestatos tenerent, quia ipsos gentibus dicti comitis eos requirentibus deliberare noluerunt, ipse gentes dicti comitis
per villam Nivernensem publice preconizari et proclamari fecerunt
quod omnes illi de villa, sub pena de la hart, in adjutorium venirent
comitis memorati; qua preconizacione sic ex parte dicti comitis facta,
gentes dicti comitis, congregata multitudine populi Nivernensis, cum
diversis armorum generibus, ante portam domus episcopalis predicte
venerunt, et prepositus noster Senonensis, asserens se, ex parte nostra
et per gentes nostras ad hoc a nobis deputatas ad collectionem et
levacionem decimalis subsidii et annalium ecclesiasticorum beneficiorum nobis ab apostolica sede concessorum, deputatum esse, et de
hoc offerens se facere prumptam fidem, asserens eciam quod, propter
defectum solucionis dicti decimalis subsidii, ipse domum predictam
et omnia bona dicti episcopi ad manum nostram posuerat et tenebat,
eis inhibuit, ex parte nostra, ne aliquid forisfacerent domui predicte
vel bonis dicti episcopi existentibus in illa; et similem inhibicionem
fecerunt eis quatuor de servientibus nostris ad ipsius episcopi et bonorum suorum custodiam ex parte nostra deputati, ostendentes eis
nostras et ballivi nostri Bituricensis litteras super hoc confectas;
qua inhibicione non obstante, dicti comitis gentes, respondentes
quod, propter eorum inhibicionem, nichil facerent, cum multitudine
predicta portas dicte domus violenter fregerunt, ipsamque domum
intraverunt, et, fractis per eos hostiis carceris in quo dicti clerici deti-
nebantur, ipsos extraxerunt ab eo, et ad domum dicti comitis duxerunt, et detinuerunt; nos, de predictis omnibus, veritatem inquiri
mandavimus per certos commissarios nostros, coram quibus dictus
comes ad sui defensionem proposuit plura facta: Visa igitur inquesta
super hiis de mandato nostro facta, visis eciam diligenter omnibus
que dictus comes proponere voluit coram commissariis predictis, per
curie nostre judicium, dictus comes fuit in quatuor millibus librarum
Turonensium nobis pro emenda nostra, et in mille libris Turonen-

sibus dicto episcopo solvendis pro dampnis suis, injuriis et interesse, sentencialiter condempnatus; dictoque episcopo de predictis
clericis resaisito, quia, per commissarios nostros porte dicte domus
episcopalis et hostia dicti carceris, in manu nostra posita, per eamdem
manum nostram refecta fuerunt, dicta manu nostra inde amota, dictum episcopum curia nostra reposuit in saisina in qua, ante violenciam predictam, ipse erat de portis et hostiis supradictis.
 Sabbati predicta.
 Cuillier reportavit.

 IV. Cum, coram certis commissariis deputatis a nobis episcopus
Nivernensis proposuisset quod gentes comitis Nivernensis Perrinum
et Guiotum, ut ipse dicebat, clericos et in possessione clericatus
notorie existentes, ceperant in civitate Nivernensi, in qua, de jure
communi, cognicio et punicio clericorum delinquencium ad ipsum
episcopum spectat, et quod dicte gentes comitis predicti, per officialem Nivernensem et vicarium dicti episcopi monite ut dictos Perrinum
et Guiotum, tamquam clericos, eis redderent, noluerunt eos reddere, cumque quidam servientes nostri, ex parte nostra, eisdem comitis gentibus inhibuissent ne dictos P. et G. alibi transferrent, post
eciam similem inhibicionem, ex parte vicarii dicti episcopi, eis factam,
predicte gentes dicti comitis eosdem apud Danziacum, extra dioce-
sim Nivernensem transtulerunt; dictusque comes, per vicarium dicti
episcopi apud Danziacum requisitus quod dictos P. et G. restitueret
eidem, eos restituere noluit, sed eos in tormentis poni fecit, et, post
multa tormentorum genera, eosdem trahi et suspendi fecit; asseruis-
set eciam coram commissariis predictis quod quidam serviens summi
pontificis fuerat in quadam ecclesia apud Nivernum per gentes dicti
comitis captus et ab eadem ecclesia violenter, frangendo ecclesie
inmunitatem, extractus, peciissetque predicta emendari, dicto comite plura ad sui defensionem e contrario proponente, et inter alia
dicente quod dicti P. et G. layci erant et uxorati et mercatores, et
absque habitu clericali et possessione tonsure deprehensi, qui eciam

PHILIPPE IV,
1809.

notorie pro laycis et burgensibus dicti comitis se gerebant, quodque dicti servientes non habebant potestatem dictam inhibicionem
faciendi nec eciam sergentandi ibidem, extractionem dicti servientis
ab ecclesia et fractionem inmunitatis dicte ecclesie negando : Visa
igitur inquesta super hiis de mandato nostro facta, visis eciam omnibus que utraque pars proponere voluit, dictus comes, per curie nostre
judicium, fuit a predictis, quantum ad ipsam curiam nostram pertinet, absolutus.

　　Sabbati predicta.

　　Cuillier reportavit.

　　V. Cum inter Guillelmum de Marolio, presbyterum, ex una parte,
et Rostagnum de Biterris, clericum, ex altera, racione capelle Sancti-
Salvatoris de Sumidrio, cujus collacio ad nos noscitur pertinere, racione violencie amovende, que, per potenciam gencium nostrarum,
dicebatur ibidem factam fuisse, mota fuisset questio coram inquisitoribus a nobis in senescallia Belli-Cadri deputatis, ipsique, vocatis
partibus et auditis, sentencialiter pronunciassent dictum Guillelmum
in saisina dicte capelle esse defendendum, et dictam violenciam
amoveri debere; postmodum idem Rostagnus a predicta sentencia ad
nostram curiam, Parisius, appellavit; nos vero, ad instanciam dicti
Rostagni, predictam causam appellacionis dilecto et fideli nostro
episcopo Magalonensi, quantum ad curiam nostram pertinet, commisimus audiendam, et sine debito terminandam, ita tamen quod, si
aliqua dubia vel obscura forsan super hoc emergerent, curie nostre,
Parisius, illa rescriberet per eandem curiam interpretanda et plenius
declaranda; quiquidem episcopus officiali suo, juxta traditam sibi formam, causam hujusmodi audiendam commisit; coram quo partes predicte, sicut accepimus processerunt, in quibus processibus a partibus
concluso ita quod in dicto negocio non restabat nisi sentencia pro-
ferenda, idem judex, propter quedam dubia et obscura que ibidem
emerserunt, juxta tenorem commissionis super hoc per nos facte,
predictum negocium remisit ad nostram curiam sub suo sigillo inter-

clusum, assignata per eum die certa partibus predictis in presenti parlamento ad ordinacionem nostre curie super hoc audiendam : Tandem, per curiam nostram inspectis dictis processibus per dictos inquisitores et officialem factis, auditis eciam racionibus et defensionibus parcium et aliis que dicte partes, ad dictam diem comparentes, in judicio proponere voluerunt, visis eciam quibusdam litteris, munimentis et instrumentis super hoc exhibitis, per curie nostre judicium, declaratum et dictum fuit dictum Guillelmum in saisina dicte capelle esse tenendum et defendendum.

Sabbati predicta.

M. R. de Foresta reportavit.

VI. Cum propter suspicionem mortis Bertaudi Peloart Guillelmus l'Apostre captus et incarceratus fuisset, tandem, auditis ejus defensionibus, et inquesta super hoc, de mandato nostro, per ballivum Silvanectensem, vocatis evocandis, facta, visa et diligenter examinata, idem Guillelmus, super morte dicti Bertaudi et super crimine predicto contra ipsum denunciato, per curie nostre judicium, fuit sentencialiter absolutus.

Jovis ante Ramos Palmarum, anno trecentesimo octavo.

Non habui processum.

VII. Ce sont ceus que mes sires Dreues de Mello a baillez pleges de sa recreance pour recor de prison.

Premierement, le connestable. — Le conte de Roucy. — Maistre Jehan d'Aussais, chantre d'Orliens. — Le seigneur de Saint-Verain et le seigneur de Chambli.

Et Erarz, li sires de Saint-Verain, donne pleges de sa recreance, pour recour de prison, touz ceus qui sont nommé par desus et monseigneur Pierre de Fontenay avec euls.

Ce fut fait à Cachant, le xiv⁰ jour d'avril, l'an mil trois cent neuf, à heure de vespres, ou prael.

M. P. de Albigniaco michi reportavit.

VIII. Cum ad curiam nostram Biterrensem pervenisset quod Raymundus Gasaudi, Guiardus de Almis, consules castri de Roiano, cum pluribus aliis habitatoribus dicti castri sibi associatis, habito consilio et tractatu cum consiliariis dicti castri, ausu temerario, ad quamdam possessionem seu honorem Bernardi de Caslari, sitam in territorio dicti castri, accesserunt, et ibidem quamplures arbores fructiferas et non fructiferas, quas dicebant cheminum publicum impedire, tam cum cutellessis quam aliis pluribus et diversis armaturis, scinderunt et secùm portaverunt, in grande prejudicium et jacturam dicti B., ipso inscio et ignorante, necnon in contemptum nostre regie potestatis, cum istud ad officium nostre justicie pertineret; super quibus curia nostra predicta, seu judex noster Biterrensis ex officio suo inquisivit; qui judex, procuratore nostro presente pro nobis, ex una parte, et eciam dictis consulibus presentibus, ex altera, visis et diligenter inspectis tocius inqueste super hoc facte meritis, dictos consules, et, per eos universitatem dicti loci, in triginta libris Turonensibus fortis monete, nobis, pro emenda, et dicto B., pro dampnis suis, in triginta solidis Turonensibus sentencialiter condempnavit; a qua sentencia dicti consules ad senescallum Carcassone appellarunt; qui senescallus, in causa dicte appellacionis procedens, pronunciavit dictum judicem Biterrensem, quantum ad dictos triginta solidos, bene pronunciasse, et dictos consules male appellasse; et, quia sibi visum fuit quod dictus judex, in minori summa nobis, pro emenda, condempnaverat dictos consules quam deberet, in centum libris Turonensibus dandis et solvendis nobis eosdem comdempnavit, sentenciam predicti judicis in septuaginta dumtaxat libris augmentando; a qua quidem sentencia dicti consules ad nostram audienciam appellarunt: In quá causa appellacionis, visis per curiam nostram processibus supradictis, habita deliberacione quod nec ad dictos consules nec ad carrerarios per eos electos, nisi de licencia superioris, immo solum ad nos seu ad nostros officiales nomine nostro, incisio seu amocio rerum iter publicum impediencium dinoscitur pertinere, que licencia superioris per dictos consules legittime probata non extitit, per curie nostre judicium, dictum fuit predictum judicem Biterrensem in causa principali bene et legittime pronunciasse, et dictos consules ab eo male appellasse, sentenciam senescalli nostri Carcassone in dicta causa appellacionis in septuaginta dumtaxat libris anullando.

Sabbati post Sanctum-Georgium.

M. H. de Saucto-Paulo reportavit.

IX. Cum in curia nostra Albie denunciatum fuisset quod quidam homines de Lautrico et Lautrigesio, et quidam homines de Vrugneria et de Veteri-Muro, multos excessus committendo, indebite arma portassent in loco vocato de Screvolz, judex major senescallie Carcassone, virtute commissionis sibi facte per dilectos et fideles clericos nostros, magistros Johannem de Auxeyo, cantorem Aurelianensem, et Nicolaum de Lusarchiis, tunc prepositum de Anverso, ad partes illas, ex parte nostra, pro reformacione patrie destinatos, ipsos homines singulariter in certis pecunie summis condempnavit; qui homines super hoc ad prefatos clericos nostros, vel ad eum ad quem de jure esset appellandum, appellaverunt, et ipsi nostri clerici causam dicte appellacionis judici ordinario Carcassone commiserunt; qui judex, de causa dicte appellacionis cognoscens, sentenciam primi judicis confirmavit, quantum ad homines de Lautrico, et, quantum ad homines de Lautrigesio et de aliis locis, in quartam partem diminuens dictam condempnacionem, eandem in reliquo confirmavit; a qua sentencia prefati homines ad nos appellarunt, in quantum prima sentencia extitit confirmata; in quantum vero de sentencia primi judicis fuit per judicem appellacionum detractum, procurator noster ad nos similiter appellavit : Visis igitur processibus antedictis, de consensu parcium predictarum et dicti procuratoris nostri, et auditis hinc inde propositis, tam ex parte nostra quam ex parte hominum predictorum, per curie nostre judicium, dictum fuit predictum judicem dicte cause principalis male pronunciasse, et bene appellatum fuisse per homines supradictos, ac judicem predictum dicte cause appellacionis, in quan-

Philippe IV,
1309.

tum primi judicis sentenciam confirmavit, male pronunciasse, et
super hoc bene appellatum fuisse; quantum vero de dicta sentencia
principali detraxit, bene sentenciasse, et male per procuratorem
nostrum appellatum fuisse, prefatos homines a predictis contra ipsos
denunciatis, prout in dictis processibus continetur, sentencialiter
absolventes.

Sabbati post Sanctum-Georgium.

M. P. de Arreblayo reportavit.

X. Lite mota inter procuratorem nostrum in ballivia Matisconensi, pro nobis, ex una parte, et comitem Forensem et ejus officiales
Montis-Brisonis, ac burgenses et alios habitatores dicte ville inferius
nominatos, ex altera, coram ballivo nostro Matisconensi, super eo
quod proponebat dictus procurator noster contra predictos quod, cum
Jacobus Albi, clericus et cancellarius noster in ballivia Matisconensi,
et Stephanus Galinardi, castellanus noster Kari-Loci, ex parte nostra,
apud Montem-Brisonis, pro levanda debita nobis subvencione novissima focorum, nostro nomine, ab hominibus dicte ville, accessissent,
injunxissentque eisdem, ex parte nostra, virtute commissionis a ballivo nostro Matisconensi super hos sibi facte, de qua fidem fecerunt
coram eis, ut nomina focorum dicte ville eis traderent, et ut dictam
subvencionem taxarent et levarent; qui responderunt, pluribus deli-
berationibus super hoc habitis, quod dicta subvencio non erat nostra,
et quod ipsi nec alius dictam subvencionem levarent ibidem; propter
quod dicti castellanus et cancellarius de predictis hominibus usque
ad quadraginta arrestarunt in domo Johannis du-Mas donec ipsi premissa petita ab eis fecissent, et eos fecerunt arrestatos teneri per
duos servientes nostros; qui, sic arrestati, arrestum predictum fregerunt, et demum domibus et operatoriis eorumdem, propter hoc
sigillatis per servientes nostros, ipsi eas desigillaverunt et sigilla fregerunt, ac hostia et operatoria sua intraverunt; cumque dicti cancellarius et castellanus gagiassent seu gagiari fecissent, occasione sub-
ventionis supradicte, Michaelem Barberii de uno tapiceto, dictus

Philippe IV, 1309.

Michael dixit eisdem , « Fils à putain , ribauz, vous avez pris tel gaige « qui vous fera perdre les autres ; » et tunc ejus filius abstulit eis dictum tapicerium, ac unum de servientibus nostris percussit in pectore, et tunc, villa excitata, in dictos servientes irruerunt cum gladiis, et eos usque ad hospicium fugaverunt, et stabulum hospicii, in quo erant hospitati dicti cancellarius et castellanus, fregerunt, et duos equos et duas equas, captos ab eisdem pro pignoribus, extraxerunt, et quod dictum castellanum, prohibentem eisdem, ex parte nostra, ne talia committerent, per cheveciam ceperunt, gladiis evaginatis, clamantes, « Chastelain à la mort! tu n'en puez aler ; » dictumque castellanum cum gladiis et fustibus per suum hospicium fugaverunt, clamantes, « Feisons flandres commidre, » et hostium unius camere supra ipsum fregerunt, et gagia capta per gentes nostras per fenestras projecerunt, ac vestes et res alias eorumdem secum detulerunt, et Hugonem Jocerandi, tabellionem nostrum, et unum de famulis eorum, atrociter vulneraverunt ; adque premissa servientes dicte ville, gladiis evaginatis, presentes interfuerunt, et multa alia vituperia eis intulerunt ; que premissa dictus comes dicebatur advoasse, dicto comite et procuratore hominum predictorum contrarium asserente. Super premissis igitur per ballivum nostrum Matisconensem et ejus commissarios, vocatis partibus auditisque racionibus predictarum parcium hinc et inde, inquisita plenius veritate, et inquesta super hiis facta curie nostre a partibus ad judicandum tradita, visa et diligenter inspecta, quia infrascripti inventi sunt inobedientes et rebelles gentibus nostris fuisse, et occasionem dedisse plebeiis premissa faciendi, per curie nostre judicium, dictum fuit quod predicti rebelles, inobedientes et delinquentes solvent nobis, pro emenda nostra, racione premissorum, quinque millia librarum Turonensium bonorum, secundum distribucionem inter eos, autoritate nostra, faciendam ; et, quia inventum est Michaelem Barberium, prepositum dicte ville, fuisse inicium et prebuisse causam in excessibus supradictis ; item, dictum Livrail, Jaquinetum Karail, Petrum Anglici, servientes dicte ville, presentes interfuisse in premissis, ab

46.

omni officio publico obtento et obtinendo in regno nostro, una cum pena predicta, per idem judicium, perpetuo privati fuerunt; et cum hoc dictus Michael et dictus Jacquinetus, qui manus injecit in unum de dictis servientibus, ac Bartholomeus, filius dicti Michaelis, qui manus injecit in alium de servientibus predictis, necnon Andreas, filius Johannis Hodebert, qui cepit castellanum per guttur, per dimidium annum incarcerati tenebuntur, una cum Symone Boant, qui duxit malefactores post se ad domum cancellarii et castellani predictorum; dictusque Petrus Anglici, Galterus Codurarii, dictus Bantons, dictus Vircoé, per tres menses incarcerati tenebuntur; nec per hoc a pena predicta pecuniaria erunt relevati; si autem de aliis reperiantur aliqui non [idonei] solvendo, pena civili alias punientur; et, super ceteris prenominatis, recuperabitur summa que esset ab eis, propter hoc, levanda; item, dictum fuit quod dictus Andreas, filius Hodebert, et ejus mater solvent dicto castellano trigenta libras Turonenses, pro injuria sibi facta, ac Bartholomeus Barberii, viginti libras Hugoni de la Chasegoni, servienti nostro, percusso; item, omnes prenominati tenebuntur solvere viginti libras Turonenses Petro Marchant, famulo dicti cancellarii, pro vulnere sibi facto; predictum vero comitem ab hiis que sibi super hoc imponebantur curia nostra absolvit.

Sequitur nomina condempnatorum.

Primo, nomina adjornatorum qui arrestati fuerunt et fregerunt arrestum

Johannes Ogerii; — Dictus Arrinac du Vernay; — Johannes Hodebert; — Robertus Chenevachier; — Mellinus de Mellins; — Thomas de Martilleu; — Matheus Basterii; — Petrus Basterii; — Johannes Mareillier; — Martinus Nutiees; — Dictus Taillefer; — Symon Boant; — Vincencius Dorerii; — Durandus Alaisons; — Dictus Machiterra; — Aymo Barberii; — Petrus Ypothecarii; — Guillelmus le Tachiers; — Dictus Terrins; — Miserius Oliverii; — Stephanus Faber; — Petrus Vincencii; — Petrus du Cros; — Symon de Vaures; — Michael Barberii; — Petrus Puis; — Philippus Rogier; — Hubertus Alaisons;

— Remondus Fromages; — Martinus Cronelli; — Johannes de Curraise; — Robertus Alaisons; — Johannes Lardiers; — Matheus Chavillon; — Bernardus de Curraye; — Matheus de la Rue; — Matheus Sapientis; — Gauterus Cordarii; — Durandus Avernes.

Nomina illorum qui intraverunt operatoria et domos, postquam fuerunt sigilla ex parte rectoris apposita.

Johannes Ogerii; — Dictus Arrinac du Vernay; — Johannes Hodebert; — Robertus Chenevachiers; — Thomas de Marcillier; — Symon Boant; — Petrus Ypothecarii; — Petrus Vincencii; — Aymo Barberii; — Petrus du Cros; — Stephanus Nutiees; — Mellinus de Mellins; — Martinus Cronelli; — Johannes Lardiers.

Nomina illorum qui intraverunt domum, et ceperunt pignora.

Galterus Codurarii; — Symon Boant; — Jaquinetus Karail, qui corsetum et garnarchas cancellarii cepit, et P. Marchant, famulum dicti cancellarii, vulneravit; — Germens Castelli, Montis-Brisonis; — Petrus Anglici serviens; — Dictus Livrail.

Nomina illorum qui fregerunt stabulum, et ceperunt cancellarium per cheveceyam, et rapuerunt duos equos et duas equas, captos pro pignoribus.

Andreas, filius Johannis Hodebert; — Uxor Johannis Hodebert; — Dictus Bontons; — Dictus Virecoe, faber.

Nomina illorum qui fuerunt causa insultus.

Michael Barberius, qui dixit servienti Regis « Filz à putain, ribaut, « tu as pris un gage qui te fera perdre les autres. »

Bartholomeus ejus filius, qui rescussit pignus et percussit servientem.

Et, ad faciendam execucionem dicte condempnacionis et distribucionem predictam, fiet commissio dilectis magistro P. de Cabilone, clerico et procuratori Matisconensi, et Bartholomeo Chevrier, civi Lugdunensi, scancioni nostris; quibus committetur quod ipsi, secundum dicti judicati formam, et consideratis facultatibus dictorum condempnatorum, et instructione quam per cameram habuerunt, qui magis et qui minus deliquerunt in predictis, super hiis previa racione procedant.

Sabbati post Sanctum-Georgium.

Creci reportavit.

XI. Cum procurator noster senescallie Petragoricensis et Lambertus Porte, ac nonnulli alii cives et habitatores ville Petragoricensis, coram nobis proposuissent quod, cum olim certus modus et certa forma, communitati dicte ville utilis et expediens, fuissent in creandis, anno quolibet, majore et consulibus dicte ville, eciam ab antiquo inter eos communiter et pacifice observata, videlicet quod, finito tempore unius anni, congregabantur in consulatu seu in domo communi dicte ville major et consules, et per ipsos convocabantur ad hoc sollempniter et publice cum tubis omnes populares dicte ville, et eis ibidem sic convocatis, major et consules predicti dimittebant totum posse suum popularibus predictis, retento sibi, de voluntate popularium predictorum, quod eligerent quatuor, non ex se ipsis sed ex aliis popularibus seu civibus dicte ville, juramento ad sancta Dei Ewangelia corporaliter prestito quod, omni favore et odio depositis, illos quatuor quos ydoneiores et utiliores ad hoc crederent, pro posse suo eligerent; qui quatuor, sic per ipsos electi, jurabant, in presencia tocius populi, quod octo probos viros ad hoc ydoneos et non suspectos, omni favore deposito, assumerent et eligerent de communitate predicta, rejectis semper majore et consulibus illius anni; qui octo viri, per dictos quatuor sic electi, jurabant, in presencia tocius populi, quod majorem et consules eligerent et assumerent, pro eorum posse, utiliores communitati predicte, omni favore et odio depositis, et inspecto quod, ex electione ipsorum, dictis electoribus nullum particulare commodum seu avantagium quereretur, sed considerarent quod expediens utilitati dicte ville eis videretur; dicti vero octo per hunc modum sic electi, majorem et consules, pensata in omnibus utilitate

PHILIPPE IV,
1309.

dicte ville, pro posse suo, eligebant, per quos communitas dicte ville juste et sine fraude regi debebat, et per eos regebatur; deinde vero, a tempore sex annorum vel novem citra aut circiter, major et consules qui a dicto tempore fuerunt citra, obmisso penitus antiquo et approbato modo utili communitati et rei publice ville predicte, particularem magis quam communem circa hoc utilitatem respicientes, alium novum modum eligendi majorem et consules inter se invenerunt, ac eciam, ut alios cives et habitatores dicte ville gravare possent et super eos dominari, inter se fraudulenter et dolose ordinarunt, videlicet quod, longe ante tempus deposicionis sui officii, alibi quam in dicto loco communi ad hoc antiquitus consueto se invicem clamdestine congregabant, et ibidem, communitatem predictam dolose decipiendo, secrete ordinabant illos quatuor quos debebant ad eligendum alios octo deputare, tales qui eorum sequerentur, in eligendo ceteros octo, in omnibus voluntatem; et illis quatuor inter se sic ordinatis et electis, mittebant pro ipsis, et eos ad se venire faciebant et jurare quod octo certos viros, per eos sibi expresse nominatos seu in scriptis traditos, eligerent ad nominacionem suam predictam; quibus octo hominibus ad nominacionem eorum, per dictos quatuor sic electis, jurare similiter faciebant quod ipsi octo certas personas quas dicti consules secrete inter se eligebant et ordinabant, videlicet quilibet eorum unum de consanguineis vel amicis suis, in majorem et consules anni futuri assumerent ad nominacionem eorum et eligerent, prout inter ipsos extiterat ordinatum; qui quidem octo sic jurati, majorem et consules a dicto tempore citra, ad nominacionem predictam eligebant, non inspecto quod dicti sic electi inutiles essent et minus ydonei communitati ville predicte et dampnosi; et sic a dicto tempore citra per tales conspiraciones illicitas et harellas reprobatas, eciam juramento vallatas, consulatum et administracionem dicte ville inter se per circuitum tenuerunt et eciam habuerunt, dictos cives et communitatem predictos fraudulenter et dolose decipiendo, pluresque sumptus et expensas communitati dicte ville inutiles et dampnosas de bonis communitatis predicte, per eorum factum et culpam, indebite fecerunt, et alias in administracione sua multis modis delinquerunt; dictam communitatem, multis modis, per eorum malam administracionem, dampnificando; quodque Helyam Lesclacha., Petrum Garriera et Helyam Rigaldi, servientes nostros, auctoritate propria, indebite ceperunt et suo carceri viliter manciparunt; item quod, eo tempore quo Petrus Martini se gerebat pro majore dicte ville, ipse, una cum quibusdam suis consulibus et aliis eorum complicibus dicte ville, quorum nomina inferius continentur, post et contra inhibicionem, dicto majori et consulibus, per bajulum nostrum Petragoricensem, de mandato nostro, factam, ne dicto Lamberto Porte, burgensi Petragoricensi, aliquam injuriam seu indebitam novitatem facerent, et post et contra appellacionem seu provocacionem per ipsum Lambertum ab ipso majore et ejus creacione et contra ipsum ad nos, seu ad senescallum nostrum Petragoricensem, factam et eis sufficienter insinuatam, ipsoque Lamberto, per dictum bajulum nostrum sub protectione nostra jam recepto, eundem Lambertum, violenter et turpiter pulsando et ad terram ipsum prosternendo, ac usque ad effusionem sanguinis verberando et male tractando, violenter ceperunt, et captum ad domum consulatus Petragoricensis duxerunt; non obstante quod, ante capcionem et in ipsa capcione et post, ad nos seu senescallum nostrum predictum appellasset seu provocasset, immo quanto plus ad nos appellabat, tanto vilius per ipsos ducebatur, presertim dum prefatum Lambertum, ad nos seu ad dictum senescallum nostrum alta voce appellantem, captum ad domum dicti consulatus ducerent, quidam servientes nostri eisdem majori et consulibus obviarunt, ac ipsis, auctoritate nostra, inhibuerunt ne dictum Lambertum, appellantem ad nos, ulterius ducerent, et precipiendo eis quod ipsum eisdem redderent et liberarent. Qui major et consules dictis servientibus in aliquo obedire noluerunt, necnon dictum Lambertum, sic captum et intra portas dicti consulatus violenter intrusum, injuriose ad pedem cujusdam scale iterum ad terram prostraverunt, ipsumque, invitum et renitentem, et ad nos seu senescallum nostrum reclamantem et appellantem, dictam scalam ipso invito fecerunt ascendere, et domum dicti consulatus intrare, et, post dictas capcionem et intrusionem in domum consulatus predicti, ipsum appellantem verberaverunt et graviter vulneraverunt; quinimmo dictis majore et consulibus una cum suis complicibus predictis in dicta domo consulatus adhuc existentibus et reclusis, statim post capcionem et intrusionem predictas, per bajulum nostrum requisiti fuerunt pluries et cum instancia quod portas dicti consulatus, quas clausas tenebant, sibi auctoritate nostra aperirent, et quod dictum Lambertum, post et contra appellacionem seu provocacionem ad nos seu senescallum nostrum interpositam, captum et per ipsos incarceratum, sibi traderent ac eciam liberarent; qui major et consules dicto bajulo nostro obedire contempserunt. Item, cum post predicta, eadem die et statim, prefatus bajulus noster, Petrum Medici, ac Petrum Martini, majorem, propter predictos excessus, violencias et inobediencias, in dicta villa arrestasset et cepisset, ac ipsos arrestatos et captos ad nostrum carcerem secum ducere nisus fuisset, auctoritate nostra eisdem precipiendo et injungendo ut secum ad nostrum carcerem venirent, dicti Petrus Martini et Petrus Medici obedire eidem noluerunt, immo de ejus manibus violenter se rescusserunt, et insuper nonnullas alias inobediencias contra nos et officiales nostros pluries et indebite commiserunt, propter quas pixides seu boistias communes dicte ville, in quibus pecunia communis dicte ville reponi consuevit, ad manum nostram posuimus, quam manum nostram dicti major et consules cum instancia petebant amoveri; procuratore nostro et aliis civibus et popularibus supradictis contradicentibus et multipliciter se opponentibus ex adverso; tandem, super premissis auditis dictis partibus, per curiam nostram extitit ordinatum quod super predictis veritas plenius inquireretur et nobis seu curie nostre referretur: Inquesta igitur super premissis, et auditis racionibus et defensionibus, parcium predictarum, de mandato nostro facta, visa et diligenter examinata, quia, per testes fide dignos, repertum est dictos majorem et consules, qui a dicto tempore citra fuerunt in villa predicta, una cum suis complicibus et confederatis et aliis quorum

PHILIPPE IV,
1309.

nomina inferius continentur, premissa commisisse, per judicium curie nostre dictum fuit quod omnimoda jurisdictio dicte ville in manu nostra tenebitur, et remanebit, quamdiu nostre placuerit voluntati, et quod nichilominus interim cives et alii habitatores dicte ville, anno quolibet, majorem et consules, vel consules tantum, si eis videatur expedire, secundum modum antiquum, in concordia poterunt eligere, et electos concorditer ab ipsis senescallo nostro presentabunt, qui presentati majoriam et consulatum administrabunt prout antiquitus extitit consuetum. Preterea porte domus dicti consulatus, que fuerunt clause, nec ad mandatum nostri bajuli fuerunt apperte, destruentur et comburentur, et ita sine portis remanebit dicta domus, quamdiu nostre placuerit voluntati; et, per idem judicium, prefati majores et consules qui a dicto tempore citra fuerunt in villa predicta, una cum liberis eorumdem usque in terciam generacionem, ab omni officio majorie et consulatus sunt privati, et, cum hoc, predicti majores et consules quondam, et cetere persone quorum nomina subsequntur, solvent nobis, pro emenda, sex millia librarum Turonensium bonorum, et dicto Lamberto Porte, pro suis injuriis et dampnis, mille libras Turonenses, per modum qui sequitur imponendas et levandas ab eisdem, videlicet:

Petrus Martini, nobis, quadringentas et viginti libras, et dicto Lamberto, trecentas libras.

Petrus Medici, nobis, centum et quadraginta libras, et dicto Lamberto, quinquaginta libras.

Guillelmus Chatnelli, nobis, centum et viginti libras, et dicto Lamberto, quinquaginta libras.

Oliverius de Blanqueto, nobis, centum et viginti libras, et dicto Lamberto, quinquaginta libras.

Helyas Seghuin, nobis, quadringentas et octoginta libras, et dicto Lamberto, ducentas et sexaginta libras.

Petrus Bulfarina, senior, nobis, ducentas et quadraginta libras, et dicto Lamberto, centum et quinquaginta libras.

Philippe IV,
1309.

Stephanus de Salis, nobis, centum et quinquaginta libras, et dicto Lamberto, centum libras.

Helyas de Tort, nobis, quatuor et viginti libras, et dicto Lamberto, viginti libras.

Petrus de Capella, nobis, quatuor et viginti libras, et dicto Lamberto, viginti libras.

Isti precedentes interfuerunt capcioni et violenciis illatis dicto Lamberto Porte.

Guillelmus de Verdu, nobis, quadringentas et viginti libras.

Gerardus de Manso, sex et triginta libras.

Helyas de la Greliera, nonaginta libras.

Helyas de Agonaco, octo et quadraginta libras.

Arnaldus de Brossilho, quatuor et viginti libras.

Petrus Fabri, sexaginta libras.

Remundus de Cavo-Monte, quatuor et viginti libras.

Laurencius Porte, trecentas et sexaginta libras.

Pasculphus de Martino, quingentas et quadraginta libras.

Bernardus Coronat, centum et viginti libras.

Arnaldus de Polhischier, ducentas et quadraginta libras.

Johannes Lostelier, centum et octoginta libras.

Ademarus de la Chanse, triginta libras.

Guillelmus de le Malfre, octodecim libras.

Gerardus de Sancto-Asterio, triginta libras.

Petrus Peschier, octo et quadraginta libras.

Petrus Passenghien, sex et triginta libras.

Stephanus de Ruppe, ducentas et quadraginta libras.

Geraldus de Gaudin, sexaginta libras.

Petrus Garrelli, sexaginta libras.

Stephanus de Blanqueto, quadringentas et viginti sex libras.

Johannes de Agonaco, sex et triginta libras.

Johannes de Meloya, centum et quinquaginta libras.

Helyas Barrau sex et triginta libras.

Yterius de Beulaya, centum et viginti libras.

Petrus, filius Stephani de Armanhaco, quatuor et viginti libras.

Helyas de Charos, centum et octoginta libras.

Johannes de Magistro-Jacobo, sex et triginta libras.

Fronto de Gelat, trecentas libras.

B. Bona Boucha, centum et viginti libras.

Geraldus Despelrich, centum et viginti libras.

Guido de Geraudo de las Salinarias, nonaginta libras.

Sabbati post Sanctum-Georgium.

M. R. de Thibotot reportavit.

XII. Cum denunciatum fuisset curie senescalli Petragoricensis contra Gaufridum de Ponte, quod ipse, seu gentes sue, cum multitudine, tam equitum quam peditum, centum et plurium numero armatorum, more hostili, et contra pacis statuta, venerat in parrochia d'Ayvigas, et quemdam hominem, suspensum in furcis justiciariis dicte parrochie per gentes vicecomitis Turenne, dispendi fecit, et resuspendi in furcis patibularibus in honore castri de Caslucio dicti Gaufridi; et cum dictus suspensus fuisset, per gentes vicecomitis predicti, de dictis furcis de Caslucio extractus, et iterato in furcis primis resuspensus, idem Gaufridus seu gentes sue, congregata multitudine centum viginti et plurium armatorum, tam peditum quam equitum, ad dictam parrochiam d'Ayvigas accedentes, furcas predictas in dicta parrochia erectas diruerunt, et predictum suspensum, positum tunc in manu Regis, secum asportantes, in furcis predictis de Caslucio resuspendi fecerunt, multos alios excessus graviter committendo : Super predictis excessibus auditis defensionibus prefati Gaufridi, inquesta facta et per curiam nostram visa et diligenter examinata, quia predicti excessus per dictam inquestam reperti fuerunt sufficienter probati; item et quod dicte furce in parrochia d'Ayvigas erant in jurisdictione dicti vicecomitis Turenne, per judicium nostre curie, fuit dictum quod idem Gaufridus solvet nobis mille libras Turonenses, pro emenda, et quod dictas furchas in parrochia d'Ayvigas, per gentes suas destructas, de novo ibi erigi faciet et reponi, et

ipsas furcas de dicto suspenso, prout melius fieri poterit, resaisiri.
Sabbati predicta.

M. Yvo de Laudunaco reportavit.

XIII. Item, cum denunciatum fuisset curie senescalli Petragoricensis quod Girbertus de Taminis duos bannitos nostros, vocatos Guillelmium et Raymundum Adobit, receptaverat in castro de Caslucio, Gaufridi de Ponte, et quod bajulo nostro de Serlato, eosdem bannitos, qui se in quadam domo de Caslucio intruserant, insequente, et ipsos, cum carrellis et sagittis se defendentes, capere cum suis servientibus et totis viribus innittente, dictus Girbertus, predictum hospicium intrans, dictos bannitos extra predictum hospicium captos et ligatos secum duxit; et, cum idem bajulus regius eosdem bannitos, ex parte nostra, sibi reddi per dictum Girbertum requireret, eosdem bannitos nichilominus, ex parte nostra, arrestando et propriis manibus capiendo, idem Girbertus ipsos bannitos eidem bajulo restituere et reddere denegavit, nec permisit quod idem bajulus illos bannitos secum duceret ad carcerem nostrum, prefatusque bajulus, cum tunc non potuisset dictos bannitos secum ducere, eidem Girberto eos sub manu Regia custodiendos arrestatos tradidit in commanda, donec per senescallum Petragoricensem vel gentes nostras idem Girbertus esset requisitus super restitucione eorumdem; et deinde cum denunciatum fuisset predicte curie, contra dictum Gaufridum, quod ipse, post predicta facta per dictum Girbertum, predictos Guillelmum et Raymundum, bannitos, receptaverat in suo castro de Monte-Forti, et quod ipsos bannitos, post requisicionem factam eidem per gentes nostras super restitucione ipsorum eisdem gentibus nostris facienda, abire permisit: Super predictis denunciatis, auditis ejusdem Gaufridi defensionibus, factis inquestis et per nostram curiam diligenter visis, quia inventum fuit per dictas inquestas quod dicta denunciata sufficienter fuerunt probata, et quod dictus Gaufridus omnia facta per dictum Girbertum, ut premittitur, tamquam per locum tenentem suum et nomine ipsius Gaufridi facta, advoavit, totum onus in se suscipiens de predictis, eundem Girbertum in quantum poterat super hiis liberando, per judicium curie nostre, dictus Gaufridus omnimoda justicia alta castrorum predictorum de Caslucio et de Monte-Forti privatus fuit, et predicta justicia dictorum castrorum nobis, per idem judicium, extitit applicata, et nichilominus dictum fuit quod parte principales dicti castri de Monte-Forti destruentur et comburentur, nec de cetero porte ibi reponentur absque nostra licencia speciali : poterit tamen fieri ibidem clausura de spinis.

Sabbati predicta.

M. Yvo de Laudunaco reportavit.

XIV. Item, cum denunciatum fuisset curie senescalli Petragoricensis quod vicecomes Turenne, seu gentes sue, cum multitudine armatorum cum armis prohibitis incedentes per terram nostram, et euntes ad furcas castri de Caslucio Gaufridi de Ponte, quemdam hominem suspensum in dictis furcis dispenderunt et secum asportaverunt : Super predictis, auditis defensionibus dicti vicecomitis, inquesta facta et per curiam nostram diligenter examinata, per judicium nostre curie, dictum fuit quod dictus vicecomes, pro facto predicto, solvet nobis centum libras Turonenses pro emenda.

Sabbati predicta.

M. Yvo de Laudunaco reportavit.

XV. Cum Richardus de Roquele, miles, senescallus Pontivi, nobis exposuisset quod, cum ipse, nomine comitis Pontivi, ex justis et sufficientibus causis, officium et statum majorie et scabinatus ville de Abbatis-Villa ad manum suam posuisset, et, post hoc, ad instanciam magistrorum ministeriorum communie dicte ville, posuisset administratorem in officio supradicto, major et scabini dicte ville eisdem administratori et senescallo parere, non sine rebellione nota, indebite contempnentes suspensum sibi officium, asserentes se contra ipsum senescallum et a sua curia ad nostram curiam appellasse, de facto exercere presumpserunt, propter quod idem senescallus majo-

rem et scabinos hujusmodi ceperat, et captos in sua prisione detinebat, et quod dicti major et scabini, pretextu dicte appellacionis,
per prepositum nostrum Sancti-Riquerii, sua seu ballivi nostri Ambianensis auctoritate, in facto hujusmodi procedentes, procuraverunt
se a dicti senescalli prisione extrahi, et in majorie et scabinatus pre-
suspensa sibi administratione reponi, et quod dictus prepositus, hiis
non contentus, nonnullos ipsius senescalli subditos, asserens quod,
in appellationis predicte prejudicium et nostre juridictionis contemptum, multa commiserant, ceperat, et captos detinebat minus juste ;
verum burgenses quidam dicte ville in contrarium asseruerunt proposita per dictum senescallum veritate carere, et plura per dictum
senescallum et gentes suas, in contemptum jurisdictionis nostre et
prejudicium dicte appellacionis, attemptata et gravamina illata quamplurima, ac ipsos majorem et scabinos gentes nostras, et potissime
Petrum de Oysemont, unum de servientibus nostris, turpiter tractatum et multis injuriis affectum fuisse ; super predictis mandavimus,
secundum articulos a partibus super hiis tradendos, tam de meritis
dicte appellacionis, utrum per curiam nostram admitti debeat, quam
super injuriis, violenciis et rescussis predictis, diligenter inquiri : Visa
igitur inquesta super hoc de mandato nostro facta et diligenter examinata, per curie nostre judicium, dictum fuit et pronunciatum dictam appellacionem non esse admittendam, et quod dicti major et
scabini ad locum predictum remittentur in illo statu in quo ipsi erant,
tempore dicte appellacionis emisse ; et, quia constat, per dictam inquestam, predictum senescallum et gentes suas plures inobediencias
commisisse contra gentes nostras, et specialiter dicto servienti nostro
per litteras ballivi nostri Ambianensis ibidem instituto plures injurias intulisse, per idem judicium dictus senescallus fuit nobis in mille
libris parvorum Turonensium condempnatus, pro emenda, et dicto
servienti, in viginti libris ejusdem monete, pro injuriis sibi illatis.
Sabbati predicta.
Roya reportavit.

XVI. Cum in Castelleto Parisiensi questio verteretur inter Guillelmum Flamingi, civem Parisiensem, ex una parte, et procuratorem abbatis et conventus Sancti-Germani-de-Pratis, ex altera, super quodam pressorio ipsius Guillelmi, sito in valle de Meduno, et possessione pressorandi ibidem; et in dicta causa prepositus Parisiensis pronunciasset dictum Guillelmum, cum sufficienti caucione, debere in manu nostra, lite hujusmodi pendente, uti dicto pressorio, pressorando in eo vendemiam suam et aliorum ibidem pressorari volencium; et a dicto judicato fuisset, per procuratorem dictorum religiosorum, tamquam a falso et pravo, ad nostram curiam appellatum : Viso per curiam nostram processu predicto, per curie nostre judicium, dictum fuit predictum prepositum bene judicasse et dictos religiosos male appellasse, et quod ipsi religiosi hoc emendabunt.

Sabbati predicta.

Roya reportavit.

XVII. Cum denunciatum fuisset curie senescalli Petragoricensis contra episcopum Caturcensem, Guillelmum de Monte-Pensato, militem, Bertrandum de Monte-Pensato, Aurafredum de Monte-Pensato, Gaillardum de la Garda, Armandum de Monte-Pensato et Finamandam, condominos Montis-Pensati, necnon et contra consules dicti loci, quod predicti condomini, seu eorum bajuli et consules, duos homines, videlicet Guillelmum Brunelli et Guillelmum Pepio, quos ad suspendium sentencialiter condempnarunt, et a qua sentencia predicti condempnati ad dominum Regem et ad ejus senescallum Petragoricensem appellaverunt, suspenderunt seu suspendi fecerunt in furchis Montis-Pensati, contra appellacionem predictam, non obstante eciam quod, cum Oardus, serviens regius, post predictam appellacionem et antequam predicti condempnati suspensi fuissent, inhibuisset dictis dominis, seu eorum bajulis, ne ad execucionem dicte sentencie procederent, appellacione predicta pendente : Super predictis facta inquesta et nostre curie reportata, visa et diligenter examinata, quia inventum est sufficienter probatum dictos condempnatos,

PHILIPPE IV,
1309.

post appellacionem predictam, per dictos dominos seu eorum ba-
julos suspensos fuisse, et post inhibicionem predictam, per judicium
curie nostre, dictus episcopus Caturcensis ad vitam suam, alii vero
condomini predicti imperpetuum, justicia omnimoda dicti castri
Montis-Pensati fuerunt privati, et fuit applicata domino Regi justicia
memorata; sed, quia non invenitur per dictam inquestam quod contra dictos consules Montis-Pensati, super predictis denunciatis, fuerit
inquisitum contra ipsos, super hoc inquiretur de novo ad finem civilem.

Sabbati predicta.

M. Yvo de Laudunaco reportavit et traddiit eam sibi Nogaretus.

XVIII. Cum magister Gaubertus Pelphi, rector ecclesiarum de Cornaco et beati Martini prope Bretenos, Caturcensis dyocesis, quarum
una dependet ab altera, nobis denunciasset quod Ademarus Girberti,
clericus, ipsum rectorem, in nostra speciali gardia, cum predictis suis
ecclesiis, existentem, possessione dicte ecclesie beati Martini spolias-
set, seu fecisset per violenciam spoliari, et bona dicte ecclesie rapuisset,
dissipasset et eciam devastasset, ac dilectus et fidelis noster episcopus Caturcensis, asserens quod dictus Ademarus predictum magistrum
Gaubertum, contra justiciam, in possessione predicte ecclesie beati
Martini turbat, impedit et molestat, supplicasset instanter quod turbaciones, impedimenta, molestaciones et violencias a predicto Ademaro illatas, auctoritate regia faceremus amoveri, cum non posset
idem episcopus violenciam dicti Ademari et fautorum suorum sua jurisdictione compescere, nos, tam regio jure nostro, in quantum, racione dicte gardie ac violencie aut alias, ad nos spectabat, quam ad
requisicionem prefati episcopi et partis utriusque supplicacionem,
certis dedimus commissariis in mandatis quod, ad locum contenciosum personaliter accedentes, inquirerent de predictis turbacionibus
et violenciis, et inquestam inde factam ad curiam nostram, Parisius,
reportarent: Facta igitur inquesta super hoc de nostro, ut premittitur, mandato et ad nostram curiam reportata, ac visis et diligenter

attentis instrumentis hinc inde exhibitis, et ceteris in dicta inquesta
contentis, pronunciatum fuit, per curiam nostram, quod manus nostra, que in predicta beati Martini ecclesia, propter debatum parcium,
posita fuerat, inde amovebitur, et eciam fuit inde amota, et quod
dictus magister Gaubertus in possessione dicte ecclesie defendetur,
et manu tenebitur per gentes nostras.

Sabbati predicta.

M. G. de Usco reportavit.

XIX. Cum abbas et conventus monasterii de Mosonis, Remensis
dyocesis, nobis denunciassent quod Sarracenus du Chastelier, miles,
vacas ipsorum in districtu et jurisdictione dicti monasterii existentes,
armata violencia rapi, et pastorem qui custodiebat eas, necnon molendinarium ipsorum abbatis et conventus, ac duos quadrigarios, missos cum una quadriga et tribus equis ad nemus proprium dictorum religiosorum, pro asportandis lignis ad usum dictorum monachorum,
capi et in prisionem duci fecerat, et quod gentes ejusdem militis,
ipso mandante vel ratum habente, equum prioris de Tin, qui dicto
monasterio subest, per violenciam abstulerant, et ad domum ipsius
militis adduxerant; item, quod quatuor et quadraginta sextaria et
unum quartellum bladi, unum et triginta quartellos avene, sex quartellos pisorum, et novem quartellos de tremois, de grangia dictorum religiosorum ad domum suam fecerat asportari : Facta igitur
super premissis omnibus, per certos commissarios a nobis datos, inquesta et ad nostram curiam reportata, ac visis et diligenter attentis
que continebantur in ipsa, liquidoque de predictis violenciis et excessibus veritate comperta, tam per dicti militis confessionem, quam per
testes super hoc productos, per curie nostre judicium, dictum fuit
quod dictus miles predictos religiosos resaisiet et eis restituet predicta ablata, si que sunt que non essent per dictum militem restituta, et quod reddet memoratis religiosis quantitatem bladorum
predictam, sub estimacione quanti plurimi fuerunt a tempore quo
predicta blada capi fecit, et quod nobis reddet quingentas libras Tu-

ronenses, pro emenda, et dictis religiosis ducentas libras pro predictis violenciis, injuriis et excessibus, sibi et gentibus suis factis.

Sabbati predicta.

M. G. de Usco reportavit.

XX. Orta materia questionis inter magistrum et fratres Domus-
Dei Remensis, ex una parte, et abbatem et conventum Sancti-Martini
Laudunensis, ex altera, super eo videlicet quod dicti magister et
fratres, asserentes se esse in possessione seu saisina justicie et domus
seu granchie ipsorum de Turain et pertinenciarum ejusdem, sitarum
in territorio d'Esclin, proponebant quod abbas et conventus predicti
ipsos injuste et de novo impediebant in predictis, faciendo ibidem
de novo unum cepum seu compedem in signum justicie, in prejudicium et gravamen magistri et fratrum predictorum, dictum cepum
et alia impedimenta seu turbaciones amoveri petentes, et manum
nostram, propter debatum parcium ibi appositam, amoveri; dictis
abbate et conventu in contrarium asserentibus, et dicentibus se esse
in saisina seu possessione justicie et jurisdictionis in domo predicta
de Turain et ejus pertinenciis et cepum justiciarium tenendi ibidem,
et se super hoc impeditos de novo et injuste per magistrum et fratres
predictos, et propter debatum parcium predictarum saisina dicte justicie et dictus compes, de novo factus in dicta domo, ad manum nostram positus fuisset : Tandem, facta inquesta super hoc de mandato
nostro et ad curiam nostram reportata, visa et diligenter examinata,
per curie nostre judicium, dictum fuit dictos magistrum et fratres in
saisina predictorum remanere debere, et dictum cepum, de novo
factum, debere destrui, ac alia impedimenta, per dictos abbatem et
conventum in predictis apposita, debere penitus amoveri; et manum
nostram, propter debatum parcium ibidem appositam, curia nostra
amovit.

Sabbati predicta.

Mellentus reportavit.

XXI. Cum, racione debati in curia nostra Biterrensi moti inter prepositum Magalonensem et consules de Givriaco, ex una parte, et syndicos monasterii Aniane, ex altera, super quibusdam molendinis sitis in flumine Erauri, in loco vocato de Lecta, dicta molendina per gentes nostras fuissent ad manum nostram posita, pendenteque dilacione inter eos, quidam malefactores, de mandato prioris claustralis Guillelmi de Duabus-Virginibus, Remundi de Stanno, Gozo et Gigo, Deodati de Prohenqueriis, Assaliti Pacavi et Elemosinarii Berengarii, Moresii et Guillelmi Petri, monachorum Aniane, et ipsis presentibus, opem et consilium prestantibus, cum lanceis, balistis, spatis et aliis diversis armorum generibus, de nocte clamando: « A la mort, à la mort! » ad dicta molendina, ex certo proposito, accesserunt, et ea totaliter destruxerunt una cum paxeria dicti molendini, ignem in dictis molendinis immittendo; res et instrumenta ad ipsa molendina pertinencia secum deferendo, munerios atrociter verberando, et, nisi aufugissent per aquam natando, eos interfecissent, et plura alia enormia ac intolerabilia ibidem committendo; propter quod, per curiam nostram Biterrensem, inquisita veritate de premissis, abbas Aniane, in dicta curia comparens, promisit senescallo Carcassone emendare nobis, et emendam facere de hiis in quibus invenirentur culpabiles monachi sui monasterii de excessibus supradictis. Postea vero, dicta inquesta resumpta per prepositum tunc de Anverso et cantorem Aurelianensem, ad partes illas a nobis destinatos, ipsi commiserunt judici Biterrensi vices suas in premissis; qui judex, auditis omnibus que ex parte dicti abbatis fuerunt proposita, et visa inquesta predicta, condempnavit dictum abbatem ad solvendum nobis emendam quingentarum librarum Turonensium pro premissis; a qua sentencia, ex parte dictorum religiosorum, ad nostram curiam extitit appellatum; deinde in causa appellacionis, partibus in parlamento nostro presentibus, et pronunciato per arrestum curie quod dicta inquesta cum predicto processu videretur et judicaretur : Tandem, visa dicta inquesta et diligenter examinata, per curie nostre judicium, dictum fuit predictum judicem bene pronunciasse et dictos appellantes male appellasse.

Sabbati post Sanctum-Georgium.
Creci reportavit. ...

XXII. Cum, in curia senescalli Tholosani, et postmodum in parlamento nostro Parisiensi, proposuisset Estouldus de Ruppe-Forti, domicellus, quod Raymundus Unaudi, miles, quadam die, per communes amicos eorum eis assignata apud Lantarium, ad tractandum de
pace super quadam controversia mota inter eos reformanda, qua die
inhermes hinc inde venire debebant, proditorie armari fecerat, in
domo sua, viginti homines, qui dictum Estouldum et ejus comitivam,
qui venerant sine armis, interficere conati fuerant et eos incluserant
in ecclesia dicti loci, et postmodum ipsos in eorum domo voluerant
ignis incendio concremare, quodque idem miles, pensatis incen-
diis, proditorie interfecerat Guillelmum de Mombeto, qui erat de
familia et vestibus predicti Estoldi, aliasque pluries insidias paraverat contra dictum domicellum; que premissa per gagium duelli se
probare offerebat idem domicellus contra militem predictum; et licet dictus miles, e converso multa proponens contra eundem domicellum ad sui innocenciam et dicti domicelli culpam ostendendam,
contra eum gagium defensionis per duellum similiter porrexisset;
nos tamen, juxta ordinacionem nostram super gagiis editam, utrum
facta hinc inde proposita vera essent et talia quod ex eis gagia sequi
deberent, inquiri mandavimus veritatem: Tandem, auditis hinc inde
propositis, visaque dicta inquesta super hoc de mandato nostro facta,
per quam liquide apparebat dictum Guillelmum, quem idem Stol-
dus mortuum fuisse dicebat, adhuc vivere, et eciam, per confessionem ipsius Estoldi, predictum militem super ejusdem G. vulneracione innocentem existere, necnon quod dicti Estoldi comitiva cum
armis, dicta die pacis tractande assignata, dictum militem inhermem
primo invaserant et alias eidem paraverant incidias, causa nocendi
eidem, per curie nostre judicium, pronunciatum fuit dictum militem
innocentem existere super predictis contra eum propositis per Es-
toldum predictum; necnon quod dictus Estoldus improvide et in-

discrete gagium suum pro predictis tradidit contra dictum militem; nec erit ibi gagium duelli, et quod ipse eidem militi dampna et misias, que ipse, propter hoc, extra curiam parlamenti fecit, reddet usque ad summam quingentarum librarum Turonensium, quam summam per curiam taxatam dictus miles in curia juravit; et cum hoc dictus Estoldus prisionem tenebit, Parisius, in Castelleto, vel alibi ubi et quamdiu placuerit domino Regi, et eciam totam terram ejusdem Estoldi dominus Rex in manu sua tenebit, et fructus inde percipiet et levabit, quamdiu sue placuerit voluntati.

Sabbati post Sanctum-Georgium.

M. Martinus de Crepon habet inquestam.

XXIII. Cum Raymundus de Cardona, domicellus, asserens se esse de consanguinitate dilecti et fidelis nostri comitis Fuxi, contra dilectum et fidelem nostrum comitem Armeniaci proponens ipsum comitem Armeniaci, post pacem per nos factam, Tholose, inter dictum comitem Fuxi et alligatos suos, ex una parte, et ipsum comitem Armeniaci et suos alligatos, ex altera, multas rapinas, homicidia, incendia, et alias violencias, quas exprimebat et se magis specificaturum, si opus esset, protestabatur, adversus dictum comitem Fuxi, terram et subditos suos, prodicionaliter fecisse, gagium duelli reddidisset; idemque comes Armeniaci, post multas excepciones et barras per eum propositas ad finem repellendi dictum Raymundum, quod non esset in dicto gagio admittendus, et, si curia nostra cognosceret gagium dicti Raymundi, admitti debere, gagium defensionis contra dictum Raymundum similiter porrexisset; cumque idem comes Armeniaci, adversus dictum comitem Fuxi, in dicta curia nostra proposuisset quod idem comes Fuxi, post pacem predictam, paraverat insidias adversus archiepiscopum Auxitanensem, patruum, et Gastonem, fratrem ipsius comitis Armeniaci, quodque terram Ripparie, que per eamdem pacem fuit nobili mulieri donne Guillerme, matertere sue, per nos adjudicata, et in qua dictus comes Armeniaci dicit se habere proprietatem, jure donacionis sibi facte per dictam Guillermam, que Guillerma sibi

ad vitam suam ibidem retinuit, ut dicitur, tantummodo usumfructum; quam eciam Guillermam dicebat idem comes Armeniaci com-
prehendi in pace predicta, utpote sibi allegatam et adherentem, idem
comes Fuxi, per se vel per alium de mandato suo, intraverat et proditorie duas villas violenter occupaverat, in prejudicium ipsius comitis
Armeniaci et dicte Guillerme, veniendo contra pacem predictam,
quodque idem comes Fuxi, post pacem predictam, eandem, ut premittitur, violando, more hostili, cum magna multitudine hominum
armatorum equitum et peditum, pensatis insidiis et ex proposito, intraverat terram dicti comitis Armeniaci, et villam de Serrata, que est
ipsius comitis, proditorie invaserat, ceperat et destruxerat, et de-
predaverat homines dicte ville rebus suis, et igne immisso dictam
villam destruxerat, et quadraginta, tam homines quam mulieres, quam
infantes vel circiter, ibidem interfecerat, et hoc idem fecerat de villa
de Mille-Modiis, que est dicti archiepiscopi, hoc excepto quod ibi
non fuerant homines interfecti; quodque idem comes Fuxi, pergentes
suas, insultum paraverat contra senescallum et alios familiares dicti
comitis Armeniaci, in exitu de Tholosa, in itinere publico, in terra
nostra, in quo insultu familiares dicti comitis Fuxi, ipso mandante
vel ratum habente, ut dicebat, vulneraverant duos scutiferos, et unum
de servientibus ipsius comitis interfecerant; que omnia per gagium
duelli, quod contra dictum comitem Fuxi in curia nostra reddidit, se
probaturum offerebat, si dictus comes Fuxi diffiteretur predicta, protestans se super predictis factis, excepto insultu contra dictum senescallum et alios familiares dicti comitis Armeniaci facto in exitu de
Tholosa, diu ante in curia senescalli Tholosani gagium duelli contra
dictum comitem Fuxi reddidisse, vel quod tantum valebat, et quod
ideo gagium hujusmodi debebat precedere gagium dicti Raymundi
de Cardona, si eciam curia nostra cognosceret gagium ipsius Raymundi fore admittendum; cumque, post multas barras et defensiones ex parte dicti comitis Fuxi propositas, ad finem quod gagium dicti
comitis Armeniaci super predictis non admitteretur, sed quod gagium dicti Raymundi de Cardona precederet, et ante omnia per cu-

Philippe IV, 1309.

riam nostram judicaretur si tamen curia nostra cognosceret dictum
comitem Armeniaci admittendum, idem comes Fuxi reddidisset gagium defensionis adversus predicta; cumque Bernardus de Convenis,
vicecomes Turenne, filius primogenitus dilecti et fidelis nostri comitis Convenarum, adversus ipsum comitem Fuxi proponens quod,
post pacem predictam, eandem temere violando, gentes et familiam
ipsius comitis Fuxi, ipso mandante vel ratum habente, proditorie et
more hostili terram dicti patris sui intrantes, quatuor villas dicti patris sui hostiliter invaserant, et igne immisso, hostiliter destruxerant,
homines dictarum villarum depredaverant et robaverant bonis suis,
et quinque homines ibidem interfecerant; que, per gagium duelli, si
dictus comes ea diffiteretur, se probaturum offerebat; dicto comite
Fuxi, post multas barras et defensiones suas, gagium defensionis adversus predicta reddente; curia nostra super predictis, omnibus factis
propositis, et eciam super quibusdam aliis violenciis, injuriis et aliis
maleficiis, per gentes dicti comitis Fuxi, ut dicebatur, factis in villis
nostris seu bastidis de Bello-Marchesio et de Marciaco, mandasset veritatem inquiri ad finem ut sciret, per dictam inquestam, an dicta facta
proposita essent vera, et talia quod pro eis gagia duelli, secundum
ordinaciones nostras, recipi deberent, et ad finem faciendi justiciam
et emendandi nobis et parti predicta, si super hiis gagia duelli non
reciperentur, et dicta facta liquide probata per inquestam invenirem-
tur predictam : Tandem, facta super predictis inquesta et nostre curie
reportata visa et diligenter examinata, et auditis partibus hinc et inde
super ea, per curie nostre judicium, dictum fuit et pronunciatum videlicet, primo et principaliter precepimus et decrevimus quod pax,
facta et pronunciata per nos Tholose, specialiter inter dictos comitem
Fuxi et valitores, amicos, alligatos et subjectos suos, ex una parte, et
comites Armeniaci et Convenarum, valitores, amicos, alligatos et subjectos eorum, ex altera, firmiter et inviolabiliter, sub pena omnium
bonorum suorum, que violatores dicte pacis possent nobis forisfacere,
imperpetuum inviolabiliter observetur; et quod de se et suis, sibi
et suis invicem, et statim dicti comites legittimum prestent assecu-

ramentum. Item, eodem modo de pace generali ibidem pronunciata inter omnes de illa patria senescalliarum Tholosane, Carcassonensis, Petragoricensis et Caturcensis, et tocius ducatus Aquitanie, quam pacem nos, ex certa sciencia et ex causa, renovavimus, et servari inter predictos comites et omnes alios inviolabiliter, regia auctoritate, quacumque consuetudine contraria nonobstante, statuimus et decrevimus sub pena predicta, et precepimus senescallo Tholosano, ibidem presenti, et eodem modo mandari precepimus aliis, per litteras nostras, ut predictam pacem publicari et servari in dictis senescalliis et ducatu faciant, et violatores et rebelles remediis oportunis compellant; et hoc idem mandari precepimus, per litteras nostras, senescallis, ministris et gentibus egregii principis, karissimi filii ducis Aquitanie fidelis nostri. Item, gagium duelli quod dictus Raymundus de Cardona, domicellus, reddiderat coram nobis contra dictum comitem Armeniaci, certis racionibus anullamus omnino; et, quia dictus Raymundus improvide et inconsulte, et contra ordinacionem nostram, reddidit dictum gagium, hoc nobis emendabit; et nos, prout nobis placuerit, hujusmodi taxabimus emendam; dictus vero Raymundus, statim ad mandatum curie nostre, super hoc nobis gagiavit emendam. Item, gagium duelli per dictum comitem Armeniaci, propter omnia facta predicta per eum proposita contra predictum comitem Fuxi, redditum tam coram senescallo Tholosano quam postea, Parisius, coram nobis, nos amovimus ex causa et ad nichilum posuimus, et specialiter quia per inquestas, factas de mandato nostro super aliquibus ex dictis factis, veritas est reperta ad finem faciendi justiciam super hiis per judicium via juris, et sic, secundum ordinacionem per nos factam super duellis, non debet duellum recipi pro casibus plene probatis, et ideo per aliam viam quam gagii super eis, ut inferius sequitur, duximus providendum. Item, gagium duelli redditum per dictum Bernardum de Convenis, vicecomitem Turenne, contra comitem Fuxi predictum, certis ex causis, totaliter ad nichilum posuimus. Item, predictum comitem Fuxi curia nostra condempnavit in millia et ducentis libris Turonensibus, pro dampnis datis per gentes ipsius comitis et culpa ejusdem hominibus nostris commorantibus in bastidis nostris de Bello-Marchesio et de Marciaco; et quia inventum est, per inquestam inde factam, gentes dicti comitis Fuxi, culpa ipsius, in tantum dampnificasse homines villarum predictarum; que pecunia distribuetur inter dictos homines, dampna passos, juxta quantitatem dampni cujuslibet eorumdem. Item, quia in dictis villis per easdem gentes quatuor homines fuerunt occisi et bajulus noster vulneratus, condempnavit curia nostra dictum comitem Fuxi ad emendandum liberis vel aliis proximioribus heredibus dictorum occisorum qui liberos non habebant ad extimacionem operarum futurarum dictorum occisorum, quantum boni viri per nos deputandi ad faciendam execucionem hujusmodi judicati extimaverint, juxta condicionem et artificium cujuslibet occisi, et habita racione etatis cujuslibet, et consideratis aliis que de jure scripto in talibus debent considerari. Item, curia nostra condempnavit dictum comitem Fuxi, predicto bajulo nostro, qui fuit verberatus et vulneratus per dictas gentes suas, in centum libris Turonensibus, pro emenda. Item, pro facienda ibidem in qualibet dictarum villarum una capella, ubi divina imperpetuum pro animabus occisorum officia celebrentur, in quadringentis libris Turonensium bonorum, pro qualibet capella. Item, pro una capellania, in qualibet dictarum villarum assignanda pro uno capellano, qui pro animabus predictorum occisorum perpetuo in qualibet capella debeat celebrare, et qui per nos et successores nostros possit et debeat imperpetuum presentari, condempnavit curia nostra eundem comitem Fuxi in quadraginta libris Turonensium bonorum annui redditus et in locis convenientibus assidendis, videlicet in viginti libris annui redditus pro quolibet capellano. Item, condempnavit curia nostra eundem comitem Fuxi ad emendam dampnorum que passi fuerunt homines de Serrata, que villa fuit per dictum comitem Fuxi et gentes suas hostiliter invasa, capta, destructa igne immisso, et quadraginta et plures, tam homines, quam mulieres, quam infantes ibidem occisi; que dampna, quia per inquestam inde factam extimacio certa non reperitur, extimabuntur per executores super hoc deputandos a nobis, et liberis aut proximioribus heredibus Philippe IV, 1309. dictorum occisorum fiet emenda ut supra, ad quam idem comes Fuxi eodem judicio per nostram curiam extitit condempnatus. Item, pro una capella ibidem facienda, ut supra, in octingentis libris Turonensium bonorum. Item, pro quatuor capellaniis fundandis ibidem, ut supra, in octoginta libris annui et perpetui redditus, et in locis convenientibus assidendis, que erunt in perpetuum de presentacione nostra et successorum nostrorum, videlicet, pro quolibet capellano viginti libris annui et perpetui redditus. Item, condempnavit curia nostra eundem comitem Fuxi ad emendandum dampna hominibus ville de Mille-Modiis, que per dictum comitem et gentes suas hostiliter fuit invasa, que est archiepiscopi Auxitani, que extimabuntur per dictos executores ut supra. Item, pro emenda predictorum, condempnavit curia nostra eundem comitem Fuxi, et misericorditer, in triginta millia librarum Turonensium bonorum, quarum medietas expendi debeat in operibus pietatis, ad arbitrium nostrum, et alia medietas nobis applicetur. Item, dictum comitem Fuxi predicto comiti Armeniaci, pro dampnis per eum passis in aliis quam in expensis factis in prosecucione predictorum in curia nostra, ipsa curia nostra condempnavit in sex millibus libris Turonensium bonorum; quam summam, per curiam nostram taxatam, dictus comes Armeniaci pro dampnis suis predictis juravit.

Sabbati post Sanctum-Georgium.

B. de Meso reportavit.

Non habeo inquestam.

XXIV. Die sabbati post festum beati Georgii apud Cacicantum, prolato arresto inter comitem Fuxi, ex una parte, et comitem Armaniaci et sibi adherentes, ex altera, precepit curia quod ipsi sibi ad invicem legittimum prestarent assecuramentum, et tunc, ad mandatum curie, comes Armeniaci Gasco, ejus frater, vicecomes Fezencaguelli, et Bernardus, vicecomes Turenne, de se et suis dicto comiti Fuxi, pro se et suis, per fidem suam legittimum prestiterunt assecuramentum;

dictus vero comes Fuxi, simile assecuramentum predictis prestando,
dixit quod ipse inde excipiebat terram quam ipse habet in Cathalonia, et matrem suam et Constanciam vicecomitissam Marciani, amitam ipsius comitis, et terras earum; et tunc precepit sibi curia quod
ipse, sine excepcione terre sue de Cathalonia, dictum assecuramentum
prestaret, et si vellet inde excipere matrem et amitam suas predictas,
quod ipse juraret non juvare eas contra predictos; quod cum facere
recusaret, missus fuit in Castelletum. Postea vero recreditus fuit ut
iret apud Silvanectum ad dominum Regem (13), et ibi factum fuit
quod sequitur.

Noverint universi quod apud Silvanectum, coram domino Rege existens comes Fuxi, ad mandatum ipsius domini Regis, dedit assecuramentum legittimum de se et suis, secundum consuetudinem curie
domini Regis, comiti Armaniaci, Bernardo de Convenis, vicecomiti
Turenne, Gasconi, vicecomiti Fezencaguelli, fratri dicti comitis Armeniaci et suis; excepit tamen dictus comes Fuxi ab assecuramento
predicto matrem et Constanciam, vicecomitissam Marciani, amitam
suas, et terras earum; juravit vero ad sancta Dei Evangelia, secundum
morem curie, se facturum et curaturum, pro posse, quod dicte mater
et amita et terre earum, erunt et includentur in assecuramento predicto; quod si facere nollent eodem juramento se astrinxit, pro se et
suis, non prestare dictis matri et amite opem, consilium vel auxilium
volentibus prius offendere vel invadere dictos comitem Armeniaci,
fratrem ejus et vicecomitem Turenne et suos, eciam in defendendo,
ubi dictus comes Armeniaci, frater ejus, et vicecomes et sui se contra
vindicarent de predictis matre et amita et terris earum, que prius
invasissent dictos comitem Armeniaci, ejus fratrem, et vicecomitem
et terras eorum; sed si comes Armeniaci, frater ejus et vicecomes
predicti aut sui, predictas matrem et amitam prius offenderent aut
terras earum, que erunt extra assecuramentum predictorum, dictus
comes Fuxi eis poterit prestare opem, auxilium et favorem defensionis, sine periculo ipsius assecuramenti. Protestatus fuit insuper dictus
comes Fuxi, in presencia domini Regis, sibi fore salvum jus quod

habere intendit in terra Guillerme, amite sue, et dicti comitis Armeniaci, quam ipsa tenet in Cathalonia, quamvis dicta Guillerma sit alli-
gata cum dicto comite Armeniaci, ut in eum casum in quem dicta
terra exiret de manu dicte Guillerme per mortem vel in vita ejusdem,
liceat dicto comiti Fuxi, pro jure quod in ea intendit habere, assignare
ad dictam terram vel eam recuperare modis et viis quibus sibi liceret,
secundum consuetudinem Cathalonie, non obstante assecuramento
predicto; quam protestacionem dominus Rex non admisit, sed eam
expresse repulit tamquam factam contra consuetudinem curie domini
Regis. Tamen de gracia speciali dominus Rex concessit, licet non sit
stilus curie, quod dicta protestacio, modo quo supra scriptum est,
inseratur in littera assecuramenti predicti. Actum apud Silvanectum,
die martis post Penthecosten, anno trecentesimo nono.

XXV. Senescallo Tholosano, salutem : Mandavimus vobis, quod
adjunctis vobiscum judice majore et magistro Bardino, procuratore nostro Tholosanis, vel eorum altero, videatis judicatum in novissime preterito parlamento factum inter dilectos et fideles nostros
comitem Fuxi, ex una parte, et comitem Armeniaci et ejus consortes,
ex altera, et, servato tenore judicati predicti, vocatis partibus et aliis
evocandis, inquiratis de plano de dampnis per dictum comitem Fuxi
et suos illatis villis, et hominibus dicti comitis Armeniaci, archiepiscopi Auxitanensis, et eciam nostris, que ville nominate sunt in judicato predicto, et, inquisita sic per vos veritate de dictorum dampnorum quantitate, dictisque dampnis per vos taxatis usque ad summam
que fuerit cuilibet exsolvenda, predictum comitem Fuxi omni excusacione proposita et qualibet appellacione rejecta efficaciter compellatis ad reddendum dictis villis et hominibus earumdem villarum,
secundum quod in dicto exprimitur judicato, dampna predicta sic
per vos inquisita et estimata, et ad edificandum omnes capellas et
fundandum capellanias et assidendum redditus earumdem de quibus
continetur in judicato predicto, ita quod infra annum, a die date
presencium numerandum, predicta omnia integraliter sint completa

et execucioni mandata, super hiis vos diligenter habentes. Item, cum de emenda triginta millium librarum Turonensium, nobis solvenda ab eodem comite Fuxi, secundum predicti judicati tenorem, nos eidem comiti respectum et delacionem ex gracia dederimus ad sex terminos, videlicet quod de eis solvat nobis quinque millia librarum Turonensium in festo Nativitatis beati Johannis-Baptiste, quod erit anno Domini millesimo trecentesimo decimo, et sic de anno in annum, ad eundem terminum, videlicet ad quemlibet terminum Nativitatis beati Johannis-Baptiste, quinque millia librarum Turonensium, usque ad complementum totalis solucionis emende predicte. Mandamus vobis quatinus eundem comitem, secundum quod premissum est, efficaciter compellatis ad faciendum nobis soluciones predictas.

Martis post Trinitatem, anno trecentesimo nono.

XXVI. Cum significatum fuisset gentibus domini Regis quod Petrus Calvelli, Johannes Richardi, et Raymundus Martini, de Montepessulano, plurimum excesserant contra dominum Regem, trebuchando, fundendo et rechatando monetas suas, tam in regno quam extra regnum, et portando ad fabricas monetarum alienarum extra regnum: Tandem inquestis super hoc factis, visis et diligenter examinatis, et ex abundanti auditis confessionibus eorumdem, quamquam gentes regis Majoricarum super hoc peciissent curiam sibi reddi, pronunciato per curiam quod dominus Rex, per manum suam, tamquam superioris, super istis procedet ad utilitatem illius cui super hoc pronunciabitur, debere curiam remanere, per judicium curie nostre, condempnati fuerunt predicti in emendam, videlicet: dictus Petrus in mille libris, dictus Johannes in octingentis libris, et dictus Raymundus in centum libris Turonensibus, domino Regi, tamquam in manu superioris, solvendis.

Sabbati post Sanctum-Georgium.

XXVII. Arrestum per quod fuit anullata inquesta facta contra

abbatem et conventum de Yssiodoro, ad instanciam hominum dicte
ville, est in rotulo hujus parlamenti.

XXVIII. Inquesta inter abbatem et conventum Sancti-Victoris Parisiensis et P. de Mota, militem, cum littera pacis facte inter partes,
reddita per M. Pasquerium.

XXIX. Informacio seu inquesta super quibusdam attemptatis contra P. de Lavardaco, seniorem, etc., reficienda, prout in rotulo hujus
parlamenti continetur.

XXX. Inquesta inter episcopum Bajocensem et dominum Regem,
per quam dictus episcopus habuit recompensacionem certi redditus
super prepositura Bajocensi, et ipse quitavit feodum et homagium de
Thorigny; et facte fuerunt hinc inde littere, sub forma competenti,
quarum transcriptum est ligatum cum inquesta predicta.

XXXI. Inquesta facta contra castellanum de Podio-Laurencii, racione capcionis cujusdam mulieris; et fuit absolutus, ut dicit M. J. de
Laudunaco, sed non habui sentenciam.

EXPEDICIONES PER CURIAM FACTE IN AUDITORIO JURIS SCRIPTI, SUPER PRO-
CESSIBUS QUI SEQUUNTUR, SUNT IN ROTULO HUJUS PARLAMENTI; ET DICTI
PROCESSUS, ILLI VIDELICET QUI FUERUNT MICHI TRADITI, SUNT IN SACCO
PARLAMENTI EJUSDEM, VIDELICET :

I. Processus inter procuratorem Petragoricensem cum Galhardo
de Sancto-Genesio, contra quosdam homines de Miro-Monte.

II. Item, processus in causa appellacionis inter procuratorem Petragoricensem et Ratherium de Penna, racione cujusdam novi pedagii.

III. Item, processus in causa appellacionis inter procuratorem Petragoricensem cum Petro, capellano Sancti-Felicis, contra Guillelmum Quintini et ejus consortes.

IV. Item, processus inter procuratorem Petragoricensem et homines de Bello-Regardo, super portacione armorum contra priorem de Prugnans.

V. Item, processus in causa appellacionis inter procuratorem Petragoricensem cum monialibus de Leyme, contra homines ville de Moleriis.

VI. Item, processus in causa appellacionis inter procuratorem Ruthenensem et Deodatum Terondi, de Sancto-Jorio.

VII. Item, processus in causa appellacionis inter Emerardim de Utecia et Guillelmum de Randone, dominum Luci.

INQUESTE ET PROCESSUS

PER CURIAM JUDICATI IN PARLAMENTO HYEMALI SANCTI-ANDREE, APOSTOLI,

ANNO MCCCIX.

I. Cum, lite mota inter Johannem Ferri, servientem regium in senescallia Petragoricensi, ex una parte, et Fabrum de Valleto, ex altera, coram senescallo Petragoricensi, vel ejus commissario, super eo quod dictus Faber, ut dicebatur, predictum servientem, officium suum sergentarie exercendo, vileniaverat ipsum, percuciendo et per guttur accipiendo; facta super hoc inquesta de mandato ipsius senescalli, idem senescallus dictum Fabrum condempnasset in decem libris dicto servienti, et in gagio bajulie Montis-Acuti, et in centum libris domino Regi, pro emenda, solvendis, dictus Faber a condempnacione predicta ad nostram curiam appellavit : Partibus igitur presentibus in curia nostra, et nichil novi proponentibus in causa appellacionis predicte, visa diligenter dicta inquesta, per curie nostre judicium, dictum fuit predictum senescallum bene judicasse, et dictum Fabrum male appellasse, et quod predicta condempnacio mandabitur execucioni.

Dominica post Nativitatem Domini.

Creci reportavit.

II. Lite mota, coram nobis, inter Johannem de Alneto et ejus uxorem, ex una parte, et Laurencium de Montigniaco, ex altera, super eo quod dicti conjuges petebant quadringentas libras debilis monete, residuas ad solvendum, de quadam majori summa eisdem a dicto Laurencio, ut dicebatur, debita, ex vendicione cujusdam hereditatis, dicto Laurencio solucionem super hoc allegante, commissum fuit preposito Parisiensi ut, non obstante quadam littera quittacionis, quam dicti conjuges dicebant se fecisse sub spe future numeracionis, summarie de premissis inquireret veritatem ; qui quidem prepositus, inquisito de premissis, absolvit dictum Laurencium ab impeticione conjugum predictorum; posteaque, propter clamacionem eorumdem, de gracia speciali ac de voluntate dicti Laurencii, licet a dicto judicato non fuisset appellatum, viso iterato dicto processu, per curie nostre judicium, dictum fuit bene fuisse super hoc, per dictum prepositum, judicatum.

Mercurii post Nativitatem Domini.

Creci reportavit.

III. Lite mota inter comitem Claromontensem, racione castri et castellanie de Conti, que ipse dicit, propter defectum hominis, se tenere, ex una parte, et abbatem et conventum de Gardo, Cisterciensis ordinis, ex altera, super eo quod dicti religiosi dicebant nos esse in saisina gardie dicti monasterii, cum ejus pertinenciis de Gardo, et se esse in saisina, quod per nos gardientur, quare petebant restitucionem sibi fieri per nos; tamquam per gardiatorem suum, de quatuor equis, duabus quadrigis cum harnesio, qui capti fuerant, ut dicebatur, injuste per gentes dicti comitis, in grangia de Menenviller, pertinente ad dictum monasterium: dicto comite dicente se esse in saisina gardie dicte grangie, racione predicte castellanie de Conti ac jurisdictionis ejusdem, nullam tamen causam capcionis pretendens : Inquesta igitur super hoc de mandato curie nostre facta et ad curiam reportata, visa et diligenter examinata, per curie nostre judicium, dictum fuit quod dicti religiosi per nos, tamquam per gardiatorem suum, restituentur de prisiis supradictis.

Mercurii post Nativitatem Domini.

Creci reportavit.

IV. Ultima inquesta facta inter dominum Montis-Ferrandi, ex una parte, et capitulum Claromontense, ex altera, super saisina justicie de Croeela, quia commissarius non servavit formam commissionis sibi facte, et propter multos defectus ibidem repertos, est per curiam anullata, et, si dictum capitulum velit prosequi super hoc jus suum, commissio contenta in dicta inquesta sub eadem forma renovabitur.

Mercurii post Nativitatem Domini.

Bocellus reportavit.

V. Lite mota inter homines universitatis de Nantho, ex una parte, et abbatem de Nantho et ejus curiales, familiares et subditos quosdam ejusdem, ex altera, super eo quod ipsi dicebant plures injurias sibi illatas fuisse ab eisdem; inquesta facta super hoc, de mandato senescalli Ruthenensis, et ad nostram curiam, de mandato nostro, ad judicandum reportata visa et diligenter inspecta, quia inventum est quod, litigantibus coram dicto abbate curiam suam secularem tenente, Stephano de Bonassis et Petro Radulphi, pro liberis Johannis

Bonassis, concordassent partes per viam compromissi procedere, dictus abbas inhibuit Stephano de Ladenza, arbitrio electo super dicta discordia, super juramento quo sibi tenebatur, ne de dicta questione se intromitteret per modum compromissi, et quadam virga, irato animo, percussit dictum Stephanum Bonassis, et eo non contentus, ipsum Stephanum, ad nos appellantem, cepit manu propria et incarcerari fecit in prejudicium appellacionis predicte, et, mala malis accumulans, dictum Petrum Radulphi, requirentem ipsum abbatem ne talia attemptaret contra dictum Stephanum qui ad nos appellaverat, cum baculo percussit, manu propria, in capite usque ad sanguinis effusionem, pluresque alias injurias, tam ipse quam ejus curiales, potestate secularis curie sue abutendo, dictis hominibus intulerunt, et maxime in contemptum appellacionis predicte ab ipso, tamquam judice seculari, ad nos interjecte : Per curie nostre judicium, dictum fuit quod curia et jurisdictio temporalis dicti abbatis, cum ejus bonis temporalibus, in manu nostra tenebuntur quousque de sexcentis libris Turonensibus nobis, pro emenda, et dictis Stephano Bonassis et Petro Radulphi, cuilibet eorum de decem libris Turonensibus, fuerit satisfactum.

Dominica post Epiphaniam.

Creci reportavit.

VI. Lite mota coram preposito Parisiensi inter Aubertum Bigue, ex una parte, et Galterum Anglicum, pelliparium, ex altera, super eo quod dictus Aubertus vendicionem cujusdam domus factam per prepositum Parisiensem dicto Galtero, de mandato magistrorum nundinarum Campanie, racione cujusdam summe pecunie in qua dictus Aubertus erat obligatus quibusdam mercatoribus per litteras nundinarum Campanie, petebat retractari et nullam pronunciari, et possessionem ejusdem sibi tradi, pro eo quod dicta vendicio, tempore quo ipse Aubertus erat in exercitu Flandrensi, facta fuerat contra graciam sibi et aliis in dicto exercitu existentibus factam, dicto Galtero contrarium asserente, et dicente dictam vendicionem factam fuisse antequam idem Aubertus iret in exercitum supradictum, pluraque alia ad sui defensionem proponente; facta super hoc per ipsum prepositum inquesta, idem prepositus, per suum judicium, pronunciavit quod saisina dicte domus vendite traderetur dicto Auberto, salvo jure proprietatis illi ad quem pertineret; a quo judicato, tamquam falso et pravo, per dictum Galterum ad nostram curiam fuit appellatum: Partibus igitur in dicta causa appellacionis coram nobis auditis et nichil novi proponentibus, viso processu partis utriusque, per curie nostre judicium, dictum fuit predictum prepositum male pronunciasse, et dictum Galterum bene appellasse.

Dominica post Epiphaniam.

Creci reportavit.

VII. Cum, lite mota coram ballivo Senonensi in causa appellacionis ad ipsum interposite per homines de Orvillari, a quodam judicato pro decano et capitulo ecclesie Trecensis contra dictos homines, predictorum decani et capituli justiciabiles, facto per quosdam judices dictis hominibus datos a decano et capitulo supradictis, dictus ballivus per suum judicium pronunciasset procuratores dictorum hominum non esse recipiendos, sed eosdem homines fore contumaces, et a dicta appellacione sua cecidisse; a dicto judicato, tamquam falso et pravo, ex parte dictorum hominum ad nostram audienciam extitit appellatum : Visis igitur dictis processibus et inquesta, de mandato nostro facta super appellacione predicta, per curie nostre judicium, dictum fuit predictum ballivum bene judicasse et dictos homines male appellasse, et quod ipsi hoc emendabunt.

Dominica post Epiphaniam.

M. P. Maugon reportavit.

VIII. Visa inquesta inter episcopum Belvacensem, ex una parte, et Erardum de Monte-Morenciaco, militem, ex altera, super saisina administracionis domus leprosarie de Bretolio, Belvacensis dyocesis, per curiam fuit dictum quod dicta inquesta, propter plures defectus

in ea repertos, non judicabitur ad presens, sed supplebuntur dicti
defectus, et, ad eos supplendos, renovabitur commissio ad alios auditores, quibus mittentur dicti defectus una cum commissione et inquesta predictis, et mandabitur eis quod inquestam predictam super
dictis defectibus, totaliter perfectam et completam, remittant ad curiam judicandam.

Jovis post octabas Epiphanie.

Committatur M. J. de Roya, qui eam vidit et habet.

Interrogentur testes, tam episcopi quam militis, specialiter illi qui
deponunt de saisina dicte administracionis, de causa sciencie, de tempore, de apposicione manus Regis, quando fuit apposita, et propter
quod debatum; item quis eorum erat in saisina tempore dicte manus
apposite, et per quod tempus ante fuerat in dicta saisina, et si sciente
parte adversa vel scire valente seu clandestine; item, de mandato
illorum qui ponebant vel deponebant ibidem magistros, si quod habebant super hoc a dictis dominis, et idem de illis qui corrigebant
vel audiebant compotum administracionis dicte domus, et aliis circonstanciis ad negocium spectantibus, diligenter inquiratur.

IX. Cum capicerius Aurelianensis ecclesie assereret se esse in
bona saisina, tam per se quam per antecessores suos, capiendi apud
quoscumque vendentes in terra nostra et alibi Aureliano, excepto
claustro Sancti-Aniani, ceram operatam ad vendendum, sine licencia
sua, tamquam sibi acquisitam seu commissam; presentibus tamen
ad hoc nostris gentibus et vocatis, pro violencia, si per aliquos re-
sistentes sibi, ut premittitur, capienti fieret amovenda, diceretque
se per ballivum nostrum Aurelianensem minus racionabiliter impediri in predicta saisina juris dictam ceram, ut premittitur, capiendi,
ac peteret hujusmodi impedimentum, per ipsum ballivum appositum,
amoveri, dicto ballivo pro nobis et nostro nomine contrarium asserente: Tandem, visa inquesta super hoc de mandato nostro facta,
per curie nostre judicium, dictum fuit prefatum impedimentum in
dicta saisina juris predicto modo capiendi ceram operatam ad ven-

dendum sine licencia dicti capicerii, amoveri debere, dictamque saisinam eidem capicerio debere deliberari et reddi, salva tamen proprietatis questione super hoc movenda per nos, si et quando nobis
videbitur expedire.

   Jovis post octabas Epiphanie.

  M. G. de Usco reportavit.

   X. Mota lite inter ballivum nostrum Silvanectensem, pro nobis,
ex una parte, et episcopum Belvacensem, ex altera, super eo quod
dictus ballivus asserebat nos esse in saisina alte et basse justicie in
domo dicti episcopi de Bourran et in ejus pertinenciis, et commorantibus ibidem, quare petebat bona Johannis Doingi, commo-
rantis in dicta domo, et in eadem domo existencia, tamquam nobis
commissa, propter ipsius Johannis delictum, nobis applicari, et impedimentum ex parte dicti episcopi, in dictis bonis appositum, amoveri,
et saisinam dicte justicie ad nos pertinere declarari; dicto episcopo
in contrarium asserente se esse et predecessores suos fuisse in saisina dicte justicie et pertinenciarum ejusdem, quare petebat manum
nostram, tanquam superioris, ibidem appositam, amoveri, ita quod
de dicta justicia posset pacifice gaudere : Tandem, inquesta super hoc
facta visa et diligenter examinata, quia inventum est sufficienter probatum nos esse et fuisse in saisina dicte justicie in dicta domo et
ejus pertinenciis, et ibidem commorantibus, et dictum ballivum intencionem nostram super hoc melius quam dictum episcopum probavisse, per curie nostre judicium, dictum fuit saisinam dicte justicie
ac bonorum predictorum dicti Johannis, in manu nostra, tamquam
superioris, positorum, apud nos, tamquam partem principalem, remanere debere, et impedimentum, ibidem appositum ex parte dicti
episcopi, esse amovendum, salva dicto episcopo super hoc questione
proprietatis.

   Jovis post octabas Epiphanie.

   Bocellus reportavit.

XI. Cum senescallus Petragoricensis Bernardum Arnaldi Gaillardum de Penna, fratres, et eorum consortes, clericos, pro quibusdam excessibus denunciatis contra ipsos, in certis pecuniarum summis, tam nobis quam denunciatoribus solvendis, sentencialiter condempnasset, decernendo bona ipsorum debere teneri et explectari usque ad satisfactionem condempnacionis predicte et ipsi ad curiam nostram super hoc appellassent, in causa dicte appellacionis, plures raciones, in nostra curia, ad finem anullandi dictam sentenciam, proponendo; quo debato pendente extra nostri cameram parlamenti, nostre fuerunt obtente littere, continentes quod predicta condempnacio mandaretur execucioni; quarum execucionem postea suspendi mandavimus usque ad presens parlamentum : Tandem, dicto processu ad nostram curiam reportato, et audita relacione quorumdam de consiliariis nostris, coram quibus dictum negocium extitit agitatum, per curie nostre judicium, condempnacio predicta et ea que exinde sequta sunt, fuerunt totaliter anullate, et precepit curia quod bona eorum, propter hoc capta, ex integro reddantur eisdem.

Jovis post octabas Epiphanie.

XII. Cum alias, per judicium curie nostre, anullatus fuisset quidam processus coram preposito Parisiensi, super proprietate quarumdam domorum, sitarum Parisius, in vico qui dicitur vicus Attrebatensis, habitus inter Petrum de Gyemo et Mariam, ejus uxorem, agentes, ex una parte, et Johannem de Meleduno, defendentem, ex altera, dictique conjuges graciam impetrassent a nobis, quod dictus processus iterato videretur : Viso igitur iterum, ad instanciam dictorum conjugum, processu predicto, et auditis super hoc racionibus parcium predictarum, per curie nostre judicium, dictum fuit quod ad articulos dicti processus, quibus reperietur non fuisse responsum, respondebitur hinc inde, et quod testes super negatis articulis predictis dictarum parcium, super quibus apparebit ipsos interrogatos non fuisse, iterato examinabuntur, remanentibus tamen in suo valore capitulis aliis dicti processus coram dicto preposito agitatis;

item quod de consuetudinibus propositis in dictis articulis, inquiretur prout est consuetum.

Martis post octabas Epiphanie.

G. de Usco reportavit.

Pacificatum est.

XIII. Lite mota, coram preposito Parisiense, inter homines de Bru-
nayo et ipsum prepositum, nomine nostro, ex una parte, et Johannem de Soysi, militem, ex altera; super eo quod dicti homines coram
ipso preposito proponebant quod dictus miles, in nostrum contemptum et dictorum hominum lesionem, manum nostram, in bonis,
rebus et corporibus hominum predictorum appositam, infringendo,
plura gravamina eis intulerat in bonis et rebus eorum, requirentes
predicta, tam nobis quam sibi, emendari; dicto milite plures raciones, in quantum factum hujusmodi nos tangere poterat, ad sui defensionem in contrarium proponente, quantum tamen ad homines
predictos, forum dicti preposti declinante et eciam petente se remitti ad forum preposti Corbolii, sub cujus jurisdictione ipse erat
cubans et levans, super hoc jus sibi fieri a dicto preposito requirente,
idem prepositus, visis et inspectis processibus utriusque partis, pronunciavit quod dictus miles, non obstantibus per ipsum propositis,
coram ipso tenebatur super omnibus predictis contra ipsum propositis
respondere; qui miles a dicto judicato, tamquam falso et pravo, ad nos
appellavit : Auditis igitur dictis partibus in causa appellacionis predicte
et visis processibus et racionibus utriusque partis, ac inspecta con-
nexitate cause predicte, que est inter dominum Regem et homines
predictos, per curie nostre judicium, dictum fuit predictum prepositum bene judicasse, et dictum militem male appellasse, et quod ipse
hoc emendabit.

Martis post octabas Epiphanie.

M. P. de Arreblayo reportavit.

Redditus fuit iste processus preposito Parisiensi.

ENQUÊTES ET PROCÈS. 401

XIV. Lite mota inter Matheum de Moroys, militem, et dictum Salebrase, castellanos nostros Karoli-Loci, ex parte una, et gentes Sancti-
Golmerii ac officiales et gentes comitis Foresii dicte ville Sancti-
Golmerii et de Chateluz, ex altera, super inobedienciis, injuriis,
excessibus ac violenciis et rescussis quibusdam, factis castellanis predictis, agentibus et officialibus predictis suum officium sergentarie
exercendo, in contemptum jurium, ut dicitur, et dampnum ipsorum
castellanorum; inquesta de mandato nostro super hoc facta visa et
diligenter examinata, quia probatum est sufficienter quod, dum
ipsi castellani cepissent quemdam vocatum le Rous, bannitum per
gentes nostras, et quem ipsi insequebantur pro furto cujusdam jumenti, gentes Sancti-Golmerii, cum quodam cornu tubicinando,
cum armis invaserunt dictos castellanos, clamantes: « Salebrase, nisi
« istum dimiseris, percuciam te de isto ense usque ad dentes. » Quibus
non contenti, licet dictus castellanus inhiberet eisdem, ex parte nostra, ne eos impedirent in capcione predicta, dictum malefactorem
rescusserunt eidem, et unum de suis sequacibus atrociter vulneraverunt, eos taliter impugnantes quod, timore mortis, ad ecclesiam
confugerunt, amotis sibi et servientibus qui cum eis erant clipeis et
gladiis quos deferebant, ac duos de equis suis occiderunt et tercium
vulneraverunt; item, cum die sequenti, pro premissis apud Chateluz, in terra dicti comitis, vellent gagiare et gagiassent pro causa
predicta, Andreas de Solemeu, prepositus dicti comitis de Chateluz,
cum pluribus secum armatis, usque ad viginti, occurrerit eis, et
pignora que ceperant rescoussit eisdem; propter quod, per curie
nostre judicium, condempnati fuerunt homines dicte ville Sancti-Golmerii in ducentis libris Turonensibus, nobis, pro emenda, solvendis,
et ad reddendum dictis castellanis omnia dampna per hoc sibi illata,
et dictus Andreas in centum libris Turonensibus, nobis, pro emenda,
solvendis; et cum hoc jurisdictio utriusque ville in manu nostra tenebitur, cum omnibus explectis exinde nobis applicandis, usque
ad unum annum a die incepte execucionis judicati hujusmodi in-
choandum.

PHILIPPE IV, 1309.

LES OLIM. III. 51

Greci reportavit.

Istud judicatum ex causa non fuit publicatum, nec de hoc fiat littera ad presens. Sic precepit michi dominus G. de Nogareto [1].

XV. Cum capitulum et cantor Sancti-Frontonis Petragoricensis nobis conquesti fuissent quod, licet ab audiencia curie celerarii dicte ecclesie, que tenetur in parrochia Sancti-Frontonis predicti, ad audienciam curie dicti capituli, consueverit appellari, ipsumque capitulum a tanto tempore de cujus contrario memoria non existit, sit et fuerit in possessione pacifica cognoscendi de causis appellacionum hujusmodi et diffiniendi easdem, ut dicunt, inquisitores nuper a nobis in senescallia Petragoricensi deputati inhibuerunt, ut dicitur, generaliter et de novo, sine causa racionabili, ne de cetero a curia celerarii predicti ad curiam dicti capituli appelletur, et, si appellatum fuerit, appellacio hujusmodi nullius sit momenti; item, quod, licet super alienacionibus rerum immobilium, sitarum infra muros predicte parrochie, consueverint fieri littere testimoniales, unico sigillo dicti capituli per manum cantoris ejusdem ecclesie sigillate, quibus litteris adhibetur et hactenus adhiberi consuevit plena fides in judiciis et extra, cantorque predictus emolumentum dicti sigilli, racione sue cantorie et non capituli, percipere consueverit de antiqua et approbata consuetudine, ut asserit idem cantor, a tanto tempore de cujus contrario memoria non existit, dicti inquisitores inhibuerunt, ut dicitur, et de novo, ne instrumenta super hujusmodi alienacionibus rerum immobilium dicte ville sigillo dicti capituli unico deinceps sigillentur; item, quod, licet jurisdictio temporalis ville Podii-Sancti-Frontonis Petragoricensis in causis civilibus et criminalibus, nobis et dicto capitulo pro indiviso sit communis, nosque et ipsum capitulum simus et fuerimus in possessione creandi notarios publicos ad conficiendum litteras et instrumenta publica sigillanda sigillo communi nobis et capitulo memorato, litterasque concedendi

---

[1] En effet, ce jugement est barré diagonalement avec le mot VACAT, dont la première syllabe est au commencement et la dernière à la fin de la diagonale.

ipsis notariis super creacione ipsorum sigillandas sigillo capituli et senescalli Petragoricensis, a tempore constitucionis ibidem sigilli communis predicti, dicti inquisitores inhibuerunt, ut dicitur, de novo ne de cetero fides adhibeatur litteris et instrumentis notariorum, litteras sue creacionis habencium sigillatas unico sigillo capituli et senescalli nostri predictorum, statuentes fidem adhiberi debere litteris et instrumentis notariorum habencium litteras sue creacionis sigillatas solo sigillo communi nobis et capitulo memorato; que premissa in prejudicium dictorum capituli et cantoris redundare videbantur, ut dicebant; nos super premissis mandavimus veritatem inquiri; Visa igitur inquesta super predictis de mandato nostro facta, propter quosdam defectus in ea repertos, quia non est compertum nos, per procuratorem nostrum in predictis, legittime defensos fuisse, ex causa, curia nostra ordinavit quod procuratori nostro Petragoricensi fiet copia articulorum in inquesta predicta contentorum et nominum testium in ea productorum, et quod ipse dictis articulis iterato respondebit, et defensiones nostras super eis ad plenum proponet, et contrarios articulos, si voluerit, faciet, ac probaciones pro parte nostra super predictis producet, et quod salve remanebunt attestaciones testium ex parte dictorum capituli et cantoris in inquesta predicta productorum; salvo eciam quod, contra testes parcium hinc inde productorum et producendorum, ipse partes hinc inde dicere possint et super eorumdem testium reprobacionibus que fuerint admittende probaciones legittime recipientur; et super omnibus predictis inquesta predicta, jam inchoata, perfecta et completa, ut premissum est, remittetur ad curiam judicanda.

Martis post octabas Epiphanie.

M. G. de Usco reportavit.

XVI. Cum significasset nobis procurator abbatis et capituli Sancti-Frontonis Petragoricensis quod domus que quondam fuit Guillelmi Guidonis, ad manum nostram pro delictis ipsius, ut dicitur, posita, habilis et competens existeret ad tenendam curiam communem in-

ter nos et abbatem et capitulum ecclesie memorate, cum non sit, ut
dicebant, certus locus ad faciendum premissa deputatus; cumque assereret procurator predictus quod medietas dicte domus eisdem abbati et capitulo, jure suo, debebat confiscari, nos super causa dicte
confiscationis ejus tempore et valore dicte domus, aliisque circonstanciis premissa tangentibus, informacionem fieri mandavimus, nostro ad premissa procuratore vocato : Visa igitur super premissis informacione de mandato nostro, ut premittitur, facta, per curie nostre
judicium, dictum fuit quod informacio predicta non judicabitur, cum
facta non fuerit ad finem judicandi, sed, si procurator dictorum abbatis et capituli velit hoc prosequi, nos super premissis, vocatis procuratore nostro et aliis evocandis, plene faciemus inquiri veritatem,
et inquestam hujusmodi judicari et debito fine decidi.

Martis post octabas Epiphanie.

M. G. de Usco reportavit.

XVII. Lite mota coram preposito Parisiensi inter Johannem le Fe-
ron et Eremburgim, ejus uxorem, ex una parte, et Dyonisiam, relictam dicti Huchon, ex altera, super eo quod pars utraque petebat sibi
adjudicari possessionem cujusdam domus site juxta forgiam civitatis
Parisiensis, de qua ostensio fuit facta, cujus domus possessio ad dictam Eremburgim per mortem Robini, filii defuncti Honorii Marescalli, et Johanne, ejus uxoris, devenerat, tamquam proximiori ejus
heredi ab intestato, ut dicebant conjuges supradicti, dicta Dyonisia
contrarium asserente, et dicente se esse in saisina domus predicte,
tanquam proximiorem heredem dicti defuncti Robini, et quod possessionem ejusdem domus apprehenderat antequam dicta Erembur-
gis; inquisito de premissis, dictus prepositus, per suum judicium,
adjudicavit saisinam dicte domus Dyonisie predicte, adjungens quod
impedimentum sibi appositum super hoc per dictos conjuges amoveretur, salva questione proprietatis Eremburgi predicte; a quo judicato, tamquam falso et pravo, dicti conjuges ad curiam nostram appellarunt : Partibus igitur coram nobis, in causa dicte appellacionis,

comparentibus et nichil novi proponentibus, visisque dictis processibus, per curie nostre judicium, dictum fuit predictum prepositum
bene judicasse, et dictos conjuges male appellasse, et quod ipsi hoc
emendabunt.

   Martis post octabas Epiphanie.

   Creci reportavit.

   XVIII. Lite mota coram preposito Parisiensi inter Symonem Wiardi,
apothecarium, civem Parisiensem, ex parte una, et Robertum de Campis, courretarium, ex altera, super eo quod dictus Symon, proponens se emisse a dicto Roberto, anno Domini millesimo trecentesimo
quinto, sexaginta solidos incrementi census, seu annui redditus, sol-
vendos quolibet anno ad quatuor terminos, Parisius, consuetos, petebat dicti redditus arreragia sibi solvi in forti moneta nunc currenti pro
tribus terminis predictis, in quibus dictus Robertus cessaverat, ut dicebat, in solucione redditus predicti, videlicet pro termino festi beati
Remigii, quod fuit anno Domini millesimo trecentesimo septimo, et
pro terminis Nativitatis et Resurectionis Domini immediate sequentibus; dicto Roberto e contrario dicente se teneri solummodo ad solvendum dicta arreragia in debili moneta, que currebat tempore contractus vendicionis predicte, predictus prepositus judicatum suum tulit
pro dicto Symone, predictum Robertum dicto Symoni condempnando
in predictis per eum petitis; a quo judicato, tanquam falso et pravo,
dictus Robertus ad nostram curiam appellavit : Auditis igitur dictis
partibus in causa appellacionis predicte et viso processu predicto, per
curie nostre judicium, dictum fuit predictum prepositum bene judicasse, et dictum Robertum male appellasse et quod ipse hoc emendabit.

   Jovis in festo beati Vincencii.

   M. P. Mangon reportavit.

   XIX. Lite mota coram preposito Parisiensi inter Johannem de Rothomago, cordubenarium, ex una parte, et Johannem de Breban-

Philippe IV,
1309.

cio ac procuratorem Sancti-Maturini Parisiensis, garantizatorem in hac
parte dicti Johannis de Brebancio, ex altera, super eo quod dictus
Johannes de Rothomago saisinam cujusdam domus, site Parisius, ultra Parvum Pontem in Magno Vico, de qua ostencio facta fuit et de
qua dicebat se spoliatum injuste fuisse per defensores predictos, petebat sibi restitui; inquesta facta super hoc per prepositum Parisiensem, dictus prepositus predictos defensores sentencialiter absolvit ab
impeticione predicta dicti Johannis de Rothomago, reservata sibi super hoc questione proprietatis, salvo eciam ipsis delffensoribus omni
jure et interesse quod erga dictum actorem sibi potest competere, virtute litterarum in judicio, in modum probacionis, ab utraque parte
productarum; a quo judicato, tamquam falso et pravo, dictus Johannes de Rothomago ad nostram curiam appellavit : Partibus igitur in
dicta appellacionis causa coram nobis comparentibus, et nichil novi
proponentibus, viso processu partis utriusque, per curie nostre judicium dictum fuit predictum prepositum bene judicasse, et dictum
Johannem de Rothomago male appellasse, et quod ipse hoc emendabit.

— Jovis in festo beati Vincencii.

— Greci reportavit.

XX. Cum mota esset questio inter procuratorem nostrum Petragoricensem, ex una parte, et senescallum et gentes tunc regis Anglie,
ducis Aquitanie, asserentes dictum regem esse dominum superiorem
loci Salvitatis; ex altera, presentibus dominis loci Salvitatis et partem
facientibus, prout procurator ipsorum coram nobis confessus fuit in
jure, super eo quod dicebat idem procurator noster quod, licet nos
essemus et simus in saisina exercendi omnem justiciam altam et bassam in loco de Salvitate et in toto feodo de Camineriis et in omnibus
terris existentibus in dicto feodo, scilicet in tota parrochia Sancti-
Germani et de Monasteriis, de Sancto-Pardulfo et de Dulphal, et de
Sancto-Romano, et de Guisaco et de Anhaco, illi qui se dicunt domini Salvitatis, in quodam loco prope Salvitatem in predicta parro-

chia Sancti-Germani, cuidam auriculam justiciando abscideren in prejudicium dicte saisine nostre; et, quia predicti, licet pluries requisiti
ex parte nostra, quod dictum locum de predicta auricula resaisirent et
factum hujusmodi emendarent, noluerunt hoc facere, senescallus noster Petragoricensis quicquid predicti, qui fecerant dictum factum, habebant in dicta villa Salvitatis, et totam dictam villam ad manum nostram posuit, ponendo eciam ibidem vexillum nostrum et, servientes
nostros; sed gentes tunc regis Anglie, scilicet Augerus Mota, senescallus Agenensis, cum pluribus suis servientibus armatis, ad dictum
locum venientes, post appellacionem ad nos per bajulum de Aymeto
factam, portas ipsius Salvitatis fregerunt, et exinde servientes nostros per scapulas ejecerunt et vexillum nostrum in fossatis projecerunt; adiciens idem procurator noster quod, cum bajulus de Aymeto
animalia quorumdam hominum de Salvitate, justiciando, cepisset et
ea secum duceret, plures homines de Salvitate et servientes quidam
dicti regis Anglie, una cum eis de villa predicta, armati exierunt et
bajulum predictum cum armis fugaverunt, et predicta animalia rescusserunt eidem; petebatque dictus procurator noster predicta nobis
emendari, et, nos in saisina exercendi omnem justiciam in locis predictis debere remanere, pronunciari, senescallo et gentibus dicti regis Anglie, nomine quo supra, plura ad sui defensionem proponentibus, ex adverso, et asserentibus quod domini loci predicti Salvitatis,
cujus loci dicebant dictum regem Anglie esse dominum superiorem
in omnibus, erant in saisina exercendi omnem justiciam in locis predictis et eciam in parrochia de Busseto, et requirentibus manum nostram, in dictis locis appositam, amoveri : Visa igitur inquesta super
hiis de mandato curie nostre facta, visis eciam omnibusque dicte partes in hujusmodi [questione] proponere voluerunt, quia inventum
fuit dictum procuratorem nostrum excessus predictos per eum propositos contra gentes predictas dicti regis Anglie liquide probavisse,
et eumdem procuratorem nostrum, quantum ad saisinam predicte
justicie locorum omnium predictorum, excepta parrochia de Anhaco,
intencionem suam melius probavisse, per curie nostre judicium dice-

tum fuit nos esse et remanere debere, tamquam partem, jure nostro, in saisina exercendi omnem justiciam altam et bassam in locis pre dictis, salva tamen, super hoc, parti adverse, questione proprietatis, et dictam partem adversam esse in saisina exercendi jurisdictionem in dicta parrochia de Anhaco, et in ea remanere debere, salva nobis in hujusmodi questione proprietatis; et manus nostra, ibidem apposita, fuit amota, et eciam manus nostra, apposita in dicta parrochia de Bus seto, fuit amota, salva nobis questione proprietatis et possessionis ju risdictionis in loco predicto; et, pro excessibus predictis, liquide pro batis, dictum fuit quod gentes dicti regis Anglie hoc emendabunt; quam emendam postea curia nostra, contra dictum Augerum Mota, tunc senescallum Agenensem, taxavit ad quinque millia librarum Tu ronensium, nobis, pro emenda predictorum, solvenda.

Jovis ante Candelosam.

Cuillier reportavit.

XXI. Visa inquesta facta inter abbatem Obazine, ex parte una, et Bertrandum et Armandum de Gramaco, fratres, milites, et eorum consortes, ex altera, super eo quod dicebat dictus abbas quod dicti milites et eorum consortes injuriose fecerant occidi quosdam boves ipsius abbatis; cum inventum fuerit dictam inquestam non esse com pletam, per curiam dictum fuit quod dicta inquesta remittetur ad perficiendum per majorem judicem senescallie Petragoricensis, voca tis partibus, et Johanne Calveti, procuratore nostro senescallie Petra goricensis.

Jovis predicta.

Cuillier reportavit.

Procurator Petragoricensis habuit eam.

XXII. Mota questione inter prepositum nostrum Creciaci, nomine nostro, ex una parte, et homines villarum Coulliaci et de Sancto-Germano, ex altera, super eo quod idem prepositus, nomine nostro, petebat dictos homines compelli ad contribuendum refectioni pontis

PHILIPPE IV,
1309.

Coulliaci, ad cujus refectionis contribucionem dicebat eos teneri, tam racione generalis consuetudinis castellanie Creciaci, in qua et de qua castellania sunt dicte ville, quam pluribus aliis racionibus; dictis hominibus contrarium asserentibus et dicentibus quod nos, tam racione pedagii quod ibidem percipimus, quam pluribus aliis racionibus, ad ejusdem pontis refectionem tenebamur : Tandem, mandavimus veritatem super premissis, partibus vocatis, inquiri, et, quia per inquestam, super hoc de mandato nostro factam et per curiam nostram diligenter inspectam, auditis utriusque partis racionibus, non apparet dictos homines aliquid probavisse quominus ad dictam contribucionem teneantur, et ex parte dicti prepositi, nomine nostro, sufficienter probatum est quod, de consuetudine castellanie Creciaci predicte, homines villarum et locorum circompositorum castellanie predicte, in quibus sunt pontes, ex illis pontibus aisiamentum habentes, tenentur ad contribuendum refectioni ipsorum poncium, quociens opus est, quamvis nos, in dictis villis et pontibus, pedagium percipiamus : Per curie nostre judicium dictum fuit predictos homines teneri ad contribuendum refectioni pontis Coulliaci supradicti.

Jovis in festo beati Vincencii.

M. Droco reportavit.

XXIII. Cum, in curia dominorum terre de Hauton, site Parisius, lite mota inter Gaufridum le Breton, ex parte una, et Fulconem dictum le François, ex altera, super proprietate cujusdam domus seu grangie, site Parisius, in vico Rosariorum, que quondam fuit Thome d'Ierre et Johanne, ejus filie, quam dictus Gaufridus ad se asserebat pertinere, petens sibi adjudicari eandem, predicti domini dicto Gaufrido predictam domum seu grangiam adjudicassent, et a dicto judicato, tanquam a falso et pravo, dictus Fulco ad prepositum Parisiensem appellasset, idem prepositus, in dicta appellacionis causa procedens, pronunciavit bene judicatum et male appellatum fuisse; a cujus prepositi judicato, tanquam falso et pravo, dictus Fulco ad nostram curiam iterato appellavit : Auditis igitur, in curia nostra, dictis partibus, et diligenter inspectis processibus antedictis, per curie nostre judicium dictum fuit, predictum prepositum bene judicasse, et dictum Fulconem male appellasse, et quod ipse hoc emendabit; et mandabitur execucioni judicatum predictum.

Jovis in festo beati Vincencii.

M. P. Maugon reportavit.

XXIV. Lite mota inter procuratorem nostrum ballivie Bituricensis, ex parte una, et dominum de Benegon, ex altera, super eo quod dictus dominus, ad mandatum servientis domini Regis prepositure de Duno-Regis, per ballivum Bituricensem ad hoc sibi specialiter destinati, precipientis eidem, ex parte domini Regis, quod Johannem de Bituris, clericum, quem, ut dicebatur, captum detinebat, redderet eidem servienti, respondit eidem quod eum non habebat nec detinebat, et, si eum haberet, non redderet eum sibi de uno mense nec de sex septimanis, pro Rege vel Regina aut eorum preposito vel ballivo; qui postea, propter hoc vocatus et ad racionem positus, coram preposito nostro de Duno, similia eidem verba repeciit et respondit; ac super eo quod Stephanum de Lurci, servientem communis justicie nostre et prioris de Lurci, in dicta villa de Lurci injuriose verberavit, et ipsum, propter injurias que sibi inferebantur, clamantem ad mortem et, se servientem nostrum dicentem, de martello cujusdam fabri in capite percussit usque ad magnam sanguinis effusionem, dicendo : « Tien, de par le Roy, ce sera tien : » Inquesta super hiis per commissarios a nobis deputatos facta, et per nostram curiam visa et diligenter inspecta, quia premissa, tam per ejus confessionem quam per testes contra ipsum super hoc productos, inventa sunt sufficienter probata, per curie nostre judicium, dictus dominus condempnatus fuit in quadringentis libris Turonensibus, nobis, pro emenda, et in viginti libris Turonensibus, dicto Stephano de Lurci, pro injuria sibi facta, solvendis; et, per idem judicium, dictum fuit quod nichilominus inquesta per magistros Johannem de Hospitali et Petrum Champion, virtute commissionis per litteras domini Regis eis facte, ad instan-

PHILIPPE IV, 1309.

ciam procuratoris nostri inchoata, contra dictum dominum super dicti clerici injuriosa detencione et ipsius extra regnum nostrum ductione, et aliis articulis in dicta inquesta contentis, perficietur ad finem civilem et ad nostram curiam judicanda remittetur.

Veneris ante Candelosam.

Creci reportavit.

Auditores sunt M. P. de Arreblayo et P. de Fontenayo, miles.

XXV. Lite mota in curia nostra inter Johannam de Longueval, dominam de Basantin, ex una parte, et Katherinam de Longueval, filiam quondam Auberti de Longueval, militis, tamquam tenentem baillum Auberti de Longueval, fratris sui, et heredis dicti defuncti Auberti, militis, ex altera, super eo quod dicta Johanna asserebat quod Guillelmus de Longueval, miles, pater dicte Johanne, tempore quo ipse vivebat, promisit sibi, pro avisamento seu maritagio suo, duo millia et quingentas libras Parisienses, accipiendas super totam terram suam et solvendas post mortem dicti Guillelmi, quolibet anno quingentas libras Parisienses, quousque fuisset eidem Johanne satisfactum ad plenum de dicta pecunie summa; dicebat eciam quod dictus pater suus voluit et ordinavit quod dicta Johanna haberet quadraginta libras Parisienses, quolibet anno, post mortem ipsius patris, supra totam terram ac hereditatem suam, pro suo victu et vestitu, quousque de dicta pecunie summa fuisset sibi plenarie satisfactum; dicebat eciam quod dictus Aubertus, filius et heres predicti Auberti, post mortem dicti Guillelmi, voluit et approbavit dictas convenciones et dictum avisamentum, et de aliis trecentis libris augmentavit dictum avisamentum, et quod, pro omnibus predictis adimplendis, obligaverunt dicti Guillelmus et Aubertus omnia bona sua et heredes suos, et promiserunt eciam reddere omnia dampna et deperdita que sustineret dicta Johanna, racione defectus solucionis predictorum, et quod, approbando omnia predicta, solvit dictus Aubertus eidem Johanne de dicta summa pecunie certam partem, ita quod non restabant ad solvendum de predictis nisi duo millia centum et viginti

52.

libre ; dicebat eciam dicta Johanna quod ipsa dictum Aubertum, fratrem suum, tempore quo ipse vivebat, pluries requisivit ut eidem solveret duo millia et centum et viginti libras predictas, et quod ipsa,
dicto Auberto defuncto, predictam Katherinam, statim quod ipsa accepit baillum dicti Auberti, fratris sui, sufficienter requisivit, tamquam
tenentem baillum predictum, quod ipsa solveret eidem dictas pecunie summas et eciam predictas quadraginta libras annui redditus, pro
victu suo ; que omnia, ut ipsa dicebat, predicti Aubertus, frater, et Katherina omnino facere recusarunt ; dicebat eciam dicta Johanna quod,
secundum usum patrie ubi convenciones predicte fuerunt facte, quicumque accipit baillum tenetur solvere omnia debita illius cujus accipit baillum et omnia deperdita que sustinerent dicti bailli creditores, racione defectus solucionum dictorum debitorum, quare petebat
dicta Johanna mille libras Parisienses a dicta Katherina, racione arre-
ragiorum predictarum quadraginta librarum Parisiensium sibi assi-
gnatarum pro suo victu et vestitu, cum fuerit, ut dicebat, cessatum
in earum solucione per spacium viginti quinque annorum ; petebat
eciam quatuor millia et sexcentas libras pro dampnis suis, racione
defectus solucionis duorum millium et centum et viginti librarum Parisiensium predictarum ; ad que omnia petebat dicta Johanna predictam Katherinam, nomine quo supra, condempnari et compelli ; predicta Katherina in contrarium dicente, et asserente se ad predicta non
teneri, pro eo maxime quod, si dicta Johanna habuit umquam predictas convenciones cum dicto patre suo, ipsa tamen, ut dicebat, fecit
novas convenciones cum dicto Auberto, fratre suo, quando ipse avisamentum predictum augmentavit de trecentis libris predictis, et quod
dicta Johanna, racione augmenti predicti, renunciavit omnibus predictis convencionibus habitis cum dicto patre suo, et ab eisdem omnino recessit ; dicente eciam dicta Katherina quod dicta pecunia, pro
avisamento predicto promisso, secundum convenciones dictarum
parcium, debebat converti in hereditagium tali modo quod, si dicta
Johanna decederet sine liberis, dictum hereditagium deveniret ad
ipsum Aubertum vel heredes suos ; quam conversacionem[1] dicta

[1] Lisez conversionem.

Philippe IV,
1309.

Johanna omnino facere recusavit, ut dicebat, pluresque raciones, defensiones et consuetudines proposuit dicta Katherina, per quas ipsa dicebat se ad predicta non teneri: Tandem, inquesta super premissis facta, visa et diligenter examinata, quia inventum est sufficienter probatum dictam Johannam renunciasse predictis convencionibus prius habitis cum dicto patre suo, super quibus ipsa fundaverat peticionem suam, et eciam ab eisdem omnino recessisse, per curie nostre judicium, dicta Katherina, nomine quo supra, ab impeticione predicta dicte Johanne fuit sentencialiter absoluta; hoc tamen eidem Johanne per dictum judicium, reservato quod, si ipsa credat se actionem habere contra dominum de Biaumes et dictam Katherinam, ad aliqua dampna et deperdita, racione retardate solucionis dicte summe pecunie, ab anno Domini millesimo ducentesimo nonagesimo sexto, mense maii, quo anno promiserunt predicti dominus de Biaumes et Katherina se, ad certos terminos, solvere dicte Johanne predictam summam pecunie, videlicet duo millia et centum et viginti libras Parisienses, et eciam omnia dampna et deperdita pro defectu solucionis predicte, prout in litteris super hoc confectis plenius continetur, super hoc audietur, et fiet sibi, partibus vocatis, justicie complementum.

Jovis post Candelosam.

Bocellus reportavit.

XXVI. Lite mota inter Perronetum Mal-Vin et Girardam, ejus uxorem, ex parte una, et Johannem Castelli, fratrem dicte Gerarde, ex altera, coram judice temporali curie episcopi Cabilonensis, super eo quod dicti conjuges, racione dicte Gerarde, petebant a dicto Johanne terciam partem omnium bonorum mobilium et immobilium que fuerunt defuncti Johannis Castelli et Damione, ejus uxoris, quondam parentum dictorum Johannis et Geralde; dicto Johanne dicente quod ad ipsum, justo titulo, scilicet vendicionis, dicta tercia pars pertinebat : Tandem, pluribus racionibus propositis super hiis hinc et inde, et inquisita super predictis veritate per ballivum dicti episcopi, idem

ballivus, per suum judicium, predictum Johannem in predictis, per
dictos conjuges petitis, sentencialiter condempnavit eisdem; a quo
judicato, tanquam falso et pravo, dictus Johannes appellavit ad ballivum nostrum Matisconensem; qui ballivus Matisconensis, in dicta
appellacionis causa procedens, auditis parcium racionibus hinc et inde
et viso processu predicto, judicatum predictum per suum judicium
confirmavit; a cujus judicato et confirmacione, tanquam falsis et pra-
vis, dictus Johannes iterato ad nostram curiam appellavit. Partibus
igitur predictis in causa dicte appellacionis in nostra curia constitutis
et nichil novi proponentibus, visisque diligenter processibus antedictis, per curie nostre judicium dictum fuit predictos ballivos bene judicasse et dictum Johannem male appellasse, et quod ipse hoc emendabit, et mandabitur execucioni judicium predictum.

Jovis predicta.

Creci reportavit.

XXVII. Lite mota in curia nostra inter Symonem de Espernone
et Johannem de Noisi, ex parte una, et magistrum Johannem de Pruvino, ex altera, super eo quod dicti agentes dicebant quod dictus magister Johannes, vel alius, ejus nomine, ipso ratum habente, vendiderat eisdem constumam barre pontenagii pontis Sancti-Clodoaldi,
gentibus dicte ville a nobis, ut dicitur, concesse pro refectione ipsius
pontis, a festo beati Johannis-Baptiste, quod fuit anno Domini millesimo trecentesimo septimo, usque ad duos annos immediate et continue subsequentes, pro quingentis et sexaginta libris Parisiensibus;
de qua pecunie summa dictus magister Johannes ab ipsis emptoribus receperat, ut dicebant, centum et octoginta libras, tres solidos
et quatuor denarios Parisienses, una vice, et quod postea ipsi de centum et triginta quatuor libris Parisiensibus, tam extradicione pannorum eidem magistro Johanni a dicto Symone venditorum, quam alias,
exinde satisfecerant eidem, ut dicebant; unde, cum ipsi emptores
impediti essent, ut dicebant, in empcione predicta per procuratores
fabrice ecclesie Sancti-Germani-Autisiodorensis Parisiensis, virtute

cujusdam gracie eidem fabrice a nobis facte, qui procuratores iterato petunt ab eisdem emptoribus summam predictam, et ipsos super dicta constuma molestabant, adeo quod non possunt nec potuerunt hactenus dictam constumam levasse; petebantque dictum magistrum Johannem, per curiam nostram, condempnari ad hoc quod ipse magister Johannes ipsos redderet indempnes de summis pecuniarum predictis erga procuratores predictos, et ipsos emptores de premissis deliberaret erga procuratores eosdem, et pro dampnis que ipsi emptores, propter defectum dicti magistri Johannis, sustinuerunt in predictis, ut dicebant, centum libras Parisienses redderet eisdem; dicto magistro Johanne negante dictam vendicionem per se seu nomine suo factam fuisse, et, pluribus racionibus quas ad finem contrarium proponebat, dicente se ad predicta minime teneri; tandem, auditis hinc inde propositis super predictis, inquiri fecimus, vocatis partibus, veritatem : Inquesta igitur super hiis facta visa et diligenter examinata, per curie nostre judicium, dictus magister Johannes condempnatus fuit dictis emptoribus ad reddendum ipsos super premissis indampnes, et ad deliberandum eosdem erga dictos procuratores fabrice predicte de centum et octoginta libris tribus solidis et quatuor denariis Parisiensibus, ex parte una, et, ex alia parte, de septuaginta libris Parisiensibus, de quibus litteras suas quittacionis dederat idem magister Johannes Symoni predicto; item, de sexaginta et quatuor libris Parisiensibus, quas, ex alia parte, recepit idem magister Johannes a dicto Symone in precio pannorum eidem magistro Johanni a dicto Symone venditorum, de quibus pecuniarum summis omnibus predictis sufficienter constat, tam per litteras quam per confessionem dicti magistri Johannis, predictos emptores, racione empcionis predicte, satisfecisse magistro Johanni predicto.

Jovis predicta

Creci reportavit.

XXVIII. Cum Johannes de Falevi, coram ballivo Viromandensi, in judicio, presentibus hominibus nostris feodalibus castellanie Montis-

Desiderii, peticionem seu requestam faceret super eo videlicet quod,
cum defunctus Johannes de Falevi, miles, pater ipsius, tempore quo
ipse vivebat, fuisset et esset in possessione et saisina omnium bonorum hereditariorum que fuerant defuncti comitis quondam Pontivi,
patris dicti militis, et de quibus dictus miles, dum vivebat, nobis et
aliis dominis temporalibus, a quibus tenebantur, fecerat homagium,
dictusque Johannes dicto militi, tanquam ejus primogenitus et heres, in bonis predictis successerat, et, post ejus obitum, possessionem
pacificam eorumdem habuerat et saisinam, nobisque et aliis dominis temporalibus, a quibus tenentur, homagium fecerat de eisdem,
ut dicebat; nichilominus, Radulphus de Nigella, armiger, et patruus
ejusdem Johannis, in saisina predicta dictum Johannem indebite et
sine causa perturbabat et impediebat, bona dictorum hereditagiorum
levando et eciam asportando; quare petebat dictus Johannes impedimentum per dictum Radulphum in saisina predicta sibi appositum amoveri, et bona exinde per dictum Radulphum indebite levata
et asportata, sibi restitui, ipsumque in sua saisina predicta pacifice
conservari et ab omni violencia et injuria defendi, cum ad hoc faciendum, de consuetudine patrie notoria ac eciam de mandato nostro
speciali, dictus ballivus teneretur, ut dicebat; dicto Radulpho plures
raciones ex adverso proponente, et dicente quod peticionem seu requestam predictam dicti Johannis prefati ballivus et homines feoda-
les facere minime tenebantur, pro eo quod, cum dictus comes Pontivi, pater dicti Radulphi, tempore quo ipse vivebat, et eciam tempore
quo ipse decessit, haberet et possideret plura bona hereditaria, tam
in Viromandia quam in Belvacinio et alibi; dictusque Radulphus dicto
comiti, tamquam ejusdem filius ultimo natus, in bonis predictis pro
certis porcionibus ad ipsum, de consuetudine notoria locorum ubi
dicta bona consistunt, pertinentibus, successerit, videlicet in quinta
parte feodorum Viromandie, et in tercia parte feodorum Belvacinii,
et in media parte aliorum bonorum censualium ubicumque existencium; dictusque Radulphus, post obitum dicti comitis, patris sui,
fuerit in saisina bonorum predictorum pro porcionibus antedictis ad

se pertinentibus, ac ex eisdem fructus et exitus, vivente et sciente dicto Johanne, fratre suo primogenito, perceperit et habuerit, ac eciam, post mortem fratris sui predicti, in saisina bonorum predictorum pacifice remanserit; quare dicebat dictus Radulphus quod, cum ipse, tam de consuetudine notoria locorum predictorum quam eciam de facto, fuisset et esset in saisina bonorum predictorum, et, ex causa predicta, peticionem seu requestam predictam dicti Johannis, nepotis sui, non esse admittendam, ipsumque Radulphum in sua saisina predicta per dictum ballivum debere teneri ac conservari; et deinde, multis consuetudinibus, racionibus, defensionibus et aliis factis, invicem contrariis, ab utraque parte propositis, que dicte partes, tam per testes, et potissime dictus Radulphus per instrumenta que in promptu se habere dicebat, offerebant se sufficienter probaturos; tandem, lite super premissis legittime contestata, dictus ballivus, per judicium hominum feodalium predictorum, nullis prorsus probacionibus super premissis receptis vel auditis, pronunciavit quod dictus Johannes haberet saisinam omnium hereditagiorum quorum pater suus, tempore quo ipse vivebat et eciam tempore quo ipse decessit, erat in saisina, et que fuerunt comitis quondam Pontivi, patris Radulphi supradicti; a quo judicato, tanquam falso et pravo, dictus Radulphus ad curiam nostram appellavit: Auditis igitur, in causa dicte appellacionis, predictis partibus, et visis processibus supradictis, per curie nostre judicium dictum fuit predictos ballivum et homines male judicasse et dictum Radulphum bene appellasse, et quod dictum judicatum non mandabitur execucioni, et quod dicti homines hoc emendabunt.

Jovis predicta.

Thibotot resportavit.

XXIX. Cum, coram ballivo nostro Aurelianensi, inter prepositum nostrum de Evra-Castro, pro nobis, ex una parte, et Johannem de Biau-Mont, militem, pro se, ex altera, mota fuisset controversia super hoc quod dictus prepositus dicebat nos fuisse et esse in saisina

Philippe IV,
1309.

justiciandi et exercendi omnimodam altam justiciam in villa de Mangecourt, in territorio dicte ville, et in appendiciis ejusdem, dicto
milite in contrarium asserente saisinam dicte alte justicie ad se pertinere, et super hoc dictus ballivus, de consensu parcium, inquiri
fecisset veritatem: Inquesta igitur super hoc, partibus vocatis, facta,
et, de mandato nostro, ad curiam nostram asportata ac diligenter inspecta, per curie nostre judicium dictum fuit saisinam dicte alte justicie ad nos et non ad dictum militem pertinere, ac nobis remanere
debere, salva super hoc dicto militi questione proprietatis.

   Jovis predicta.

   M. H. de Sancto-Paulo reportavit.

   XXX. Cum ballivo nuper Viromandensi, sub certa forma, facta
fuisset per litteras nostras commissio super debato in curia nostra
pendente inter majorem, juratos et communiam ville de Condeto, ex
parte una, et condominos ville de Seri, ex altera, super saisina pas-
turagii cujusdam marisci, et quibusdam aliis articulis in dicta commissione contentis, tandem, inquesta super hoc facta et ad curiam
nostram pro judicando reportata, dictorum majoris, juratorum et communie procurator instanter peciit dictam inquestam videri et judicari,
Guillelmo de Cruce, domino pro parte, ut dicitur, dicte ville, se in
hujusmodi opponente et plures defectus contra dictam inquestam
proponente, et maxime quia dictus ballivus, cui super hoc facta fuerat commissio, eandem non fecerat, sed commiserat alio faciendam,
quod, secundum formam commissionis super hoc sibi facte, non potuit facere, ut dicebat; quibus auditis, precepit curia quod dicta inquesta videretur, ad sciendum per eam super dictis defectibus propositis veritatem: Visa igitur dicta inquesta ad finem predictum, per
curie nostre judicium dictum fuit quod dicta inquesta, propter defectus in ea repertos, reficietur, et fiet iterato super hoc commissio
secundum priorem tenorem.

   Jovis predicta.

   Pasquerius reportavit.

PHILIPPE IV,
1309.

XXXI. Inter Colinum de Castro, ex una parte, et Johannem de Guynes, ex altera, mota discordia super custodia geole ville de Moritonio, utroque proponente dictum officium, per litteras domini Regis, usque ad suum beneplacitum sibi esse collatum, super racionibus et defensionibus ab utraque parte propositis, mandavit dominus Rex sciri, vocatis partibus, veritatem : Auditis igitur super hoc, in curia nostra, dictis partibus, ac processu super predictis, vocatis partibus, facto et per ballivum Constanciensem ad nostram curiam asportato, diligenter inspecto, visisque litteris parcium predictarum, curia nostra predictum officium dicto Colino deliberavit, ab ipso tenendum quamdiu placuerit domino nostro Regi, super hoc imposito silencio Johanni predicto.

Jovis predicta.

XXXII. Ballivo Senonensi : Visa informacione, virtute litterarum nostrarum vobis directarum, facta, videlicet, utrum magis expediret nobis et patrie quod loca contenta in peticione monachorum de Barbael, contra Petrum de Brocia, hostiarium nostrum armorum, edita, et habitatores eorumdem locorum, sint de adjornamentis et justicia prepositi Meleduni, quam majoris et prepositi de Herici et de Castelleyo, per curiam nostram inventa fuit defectiva, pro eo quod non fuit inquisitum quid hactenus et a quanto tempore super hoc extitit consuetum et observatum, videlicet de cujus dictorum locorum ajornamentis et justicia sint loca predicta et habitaciones eorum; item, si homines et habitatores villarum locorum predictorum, super hoc specialiter in locis predictis congregati, consentire vellent voluntarie, pro se et successoribus suis, omnes videlicet vel major pars eorum, de qualibet villa distincte, quod dicta loca et ipsorum habitatores imperpetuum essent de ajornamentis et justicia dicti prepositi Meledunensis et non majoris et prepositi de Herici et de Castelleyo; nos dictam informacionem, sub signo nostre camere placitorum, vobis mittentes inclusam, mandamus vobis quatenus de predictis duobus articulis et ceteris eorum circonstanciis, vocatis qui fuerint evo-

PHILIPPE IV,
1309.

candi, inquiratis cum diligencia veritatem, et inquestam hujusmodi, omnino completam, quamcicius curie nostre mittatis sub vestro fideliter inclusam sigillo.

Jovis predicta.

XXXIII. Lite mota inter consules de Manso-Sanctarum-Puellarum, ex parte una, et consules Castri-Novi-de-Arrio, ex altera, coram judice nostro Lauraguesii, ad hoc auctoritate litterarum nostrarum deputato, super eo quod dicti consules predicti Mansi dicebant quod, cum ipsi essent in saisina levandi contribucionem ad eorum talliam a commorantibus in decimario Sancti-Saturnini-de-Almannis, petebantque, non obstante impedimento apposito super hoc eisdem per super-bajulum Castri-Novi-de-Arrio, se tueri in saisina sua predicta; dictis consulibus Castri-de-Arrio in contrarium se opponentibus, et dicentibus quod ad ipsos et non ad illos de Manso predicto premissa pertinebant, et quod ipsi erant in saisina tailliandi eosdem habitatores, quociens casus se offerebat, essetque in dicta causa adeo processum quod non restabat nisi diffinire, senescallus Tholosanus, nulla facta mensione de processu predicto adhuc pendente, mandavit litteratorie dicto judici Lauraguesii ut predictum locum de Almannis, infra quem locus de Galga-Folia est situatus, teneret et teneri faceret sub bajulia dicti Mansi-Sanctarum-Puellarum, et quod pignora, propter dictam talliam capta per super-bajullum de Castro-Novo, restitui faceret hominibus dicti Castri; quod mandatum dictus judex, in nostrum et universitatis predicte de Arrio prejudicium, ut dicebant, fuit executus; propter quod dicti consules Castri-de-Arrio ad nos appellarunt; quam appellacionem per supplicacionem admisimus, et dictum negocium ad predictum senescallum remisimus, mandantes eisdem ut gravamina, si que super hoc dictis appellantibus illata fuissent, amoveret, alioquin causam ad nostram curiam remitteret sufficienter instructam; qui judex Lauraguesii, per dictum senescallum iterato super hoc deputatus, inquisito de premissis, per suum judicium, pronunciavit quod mandatum predictum de restituen-

dis pignoribus, racione dicte tallie captis in loco predicto de Almannis per super-bajullum de Arrio, pendentibus processibus primis, factum, reduceretur in statum pristinum in quo erat tempore quo primo
littera dicti senescalli super hoc ad dictum judicem emanavit, et alia
in dictis litteris senescalli predicti contenta in suo robore permane-
rent; a qua sentencia pars utraque, in quantum contra ipsum lata
erat, ad nostram curiam appellavit : Partibus igitur predictis in dicta
appellacionis causa in nostra curia comparentibus et auditis, visisque
processibus omnibus supradictis, per curie nostre judicium dictum
fuit predictum judicem, quantum ad restitucionem dictorum pignorum in pristinum statum faciendam, bene pronunciasse ; et dictos
consules de Manso predicto male appellasse ; quantum vero ad alia in
dicto judicato contenta, ipsum judicem male judicasse, et dictos consules de Arrio super hoc bene appellasse.

Dominica post Candelosam.

Creci reportavit.

XXXIV. Lite mota coram ballivo Hugonis de Bovilla, militis et
cambellani domini Regis, inter Johannam, relictam defuncti Petri le
Coup, de Capella, armigeri, Mathildim et Johannam, filias et heredes dicti defuncti Petri, ex parte una, et Guerinum dictum Mou-
net, nomine suo et nomine procuratorio quorumdam aliorum hominum ville de Capella in eorum procuratorio contentorum, ex altera,
super eo quod dicebant dicte domicelle quod, cum dicto Petro, tempore quo ipse vivebat, tanquam prodigo et bonorum suorum dissipatore, ad requisicionem amicorum ejusdem, ex parte domini Regis,
administracio bonorum suorum fuisset totaliter interdicta, et publice
et solempniter in villis de Capella, de Gressibus et aliis locis vicinis
proclamatum ne quis dicto Petro venderet seu ab eodem emeret vel
alias contraheret quomodolibet cum eodem; petebantque dicte domicelle vendiciones, permutaciones seu alienaciones quarumdam hereditatum, de quibus facta fuit ostensio, quas hereditates, tanquam
suas, tenebat et possidebat, tempore dicti interdicti, predictus Petrus,

post et contra interdictum et prohibicionem predictas, ab ipso Petro
in dictum Garinum et alios in dicto procuratorio contentos, seu ab
eisdem causam habentes, factas, et contractus super eis habitos post
dictum interdictum, declarari esse nullos, et dictas hereditates ad easdem pertinere debere, et dictos emptores ad restitucionem premissorum sibi condempnari, una cum fructibus inde perceptis et qui percipi potuerunt; dicto Garino, nomine quo supra, multis racionibus,
dicente premissa fieri non debere, et quod dictus Petrus, toto tempore vite sue, non obstante dicto interdicto, si unquam factum fuit,
vendebat, emebat, et alias contrahebat, tanquam discretus et dili-
gens rerum suarum administrator, et quod gentes domini Regis contractus ipsos sigillabant et cum eodem contrahebant; item, quod uxor
ipsius Petri dictis contractibus suum prebuit assensum; facta igitur
super premissis inquesta, dictus ballivus, per suum judicium, pronunciavit dictas domicellas intencionem suam super hiis sufficienter
probavisse, et vendiciones, permutaciones seu alienaciones predictas,
contractus predictos debere totaliter anullari, et dictas hereditates
debere reverti in statu illo in quo erant tempore dictarum alienacio-
num et contractuum predictorum, non obstantibus propositis ex adverso; a quo judicato, tanquam falso et pravo, dictus Garinus ad
nostram curiam, quo supra nomine, appellavit: Auditis igitur in causa
dicte appellacionis predictis partibus, et earum racionibus plenius
intellectis, ac viso diligenter processu predicto, per curie nostre judicium dictum fuit predictum ballivum bene judicasse et dictum Garinum, quo supra nomine, male appellasse, et quod ipse hoc emendabit.

Dominica post Candelosam.

Roya reportavit.

XXXV. Lite mota coram ballivo Aurelianensi, inter Benedictam,
relictam Benedicti de Gontart, et liberos ejusdem, ex parte una, et
nunc defunctum Johannem le Picart, dum viveret, et Thomam de
Magduno, ejus generum, ex altera, super eo quod dicta Benedicta et

ejus liberi vendiciones seu alienaciones quarumdam hereditatum ipsius Benedicte et dicti Benedicti, dum viveret, de quibus facta fuit ostensio, pretextu debitorum ipsorum conjugum, per Symonem de Courthaus, tunc prepositum Aurelianensem; in dictos Johannem et Thomam, per dolum et fraudem eorumdem, ut dicebant, minus racionabiliter et contra patrie consuetudinem factas fuisse, pluribus racionibus petebant revocari et anullari, et dictas hereditates sibi deliberari et reddi, dictis Johanne et Thoma in contrarium asserentibus dictas vendiciones rite et juste ac cum judicis auctoritate et decreto factas fuisse; auditis igitur partibus et inquisita veritate super premissis, per dicti ballivi judicium, pronunciatum fuit dictam Benedictam et ejus liberos intencionem suam super hoc sufficienter probavisse, et quicquid de hereditatibus predictis tenet dictus Thomas, tam racione dicte empcionis quam racione successionis ipsius defuncti Johannis, eidem Benedicte et liberis suis debere deliberari et reddi, dictum Thomam ad hoc, per dictum judicium, condempnando, prout in dicto judicato plenius continetur; a quo judicato, tanquam falso et pravo, dictus Thomas ad nostram curiam appellavit: Auditis igitur dictis partibus in causa appellacionis predicte, et viso processu predicto, et parcium racionibus plenius intellectis, per curie nostre judicium dictum fuit predictum ballivum bene judicasse, et dictum Thomam male appellasse, et quod ipse hoc emendabit.

Dominica post Candelosam.

Roya reportavit.

XXXVI. Cum lis mota esset inter majorem et juratos Silvanectenses, ex parte una, et abbatem et conventum de Victoria, ex altera, super eo videlicet quod dicti major et jurati dicebant se et predecessores suos fuisse et esse in saisina justiciandi et justiciam exercendi in loco qui vulgariter dicitur les Brueres, nichilominus dicti religiosi seu alii, nomine ipsorum, indebite et de novo predictos majorem et juratos in saisina predicta turbaverant et impediverant, ut dicebant, capucium cujusdam mulieris, que ibidem brueriam colligebat, justiciando, capiendo et asportando; que prisia fuerat et erat, ad requestam dictorum majoris et juratorum, in manu nostra, tanquam in manu superioris posita; quam prisiam dicti major et jurati petebant sibi tradi et deliberari, et dictum impedimentum in saisina predicta, per religiosos predictos appositum, amoveri; dictis religiosis proponentibus, ex adverso, quod ipsi fuerunt et sunt in bona saisina justiciandi et justiciam exercendi in loco predicto, et quod predicti major et jurati dictos religiosos indebite et de novo in saisina predicta impediverant et turbaverant, et quod ipsi religiosi prisiam dicti capucii in loco predicto rite fecerant, utendo saisina sua predicta, quare petebant dicti religiosi prisiam antedictam sibi reddi, et impedimentum predictum, per dictos majorem et juratos in saisina predicta sibi per hoc appositum, amoveri: Auditis igitur partibus et visa inquesta super premissis de mandato nostro facta, quia repertum est dictos religiosos plenius et liquidius intencionem suam super hoc probavisse, per judicium curie nostre dictum fuit prisiam antedictam dictis religiosis debere reddi et deliberari, et impedimentum per dictos majorem et juratos eisdem religiosis in saisina predicta appositum debere amoveri, et ipsos religiosos in saisina predicta justiciandi in loco predicto remanere debere, questione proprietatis dictis majori et juratis super hoc salva remanente.

Dominica post Candelosam.

Tibotot reportavit.

XXXVII. Lite mota in curia nostra inter episcopum Nivernensem, ex una parte, et comitem Nivernensem, ex altera, super eo quod dictus episcopus dicebat quod predictus comes aut ejus gentes Johannem et Laurencium la Bise, clericos et in possessione clericatus existentes, pro suspicione raptus cujusdam mulieris, ceperat et detinebat, propter quod ejusdem comitis ballivus et gentes, per officialem Nivernensem moniti super eorum reddicione, obedire noluerunt monicioni predicte, et quod postea, per servientes nostros, inhibitum

fuit ipsi comiti ne ipsos clericos ad alios carceres seu alia loca trans-
ferret; quibus omnibus spretis, dictus comes aut ejus gentes ipsos
clericos extraxerunt de suo carcere et ad alium carcerem suum de
Danziaco, cum multitudine armatorum, duxerunt, et eos, metu carceris et tormentorum, induxerunt quod ipsi, aut alii nomine eorumdem, se obligarent, erga dictum comitem, in mille et ducentis libris
Parisiensibus; et cum postmodum fuissent a dicto carcere liberati,
citatique essent coram officiali predicto super dicto facto responderi,
prepositus Nivernensis comitis supradicti Johannem la Bise predictum per manum cepit, et a presencia dicti officialis extraxit, et secum
duxit ne coram dicto officiali responderet, ut dicebat, in contemptum garde nostre ac prohibicionis predicte et episcopi predicti prejudicium, in nostra gardia speciali existentis; quare petebat idem
episcopus premissa per nos competenter emendari : Inquesta igitur,
super premissis de mandato curie nostre facta visa et diligenter
examinata, consideratisque attente omnibus que inventa sunt per dictam inquestam sufficienter probata, per curie nostre judicium dictum fuit quod dictus comes resaisiet predictum episcopum de Johanne predicto, nisi jam fuerit de eodem resaisitus, et reddet eidem
episcopo centum libras Parisienses, pro emenda sua, racione facti predicti, ac nobis quadringintas libras Parisienses, pro emenda nostra,
racione predictorum; in quantum nos tangunt, persolvet, salvo insuper dictis fratribus quod ipsi contra dictum comitem et gentes
suas prosequi valeant jus, si quod se credant habere racione premissorum.

Lune post octabas Candelose.

Creci reportavit.

XXXVIII. Cum significassent nobis Guido Oudardi, miles, et Aymericus Oudardi, armiger, ejus nepos, quod, ipsis per ballivum Turonensem positis et existentibus in nostra gardia speciali, Hugo de
Bauceyo et Guido, ejus frater, scutiferi, et quidam alii eorum complices, plures injurias, violencias et dampna quamplurima intulis-

sent eisdem, dedissentque contra dictos Hugonem et Guidonem suos articulos, inter cetera continentes quod ipsi Guido et Aymericus Oudardi, se timentes gravari per dictos Hugonem et Guidonem de Bauceyo, fratres, et Guidonem de Bauceyo, militem, eorum avunculum, pro eo quod cum ipsi Guido et Aymericus chauceyam cujusdam stagni, siti in riparia de Suen, quam fieri fecerat Hugo de Bauceyo, miles, quondam pater Hugonis et Guidonis de Bauceyo predictorum, in feodo et jurisdictione dicti Aymerici Oudardi, rupissent, utendo jure suo et jurisdictione sua, ut dicebant; peciissentque, coram ballivo nostro Turonensi, assecuramentum sibi dari a dictis fratribus, et quod idem ballivus ipsos Guidonem et Aymericum, acciperet in nostra gardia speciali; dictusque ballivus, eosdem Guidonem et Aymericum in nostra gardia suscipiens, certis servientibus nostris pluries dedisset in mandatis quod ipsi accederent ad domos dictorum fratrum et avunculi, et eisdem dictam salvam gardiam intimarent, et inhiberent eis, ex parte nostra, ne dictis Guidoni et Aymerico aliquas injurias, violencias, seu dampna in eorum personis et bonis inferrent quoquo modo, et quod, secundum consuetudinem terre, prestari per dictos fratres et avunculum facerent eis assecuramentum; dictique servientes, ad domos dictorum fratrum et avunculi venientes, intimacionem et inhibicionem predictas fecissent familie dictorum fratrum et avunculi, et, propter eorum absenciam, injunxissent dicte familie quod predictas intimacionem et inhibicionem eorum dominis quam cicius possent, intimarent, et quod apud Lodunum venirent, quam cicius possent, dictum assecuramentum prestituri, quod dicti fratres facere non curarunt; et dictus G. de Bauceyo, miles, eorum avunculus, super hoc personaliter requisitus et monitus per servientes nostros, ad hoc sibi specialiter destinatos per ballivum predictum, parere recusavit eisdem; dictusque ballivus precepisset dictis servientibus quod dictos Guidonem et Aymericum Oudardi apud Lodunum ducerent in prisione nostra, pro salva gardia habenda, et quod iterum ad domos dictorum fratrum et avunculi redirent, et facerent mandata supradicta, et quod, in domibus, stangnis, molen-

PHILIPPE IV, 1309.

dinis dictorum Guidonis et Aymerici, et aliis suis bonis; pennoncellos de armis nostris ponerent, dictosque Guidonem et Aymericum et eorum bona defenderent ab injuriis et violenciis quibuscumque; et quod post hec omnia dicti fratres, congregatis secum circiter centum hominibus in aperto armatis in equis, et circiter quingentis peditibus diversa armorum genera portantibus, euntes ad stangnum dicti Guidonis Oudardi, obviaverunt dictis nostris servientibus, significantibus, inhibentibus et precipientibus dictis fratribus et generaliter omnibus aliis ne aliqua gravamina vel violencias inferrent in bonis dictorum Guidonis et Aymerici, prout eis a dicto ballivo erat datum in mandatis per litteras quas dictis fratribus et aliis publice ostendebant; cumque peciissent a dictis servientibus quod pennoncellum nostrum in dicto stangno positum amoverent, dictique servientes hoc facere noluerunt, et tunc dicti fratres, ulterius transeuntes cum aliis secum coadunatis, dicti stangni chauceyam rupperunt et bondam levaverunt et scinderunt, et dictum nostrum pennoncellum ad terram projecerunt, non obstante presencia dictorum nostrorum servientum et eorum prohibicionibus; et quod ipsi servientes dictos fratres ore et manu ceperunt et arrestaverunt, et dictum Hugonem Philippo de Vareze, militi, et Guilelmo dou Binai, domicello, tradiderunt arrestatum, ad custodiendum ne in aliquo forefaceret, et quod generaliter omnibus aliis preceperunt, ut in statu in quo erant tunc irent apud Lodunum capti, et pro excessibus per eos commissis se redderent ibi captos; et quod statim, hoc facto, ipsi injuriantes iverunt ad aliud stangnum dicti Guidonis Oudardi, et ad quoddam molendinum dicto stangno pertinens, et ad quoddam aliud molendinum ad ventum dicti Guidonis, cujus stangni chauceyam et dicta duo molendina ipsi destruxerunt, presentibus dictis nostris servientibus, et pennoncellos nostros in dictis stangnis et molendinis positos eisdem ostendentibus et prohibentibus et precipientibus eis, ut supra fecerant; post hec incontinenti dicti fratres et eorum complices iverunt ad grangiam dicti Guidonis Oudardi, dicteque grangie partem discooperierunt et ejus partem destruxe-

54.

PHILIPPE IV, 1309.

runt, ipsiusque portas fregerunt, non obstante quod dicti servientes nostri erant presentes et hoc fieri prohibebant, et dictos fratres et generaliter omnes alios, ut supra fecerant, ceperunt et arrestarunt; item, et quod eadem die quinque homines armati in equis, et circiter triginta pedites molendinum de Mirot, dicti Aymerici Oudardi, omnino destruxerunt, non obstante inhibicione servientis comitis Andegavensis facta dictis armatis, ex parte nostra et dicti comitis, ostendentisque eisdem pennoncellum dicti comitis, et dicentis quod ibidem erat positum ad requisicionem gencium nostrarum, et quod unus ex dictis armatis dixit dicto servienti quod ipse vellet tenere dictum pennoncellum et quod ipse de eo tergeret inferiorem partem sui dorsi; requirentes dicti Guido et Aymericus quod de predictis faceremus veritatem inquiri, et eisdem dampna predicta omnia ressarciri, et nobis de dictis inobedienciis, injuriis et excessibus emendam fieri competentem : Visa igitur inquesta super dictis articulis, partibus vocatis, de mandato nostro facta, et auditis responsionibus dicti Guidonis de Bauceyo, militis, ad quedam de quibus ipse per juramentum suum fuit per gentes curie nostre interrogatus, per curie nostre judicium, infrascripti in modum qui sequitur condempnati fuerunt, videlicet : dictus Guido de Bauceyo, miles, in quatuor millibus libris Turonensibus, nobis, pro emenda nostra, absque dilacione quacumque, solvendis; dicti vero Hugo et Guido de Bauceyo, fratres, in redditus et proventibus totalis eorum terre unius anni, solvendis nobis ad duos annos et quatuor terminos, videlicet, in festo Ascensionis Domini proximo venienti, in festo Omnium-Sanctorum sequenti immediate, et in alio sequenti festo Ascensionis Domini et in alio subsequenti festo Omnium-Sanctorum; item, Guillelmus de Brisai, Philippus de Vareze, et Guillelmus de Piquigni, quilibet ipsorum in redditus et proventibus tocius eorum terre unius anni, solvendis ad duos annos et terminos supradictos; item, Guido de Bauceyo, filius Guidonis de Bauceyo, militis.

Dictus le Monne de Lantille,—Hugo Chanceau,—Dictus Boys de

Saint-Poir, — Johannes de Razille, — Guillelmus Hubert de Nozille, — Guido, dominus d'Argenton, — Hardouin de Baucey, — Joffridus de Mes-Pe, — Dictus Goulou de Mausson, — Guillelmus de Messe-Mé, — Philippus Guenet, — Joffridus et Guillelmus de Marconay, — Balduynus de Piquigni, — Dictus Briant de Sancto-Crassiano, — Dictus de Doe-Mont, — Guillelmus et Johannes Guerim, — Joffridus Boudim, — Dictus Bos de Signi, — Dictus Govion de Voulort, — Hugo de Manson, — Johannes Cade, — Dictus Boisson, — Petrus de Prisigni, — Guillermus Boichart.

Quilibet predictorum ad centum libras Turonenses, si tantum habet, in redditibus nobis solvendas; ille vero de predictis qui non habet centum libratas terre, solvet nobis dimidiam partem reddituum terre sue, unius anni; et precepit curia nostra quod, de omnibus prenominatis personis, illi qui sunt, Parisius, presentes statim se reddant captos in Castelletum, ibidem remansuri capti ad voluntatem nostram; et quod illi de predictis qui sunt absentes, ac dictus Chaudeau, de Ruppe, de Brisai, Guillelmus Aubereau, de Faia, et dictus Belai, serviens domine de Faia, et Guillelmus Faier, teneant prisionem alibi, ubi et quantum nostre placuerit voluntati. Fuit eciam dictum, per idem curie nostre judicium, quod contra alios qui in comitiva predicta fuerunt, et ad inquestam hujusmodi faciendam vocati non fuerunt super predictis excessibus, vocatis partibus, veritas inquiretur, necnon et super estimacione predictorum dampnorum dictis Guidoni Oudardi, militi et Aymerico Oudardi, per dictos fratres et eorum complices illatorum; qua reperta, predictis dampna passis restitucionem condignam fieri faciemus de dampnis eorum predictis.

Martis ante Brandones.

Maugon reportavit.

XXXIX. Cum, ad presenciam nostram attendentibus quibusdam de habitatoribus ville Podii-Saliconis, senescallie Carcassonensis, ex parte hominum et communitatis dicte ville, ut ipsi dicebant, asserentibus nos ibidem merum et mixtum imperium solum et insolidum habere, ad eorum requisicionem certum privilegium concessissemus eisdem, videlicet quod eosdem extra manum nostram regiam nunquam poneremus, ipsique nobis promisissent dare mille libras Turonenses semel solvendas et sexaginta libras Turonenses annui redditus in augmentum aliarum quadraginta librarum Turonensium annui redditus quas ibidem habemus, litterasque reportassent a nobis quod omnes et singuli, qui communibus dicte ville tallis contribuere consueverunt, compellerentur contribuere in solucione dictarum mille librarum, et quod omnes illi qui contribuunt in solucione dictarum quadraginta librarum, tenerentur contribuere in solucione dictarum sexaginta librarum, et, super predictis, nobis conquestus fuisset Deodatus de Bociacis, domicellus, dicens predicta in sui et multorum aliorum, bona habencium in villa et territorio dicti loci, qui non consenserant nec consentire volebant in hujusmodi dampnum et prejudicium redundare, quodque dictum privilegium, tacita veritate et suggesta falsitate, fuerat impetratum, asserens omnimodam jurisdictionem simplicem et mixtum imperium dicti loci ad ipsum pertinere, quodque in dicta villa Podii-Saliconis non est universitas neque corpus, et quod possessiones dicti territorii ab ipso et sub ejus directo dominio tenentur, et sibi fieret prejudicium, si possessores earum contribuerent in solucione dictarum sexaginta librarum, quare petebat dictum privilegium revocari vel sibi per nos super hoc de oportuno remedio provideri; dictis impetrantibus ac procuratore nostro plura proponentibus ex adverso, tandem super premissis mandavimus inquiri, vocatis partibus, veritatem: Visa igitur inquesta super hiis de mandato nostro facta, per curie nostre judicium dictum fuit et pronunciatum predictum privilegium, tacita veritate et suggesta falsitate, impetratum fuisse, et non debere teneri, fuitque per nostram curiam totaliter annulatum, et, licet dictos impetrantes proinde juste punire possemus, de misericordia tamen parcentes eisdem, nolumus eos ad dictarum mille librarum ac sexaginta librarum redditualium solucionem compelli.

PHILIPPE IV,
1309.

Martis post Reminiscere. ... vocat ... ...
Cortona reportavit, ...

Senescallo Carcassonensi : Ad requisicionem dilecti et fidelis amici
nostri B. episcopi Tusculani, mandamus vobis quatinus, pariagium
factum inter nos, ex una parte, et Deodatum de Bociacis, domicellum,
ex alia, prout contineri videbitis in litteris nostris super eodem confectis, teneri et observari faciatis, non obstante privilegio quodam
nuper a nobis ad instanciam quorumdam hominum ville Podii-Saliconis obtento, cum illud, per curie nostre judicium, in parlamento
presenti fuerit totaliter annullatum. Item, mandamus vobis quatinus
illos habitatores dicte ville, qui non consenserunt impetracioni dicti
privilegii nec ejus prosecucioni, ad contribuendum in expensis propter hoc factis non permittatis compelli, et, si aliqua de bonis eorum
propter hoc sint capta, ea deliberari faciatis eisdem absque difficultate quacumque. ... ...
... ...

XL. Super eo quod procurator domini Regis et consules ville
Chebaziaci, nomine communie dicte ville, dicebant quod quicunque
fecerat burgesiam in villa Chebaziaci per modum qui sequitur, videlicet quod juraverit obedire consulibus et servare statuta dicte ville,
necnon contribuere talliis et assisus ejusdem, ac custodire seu conservare jus domini Regis, et residenciam facere in dicta villa cum
uxore sua, si quam habet, et, si non habet uxorem, cum familia sua,
in quatuor festis annualibus, videlicet in diebus Nativitatis Domini,
Pasche, Penthecostes et Omnium-Sanctorum, et sic facta residencia,
ut dictum est, dominus Rex deffendere consuevit personas dictorum
burgensium et eorum bona mobilia ubicunque existant; episcopo
Claromontensi ex adverso dicente quod, dicta burgesia et quatuor
dierum predictorum residencia non obstantibus, ipse et sui predecessores usi sunt, a tanto tempore cujus memoria non existit, justiciare
et explectare omnes in villa Claromontensi vel alibi in justicia et districtu ipsius episcopi commorantes, ibidemque docum et focum habentes, domiciliumque suum tenentes : Visa inquesta super hoc de

mandato curie nostre, vocatis partibus, facta per ipsius curie nostre
judicium dictum fuit ordinacionem nostram super burgesiis regni
nostri editam servari debere.

Martis post Reminiscere.

Decanus de Cassello reportavit.

XLI. Lite mota coram preposito Parisiensi inter Aalidim Regrate-
riam, ex una parte, et Guillelmum de Plexeyo et ejus garandum,
ex altera, super saisina cujusdam domus que vocatur domus ad Cig-
num et Pavonem, site in vico de la Harpe, contigue, ex uno latere,
domui Symonis de Magduno, et, ex alio latere, domui Petri Olearii,
super eo quod dicebat dicta Aalidis se esse et fuisse in saisina pacifica
dicte domus, tempore quo Robertus Renardi, a quo dictus Guillelmus
de Plexeyo dicebat se habere causam in dicta saisina, impedivit eamdem; dicto Guillelmo de Plexeyo in contrarium dicente quod ipse
et illi a quibus ipse habet causam, erant et fuerant in saisina dicte
domus pacifica et justo titulo, explectando eandem; dictus prepositus,
auditis partibus, per judicatum suum, saisinam dicte domus predicto
Guillelmo adjudicavit, questione proprietatis dicte domus predicte
Aalidi reservata; a quo judicato, tanquam falso et pravo, dicta Aalidis ad nostram curiam appellavit. Viso igitur processu predicto,
per curie nostre judicium dictum fuit predictum prepositum bene
judicasse et dictam Aalidim male appellasse, et quod ipsa hoc emendabit, et quod dictum judicatum mandabitur execucioni.

Martis post Reminiscere.

Decanus de Cassello reportavit.

XLII. De debato quod in causa appellacionis erat inter Thomam
Dariani, qui appellaverat a curia seculari episcopi Leonensis ad
dominum Regem, ex una parte, et Yvonem Parvum et ejus uxorem, sororem dicti Thome, ex altera, super eo quod dicti conjuges
petebant a dicto appellante quartam partem in terra partabili que ad
ipsos conjuges et Thomam, ut dicitur, pertinebat, ex successione de-

PHILIPPE IV;
1309.

functi Johannis Nigri, quondam fratris dicti Thome, voluit dictus
Thomas quod predicti conjuges habeant dictam quartam partem dicte
terre partabilis, qua porcione dictus Yvo, pro se et ejus uxore predicta,
voluit esse contentus. De dampnis vero et expensis hinc inde factis
in prosecucione cause hujusmodi, compromiserunt predicti in magistrum Yvonem de Laudunaco, compromissum hujusmodi, per fidei
dacionem et penam centum librarum Turonensium, vallantes in manu
archidiaconi Borbonensis, in ecclesia Bituricensi, vice et auctoritate
curie nostre recipientis; et curia nostra dicto Thome emendam, propter hoc debitam, de gracia speciali, remisit.

Dominica qua cantatur Reminiscere.

Archidiaconus Borbonensis reportavit.

XLIII. In causa appellacionis mota in curia nostra inter Guillermum dictum Buiguet, dominum de Liestes, armigerum, ex una
parte, et comitissam Attrebatensem et gentes suas, ex altera, proposuit idem Guillermus quod, cum dicte comitisse bajulus Ariensis
in prisione eundem Guillermum detineret, pro quibusdam contra
ipsum Guillermum propositis coram dicto ballivo per Boletum de
Flechin, ut dicebat dictus ballivus, predictus Guillermus dictum
ballivum in assisiis suis per tres quindenas sufficienter requisivit
quod, cum ipse, ut dicebat, esset detentus in casu recredencie, ut
eundem, sub ydonea caucione, recrederet, vel saltem faceret ei jus, si
recredencia in illo casu caderet vel non, vel jus, si illud jus debebat
sibi facere vel non; quod tamen dictus ballivus, ut dicebat, non fecit, sed utrumque jus facere eidem G. denegavit, asserens dictus
Guillermus quod predicta, secundum usum et consuetudinem dicti
loci, debebat idem ballivus pro deficiente de faciendo sibi jus repu-
tari; asseruit eciam dictus Guillermus quod ipse, pluribus aliis vicibus, postea dictum ballivum requisivit quod eidem jus super predictis faceret, vel jus, si illud jus sibi facere deberet, quod tamen
dictus ballivus, ut dicebat, non fecit, sed eundem Guillermum de
carcere in carcerem transduci fecit et eciam bona sua capi et levari;

proposuit eciam dictus G. quod tandem, cum nichil erga dictum ballivum proficeret, uxor ejusdem Guillermi comitissam predictam per
plures dies requisivit quod dictum Guillermum faceret sub bona
caucione recredi, vel ad minus jus sibi reddi, an dictum Guillermum
deberet facere recredi vel non, vel jus sibi reddi, an illud jus facere
sibi deberet vel non; que tamen comitissa respondit quod aliud sibi
non faceret; proposuit eciam dictus Guillermus quod ballivus noster
Viromandensis, ad requisicionem uxoris dicti Guillermi, primo per
servientem suum et postea per prepositum de Peronna, fecit dicte
comitisse ballivum de Bappalmis, apud quem erat dictus Guillermus
incarceratus, seu ejus locum tenentem requiri ut, cum dictus Guillermus ad nos pro defectus juris appellasset, aperiret carceres suos
et sineret eosdem servientem et prepositum loqui cum dicto Guillermo, et facere que pertinebant ad ressortum nostrum, racione appellacionis predicte; quod tamen locum tenens dicti ballivi facere
denegavit; adiciens dictus Guillermus quod dicta uxor sua, que eundem Guillermum cum diligencia requirebat recredi, pro ipso Guillermo et ejus nomine, propter dictos defectus juris factos dicto Guillermo, appellavit ad nos coram preposito de Peronna a defectu juris;
et dictum Guillermum et bona sua sub protectione nostra posuit,
non renuncians appellacionibus prius factis ab eodem Guillermo; asseruit eciam dictus Guillermus quod, cum ballivus Viromandensis,
auditis predictis inobedienciis dicte comitisse, iterato quandam commissionem fecit dicto preposito de Peronna, virtute cujus dictus prepositus apud Bappalmas accedens, renovata per uxorem dicti Guillermi appellacione predicta, precepit gentibus dicte comitisse quod
dictum Guillermum sibi ostenderent et permitterent secum loqui
ipsum Guillermum ut veniret prosequuturus appellacionem suam;
quod facere noluerunt, sed ipsum de nocte ad alium carcerem, scilicet apud Attrabatum, extra balliviam predictam transtulerunt; proposuit eciam dictus Guillermus quod, uxor sua ad curiam nostram
veniens et que predicta sunt exponens, habitus fuit dictus Guillermus per dictam curiam nostram pro appellante, mandatumque fuit

ballivo Ambianensi quod eum faceret a dicto carcere liberari ; quod dictus ballivus adimplevit ; quare dictus Guillermus, predictam appellacionem ratifficans et eam prosequens, petebat dictam appellacionem suam legitimam pronunciari, et, dictam comitissam, tam per se quam per gentes suas, fuisse deficientem in jure faciendo eidem, per judicium curie nostre dicerni, exempcionem sibi debitam concedi, et bona sua, per gentes dicte comitisse levata, sibi restitui; procuratore dicte comitisse multa in contrarium proponente : Auditis igitur omnibus que dicte partes proponere voluerunt, et visa inquesta, vocatis partibus, super hoc de mandato curie nostre facta, per curie nostre judicium dictum fuit predictum Guillermum bene appellasse, et partem adversam eidem Guillermo deficientem in jure sibi faciendo fuisse, dictumque Guillermum, cum ejus uxore, familia et bonis, sub dominio et jurisdictione dicte comitisse existentibus, exemptos esse a jurisdictione dicte comitisse prout et in quantum dicte patrie consuetudo requirit; et fuit dicta comitissa, per idem judicium, condempnata ad reddendum dicto Guillermo ducentas libras Parisienses pro dampnis suis ac rebus ejusdem per gentes dicte comitisse sicut premissum est, captis et levatis.

Martis post Reminiscere.

Cuiller reportavit.

XLIV. Mota lite in curia nostra inter decanum et capitulum Noviomenses, ex una parte, et abbatem et conventum Sancti-Eligii Noviomensis, et dominam de Cauny, tanquam tenentem baillum liberorum suorum, ex altera, super eo quod dicti decanus et capitulum asserebant se esse in saisina habendi justiciam et dominium in pluribus locis et terris in villa et territorio de Babeuf, que tenentur, ut dicunt, ab eisdem ad rectum censum, habendi, in dictis locis, plures alias redevencias, et eciam forisfacturam ac estraheriam, quando contingit eam ibidem evenire; dicebant eciam quod bona hereditaria Mathei de la Heude et Symonis Quillot tenebantur ab eisdem decano et capitulo ad rectum censum; qui Matheus et Symon fuerant, propter quoddam homici-

dium condempnati; quare petebant eorumdem condempnatorum
bona sibi adjudicari, et impedimentum super hoc eis appositum ex
parte dictorum religiosorum et domine, et eciam manum nostram,
tamquam superioris, in dictis bonis, propter debatum dictarum parcium, ibidem appositam, amoveri, et eciam dicta bona contenciosa
sibi deliberari; dictis religiosis et domina, nomine quo supra in contrarium dicentibus se solos esse et fuisse in saisina alte justicie in
villa de Babeuf et in territorio ejusdem, sine societate alterius, et
eciam habendi forefacturas ac estraherias et espavas, quando contingit eas evenire in dictis locis; dicebant eciam quod dicta loca contenciosa sunt sita infra terminos justicie dicte ville; quare petebant se
absolvi ab impetitione predicta decani et capituli predictorum, et impedimentum super hoc eis appositum ex parte eorumdem decani et
capituli amoveri, et bona supradicta, posita ad manum nostram tanquam superioris, in manu dictorum religiosorum et domine debere
poni : Tandem, inquesta super hiis facta, visa et diligenter examinata, quia inventum est sufficienter probatum dictos religiosos et dictam dominam, nomine quo supra, esse et fuisse in saisina dicte alte
justicie in dicta villa et ejus territorio, et eciam habendi ibidem estraheriam ac forefacturam, decano et capitulo predictis nichil in contrarium probantibus, quantum ad saisinam alte justicie ac estraherie
predictarum in dicta villa seu territorio ejusdem, per curie nostre
judicium, dicti religiosi et predicta domina, nomine quo supra, ab
impeticione predicta decani et capituli predictorum absoluti fuerunt;
et, per idem judicium, dictum fuit quod manus nostra in dictis bonis
contenciosis, propter debatum dictarum parcium, apposita, et eciam
impedimentum super hoc dictis religiosis et domine appositum ex
parte dictorum decani et capituli, amovebuntur, et bona predicta contenciosa, que fuerunt dictorum Mathei et Symonis, in manu dictorum
religiosorum et dicte domine, racione saisine predicte, ponentur,
salva dictis decano et capitulo super predictis questione proprietatis.

Lune post octabas Candelose.

Bocellus reportavit.

XLV. Cum procurator episcopi Lodovensis, nomine suo et eccle- Philippe IV,
1309.
sie sue predicte, coram nobis proponeret quod dictus episcopus et
ecclesia Lodovensis predicta, necnon barones et alii nobiles episcopatus predicti, tam de jure, quam ex vigore privilegii regii et arresti
curie nostre, quam de usu et consuetudine in dicto episcopatu observatis, a tanto tempore cujus contrarii memoria non existit, fuerunt et
sunt in possessione vel quasi feuda sua in solidum vel in parte retro-
feudare, seu aliis in retrofeudum concedere et alienare, ac eciam in
ecclesias et ecclesiasticas et alias quascunque personas, quovis titulo,
transportare, necnon et terras suas, cultas et incultas, aliis eciam
ruralibus et innobilibus personis in emphiteosim ad certum censum
seu certam fructuum porcionem concedere et majores fructuum por-
ciones ad minores vel ad censum reducere, et homines suos affran-
chire et a servitutibus liberare; et predicta omnia et singula facere,
recepta vel non recepta pecunia, vel alio commodo, pro eorum libito
voluntatis, absque nostri vel officialium nostrorum licencia vel consensu, et absque aliqua financia vel redevancia nobis vel officialibus
nostris, pro premissis, prestanda, nichilominus nonnulli officiales
nostri indebite et de novo, ut dicebant, contra formam predictorum
privilegii et arresti et in prejudicium episcopi et ecclesie supradicte,
necnon contra jura, libertates et immunitates, consuetudines et possessiones, vel quasi, episcopi et ecclesie predictorum, a subditis dicti
episcopi et ecclesie Lodovensium et vassallorum eorumdem, exigere
financias pro premissis mittebantur injuste; quare petebat procurator
predictus, nominibus quibus supra, per nos precipi officialibus nostris quod ipsi a dicta exactione dictarum financiarum in episcopatu
predicto et a subditis episcopatus ejusdem, pro rebus sitis in episcopatu antedicto, cessent totaliter et desistant, et quod, occasione
predicta, dictos episcopum et ecclesiam Lodovenses et subditos dicti
episcopatus, ulterius de cetero non molestent; procuratore nostro
senescallie Carcassonensis et Biterrensis, pluribus racionibus, ex adverso dicente quod nos et officiales nostri senescallie predicte sumus
et ab antiquo fuimus in pacifica saisina levandi et percipiendi finan-

cias feudorum et retrofeudorum alienatorum, hactenus absque nostra licencia, in tota senescallia Carcassone et Biterrensi, et eciam in episcopatu Lodovensi, pro eo eciam quod omnes regalie dicti episcopatus Lodovensis, et omnia dependencia ex eisdem, ad nos, ut ad superiorem principem, pertinent et pertinuerunt eciam ab antiquo, et adhuc pertinent et pertinere debent, jure nostro regio superiori, et quod in saisina premissorum nos et officiales nostri fuimus et sumus, eciam ab antiquo; quare dicebat procurator noster predictus financias predictas in episcopatu predicto, occasione premissorum, ad nos tanquam superiorem principem, pertinere, et eas per nos seu officiales nostros exigi, percipi et levari debere, nosque in saisina premissorum conservari debere et eciam remanere, sicuti in aliis partibus senescallie antedicte, non obstantibus aliquibus propositis ex adverso : Auditis igitur super hoc dictis partibus, et visa inquesta, super premissis de mandato nostro facta, quia repertum est jus nostrum non fuisse prosequtum neque defensum sufficienter in predictis, et propter plures alios defectus et suspiciones legittimas in dicto processu inventas, per judicium curie nostre, dicta inquesta fuit totaliter anullata.

Martis post Reminiscere.

Thibotot reportavit.

XLVI. Lite mota, coram nostro judice Biterrensi, auctoritate litterarum nostrarum, inter capitulum Biterrense, ex parte una, et procuratorem nostrum senescallie Carcassonensis, ex altera, super eo quod dictum capitulum dicebat quod, lite pendente coram nobis, inter eosdem, super saisina alte et basse justicie grangie seu loci de Amiliaco, occasione quarumdam furcarum per gentes nostras erectarum in dicto loco, de quibus dictum capitulum conquerebatur, procurator noster quoddam pilorium in ipso loco contencioso erexerat de novo, quare petebat dictum capitulum predictum pilorium amoveri, procuratore nostro, pluribus racionibus, in contrarium asserente; dictus judex, cognito de causa hujusmodi, absolvit per suam

sentenciam dictum procuratorem nostrum ab impeticione predicta; a
qua sentencia, tanquam ab iniqua, procurator dicti capituli ad nostram curiam appellavit : Auditis igitur dictis partibus in dicta appellacionis causa, visisque processibus supradictis, per curie nostre judicium dictum fuit predictum judicem bene judicasse, et dictum
capitulum male appellasse.

Martis post Reminiscere.

XLVII. Inquesta quadam facta per commissarios senescallie Petragoricensis, ad instanciam procuratoris nostri dicte senescallie,
contra Johannem Porquerii et Guillelmum de Urseya, super quibusdam excessibus ab eisdem, ut dicebatur, perpetratis, videlicet super
delacione armorum et violenciis illatis, ut dicebatur, dicte la Bonne
et ejus filio et Ademaro de Furno, visa et diligenter inspecta, predicti Johannes et Guillelmus a predictis excessibus, contra ipsos propositis, per curie nostre judicium, absoluti fuerunt.

Martis post Reminiscere.

Decanus Cassellensis reportavit.

XLVIII. Cum, in causa appellacionis, ad curiam nostram Nemausensem interposite per Bertrandum Gauterii, Bertrandum Baconi,
Hugonem Baconi, Raymondum Baconi, Raymondum Gauterii et Andream Amancii, de Besocia, ab audiencia vicarii et judicis terre temporalis episcopi Nemausensis, super certis gravaminibus eisdem hominibus per dictos vicarium et judicem illatis, ut dicebant, exceptione,
per eosdem vicarium et judicem, predictam appellacionem per judicem nostrum Nemausensem non esse recipiendam, proposita,
idem judex noster pronunciasset, in dicta appellacionis causa, non
obstantibus, pro parte predicti episcopi propositis, coram ipso judice nostro esse procedendum, et debere procedi; a dicta pronunciacione fuit, per procuratorem dicti episcopi et ipsius judicem, ad senescallum nostrum Belli-Cadri appellatum; qui senescallus, cognito
de dicta causa, sentenciam dicti judicis nostri confirmavit, dictum

procuratorem in expensis litis condempnando ; a qua sentencia, tanquam iniqua, fuit iterato per dictum procuratorem, nomine quo supra, ad nostram curiam appellatum : Visis igitur actis et processibus
utriusque cause, meritisque dictarum causarum diligenter attentis,
per curie nostre judicium dictum fuit et pronunciatum dictum senescallum bene pronunciasse, et dictum procuratorem male appellasse,
et quod dicta sentencia mandabitur execucioni.

Martis post Reminiscere.

M. J. de Landri reportavit.

XLIX. Cum quedam appellacionis causa, per procuratorem religiosi viri, abbatis Terracinensis, nomine procuratorio ipsius, ab audiencia senescalli nostri Petragoricensis ad nostram curiam interposite, super quibusdam gravaminibus, ad instanciam Gaufridi de Ponte,
eidem abbati et hominibus suis, per quamdam ordinacionem prefati
senescalli nostri, de quibusdam pignoribus, ab hominibus dicti Gaufridi, per quosdam servientes nostros, ad instanciam abbatis predicti,
captis, eisdem hominibus restituendis, ut dicebat idem procurator,
illatis, per nos commissa fuisset magistro Geraldo de Sabanaco, clerico nostro, audienda et terminanda, fueritque dicta causa per prefatum magistrum Geraldum, quibusdam tamen partium predictarum
coram eo allegacionibus auditis, magistro Petro Teysenderii simili
modo commissa, magister Petrus predictus, cognito de dicta causa,
pronunciavit appellacionem dicti abbatis esse injustam, dictum Gaufridum et ejus procuratorem a peticione dicti abbatis super hoc absolvendo, dictumque abbatem et procuratorem suum, nomine procuratorio ipsius, in litis expensis condempnando ; a qua sentencia,
tanquam iniqua, fuit, per dictum procuratorem, nomine quo supra,
iterato ad nostram curiam appellatum : Visis igitur actis et processibus
utriusque partis, meritisque dictarum causarum diligenter attentis,
per curie nostre judicium dictum fuit et pronunciatum dictum magistrum Petrum male judicasse, et predictum procuratorem dicti
abbatis bene appellasse, et quod dicta sentencia non mandabitur exe-

cucioni, et restituentur dicto abbati predicta bona supra dictos homines suos capta, occasione premissorum.

Martis post Reminiscere.

M. G. de Landri reportavit.

L. Lite mota inter Petrum Calve et Guillelmum de Ecclesia, de
Pedenacio, pro se et suis consortibus, ex parte una, et procuratorem
nostrum Biterrensem, ex altera, coram senescallo nostro Carcassone
auctoritate litterarum nostrarum, super eo quod ipsi dicebant quod,
tempore cursus debilis monete, ipsi acceperunt a gentibus nostris,
in perpetuam emphiteosim, seu agapitum, quoddam pratum, situm
in territorio de Pedenacio, in decimaria Sancti-Petri, pro quadraginta
libris Turonensibus annui redditus, monete currentis tempore solucionum faciendarum; in quo quidem contractu ipsi decepti fuerant,
ut dicebant, ultra dimidiam justi precii, si in valore fortis monete
que petitur ab eis solverent redditum antedictum; quare petebat contractum predictum rescindi vel diminui quod excedit justum precium:
Inquesta super hoc de mandato nostro facta et diligenter inspecta,
per curie nostre judicium, dictus procurator noster absolutus fuit ab
impeticione predicta agencium predictorum.

Martis post Reminiscere.

Decanus Cassellensis reportavit.

LI. Cum ad nos pervenisset quod plures persone ville de Lesaco
fregerant portas parrochialis ecclesie dicti loci, multosque excessus
et violencias intra dictam ecclesiam commiserant, contra prohibicionem servientis nostri, super premissis mandavimus veritatem inquiri,
et illos qui invenirentur culpabiles pena pecuniaria condempnari;
facta igitur, auctoritate nostra, per judicem majorem Carcassone super premissis inquesta, idem judex condempnavit in certis penis
pecuniariis certas personas, in sua condempnatoria sentencia nomi-
natas, omnes alios, de dictis excessibus et violenciis delatos seu
perventos, per eandem sentenciam absolvendo; a qua sentencia, tan-

quam ab iniqua, condempnate per dictum judicem persone ad nostram curiam appellarunt : Visis igitur processibus inqueste et appellacionis predictarum, per curie nostre judicium fuit dictum ipsum judicem nostrum Carcassone, quantum ad Arnaldum Joffredi, Arnaldum Remundi de Bevilla, Remundum Vitalis, Laurencium de Faia, Petrum de Belbonas et Johannem de Solerio, qui judex ipsos in sexcentis libris Turonensibus, videlicet, in centum libris ipsorum quemlibet condempnavit, bene pronunciasse, et ipsos male appellasse; sed, quantum ad alios, in sua predicta condempnatoria sentencia nominatos, ipsum male judicasse, et eos bene appellasse, cum per predictam inquestam nichil contra eos reperiatur sufficienter probatum fuisse de premissis; quantum vero ad omnes alios, super premissis violenciis et excessibus denunciatos seu perventos, quos judex memoratus absolvit, tenebit absolucio predicta.

Martis post Reminiscere.

M. G. de Usco reportavit.

LII. Visa inquesta per curiam nostram facta inter Petrum de Inclaustro, civem Parisiensem, ex una parte, et vicecomitem aque Rothomagensis ac prepositum Parisiensem, pro domino Rege, ex altera, inventum est quod ipsa non est perfecta, sed perficiatur, et dentur auditores super factis hinc inde propositis in eadem.

Martis predicta.

Bocellus reportavit.

LIII. Cum, coram commissariis nostris, mota fuisset questio inter procuratorem nostrum in partibus Tholosanis, ex una parte, et preceptorem et fratres domus de Renevilla Hospitalis Sancti-Johannis Jerosolymitani, nomine predicte domus, ex altera, super eo quod dicebat idem procurator noster quod ipsi preceptor et fratres domus predicte indebite et injuste exercebant minorem jurisdictionem in villa de Renevilla, asserens idem procurator noster quod merum et mixtum imperium et omnis jurisdictio dicte ville ad nos pertinet

PHILIPPE IV, 1309.

pleno jure, et quod dictis fratribus nullum jus competit exercendi jurisdictionem in dicto loco, quare petebat dictus procurator noster sentencialiter pronunciari dictos preceptorem et fratres, nomine dicte domus, jus non habere exercendi minorem jurisdictionem in loco predicto, et, ne de cetero dictam jurisdictionem in loco predicto exerceant, eis sentencialiter prohiberi, et jus exercendi omnem jurisdictionem in loco predicto ad nos pertinere sentencialiter pronunciari et declarari; petebat eciam interesse quod in processu dicte cause se declaraturum retinuit; parte adversa plures raciones in contrarium proponente : Tandem, inquesta super hoc per commissarios nostros facta, ad curiam nostram asportata, et dato eciam, per curiam nostram, certo termino, dictis preceptori et fratribus, infra quem possent, si vellent, attestaciones et alia ad causam faciencia producere et curie nostre tradere, demum, elapso dicto termino, dictisque preceptore et fratribus nichil novi proponentibus, visaque inquesta predicta, per curie nostre judicium dictum fuit quod jus exercendi omnem jurisdictionem in loco predicto ad nos pertinet pleno jure, et quod dictis preceptori et fratribus nullum jus competit exercendi minorem jurisdictionem in loco predicto, et eisdem fuit, per idem judicium, inhibitum ne ipsi de cetero minori jurisdictione uterentur in loco supradicto, condempnatique fuerunt dicti preceptor et fratres, nomine predicto, ad reddendum et restituendum nobis emolumenta que ipsi, ab anno Domini millesimo ducentesimo octogesimo secundo et citra, perceperunt ex predicta jurisdictione et expletis ipsius.

Sabbati post Reminiscere.

Cuiller reportavit.

LIV. Cum, coram commissariis nostris mota fuisset questio inter procuratorem nostrum in partibus Tholosanis, ex una parte, et preceptorem et fratres domus Hospitalis Sancti-Johannis Jerosolymitani de Balbona, ex altera, super eo quod dicebat idem procurator noster quod preceptor et fratres predicti, nomine dicte domus, exercebant minorem jurisdictionem in loco seu villa de Anhanis, asserens

Philippe IV,
1309.

quod merum et mixtum imperium et omnis jurisdictio in loco predicto ad nos pertinebat pleno jure, et quod nullum jus competebat
dictis preceptori et fratribus exercendi jurisdictionem in loco predicto, quare petebat sentencialiter pronunciari dictos preceptorem et
fratres jus non habere exercendi jurisdictionem in loco predicto, et,
ne de cetero ibidem jurisdictionem exerceant, eis prohiberi, et ad nos
pertinere jus exercendi omnem jurisdictionem in loco predicto sentencialiter declarari; petens eciam interesse quod in processu dicte
cause se declaraturum retinuit; parte adversa plures raciones in contrarium asserente : Tandem, ad nostram curiam asportata inquesta
super hoc facta, dato eciam et assignato, per curiam nostram, certo
termino dictis preceptori et fratribus, infra quem possent, si vellent,
acta, attestaciones et alia ad causam faciencia producere et curie nostre tradere, demum, elapso dicto termino, dictisque preceptore et
fratribus nichil novi proponentibus, visaque inquesta predicta, per
curie nostre judicium dictum fuit jus exercendi omnem jurisdicionem in loco predicto ad nos pertinere pleno jure, et quod dictis
preceptori et fratribus nullum jus competit exercendi minorem jurisdictionem in loco predicto, et eisdem fuit, per curiam nostram, inhibitum ne de cetero minori jurisdictione utantur in loco supradicto,
condempnatique fuerunt dicti preceptor et fratres nomine predicto ad
reddendum et restituendum nobis emolumenta seu fructus quos
ipsi, ab anno Domini millesimo ducentesimo octogesimo secundo
citra, perceperunt ex predicta jurisdictione et expletis ipsius.

Sabbato post Reminiscere.

Cuiller reportavit.

LV. Cum inter priorem de Chante-Melle, ex una parte, et prepositum domini Regis de Novilla, ex altera, mota questione, coram Aurelianensi ballivo, super eo quod Stephanetum Renerii, quem dictus
prepositus ceperat et detinebat pro quibusdam sibi impositis, dictus
prior, tamquam suum justiciabilem et in sua justicia cubantem et levantem, sibi reddi petebat, pluribus processibus factis super hoc

inter ipsos, idem ballivus pronunciasset nos in saisina alte et basse
justicie ville de Chante-Melle remanere debere, dictus prior, ab hujusmodi judicato, si erat aliquod, tanquam a falso et pravo, ad nostram curiam appellavit : Auditis igitur dictis partibus in causa dicte
appellacionis, et visis processibus antedictis, cum repertum fuerit
dictum ballivum super alio quam quod petitum fuerat judicasse, per
curie nostre judicium dictum fuit predictum judicatum nullum esse,
dictosque processus, propter defectus plures in eisdem repertos, non
valere, salva, tam nobis quam dicto priori, in predictis questione,
tam in possessione quam in proprietate.

Jovis, post Oculi mei.

M. P. de Arreblayo reportavit.

LVI. Cum, in parlamento, quod fuit anno Domini millesimo trecentesimo septimo, gerentes se pro consulibus ville de Nobiliaco, pro
pluribus violenciis, injuriis ac inobedienciis per eos illatis judici et
preposito communibus domini Regis et episcopi Lemovicensis, apud
Nobiliacum constitutis, per arrestum curie nostre condempnati fuissent ad gagiandum emendam, et ipsi gagiassent eandem, fuissetque
dictum, per curiam nostram, quod taxacio dicte emende differretur
quousque fuisset plenius inquisitum et ad curiam nostram reportatum
de modo, qualitate et quantitate excessuum predictorum, ad finem
majoris vel minoris taxacionis dicte emende faciende : Tandem, inquesta super hoc, de mandato curie nostre, advocatis partibus, facta
visa et diligenter examinata, quia inventum est sufficienter probatum
quod, judice et preposito communibus supradictis intrare volentibus
dictam villam Nobiliacensem, ipsi dicte ville portas claudi fecerunt
contra eos, licet alios indistincte intrare volentes admitterent, in
tribus tamen portis dicte ville introitum denegarunt eisdem, verberando equos tubicinatorum qui cum ipsis erant, dictosque judicem
et prepositum volentes suum in dicta villa exercere officium commune, in introitu domus communis in pressura gencium pulsave-
runt, pluresque alias injurias ipsis et nostris servientibus commu-

nibus intulerunt, per curie nostre judicium taxata fuit, pro nobis et dicto episcopo, predicta emenda ad ducentas libras Turonenses, pro excessibus supradictis.

Dominica qua cantatur Reminiscere.

Creci reportavit.

LVII. Cum, in parlamento, quod fuit anno Domini millesimo trecentesimo septimo, gerentes se pro consulibus civitatis Lemovicensis, pro pluribus inobedienciis et excessibus per eosdem illatis judici et preposito communibus domini Regis et episcopi Lemovicensis, apud Lemovicum constitutis, per arrestum curie nostre, condempnati fuissent ad gagiandum emendam, et ipsi gagiassent eandem, fuissetque dictum, per curiam nostram, quod taxacio dicte emende differretur quousque plenius fuisset inquisitum et ad curiam nostram reportatum de modo, qualitate et quantitate excessuum predictorum ad finem majoris vel minoris taxacionis dicte emende faciende: Tandem, inquesta super hoc, partibus vocatis, de mandato nostro facta visa et diligenter examinata, quia inventum est sufficienter probatum quod dicti gerentes se pro consulibus dicte civitatis, judici et preposito communibus predictis, dum suum officium, auctoritate nostra, exercere vellent ibidem, noluerunt obedire, per curie nostre judicium taxata fuit dicta emenda, pro nobis et dicto episcopo, ad quinquaginta libras Turonenses, pro excessibus supradictis.

Dominica predicta.

Creci reportavit.

LVIII. Lite mota, coram preposito Parisiensi, inter Henricum Lathonium de Ateinvilla et ejus liberos, ex una parte, et dominam de Ateinvilla, relictam defuncti Johannis de Lauduno, quondam militis, et ejus liberos, ex altera, super eo quod dicebat dictus Henricus, pro [se] et liberis suis, se spoliatum a predicto milite, tempore quo ipse vivebat, et eciam a dicta domina, de quibusdam terris, videlicet de

Philippe IV,
1309.

quatuor arpentis terre, sitis es raiies et en l'ardillier, sive vinea; item,
de dimidio arpento terre, sito in valle Guignabout; item, de dimidio
arpento terre, sito in eadem valle; item, de tribus quarteriis terre,
contiguis vie de Viller-le-Sac; item, de uno quarterio terre, sito a
Semelli; item, de centum et novem dizenis gerbarum bladi, super
dictis terris tunc existentibus, et aliis fructibus dictarum terrarum,
quare petebat dictus Henricus se, nomine quo supra, ad predicta
restitui, et ea sibi reddi, una cum fructibus qui percepti fuerunt seu
percipi potuerunt exinde. Lite vero predicta pendente, dictus Henricus rebus humanis fuit exemptus, relictis quatuor liberis, heredibus suis, quorum Robertus, unus de dictis filiis, pro se et aliis coheredibus suis, dicte cause suscepit prosequucionem, in eo statu in
quo erat, tempore quo dictus Henricus decessit; dicta vero domina,
pro se et liberis suis, in contrarium causam hujusmodi defendente,
et dicente predictam restitucionem fieri non debere, et, ad curie et
cognicionis dicti preposti declinacionem, plures raciones proponente;
super quibus racionibus, dicta domina, nomine quo supra, petebat
ante omnia sibi fieri justicie complementum; tandem, judicatum
fuit per predictum prepositum quod, non obstantibus racionibus
dicte domine, dicti heredes bene probaverant intencionem suam, et
eos debere restitui de predictis arpentis terre et de duobus modiis
bladi, nechon, pro fructibus inde perceptis, ducentas libras monete
currentis, dicta spoliacione durante, debere reddi eisdem, super hiis
dictam dominam, nomine quo supra, condempnando; a quo judicato,
tanquam falso et pravo, procurator dicte domine, nomine quo supra, ad curiam nostram appellavit. Auditis igitur dictis partibus in
causa appellacionis predicte, visoque diligenter processu predicto,
per curie nostre judicium dictum fuit predictum prepositum male
pronunciasse, cum, ante omnia, debuisset super reddicione curie
judicasse, et judicatum hujusmodi nostra curia anullavit; quia tamen inventum est, per dictum processum, dictam dominam, super
principali causa predicta, coram dicto preposito, respondisse, testesque ab utraque parte in eadem causa productos fuisse, causa pre-

PHILIPPE IV,
1809.

dicta remanebit in curia nostra, secundum contenta in dicto processu, vocatis partibus, decidenda.

Jovis post Oculi mei.

[Decanus] Cassellensis reportavit.

LIX. Cum, super controversia mota inter preceptorem domus Sancti Petri de Mari, ex una parte, et consules seu regentes consulatum civitatis Narbone, ex altera, super eo quod dictus preceptor dicebat territoria seu terminalia dicta les Cres et les Gachas, et quedam alia que exprimebat esse propria dicte domus, et ipsum preceptorem et ejus predecessores, nomine dicte domus, esse et diu fuisse in saisina eorumdem, dictis consulibus seu regentibus contrarium asserentibus, et dicentibus se et antecessores suos et universitatem eorum esse in saisina predictorum, dicte partes pluries compromisissent in plures personas, coram quarum aliquibus ac deputatis ab eis fuit per dictas partes processum in tantum quod fuit certa dies ad definiendum negocium, de consensu parcium, assignata; cumque dicti arbitri dictum negocium non possent vel nollent per suam sentenciam terminare, predictique consules seu regentes peciissent, secundum predictum processum, per nostrum judicem Biterrensem ordinarium, predictarum parcium dictum negocium diffiniri, prout erat conventum inter partes predictas, senescallus Carcassone dictum negocium, in statu in quo erat, ad se revocavit, virtute nostrarum litterarum, ut dicebat, per se decidendum. Super qua revocacione, cum fuisset, per dictas partes, coram dicto senescallo ac coram deputato ab ipso, altercatum, idem senescallus, super deffinicione dicti negocii, magistro Petro Roiche, judici Minerbesii, commisit vices suas; qui magister Petrus, non obstantibus recusacione contra ipsum proposita et appellacionibus interpositis per consules seu regentes predictos, necnon pendente quadam alia dilacione longiori ad audiendum diffinicionem dicti negocii coram senescallo predicto, dicto preceptori saisinam locorum predictorum, et quorumdam aliorum petitorum et pertinencium eorumdem, adjudicavit, inhibendo dictis consulibus

seu regentibus ne ipsi uterentur vel impedirent dictum preceptorem in predictis; a quo judicato, tanquam iniquo, fuit per dictos
consules seu regentes ad nostram curiam appellatum : Visis igitur per
curiam nostram processibus predictis, illis maxime qui coram dicto
senescallo et ejus commissario facti fuerunt, per curie nostre judicium, dictum fuit male fuisse judicatum et bene appellatum, judicato
et processibus predictis dictorum senescalli et commissarii ab eo,
propter plures defectus in eis repertos, totaliter annullatis, dictasque
partes ad dictum judicem Biterrensem, suum ordinarium, remittendo,
salvis dictis partibus, processibus earum habitis coram arbitris supradictis; et, quia non est inquisitum de injuriis, dampnis et violenciis
cum multitudine armatorum per dictos consules seu regentes factis,
ut dicebatur, contra dictum preceptorem, et in animalibus, pascuis,
arboribus et aliis bonis dicti preceptoris et dicte domus Sancti-Petri,
inquiretur, vocatis partibus, de injuriis, dampnis, violenciis et armorum portacione predictis.

Jovis post Oculi mei.

Mangon reportavit.

LX. Lite mota inter episcopum Claromontensem et ejus capitulum,
ex una parte, et procuratorem nostrum, pro nobis, ex altera, super
eo quod dicebat dictus episcopus quod collacio dignitatum, prebendarum et omnium aliorum beneficiorum que confert episcopus Claromontensis, dum vivit, in ecclesia Claromontensi, necnon in ecclesiis beate Marie-Portus et Bilionensis, et de Cresto, et de Vertasione,
de Cornonio, mortuo Claromontense episcopo vacancium, et nobis
tenentibus dicti episcopatus regaliam, spectat ad collacionem succes-
soris episcopi Claromontensis, et consuevit dicto futuro successori
reservari, et quod, tempore regalie, nos et predecessores nostri non
consuevimus conferre, nec contulimus aliqua beneficia in civitate vel
diocesi Claromontensibus; item, dicebant episcopus et capitulum predicti quod regaliator noster perceperat, de facto et injuste, fructus ecclesiarum Sancti-Cirici et Nove-Ecclesie, que sunt in montanis fun-

date, in decimis quas episcopus Claromontensis, Guido, procuravit uniri mense episcopali, per apostolicam sedem, que alias nunquam fuerant in regalia, quare dictos fructus sibi reddi petebant; item, dicebant quod dictus regaliator noster percepit fructus ecclesiarum de Roffiaco et Allodia, que, nullo tempore, fuerant alias in regalia, et que ecclesie mense episcopali nunquam fuerant adjuncte seu unite; item, dicebant quod dictus regaliator percepit pecuniam que, racione cathedratici et synodatici et quarumdam procuracionum minutarum, consueverat ab antiquo in synodis persolvi episcopo Claromontensi, et quasdam minutas oblaciones quas episcopus Claromontensis consuevit percipere, in festivitatibus Assumpcionis et Nativitatis beate Marie virginis, in altare beate Marie Claromontensis; item, quosdam census debitos a certis ecclesiis civitatis et dyocesis Claromontensium episcopo, in signum spiritualis jurisdictionis, et qui consueverunt in synodis persolvi episcopo Claromontensi; que omnia ipsi petebant sibi reddi; petebant eciam sibi restitui denarios focorum episcopo Claromontensi consuetos persolvi, per dictum regaliatorem receptos; item, dicebant quod, a tempore a quo memoria non existit, episcopus Claromontensis consuevit solvere uni sacriste ecclesie Claromontensis decem sextaria bladi et tria modia vini, et duobus vicariis deservientibus in ecclesia Claromontensi, cuilibet eorum, viginti sextaria bladi; quare petebant predictis vicariis de bonis episcopatus, tempore regalie, per regaliatorem perceptis, predicta persolvi, prout hactenus fuerat consuetum; item, dicebant quod Hugo, quondam Claromontensis episcopus, acquisivit mense sue episcopali decimam de Jauzai, supra quam fundavit seu constituit quatuor vicarias in ecclesia Claromontensi, quamlibet de viginti sextariis bladi annuatim; et, cum regaliator noster fructus predicte decime perceperit, petebant de bonis dicte decime, tempore regalie perceptis, dictis vicariis de blado hujusmodi satisfieri, et predictis episcopo et capitulo residuum dicte decime restitui; item, petebant emolumentum sigillorum judicis necnon generalis auditoris episcopatus Claromontensis, qui sola spirituali jurisdictione in montanis utebantur; quod emolumentum dictus regaliator noster receperat, predictis episcopo et capitulo deliberari ; procuratore nostro pro nobis contrarium dicente, quod sive alias contulerimus predictas prebendas et dignitates, sive non, tamen, propter generalem usum quem nos et predecessores nostri consuevimus observare in regaliis per totum regnum nostrum, eas, tempore regalie, in prefatis ecclesiis conferre debemus; dicebat eciam dictus procurator noster omnes fructus supradictos a regaliatore nostro, sede Claromontensi vacante, perceptos ad nos pertinere debere, et super hoc petebat videri registra antiqua regaliarum : Tandem, visa quadam inquesta de mandato nostro super premissis facta, et visis eciam registris nostris, pronunciatum fuit, per curie nostre judicium, cum non constaret de possessione nostra, nec nos nec predecessores nostros usos fuisse saisina conferendi aliqua beneficia, tempore regalium, in ecclesiis memoratis, collacionem beneficiorum vacancium, sede Claromontensi vacante, futuro Claromontensi episcopo reservari debere; item, quia, per registra nostra, super hoc inspecta, inventum non extitit nos seu predecessores nostros de predictis cathedratico, synodatico, procuracionibus, minutis oblacionibus, minutis censibus, et de fructibus ecclesiarum de Roffiaco et de Allodia, et de decimis dictarum ecclesiarum noviter per sedem apostolicam adjunctis mense episcopali, aliquid percepisse, pronunciatum fuit, per idem judicium, fructus predictos eisdem restitui debere, et dictis sacriste et vicariis de bonis dicti episcopatus, vacante sede, per regaliatorem nostrum perceptis, super hoc satisfieri debere ; item, predictis quatuor vicariis de predicta decima de Jauzai, a dicto regaliatore percepta, debere solvi redditum bladi predictum, salvo tamen et adjudicato nobis dicte decime de Jauzay residuo, et salvis ac nobis adjudicatis omnibus aliis decimis antiquis que alias, tempore regalie, a nobis et predecessoribus nostris percipi consueverunt, et salvis eciam nobis, et retentis regaliis et aliis juribus nostris in omnibus acquisitis, per episcopos Claromontenses factis in laycalibus feodis, allodiis et censivis, et salvis et nobis adjudicatis denariis focorum supradictorum; item, pronunciatum fuit quod emolumentum

Philippe IV,
1309.

57.

sigillorum existencium in montanis, quod racione jurisdictionis spiritualis perceptum fuit et a dicto regaliatore levatum extitit, reddi
debet eisdem, proviso tamen ne in fraudem nostri vel successorum
nostrorum per eundem sigilliferum exerceatur jurisdictio temporalis
quam habet dictus episcopus in locis predictis.

Dominica qua cantatur Reminiscere.

Decanus de Cassello reportavit.

LXI. Lite mota, coram ballivo Senonensi, inter Symonem, dictum Boniche, de Virzilaio, heredem, ut dicebat, Helindis dicte
Bonice, sororis sue, uxoris quondam Johannis dicti le Prouhain, et
absque liberis, ut dicebat, defuncte, ex una parte; et eumdem Johannem, ex altera, super eo quod idem Symon trecentas quinquaginta
libras parvorum Turonensium, quas dicta soror ejusdem, in contractu matrimonii cum eodem Johanne habito, secum detulerat et
eidem Johanni in dotem tradiderat, sibi reddi petebat, asserens de
loci consuetudine ante solucionem debitorum et obligacionum qua-
rumlibet cum dictis conjugibus contractarum, hoc fieri debere a
dicto marito superstite; et e contra gentes nostre et Johannes de So-
rerlis, armiger, se in causa hujusmodi opponentes, contra dictum
Symonem proponerent quod dicta Helyndis cum eodem Johanne le
Prouhain, homine nostro et ipsius armigeri de corpore, contraxerat,
et quod, de consuetudine loci in quo contraxerunt et manserunt dicti
Johannes le Prouhains et Helyndis, et vicinorum locorum, quociens
aliqua libere condicionis mulier nubit cum homine condicionis servilis, ipsa sequitur sui condicionem mariti, et ob hoc dicerent gentes nostre et dictus armiger bona ipsorum Johannis le Prouhain et
Helyndis, ejus uxoris, pro nobis et dicto armigero, racione manus
mortue, nostris debere racionibus applicari; dicto Symone Boniche
contrarium asserente, et dicente dictam consuetudinem in locis
ubi contraxerunt et manserunt dicti conjuges, locum sibi et specialiter in casu ignorancie, minime vindicare : Visa inquesta super hoc
de mandato nostro facta, quia non inventum est consuetudinem, pro

nobis et armigero allegatam, quantum ad casum de quo agitur, esse PHILIPPE IV, probatam, et dictum Symonem consuetudinem predictam per ipsum 1309. allegatam sufficienter probasse, per curie nostre judicium dictum fuit quod manus nostra, in bonis dicti Johannis le Prouhain, racione premissorum apposita, inde amovebitur usque ad concurrentem summam dicte dotis petite.

Jovis post Oculi mei.

Roya reportavit.

LXII. Mota lite, in causa appellacionis interjecte per Michaelem Fourre et Guillelmum de Pynu, tunc servientes nostros in ballivia Constanciensi, super pluribus condempnacionibus factis contra ipsos, tam pro nobis, quam pro parte requirente, per magistros P. de Arreblayo, archidiaconum Borbonensem in ecclesia Bituricensi, et Martinum de Creponio, clericos nostros, deputatos a nobis ad supplicacionem episcopi Bryocensis, ad inquirendum de gravaminibus eidem episcopo et suis hominibus illatis, ut dicebatur, per servientes nostros ballivie predicte, et ad faciendum fieri emendam nobis et parti de gravaminibus hujusmodi, de quibus appareret, necnon ad puniendum dictos servientes, qui invenirentur in premissis deliquisse : Auditis in curia nostra dictis partibus, visisque processu et condemnacionibus predictis, attentoque, per litteras vicecomitis Abrincensis, quod dicti Michael et Guillelmus dicte sue appellacioni renunciaverunt, et se dictorum deputatorum supposuerunt voluntati, necnon, audita relacione deputatorum predictorum, per curie nostre judicium dictum fuit quod dicte condempnaciones tenebunt et execucioni mandabuntur.

Jovis post Oculi mei.

LXIII. Lite mota, in curia nostra, inter abbatem et conventum monasterii de Sancti-Eligii-Fonte, ex una parte, et abbatem et conventum Sancti-Bertini de Sancto-Audemaro, et archidiaconum Noviomensem, ex altera, super eo quod pars dicti monasterii de Sancti-

Eligii-Fonte, proponens quod dicti archidiaconus et abbas et conven tus Sancti-Berthini fecerant fieri de novo quoddam molendinum apud Caumont, contra franchesias et consuetudines molendinorum de Chauni, que molendina dictum monasterium de Sancti-Eligii-Fonte, sub annuo censu, tenet a nobis, petebat quod dictum molendinum per gentes nostras dirueretur, cum esset et fuisset dictum monasterium in saisina faciendi dirui per gentes nostras molendina alias de novo facta, contra franchesias et consuetudines molendinorum de Chauni predictorum; parte dictorum archidiaconi et religiosorum contrarium asserente, dicenteque se juste fecisse dictum molendinum, et posse fecisse de consuetudine patrie, cum in dicta villa de Caumont ipse et dicti abbas et conventus Beati-Berthini habeant altam et bassam justiciam, habitatoresque dicte ville non sint bannerii alicujus : Visis igitur inquesta et commissionibus factis super predictis, per curie nostre judicium, inquesta predicta et quicquid factum extitit in ea, propter plures defectus repertos ibidem, fuerunt totaliter anullata, salvo jure partis cujuslibet in agendo et defendendo, sicut erat tempore mote litis predicte.

Jovis post Oculi mei.

M. P. Mangon reportavit.

LXIV. Mota questione inter Matheum de Roya, militem, ex una parte, et majorem et juratos dicte ville, ex altera, super eo quod dictus miles dicebat quod, cum Johannes Rochars emisset quandam domum a Johanne le Cointe, Margua, ejus uxore, et Petro, ejus fratre, quam domum Guillelmus le Cointes et Florencia, ejus uxor, petebant per retractum, nomine proximitatis dicte Florencie, uxoris predicti Guillelmi, major et jurati predicti judicaverunt dicto Guillelmo et Florenciam, tamquam proximiores, ad dictum retractum debere admitti ; predicto milite dicente cognicionem hujusmodi cause ad ipsum, non ad majorem et juratos predictos pertinere, cum dictus Matheus esset in saisina, ut dicebat, cognoscendi de retractu domus predicte et aliarum que apud Royam ad censum ab ipso tenentur;

PHILIPPE IV, 1309.

quare petebat manum nostram, appositam in dicta domo per prepositum de Roya, propter debatum dictarum parcium, amoveri; majore et juratis predictis asserentibus se esse in saisina cognicionem habendi in casu predicto; quare similiter petebant dictam manum nostram inde amoveri. Visa igitur inquesta de mandato nostro super hoc facta, et auditis racionibus hinc inde propositis, per curie nostre judicium dictum fuit dictos majorem et juratos sufficienter probavisse se esse in saisina cognoscendi de contencione predicta in casu retractus, et manum nostram inde debere amoveri, salva dicto militi super hoc questione proprietatis.

Jovis post Oculi mei.

M. Droco de Karitate reportavit.

LXV. Cum inter Johannem de Sancto-Asterio, procuratorem majorie, relicte defuncti Roderici Ferrandi, tutricis seu curatricis Guisabelle, Roderici et Ferrandi, liberorum communium conjugum predictorum, nomine ipsorum liberorum agentem, ex una parte, et Oliverium de Guavarreto, nomine liberorum sibi et Bere, quondam uxori sue, nunc defuncte, communium, et Petrum de Condomio, suo nomine, defendentes, ex altera, mota fuisset controversia coram judicibus ville Condomii, pro nobis et abbate dicti loci communibus, super eo quod idem actor seu procurator, nomine dicte majorie et liberorum suorum predictorum, asserebat quod Johannes de Boceta in sex millibus quadringentis quinquaginta duobus marbotinis Bernardo de Turte, militi, ex causa mutui, tenebatur, et pro dicta pecunie summa obligaverat eidem Bernardo, creditori, omnia bona sua ubicumque existencia, presencia et futura, et asserebat quod idem Johannes habebat et tenebat, seu alius ejus nomine, jure domanii, tempore dicte obligacionis contracte, quedam bona, in libello, ex parte dicti actoris, contra dictos reos edito, designata, et quod iidem rei habebant et detinebant, ac habent et detinent dicta bona; asserebat eciam quod dicti liberi successerunt, ex testamento Roderico Ferrandi, patri suo, heredique in testamento predicti B. creditoris universaliter instituto, et quod de dicta pecunie summa nunquam fuit dicto creditori nec suis successoribus satisfactum; quare petebat dictus actor, nomine quo supra, jus ypotbece in bonis predictis sibi competere declarari, et dictos reos ad restituendum predicta bona ex causis predictis eidem actori, quo supra nomine, condempnari. Dicti vero judices ville Condomii jus ypothece in dictis bonis dicto actori, nomine quo supra, competere per suam sentenciam declararunt, et ad restituendum ea, quo supra nomine, condempnarunt defendentes predictos, exceptis quibusdam censibus in sentencia dictorum judicum specialiter declaratis; a qua sentencia, tamquam ab iniqua, dicti rei ad nostram curiam appellarunt. Judex vero appellacionis predicte, deputatus a nobis, sentenciam infirmavit predictam; a qua sentencia infirmatoria, tamquam ab iniqua, predictus actor ad nos, quo supra nomine, appellavit : Visis igitur tam dicte cause principalis quam dictarum appellacionum processibus, per curie nostre judicium fuit dictum dicte principalis cause judicis bene judicasse, declarando jus ypothece in bonis omnibus predicti Johannis de Boceto, debitoris, dicto actori, nomine quo supra, competere, et eidem actori reddi debere bona inferius designata; item, omnia bona alia de quibus legitime constare poterit quod in bonis dicti Johannis essent tempore obligacionis predicte, vel ab eodem Johanne, undecumque et ubicumque postmodum acquisita, et quinquaginta libras bonorum Morlanorum, racione expensarum per eundem actorem factarum in lite predicta, nostrumque commissarium, in causa appellacionis prime predicte, male pronunciasse, et supradictum actorem a dicti commissarii nostri sentencia bene appellasse. Res vero de quibus liquet quod erant in bonis Johannis de Boceto, debitoris predicti, tempore obligacionis predicte, et earum designaciones sunt iste, videlicet, quedam domus sita in villa Condomii, inter domum heredum Symonis de Ligardis, ex una parte, et carrerias publicas, ex tribus partibus, ex altera; item, platea, sita juxta dictam domum, inter domum Vitalis de Podio, ex parte una, et domum Guillelmi Fabri, ex alia; item, borda Bocarie, que est in carreria deu Pecum; item, vinea de Sarranta, sita inter vineam Geraldi de Lamberto, ex parte una, et vineam heredum Johannis de Cognemont et carreriam publicam, ex altera; item, vinea de Nataret, sita juxta furcas dicti loci, inter vineam Guillelmi Darion, ex parte una, et vineam Johannis de Bec et fratris sui, ex altera; item, servicia casalium de Nataret; item, quedam pecia terre sita in parrochia Sancti-Johannis-de-Pinolibus, inter terram et pratum Bartholomei de Podio, ex una parte, et viam publicam, ex alia; item, quedam pecia terre, sita inter vineam que nunc est dicti Bartholomei, ex parte una, et viam publicam, ex altera, et terram que nunc est Perroti de Pomarel, ex alia; item, quedam alia pecia terre, sita inter terram et vineam Petri de Gavarreto, ex parte una, et viam publicam, ex altera; item, quedam alia pecia terre sita inter terram dicti Petri, ex parte una, et terram que nunc est Marie de Gaston, ex altera; item, quedam alia pecia terre, sita in loco vocato Alboys, inter terram et vineam Petri de Gavarreto, ex parte una, et vineam heredum Symonis de Ligardis, ex altera, et vineam Petri de Pynolerio et terram Galteri de Matheo et terram Galteri de Martino, ex altera; item, servicia deus Camos; item, vinee et nemus que sunt site in loco vocato Aguiscos.

Jovis post Oculi mei.

M. G. de Usco reportavit.

LXVI. Cum Chesninus Prepositi, miles, conquereretur de magistris Petro de Arreblayo, archidiacono Bourbonensi in ecclesia Bituricensi, et Martino de Creponio, clericis nostris, super eo quod ipsi eundem, ut dicebat, injuste arrestaverant et tenuerant carceri mancipatum quousque de stando juri in presenti parlamento caucionem dedisset ad penam duorum millium librarum Turonensium, quare petebat licenciam sibi dari, vel quod proponerent iidem clerici nostri causam quare eum arrestaverant et ob quam licenciam recedendi sibi dari non debent, ac, ex parte dictorum clericorum nostrorum, propositum fuisset contra eundem quod ad ejus deliberacionem procedi non debebat, eo videlicet quod dictus miles coram eis in partibus Bri-

tannicis, videlicet in episcopatu Briocensi, commissariis deputatis a
nobis, excusando Guillelmum de Pinu et Michaelem Forre, servientes
nostros, de quorum excessibus inquirere debebant dicti commissarii,
usus fuerat quodam instrumento falso, et cujus instrumenti rasuram
deadvoaverant per proprium juramentum serviens, cujus erat sigilla-
tum sigillo, et notarius qui scripserat illud idem ; dicto milite plures
raciones ad sui defensionem in contrarium proponente : Viso processu
dictorum clericorum nostrorum super hoc facto, et inspecto dicto instrumento, factaque collacione de eodem cum protocollo, ac dictorum
commissariorum relacione audita, visaque deposicione testium, ex
parte dicti militis ad sui innocenciam super hoc productorum, per curie nostre judicium dictum fuit quod idem miles, propter factum hujusmodi, nobis ducentas libras Turonenses persolvet, in duobus annis
proxime futuris, videlicet anno quolibet centum libras ; et omnia que
in dicto instrumento contenta sunt per idem judicium fuerunt penitus anullata.

Jovis post Oculi mei.

G. Thibout reportavit.

LXVII. Cum lis mota fuisset coram preposito Parisiensi inter Anselmum de Achieriaco, nomine Johanne, uxoris sue, ex una parte, et
magistrum Evenum de Kerberz, gerentem se pro curatore dato bonis
Hervei de Sancto-Renaucio, tunc absentis, ex altera, super saisina
quorumdam bonorum immobilium que fuerunt defuncte Aveline,
quondam filie dicte Johanne, et super fructibus et exitibus ex dictis
bonis per dictum Anselmum perceptis ; et, in causa hujusmodi, dictus
prepositus procedens, judicatum suum tulisset pro dicto magistro
Eveno contra Anselmum predictum, et a dicto judicato, tanquam falso
et pravo, dictus Anselmus ad nostram curiam appellasset : Tandem,
in causa dicte appellacionis auditis partibus predictis, et visis processibus antedictis, per curie nostre judicium, dictum fuisset predictum
prepositum male judicasse et dictum Anselmum bene appellasse, et
quod impedimentum, racione premissorum eidem Anselmo, ad ins-

PHILIPPE IV,
1309.

tanciam dicti magistri Eveni, appositum in dictis bonis et fructibus eorumdem, amoveretur absque difficultate, ita quod ipse de dictis bonis et eorum fructibus posset gaudere, et ea que dictus Evenus de bonis
predictis et eorum fructibus habuerat, racione predicta, reddere teneretur Anselmo predicto; ceterum cum postmodum ex parte Nicolai,
filii et heredis dicti Hervei, nunc deffuncti, nobis fuerit supplicatum
quod, cum curia nostra, per facti ignoranciam, ut ipse dicebat, actis
cause predicte ad plenum non visis, consuetudinibusque notoriis et
confessatis, seu probacionibus dicti Hervei, et substancialibus dicte
cause per facti errorem obmissis, predictum tulerat judicatum, quatenus super hoc apponeremus remedium oportunum. Nos vero, omnem errorem tollere et corrigere cupientes, de speciali gracia voluimus et mandavimus quod processus et acta, tam principalis quam
appellacionis causarum hujusmodi, iterato inspicerentur et diligencius examinarentur ut, si quid, in ipso judicato per facti errorem vel
minus sufficientem visionem actorum et processuum predictorum inveniretur esse factum, illud corrigeretur et emendaretur, et in melius
reformaretur: Visis igitur et de novo omnibus processibus antedictis,
et, per curiam nostram, ad plenum et cum diligencia examinatis, quia
repertum est curiam nostram in aliquo non errasse in predictis, nec
per facti ignoranciam deceptam fuisse, sed eam rite et ligittime judicasse, predictum judicatum iterato, per curie nostre judicium, extitit
approbatum et eciam confirmatum, et ex integro mandabitur execucioni, questione proprietatis, tam nobis quam dicto Nicolao, reservata in bonis predictis.

Jovis post Oculi mei.

Thibotot reportavit.

LXVIII. Cum Guillelmus Viguerii, serviens noster et locum tenens
vicarii Montis-Albani apud Eshartex, senescallo Petragoricensi denunciasset quod nobilis mulier Guillelma de Picatos, Bertrandus, ejus
filius, Guillelmus de Bogias, et Arnaldus, ejus filius, predictum servientem, officio nostro utentem, in facie, usque ad sanguinis effusio-

nem, percusserant, et quedam pignora, que, suum officium exercendo, ceperat, eidem rescusserant, et baculum, signo regio signatum, quem palam et publice deferebat, eidem abstulerant et in lutum projecerant; et propter hoc castellanus Montis-Albani, ex commissione sibi a senescallo Petragoricensi facta, vocatis Guillelma et aliis predictis, inquisivisset, et auditis omnibus que dicte partes hinc inde proponere voluerunt, dictam Guillelmam in centum libris nobis, et centum solidis parti, Bertrandum, ejus filium, in centum libris nobis, et centum solidis parti, et dictum Guillelmum de Bogias et Arnaldum, ejus filium, in centum libris nobis, et centum solidis parti dicti servientis, condempnasset, a qua sentencia dicti condempnati ad nostram curiam appellarunt; commissarius autem a nobis in causa dicte appellacionis datus, procedens in ea, predictam sentenciam pronunciavit esse nullam; a qua sentencia nullitatis procurator noster senescallie Petragoricensis ad nostram curiam appellavit: Visis igitur omnibus processibus supradictis, pronunciatum fuit, per curie nostre judicium, dictum procuratorem nostrum bene appellasse et dictum commissarium male judicasse, et fuit confirmata prima sentencia predicta, et mandabitur execucioni.

Lune post Letare Jerusalem.

Cuillier reportavit.

LXIX. Lite mota inter dominum de Buxeria, ex parte una, et Jacobum de Sancto-Poncio, militem, ex altera, super eo quod dictus dominus de Buxeria dicebat quod, de consuetudine approbata in loco de Buxeria, nullus edifficare potest fortalicium infra fines sue castellanie, nisi de permissu ejusdem, et quod ipse est in saisina pacifica diruendi fortalicia ibidem constructa preter ejus voluntatem, et ideo, cum domus de Furneto sit domus fortis et edificata de novo infra fines castellanie sue predicte, contra ejus voluntatem, petebat eandem demoliri, virtute consuetudinis supradicte; dicto Jacobo contrarium asserente, et plura ad sui defensionem proponente: Inquesta igitur super hiis de mandato curie nostre facta, visa et diligenter inspecta;

quia inventum est sufficienter probatum dictum dominum de Buxeria esse in saisina premissorum, duasque turres fortes ibi de novo esse edificatas, sine ejus assensu, per curie nostre judicium, dictum fuit quod ipse dictas turres poterit licite facere demoliri salva super hoc questione proprietatis parti adverse.

Lune post Letare Jerusalem.

Creci reportavit.

LXX. Cum lis mota fuisset inter comitem Valesie, ex parte una, et priorem de Autolio, tam nomine suo quam nomine procuratorio abbatis et conventus Clugniacensium, ex altera, super saisina bonorum commissorum, ut dicitur, defuncti Johannis Savoure, justiciati in villa de Venneschieles existencium, quam saisinam utraque pars, tanquam estraeriam, ad se pertinere dicebat, et in manu nostra, propter debatum parcium, ad requestam dicti prioris, tanquam in manu superioris, posita fuerat; quam manum nostram prefatus comes petebat amoveri : Tandem, auditis super hoc partibus et visa inquesta super premissis de mandato nostro facta, quia repertum est predictum comitem suam intencionem plenius et liquidius probasse, per curie nostre judicium dictum fuit saisinam dictorum bonorum, manu nostra inde amota, predicto comiti deliberari debere, jure proprietatis, in casu predicto, dicto priori, et in omnibus aliis casibus justicie, dictis partibus, in loco predicto, salvo remanente.

Lune post Letare Jerusalem.

LXXI. Cum inter magistrum Helyam de Orliaco, pro se et suis coheredibus, ad successionem defuncti Philippi Hermine, eorum patrui ab intestato, venientibus, et ad eam, per curie nostre judicium, admissis, agentes, ex parte una, et Margaretam de Attrabato, relictam dicti defuncti, defendentem, ex altera, questio verteretur super eo quod idem magister Helias, suo et coheredum suorum nomine, proponebat quod dicta Margareta, in inventario faciendo de bonis omni-

bus communibus inter eam et dictum Philippum, maritum suum,
tempore mortis ejus communibus, tacuerat et celaverat quadringentas
duo et nonaginta libras quindecim solidos Turonenses monete tunc
currentis, quas ipsa receperat a Guillelmo Flamingo, magistro monetarum nostrarum, et quas prepositus Parisiensis, post obitum dicti Philippi, supra dictam Margaretam, propter debatum parcium predictarum, in manu nostra tenebat, tempore facti inventarii predicti; item,
quadringentas novem et quadraginta libras unum et viginti denarios
Turonenses ejusdem monete, quas a dicto magistro monetarum, post
mortem dicti Philippi, ipsa de dictis bonis communibus habuerat,
ut dicebat idem magister Helyas; item, ducentas libras Turonenses
monete predicte, quas, ex vendicione quarundam vinearum dicti Philippi, circa festum Omnium-Sanctorum, ante obitum ejusdem Philippi, de bonis predictis communibus, ipsa similiter receperat; que
bona omnia ipsa recelasse dicebatur, contra juramentum proprium, ab
ea corporaliter prestitum, de bonis omnibus inter eam et dictum Philippum, sue mortis tempore communibus, ostendendis, nominandis
et in inventario predicto fideliter redigendis; proponebat eciam quod
dicta Margareta expresse convenerat, seu consenserat, presente dicto
magistro Helya et pluribus aliis fide dignis, se velle perdere bona omnia, tempore mortis dicti mariti sui communia, per eam non ostensa
seu non expressa et per ipsam in dicto inventario non redacta, dictis magistro Helye et suis coheredibus applicanda; et, propter hoc, petebat idem magister Helyas dictam Margaretam, nomine quo supra,
tam de racione, quam virtute convencionis predicte, condampnari ad
reddendum sibi suisque coheredibus in solidum, dictas summas;
dicta relicta, pluribus racionibus, se in contrarium defendente : Visa
igitur inquesta de mandato curie nostre super hoc facta, per ejusdem
curie nostre judicium, dictum fuit predictam Margaretam, predictas
quadringentas novem et quadraginta libras unum et viginti denarios
Turonenses monete predicte, quas ipsa post obitum dicti Philippi de
predictis bonis communibus recepit; item, dictas ducentas libras Turonenses monete predicte, quas licet ante obitum dicti Philippi rece-

pisset, ipsas tamen in processu predicto confessata fuit se, tempore
mortis dicti Philippi, apud se habere, cum de summis predictis ipsa
in inventario predicto nullam fecerit mensionem, tam quantum ad
partem suam eam in predictis summis contingentem, quam quantum
ad commodum ususfructus, quoad partem dictorum heredum sibi
per dictum defunctum relicti, penitus amisisse, et debere integre predictis Helye suisque coheredibus applicari; in aliis vero quadringentas
duo et nonaginta libris quindecim solidis uno denario Turonensibus,
quas tempore facti dicti inventarii, propter debatum parcium, ut premittitur, in manu nostra tenebat prepositus Parisiensis, et in bonis
aliis omnibus non celatis, fuit dicte Margarete, pro parte ipsam contingente, per idem curie nostre judicium, medietas, et alia medietas
dictis heredibus adjudicata; in parte vero predicta dictos Helyam
coheredesque suos in dictis bonis non recelatis contingente, usum-
fructum ex donacione predicta, vita comite, retinebit eadem Margareta, et prestabit caucionem ydoneam de dictis pecuniarum summis
partem dictorum heredum contingentibus, ut predictum est, reddendis eisdem; et de utendo, fruendo, arbitrio boni viri, ceteris
bonis omnibus, dictis coheredibus pro parte eorum adjudicatis et
eisdem restituendis, ac de valore bonorum predictorum que usu con-
sumuntur, heredibus eisdem reddendo.

Jovis post Letare Jerusalem.

G. de Usco [reportavit].

LXXII. Cum inter Othonem de Sedilhaco, domicellum, ex una
parte, et consules, universitatem et homines ville Salvitatis de Gaura,
ex altera, in Galhardum de Paelhaco et Raymondum de Botano, tanquam in arbitros, arbitratores, seu amicabiles compositores super
boatis, obliis, agrariis et aliis deveriis, quas et que idem domicellus
petebat ab eis, racione possessionum quas ab ipso tenere dicuntur in
districtu de Salvitate et pertinenciis ejusdem, compromissum fuisset;
prout hec plenius in quodam instrumento super hiis confecto continentur, dictique arbitri, dictum suum seu arbitrium super hoc pro-

tulissent, partibus predictis presentibus, que partes dictam pronunciacionem arbitrorum predictorum, ut dicebatur, approbaverunt et
emologaverunt expresse, prout hec in instrumento, super hiis confecto, inter acta dicte cause inserto, plenius sunt expressa; ac demum
dictus Otho nostre curie supplicasset ut scriberetur a nobis senescallo
Tholosano ut dictum hujusmodi sic prolatum, et a dictis partibus approbatum, execucioni debite demandaret, nisi causa racionabilis sub-
sisteret quare hoc facere non deberet; qui quidem senescallus, vocatis et comparentibus coram se dictis partibus, decrevit dictum seu
ordinacionem predictam dictorum arbitrorum contra consules, universitatem et homines supradictos, debere execucioni mandari, presertim cum, ex parte dictorum consulum, universitatis et hominum
dicte ville Salvitatis, nichil racionabile proponeretur coram eo quare
hujusmodi execucio fieri non deberet; a qua pronunciacione seu decreto per ipsos consules, universitatem et homines dicte ville extitit
ad nostram curiam appellatum; et causam appellacionis hujusmodi,
de consensu dictarum parcium, commisissemus audiendam magistro
Symoni Suavi, cantori Agenensi, secundum articulos ipsarum parcium curie nostre a dictis partibus traditos, committendo eciam eidem cantori ut super eis et ea tangentibus inquireret cum diligencia
veritatem, et inquestam quam super hiis faceret, et totum hujusmodi
negocium sufficienter inquisitum, ita quod non restaret nisi sentencia ferenda, nostre curie, sub suo sigillo, remitteret inclusam: Tandem, visis hujusmodi inquesta et toto processu dicti magistri Symonis super hiis factis, et attentis omnibus que circa premissa nostram
curiam movere poterant et debebant, per curie nostre judicium dictum fuit predictos consules, universitatem et homines male appellasse
et dictum senescallum bene judicasse, et dictum seu ordinacionem
predictorum arbitrorum, juxta tenorem instrumenti predicti super hoc
confecti, debere execucioni demandari. Item, dictum fuit quod arreragia, ex predictis percepta a tempore dicte appellacionis interjecte,
restituentur predicto Othoni a consulibus, universitate et hominibus
ville Salvitatis predicte.

Jovis post Letare Jerusalem..
Mellentus reportavit.

LXXIII. Audita querimonia majoris et juratorum ville de Compendio, et insuper nonnullorum subditorum prepositure Belvacinii et de Compendio, conquerencium de Radulpho de Farniers, preposito firmarum dicti loci, et asserencium eundem R., multis modis illicitis, ab eisdem plures pecunie summas extorsisse, et ipsos quamplurimis injuriis et oppressionibus aggravasse, jura eciam domini Regis per ipsum R. multipliciter usurpata fuisse, super premissis, magistro Martino de Crepon et Henrico Trousselli, militi domini Regis, fuit commissum veritatem inquiri et curie nostre refferri, et nichilominus eis injunctum quod, per ipsum prepositum confessata vel liquide probata coram eis, restitui facerent indilate : Demum, inquesta per dictos commissarios, vocatis partibus, super hiis facta et nostre curie reportata, visa et diligenter examinata, per curie nostre judicium dictum fuit quod, pro extorsionibus, dampnis et oppressionibus per dictum prepositum illatis, restituentur personis que sequntur, de bonis dicti prepositi, videlicet relicte et heredibus G. de Pruvino, quem injuste fecit questionari, centum libre Parisienses bone monete; item, priori Sancti-Leodegarii quadraginta solidi Parisienses bone monete; item, Martino Gaarel, unum modium avene; Johanni Gannes, decem libre Parisienses bone monete, si jurare voluerit se dampnificatum fuisse in tantum; item, Huberto de Uneul, unum modium avene et decem libre Parisienses bone monete, pro dampnis suis, si idem Hubertus se in tantum dampnificatum fuisse jurare voluerit; Michaeli Kanestel, octo libre decem solidi Parisienses bone monete, ex una parte, et, ex alia parte, sex libre debilis monete, pro expensis suis; item, leprosarie de Manso, octoginta libre Parisienses debilis monete; Fremondo de Ulmo, quadraginta solidi Parisienses bone monete; item, Stephano Haale de Heulicourt et sociis suis, octo libre Parisienses bone monete, et, pro dampnis suis, quadraginta solidi Parisienses bone monete, si jurare voluerint dictam summam; item, Matheo de

Barris et ejus matri, de quorum domo idem R., ipsis invitis, quemdam equum sibi obligatum, pro expensis illius equi et cujusdam alterius, extraxit, non solutis expensis, pro qualibet die qua fuerunt dicti equi in domo ipsorum, de quolibet equo, octodecim denarii Turonenses bone monete; item, Johanni Farsi, centum solidi Parisienses debilis monete, ex una parte, et, ex altera, centum solidi Parisienses bone monete; Johanni Pignie et ejus socio, duodecim libre Parisienses debilis monete; Johanni Karot, centum solidi Parisienses bone monete; Symoni Bosquier, unum supertunicale, quod fuit sibi ablatum pro quadam emenda injuste judicata; Petro Courte-Braie, tres et triginta solidi Parisienses bone monete; Mahante Harel, centum et decem solidi Parisienses bone monete; Radulpho Fariniers, sex libre quinque solidi Parisienses bone monete; Reginaldo Berez, duo grosse trabes, seu valor earum usque ad estimacionem sex librarum Parisiensium bone monete; Stephano de Lettres de Jonqueres, sex et quadraginta solidi Parisienses bone monete; Bernardo Troche, centum solidi Parisienses bone monete; Raolino Chevillette, viginti solidi Parisienses bone monete; Moriseto le Fevre et ejus uxori, sexaginta solidi Parisienses bone monete, quos Giletus, locum tenens ipsius, injuste habuit ab eisdem, nisi idem locum tenens probaverit se solvisse dictos sexaginta solidos predictis conjugibus; et si premissorum aliqua per dictorum commissariorum condempnacionem jam fuerunt restituta, valebunt in exoneracionem premissorum. Item, solutis predictis summis, de residuo bonorum dicti Radulphi solventur domino Regi mille libre Turonenses bone monete, pro emenda. Idem eciam prepositus per dictum judicium ab omnibus officiariis regiis in perpetuum est privatus.

Jovis post mediam Quadragesimam.

M. Yvo de Laudunaco reportavit.

LXXIV. Lite coram Aurelianensi ballivo mota inter Ysabellim, dictam la Poile-Vilainne, ex una parte, et Johannem Potier, civem Aurelianensem, ex altera, super eo quod dicta Ysabellis asserebat ad

Philippe IV, 1809.

se pertinere quartam partem domus cujusdam, site Aurelianis, in veteri muneria, quam ipsa dicebat se emisse a Roberto de Domeciaco, et petebat eam sibi adjudicari; dicto Johanne contrarium asserente, et dicente se eam emisse, cum auctoritate judicis competentis, a curatoribus dicti Roberti, datis eidem pro eo quia ipse dissipabat bona sua, dicenteque se fuisse et esse in bona saisina dicte quarte partis ex causa predicta, petenteque sibi adjudicari proprietatem ejusdem; auditis super hoc parcium racionibus predictarum, dictus ballivus adjudicavit dicto Johanni proprietatem et saisinam dicte quarte partis domus predicte; a quo judicato, tanquam falso et pravo, dicta Ysabellis ad nostram curiam appellavit : Auditis igitur in causa dicte appellacionis predictis partibus, et visis processibus antedictis, per curie nostre judicium dictum fuit predictum ballivum bene judicasse, et dictam Ysabellim male appellasse et quod ipsa hoc emendabit.

Jovis post mediam Quadragesimam.

LXXV. Visa inquesta, inter ballivum Senonensem, pro domino Rege, et abbatem et conventum de Pruliaco, ex una parte, et dominos de Barris, ex altera, super justicia grangie dictorum religiosorum de Acri-Monte et pertinenciarum ejusdem facta, propter defectus in ea repertos, per curie nostre judicium, inquesta predicta fuit anullata, salvo utrique parti super hoc jure suo, tam in possessione quam in proprietate, quando super hoc voluerint experiri; hoc salvo eciam quod de deposicionibus defunctorum testium, in dicta inquesta productorum, consideratis eciam deposicionibus aliorum testium qui vivunt, curia nostra, prout expedire viderit, ordinabit quando judicabitur inquesta de novo facienda super questione predicta, si dicte partes iterato super hoc voluerint experiri.

Jovis post Letare Jerusalem.

Mellentus reportavit.

LXXVI. Lite mota inter magistrum Johannem Gormont, clericum, ex parte una, et Petrum de Villa-Bloain, militem, senescallum Pic-

tavensem, ex altera, super hoc quod petebat dictus clericus plures
res ipsius, mobiles et immobiles, saisitas, captas et levatas per dictum senescallum et servientes suos et de ipsius mandato, ut dicebatur, minus juste et sine causa racionabili, cum fructibus perceptis et qui percipi potuerunt exinde, una cum dampnis et interesse,
racione vinearum et terrarum suarum non cultarum, durante tempore dicte capcionis, sibi reddi; item, injurias plures eidem per dictum senescallum seu suos servientes, ipso mandante, ut dicebat, illatas sibi emendari, dicto senescallo in contrarium dicente se ad
premissa non teneri, cum, si aliqua ceperat, saisiverat, capi seu saisiri fecerat de bonis ipsius clerici, hoc fecerat juste et licite, tam
propter plures inobediencias et emendas, in quibus nobis tenebatur
dictus clericus, quam eciam racione mandatorum super hoc eidem
factorum, secundum consuetudinem patrie, tam ab archidiacono
Engolismensi quam officiariis Pictavensi et Bituricensi, auctoritate
quorum dictus clericus erat et diu fuerat et adhuc est, ut ipse dicebat, excommunicatus et multipliciter aggravatus, quibus, juxta consuetudinem patrie, tenebatur obedire, et specialiter quia, super premissis, conventus dictus senescallus, ad instanciam dicti clerici,
coram cantore Aurelianensi et Johanne de Rouveroy, milite, inquisitoribus in dictis locis contra officiales nostros a nobis deputatos, auditis propositis per ipsum clericum et defensionibus senescalli predicti, fuerat pronunciatum per dictos inquisitores dictum senescallum
juste et rite manum nostram in bonis dicti clerici apposuisse: Visis
igitur inquestis super hoc de mandato nostro factis, auditaque relacione ipsius cantoris, visis eciam processibus predictis, tam pro dicto
clerico quam contra ipsum factis et habitis, per curie nostre judicium dictum fuit predictum senescallum manum nostram in dictis
bonis appositam licite apposuisse, et quod manus nostra in bonis ipsius clerici tenebitur quousque de absolucione sua constet, et quod
tam de bonis mobilibus ipsius clerici, captis seu saisitis per dictum
senescallum seu suos servientes, quam eciam de fructibus immobilium per ipsos perceptis, saisitis et levatis et qui percipi potuerunt;

PHILIPPE IV,
1309.

tam ante quam post pronunciacionem dictorum inquisitorum, una cum dampnis, racione defectus culture dictorum bonorum; postquam de absolucione ipsius constiterit, inquiretur summarie et de plano; que omnia, prout inventa fuerint, dicto clerico restituentur, cum fuerit absolutus; et per idem judicium dictum fuit, et ex causa, quod, in causis civilibus dicti clerici, motis et movendis, de quibus cognicio ad dictum senescallum, quocumque jure, debeat pertinere, eidem senescallo alius ydoneus adjungetur.

Veneris ante Ramos Palmarum.

M. H. de Sancto-Paulo reportavit.

Adjunctus est cum senescallo magister Johannes de Menoto, canonicus Pictavensis.

LXXVII. Lite mota, coram senescallo Petragoricensi, inter comitem Petragoricensem, ex una parte, et Lambertum Porte ac bajulum nostrum Petragoricensem, ex altera, super eo quod dictus comes dicebat quod, ipso existente in saisina, racione castri de Granholio, exercendi merum et mixtum imperium in villis de Mangaco et de Borro, tenendique ibi placita sua, quando sibi placebat, gentesque ipsius comitis, pro tenendo dicta placita sua, ibidem accessissent, saisinam suam predictam continuando, ipsi ad instanciam dicti Lamberti, per dictum bajulum fuerunt super hoc prohibiti, licet de hoc mandatum non haberet nec potestatem, ut dicebat; a qua quidem prohibicione, ex parte predicti comitis, ad dictum senescallum extitit appellatum; quare peciit idem comes pronunciari ipsum bene appellasse, dictumque bajulum male et inique processisse ad faciendum prohibicionem predictam, ipsumque puniri pro premissis, ac dictum Lambertum condempnari ad solvendum sibi, racione predictorum, mille marchas argenti, pro suis dampnis et interesse; dicto Lamberto, pro se, ac procuratore nostro Petragoricensi, pro nobis, in quantum nos tangit, plures raciones in contrarium proponentibus, et dicentibus quod, cum dictus Lambertus, racione basse justicie que in dictis locis ad eum dicitur pertinere, teneret ibidem placita sua, gentesque

dicti comitis accessissent ibidem cum multitudine armatorum, causa
impediendi eum super hoc, et ipse ad senescallum Petragoricensem
appellasset, ne, per gentes dicti comitis impediretur in hujusmodi,
presente serviente nostro, ad ipsius Lamberti custodiam in saisina
sua predicta, auctoritate nostra specialiter deputato, essetque eisdem prohibitum, per servientem predictum, ne ipsum impedirent
in premissis, et ne aliquas novitates super hoc eidem facerent, et
posuisset idem serviens dicta loca et jurisdictionem dictorum locorum ad manum nostram, tanquam superioris, propter debatum parcium predictarum, arrestassetque easdem gentes dicti comitis, propter delacionem predictam armorum, quibus omnibus spretis, dicte
gentes ipsius comitis ibidem tenuerunt placita sua, et gentes dictorum locorum pignorarunt, arrestum predictum et manum nostram
predictam fregerunt, et plura alia attemptarunt contra dictum Lambertum, in prejudicium appellacionis sue predicte, et contra inhibicionem predictam dicti bajuli nostri; quare petebat dictus Lambertus se absolvi a predicta peticione dicti comitis, et pronunciari
ipsum Lambertum bene appellasse, et attemptata, post appellacionem suam ad statum debitum reduci; dictusque procurator noster,
pro nobis, petebat ipsum comitem, propter predicta, puniri secundum qualitatem excessuum predictorum; super quibus factis, excessibus, appellacionibus, attemptatis, senescallus Petragoricensis, vocatis partibus, fecit veritatem inquiri : Dictis igitur processibus et
inquestis, de mandato nostro ad judicandum ad curiam nostram asportatis, visis et diligenter examinatis, quia inventum est sufficienter
probatum gentes dicti comitis predictum Lambertum, post appellacionem suam, impedivisse in saisina sua predicta et contra prohibicionem dicti bajuli nostri, ex parte nostra eis factam, dictamque
manum nostram violasse et plura alia commisisse, contra appellacionem et prohibicionem predictas, per curie nostre judicium dictum
fuit ipsum comitem male appellasse et dictam prohibicionem juste
sibi factam fuisse a bajulo predicto, fuitque dictum predictum Lambertum bene appellasse, et quod ea que attemptata fuerunt, post ap-

PHILIPPE IV,
1309.

pellacionem suam predictam, ad statum debitum reducentur; et, per idem judicium, fuit dictus comes condempnatus ad solvendum nobis ducentas libras Turonenses, pro excessibus supradictis, dictusque Lambertus a peticione predicta dampnorum et interesse dicti comitis extitit absolutus.

Veneris ante Ramos Palmarum.

Creci reportavit.

LXXVIII. Lite mota, in curia nostra, inter Radulphum Dotu, filium et heredem quondam Radulphi Dotu, ex una parte, et Reginaldum de Monstrelet, ex altera, super eo quod dictus Radulphus Dotu dicebat quod dictus Reginaldus consensit expresse, non coactus, et convenit cum eodem Radulpho Dotu quod totam terram et hereditagium que fuerant quondam Radulphi, patris dicti Radulphi, sita in territorio de Vinacourt, et que tenentur a domino de Varenes in feodum, que bona dictus Reginaldus tunc tenebat, heredes dicti Radulphi haberent imperpetuum pacifice, retento tamen in eis usufructu eidem Reginaldo et ejus uxori, quamdiu viverent, et alteri eorum ultimo superviventi, quodque dictus Reginaldus promisit quod de predictis terra et hereditagio ipse et uxor sua se dessaisirent in manu dicti domini de Varenes, pro heredibus antedictis saisiendis, retento dicto usufructu, ut superius est expressum; quam quidem convencionem dictus Reginaldus nundum adimplevit, ut dicebatur, unde petebat ipsum compelli ad implendum convencionem predictam; Reginaldo de Monstrelet antedicto plures raciones in contrarium proponente, ac dicente se dictam convencionem non teneri adimplere, pro eo quod abbas Sancti-Johannis de Lauduno et Petrus de Chanevieres, miles, tunc inquisitores a nobis in ballivia Ambianensi deputati super excessibus a balliviis, prepositis, servientibus et aliis nostris officialibus perpetratis, predictum Reginaldum violenter coram eis adduci fecerunt, ut heredibus antedictis de predictis terra et hereditagio responderet coram eis; dicto Reginaldo dicente se coram eis non teneri nec debere respondere, presertim cum non esset

nec unquam fuisset, ut dicebat, officialis noster, et quia coram dictis inquisitoribus super hoc respondere noluit, ipsi eum in prisionem
duci fecerunt; unde, si aliqua de predictis promisit, seu concorda-
vit cum dictis heredibus, hoc fuit per vim et compulsionem et metum carceris in qua detinebatur; quare petebat dictus Reginaldus
quod, si aliqua de predictis promisit, per curiam nostram anullaren-
tur : Visa igitur inquesta super hiis facta, quia inventum est sufficienter probatum dictum Reginaldum per vim et compulsionem carceris predictam convencionem fecisse, nec est inventum quod ipse
unquam fuerit officialis noster; per curie nostre judicium dictum
fuit ipsum ad observandum predictam convencionem non debere teneri, salvo tamen dictis heredibus, in predictis terra et hereditagio,
jure suo in omnibus, si ea prosequi voluerint coram judice competenti.

Veneris ante Ramos Palmarum.

[Decanus] Cassellensis reportavit.

LXXIX. Cum denunciatum fuisset contra Raymondum Barberii,
de Vauro, quod, cum castellanus noster Buseti, quia senescallo Tholosano mandatum habuerat, ut dicebatur, de capiendo Brunum de
Messallo, de Vauro, qui Brunus dicebatur Calvetum, fratrem Raymondi Calveti, de Vauro, occidisse, eundem Brunum reperisset in-
clusum in aula prioris de Vauro, tanquam in loco, ut dicebatur,
profano, ipsumque capere vellet, ut homicidam, idem Raymundus
Barberii, tunc consul de Vauro, dixit dicto castellano quod dictum
Brunum non caperet, ne, in ejus capcione, ab amicis dicti occisi,
qui ibidem plures presentes erant, idem Brunus occideretur, promit-
tendo eidem castellano quod eundem Brunum ipsi castellano redderet libere juri nostro pariturum, quo castellano, sub confidencia ver-
borum predicti Raymondi, prohibente ne aliqui eundem Brunum
tangerent, idem Brunus, sub securitate dicti Raymundi, intrans immunitatem ecclesie, ab ea aufugit, prefato Raymondo, ad liberacio-
nem dicti Bruni, maliciose et dolose, ut dicebatur, procurante pre-

dicta : Super predictis et super ipsius Raymondi defensionibus, per
eum propositis ad suam innocenciam super hoc ostendendam, inquesta facta et nostre curie reportata, visa et diligenter examinata,
quia nichil repertum fuit contra dictum Raymondum super hoc sufficienter probatum, immo, reperta fuerit ipsius Raymondi de predictis
sibi impositis innocencia sufficienter probata, per curie nostre judicium dictus Raymondus Barberii a predictis sibi impositis extitit absolutus.

PHILIPPE IV,
1309.

Veneris ante Ramos Palmarum.

[M. Yvo de] Laudunaco reportavit.

LXXX. Lite mota, coram senescallo Petragoricensi, inter homines habitantes in parrochia de Creyshaco, una cum procuratore nostro dicte senescallie, ex parte una, et comitem Petragoricensem, ex
altera, super eo quod ipsi dicebant quod gentes dicti comitis ceperant
ab eisdem hominibus pignora, racione cujusdam tallie ipsis hominibus a gentibus dicti comitis indebite imposite, et de novo, et post
appellacionem per dictos homines ad senescallum predictum emis-
sam ab audiencia comitis supradicti ; quare petebant dicta pignora
sibi reddi et restitui ; dicto comite in contrarium asserente, et plures
raciones ad sui defensionem proponente : Facta super hoc inquesta
de mandato dicti senescalli, et de mandato nostro ad judicandum
curie nostre reportata, visa et diligenter examinata, quia dicti homines et procurator noster intencionem suam super hoc minime probaverunt, per judicium curie nostre dictus comes fuit ab impeticione
predicta eorum absolutus.

Veneris ante Ramos Palmarum.

Creci reportavit.

LXXXI. Cum denunciatum fuisset, contra Ysarnum, dominum de
Lusegio, quod idem Isarnus, cum armatorum multitudine, coadunata more hostili, contra Almaninum de Bonafos, existentem sub
salva garda regia, insultum fecit, ejusdem Almanini boeriam expu-

gnando; item, et quod quemdam roncinum dicti Almanini, oneratum blado, in itinere publico cepit, plura eciam pecora de ovili ejusdem Almanini ex eadem boeria, in magno numero, extraxit et secum duxit, necnon quod, predictis non contentus, quoddam nemus ipsius Almanini, convocacione facta ejusdem Ysarni hominum, et ipsis cum securibus et dolabris, congregatis pluribus eciam armatis et sibi assistentibus, de nocte succidi fecit, plures alios excessus contra ipsum Almaninum multipliciter committendo : Super predictis, auditis eciam ejusdem Ysarni defensionibus et aliis que proponere voluit, facta inquesta et curie reportata, visa et diligenter examinata, quia repertum fuit probatum sufficienter dictum Ysarnum cum cumplicibus suis in premissis graviter deliquisse, per curie nostre judicium fuit dictum quod idem Ysarnus predicto Almanino, pro predictis dampnis suis et injuriis sibi illatis, centum libras Turonenses et nobis, pro emenda nostra, quingentas libras Turonenses persolvet.

Veneris ante Ramos Palmarum.

M. Yvo de Laudunaco reportavit.

LXXXII. Cum denunciatum fuisset contra Almaninum de Bonafos quod ipse, cum multitudine armatorum sibi associata, plures terram Ysarni de Lusegio intravit homines justiciabiles ejusdem Ysarni animalibus aliisque bonis suis depredando, multasque violencias et graves injurias eisdem hominibus inferendo, bannitos eciam domini Regis secum ducendo, quodque idem Almaninus, cum complicibus suis, plures alios excessus contra dictum Ysarnum commisit : Super predictis, vocatis partibus, inquesta facta et curie nostre reportata, visa et diligenter examinata, cum, per eandem inquestam, repertum fuerit sufficienter probatum eundem Almaninum et complices suos, arma prohibita portando, multa dampna hominibus dicti Ysarni et aliis intulisse, et plures alios commisisse excessus, per curie nostre judicium fuit dictum quod idem Almaninus nobis, pro emenda nostra, ducentas libras Turonenses persolvet, et mandabitur senescallo Petragoricensi quod predictis hominibus dampnum passis faciat de bo-

nis predicti Almanini, cognicione prehabita summarie et de plano
de dampnis eorum predictis, satisfactionem fieri competentem.

Veneris ante Ramos Palmarum.

M. Yvo de Laudunaco reportavit.

LXXXIII. Lite mota, in curia nostra, inter Agnetem de Villaribus,
relictam Guillelmi l'Enfant, quondam militis, ex parte una, et ballivum de Creciaco, pro nobis, ex altera, super eo quod dicta Agnes asserebat dictum ballivum judicatum quoddam dedisse contra ipsam,
nulla die ad diffiniendum assignata, testibusque sibi in dicta causa
necessariis ad plenum non productis, nec vocatis hominibus feuda-
tariis castellanie de Creciaco, per quos ipsa debebat judicari, ut dicebat, secundum usum et consuetudinem castellanie supradicte, propter quod petebat dictum judicatum dici nullum; et se audiri in causa
predicta, et eandem causam per dictos homines terminari; dicto ballivo contrarium asserente et dicente se non teneri dictos homines
vocare, ac posse de usu et consuetudine dicte terre, pro nobis et nostro nomine, maxime in causis nostris, cognoscere et eas definire absque hominibus predictis, et quod dicta Agnes renunciaverat produc-
tioni testium, et quod eidem Agneti erat ad diffiniendum assignata
dies qua fuit diffinitum : Visa inquesta, super hoc de mandato nostro
facta, per curie nostre judicium dictum fuit dictam Agnetem non
probasse sufficienter aliquid propter quod predictum judicatum dicti
ballivi dici debeat esse nullum; fuitque dictus ballivus, per idem
curie nostre judicium, ab impeticione predicta dicte Agnetis absolutus, et fuit dictum quod judicatum predictum in suo robore
remanebit.

Veneris ante Ramos Palmarum.

Mangon reportavit.

LXXXIV. Lite mota inter Petrum Nimetiau, de Vico, et Guillelmum Velleau, ex parte una, et magistrum Odonem de Columbariis,
collectorem regalie in episcopatu Pictavensi deputatum a nobis, anno

Domini millesimo trecentesimo sexto, ut dicebatur, ex altera, super
eo quod dicebant dicti Petrus et Guillelmus quod ipsi accensaverant,
a gentibus episcopi Pictavensis, anno quo supra, decimas et terra-
gia de Conpella et Malla, cum earum pertinenciis, prout alias est fieri
consuetum, pro precio quadringentarum minarum de quatuor bladis
ad mensuram dictorum locorum; item, quod Petrus et Guillelmus
predicti solverant gentibus dicti episcopi, de predicta accensa, ducentas et triginta minas cum tribus boissellis, antequam predictus magister Odo veniret ad dictum locum pro dicta regalia colligenda;
item, quod, quando predictus magister Odo de novo, venit ad locum
predictum, ipse fecit vocari coram se dictos Petrum et Guillelmum,
ut de predicta accensa sibi redderent racionem; quiquidem Petrus
et Guillelmus computaverunt eidem dictas ducentas et triginta minas cum tribus boissellis, quas solverant gentibus episcopi supradicti,
et quinquaginta minas quas solverant preposito d'Angle, de mandato ejusdem magistri Odonis; item, quod predictus magister Odo
saisiri fecit residuum dicti bladi, et grangiam, ubi erat dictum bladum, firmari ac eciam sigillari fecit, anno Domini millesimo trecentesimo septimo, dicto blado primitus mensurato, repertaque summa
dictarum quadringentarum minarum; et, ultra summam predictam,
viginti duas minas bladi invenerunt ibidem, computata summa prius
per ipsos firmarios soluta; item, quod predictus magister Odo claves
predicti bladi penes se habuit, et arrestatum tenuit dictum bladum,
ita quod dicti firmarii postea non potuerunt gaudere de dicto blado,
nec solvere quod debebant illis quibus tenebantur, terminis consuetis et statutis, et quod residuum, quod remansit in dicta grangia, penitus extitit putrefactum; item, quod predictus magister Odo minus
juste compulit dictos firmarios ad solvendum eidem viginti libras Turonenses, pro eo quod ipse dicebat dictum bladum non esse sufficiens, dictis firmariis proponentibus se ad solucionem dictarum viginti librarum minime teneri, occasione deterioracionis dicti bladi,
cum propter suam saisinam predictam hoc pocius contigisset, et pluribus aliis racionibus ab ipsis propositis, quibus spretis, dictos firma-

rios imprisionari et imprisionatos per spacium quatuordecim septimanarum detineri fecit; item, dicebant predicti firmarii quod quidam, nomine Blancardus, petebat ab eisdem partem dicti bladi, et
dicebat ad eum pertinere, racione cujusdam accense sibi facte a
senescallo Pictavensi de prepositura de Chanvigne, quare petebant
dicti firmarii dictum Odonem per nos compelli ad reddendum eisdem viginti libras predictas, et litteras in quibus se obligaverunt coram officiale Pictavensi ad solvendum eidem summam antedictam,
necnon et quinquaginta libras, pro dampnis que ipsi sustinuerunt, racione dictorum impedimentorum et prisionis antedicte, et viginti duas
minas bladi, que, ultra summam debitam, supererant, et eisdem prestare garendiam adversus dictum Blancart de peticione sua predicta,
et viginti quinque libras Turonenses sibi reddi pro dampnis que ipsi,
ut dicebant, incurrerunt ob defectum garendie antedicte; dicto magistro Odone in contrarium proponente et dicente se eosdem imprisio-
nasse pro eo quod de dicta firma eidem respondere recusabant; item,
dicente se non teneri ad restitucionem dictarum viginti librarum,
cum, de consensu ipsorum, dictum bladum fuisset inspectum et fuit
repertum per quosdam bolengarios minus valere quam deberet usque ad summam viginti librarum predictarum; item, dicebat quod
dictam grangiam, nec per se nec per alium fecit sigillari vel firmari,
quare ad resarcienda dampna predicta minime tenebatur, ut ipse dicebat : Visa inquesta super predictis facta, per curie nostre judicium
dictum fuit quod predictus magister Odo de Colomers reddet et solvet predictis P. et G. viginti libras Turonenses, quas, pro deteriora-
cione dicti bladi, ab eisdem receperat minus juste, necnon et litteras in quibus dicti P. et G. se obligaverant coram officiali Pictavensi
ad solvendum predictas viginti libras ipsi magistro Odoni; item, quod
predictus Odo solvet dictis P. et G., pro dampnis et interesse suis, illud quod ipsi juraverint usque ad summam quinquaginta librarum
Turonensium; item, quod predictus magister Odo solvet dictis P. et
G. tot minas bladi quot ipsi assererent, per proprium juramentum,
usque ad summam viginti duarum minarum, ipsum Odonem habuisse

ultra summam firme predicte; et dabitur in mandatis magistro Johanni de la Caumete, custodi sigilli nostri apud Montem-Morilii, quod ipse a predictis P. et G. recipiat juramenta predicta, usque ad quantitates et summas predictas, et rescribat preposito nostro Parisiensi quantitates et summas quas ipsi super predictis per sua asseruerint juramenta, ut possit fieri execucio de predictis.

Veneris ante Ramos Palmarum.

[Decanus] Cassellensis reportavit.

LXXXV. Cum, ex parte hominum territorii de Alto-Monte et locorum circumvicinorum nobis significatum fuisset quod nobis et hominibus dicti loci et toti patrie expediebat quod nos, in loco qui dicitur Gard'-a-mon, quandam novam fieri faceremus bastidam, nos, ad eorum instanciam, mandavimus senescallo Petragoricensi ut ipse veritatem inquireret, vocatis qui deberent vocari, utrum dictam bastidam fieri nobis et dictis hominibus ac predicte patrie expediret, et quod commodum vel incommodum, si ipsa fieret, nos et quicumque alii haberemus, et inquestam quam super hoc faceret, sub sigillo suo clausam, quam cicius posset, nobis remitteret; qui senescallus, servata forma mandati predicti, inquestam super hoc factam per ipsum ad curiam nostram remisit : Visa igitur inquesta predicta, cum, per eam non fuerit inventum quod aliqui se in hujusmodi opposuerint, proponentes aliquid racionabile quare dicta bastida fieri non deberet, per curie nostre judicium dictum fuit quod nobis, predictis hominibus et toti patrie expedit quod dictam bastidam in predicto loco de Gard'-a-mon fieri faciamus.

Veneris ante Ramos Palmarum.

M. R. de Sancto-Benedicto reportavit.

Placuit domino Regi quod ista bastida fiat, et idcirco mandabitur senescallo Petragoricensi quod ipse in loco predicto faciat fieri dictam bastidam, patrie consuetudine observata, proviso eciam quod ipse convenciones per dictos homines promissas dicto senescallo, pro domino Rege, propter hoc integrari faciat et compleri.

LXXXVI. Cum denunciatum fuisset contra Guillelmum de Messallo, de Vauro, quod ipse Brunum de Messallo, filium suum, qui dicebatur, cum quibusdam suis complicibus, interfecisse Calvetum de Julio, receptavit in sua domo, una cum complicibus predictis, in tantum quod bajulus noster et consules de Vauro, insequentes dictos malefactores, domum predictam intrare non potuerunt, eodem G. predictis bajulo et consulibus in hoc resistenciam faciente, adeo quod dicti malefactores, postmodum dictam domum exeuntes, evaserunt immunes; item, et quod dictus Guillelmus dicto Calveto, per modicum tempus ante ipsius mortem, minas intulerat; item, et quod idem Brunus, ante dictum excessum, emancipatus fuerat per dictum patrem suum; item, et quod dictus Brunus, postquam ipse confugit ad immunitatem ecclesie, receptatus fuit postea per dictum patrem suum in domo sua et ab eodem patre suo equos habuit cum quibus ipse evasit; item, et quod dictus G. eidem filio suo, dum erat in fuga, duos magnos equos transmisit, et quod, dum erat idem Brunus in ecclesia, prefatus Guillermus eidem Bruno victualia et alia necessaria ministravit : Super predictis, de mandato nostro, vocatis evocandis et auditis defensionibus dicti Guillelmi, ac ceteris que in negocio hujusmodi fieri debuerunt sollempniter observatis, inquesta facta et ad curiam nostram reportata, visa et diligenter examinata, cum de predictis dicto Guillelmo impositis nichil repertum fuerit sufficienter probatum, idem Guillelmus a predictis contra ipsum denunciatis, per curie nostre judicium extitit absolutus.

Veneris ante Ramos Palmarum.

M. Yvo de Laudunaco reportavit.

LXXXVII. Cum frater Berengarius Seguini, monachus monasterii Brantolmensis, prior, ut dicebat, prioratus de Claris-Vallibus et de Verogolio, eidem annexo, coram senescallo Ruthenensi proposuisset quod, licet ipse esset et diu fuisset in saisina pacifica dicti prioratus de Verogolio, et sub manu et garda nostris, et pro dicta custodia certum servientem haberet a nobis seu senescallo nostro, ad

Philippe IV,
1300.

hoc sibi specialiter deputatum, baculusque noster, in signum garde predicte, esset palam et publice super portam ecclesie dicti prioratus positus, nichilominus, spreta manu et garda predictis, Hugo et Bertrandus de Balaguerio, fratres, dictum prioratum intraverunt, et portas ejus claudentes, dictum priorem ad dictum prioratum venientem et intrare volentem, violenter et cum armis, prohibuerunt ne dictum prioratum intraret, ipsum priorem taliter possessione sua spoliando, quare petebat dictus Berengarius prioratum predictum de Verogolio, cum suis juribus et pertinenciis et cum fructibus inde perceptis, sibi restitui, et se in statum pristinum reponi, et dictos fratres, pro dictis excessibus, puniri; dictis fratribus pluribus racionibus se defendentibus, ex adverso: Visa inquesta, super hoc per dictum senescallum facta, et de mandato nostro ad judicandum ad curiam nostram reportata, per judicium curie nostre dictum fuit dictum fratrem Berengarium in saisina dicti prioratus de Verogolio esse reponendum, in eodem statu in quo ipse erat, tempore violencie predicte, salva auctoritate et disposicione abbatis Brantholmensis in omnibus, quantum ad prioratum predictum, et mandabitur senescallo predicto quod de fructibus exinde perceptis et qui percipi potuerunt, vocatis quorum intererit, faciat, prout ad se pertinet, justicie complementum; et pro eo quod dicti fratres gardam et manum nostram fregerunt, per idem judicium dictum fuit quod de bonis dictorum fratrum capientur ducente libre Turonenses, pro emenda nostra.

Veneris ante Ramos Palmarum.

Cuillier reportavit.

LXXXVIII. Cum, super debato, in curia nostra pendente, inter consules et communiam ville Yssiodorensis ac quosdam singulares homines dicte ville, contra abbatem et conventum loci ejusdem, racione quarumdam prisiarum contra predictos per gentes dictorum religiosorum in dicta villa factarum, per arrestum curie nostre dictum fuisset, in parlamento anni trecentesimi septimi, quod, per manum nostram, tanquam superioris, de prisiis predictis fieret recredencia; absque prejudicio nostro et parcium predictarum, usque ad parlamentum subsequens duratura, et in dicto subsequenti parlamento, quod fuit anno trecentesimo octavo, dictis religiosis asserentibus predictam recredenciam factam fuisse, predictis adversariis hoc negantibus, iterato, per arrestum curie nostre, dictum fuisset quod predicta recredencia fieret ex integro, nisi jam facta fuisset, certis commissariis sub certa forma, per curiam nostram, injuncto quod ipsi fieri facerent ex integro predictam recredenciam, nisi jam facta fuisset, usque ad presens parlamentum duraturam, per idem arrestum dicendo quod, si dicti commissarii invenirent quod facta non esset dicta recredencia, sicut propositum extitit contra religiosos predictos, ipsi religiosi hoc emendarent et nobis et parti, et quod, si qua alia dicti commissarii invenirent per dictos religiosos facta vel attemptata contra dictos adversarios eorum, post parlamentum predictum anni trecentesimi septimi, in prejudicium dicte litis in curia nostra pendentis, ipsi ad debitum statum reducerent, et quicquid super hoc facerent et invenirent ad nostram curiam reportarent; partibus predictis in parlamento presenti comparentibus, et quadam inquesta super predictis facta ad nostram curiam asportata, pro parte dictorum religiosorum plures fuerunt proposite raciones ad illum finem quod dicta inquesta non judicaretur, sed pocius anullaretur; dictis eorum adversariis multas raciones proponentibus ex adverso ad illum finem quod dicta inquesta judicaretur, et quod dicta recredencia, que adhuc facta non erat, ex integro fieret eisdem, et quod dicti religiosi hoc emendarent et nobis et ipsis, et quod, dampna que per hoc sustinuerunt, redderentur eisdem, et quod cetera, per dictos religiosos attemptata contra ipsos, ad debitum statum, sicut premissum est, reducerentur; auditisque hinc inde propositis, per arrestum nostre curie dictum fuerit quod dicta inquesta videretur ad illum finem ad quem posset videri: Tandem, visa et diligenter examinata inquesta predicta, cum per eam inventum fuerit sufficienter probatum predictam recredenciam adhuc esse faciendam, et dictos religiosos super hoc plurimum inobedien-

PHILIPPE IV,
1309.

tes fuisse, ac post primum arrestum predictum; multas alias prisias violenter contra homines dicte ville fecisse, per curie nostre judicium dictum fuit quod dicti religiosi, per capcionem et detencio-
nem ac explectacionem bonorum suorum temporalium, compellentur
ad faciendum, ex integro, per manum nostram, recredenciam de omnibus prisiis supradictis personis inferius nominatis; et pro predictis
inobedienciis, solvent nobis mille libras Turonenses, pro emenda;
item, consulibus predictis centum libras Turonenses, pro dampnis
et emenda eorum; item, Guillelme de Pace, pro se et liberis suis, facient ex integro recredenciam de summa quam ipsa, usque ad summam septingentarum librarum Turonensium per curiam nostram
taxatam, voluerit jurare; et super hoc ejus stabitur juramento; et cum
hoc reddant eidem centum libras Turonenses, pro dampnis suis;
item, quod omnia attemptata per dictos religiosos contra conquerentes predictos post tempora dictorum arrestorum ad statum debitum
reducentur; item, quod dicti religiosi recredenciam facient de bonis
et personis infrascriptis, videlicet

Petro Olearii, de quatuor summatis vindemie, vel earum valore;

Item, Durando Fargas, pro precio quorumdam bonorum, de septem solidis Turonensibus;

Item, dicto Mauriac, de una mina bladi;

Item, Roberto Grelier, de uno pulvinari, estimato quinque solidis;

Item, Geraldo Porchin, de uno bot, estimato tribus solidis;

Item, Durando Benedicti, de uno ferro de quo plantantur vinee,
et uno taylerant, estimatis quinque solidis Turonensibus;

Item, Matheo Clanga, de uno mantello de bruneta, estimato quatuor libris Turonensibus;

Item, dicto Batalhier, de uno supertunicali de bruno, estimato
quindecim solidis Turonensibus;

Item, heredibus magistri Bertrandi Macellarii, de uno chapfo-
gier, estimato decem solidis Turonensibus;

Item, Johanni de Pace, de una tunica alba de cordato, estimata viginti solidis;

PHILIPPE IV,
1309.

Item, dicto Lamadieu, de uno lodice, estimato decem solidis Turonensibus;

Item, Jacelino Tartrier, de uno pulvinari de pluma et uno lodice, estimatis quindecim solidis Turonensibus;

Item, Bertrando Becheti, de uno bancal de lana et de uno bacino, estimatis viginti solidis;

Item, relicte Guillelmi Carbonelli, de quodam coopertorio de lana, estimato viginti solidis Turonensibus;

Item, Johanni Giboven, de quadam culcitra de pluma et quodam pulvinari, de uno capucio et de quadam beissa et duobus lodicibus, estimatis quadraginta solidis;

Item, Bertrando de Charnach, de duabus culcitris, duobus pulvinaribus et de una patella;

Item, Johanni Pino, de uno lodice, estimato decem solidis Turonensibus;

Item, Roberto Acario, de uno lodice, estimato decem solidis Turonensibus;

Item, Roberto Michael, de quadam patella;

Item, Johanni Pelegrini, de uno lensol, estimato quinque solidis;

Item, Johanni de Pace, de uno coopertorio et quadam tunica et quodam pulvinari, estimatis quadraginta solidis Turonensibus;

Item, Durando Fargas, de septem solidis;

Item, Guillelmo Escalier, de decem solidis Turonensibus,

Item, Guillelmo de Curia, de decem solidis;

Item, Geraldo Peyralada, de decem solidis;

Item, Johanni Gibahen, de decem solidis,

Item, relicte Vitalis Lastio, de viginti solidis,

Item, Johanni le Coltelier, de decem solidis;

Racione quorumdam bonorum, per dictos religiosos super ipsos captorum;

Item, Petro Alyon, de viginti solidis, pro uno supertunicali;

Item, Guillelmo de Lhimanha, de uno fosserio, estimato tribus solidis;

Item, Roberto Palhassieras, de quadam balista et de uno baudrier et duobus supertunicalibus, estimatis quadraginta solidis Turonensibus ;

Item, Roberto Mazelier, de una patella et una cassa de aere seu cupro, ad valorem decem solidorum Turonensium;

Item, Loyno Delbe, de quodam bancale, estimato decem solidis Turonensibus;

Item, Guillelmo Porrerii, de uno pulvinari, estimato quinque solidis;

Item, Durando Porta-Escudela, de quodam taylerent, estimato tribus solidis ;

Item, R. Peimho, de quodam supertunicali;

Item, dicte domine, de uno guischet;

Item, Hugoni Arribat, de uno ferro de porta, estimato tribus solidis, et de una flescada, estimata decem solidis;

Item, Matheo Quinti, de quadam pecia corii et uno gladio, estimatis duobus solidis;

Item, Guillelmo Guari, de quodam tripide et de quodam bot, estimatis octo solidis Turonensibus;

Item, Johanni Aybelino, de quadam tela et de quodam coopertorio et de quodam lodice, estimatis viginti quinque solidis;

Item, eidem Johanni, de quodam pulvinari et quodam coopertorio, estimatis viginti solidis;

Item, uxori Guillelmi Arnalt, de uno supertunicali et de quadam tunica, estimatis centum solidis;

Item, Guillelmo Textori, de uno custello, estimato tribus solidis;

Item, Johanni de Tilia, de uno coopertorio, estimato viginti solidis;

Item, Bertrando Meyrant, de uno supertunicali de blavo, estimato quadraginta solidis Turonensibus;

Item, Johanni Relcohan, de quibusdam bonis, estimatis decem solidis;

Item, Guillelmo Daniel, de uno lodice, estimato octo solidis;

Item, Johanni Vaytos, de una quarta, estimata duobus solidis;

Item, Nicolao Aucenda, de duobus sextariis et mina bladi, estimatis triginta solidis;

Item, dicto Nicolao, de uno coopertorio, estimato viginti solidis;

Item, eidem Nicolao, de una culcitra plume, estimata quinque et viginti solidis, et duobus coopertoriis, estimatis quadraginta solidis;

Item, Bertrando Mensel, de uno coopertorio, estimato viginti solidis;

Item, eidem, de una tunica, estimata quadraginta solidis;

Item, Durando Ysac, de uno pic de ferro, estimato tribus solidis;

Item, Bertrando Charret, de quodam goych, estimato tribus solidis;

Item, Vitali Challar, de uno fossoer, estimato tribus solidis;

Item, Katherine Aurussa, de uno coopertorio, estimato viginti solidis Turonensibus;

Item, Johanni Giri, de quodam coopertorio, estimato quinque et viginti solidis Turonensibus;

Item, Robino le Mareschal, de duobus mayhs de ferro;

Heredibus Durandi Charreir, de uno bacino et duobus lodicibus, estimatis quadraginta solidis;

Item, Johanni Giboen, de quadam mina frumenti cum sacco;

Item, Petro Amac, de quodam taylerant;

Item, Florencie Charlessa, de quadam floceda, estimata quindecim solidis;

Item, Petro Charpinel, de duabus peciis tele, estimatis quatuor libris Turonensibus;

Item, Johanni Delbroc, de una sargia, estimata triginta solidis;

Item, Petro Bedest, de quadam littera sex librarum, de quodam capello de fautre, et quodam capucio, estimatis sex solidis Turonensibus;

Item, Poncio le Coutellier, de una virga ferri;

Item, de dicto Poncio, de uno supertunicali, estimato quinque et viginti solidis;

Item, Durando Benezeit, de uno fichador de ferro et de uno quarrelenc, estimatis sex solidis;

Philippe IV.
1309.

Item, Thomacie Telha, de quodam lodice, estimato quindecim solidis ;

Item, Petro Jay, de uno bacino;

Item, Durando Johannelli, de quadam garlanda;

Item, Hugoni de Ortis, de uno fosserio et uno capucio, estimatis septem solidis;

Item, Stephano Aldigier, de quodam supertunicali, estimato quinque et viginti solidis ;

Item, Roberto Aquario, de quadam tunica de blavo, estimata viginti solidis ;

Item, eidem, de quadam boissa, estimata tribus solidis ;

Item, heredibus Guillelmi Symeonis, de uno bassino, estimato quadraginta solidis ;

Item, Johanni Juliani, de quodam coopertorio lane, estimato viginti solidis ;

Item, heredibus Guillelmi le Mareschal, de duabus barris ferri, estimatis decem solidis;

Item, Guillelmo de Curia, de uno lodice, estimato octo solidis.

Item, Petro de Figiaco, de centum solidis, pro arboribus suis extirpatis;

Item, Durando Bescheti, de blado quatuor quarteriarum garbarum frumenti, estimato quatuor libris;

Item, Hugoni Fournerii, de tribus titys, de tela, eorum valorem.

Veneris ante Ramos Palmarum.

Arneblayus reportavit

LXXXIX. Lite mota, coram ballivo Silvanectensi, inter magistrum Guillermum de Molenes, ex una parte, et Oudardum, draperium, ex altera, super eo quod dictus Guillermus proponebat, contra dictum Oudardum, quod dominus Droco de Melloto accepit mutuo, a dicto Odardo centum et triginta libras ad opus Mathei de Molenes, militis, nunc defuncti, fratris quondam dicti Guillermi, cujus dictus Guillermus est executor et heres, pro qua summa pecunie dictus Matheus

PHILIPPE LV, 1809,

obligavit se, per litteras suas, dicto Droconi, se deliberaturum eundem et homines suos super hoc erga dictum Odardum, proponebat eciam quod, post mortem dictorum Mathei et Droconis, dictus Guillermus solvit dictam summam pecunie dicto Odardo, quare petebat dictam litteram sibi reddi, et deliberari, dicto Odardo, in contrarium dicente plures raciones, per quas dicebat se ad reddendum dictam litteram non teneri, qui ballivus, propter multos defectus factos coram commissariis ab eo datis, pronunciavit, per suum judicium, dictum Odardum a suo facto cecidisse, et super facto dicti Guillermi esse procedendum; a quo judicato, tanquam falso et pravo, dictus Odardus ad nostram curiam appellavit. Tandem, inquesta super hoc facta, visa et diligenter examinata, visis eciam racionibus utriusque partis, pronunciatum fuit, per curie nostre judicium, dictum ballivum bene judicasse, et dictum Odardum male appellasse, et quod ipse hoc emendabit.

Lune post Ramos Palmarum.

Bocellus reportavit.

Remissa fuit inquesta ballivo Silvanectensi per Johannem Coillet, servientem Silvanectensem.

XC. Lite mota in curia nostra, inter Johannem, dictum Wallet, ex parte una, et Jacobum et Petrum les Arrestiaus, fratres, ex altera, super eo quod dictus Johannes asserebat quod ipse olim se obligaverat dictis fratribus in mille libris Turonensibus super quodam cyrographo, facto coram scabinis de Solermes, de quibus mille libris receperat tantum sexcentas quatuor et octoginta libras Turonenses, eratque de usura residuum dicte summe mille librarum, ut dicebat, et quod de dictis mille libris solverat dictis fratribus septingentas et quinque et quadraginta libras et quinque solidos monete predicte, residuumque solvere, tanquam usurarium debitum, minime tenebatur; propter quod petebat a dicta obligacione se absolvi, et illud quod plus solverat sibi reddi cum expensis saisinarum, ad instanciam dictorum fratrum, in bonis ejusdem Johannis positarum;

Philippe IV.
1309.

petebatque expensas per eum factas in prisione prepositi Sancti-Quintini, in qua dicebat se fuisse per decem septimanas, ad instanciam fratrum predictorum, cum expensis litis habite, tam coram dicto preposito quam coram ballivo Viromandensi, necnon et expensas factas in prosequendo curiam nostram ad impetrandum litteras super amocione saisinarum predictarum; dictis fratribus contrarium asserentibus, et dicentibus dictum Johannem non esse audiendum ad petendum expensas predictas pro eo quia, pro predictis, egerat in curia nostra contra Jacobum Deledin, tunc prepositum Sancti-Quintini, et obtinuerat contra eum : Visa igitur inquesta, de mandato nostro super hoc facta, per curie nostre judicium dictus Johannes fuit a dicta obligacione mille librarum absolutus, fueruntque dicti fratres condempnati dicto Johanni in centum et quinque solidis Turonensibus, quos invenitur per dictam inquestam dictum Johannem plus solvisse, et in sexaginta libris Turonensibus pro dampnis predictarum saisinarum, solvendis eidem Johanni in pecunia, que currebat tempore solucionis et saisinarum predictarum, et ad reddendum eidem cyrographum predictum. De aliis vero per dictum Johannem supra petitis, fuerunt dicti fratres per idem nostre curie judicium absoluti, aliis judicatis dicte curie nostre inter dictas partes datis, et pro altera earumdem contra dictum prepositum, remanentibus in sua firmitate.

Lune post Ramos Palmarum.

M. P. Mangon reportavit.

XCI. Lite mota, in causa appellacionis in curia nostra, inter magistrum Guillelmum de Kanquanel, ex parte una, et Alanum Beaubourgois, ex altera, super eo quod dicebat dictus Alanus quod, ipsis litigantibus coram gentibus ducis Britannie, petitaque ab eo dilacione ad habendum suum consilium, secundum loci consuetudinem, gentes dicti ducis, hoc non obstante et non concessa dilacione predicta, in causa predicta procedendum esse judicando pronunciarunt; a quo judicato, tanquam falso et pravo, ad nostram curiam

dictus Alanus appellavit : Facta igitur inquesta super hoc de mandato
curie nostre, visa et diligenter examinata, per curie nostre judicium
fuit dictum dictum Alanum male appellasse, remittendo dictum Alanum ad examen ducis supradicti, in statu in quo ipse erat tempore
appellacionis predicte, et quod ipse hoc nobis emendabit.
. Lune post Ramos Palmarum.
. Creci reportavit.

XCII. Lite mota coram Guillelmo Flamingi, castellano Sancti-
Jangulfi, commissario deputato a ballivo Matisconensi, inter fratrem
Guidonem, priorem de Calchis, ex una parte, et Perrotum Vincencii de Calchis, ex altera, super eo quod dicebat dictus prior quod
quidam mulus ipsius per gentes nostras positus fuerat in domo predicti Perroti ad poturam; qui mulus eo tempore valebat quindecim
libras Divionenses; per factum autem seu culpam predicti Perroti,
vel alterius, nomine ipsius, lesus et male tractatus extitit, adeo quod
inutilis erat factus; dicto Perroto in contrarium dicente se dictum
mulum sanum et illesum dicto priori seu ejus mandato presentasse
et reddidisse, et quod dictus prior seu ejus mandatum dictam red-
dicionem ratam habuit; dicto priore ista negante, dictus Guillelmus,
commissarius, deffiniendo, pronunciavit predictum priorem intencionem suam bene et sufficienter probavisse, et dictum Perrotum in
predictis quindecim libris Divionensibus, pro valore muli predicti,
eidem priori sentencialiter condempnavit, taxacione expensarum per
dictum Guillelmum commissarium sibi legittime reservata; a qua
sentencia, tanquam iniqua, fuit per dictum Perrotum ad curiam nostram appellatum : Visis igitur actis et processibus utriusque partis,
meritisque dicte cause diligenter attentis, per curie nostre judicium dictum fuit et pronunciatum predictum Guillelmum, commissarium, bene judicasse, et predictum Perrotum male appellasse,
et quod dicta sentencia mandabitur execucioni, et quod ipse hoc
emendabit.
Lune post Ramos Palmarum.

M. G. de Landri reportavit.

XCIII. Cum Radulphus de Nigella domino Regi denunciasset quod Johannes de Falvi, scutifer, duos ipsius Radulphi valletos vileniaverat, videlicet Joanneto Kesnot nervos jarretorum et Mahieto de Mori aurem absciderat et injuste, requirendo facta hujusmodi competenter emendari, et, facta super hoc, sub certa forma, commissione ballivo Viromandensi, et inquesta super hoc per eum facta ad curiam reportata, continente confessiones et defensiones dicti Johannis, ex parte ipsius Johannis, plures fuerunt proposite raciones ad finem anullandi dictam inquestam, et eciam excusandi dictum Johannem super factis predictis, pluribus racionibus per dictum Radulphum propositis ex adverso : Tandem, auditis hinc inde propositis, et visa inquesta predicta et confessionibus dicti Johannis in eadem contentis, per curie nostre judicium, idem Johannes condempnatus fuit ad reddendum dictis duobus valletis, videlicet dicto Johanneto, quindecim denarios Parisienses, et dicto Mahieto, octo denarios Parisienses, pro victu eorum, qualibet die, quamdiu ipsi vitam duxerint in humanis, et ad reddendum dicto Radulpho omnia bona sua per eundem Johannem asportata, in dicta inquesta contenta, et omnes misias quas ipse fecit in medicis et aliis, pro curacione dictorum valletorum suorum et prosecucione negocii supradicti, et pro emenda facti hujusmodi, dominus Rex fructus, exitus et proventus tocius terre dicti Johannis ex integro percipiet et levabit per unum annum.

Jovis post Sanctam-Luciam.

J. de Voissi reportavit.

XCIV. Cum, a quodam judicato, per prepositum Parisiensem facto, contra Gaufridum de Ponte, dominum de Riberac, domicellum, pro Petro Sales, apothecario, in quadam causa pecuniaria que coram dicto preposito pendebat inter partes predictas, idem Gaufridus ad nostram curiam appellasset : Tandem, in causa dicte appellacionis, predictis partibus in nostra curia constitutis, et auditis parcium racionibus hinc et inde, visoque processu parcium predictarum, per curie nostre judicium dictum fuit predictum prepositum bene judicasse et dictum Gaufridum male appellasse, et mandabitur execucioni judicatum predictum.

Dicto Gaufrido curia ex causa remisit istam emendam.

Jovis post Epiphaniam.

XCV. Cum, propter quasdam injurias quas Hugo de Chasluceio, domicellus, intulisse dicebatur fratri Guillelmo de Gingnac, monacho Salteniarum, ordinis Cluniacensis, ballivus Arvernie, per inquestam super hoc factam, dictum Hugonem predicto monacho, in quadraginta libris, et domino Regi, pro emenda sua, in centum libris Turonensibus, condempnasset, et idem Hugo a condemnacione hujusmodi ad nostram curiam appellasset, tandem, in causa dicte appellacionis, predictis partibus in curia nostra comparentibus, dictus Hugo, pluribus racionibus proposuit id quod per dictum ballivum super hoc factum fuerat revocari debere, parte adversa plures raciones in contrarium proponente : Auditis igitur hinc inde propositis, et visa inquesta super dictis injuriis facta, per curie nostre judicium dictum fuit predictum ballivum bene judicasse, et dictum Hugonem male appellasse, et quod predicta condempnacio mandabitur execucioni. Curia vero emendam a dicto H., pro dicta mala appellacione sua, debitam sibi remisit ex causa.

Jovis in festo sancti Vincencii.

XCVI. Cum Petrus Peurant, prepositus tunc de Exolduno, Johannem Borgois Milant, pro suspicione cujusdam latrocinii, cepisset, et contra eum super hoc processisset, quamquam idem Johannes contra eum plures causas recusacionis proposuisset, tandem, idem prepositus dictum Johannem, per homines curie dicte prepositure, ad ultimum supplicium condempnavit; a quo judicato, tamquam falso et pravo, dictus Johannes necnon Johannes Milant, dicti condempnati nepos, suo et Robini, fratris sui, nomine, ad nostram curiam appellarunt; qua appellacione non obstante, dictus prepositus judicatum suum execucioni mandavit, et patibulo suspendit eundem; quo facto predicti Johannes et Robinus Milant, dicti suspensi nepotes, appellacionem hujusmodi prosequentes, petierunt attemptata hujusmodi, prout erat possibile, revocari, et factum hujusmodi tam sibi quam nobis competenter emendari; auditis hinc inde predictis partibus et plura facta contraria proponentibus, super eis inquiri fecimus veritatem: Visa igitur inquesta, super hoc facta et diligenter examinata, cum de dicta appellacione et attemptatis predictis per eam constiterit et de facto principali dicti latrocinii, dicto suspenso impositi, nichil inventum fuerit sufficienter probatum, per curie nostre judicium dictum fuit quod cadaver vel ossa dicti suspensi ejus amicis reddentur, ut ecclesiastice sepulture tradantur, et quod omnia ejus bona mobilia et inmobilia, per gentes nostras seu quoscumque alios, racione suspensionis hujusmodi, occupata, ejus heredibus ex integro, per modum attemptati, reddentur, et quod dictus prepositus predictis nepotibus centum libras Turonenses, pro dampnis eorum, racione prosecucionis hujusmodi, et nobis centum libras, pro emenda nostra, solvere compelletur, et si non sit solvendo, alias civiliter punietur, prout curie nostre videbitur faciendum. Omnem autem infamiam, quecumque nepotibus, fratribus, heredibus vel amicis dicti suspensi imposterum posset obici vel opponi, racione suspensionis predicte, curia nostra totaliter amovit.

Jovis post Candelosam.

XCVII. Cum, in curia seculari archiepiscopi Lugdunensis, mota fuisset questio super pluribus bonis inmobilibus, inter Hugonem Bruni, canonicum Sancti-Justi Lugdunensis, ex una parte, et Beraudum de Voissiaco et ejus fratres, ex altera, super saisina quorumdam de dictis bonis, judex Matisconensis antea, pro dicto Beraudo, suum tulerat judicatum, a quo non fuerat appellatum; et deinde, post obitum archiepiscopi Lugdunensis, sede Lugdunensi vacante,

vicarius Lugdunensis, pro capitulo Lugdunensi, in dicta causa procedens, deffinitivam sentenciam, pro dicto Hugone, contra predictos
fratres tulisset, dictique fratres ab hujusmodi sentencia, tamquam
ab iniqua, ad dominum Regem appellassent, et, ad procedendum
in dicta appellacionis causa, ajornari fecissent dictum Hugonem ad
diem ballivie Matisconensis novissime preteriti parlamenti, et in dicto
parlamento obtinuissent contra ipsum defectum, et super utilitate
dicti defectus fecissent eundem Hugonem ad presens parlamentum
ajornari; constitutis in curia nostra procuratore dicti Hugonis pro
ipso, ex una parte, et dicto Beraudo, pro se et fratribus suis, ex
altera, peciit dictus Beraudus predicti defectus utilitatem sibi adjudicari, pronunciarique dictum Hugonem omnino cecidisse a causa predicta, et dictum judicem male judicasse, et predictos fratres bene
appellasse, parte adversa plures raciones in contrarium proponente :
Tandem, auditis hinc inde propositis, visoque dicto defectu, ac diligenter inspecto predicte cause principalis processu, per curie nostre
judicium dictum fuit predictum judicem Lugdunensem male judicasse, et dictos fratres bene appellasse, et quod dictum judicatum predicti judicis Lugdunensis non mandabitur execucioni, et quod manus
archiepiscopi Lugdunensis, si sit in dictis bonis, racione predicti debati apposita, inde amovebitur, et dicta bona, super quibus pendebat
predictum debatum et super quibus judicatum fuerat, pro dicto Hugone, deliberabuntur fratribus antedictis.

Lune post octabas Candelose.

XCVIII. Super rescussa facta et injuriis illatis per Radulphum de
Farniers majori Compendiensi, qui, justiciando, ad requisicionem
partis, arrestaverat in villa Compendiensi equm dicti Radulphi : Auditis partibus in curia nostra, et visa inquesta de mandato ballivi
Silvanectensis facta, per curie nostre judicium dictum fuit quod dictus Radulphus, pro emenda nostra, solvet nobis quadraginta libras
Parisienses, et, pro emenda dicti majoris, solvet decem libras Parisienses ad emendum unam cappam et unam infulam sericas, ad opus

ecclesie parrochialis dicte ville Compendiensis, in cujus parrochia factum hujusmodi extitit perpetratum.

Lune ante Brandones.

XCIX. Cum, ex parte Regnaudini de Bruillia, junioris, curie nostre significatum fuisset quod Regnaudus Souef et Reginaldus le Boçu et Stephanus de Gurgi, ac duo alii scutiferi, plures injurias et lesiones intulerant eidem, requirendo predicta competenter emendari et puniri : Super predictis, de mandato curie nostre, vocatis partibus, inquisita veritate et ad curiam reportata, per arrestum curie nostre dictum fuit quod predicti Reginaldus Souef et Reginaldus le Boçu, pro emenda factorum predictorum, dicto leso ducentas libras, et domino Regi, alias ducentas libras Turonenses persolvent, et tenebunt prisionem in Castelleto Parisiensi, quousque ipsi solverint quadringentas libras predictas. Dictus vero Stephanus, contra quem nichil fuit inventum probatum, absolutus fuit a predictis, et, contra predictos scutiferos contra quos non fuit inquisitum, ipsis vocatis ad finem civilem, veritas inquiretur, et faciet curia super hoc quod fuerit racionis.

Lune ante Brandones.

C. Cum, in causa coram preposito Parisiensi pendente, inter Ninum de Castro-Arentini, procuratorem fratris Tholomei et Lazarii de Fondera, executorum, ut dicitur, defuncti Labbe Girarduce, de Luca, ex una parte, et dictos Quinquenel et Tenaille, de Luca, ex altera, a quadam interlocutoria per dictum prepositum lata contra predictos Quinquenel et Tenaille, pro parte adversa, ipsi, tamquam a falsa et prava, ad nostram curiam appellassent : Tandem, in causa dicte appellacionis, predictis partibus auditis, et viso processu predicto, per curie nostre judicium dictum fuit predictum prepositum male judicasse, et dictos appellantes bene appellasse, et quod dicte partes in predicta eorum principali causa ulterius in curia nostra procedent.

Martis post Reminiscere.

PHILIPPE IV,
1809.

CI. Cum prepositus Parisiensis Stephanum Bordoin de Pois, Bardinum le Queu, Johannem Flamingi, Stephanum Bordoin, dictum Callepin, et Stephanum, filium Guillelmi Bordoin, pro suspicione cujusdam homicidii, coram se vocatos ad jus, et se non presentantes, post multas dilaciones et vocaciones super hoc factas, banivisset, predictorum bannitorum, tamquam clericorum, ut dicitur, existencium in prisione Parisiensis episcopi, eorum, ut dicitur, ordinarii, ad curiam nostram accedentes procurator et amici, proponentesque dictam bannicionem fuisse factam postquam officialis Parisiensis monicionem suam fecerat, et processum suum inchoaverat contra dictum prepositum, ne ipse prepositus in aliquo procederet contra predictos, qui clerici proponebantur, et erant in prisione episcopi supradicti; et quod eciam facta fuerat dicta bannicio, post appellacionem ab audiencia dicti prepositi vel ejus locum tenentis, super hoc ad dominum Regem interpositam per dictorum detentorum procuratorem, exhibentes curie nostre processus predictos, pluribus racionibus requirebant bannicionem predictam totaliter annullari, predicto preposito plures raciones in contrarium proponente : Tandem, auditis hinc inde propositis et visis processibus antedictis, per arrestum curie nostre bannicio predicta revocata fuit et totaliter anullata, et, si super dictorum detentorum laycatu, dictus prepositus vel procurator noster aut alii quicumque prosequi voluerint, super hoc adeant ordinarium predictum.

Martis predicta.

CII. Cum dominus de Pyceio domino Regi conquestus fuisset super eo quod, die quadam carniprivii, pluribus hominibus dicte ville insimul congregatis et ludentibus, cum ipse, pro suspicione furti quorumdam ciphorum, cepisset et secum captum duceret Guerardum Pellicerii, quem homines predicti regem fecerant dicti ludi, major et communia dicte ville, ad pulsacionem campane congregati, clamantes: Communia! communia! dictum captum rescusserunt eidem, et plura opprobria sibi dixerunt, et contra ipsum et gentes suas plures lapides projecerunt et aliquos de suis gentibus percusserunt, requirens factum hujusmodi competenter emendari, super hiis precepit curia nostra, vocatis partibus, veritatem inquiri : Inquesta igitur super hiis facta et ad curiam nostram asportata, visa et diligenter examinata, per curie nostre judicium dictum fuit quod, eo non obstante quod, super emenda facti hujusmodi nuper videbatur per nostram curiam ordinatum, et pronunciatum fuisse homines dicte communie, propter factum predictum, dicto domino, duo millia librarum Turonensium, et domino Regi, mille libras Turonenses, pro emenda, persolvent ad certos et competentes terminos eis assignandos, consideratis facultatibus et condicionibus eorumdem, ad cujus condempnacionis solucionem non contribuent in aliquo illi de dicta villa qui alias per dictum dominum seu gentes ipsius vulnerati fuerunt.

Mercurii post Reminiscere.

M. P. de Arreblaio reportavit.

CIII. Cum episcopus Ebroycensis, causam habens ab Huberto de Venda, super empcione quam idem Hubertus a gentibus nostris fecerat de nemore nostro in foresta Ebroycensi, proponens quod gentes nostre ipsum quominus percipere posset stipites seu escortia arborum dicte vendicionis sibi facte injuste impediverant et contra tenorem convencionum habitarum inter contrahentes predictos, requireret dampna sibi per hoc illata, usque ad summam duorum millium librarum Turonensium, sibi reddi : Tandem, inquesta super hoc facta, visa et per certos de magistris curie nostre, de speciali mandato nostro ad hoc deputatos, reportata, per curie nostre judicium dictum fuit quod, pro totali dampno predicto, eidem episcopo, racione dicti Huberti, mille et ducentas libras Turonenses reddi faciemus de nostro.

Sabbato post Reminiscere.

Reportatores fuerunt domini G. de Marcelli, G. Corteheuse.

CIV. Cum Margareta, relicta nuper defuncti comitis Attrebatensis, diceret quod, in assisia dotalicii sui, sibi per defunctum predictum concessi, alta justicia debebat sibi et sine precio assideri, secundum consuetudinem comitatus Attrebatensis, Mathildi, filia et herede dicti comitis, contrarium asserente, partibus predictis plura facta et consuetudines super hoc proponentibus, et inquisita super eis, vocatis partibus, veritate : Tandem, visa inquesta super predictis facta, per curie nostre judicium, dictum fuit quod eidem Margarete, in assisia dicti dotalicii, alta justicia tradetur, et etiam eidem appreciabitur prout fuerit racionis, hoc observato quod, quantum ad terram de la Montoyre, servabuntur condiciones in littera concessionis dicti dotalicii contente.

Lune post Letare Jerusalem.

CV. Cum Johanna la Ramere, relicta defuncti Petri de Bus, de morte dicti mariti sui denunciando, insequeretur Petrum de Sancta-Genovefa, servientem domini Regis in prepositura Compendiensi, et, ad sui defensionem, dictus serviens proponeret, inter cetera, quod Guillelmus Thiboudi, tunc ballivus Silvanectensis, eidem servienti et consociis suis preceperat quod ipsi dictum Petrum de Bus, qui bannitus erat de regno, caperent vivum vel mortuum, et redderent eidem ballivo, et quod postea idem serviens predictum bannitum, inventum in regno et se defendentem, virtute mandati predicti, ceperat et, capiendo, vulneraverat, reddideratque ipsum captum ballivo predicto, quamquam postea mortuus fuerit ex vulneracione predicta : Tandem, inquesta super hiis de mandato curie nostre facta, visa et diligenter examinata, auditaque super hoc relacione dicti Guillelmi, per judicium curie nostre, dictus Petrus de Sancta-Genovefa a predicto crimine, sibi imposito, fuit totaliter absolutus.

Lune predicta.

CVI. Questione mota, in curia nostra, primo inter Adam Halot, dum viveret, et deinde, post ipsius obitum, inter Ysabellim, relictam ejusdem, ex parte una, et Robertum de Burgo, de Berrone, ex altera, super pluribus injuriis et gravaminibus et dampnis dicto Roberto a predicto Adam, per se et gentes suas, ut dicebat dictus Robertus, illatis: Visis, per curiam nostram, articulis et racionibus ipsius Roberti, necnon dicte relicte defensionibus et quibusdam judicatis curie nostre, ex parte dicte relicte, productis, ac processibus super hiis habitis inter partes predictas, cum, in processibus hujusmodi, fuerit inventum quod dicte partes, super predictis, supposuerunt se ordinacioni nostre, nos, omnes dictarum parcium discordias usque ad presentem diem per ordinacionem nostram omnino terminare et sopire volentes, omnes questiones seu peticiones inter partes predictas pendentes, et que propter facta omnia hactenus preterita possent inter eas oriri, per ordinacionem nostram totaliter amovemus, cassamus et anullamus, injungentes dicte relicte quod ipsa predicto Roberto, virtute presentis ordinacionis nostre, trecentas libras Turonenses, infra instans festum Ascensionis Domini, integre persolvat[1].

Veneris ante Ramos Palmarum.

CVII. Cum Radulphus de Nigella domino Regi denunciasset quod Johannes de Falvi, scutifer, duos ipsius Radulphi valletos vileniaverat, videlicet, Johanneto Kesnot narvos[2] jarretorum, et Mahieto de Mari aurem absciderat et injuste, requirendo facta hujusmodi competenter emendari, et, facta super hoc, sub certa forma, commissione ballivo Viromandensi, et inquesta super hoc per eum facta, ad curiam reportata, continente confessiones et defensiones dicti Johannis, ex parte ipsius Johannis, plures fuerunt proposite raciones ad finem anullandi dictam inquestam et eciam excusandi dictum Johannem super factis predictis, pluribus racionibus per dictum Radulphum propositis ex adverso : Tandem, auditis hinc inde propositis et visa inquesta predicta et confessionibus dicti Johannis in eadem contentis, per curie nostre judicium, idem Johannes condempnatus

---

[1] On lit en marge : *vacat alibi et infe-rius.*

[2] Lisez *nervos.*

PHILIPPE IV, 1309.

fuit ad reddendum dictis duobus valletis, videlicet dicto Johanneto quindecim denarios Parisienses; et dicto Mahieto octo denarios Parisienses, pro victu eorum qualibet die, quamdiu ipsi vitam duxerint in humanis, et ad reddendum dicto Radulpho omnia bona sua per eundem Johannem asportata, in dicta inquesta contenta, et omnes misias quas ipse fecit in medicis et aliis, pro curacione dictorum valletorum suorum et prosequcione negocii supradicti, et, pro emenda facti hujusmodi, dominus Rex fructus, exitus et proventus tocius terre dicti Johannis ex integro percipiet et levabit per unum annum.

J. de Voissi reportavit.

Jovis post sanctam Luciam.

CVIII. Cum decanus et capitulum Sancti-Quintini, in Viromandia, in sua prisione captum tenerent Matheum Aignel, eorum majorem de Baonviller, pro eo quod dicebatur quod idem major, in domo de Baonviller, dictorum decani et capituli, receptaverat quosdam qui domicellam de Cordemanche rapuisse dicebantur, ballivus Viromandensis, propter factum hujusmodi, ad manum domini Regis posuit dictam domum; justiciamque dictorum decani et capituli et dictum majorem, quem de prisione eorumdem extraxit; quocirca dicti decanus et capitulum pecierunt se de dicto majore suo resaisiri, et manum domini Regis de'predictis domo et justicia amoveri, dicto ballivo plures raciones in contrarium proponente : Auditis igitur partibus antedictis, visa eciam quadam inquesta super hoc per dictum ballivum facta, per arrestum nostre curie dictum fuit quod dicti decanus et capitulum de dicto majore suo resaisientur, et quod amovebitur dicta manus domini Regis apposita in predictis domo et justicia eorumdem; et ipsi decanus et capitulum faciant super hoc ulterius quod debebunt.

Lune ante Brandones.

CIX. Cum in causa, coram preposito Parisiensi pendente, inter heredes defuncti Johannis de Silvanecto, ex una parte, et Dyonisium

PHILIPPE IV, 1309.

de Savigniaco, ex altera, dictus Dyonisius a quadam interloqutoria, contra ipsum per predictum prepositum lata, tamquam a falsa et prava, ad nostram curiam appellasset : Tandem, auditis dictis partibus in curia nostra, in causa appellacionis predicte, per arrestum nostre curie, tam dicta interloqutoria quam appellacio predicta, sine dampno parcium, anullate fuerunt; et precepit curia nostra quod dicte partes coram predicto preposito, in eorum principali causa predicta, ulterius procedant.

Sabbato post Brandones.

CX. Cum Philippum de Blesis, propter quosdam excessus sibi impositos per prepositum Aurelianensem detentum, tam episcopus Aurelianensis quam capitulum Sancti-Aniani Aurelianensis peterent sibi reddi, et de consensu dictorum episcopi et capituli, propter eorum debatum predictum, idem Philippus positus fuisset in custodia officialis Parisiensis, per eum reddendus illi cui reddi deberet, procurator dicti capituli, ipsorum et clericorum ecclesie Sancti-Aniani exempcionem allegans, ac saisinam quod prepositus Aurelianensis pluries reddidit eidem capitulo clericos chori sui, pluribus racionibus peteret dictum Philippum, tamquam clericum dicti chori Sancti-Aniani, sibi reddi, offerens se paratum probare saisinam predictam; dicto episcopo plures raciones in contrarium proponente, et jus commune pro se allegante, et dicente quod dictus Philippus captus fuit et excessus predicti, dicto Philippo impositi, commissi fuerunt in jurisdictione dicti episcopi et extra omnem locum exemptum : Tandem, auditis hinc inde propositis et viso quodam instrumento, ex parte procuratoris dicti capituli producto super exempcione proposita per eundem, et auditis testium deposicionibus super saisina predicta productorum, per arrestum curie nostre, quantum ad ipsam pertinet, dictum fuit predictum Philippum eidem episcopo, tamquam loci ordinario, reddi debere, salvo in omnibus jure capituli supradicti.

Martis post Ramos Palmarum.

CXI. Cum Johannes dictus Perier curie nostre conquestus fuisset quod abbas Sancti-Pharaonis Meldensis, et Guillelmus de la Rajate, miles, inquisitores a nobis supra officiales nostros in ballivia Turonensi deputati, ipsum, pro quibusdam contra eum propositis, in certa pecunie summa, nobis solvenda, indebite et injuste, ut dicebat, condemnaverant, et propter hoc bona ipsius fecerant arrestari, requireret quod nos dictam condempnacionem et ea que exinde sequta sunt revocaremus : Visa informacione super hoc facta, per curiam nostram responsum fuit eidem quod nichil restituet dominus Rex dicto Johanni de bonis que ceperunt predicti inquisitores de suo, sed agat, si velit, contra ipsos inquisitores.

Martis ante Ramos Palmarum.

CXII. Cum, ad instanciam doctorum et scolarium Aurelianis studencium, super quibusdam injuriis et violenciis eisdem, ut dicebant, per quosdam cives et habitatores ville Aurelianensis illatis, inquestam quamdam, de mandato nostro factam, ipsi requirerent videri et judicari, parte adversa plures raciones in contrarium proponente ad finem anullandi inquestam predictam, et curia nostra dictam inquestam apperiri et videri fecisset, ad sciendum si esset in statu quod posset judicari : Tandem, auditis hinc inde propositis et viso statu dicte inqueste, per arrestum nostre curie, dictum fuit quod dicta inquesta non judicabitur, sed certi auditores per curiam nostram deputabuntur, quibus tradentur in scriptis nomina personarum que in dicta inquesta reperte sunt de predictis suspecte, ac nomina testium in eadem contentorum qui scire videntur aliqua de predictis. Quibus auditoribus committetur quod ipsi, tam contra predictos suspectos quam contra alios, eis nominandos, tam per dictos testes, jam productos, quam per alios coram eis producendos, vocatis specialiter partibus et aliis evocandis, auditisque omnibus que hinc inde, tam super principali facto predicto quam contra personas dictorum testium proponentur, inquirant cum diligencia veritatem, et inquestam, quam super hoc fecerint ad nostram curiam, quamcicius commode poterunt, judicandam remittant, certam et competentem diem, ad eam judicari videndam et audiendam, dictis partibus assignando.

Auditores : Hangest junior et Crepon.

Veneris post Cyneres.

I. Cum Stephanus le Poitevin contra Gervasium de Thefauge, Robinum de Lundone et Renaudum, servientes, coram senescallo Pictavensi proposuisset quod predicti Gervasius, Robinus et Renaudus, cum pluribus aliis suis complicibus, cum armis, de nocte, dictum Stephanum, tunc servientem duodene Pictavensis, hostiliter invaserunt, vulneraverunt, et tribus digitis in duabus manibus mutilaverunt : Tandem, facta super premissis, vocatis dictis partibus et auditis, per dictum senescallum inquesta et de speciali mandato nostro curie nostre reportata, ad finem civilem per presidentes, Parisius, ad requestas extra parlamentum judicanda (14), visa et diligenter examinata, per curie nostre judicium, dictus Gervasius in ducentis libris et dictus Robinus in centum libris parvorum Turonensium, nobis reddendis racione emende, fuerunt sentencialiter condempnati, de qua condempnacione dicto vulnerato centum libre Turonenses applicabuntur; et, per idem judicium, fuit dictum quod dictus Renaudus, qui dicitur esse fugitivus, requiretur, et adducetur Parisius in Castelleto, pro dicto excessu civiliter puniendus.

Iste vocatur Johannes le Grant, ut dicitur.

Roya reportavit.

Istud judicatum factum fuit, inter duo parlamenta, Mercurii post Nativitatem beate Marie, anno trecentesimo decimo.

II. Cum Taxardus de Pihen, scutifer, in requestis coram presidentibus Parisius requireret quod Herveus Talemelarii, clericus, pecuniam, quam ab ipso receperat, pro impetrando sibi litteras a curia, ultra summam quam pro dictis litteris solverat, redderet eidem, deducto exinde competenti salario pro labore suo, secundum curie taxacionem, et quod redderet eidem precium in quo sibi tenebatur pro sex alnis panni crocei, quem idem Herveus habuerat ab eodem, et quod eidem redderet dampna que ipse sustinuerat pro expectando, Parisius, duo paria litterarum, quas idem Herveus promiserat se impetraturum et redditurum eidem infra certam diem, cum hoc, sicut promiserat, non complevisset; et e contra dictus Herveus requireret dictum Taxardum compelli ad reddendum eidem quatuor libras et septemdecim solidos Parisienses, in quibus sibi tenebatur per bonum compotum factum inter eos, ut dicebat, item expensas quas pro ipso fecerat eundo apud Meledunum pro suis litteris impetrandis : Auditis que utraque pars proposuit ad sui defensionem contra requestas predictas, et visa informacione super hoc facta, dicte gentes nostre, tenentes requestas, dixerunt quod dicti Herveus et Taxardus quitti sint hinc inde, et eorum quilibet alter de altero totaliter contenti.

Veneris post Nativitatem beate Marie, anno trecentesimo decimo, inter duo parlamenta.

III. Cum in causa coram ballivo Silvanectensi pendente, inter Radulphum de Pratis, de Sancto-Queso, ex una parte, et Henricum de Cambio, civem Silvanectensem, ex altera, racione quorumdam contractuum, pro quibus dictus Henricus plura bona inmobilia dicti Radulphi detinebat; idem ballivus in assisia sua judicatum suum tulisset pro dicto Radulpho contra Henricum predictum ; et idem Henricus, a judicato predicto dicens se legitime appellasse, adjornamentum impetrasset in causa appellacionis predicte ; deinde dicto Radulpho nobis signifficante quod idem Henricus, dicto ballivo sedente, non appellaverat, licet, diu post latum dictum judicatum, in assisia sua sedisset, et esset ibidem presens dictus Henricus; immo, postquam ipse ballivus a loco assisiarum suarum recesserat, et eciam post prandium, quando rediit idem ballivus ad locum predictarum assisiarum, ac supplicante nobis ut, predicte frivole apellacionis pretextu, non impediretur sui execucio judicati ; tandem nos, ejusdem Radulphi pau-

pertati compacientes, de modo, forma et tempore appellacionis predicte dicti Henrici, ex causa fecimus, vocatis partibus, inquiri veritatem; quam inquestam mandavimus per gentes nostras, tunc existentes
Parisius, vocatis et auditis partibus, judicari : Vocatis igitur et auditis tam dicto ballivo quam partibus antedictis, et visa diligenter inquesta predicta, per quam curie nostre constitit evidenter de propositis per Radulphum predictum, per curie nostre judicium, dictum
fuit et pronunciatum·predictum Henricum minus sufficienter appellasse, et quod, dicta appellacione sua, tamquam frivola, non obstante,
predictum judicatum mandabitur execucioni, et quod dictus Henricus hoc emendabit. Et ipse, ad mandatum curie, super hoc gagiavit
emendam.

Actum die sabbati, post festum sancti Andree, anno trecentesimo
decimo, inter duo parlamenta.

IV. Judicatum factum pro Sibilia la Precarde, de Remis, contra
magistros Heliam de Horliaco et Radulphum de Joiaco, commissarios a domino Rege deputatos in negocio debitorum et depositorum
Judeorum de regno expulsorum, est in rotulo hujus parlamenti, circa
medium.

Processum tradidi M. J. de Dyvione, die martis, in festo Invencio-
nis sancti Stephani, anno trecentesimo undecimo.

Postea reddidit michi, et est in sacco hujus parlamenti.

V. Processus inter Annam, dominam de Pictavia, relictam comitis Ruthenensis, contra Gaufridum de Ponte et ejus uxorem, non
fuit judicatus, quia partes super hoc pacificaverunt.

VI. Processus inter Johannem Perceval et decanum et capitulum
Meldenses, non fuit judicatus, quia partes super hoc pacificaverunt.

INQUESTE ET PROCESSUS

PER CURIAM FACTI IN PARLAMENTO HYEMALI,

ANNO DOMINI MCCCX.

I. Cum significatum fuisset senescallo Carcassonensi, contra Petrum de Claromonte, militem, quod idem miles Fizam, domicellam, de Podio-Latercio, mandatam, per ipsum militem, ad ipsius militis domum castri de Belesgario, nisus fuerat carnaliter cognoscere, eamque, hoc pati nolentem, ligatam [per] manus, duci fecerat ad ipsius militis castrum de Belesgario, et poni fecerat in carcere arto et vili, et per tres dies tenuerat ibidem, ipsamque de dicto carcere extractam, expulsa tota familia ejusdem militis, et janua clausa, rogasset quod se carnaliter cognosci permitteret ab eodem, promittens sibi dari bladum, vestes et maritum, ipsamque, hoc pati nolentem, ligatam per medium corporis, ad quandam trabem traxisset, positis cabaciis plenis lapidibus ad pedes et manus dicte domicelle, et eam pendentem sic tenuisset, absque causa racionabili et persona publica non vocata, quousque sanguis exivit de corpore dicte domicelle, per os, nares et alia loca, eamque induxisset minis ad confitendum quod infantem habuerat, quod erat falsum. Factis igitur inquesta et processu super predictis contra dictum militem, per curiam dicti senescalli, idem senescallus dictum militem in quingentis libris Turonensibus nobis, et centum libris dicte Fize solvendis, per sentenciam, condempnavit et pronunciavit jurisdictionem dicti castri de Belesgario ad manum nostram tenendam, quousque per nos esset aliud ordinatum; a qua sentencia, tanquam ab iniqua, dictus miles ad nostram curiam appellavit, judexque in dicte appellacionis causa a nobis datus, cognito de dicta causa, eandem instructam curie nostre remittens, attemptata super hoc revocavit, juxta mandatum sibi factum, cassando sindica-

596 LES OLIM.

tum seu procuratorium, per homines dicti castri, coram regente jurisdictionem dicti castri, nomine nostro, racione sentencie et condempnacionis predictarum, factum cum ejus auctoritate et decreto,
precipiendoque dicto regenti reddere viginti libras debilis monete,
per ipsum receptas de jurisdictione dicti castri; a qua revocacione
procurator noster seu ejus substitutus ad nostram curiam appellavit :
Auditis igitur in curia nostra procuratoribus nostro et dicti militis,
visis inspectisque diligenter utriusque cause processibus, per dicte
nostre curie judicium, dictum fuit, in causa principali predicta, bene
sentenciatum et male appellatum fuisse, et quod predicta revocacio
attemptatorum firma manebit, quia, dicta appellacione pendente,
dictus senescallus suam exequi sentenciam non debebat; considera-
toque dictum militem abusum fuisse jurisdictione quam habebat in
dicto castro, fuit, per idem judicium, ordinatum quod dicti castri
jurisdictio necnon alia bona dicti militis capientur et ad manum nostram tenebuntur, donec nobis et dicte Fize, de summis predictis,
fuerit satisfactum, et illud quod de eisdem levabitur computabitur
dicto militi in solucionem summarum predictarum.

Veneris post sanctum Vincencium.

M. P. Mangon reportavit.

II. Lite mota, in curia senescalli Carcassonensis, contra Petrum
de Claro-Monte, militem, super denunciacione plurium excessuum,
per dictum militem in personam Johannis Reymondi de Caucio, locumtenentis bajuli nostri dicti loci, ut dicitur, commissorum ante
et post appellacionem per dictum Johannem interjectam ad senescallum predictum, inquestaque facta de predictis contra dictum militem, de mandato senescalli predicti, ipsius senescalli locumtenens
dictum militem in mille libris Turonensibus, nobis pro emenda
solvendis, per sentenciam condempnavit; a qua sentencia, tanquam
ab iniqua, procurator dicti militis ad nostram curiam appellavit, judicemque in appellacionis causa impetravit, qui, cognito de dicta
causa, eandem curie nostre remisit instructam, juxta tenorem sibi

facti mandati : Auditis igitur, in curia nostra, procuratore nostro et dicti militis, visisque diligenter processibus antedictis, per dicte curie nostre judicium, dictum fuit bene sentenciatum et male appellatum fuisse, et quod dicta condempnacio mandabitur execucioni.

Veneris post sanctum Vincencium.

M. P. Mangon reportavit.

III. Mota lite, in curia senescalli Carcassonensis, inter procurato-rem nostrum dicte senescallie, ex parte una, et Petrum de Claro-Monte, militem, ex altera, super eo quod proponebat dictus procu-rator noster dictum militem percussisse communem preconem castri de Gigniaco, suum officium exercentem, preconizando, ex parte nos-tra, dicti militis et aliorum condominorum nostrorum dicti castri, quod nullus portaret arma, sub pena quinque solidorum, locumque tenens dicti senescalli, considerata responsione dicti militis, in judicio confitentis se dictum preconem de pugno subtus gulam percussisse, quia eundem militem, in dicta preconizacione, contra ejus volunta-tem, nominabat et cessare non volebat, visoque processu dicte cause, eundem militem in ducentis libris Turonensibus, nobis pro emenda solvendis, sentencialiter condempnavit; a qua sentencia, tanquam ab iniqua, procurator dicti militis ad nostram curiam appellavit, et ju-dicem in dicte appellacionis causa impetravit; qui, cognito de dicta causa, dicte curie nostre eandem instructam remisit : Visis igitur utriusque cause processibus, per dicte nostre curie judicium, fuit dictus miles, super hoc, ab instancia judicii absolutus, propter plu-res deffectus, repertos in processu cause principalis predicte, fuit-que, per idem judicium, ordinatum quod dictus senescallus super dicto excessu dicti militis, juxta ejusdem confessionem, procedat contra eum, prout eidem senescallo videbitur faciendum.

Veneris post sanctum Vincencium.

Mangon reportavit.

Iste tres inqueste prime simul sunt ligate cum judicatis.

IV. Cum per Bartholomeum de Grezis, burgensem de Figiaco, senescallo Caturcensi denunciatum fuisset quod Austorgius Labroa, bajulus abbatis Figiacensis, cum quibusdam suis complicibus; de nocte,
dictum Bartholomeum de lecto suo jacentem nudum extraxerat et ad
terram projecerat, et quod ibidem vulneratus fuerat, fractis hostiis
domus sue, per predictos, et quod postmodum, trahendo, duxit ipsum
usque ad carcerem dicti abbatis, ubi incarceratum tenuit eundem Bartholomeum per totam noctem et usque ad meridiem, dicto Austorgio
ad predicta denunciata contra ipsum respondente quod dictum Bartholomeum ceperat et in carcere predicto posuerat juste et licite, tanquam bajulus dicti abbatis, utendo jurisdictione sua, secundum dicti
loci consuetudinem notoriam et hactenus observatam, pro eo videlicet quia dictum Bartholomeum, jacentem in lecto suo nudum cum
quadam muliere maritata, in adulterio invenerat; tandem dictus senescallus, occasione premissorum, non obstantibus supra per dictum
Austorgium propositis, ad defensionem ejusdem, dictum Austorgium
dicto Bartholomeo in quadraginta libris Turonensibus, pro dampnis
et injuriis eidem illatis, et nobis in sexaginta libris Turonensibus, pro
emenda, sentencialiter condempnavit; a qua sentencia dictus Austorgius, tanquam ab iniqua, ad nostram curiam appellavit : Visis igitur utriusque cause processibus, quia repertum est quod dicta mulier, cum qua dictus Bartholomeus sic inventus fuerat, erat maritata
capcionis tempore supradicte, et sic dictus Austorgius juste et licite
et secundum consuetudinem loci predicti notoriam, utendo jurisdictione dicti abbatis, ut bajulus fecerat que contra ipsum denunciata
superius exprimuntur, per nostre curie judicium, dictum fuit dictum
senescallum male pronunciasse, et dictum Austorgium bene appellasse, et quod dicta sentencia non mandabitur execucioni.

Veneris post sanctum Vincencium.

M. R. de Sancto-Benedicto reportavit.

V. Proposito, ex parte senescalli Tholosani, contra consules et
universitatem de Gimonte, quod quatuor de consulibus dicte ville,

habito tractatu cum consiliariis dicte ville, hominibusque universitatis dicti loci in hoc consencientibus, congregata multitudine hominum, ad ingorgiacum sive stangnum de la Martona, prope molendinum Guillelmi Arnaudi de Prisart et consortum suorum, juxta villam
de Affaciis, accedentes hostiliter et cum armis, macrasium seu bondam dicti ingorgiaci sive stangni amoverunt, hostiumque cujusdam
molendini ibi prope existentis fregerunt, et eum, sine blado, molere
fecerunt, reciaque, ad piscandum pisces, in dicto stangno projecerunt,
aquamque a dicto stangno totaliter evacuarunt, pluresque excessus
alios in dicto loco commiserunt; pro quibus dictus senescallus, eisdem volens penam imponere, secundum delicti qualitatem, de premissis mandavit veritatem inquiri; inquesta igitur facta de premissis,
de mandato dicti senescalli, condempnati fuerunt, per sentenciam
dicti senescalli, dicti consules et universitas Gimontis in duobus millibus libris Turonensibus nobis, pro emenda, solvendis; a qua quidem
sentencia, ex parte consulum et universitatis dicte ville, ad nos extitit
appellatum : Partibus igitur, in nostra curia, in causa dicte appellacionis, comparentibus, et nichil novi proponentibus, visisque diligenter processibus partis utriusque, per curie nostre judicium, fuit
dictum bene fuisse judicatum, et male appellatum, et quod dicta
condempnacio mandabitur execucioni.

Veneris post sanctum Vincencium.

Creci reportavit.

VI. Mota discordia inter episcopum Ruthenensem et Berengarium
Arnaldi, ex parte una, et procuratorem nostrum senescallie Ruthenensis, ex altera, super saisina alte justicie castri de Lencone et mansi
de Solerio, siti in parrochia dicti castri, et, post multos processus
super hoc habitos, facta inquesta de mandato senescalli Ruthenensis,
dictus senescallus manum nostram, in alta justicia dictorum castri et
mansi positam, amovit, promisitque dictis episcopis[1] et Berengario
quod ipsi uti possent saisina dicte alte justicie, in castro et manso

---

[1] Lisez *episcopo*.

predictis, apposicione dicte manus nostre non obstante; a quibus
manus amovicione et permissione procurator noster predictus ad
nostram curiam appellavit, judicemque in dicte appellacionis causa
impetravit; qui, cognito de dicta causa, eandem, cum partibus, dicte
curie nostre, remisit instructam : Auditis igitur, in curia nostra, procuratoribus nostro et dicti episcopi, visisque diligenter processibus
supradictis, per dicte curie nostre judicium, dictum fuit, propter plures deffectus in processu dicte cause principalis repertos, dictum
senescallum in hujusmodi male processisse, et dictum procuratorem
nostrum bene appellasse, et quod dicte partes in eo statu in quo
erant, tempore mote controversie supradicte, reponentur, dictarum
parcium in omnibus jure salvo.

In vigilia Candelose.

Mangon reportavit.

VII. Lite mota, coram preposito Laudunensi, de mandato ballivi
Viromandensis, virtute cujusdam commissionis, eidem ballivo per
curiam nostram facte, contra priorem Sancti-Hermini, super eo quod
Johannes Pilhavoine, serviens Castelleti Parisiensis, dicebat quod,
cum ipse, de mandato nostro, destinatus esset ad compellendum rebelles pro solucione decimalis subsidii, ad locumque Sancti-Hermini
accessisset, pro compellendo super hoc rectorem ecclesie dicti loci,
idem prior dictum servientem, officium suum exercentem, crudeliter
verberavit, ut dicebat, ita quod officium suum non potuit execucioni demandare : Inquesta igitur facta de premissis, et ad judicandum curie nostre reportata et diligenter inspecta, quia inventum
est quod dictus serviens, requisitus a dicto priore pluries quod de
potestate sua doceret, illud facere recusavit et priorem predictum
dementitus fuit pluries, et plura verba contumeliosa eidem dixit, per
curie nostre judicium, fuit dictum quod in hujusmodi dictus prior,
contra nos, in aliquo non excessit.

In vigilia Candelose.

Creci reportavit.

VIII. Cum Johannes Jordani, civis Tholosanus, super morte vel occisione Bernardi Sedacerii denunciatus fuisset per relictam et amicos ejusdem occisi, et propter hoc, tam Tholose quam in Castelleto Parisiensi, in prisione diu detentus fuisset, et in causa dicte denunciacionis, multis processibus habitis, plures sentencie late fuissent pro dicto Johanne, et per procuratorem nostrum plures appellaciones super hoc interjecte, ac super quadam interlocutoria, in causa hujusmodi per commissarios nostros data, de supponendo ipsum questionibus, et appellacione, per consules Tholosanos, super hoc, interposita, plures processus facti fuissent, dictoque Johanne deinde super hoc questionibus supposito : Tandem, visis tam inquesta super hoc facta quam processibus omnibus super hiis habitis, et ad plenum examinatis et discussis inquesta et processibus omnibus supradictis, per curie nostre judicium, dictus Johannes, super denunciacione predicta et articulis omnibus in ea contentis, fuit legittime absolutus.

In vigilia Candelose, mense februarii.

IX. Cum Bernardus Hugonis, asserens se priorem prioratus de Claris-Vallibus, senescallie Ruthenensis, ex collacione per Sedem Apostolicam sibi facta, inductumque se in corporalem possessionem dicti prioratus, conquestus fuisset de officialibus nostris dicte senescallie, quod ipsum indebite et de novo impediebant, ac per armorum potenciam, nitebantur impedire quominus ipse posset gaudere saisina dicti prioratus, et quod, ipsum turbando super hoc, senescallus Ruthenensis manum nostram posuit in dicto prioratu, absque causa racionabili, ipsumque, sub dicta manu nostra, permisit per fratrem Remondum de Balegario turbari in saisina predicta, cumque idem Bernardus litteras nostras obtinuisset dicto senescallo directas, continentes quod si, vocatis evocandis, dicto senescallo constaret ita esse, dictum impedimentum amoveret et ipsum Bernardum in sua bona saisina dicti prioratus manuteneret, deffenderetque ab injuriis et violenciis manifestis, dictusque senescallus, vocatis dictis Bernardo et Remondo, qui Remondus dicebat se priorem dicti prioratus et in

possessione ejusdem inductum, fecerit, super predictis et hinc inde
propositis, inquiri veritatem, dictarum litterarum nostrarum virtute :
Visa igitur dicta inquesta, de mandato nostro curie nostre remissa,
per dicte nostre curie judicium, dictum fuit predictum Bernardum
Hugonis injuste de dictis nostris officialibus fuisse conquestum, et
ipsos contra ipsum non excessisse, dictamque manum nostram, in
prejudicium dicti fratris Remondi, positam in dicto prioratu, esse
amovendam, fuitque, per idem judicium, amota, quantum tangit dictum fratrem Remondum, et dictum quod, quantum ad nos pertinet,
ipse in sua possessione deffendetur, visis eciam duabus aliis inquestis
de mandato nostro factis contra dictum fratrem Remondum, tam
super portacione armorum quam super pluribus rebellionibus, inobedienciis et injuriis, per ipsum et suos complices factis, contra commissarios senescallie Ruthenensis, ejus mandatum exequentes, consideratis omnibus que super hiis considerari poterant et debebant,
fuit, per idem judicium, ordinatum quod temporalitas dicti prioratus
ad manum nostram capiatur et teneatur, quousque nobis de centum
libris Turonensibus fuerit satisfactum, pro emenda predictorum.

Mercurii post octabas Candelose.

Mangon reportavit.

X. Lite mota, coram judice dominorum de Alesto, inter Petronillam, filiam Johannis Robandi, ex una parte, et magistrum Petrum Capelle, ex altera, super eo quod dicta Petronilla, cum auctoritate patris sui predicti, vindicabat quemdam campum, designatum
in libello suo, cum fructibus inde perceptis; lite igitur super hiis
contestata, auditisque racionibus et probacionibus partis utriusque,
dictus judex pronunciavit dictum processum fore nullum, neutram
partem in expensis condempnando; a qua quidem sentencia ad senescallum nostrum Belli-Cadri, per dictam Petronillam extitit appellatum; cujus senescalli locumtenens, cognito de meritis dicte cause
appellacionis, pronunciavit dictum judicem de Alesto male pronunciasse, et dictam Petronillam bene appellasse; et, cum hoc, con-

PHILIPPE IV, 1310.

dempnavit dictum magistrum Petrum ad restituendum ipsi Petronille supradictum campum, in libello principalis cause designatum, et septem libras et decem solidos Turonenses, pro expensis, eundem Petrum in residuo, videlicet in fructibus absolvendo; a qua quidem sentencia, per dictum Petrum, ad nostram curiam extitit appellatum; judice igitur nostro Montis-Pessulani in dicta appellacionis causa dato, cognitoque de causis appellacionum predictarum ab eodem, ipse pronunciavit dictum judicem de Alesto bene pronunciasse et dictam Petronillam male appellasse, dictumque locumtenentem senescalli Belli-Cadri male pronunciasse, et dictum Petrum bene appellasse, neutram partem in expensis condempnando; a qua quidem sentencia ad nostram curiam iterato fuit appellatum : Auditis igitur, in causa dicte appellacionis, partibus predictis, et processibus causarum predictarum diligenter inspectis, per curie nostre judicium, dictum fuit et pronunciatum predictos Alesti et Montis-Pessulani judices male pronunciasse; et dictam Petronillam, ab eorum audiencia, bene appellasse, ac locumtenentem dicti senescalli Belli-Cadri bene pronunciasse, et dictum Petrum ab ejus audiencia male appellasse; et demandabitur ipsius locumtenentis sentencia execucioni.

Mercurii post octabas Candelose.

Creci reportavit.

XI. Significato nobis quod homines castri Sancti-Pauli de Cada-Jovis ibidem de novo consules elegerant, utebanturque consulatus officio, pretextu cujusdam concessionis sibi facte per dominos dicti castri, nostra licencia non obtenta, libertates franchesiasque acquirentes indebite, in juris nostri prejudicium et gravamen, datoque per nostras litteras in mandatis senescallo Tholosano quod, si ita esse inveniret, non permitteret dictos homines predictis uti eisdem, super hiis, silencium imponendo, nisi nostro dumtaxat privilegio ostenderent super hoc se munitos : Visa igitur inquesta super predictis, per dictum senescallum facta et curie nostre de mandato nostro remissa, per dicte curie nostre judicium, dictum fuit dictum consulatum esse amovendům, fuitque, per idem judicium, amotum, et dictis hominibus impositum silencium, super eo et super consulatus juribus universis.

Mercurii post octabas Candelose.

Mangon reportavit.

XII. Lite mota, in curia nostra, inter decanum et capitulum Noviomenses, ex una parte, et abbatem et conventum Sancti-Eligii Noviomensis, ex altera, super eo quod dicti decanus et capitulum dicebant quod, ipsis existentibus in saisina percipiendi et levandi, per se vel per alium seu alios, theloneum in villa Noviomensi et procinctu ejusdem ville, necnon et in ecclesiis ejusdem civitatis, et specialiter in ecclesia et abbacia Sancti-Eligii predicti, continuandoque dictam saisinam suam gagiassent, seu alius nomine ipsorum gagiasset, pro theloneo non soluto, quemdam qui vendiderat merces suas infra dictam abbaciam et extra ecclesiam predictam, dicti religiosi rescusserunt eisdem gagium predictum, predictos decanum et capitulum in dicta saisina sua indebite perturbando; que quidem prisia ad manum nostram posita fuit, propter debatum partium predictarum; quare petebant dicti decanus et capitulum predictos abbatem et conventum condempnari ad emendandum nobis et dictis decano et capitulo rescussam predictam, tanquam indebite factam, et dictam prisiam ad manum nostram positam, eisdem deliberari, dictis religiosis confitentibus dictos decanum et capitulum habere saisinam capiendi dictum theloneum in pluribus locis dicte ville necnon et in certis locis ecclesie monasterii predicti, negantibus tamen dictos decanum et capitulum esse in saisina percipiendi dictam costumam in dicta abbacia, et maxime extra clausuram ejusdem ecclesie, et specialiter in loco ubi dicta prisia dicitur esse facta, et plura super hoc proponentibus ad eorum defensionem; Tandem, inquesta super hoc, de mandato curie nostre, facta, visa et diligenter examinata, quia inventum est, tam per processum predictum quam per assercionem procuratorum parcium predictarum, dictam prisiam et ejus rescussam, de quibus est questio, factas fuisse in quodam parlorio, sito inter dictam abbaciam et extra eccle-

siam ipsius abbacie, nec est inventum dictos decanum et capitulum
probasse se esse in saisina percipiendi dictam constumam in parlorio
supradicto, per curie nostre judicium, dicti abbas et conventus absoluti fuerunt ab impeticione predicta decani et capituli predictorum,
et deliberabitur dicta prisia, que ad manum nostram, propter debatum predictum, fuit posita, religiosis supradictis.

Dominica post octabas Candelose.

Creci reportavit.

XIII. Lite mota, in curia nostra, inter domicellam Margaretam de
Pinquigniaco, ex una parte, et Johannam de Vendolio, relictam defuncti Mathei de Roya, militis, ex altera, super eo quod dicebat dicta
Margareta quod dicta Johanna ballum defuncti Mathei de Roya, junioris filii procreati ex eis, constante matrimonio inter ipsos Johannam et defunctum Matheum, militem supradictum, tenuerat, post
obitum dicti militis, per spacium septem annorum, et quod dicta
Johanna tenebatur solvere, anno quolibet, racione dicti balli, domicelle Marie, filie dicte Johanne et dicti defuncti militis, quondam
mariti ejusdem, anno quolibet, quadringentas libras Parisienses, racione cujusdam avisamenti provisionis seu ordinacionis per dictum
defunctum Matheum, militem, et dictam Johannam, ejus uxorem,
facti predicte Marie, eorum filie, de percipiendo, anno quolibet, dictas
quadringentas libras Parisienses, super tota hereditate dicti patris
sui, quousque de quatuor millibus et quingentis libris Parisiensibus
esset eidem integre satisfactum; pro quibus septem annis, quibus dicta
Johanna tenuit ipsum ballum, dicta Maria petebat a dicta Margareta
de Pinquigniaco duo millia et octingentas libras Parisienses, racione
bonorum que dicta Margareta tenet in dotalicio, que fuerunt ex
hereditate mariti supradicti; quare petebat dicta Margareta dictam Johannam de Vendolio condempnari ad acquittandam eandem, et por-
tandum garantizamentum eidem, erga domicellam Mariam supradictam, de dicta pecunie summa; predicta Johanna plures raciones in
contrarium proponente : Tandem, inquesta super hoc, de mandato

PHILIPPE IV.
1310.

curie nostre, facta, visa et diligenter examinata, per curie nostre judicium dictum fuit quod dicta Johanna acquittabit et garantizabit predictam, Margaretam de Pinquigniaco erga dictam domicellam Mariam de duobus millibus et octingintis libris Parisiensibus supradictis.

Dominica post octabas Candelose.

Creci reportavit.

XIV. Cum gentes comitis Claromontensis, justiciando, cepissent quemdam hominem in quodam loco in quo Stephanus de Sancto-Lupo, miles, dicit se omnimodam altam et bassam justiciam habere, priore et conventu Sancti-Lupi de Serento se in hujusmodi opponentibus, et dicto loco resaisito et hujusmodi prisia ad manum nostram tanquam superioris posita, propter debatum et opposicionem dictorum comitis, militis et religiosorum ac Guillelmi Tiboudi, tunc ballivi Silvanectensis pro nobis, tandem, inquestam quamdam super hoc factam, quantum ad religiosos et militem predictos, idem miles instanter videri peteret et judicari, dictique comitis gentibus se in hujusmodi opponentibus, dictus miles proposuisset quod dictus Guillelmus, tunc ballivus Silvanectensis, pro nobis, et gentes dicti comitis, pro ipso, concordaverant quod ipsi supersederent super hoc, et permitterent dictum militem contra dictos religiosos solos super hoc litigare, quibus auditis, super hujusmodi concordia, mandavit curia nostra, partibus vocatis, veritatem inquiri : Visa igitur inquesta super dicta concordia per dictum militem proposita, de mandato nostro facta, per curie nostre judicium, dictum fuit quod dictus comes Claromontensis, pro se, ac ballivus Silvanectensis, pro nobis, super hoc audientur in parlamento presenti, si pecierint audiri antequam judicetur inquesta predicta inter dictos militem et religiosos facta.

In festo Cathedre sancti Petri.

XV. Cum Johannes, aurifaber, a preposito nostro Silvanectensi peteret quandam litteram, sigillo ballivie Silvanectensis sigillatam, contra Guiardum de Plailli, scutiferum ; per dictum prepositum execucioni demandari, dicto Guiardo dicente quod dicta littera non erat execucioni demandanda; super quibus, multis racionibus, primo coram dicto preposito necnon postea coram ballivo Silvanectensi hinc inde propositis, a judicato dicti ballivi super hoc facto, tanquam a falso et pravo, ad nostram curiam per dictum Johannem extitit appellatum : Visis igitur, in causa dicte appellacionis, predictis processibus, et dictis partibus super hoc diligenter auditis, per curie nostre judicium, dictum fuit quod dicta littera ballivo Silvanectensi, qui nunc est, remittetur execucioni debite demandanda, salvo tamen dicto Guiardo, si ballivum predictum Silvanectensem requisierit, quod, ordinacionem a nobis factam super annuis redditibus vel pensionibus, ad tempus vel ad vitam, prestandis, super hoc observet, quod, per presens judicatum, eidem ballivo injungitur quod, super hujusmodi requesta, visa ordinacione predicta ac visa littera obligacionis predicte, dictus ballivus, partibus vocatis et auditis, eidem faciat super hoc celeris justicie complementum.

Jovis ante Brandones.

H. de Sancto-Paulo reportavit.

XVI. Lite mota, in curia nostra, inter Valesium comitem, ex una parte, et dominum Couciaci, ex altera, super eo quod dictus dominus Couciaci dicebat se solum esse in saisina exercendi omnem justiciam, seu justiciandi supra pontem et calceiam de Traimes, quociens casus ad hoc se obtulerunt, et se, in dicta saisina, impeditum seu turbatum per gentes comitis predicti, dicto comite contrarium asserente, et dicente se esse in saisina colligendi et levandi gruagium debitum a quibuscumque supra dictos pontem et calceiam transeuntibus, vehentibus seu ducentibus mercaturas, pro quibus, de usu et consuetudine patrie, debetur gruagium et maxime in die veneris sancta, racione nundinarum, dicta die veneris, in villa de Traimes existencium, quolibet anno, capiendi eciam et arrestandi non solventes, et justiciandi, occasione dicti gruagii, et eciam faciendi explecta

cujuscumque justicie alte et basse in dictis locis, cum ad hoc casus
se obtulerunt; utraque dictarum parcium, cum instancia petente
quod manus nostra, que, propter debatum earumdem, erat apposita in
dictis locis et in quibusdam prisiis ibidem ab alterutraque parte factis,
inde amoveretur : Inquesta igitur, super hiis, de mandato nostro,
facta, visa et diligenter examinata, per curie nostre judicium, dictum
fuit, quia constat dictum comitem melius super hoc intencionem
suam probasse; quod ipse in saisina colligendi et levandi dictum
gruagium supra pontem et calceiam predictos, necnon capiendi et arrestandi ibidem rebelles, occasione dicti gruagii, et eciam justiciandi
et explectandi ibidem de quacunque justicia alta et bassa, remanebit;
et prisie super hoc facte, que, propter debatum dictarum parcium, in
manu nostra erant posite, dicta manu nostra inde amota, deliberabuntur dicto comiti, salva, dicto domino Courciaci, saisina capiendi et
levandi, in dictis locis, guidagium, pedagium seu calceiam, pro aliis
rebus quam pro illis pro quibus debetur gruagium, necnon capiendi
et arrestandi solvere nolentes guidagium, pedagium et calceiam, qui
ad predicta tenentur in dictis locis, et emendas explectandi, occasione
predictorum, manu nostra inde amota, utrique parti tamen reservata
in premissis questione proprietatis.

Jovis ante Brandones.

H. de Sancto-Paulo [reportavit].

XVII. Cum senescallus Ruthenensis certas personas, usque ad
quatuor et viginti homines habitatores Ruthenenses, pro quibusdam
eorum excessibus, singulariter quemlibet, per diversas summas, as-
cendentes usque ad trecentas et triginta libras Turonenses nobis solvendas condempnasset, prout dictorum condempnatorum nomina
et dicte summe, in sentencia dicti senescalli, plenius continentur, videlicet pro portacione armorum et pluribus aliis excessibus per eos
factis contra Bernardum de Livezone et ejus socios, fugando eos cum
lapidibus, per plateam dicte civitatis, expugnandoque quandam domum dicte platee, in qua se, ob tutelam sui corporis, incluserant

propter timorem illorum fugancium eosdem, licet episcopus Ruthenensis, asserens cognicionem predictorum ad se pertinere, peteret
eamdem sibi remitti per senescallum antedictum; a quibus condempnacione et remissione non factis per procuratorem dictorum
hominum et dicti episcopi, in quantum quemlibet tangit, fuit ad
nostram curiam appellatum : Visis inquesta principali super dictis
excessibus facta, et processibus cause appellacionis predicte, per
curie nostre judicium, dictum fuit dictum senescallum bene judicasse et dictos appellantes male appellasse, et quod predicta condempnacio mandabitur execucioni.

Item, cum inveniatur in sentencia predicta quod, pro dictis excessibus, senescallus predictus Bernardum Bonifacii dictum Massata, et
Guillelmum Biaur, in certis summis, pro emenda, condempnavit, nec
inveniatur in inquesta predicta quod ipsi ad eam faciendam fuerint
vocati, mandabitur dicto senescallo quod, si sibi constiterit quod in
predicta inquesta fuerint vocati, compellat eos ad solvendum condempnacionem per dictam sentenciam positam supra ipsos, alioquin
contra eos et contra Johannem Guheti et Guillelmum Aybrani, qui
per plures testes, in inquesta predicta, culpabiles sunt reperti, ipsis
vocatis, inquirat et procedat contra eos, prout fuerit racionis.

Jovis ante Brandones.

XVIII. Cum abbas et conventus Sancte-Genovefe Parisiensis de
nobis conquererentur super eo, ut ipsi dicebant quod, cum lis
penderet inter nos, ex una parte, et dictum abbatem, ex altera, tam
super petitorio quam possessorio, racione cujusdam domus situate in
vico Sancte-Genovefe predicte, que fuit quondam defuncti Petri de
Broaa, coram certis auditoribus super hoc a nobis deputatis, que domus fuerat et erat in manu nostra posita, tanquam in manu superioris, nos nichilominus, dicta lite pendente, et predicte manus nostre
apposicione nonobstante, dictam domum donavimus et concessi-
mus priori et conventui beate Marie de Carmello, in grave dampnum
et prejudicium dicti abbatis, ut dicebat; quam manus apposicionem

dictus abbas offerebat coram nobis se legittime probaturum, procuratore nostro et dictis religiosis e contra dicentibus dictam domum
esse in manu nostra, tamquam partis non tamquam superioris. Visa
igitur inquesta, super hoc de mandato nostro facta, quia non est
probatum, ex parte dicti abbatis, dictam domum positam fuisse ad
manum nostram tamquam superioris, per curie nostre judicium, dictum fuit quod super dicta manus apposicione de cetero non audietur, salvis omnibus bonis racionibus dicti abbatis et in proprietate
et saisina proponendis, in causa principali predicta.

Jovis post Brandones.

R. de Tyboutot reportavit.

XIX. Cum denunciatum fuisset dilectis et fidelibus clericis nostris magistro Johanni de Auxeyo, cantori Aurelianensi, et magistro
Nicholao de Lusarchiis, tunc preposito de Anversyo in ecclesia Car-
notensi, ad partes senescalliarum Tholosane et Carcassonensis a
nobis, super reformacione patrie, destinatis, quod Petrus Jordani,
vicarius Montis-Olivi, pro abbate dicti loci, duos homines de Alsona, fratres, et unum de Villa-Sicca laqueo suspendi fecerat, non
obstantibus, immo spretis, appellacionibus ad nos interpositis per
predictos, predicti cantor et prepositus commiserunt Petro Bogis,
vicario Cabardesii, et magistro Petro Balaroti Saxiachi, notario nostro, ut, super denunciacione predicta, inquirerent, vocatis evocandis,
cum diligencia, veritatem; qui inquisiverunt super predictis, vocato
ad hoc procuratore nostro, et inquestam super hoc factam ad nostram curiam remiserunt: Qua visa et diligenter inspecta, quia repertum est quod dictus Petrus Jordani, vicarius dicti abbatis, magistrum Berengerium, notarium nostrum, et Remundum Elye fecit
enormiter verberari, pro eo videlicet quod ipsi ad nos appellabant,
pro dictis condempnatis a sentencia suspendii in ipsos lata, appellacionem, ab ipso vicario ad nos interpositam, contempnendo, et quod
dictos homines condemnatos suspendi fecit, non obstantibus appellacionibus supradictis, per curie nostre judicium, dictus Petrus Jordani,

vicarius dicti abbatis, in quingentis libris Turonensibus nobis, pro emenda, extitit condempnatus.

Sanctus-Benedictus reportavit.

Jovis post Brandones.

XX. Cum priorissa et conventus monasterii Juliaci, ordinis sancti Benedicti, Lingonensis dyocesis, nobis graviter conquerendo mons-trassent quod, cum ipse, per suos ministros seculares, tenerent unum hominem et unam feminam pro imposito sibi crimine homicidii, suo carceri mancipatos, Margareta, domina de Sancto-Vinemerio, per prepositum suum et plures complices suos, ad dictum prioratum violenter et cum diversis generibus armorum accedentes, ostiaque et fenestras ejus frangentes, dictos prisionarios a dicto carcere, con-tra voluntatem dictarum religiosarum, violenter et indebite extraxe-runt et secum adduxerunt, dictas religiosas sua possessione suorum prisionariorum indebite spoliando, in earum grande prejudicium et injuriam, dampnum non modicum et gravamen, quare supplicabant se restitui ad possessionem prisionariorum supradictorum, justicia mediante; nos vero, de premissis volentes fieri cerciores, ballivo nos-tro Senonensi, sub certa forma, mandavimus et commisimus quod, super premissis, cum diligencia, inquireret veritatem : Visa igitur in-questa super hoc, de mandato nostro, facta, per curie nostre judicium, dictum fuit quod dicte religiose sua possessione duorum prisionario-rum predictorum restituentur, et injunctum fuit predicto ballivo quod ipse de dictis prisionariis, dictas religiosas indilate faciat resaisiri: Ve-rum, quia intelleximus quod dictus prepositus et sui complices dic-tum prioratum cum armis violenter intraverunt, dicto ballivo man-dabitur quatinus, vocatis evocandis, de portacione armorum et de violencia predictis et de omnibus aliis circumstanciis, inquirat, cum diligencia, veritatem, et, si dictum prepositum vel suos complices reperiat culpabiles de premissis, ipsos puniat, et nobis et religiosis supradictis emendam condignam, pro tantis excessibus, faciat exhi-beri, prout fuerit racionis.

Philippe IV,
1310.

Jovis post Brandones.

R. de Tyboutot habet.

Remissa fuit ad ballivum.

XXI. Cum Guillelmus de Grandelain, serviens noster de Calniaco, per inquisitores super officiales nostros in Viromandensi ballivia tunc deputatos a nobis, in duobus millibus librarum Turonensium nobis, et pluribus personis, in centum triginta libris et quatuor solidis Parisiensibus, que de ipso conqueste fuerant, fuisset condempnatus, et ipse postea, super hoc conquerens, proposuisset quod dicti inquisitores ejus bonas deffensiones, quas coram eis proposuerat et se eas obstulerat legittime probaturum, audire et admittere recusarunt, requirens sibi super hoc provideri, nosque ballivo nostro Viromandensi, dictas deffensiones sibi, sub nostro clausas contrasigillo, mittentes, mandassemus quatinus, adjuncto secum aliquo probo viro perito et non suspecto, per se vel per alium seu alios ydoneos, vocatisque partibus et constituto pro nobis ad hoc legittimo defensore, diligenter inquireret veritatem, si dictus Guillelmus dictas defensiones suas proposuerat et eas obtulerat se legittime probaturum, et si ipsi eas admittere recusarunt, et utrum essent vere defensiones predicte : Tandem, facta super hiis, ut premissum est, inquesta de mandato nostro per ballivum antedictum, remissaque, Parisius, ad parlamentum nostrum judicanda, visa eadem et diligenter examinata, quia inventum est quod dictus ballivus, coram predictis inquisitoribus, deffensiones suas proposuit et se obtulit probaturum, et quod ipsi eas admittere recusarunt, necnon quod dicte defensiones sunt vere et legittime, per curie nostre judicium, dictum fuit predictum Guillelmum de Grandelain per dictos inquisitores in dictis duobus millibus librarum Turonensium parvorum minus racionabiliter, ac juris ordine pretermisso, condempnatum fuisse, nec mandabitur execucioni condempnacio predicta ; sed quia dictus Guillelmus pluries confessus fuit se nobis teneri in una et triginta libris octo solidis Parisiensibus, dictam summam reddet nobis ; et, quantum ad predictas

centum triginta libras et quatuor solidos, mandabitur ballivo Viromandensi quod, vocatis personis illis de quibus dicitur summas predictas extorsisse vel minus juste recepisse, et omnibus aliis de se
conqueri volentibus super predictis et aliis que contra ipsum proposuerint, auditis partibus, eisdem exhibeat de plano et absque
strepitu judicii, celeris justicie complementum, et si ipsum invenerit in predictis vel aliis, racione sui officii, excessisse, condignam
proinde levet ab ipso, pro nobis, emendam, et pendente cognicione
hujusmodi, dictum Guillelmum ab officio suo, si viderit faciendum,
suspendat.

Jovis post Brandones.

Decanus de Cassello reportavit.

Inquisitores : Abbas de Chartuevre et dominus Symon de Mar-
chesyo.

XXII. Lite mota inter Andream de Varena, armigerum, ex una
parte, et Alanum de Dudonio, militem, ex altera, super eo quod
dictus Andreas dicebat quod, cum ipse in curia ducis Britannie, contra dictum Alanum, diceret quod pater suus, tempore quo vivebat,
fuerat in bona saisina ponendi porcos et omnia animalia sua ad depascendum in insula que dicitur Magna-Isla, idem miles patrem dicti
Andree desaisiverat de predictis, et super hoc peteret se resaisiri;
item, et quod idem miles et pater suus, in foresta de Cellario, garannam novam fecerant, contra consuetudinem antiquam, petens predicta ad debitum statum reduci, idem miles, asserens se, ab audiencia dicti ducis, ad nostram curiam appellasse et adhuc appellacionem
hujusmodi in nostra curia pendere, et se exemptum esse a jurisdictione dicti ducis, pendente appellacione predicta, noluit in curia
dicti ducis super premissis respondere, cum dictus miles predicta
adhuc detinere seu detineri facere dicatur, in dampnum et prejudicium non modicum dicti Andree, supplicavit idem Andreas a nobis
super hiis sibi provideri; nos vero ballivo nostro Turonensi mandavimus et commisimus quatinus, si sibi legittime constaret quod idem

66.

miles ab audiencia dicti ducis ad nostram curiam appellasset, et
quod adhuc penderet dicta appellacio, ipse de predictis, vocatis
evocandis, cognosceret, et si sibi liquide constaret de predictis, ea,
prout de ipsis sibi liqueret, ad statum reduci debitum faceret; idemque ballivus noster Turonensis super predictis magistro Andree de
la Bosere commisit vices suas; qui magister Andreas, vocatis evocandis, de predictis inquisivit diligenter, et inquestam per ipsum factam curie nostre remisit judicandam : Visa igitur inquesta predicta,
quia repertum est, per confessionem procuratoris ducis Britannie
et parcium predictarum, dictam appellacionis causam, tempore
commissionis nostre in curia nostra pendere, et dictum Andream
intencionem suam, quantum ad saisinam ponendi peccora et animalia sua in insula que dicitur Magna-Isla sufficienter probavisse, dictum est, per curie nostre judicium, predictum Andream de Varena
debere reponi in saisina predicta depascendi peccora et cetera animalia sua in insula predicta; dictum vero militem ab impeticione
predicta dicti Andree, super garenna foreste de Celario, curia nostra
absolvit.

Jovis post Reminiscere.

Decanus Casletensis [reportavit].

XXIII. Lite mota, in curia nostra, inter Guillelmum de Menin,
Lochinum Paulin, Guillelmum de Lampernesse et Johannem Wale-
wein, burgenses de Ypria, ex parte una, et dilectam et fidelem nostram comitissam Attrebatensem et ejus pedagiarios de Bapalmis, ex
altera, super eo quod dicti burgenses, asserentes se esse in saisina
ducendi per mare vina et mercaturas quascumque de Francia, Bur-
gondia et quacumque alia terra in Flandriam libere et absque pedagii constume et exactionis alterius prestacione dicte comitisse vel
alteri facienda, eosque turbatos esse in eadem saisina per dictam
comitissam seu ejus pedagiarios, capiendo bona burgensium predictorum, quare petebant recredenciam dictorum bonorum, per manum
nostram eis factam, in puram deliberacionem converti, et in quin-

Philippe IV, 1310.

gentis libris Parisiensibus , pro dampnis que , pro predictis, sustinuerant, dictam comitissam eisdem burgensibus condempnari; dicta comitissa contrarium asserente, et dicente se esse in saisina capiendi
pedagium de vinis et mercaturis que ducuntur, de Francia, de Burgundia et alia quacumque terra, in Flandriam, per terram vel per
mare, et capiendi emendas ab omnibus qui sibi non solvunt pedagium pro predictis : Visa igitur dicta inquesta, per dicte nostre curie
judicium, dictum fuit dictos burgenses intencionem suam bene probasse, et quod dicta recredencia eisdem in puram deliberacionem
convertatur, salvo eisdem jure suo super dampnis predictis, salva
eciam dicte comitisse super predictis questione proprietatis.

Jovis post Reminiscere.

Mangon reportavit.

XXIV. Lite mota inter Dyonisium Luquete, ex una parte, et Gervasium de Crispeyo, ex altera, coram preposito Parisiensi; super eo
videlicet quod dictus Dyonisius petebat dictum Gervasium sibi condempnari in sex et triginta libris Parisiensibus, in quibus, idem, ut
dicebat, tenebatur, pro vectura vinorum per ipsum dicto Gervasio,
per aquam, de Burgundia in Franciam adductorum, de qua peccunie
summa dicto Gervasio nondum fuerat satisfactum; pro quo eciam
debito, dictus Dyonisius quedam bona dicti Gervasii fecerat arrestari;
dicto Gervasio, pluribus racionibus, ex adverso proponente quod
dictam peccunie summam solvere dicto Dyonisio minime tenebatur,
et quod arrestum in bonis suis, ad requestam dicti Dyonisii, dicta lite
pendente, appositum, ante omnia debebat amoveri; pluribus igitur
factis et racionibus, in causa predicta ab utraque parte propositis et
in scriptis redactis, die eciam assignata ad procedendum super eisdem, prout esset racionis, tandem dictus Dyonisius dictum Gervasium in tribus defectibus continue poni fecit; lata igitur interlocutoria, tam super factis et racionibus dictarum parcium quam super
defectibus predictis, post dictam interlocutoriam latam, dictus Gervasius, coram dicto preposito, petiit se admitti, ad proponendum

omnes raciones suas, secundum tenorem dicte interlocutorie, ad finem annullandi dictos defectus, et quod ipse admitteretur ad proponendum omnes suas exceptiones peremptorias in causa predicta; dicto Dyonisio, ex adverso, proponente quod, attentis defectibus predictis et aliis quibusdam, per ipsum propositis, secundum tenorem dicte interlocutorie, dictus Gervasius non erat, super hoc audiendus, nec ad hoc admittendus; tandem die assignata ad audiendum jus super premissis, dictus prepositus, visa primitus interlocutoria predicta, pronunciavit quod dictus Gervasius non admitteretur ad proponendum aliquas raciones contra defectus predictos, et quod, virtute dictorum defectuum, ceciderat a suis peremptoriis proponendis; a quo judicato, dictus Gervasius, tanquam a falso et pravo, ad nostram curiam appellavit : Auditis igitur partibus, in causa dicte appellacionis, et viso processu predicto, per curie nostre judicium, dictum fuit dictum prepositum bene judicasse et dictum Gervasium male appellasse, et quod ipse hoc emendabit:

Jovis post Reminiscere.

R. de Tiboutot reportavit.

Remissus fuit processus ad prepositum.

XXV. Lite mota, in curia nostra, inter majorem, juratos et homines de Fara, ex parte una, et dilectum et fidelem nostrum episcopum Laudunensem, ex altera, super eo quod dicti major, jurati et homines, asserentes se esse in saisina piscandi in riparia d'Acheri, dicebant se turbatos injuste super hoc per episcopum antedictum, capiendo, per se seu gentes suas, quosdam homines dicte ville piscantes in riparia predicta; quare petebant recredenciam de dictis hominibus, per manum nostram factam eisdem, ad deliberacionem converti, et dicto episcopo inhiberi ne ipsos de cetero turbet in saisina predicta, dicto episcopo contrarium asserente : Visa igitur inquesta super hoc de mandato nostro facta, per nostre curie judicium, dictum fuit dictos majores, juratos et homines intencionem suam super hoc sufficienter probasse, et inhibitum fuit ne dictus episcopus eosdem impediat de cetero in saisina predicta, et quod dicta recre- dencia ipsis ad deliberacionem convertatur, salva questione proprietatis, super hoc, episcopo predicto.

Jovis post Reminiscere.

Mangon reportavit.

XXVI. Lite mota, in curia seculari decani et capituli Sancti-Reguli Silvanectensis, inter procuratorem prioris et conventus monasterii Sancti-Mauricii ejusdem loci, nomine ipsorum, ex una parte, et Mariam, uxorem Bertaudi le Cousturier et dictum Bertaudum, Ysabellim, conjugem Petri Leclerc, et ipsum Petrum, ex altera; dicebat procurator dictorum religiosorum, nomine quo supra, quod cum olim Johannes dictus Malebaesse et Odelina, ejus uxor, cives Silvanectenses, tempore quo vivebant, tenerent et possiderent quedam hereditagia, tanquam eorum propria et de ipsorum conjugum proprio conquestu existencia, de quibus facta fuit ostensio, et ipsi conjuges, propter affectum quem habebant ad ecclesiam Sancti-Mauricii Silvanectensis, dicta bona donaverunt et concesserunt ecclesie predicte, et in eam ex tunc in perpetuum, donacione facta irrevocabiliter inter vivos et titulo donacionis, transtulerunt eorumdem bonorum dominium, possessionem et proprietatem que habebant in bonis predictis, retento ipsis conjugibus et Petro, eorum filio, usufructu in dictis bonis, quamdiu ipsi vel alter ipsorum viverent, tam conjunctim quam divisim, et post mortem illius quem ultimo contingeret decedere, consolidato usufructu cum proprietate, dominium ipsorum bonorum ad predictos priorem et conventum et eorum monasterium devolveretur pleno jure; dicebat eciam dictus procurator quod Petrus, dictorum conjugum filius, post mortem Johannis Malebeasse et ipsius uxoris, tanquam heres ipsorum conjugum, dictam donacionem approbavit et ratam habuit, et renunciavit omni juri dominii et proprietatis in eisdem bonis, et, ex habundanti, procuratorem dictorum religiosorum, nomine ipsorum, de eis investivit per tradicionem sufficientem, et pluries, coram probis predicta recognovit esse

vera, necnon quod prenominati prior et conventus, titulo donacionis predicte, predicta bona explectaverunt et fecerunt fructus suos;
dicebat eciam quod, predictis non obstantibus, predicti Bertaudus
et ejus uxor, Petrus et ejus uxor in possessionem dictorum bonorum
se intruserunt injuste, in dampnum et gravamen dictorum religiosorum, quare petebat procurator predictorum prioris et conventus per
predictos decanum et capitulum Sancti-Reguli pronunciari predicta
bona dictis priori et conventui debere de jure pertinere, et predictos
Mariam et Bertaudum, Ysabellim et Petrum a possessione dictorum
bonorum debere removeri et in ipsos religiosos transferri; predictis mulieribus Maria et Ysabelle contrarium asserentibus et dicentibus quod quondam Johannes Malebeasse et Odelina, ejus uxor,
tempore quo vivebant, et Petrus eorum filius naturalis, post ipsorum
parentum decessum, tenebant et possidebant predicta bona contenciosa, tanquam eorum propria, de jure suo, et de ipsis erant in possessione, et faciebant fructus suos, solvendo census et alias redibon-
cias dominis censuariis, et hec recognovit procurator dictorum
religiosorum esse vera in judicio, et predicta bona explectaverunt pacifice per totum cursum vite sue, usque ad tempus mortis cujuslibet
eorum, et, tempore mortis eorum, erant in possessione eorum pacifica; dicebant eciam dicte mulieres quod, tempore mortis dicti Petri,
ipse erant ejus propinquiores heredes naturales et pro ejus heredibus se gesserant, et quod, per mortem dicti Petri, dominium, proprietas, jus et possessio dictorum bonorum translata fuerunt in dictas
mulieres et ipso facto, fuerunt in saisina bonorum eorumdem, solvendo census et redibencias dominis consuetis, et quod super istis
erat fama, quare petebant predicta bona ad eas de jure debere pronunciari pertinere, non obstantibus, per dictum procuratorem, in
contrarium allegatis; auditis quicquid partes proponere voluerunt,
predicti decanus et capitulum Sancti-Reguli judicaverunt quod procurator dictorum prioris et conventus intencionem suam non probaverat, in modo et in forma contentis vel propositis in peticione sua
coram ipsis, absolventes partem adversam ab impeticione facta per

dictum procuratorem coram ipsis, salvo jure prioris et conventus, si per alium modum loquendi possint vel debeant in predictis et contra detinentes dicta bona jus habere; a quo judicio, tanquam a falso et pravo, procurator dictorum religiosorum ad curiam nostram appellavit : Visis igitur dictis processibus, per curie nostre judicium, dictum fuit predictos decanum et capitulum Sancti-Reguli male pronunciasse et procuratorem prioris et conventus predictorum bene appellasse ; et hoc emendabit curia secularis decani et capituli predictorum.

Jovis post Reminiscere.

Cassel reportavit.

— XXVII. Cum ad audienciam dilecti et fidelis Philippi de Sancto-Verano, militis nostri, inquisitoris in Arvernie et montanarum Arvernie balliviis, ex parte nostra deputati, pervenisset quod cum olim, certa de causa, ex parte nostra, proclamatum fuisset, apud Langiacum, quod homines de Langiaco cum armis apud Sanctum-Porcianum venirent, sub pena amissionis corporum et bonorum, ad certam diem, et plures ipsius loci homines nobiles in hac parte parere volentes, apud Sanctum-Porcianum venirent, juxta mandatum in proclamacione predicta, ex parte nostra, factum, Guillelmus Penidos de Langiaco, eis obvians, dixerit quod omnes reverterentur, dum tamen sibi quilibet eorum traderet viginti tres solidos Turonenses, asserens idem Guillelmus se ad hoc, ex parte nostra, habere speciale mandatum ; et ob hoc, dicti homines reversi fuerant, et eidem solverant quilibet viginti tres solidos Turonenses ; dictus Philippus, contra ipsum Guillelmum presentem, coram ipso, predicta proposuit, ad finem quod, facta fide de hiis que sufficerent de premissis, idem Guillelmus super hoc debite puniretur et ad restituendum recepta sic per eum compelleretur ; lite igitur super hoc, ex parte ipsius Guillelmi predicta negantis, contestata coram dicto Philippo, receptisque, per ipsum Philippum, testibus super predictis, juratis et examinatis, quia dicto Philippo dubium super predictis occurrerat, idem Philippus processum et inquestam super hoc factam ad nostram curiam reportavit judicandum : Visa igitur inquesta predicta in nostra curia, tandem dictus Guillelmus ad restituendum summas peccunie, per eum, ut dictum est, ex causa predicta, receptas, personis illis a quibus eas recepit, et ad reddendum et solvendum nobis, pro emenda, quadringentas libras Turonenses, videlicet centum libras Turonenses, anno quolibet, in festo Omnium Sanctorum, donec dicte quadringente libre nobis solute fuerint, primo termino solucionis incepturo in instanti festo Omnium Sanctorum, per curie nostre judicium, extitit condempnatus.

Veneris post Reminiscere.

XXVIII. Cum Robinus de Mortefontaine, armiger, a quodam judicato, in curia Reginaldi d'Erquis, in causa retractus, contra ipsum Robinum prolato pro Petro Regis et ejus uxore, tanquam a falso et pravo, ad nostram curiam, in assisia de Bello-Monte, appellasset, et coram ballivo Silvanectensi et hominibus curie nostre de Bello-Monte in assisia predicta, idem Robinus adjornari fecisset dictos conjuges et Reginaldum, et petitione per ipsum edita, in causa appellacionis contra ipsos adeo processum fuisset, quod ad proximam assisiam futuram, ad audiendum jus, dies erat dictis partibus assignata ; qua dilacione pendente, dictus Reginaldus decessit, et, adveniente assisia predicta, dictus Robinus supplicavit predictis ballivo et hominibus, in plena assisia, ut Petrum d'Erquis, ibi presentem heredem in solidum ipsius defuncti Reginaldi, ut ipse dicebat, compellerent procedere cum eo in dicta causa, secundum quod status predicte cause appellacionis requirebat, cum posse suum fecisset idem Robinus, ut ipse dicebat, quamcito scivit obitum dicti Reginaldi, quod adjornaretur super hoc dictus Petrus; dicto Petro, ex alia parte, dicente quod nec erat adjornatus, nec diem habebat cum eodem, sed ob aliam causam venerat ad assisiam predictam; quare dicebat se non teneri procedere cum eodem, sed dicebat dictos ballivum et homines debere reputare predictum Robinum fuisse negligentem in prosecutione cause appellacionis supradicte ; tandem, die assignata dictis partibus ad audiendum jus super premissis propositis, dictus ballivus, per judicium dictorum ho-

minum, pronunciavit predictum Robinum fuisse deficientem in prosequendo appellacionem predictam, et ipsum, propter hoc, causam
suam predictam amisisse, quantum ad judicem et quantum ad partem;
a quo judicato, tanquam a falso et pravo, ad nostram curiam idem Robinus appellavit; constitutis igitur, in causa dicte appellacionis, predictis partibus, in curia proposuit idem Robinus quod, de consuetudine dicti loci ubi judicatum predictum fuit factum, nullus debebat
causam suam amittere, propter unicum defectum diei assignate ad audiendum jus, ideoque petebat pronunciari predictos ballivum et homines male judicasse et pronunciasse, et ipsum Robinum bene appellasse; procuratore dictorum hominum, ad eorum deffensionem,
proponente quod judicatum fuerat tantummodo quod dictus Robinus fuerat negligens in prosequendo suam appellacionem predictam:
Inquesta igitur super premissis, de mandato nostre curie, facta, visa
et diligenter examinata, quia inventum est, per confessionem procuratoris dictorum hominum, dictam consuetudinem per dictum Robinum propositam esse veram, et quia inventum est sufficienter probatum, per ipsum, quod dicta dies, ex qua dicitur fuisse negligens, ad
audiendum jus erat sibi assignata, et quod condempnatus fuit secundum modum per ipsum Robinum superius propositum, per curie
nostre judicium, dictum fuit predictos homines male judicasse, et
dictum Robinum bene appellasse, et quod ipsi hoc emendabunt, et
remanebit causa in curia nostra in statu in quo erat, tempore prolati
judicati predicti.

Jovis post Oculi mei.

Creci reportavit.

XXIX. Lite mota, in curia nostra, inter episcopum Belvacensem,
ex una parte, et dominum de Bello-Saltu et de Bretolio, ex altera,
super saisina provisionis et administracionis bonorum temporalium
domus Sancti-Lazari de Bretolio, Belvacensis diocesis, pro eo videlicet
quod dictus episcopus dicebat quod ipse erat in saisina provisionis et
administracionis bonorum temporalium dicte domus, et quod ipse erat

et fuerat in dicta saisina solus sine alio, usque ad tempus impedimenti super hoc eidem apposti per dominum supradictum, dicto
domino contrarium asserente, et, propter debatum parcium predictarum, manus nostra tanquam superioris super hoc apposita fuisset,
super dicto debato inquiri mandavimus, cum diligencia, veritatem, et
inquestam super hoc factam ad nostram curiam reportari : Qua visa
et diligenter examinata, quia repertum est quod dictus episcopus
melius et per expleta novissima predictam suam saisinam probaverat,
continuando eam usque ad tempus in dicta domo apposite manus nostre, per nostre curie judicium, dictum fuit quod, de dicto debato,
amovebitur manus nostra, et quod dictus episcopus in saisina provisionis et administracionis bonorum temporalium dicte domus Sancti-
Lazari remanebit, salva super hoc dicto domino questione proprietatis, et in aliis quibuslibet jure suo.

Jovis post Oculi mei.

Sanctus-Benedictus reportavit.

XXX. Cum, ex parte abbatis et conventus monasterii Sancti-
Quintini-in-Insula, in garda nostra speciali existencium, fuisset propositum, contra majorem et juratos Sancti-Quintini, quod ipsi, cum
magna multitudine armatorum ad ipsorum religiosorum abbatiam accedentes, contra prohibicionem ipsis factam, ex parte nostra, a quodam serviente nostro deputato, ad deffendendum eosdem religiosos ab
injuriis et violenciis, plures injurias et violencias eisdem religiosis intulerunt, quas nobis et sibi petebant emendari ; dictis majore et juratis
contrarium dicentibus et plura, ad sui defensionem, proponentibus :
Inquesta super hoc, de mandato curie nostre, facta et ad judicandum
reportata, visa et diligenter examinata, quia inventum est, tam per
assercionem et confessionem ex parte majoris et juratorum Sancti-
Quintini factam, quam per probaciones dictorum religiosorum, dictos majorem et juratos portas dicte abbacie fregisse, et contra prohibicionem servientis nostri predicti, dictamque abbatiam intrasse,
ostiumque coquine et jardini ejusdem violenter rupisse, ac coqum

Philippe IV,
1310.

dictorum religiosorum et quemdam alium garcionem ibidem cepisse et cum eis duxisse, ac eosdem incarcerasse minus racionabiliter et injuste, pluresque alias injurias dictis religiosis intulisse, per curie nostre judicium, fuit dictum quod dicti major et jurati solvent dictis religiosis, pro dampnis et injuriis supradictis, trecentas libras, et nobis mille libras Turonenses, pro emenda excessuum predictorum.

Jovis post Oculi mei.

Creci reportavit.

XXXI. Cum datum fuisset nobis intelligi quod prior de Cella, in Bria, coram se, in causam traxerat, super causis personalibus, Matheum Molendinarium, burgensem ac justiciabilem nostrum, eumque respondere nolentem, sed ejus curiam declinantem, arrestaverat et tenuerat in sua prisione arrestatum, aliaque gravamina intulerat eidem; propter quod ballivo Creciaci commisimus quod si, vocatis evocandis, sibi constaret ita esse, dictum priorem desistere compelleret a predictis, et nobis dictoque Matheo, super hoc, emendam faceret fieri competentem : Visa igitur inquesta super predictis facta et curie nostre, de mandato nostro, reportata, per dicte nostre curie judicium, dictum fuit quod jurisdictio temporalis dicti prioratus ad manum nostram ponetur et tenebitur, donec dictus prior eidem Matheo, pro dampnis et injuriis suis predictis, decem libras et nobis quinquaginta libras Turonenses solverit, pro emenda predictorum.

Jovis post Oculi mei.

Mangon reportavit.

Fiat littera execucionis preposito Parisiensi.

XXXII. Lite mota inter procuratorem abbatis et conventus de Victoria, ex parte una, et procuratorem episcopi Belvacensis, ex alia, super eo quod dicti religiosi petebant pronunciari saisinam justicie cujusdam nemoris, siti inter Victoriam et Novum-Molendinum, ad ipsos debere pertinere, manumque nostram, propter debatum parcium, ad instanciam dicti episcopi ibi appositam, et impedimentum super hoc, per dictum episcopum, eis oppositum, amoveri; procuratore dicti episcopi in contrarium dicente et plura ad sui deffensionem proponente : Auditis omnibus que dicte partes proponere voluerunt, et inquisita veritate de predictis per commissarios, super hoc, a nostra curia, deputatos, inquestaque predicta ad judicandum in curia nostra reportata, visa et diligenter examinata, per curie nostre judicium, dictum fuit dictos abbatem et conventum fuisse indebite perturbatos, per dictum episcopum, in saisina predicta; et quod dictum impedimentum inde amovebitur, ac manus nostra super hujusmodi debato apposita inde amovebitur ad utilitatem dictorum religiosorum, salva questione proprietatis.

Jovis post Oculi mei.

Creci reportavit.

XXXIII. Cum questio moveretur, coram ballivo episcopi Parisiensis, inter magistrum Johannem Quaisnelli et Richardum Laignel, tutores seu curatores Johannis et Johannete, minorum liberorum quondam Johannis Rosselli et Matildis, ejus uxoris, ex una parte, et Rolandum Pongerii et ejus uxorem, ex altera, super retractu cujusdam domus, site Parisius, in Sauneria, contigua, ex una parte, domui Martini Lepoitevin et, ex altera, domui Laurencii de Maulaunoy, dictis tutoribus et curatoribus, predicto nomine tutorio seu curatorio, pluribus racionibus dicentibus retractum dicte domus ad ipsos pertinere, dictis Rolando et ejus uxore contrarium, multis aliis racionibus, asserentibus; predictus ballivus, viso processu super hoc facto, dictos Rolandum et ejus uxorem ab impeticione predicta dictorum tutorum seu curatorum sentencialiter absolvit; a quo judicato, tanquam falso et pravo, dicti tutores seu curatores, nomine quo supra, ad nostram curiam appellaverunt : Auditis igitur dictis partibus, in causa appellacionis predicte et viso processu predicto, per curie nostre judicium, dictum fuit predictum ballivum bene judicasse, et dictos tutores seu curatores male appellasse, et quod ipsi hoc emendabunt.

Veneris post Oculi mei.
Droco de Caritate reportavit.

XXXIV. Pedagiarius noster de Perona, conquerendo, nobis significavit quod Petrus de Naours, civis Ambianensis, et quidam alii servientes, per pedagiarios de Bapalmis deputati ad capiendum et ar-
restandum mercaturas, per vias indirectas, de Flandria venientes, in
dampnum, fraudem et prejudicium nostri et pedagiarii predicti, a
mercatoribus, sic per metas dicti pedagii de Perona indirecte transeuntibus, Ambianis certas recipiebant pecunie summas, et per flu-
vium Signum quod idem Petrus fecisse dicebatur, dictos mercatores,
absque solucione dicti pedagii de Perona, cum suis mercaturis, licet
nobis confiscari deberent, abire permittebat et transire metas pedagii
supradicti. Nos vero super premissis volentes fieri cerciores, certis auditoribus commisimus et mandavimus quatinus, vocatis evocandis,
super premissis omnibus et singulis, cum diligencia, inquirerent veritatem, et quod inquestam per ipsos super premissis factam, sub sigillis suis, nobis remitterent fideliter interclusam, et quod dictum
Petrum et alios quos dicta tangeret inquesta ad diem Ambianensis
ballivie nostri proximi parlamenti adjornarent, visuros predictam inquestam judicari. Auditis igitur super hoc dictis partibus et visa
inquesta super premissis, de mandato nostro, facta, quia repertum est
dictum Petrum, tam per ejus confessionem quam alias legittime, a
tribus annis citra et amplius, in nostra villa Ambianensi, pedagium
de Bapalmis recepisse, necnon Martinum dictum Piquete, pedagiarium de Bapalmis, dicto Petro super hoc potestatem et auctoritatem
dedisse, et ipsum in hoc avouasse, per curie nostre judicium, dictum
fuit quod predicti Petrus et Martinus et eorum quilibet nobis, pro
emenda, occasione premissorum, sexaginta libras Parisienses persolvent, et quod dampna et deperdita que nos et pedagiarius de Perona
predictus, a dicto tempore citra, occasione premissorum, sustinui-
mus et habuimus, reddere nobis et dicto pedagiario de Perona tenebuntur, et, per idem judicium, dictum fuit quod pedagium de

Philippe IV,
1310.

Bapalmis de cetero levabitur in locis duntaxat ab antiquo consuetis.
Dominica ante Annonciationem dominicam.
Tiboutot reportavit.

XXXV. Cum procurator abbatis et conventus Sancti-Martini de
Tornaco proposuisset, coram ballivo nostro Silvanectensi, contra Hugonem de Camberone, armigerum, quod, cum dicti religiosi, titulo
empcionis, habeant et teneant unam garannam in prioratu Sancti-
Amandi, juxta Tourote, in qua garanna et suis pertinenciis, prout per
certas metas dividitur et signatur, predicti religiosi et illi a quibus
causam habent, a longo tempore habuerunt et habent soli et in solidum omnimodam jurisdiccionem altam et bassam, fuerintque et sint
dicti religiosi, et illi a quibus habent causam in possessione et saisina,
per se et servientes et ministros suos, exercendi omnimodam jurisdictionem altam et bassam in garanna predicta et suis pertinenciis,
quociens casus se obtulerunt et ad eorum noticiam devenerunt, nichilominus dictus Hugo, in quodam certo loco, infra metas dicte garanne situato, qui vulgariter Plichon noncupatur, indebite et de novo
quasdam furcas levavit seu levari fecit, et, in signum alte justicie,
unam figuram ad dictas furcas fecit trainari et suspendi, dictos religiosos in saisina justicie dicte garanne multipliciter impediendo et
indebite perturbando, quare petebant dicti religiosi predictam novitatem, necnon omnia et singula que contra ipsos in premissis fuerunt, per dictum Hugonem facta et attentata, anullari et penitus amoveri, et ipsos in saisina justicie dicte garanne pacifice conservari,
necnon injurias per dictum Hugonem et suos dictis religiosis et suis
servientibus factas et illatas eisdem emendari, dicto Hugone contrarium asserente, et dicente quod locus predictus, de quo contencio
est inter partes, fuit et est de proprio feodo dicti Hugonis, et tenet
eundem de domina de Caunis, et dicta domina predictum feodum
tenet de feodis Noviomansibus, unde, cum dictus Hugo sit nobilis
homo et locus contenciosus sit de feudis Noviomansibus, idem
Hugo, de consuetudine patrie, habet et habere debet omnimodam

jurisdiccionem altam et bassam et mediam in loco supradicto, ut
dicebat, fuitque dictus Hugo et est et predecessores sui similiter fuerunt in saisina pacifica justiciandi et omnimodam justiciam, altam
et bassam et mediam, exercendi in loco contencioso predicto quocienscumque casus se obtulerunt et ad eorum noticiam devenerunt,
et specialiter ultimo, eciam a tanto tempore quod sufficit et sufficere
debet ad bonam saisinam acquirendam, et quod idem Hugo, in signum alte justicie, in loco predicto, dictas furcas levaverat, et unam
figuram ad easdem trainari et suspendi fecerat, continuando suam
saisinam predictam, que premissa utendo jure suo fecerat et facere
poterat et debebat, sine offensa seu injuria cujusquam, ut dicebat,
quare petebat dictus Hugo impedimentum, per dictos religiosos,
indebite et de novo appositum in premissis penitus amoveri ipsumque in saisina justicie loci predicti pacifice conservari, et ea que, occasione premissorum, in manu dicti ballivi, tanquam in manu superioris, sunt posita, sibi tradi et deliberari, super quibus premissis
ballivus antedictus veritatem mandavit inquiri; facta igitur inquesta
super premissis et diligenter inspecta, idem ballivus, per suum judicium, pronunciavit dictum Hugonem plenius et liquidius suam intencionem super hoc probasse, et ipsum in saisina justicie dicti loci
remanere debere; a quo judicato, tanquam a falso et pravo, dicti religiosi ad nostram curiam appellarunt : Auditis igitur dictis partibus
in causa appellacionis predicte, et visis processibus antedictis, per
curie nostre judicium, dictum fuit dictum ballivum bene judicasse,
et dictos religiosos male appellasse, et quod ipsi hoc emendabunt.
Dominica ante Annunciacionem dominicam.
R. de Tiboutot reportavit.

XXXVI. Lite mota, coram ballivo episcopi Parisiensis, inter Johannam, relictam defuncti Garnerii de Sancto-Clodoalco; garandi
Bernardi dicti le Beguin, benéficiati in ecclesia Sancti-Germani Al-
tissiodorensis, et ejus fratris, ex parte una, et Gilam, relictam defuncti Ade dicti Revel, ex altera, super eo quod dicebat dicta Johanna

quamdam domum sitam Parisius, in vico qui vulgariter appellatur
vicus Balduini Pren-Gage, cum quadam aleia propria dicte domus,
ad se et in solidum pertinere; dicta vero Gila dicebat dictam aleiam
sibi et dicte Johanne esse communem, et se esse et fuisse, per tempus sufficiens, in saisina vel quasi eundi et veniendi per dictam
aleiam ad vicum predictum, pro se, familia sua et omnibus volentibus ire et venire ad domum dicte Gile, quam habet contiguam domui dicte Johanne, et quod ipsa, pro dicta aleia, reddebat, et sol-
vebat nomine annui et perpetui census, dicte Johanne, viginti solidos,
quatuor terminis consuetis; dicta Johanna in contrarium asserente et
dicente quod, si dicta Gila, ejus familia, vel alie gentes, per dictam
aleiam iverant, hoc fuerat per locagium, et quod nullum jus in dicta
aleia eidem competebat, dictus ballivus pronunciavit dictam aleiam
ad dictam Johannam insolidum pertinere; a quo judicato, tanquam
falso et pravo, dicta Gila ad nostram curiam appellavit: Auditis, etc.
et viso processu predicto, per curie nostre judicium, dictum fuit predictum ballivum bene judicasse et dictam Gilam male appellasse, et
quod ipsa hoc emendabit.

Dominica ante Annunciacionem dominicam.

Roya reportavit.

XXXVII. Inquesta quadam, secundum arrestum curie nostre, facta
contra certas personas, cives et habitatores ville Aurelianensis, super
pluribus injuriis et violenciis per eos illatis, ut dicebatur, doctoribus
et scolaribus in dicta villa studentibus, et ad nostram curiam reportata, visa et diligenter examinata, quia repertum est in ea plures de
dictis civibus multas injurias, verbo et facto, dictis doctoribus et
scolaribus intulisse, videlicet aliquos ex ipsis civibus impetuose se in-
gessisse inter dictos scolares congregatos et sedentes in domo Fratrum
Predicatorum, pro audienda publicacione quarumdam ordinacionum
papalium super regimen studii Aurelianensis, dictamque publicacio-
nem, ex proposito et habita deliberacione, impedivisse, magnumque
ibidem tumultum faciendo, ac aliquos eorum ad mortem clericorum

clamavisse, aliquos, ad portas, ad portas! aliquos, ad secures! ad scindendum columpnas domus, in qua erant quidam de dictis doctoribus
et scolaribus, pro dicta publicatione facienda, et aliquos ex eis dixisse
quod dicti scolares pacem cum ipsis civibus imperpetuum non haberent nisi renunciarent eorum privilegiis habitis et habendis, alios-
que ex eis dixisse quod non erant nisi sexaginta novem anni quod
eorum antecessores interfecerant clericos, et iverant ultra mare; qui,
post hoc redeuntes, habuerunt pacem suam, et quod nunc hora venerat quod ita facerent ipsi de scolaribus predictis; necnon lapides
projiciendo, portam dictorum religiosorum claudendo hostiumque
eorum dormitorii, amota inde per vim serratura, aperiendo, in quo
loco erant quidam doctores et scolares congregati pro dicta publicacione, ut premittitur, facienda, intrandoque ibidem et magnum tumultum faciendo, per dicte curie nostre judicium Johannes le Plasteur,
—Johannes le Bel,—Johannes de Lemovicis,—Johannes de Sancto-
Maximo, — Johannes de Sancto-Maximo ad cucufam, — Johannes,
filius Foqueti Herberti, — Johannes Sauvaige, — Johannes Ythier,
— Johannes Doucin, — Johannes ejus filius, —Johannes dictus
Bonne-et-Belle,—Johannes de Chailli, — Jacobus de Lemovicis, —
Bertherius Regnaud,—Stephanus de Sancto-Maximo, junior,—Guil-
lelmus, filius Guillelmi Garbot le Borgne,—Hervenetus le Retondeur,
—Petrus Mercier, gener quondam magistri J. Barat, — Petrus le
Bel, — Petrus Sauvaige, — Reginaldus le Buffetier, — Radulphus
Gorron, — Symon Billart dictus Sauvaigiaus, — filius Garbot le
Borgne, fuerunt in mille libris Turonensibus nobis solvendis, pro
emenda predictorum, condempnati, inter ipsos dividendis et imponen-
dis per certos a nostra curia deputandos, secundum quod quilibet predictorum inventum est plus in hujusmodi deliquisse ac juxta vires facultatum cujuslibet eorumdem; fuitque dictum, per idem judicium,
quod duo procuratores dicte ville, inter predictos nominati, videlicet,
Johannes le Plasteur et Johannes le Bel, pro emenda dicti studii, pro-
cessionem unam simul facient, nudi pedes, in brachis et camisiis,
movendo de halis, per magnum vicum, euntes per portam Parisien-

68.

sem, dominica instantis Resurreccionis Domini, hora prima, ad ecclesiam Predicatorum, quilibet portans in manu sua cereum unum de
duabus libris cere, offerens eundem super altare dicte ecclesie, et
quod omnes alii prenominati erunt ibidem ante altare presentes in
eorum habitu decenti, quilibet unum cereum de duabus libris tenens
in manu sua, et illa offerrent super altare predictum; et quod omnes
prenominati, tam dicti procuratores quam alii, flexis genibus, hoc
verbo emendabunt, nomine studii, sex doctoribus et sex scolaribus
ibidem presentibus, si tunc interesse voluerint, requirentes eos quod
ipsis civibus dictos excessus remittant. Item, dictum fuit quod, si,
dictis religiosis, aliqua dampna, per hoc, illata fuerint, resarcientur
eisdem a personis predictis.

Lune post Annunciacionem dominicam.

Mangon reportavit.

Plus inveniuntur deliquisse specialiter faciendo ista : Guillelmus,
filius Guillelmi Garbot, clamavit ad mortem, — Johannes, filius Fou-
queti Herberti, Johannes Sauvaige, hostium dormitorii per vim appe-
ruerunt amovendo serreuram, — Petrus Mercier, gener quondam
M. J. Barat, clausit portam, — Stephanus de Sancto-Maximo junior,
Johannes, filius J. Doucin, dixerunt quod scolares non haberent, etc.
Ad hoc erant presentes Johannes Doucin, — J. Rehier, — J. Poitrou,
N. le Buffetier, — Johannes le Plastrier dixit quod non sunt nisi sexa-
ginta novem anni, etc. Ad hoc erat presens J. filius Fouqueti Herberti,
— Johannes, filius Fouqueti, — Johannes de Chailli, Johannem le
Plasteur, procuratorem, levabant et advoabant; Johannes le Plasteur
et Johannes le Bel erant procuratores ville.

XXXVIII. Cum ballivus Silvanectensis, ex officio suo, procederet
contra majorem et juratos ville Compendii super eo quod ipse dicebat, a dictis majore et juratis, Johanni de Fescamp, servienti nostro,
plures injurias ac violencias illatas fuisse, quod in nostri contemptum
quam plurimum redundabat; dictis vero majore et juratis in contrarium dicentibus quod, quicquid ipsi fecerant dicto Johanni, juste et

Philippe IV,
1310.

rite ac non injuriose fecerant, immo justiciando, suis exigentibus de-
meritis, et super hoc coram ballivo predicto, ad sui defensionem, plures raciones, tam de jure quam de facto, proponebant; super quibus
hinc et inde propositis, de mandato ballivi predicti, facta fuit inquesta
et ad curiam nostram reportata.: Auditis igitur dictis partibus et visa
diligenter inquesta predicta, quia constat per dictam inquestam dictum Johannem, servientem nostrum in prepositura Compendii, per
ballivum predictum, litteratorie institutum, absque eo quod dictum
officium sibi fuisset interdictum, immo quod, de die in diem, officium suum exercebat cum casus ad hoc se offerebant, virgam de-
pictam ad flores lilii, in signum servientis nostri, in manu sua portans, publice et pro serviente nostro se gerens, ipsumque sic notorie
se gerentem, per dictos majorem et juratos, captum fuisse et in prisione firmata ville Compendii per eos positum extitisse, et quod
postea predicti major et jurati preposito nostro Compendii qui dictum
Johannem, tanquam servientem nostrum, ab eis petebat sibi reddi,
reddere recusarunt, nec ipsum postea a prisione predicta dimiserunt
abire, quousque eisdem promisit quod de quodam delicto quod sibi
imponebant emendam prestaret seu faceret ad ordinacionem eorumdem; qui major et jurati, habita deliberacione super hoc, ordinaverunt in talem modum quod dictum Johannem, prope hostium prisionis, intra temones cujusdam quadrige seu tumberelli ad fimum,
in qua posita erat quedam figura mulieris, fecerunt subintrare, et
porteriam dictorum temonum super humeros ejusdem reclamantis
tunc se esse servientem nostrum, posuerunt, et abhinc ipsum trahendo, ad modum equi, ducere dictam quadrigam coegerunt usque
ad quemdam locum in quo dicebant quamdam mulierem manus eorumdem, per culpam seu dolum dicti Johannis, evasisse, et fecerunt
quod dictus Johannes locum predictum de dicta figura resaisivit, et
demum figuram in quodam vado quod est extra villam Compendii,
ad preceptum eorumdem, projecit, in quo vado mulierem que evasit,
priusquam evaderet, projicere intendebant, propter que, per curie
nostre judicium, condempnati fuerunt predicti major et jurati et

communia ad solvendum Johanni de Fescamp predicto, pro injuriis et violenciis eidem illatis, centum libras Turonenses, et nobis, pro emenda nostra, duo millia librarum Turonensium, que summe per ballivum Silvanectensem et quendam alium ydoneum, de quo curia nostra duxerit ordinandum, imponentur solvende, onerando illos qui magis deliquerunt in predictis facto, auxilio vel consilio, pro modo delicti et facultatum cujuslibet, prout dictis ballivo et deputando melius videbitur expedire.

Lune post Annunciacionem dominicam.

H. de Sancto-Paulo reportavit.

XXXIX. Cum nos dudum ballivo Ambianensi seu ejus locum tenenti dedissemus in mandatis ut, si legittime sibi constaret Radulphum dictum Coullart, clericum, qui, pro suspicione mortis Johannis dicti Fabri, per suum ordinarium judicem, diu fuit in prisione detentus, super hujusmodi crimine sibi imposito, vocatis amicis dicti mortui et justicia seculari cujus poterat interesse, absolutum vere et legittime fuisse per ordinarium supradictum, eundem clericum, occasione dicti maleficii, ullatenus molestaret, eumque ire et redire, salvo et secure, per regnum nostrum, necnon apud Abbatisvillam vel alibi ubi morari voluerit, moram trahere permitteret, sine contradicione quacumque; cumque ballivus predictus, certifficatus de absolucione predicta, preposito nostro de Vimeu, dederit in mandatis ut senescallo Pontivi mandaret quatinus preciperet majori et scabinis Abbatisville ut, non obstante banno quod contra eundem clericum fecerant, ipsum morari permitterent et stare pacifice in villa predicta; qui senescallus, in hujusmodi obediens, hoc expresse injunxit majori et scabinis predictis; cujusmodi mandatis, non obstantibus, quatuor scabini et vigenti servientes dicte ville armati magnam commocionem in populo facientes, ut dictus clericus asserit, ipsum capere attemptarunt, et, cum servientes nostri inibi existentes dicerent eisdem quod male faciebant de hoc quod in contemptum mandatorum nostrorum ita volebant irruere, in eundem, finxerunt quod non erat illa commo-

cio propter ipsum; postea tamen, predictis non contenti, dicti major et
scabini ipsum, tractis ensibus et lapidibus sibi projectis, hostiliter in-
vadentes, non obstantibus omnibus nostris et servientum nostrorum
ac dicti senescalli mandatis et preceptis, nisi de dicta villa cito effu-
gisset, ipsum cepissent, immo verius cum armis et lapidibus et tumultu maximo dictum clericum, pro suis viribus, fugarunt, et capere
attemptarunt; nos vero tantas inobedientias, tantos excessus et de-
licta, in contemptum nostre regie majestatis, facta et attemptata, nolentes, sicut nec debemus, remanere impunita, dicto ballivo, sub
certa forma mandavimus quatinus, vocatis evocandis, de premissis
omnibus et singulis, inquireret, cum diligencia, veritatem, et quod
inquestam quam super premissis faceret, sub suo sigillo, ad diem ballivie Ambianensis presentis parlamenti fideliter remitteret interclusam, assignando dictam diem predictis partibus, ad videndum inquestam judicari predictam: Vocatis igitur majore et scabinis predictis, et
eorum defensionibus auditis et receptis, inquesta super premissis
omnibus et singulis legittime facta et ad nostram curiam asportata,
visa et diligenter examinata, quia repertum est dictos majorem et scabinos fuisse et esse culpabiles super premissis omnibus et singulis,
per curie nostre judicium, dictum fuit quod dicti major et scabini ac
communia Abbatisville, pro predictis inobedienciis, excessibus et
delictis, nobis, pro emenda, duo millia librarum, et dicto Radulpho,
pro suis dampnis, injuriis et deperditis, centum libras Turonenses
persolvent.

Ita fuit pronunciatum, sed intencio curie est quod non leventur
nisi mille libre et quod dominus Rex quittet residuum ; hoc bene
scit dominus Rex, et precepit curia nostra quod dictus Radulphus, si
voluerit, revertatur ad dictam villam et ibidem moretur si velit, absque impedimento quocumque, et quod ballivus Ambianensis non
permittat quod aliquod impedimentum eidem Radulpho, racione
premissorum, imponatur per habitatores ville predicte.

Lune post Annunciacionem dominicam.

Tyboutout reportavit.

XL. Cum, secundum ordinacionem curie nostre, de consensu Salomonis Britonis, scolaris Parisiensis, per litteras nostras, mandassemus ballivo Bituricensi quod ipse contra illos qui vileniaverunt seu vileniari fecerunt aut procuraverunt dictum Salomonem, et contra fidejussorem super hoc datum, necnon contra prepositum qui fidejussorem hujusmodi recepisse dicitur, pro recursu habendo contra ipsum, si minus ydoneum fidejussorem recepit, vocatis evocandis, de plano inquireret veritatem, ad illum finem quod factum hujusmodi competenter emendetur, et dictum negocium sufficienter instructum ad curiam nostram remitteret, ad diem ballivie Bituricensis parlamenti presentis, dictam diem partibus quarum interest super hoc, Parisius, assignando, comparentibus ad dictam diem Parisius, in parlamento nostro ballivo predicto cum inquesta quam ipse, cum certis et ydoneis personis quas in hujusmodi sibi adjunxit, fecerat super predictis, secundum tenorem mandati predicti, dicto Salomone necnon procuratore nostro dicte ballivie Bituricensis, ex una parte, et petentibus dictam inquestam videri et judicari; item, ex alia parte, Johanne de Loyse, domino de Cruz, cum quibusdam aliis, Henrico de Parnes, fidejussore Johannis Piquardi, qui dictum Salomonem dicitur vileniasse, ac Michaele de Parisius, quondam preposito de Sancti-Petri-Monasterio, qui dictum malefactorem cepisse et tenuisse dicitur et recredidisse, qui Michael inquestam predictam, quantum ad se, proponebat non esse completam : Auditis hinc inde propositis et visa inquesta predicta, cum in ea inventum fuerit, ex parte nostra fuisse propositum, contra Johannem de Loyse, dominum de Cruz, Alexandrum, ejus fratrem, Guillelmum Germani et Hugoninum Gabeti, quod ipsi et eorum quilibet dictum Salomonem Britonem, scolarem, ut dicitur, Parisiensem, et in nostra speciali gardia existentem, violenter et cum armis verberaverunt et vulneraverunt et equum suum et maletam suam, cum bonis ejus ibidem existentibus, secum portaverunt seu premissa fieri mandaverunt et procuraverunt, et rata, tanquam nomine suo facta, habuerunt, ad illum finem ut, si premissa veritate niterentur, dicti rei nobis ac dicto Salomoni et aliis quibus

esset faciendum, pro tantis excessibus et injuriis emendam civilem
prestarent condignam; ipsis predicta negantibus et plura ad sui defensionem proponentibus, deinde productis pluribus testibus, tam super predictis propositis contra eos, quam super defensionibus eorumdem, visis diligenter deposicionibus dictorum testium et ceteris in
inquesta predicta contentis, quia nihil repertum est ibidem probatum
contra prenominatos Johannem, Alexandrum, Guillelmum et Hugoninum seu aliquem eorumdem, per judicium curie nostre, omnes et
singuli prenominati super premissis contra ipsos propositis absoluti
fuerunt; quantum vero ad dictum Michaelem, cum ejus deffensiones
invente fuerint in inquesta predicta, nec inveniatur quod super eis
produxerit testes suos, nec quod diem ad hoc habuerit, dictum fuit
quod ipse, vocatis evocandis, reciperetur ad producendum testes suos
super defensionibus suis predictis; quantum vero ad dictum Henricum, fidejussorem, qui proponit se dictum Johannem Piquardi, postea in judicio exhibuisse coram dicto Michaele, et se, pro facto dicte
fidejussionis, cum dictus Johannes aufugisset, postea per biennium
detentum in prisione fuisse, et se bona sua ibidem consumpsisse, supplicans sibi super hoc misericorditer providi, precepit curia nostra
quod dictus Henricus, qui, racione dicte fidejussionis, graviter et diu
per carcerem fuerat maceratus et bonis suis consumptus et depau-
peratus, super hoc dimitatur in pace, et precepit insuper, de voluntate domini Regis et de gracia, quod ipse reponatur in officio
sergenterie in quo ipse erat, tempore fidejussionis predicte, ibidem
quamdiu domino Regi placuerit remansurus.

Lune post Annunciacionem dominicam.

Voyssi reportavit.

Magister P. Champion, legum doctor, magister J. de Duno, advo-
catus, et Guillelmus de Medunta, juratus domini Regis, fecerunt dictam inquestam cum ballivo, et magister Salomon administravit omnes testes. Sic reportat ballivus.

XLI. Cum inquesta quedam per prepositum Bituricensem facta,

ad instanciam Petri de Vogon, contra Reginaldum Buylle, civem Bituricensem, racione capcionis quorumdam porcorum, dudum ad
nostram curiam asportata fuisset, et, ad quorumdam suggestionem,
dicta inquesta, contra predictum Reginaldum, per nostram fuisset
curiam judicata, deinde ad curiam nostram accedens idem Reginaldus, et ex eo conquerens quod dicta inquesta non fuerat perfecta nec
in ea partes concluserant, nec eciam ejus defensiones facti quas proponere et tradere super hoc intendebat fuerant in ea audite, super
hiis requisivit sibi misericorditer subveniri; audito igitur super hiis
quorumdam de magistris curie nostre recordo, necnon ballivi Bituricensis relacione qui dictam inquestam, Parisius, asportaverat, non
tanquam perfectam, ut dicebat, nec ad finem quod judicaretur, sed
ut partes super ea audirentur, quibus diem Parisius super hoc assignaverat, et ut, partibus auditis, ad plenum super hoc curia nostra,
super inquesta predicta, id quod esset racionabile ordinaret, placuit
nobis, de misericordia et gracia speciali, quod, non obstante judicato
predicto, certi per nos deputarentur commissarii qui de totali facto
predicto, captionis dictorum porcorum dictique Reginaldi defensionibus, in hujusmodi vocatis qui forent evocandi et auditis parcium
racionibus hinc et inde, ad finem civilem inquirerent plenarie veritatem : Certis igitur commissariis per nos super hiis deputatis et inquesta per eos, vocatis ballivo et procuratore nostro Bituricensibus,
necnon heredibus dicti Petri de Vogon defuncti et aliis evocandis
super predictis, facta, et ad nostram curiam, ad judicandum, reportata, ea visa et diligenter examinata, cum per eam inventum fuerit
sufficienter probatum quod porci predicti, propter quorum capcionem dictus Reginaldus fuerat condempnatus, erant proprii dicti
Reginaldi, et quod non ipse, sed quidam serviens noster, per ballivum Bituricensem, deputatus ad capiendum victualia nostri exercitus, dictos porcos sibi per dictum Reginaldum incusatos tanquam
suos, signo nostro signaverat et certum precium posuerat in eisdem,
quod precium idem Reginaldus de dictis porcis, tanquam de suis
recepit: et quod dictus Petrus de Vogon, qui dictos porcos habebat

in custodia, erat serviens et minister dicti Reginaldi, et dictos porcos
in pasnagio dicti Reginaldi custodiebat, et quod, ex odio et per
maliciam, dicta causa mota fuerat contra ipsum; attentis diligenter
omnibus supradictis, curia nostra totaliter revocans et anullans judicatum predictum contra dictum Reginaldum factum et quicquid secutum est ex eodem, predictum Reginaldum a predictis omnibus,
pro quibus fuerat condempnatus, sentencialiter absolvit, et precedit[1]
quod omnia bona sua mobilia et immobilia, racione dicti prioris judicati sic anullati, capta per quemcumque, reddantur et deliberentur
eidem, absque difficultate quacumque, et de fructibus et exitibus ex
dictis bonis, medio tempore perceptis, fiet eidem, si pecierit, vocatis
qui fuerint evocandi, justicie complementum.

Lune post Annunciacionem dominicam.

Corteheuse reportavit.

XLII. Lite mota, coram preposito Parisiensi, inter magistrum Andream Pocheron, ex una parte, et Guillelmum de Bussy, armigerum,
ex altera, super eo quod dictus magister Andreas dicebat se esse
turbatum, per dictum Guillelmum, in saisina in qua ipse erat percipiendi et levandi, per manum suam, redditus, census, prata, vineas,
pressuram pressorii, terras, piscaturam, portum, justiciam et plures
alias res usque ad summam decem librarum Parisiensium annui
redditus, anno quolibet, super tota hereditate et super omnibus possessionibus quas Petrus de Bobiers, armiger, et ejus uxor tenebant
et possidebant, in villa de Bry super Baternam et ejus pertinenciis,
tempore quo dicti conjuges premissa vendiderunt magistro supradicto, quare petebat dictus magister Andreas dictum Guillelmum condempnari ad desistendum ab impedimento predicto; dicto Guillelmo
in contrarium plures raciones, tam juris quam facti, ad sui defensionem, proponente, et primo quasdam raciones ad illum finem ten-
dentes quod dictus Guillelmus predicte peticioni minime respondere

[1] Lisez precepit.

69.

teneretur; quibus auditis, dictus prepositus pronunciavit quod facta, ab utraque parte proposita, admittebat ad probandum, videlicet facta primo et principaliter proposita tantummodo, nec recipiebat aliqua facta proposita in replicacionibus seu duplicacionibus aut ex postfacto proposita, pronunciavitque quod articulus qui incipit : « Item, que tout cil qui tiennent les heritages par le royaume, etc. » et omnes articuli sequentes usque ad articulum mencionem facientem de pressura, sunt impertinentes, et sunt plus juris seu consuetudinis quam facti, quare eos nullatenus admittebat ad probandum, nec alios ejusdem condicionis existentes per dictum Guillelmum traditos, sed, in quantum jus tangere possunt, valeant in diffinitiva, ut debebunt; a quo quidem judicato, tanquam a falso et pravo, ex parte dicti Guillelmi, in quantum contra se latum est, ad nostram curiam extitit appellatum : Visis igitur processibus et racionibus partis utriusque, per curie nostre judicium, fuit omnis appellacionis questio submota et sine emenda, et, per id judicium, fuit ordinatum quod, in causa predicta, facta admissa per dictum prepositum admittentur, hoc addito quod de consuetudinibus notoriis et pro notoriis propositis, predictus prepositus se informabit, et valebunt quod potuerunt et debebunt; et alie consuetudines, similiter hinc inde proposite, prout sunt racionabiles, recipientur ad probandum.

Martis post Annunciacionem dominicam.

Creci reportavit.

Redditus fuit iste processus preposito Parisiensi.

XLIII. Lite mota, coram preposito Parisiensi, inter procuratorem nostrum et subballivum de Poyssiaco, ex parte una, contra majorem et scabinos dicte ville, ex altera, super pluribus excessibus ab eisdem majore et scabinis, ut dicitur, commissis, cum plures defectus in inquesta super hoc facta reperti fuerunt, precepit curia quod reficiatur dicta inquesta, et audiantur testes producendi ab utraque parte super articulis propositis hinc et inde, et fiet commissio super hoc auditoribus deputatis ad audiendum probaciones super reprobacionibus testium hinc inde propositis, in quadam alia causa que pendet in nostra curia inter personas superdictas.

Martis post Annunciacionem dominicam.

Facta est commissio, et processus remissus.

XLIV. Cum, ex parte abbatis et conventus monasterii Sancti-Juliani Turonensis, in nostra speciali gardia existencium, nobis esset, gravi conquestione, monstratum quod Guido Garennarius, et alie gentes domini de Malliaco, fratrem Jacobum Arrant, monachum dicti monasterii, ceperunt, captum secum duxerunt ad domum dicti domini vocatam vulgariter Champchevrier, et Guillelmo de Rochis, custodi tocius terre ipsius domini dicti loci, tradiderunt eundem; qui custos ibidem ipsum carceri mancipavit, et postea de eodem ipsum extrahens, et habitum monachalem sibi auferens, eundem sine habitu suo transtulit ad quandam aliam dicti domini prisionem, apud Veterem-Molihernam, et exinde gentes prefati domini ipsum monachum de loco ad locum transtulerunt, et captum diu tenuerunt in loco penitus ignoto religiosis predictis, plura eciam dampna, gravamina et excessus alios dictis religiosis et eorum monasterio intulerunt indebite et injuste, predicto domino premissa, ut dicitur, fieri faciente, seu, nomine suo facta, rata habente et grata, que petebant sibi et nobis emendari; super quibus omnibus et singulis mandavimus inquiri veritatem: Inquesta igitur super hiis facta et ad curiam nostram, ad judicandum, reportata, quia inventum est quod dictus miles, ad hoc presens, vocatus per commissarios, et monitus per eosdem competenter ut responderet veritatem super premissis sibi impositis, respondere super hiis recusavit, et contumaciter ab eorum presencia recessit, nec postea coram ipsis, licet vocatus pluries, comparere voluit; quia eciam inventum est dictum monachum violenter captum fuisse per gentes ipsius domini et de loco ad locum ductum fuisse et imprisionatum fuisse viliter, prout in eorum querimonia continetur, per dictos Guiotum et castellanum de Champchevrier, et quod cuculla sibi amota fuit ibidem, et de dicto loco translatum fuisse, per gentes dicti castellani,

apud Veterem-Molihernam ; quia eciam inventum est quod dominus
de Malliaco, ante dictam capcionem , minas intulerat dictis religiosis
et specialiter monacho supradicto, per curie nostre judicium, fuit
dictus dominus condempnatus ad solvendum, dictis religiosis, trecentas libras, pro dampnis et injuriis eorum predictis, et, nobis,
mille libras Turonenses, pro emenda.

Martis post Annunciacionem dominicam.

Creci reportavit.

De istis mille libris quitavit dominus Rex medietatem.

XLV. Lite mota, coram preposito Parisiensi inter Guillelmum de
Dambuef, armigerum, et Aelidim, uxor ipsius, relictam quondam
Galonis Lestandart, militis, ex una parte, et Guilleminum Lestandart et Agnetem, matrem ipsius Guillemini, ex altera, super eo
quod dicebat dictus Guillelmus de Danbuef, nomine suo et Aelidis,
ejus uxoris, quod cum, in tractatu matrimonii inter quondam Galonem
Lestandart, militem, et Aelidim predictam contracti, predicta Agnes
se obligavit ad hoc quod, si dictum Galonem, filium suum, antequam
dictam Aelidim decedere contingeret, ipsa Agnes, quamdiu vitam
duceret in humanis, dicte Aelidi, post mortem dicti Galonis, assideret
centum libratas terre, in forti moneta, pro dote sua, per dictam Aelidim percipiendas et levandas, ad vitam dicte Agnetis, prout et secundum quod ista in litteris super hoc confectis, sigillo castellanie de
Medunta sigillatis, plenius dicuntur contineri ; et, pro predictis adimplendis, predicti Agnes et quondam Galo, ejus filius, omnia bona sua
et heredum suorum obligarunt Aelidi predicte ; quare petebant dicti
conjuges predictos Guilleminum Lestandart, tanquam heredem dicti
Galonis, et dictam Agnetem, matrem ipsius, in quantum tangit quemlibet, in predictis centum libratis terre et cum arreragiis, ipsis conjugibus, condempnari, predictis vero Guillemino et matre ejus contrarium asserentibus et, multis racionibus, dicentibus se non teneri ad
assignandum predictas centum libratas terre, nec eciam ad reddendum arreragia predicta, nisi in debili moneta ; auditis super hoc

predictis partibus, predictus prepositus, per suum judicatum, pronunciavit predictam Agnetem, matrem dicti Guillemini Lestandart,
teneri ad assignandum predicte Aelidi, relicte quondam Galonis Lestandart et uxori ad presens dicti Guillelmi de Danbuef, predictas centum libratas terre seu redditus equivalentes in bona et forti moneta,
ad vitam predicte Agnetis, prout et secundum quod in litteris predictis super hoc confectis plenius continetur. Item condemnavit
predictos Guilleminum Lestandart et Agnetem, ejus matrem, ad reddendum predictis conjugibus, pro arreragiis redditus predicti, videlicet, pro quolibet anno, centum libras fortis monete, post tempus quo
fortis moneta incipit currere, et pro tempore, quod fuit immediate
post mortem dicti Galonis, usquequo bona moneta incipit currere,
pro illo tempore, dicta arreragia solvere in debili moneta tenebuntur;
et declaravit predictus prepositus, juxta formam littere supradicte,
quod predicte centum librate terre seu redditus assignabuntur super
terris et redditibus que dictus Galo, tempore quo decessit, habebat,
in quantum ad hoc sufficere poterunt, et residuum accipiet super bonis predicte Agnetis, hoc eciam addito quod, in exequendo predicta,
relinquentur predicte Agneti de bonis ipsius, de quibus, secundum
ipsius status exigenciam, commode valeat sustentari; a quo judicato,
tanquam a falso et pravo ambe partes, in quantum contra quamlibet
faciebat, ad curiam nostram appellarunt: Auditis igitur dictis partibus,
in causa appellacionis predicte, visoque processu predicto, per curie
nostre judicium, dictum fuit predictum prepositum, in predictis omnibus bene judicasse, et predictas partes male appellasse, et quod
ipsi hoc emendabunt.

Martis post Annunciacionem dominicam.

Decanus de Cassello reportavit.

XLVI. Cum prepositus Chableiarum, in eclesia beati Martini Turonensis, in nostra gardia speciali existens, nobis, graviter conquerendo, monstrasset quod, viaria de Chablies et vicarie officio dicte ville
in manu nostra existentibus, et Adeneto de Seuli, serviente nostro Ville-

Nove, ad ipsius viarie custodiam deputato, et inhibicione, ex parte
nostra, facta per ipsum ne aliquis se immisceret dicte viarie et ejus
officio, vel ipsum officium exercere quomodolibet presumeret, donec
ipsi preposito Chableiarum vel ejus locum tenenti fuisset prestitum
juramentum sub forma et modo, per sentenciam prepositi Ville-Nove,
auctoritate nostra, in possessorio declaratis, Milo de Noeriis, miles
noster, sciens predictam manum nostram esse appositam in predictis,
tam per se quam per gentes suas, ipso mandante seu ratum habente,
et specialiter per Florencium Marescalli, quem, pro viario, apud Cha-
bleyas, destinavit et per Guidonem de Briton, militem, ejusdem Milonis ballivum, apposicioni dicte manus nostre in premissis non deferens, sed pocius eandem violans et contempnens, infra villam
Chableiarum, presente dicto serviente, et nostra auctoritate regia eisdem prohibente, multas injurias, turbaciones et violencias domibus,
curie, juribus, jurisdiccioni, hominibus, procuratoribus et familie
dicti prepositi et prepositure sue predicte, occasione officii dicte vicarie, ejus administracioni et exercicio indebite se ingerendo et immis-
cendo, dicto non prestito juramento, eidem preposito et prepositure
sue prefate intulit et irrogare presumpsit; quare supplicavit dictus
prepositus premissa, tam injuriose et indebite attemptata, per nos
ad statum debitum reduci, et, pro premissis, condignam sibi prestari
emendam; super quibus omnibus mandavimus, per ballivum Senonensem, vocatis dictis partibus et aliis evocandis, veritatem inquiri : Facta
igitur super hiis inquesta et curie nostre reportata, visa et diligenter
examinata, racionibus et allegacionibus dictarum parcium plenius
intellectis, viso eciam processu super saisina dicte viarie, per dictum
ballivum, ad instanciam dicti domini de Noeriis, facto, quia inventum
est sufficienter probatum dictum dominum de Noeriis, Guidonem de
Briton, ejus ballivum, et Florencium Marescalli predictum, post et
contra predictam apposicionem manus nostre et prohibicionem dicti
servientis nostri, officio dicte viarie se immiscuisse, dicto non prestito juramento, et plures injurias et violencias hominibus, gentibus
et rebus ipsius prepositi et prepositure sue predicte intulisse, per

curie nostre judicium, dictum fuit quod omnia attemptata per dictum
dominum de Noeriis et gentes suas predictas, in prejudicium ipsius
prepositi et dicte manus nostre, per prepositum nostrum Ville-Nove,
ad statum debitum reponentur, et quod predictus dominus de Noeriis, dicti Florencius Marescalli et Guido de Briton reddent et solvent dicto preposito ducentas libras Turonenses, pro dampnis, injuriis et interesse predictis, et nobis dictus dominus de Noeriis mille
libras Turonenses, dictus Guido de Briton ducentas libras, et dictus Florencius quinquaginta libras Turonenses, pro emenda, persolvent, et quod illud quod alter eorum non poterit solvere ab alio
exigetur.

Martis post Annunciacionem dominicam.

Roya reportavit.

XLVII. Lite mota, in curia nostra, inter pedagiarium nostrum de
Perona, ex una parte, et Johannem Britonem et Johannem de Tribus-
Molendinis, pelliparios et cives Parisienses, ex altera, super eo videlicet quod dictus pedagiarius dicebat nos esse in saisina et ipsos, nomine nostro, secundum consuetudinem dicti pedagii nostri, capiendi
et levandi, quocienscumque opus varium, per dictum pedagium,
transitum faciebat, pro quolibet cento pellium variarum, duos denarios, quando ducebantur in curru vel in quadriga, sive in fardellis,
trossellis, doliis vel gibis, et alias non, dictis burgensibus asserentibus
se et alios burgenses de Parisius, pelliparios, esse in saisina solvendi,
in dicto pedagio, pro quolibet trossello seu charga, facientibus octo
millia pellium variarum, decem et octo denarios cum obolo solummodo, qualitercumque in curru vel in quadriga vel aliter, per dictum
pedagium, dicte pelles varie defferrentur, super hoc inquiri mandavimus, vocato ad hoc procuratore nostro et aliis evocandis cum diligencia, veritatem, et inquestam super hoc factam ad nostram curiam
reportari : Qua visa et diligenter inspecta, quia inventum est quod
dictus pedagiarius noster melius et per plures testes suam saisinam
probaverat in predictis quam burgenses superius nominati, per nostre

curie judicium, dictum fuit quod dictus pedagiarius noster, in saisina sua, nomine nostro, predictorum, quantum ad pelles delatas in curribus vel quadrigis, remanebit, reservata questione proprietatis super hoc parti adverse.

Martis post Annunciacionem dominicam.

Sanctus-Benedictus reportavit.

XLVIII. Cum discordia esset, coram Parisiensi preposito, inter Stephanum de Lambalia et majorem de Tyronio, ex una parte, et magistrum Evenum de Gerbez, ex altera, super eo videlicet quod dicti Stephanus et major dicebant aliud fuisse pronunciatum per antiquum prepositum Parisiensem qui novissime fuerat ante istum qui modo est, in quadam interlocutoria per ipsum lata, quam scriptum esset in ea, et quod fraudulenter et maliciose, per dictum magistrum Evenum, fuerat dicta interlocutoria impetrata; dicto magistro Eveno contrarium asserente; prepositus Parisiensis, qui nunc est, visis racionibus hinc inde propositis diligenter, viso eciam signo dicti prepositi antiqui et sigillo Castelleti quibus dicta interlocutoria sigillata erat, visis eciam memorialibus assignacionum dierum factis dictis partibus ad dicendum veritates suas, pronunciavit quod ulterius procederetur super interlocutoria supradicta eo modo quo sigillata erat et scripta; a qua pronunciacione, tanquam falsa et prava, dicti Stephanus et major ad nostram curiam appellarunt : Auditis igitur, in causa appellacionis predicte, dictis partibus et viso processu super hoc facto, per nostre curie judicium, dictum fuit quod prepositus Parisiensis, qui nunc est, bene pronunciavit, et quod dicti Stephanus et major male appellaverunt, et hoc emendabunt, et quod, secundum ejus pronunciacionem, procedent in causa predicta ulterius dicte partes.

Martis post Annunciacionem dominicam.

Sanctus-Benedictus reportavit.

XLIX. Mota in nostra curia lite in appellacionis causa inter ballivum Senonensem et preceptorem domus Hospitalis de Cerasariis, ex

una parte, et Vencencium Bernerii, Felisetum Clementis et quosdam
alios de Cerasariis sibi adherentes, ex altera, super quodam judicato
per dictum ballivum, ut dicitur, dato contra dictos homines et pro
dicto preceptore, facta fuit super hoc commissio per nostras litteras
certis auditoribus, ad recipiendum et examinandum testes in dicta
causa, nulla mencione facta de dicto ballivo; eademque die dicta commissio eisdem auditoribus renovata fuit, propter addicionem ballivi, partem cum dicto preceptore facientis, in quantum eum tangit:
Visaque dicta inquesta, quia repertum est dictos auditores, virtute
dictarum priorum litterarum nostrarum non faciencium mencionem
de dicto ballivo, processisse, nec apparet ipsum ballivum vocatum
fuisse, per curie nostre judicium, dicta inquesta fuit totaliter anullata,
et dictum fuit quod, de novo, alii deputabuntur auditores ad reficiendum inquestam predictam.

Martis post Annunciacionem dominicam.

P. Mangon [reportavit].

Tradita fuit auditoribus.

L. Cum Vencencius Bernerii, Felisetus Clementis et quidam alii
de Cerasariis sibi adherentes, in causa appellacionis litigantes in
curia nostra contra preceptorem Hospitalis de Cerasariis, nobis fuissent conquesti de dicto preceptore, super eo quod idem preceptor
et ejus complices magistrum Bernardum de Villa-Regia, advocatum
dictorum conquerencium, ut dicitur, invaserunt et eidem tantas minas intulerunt quod non fuit ausus coram auditoribus, per curiam
nostram datis, in dicta appellacionis causa, pro dictis hominibus pos-
tulare, que, si vera essent, facta essent in vituperium nostrum et
dictorum conquerencium prejudicium et gravamen, propter quod
fecimus de predictis inqueri veritatem: Visa igitur dicta inquesta, quia
repertum est dictum preceptorem dismentivisse dictum magistrum
Bernardum, coram dictis auditoribus, proponente et loquente pro dictis hominibus, pluraque obprobria dixisse eidem, et eciam minas eidem intulisse, necnon dictum Hupin, tunc clericum dicti preceptoris

ibidem signum fecisse extrahendi misericordiam vel cutellum suum, causa percuciendi dictum magistrum Bernardum, per curie nostre judicium, fuit dictum quod temporalitas dicti preceptoris capiatur et ad manum nostram teneatur, donec dictus preceptor dicto magistro Bernardo decem libras Turonenses et nobis ducentas libras Turonenses solverit pro emenda. Fuit eciam dictum quod ballivus Senonensis, si et prout ad ipsum pertinet, prestari faciat aut procuret assecuracionem dicto magistro Bernardo per preceptorem predictum, et interim fuit idem magister positus in nostra garda speciali.

Martis post Annunciacionem dominicam.

Mangon reportavit.

LI. Cum super inquesta facta per ballivum Constanciensem seu ejus commissarios, inter Guillelmum le Gras, militem, ex una parte, et habitatores ville Briocensis, ex alia, super quodam monopolio et quibusdam aliis in dicta inquesta contentis, auditis procuratoribus parcium predictarum, per nostram curiam, dictum fuisset quod inquesta predicta videretur ad illum finem ad quem posset videri : Visa igitur diligenter inquesta predicta, quia non reperitur in dicto processu commissio facta, super hoc, per dominum regem, baillivo Constanciensi, sed solum reperitur quedam informacio facta per magistrum Richardum du Parc, de mandato predicti ballivi Constanciensis, ut dicebat, nec eciam reperitur quod vocati fuerunt evocandi, per curie nostre judicium, anullata fuit inquesta predicta, et dictum quod reficietur, vocatis evocandis.

Martis post Annunciacionem dominicam.

Decanus Casletensis habet eam.

LII. Cum Johannes Chochons nobis fuisset conquestus super eo quod cum Herveus le Feunier quasdam litteras obligatorias majori et juratis Pontisare presentasset contra ipsum Johannem, execucioni mandandas, occasione ducentarum librarum quas idem Herveus, pro dicto Johanne, ut fidejussor, se solvisse Templariis asserebat, dicti major et jurati, ex odio, ut dicitur, moti contra eundem Johannem, manerium et grangiam ejus, valoris quadraginta librarum et amplius in redditibus, pro dictis ducentis libris, dicto Herveo in solutum tradiderunt, licet bona mobilia haberet idem Johannes ad dictum debitum sufficienter exsolvendum, que bona mobilia, idem Herveus, contra dicti Johannis voluntatem, cum dictis manerio et grangia dicitur detinere, super quibus, ballivo Silvanectensi dedimus in mandatis quod, si, vocatis evocandis, sibi constaret de predictis, dicto Johanni predictum manerium et grangiam, cum fructibus perceptis, ac dicta bona mobilia restitui faceret, ut justum esset, et ad se cognosceret pertinere, dicto Herveo, ad sui deffensionem, plures raciones proponente et, inter cetera, consuetudinem dicte ville esse talem quod si aliquis, ex causa empcionis, rem aliquam tenuerit per annum, presente eo qui reclamare vellet vel posset, et non reclamante post annum, efficitur dominus proprietarius et possessor ipsius rei, nec tenetur eidem super hoc de cetero respondere : Inquesta igitur super hoc facta ad nostram curiam reportata, auditisque dictis partibus et viso totali processu facto super predictis, cum repertum fuerit dictum Herveum sufficienter probasse dictam consuetudinem, per ipsum propositam, et dictum Johannem intencionem suam minime probavisse, idem Herveus, ab impeticione predicta dicti Johannis, fuit, per dicte curie nostre judicium, absolutus.

Mercurii ante Pascha.

Mangon reportavit.

LIII. Lite mota inter Matheum de Mozois, militem, et dictum Salebrase, castellanos nostros Karoli-Loci, ex parte una, et gentes Sancti-Golmerii ac officiales et gentes comitis Foresii dicte ville Sancti-Golmerii et de Chateluz, ex altera, super inobedienciis, injuriis, excessibus et violenciis ac rescussis quibusdam factis castellanis predictis a gentibus et officialibus predictus[1], suum officium sergenterie exercendo in contemptum jurium, ut dicitur, et dampnum ipsorum cas-

---

[1] Lisez *predictis*.

tellanorum : Inquesta, de mandato nostro, super hoc facta visa et diligenter examinata, quia probatum est sufficienter quod, dum ipsi
castellani cepissent quendam vocatum le Rous, bannitum per gentes
nostras et quem ipsi insequebantur, pro furto cujusdam jumenti, gentes Sancti-Golmerii cum quodam cornu tubicinando cum armis invaserunt dictos castellanos clamantes, « Salebrase, nisi istum dimiseris,
percuciam te de isto ense usque ad dentes; » quibus non contenti, licet
dictus castellanus inhiberet eisdem, ex parte nostra, ne eos impedirent in capcione predicta, dictum malefactorem rescousserunt eidem, et unum de suis sequacibus atrociter vulnerarunt, eos taliter
impugnantes quod, timore mortis, ad ecclesiam confugerunt, amotis
sibi et servientibus qui cum eis erant clipeis et gladiis quos deferebant, ac duos de equis suis occiderunt et tercium vulneraverunt.
Item cum, die sequenti, pro premissis apud Chateluz, in terra dicti
comitis, vellent gagiare et gagiassent, pro causa predicta, Andreas de
Solemeu, prepositus dicti comitis de Chateluz, cum pluribus secum
armatis usque ad viginti, occurrit eis, et pignora que ceperant rescoussit eisdem, propter quod, per curie nostre judicium, condempnati fuerunt homines dicte ville Sancti - Golmerii in ducentis libris
Turonensibus nobis, pro emenda, solvendis, et ad reddendum dictis castellanis omnia dampna per hoc sibi illata, et dictus Andreas in
centum libris Turonensibus nobis, pro emenda, solvendis.

Mercurii ante Pascha.

Creci reportavit.

LIV. Lite mota, coram castellano nostro Sancti-Gengulphi, inter
Hugonem de Marniaco, militem, et Guillelmum, ejus filium, ex parte
una, et Henricum, filium Petri de Nentone, militis, et Jaquetam,
ejus uxorem, ex altera, super solucione ducentarum et quinquaginta
librarum et super assisia decem libratarum terre in quibus dicti Hugo
et Guillelmus, ejus filius, dicebant se teneri dictis conjugibus, pro
dote seu maritagio predicte Jaquete, filie dicti Hugonis, sororisque
Guillelmi predicti, de quibus ducentis quinquaginta libris et decem

libratis terre, ipsi Hugo et Guillelmus offerebant se paratos dictis conjugibus satisfacere et dictas decem libratas terre assidere, in debili
moneta et non in alia, cum, tempore obligacionis predicte et contractus matrimonii predicti, debilis moneta haberet plenum cursum, petentes, completis premissis, se ab obligacione premissa liberari, dictis
Henrico et Jaqueta in contrarium dicentibus quod ipsi, ad fortem
monetam, solucionem facere de dictis ducentis et quinquaginta libris
et dictas decem libratas terre assidere tenebantur, quia, licet tempore
contracte obligacionis predicte, debilis moneta curreret, tempore
tamen terminorum solucionis et dicte assisie faciendarum, fortis moneta habebat cursum suum, quare, in forti moneta et non debili, premissa debebant adimplere, ut dicebant; qui quidem castellanus, cognito de premissis, pronunciavit predictos Hugonem et Guillelmum,
ejus filium, teneri solvere, dictis conjugibus, dictas ducentas libras,
ad bonam monetam tunc currentem, pro dote seu maritagio Jaquete
predicte, et alias quinquaginta libras residuas ad solvendum, ad terminum tunc futurum, esse solvendas ad bonam monetam, si bona moneta tunc curreret. Item, quod predicti Hugo et Guillelmus tenebantur
assidere predicte Jaquete, pro dote sua seu maritagio, dictas decem
libratas terre ad bonos Turonenses tunc currentes; a quo quidem judicato, tanquam falso et pravo, dictus miles et Guillelmus, ejus filius,
ad ballivum Matisconensem appellarunt; qui ballivus sentenciam dicti
castellani confirmavit; a qua sentencia confirmatoria, tanquam falsa
et prava, dicti Hugo et Guillelmus, ejus filius, iterato ad nostram
curiam appellarunt; judice igitur in dicta appellacionis causa, per
curiam nostram, dato, et de meritis causarum predictarum cognito,
per eumdem fuit pronunciatum predictum castellanum Sancti-Gengulphi, quantum ad articulum centum librarum Turonensium, que
erant solvende, pro primo termino, male judicasse pronunciando solucionem dictarum centum librarum esse faciendam ad monetam de-
bilem, et bene in hoc appellatum fuisse per partem adversam, et
in aliis articulis sentencias dictorum castellani et ballivi confirmavit;
a quo quidem judicato, tanquam falso et pravo, ex parte dictorum

Henrici et Jaquete, ejus uxoris, ad nostram curiam extitit appellatum :
Visis igitur processibus causarum predictarum et diligenter examinatis, per curie nostre judicium, dictum fuit predictum commissarium
nostrum bene pronunciasse, dictosque Henricum et ejus uxorem
male appellasse, et hoc emendabunt, et demandabitur dicti commissarii sentencia predicta execucioni.

    Mercurii ante Pascha.

    Creci reportavit.

    LV. Lite mota, coram preposito Parisiense, inter Johannetum,
filium Johannis dicti Comitis, ex parte una, et Esmelotam dictam la
Boisteuse de Vannis, ex altera, super eo quod petebat dictus Johan-
netus litteras donacionis quarumdam domus et terre eidem Johanneto a dicta Esmelota facte, sigillo Castelleti sigillatas, et ad manum
nostram, sine cause cognicione, per dictum prepositum positas, ut
dicebat, ad instanciam dicte Esmelote, sibi reddi et deliberari, et
dictam donacionem validam declarari et dictas litteras execucioni debite demandari, dicta Esmelota in contrarium dicente se, dolo ipsius Johanneti et ejus patris, ad consenciendum contentis in dicta littera fuisse inductam, et, multis aliis racionibus, proponente dictam
donacionem non tenere nec a principio tenuisse ; auditis igitur super
hoc dictis partibus et inquisita veritate super premissis, per dicti prepositi judicium, pronunciatum fuit dictas litteras dicto Johanneto esse
restituendas et dictam donacionem validam esse et dictas litteras execucioni debite debere demandari, non obstantibus propositis, ex adverso ; a quo judicato, tanquam falso et pravo, dicta Esmelota ad
nostram curiam appellavit : Auditis igitur dictis partibus in dicta causa
appellacionis, visoque processu predicto, per curie nostre judicium,
dictum fuit predictum prepositum bene judicasse et dictam Esmelotam male appellasse. Curia vero nostra propter ejus paupertatem sibi
super hoc remisit emendam.

    Mercurii ante Pascha.

    Roya reportavit.

LVI. Lite mota, coram preposito episcopi Parisiensis, inter johannem de Pontisara, ex parte una, et Matheum de Attrebato, aurifa-
brum, scolarem Parisiensem, ex altera, super eo quod dicebat dictus
Johannes quod, cum ipse esset et diu fuisset in saisina cujusdam pecie
terre arabilis site in jurisdiccione dicti prepositi, dictus prepositus,
sine cause cognicione et dicto Johanne non vocato, dictam terram,
cum fructibus ibidem existentibus, ad instanciam dicti Mathei, saisiverat, et ad manum dicti episcopi posuerat, ipsum turbando in saisina predicta indebite et de novo, quare petebat dictam manum et
impedimentum predictum amoveri, dicto Matheo in contrarium asserente dictam terram ad ipsum, justo titulo, pertinere, et petente
dictam terram sibi deliberari, et, de jure suo, inquiri, juxta privilegium scolarium Parisiensium, summarie et de plano; facta igitur inquesta super premissis, per dicti prepositi judicium, fuit pronunciatum, cum inventum fuerit dictum Johannem, tempore apposicionis
dicte manus, esse in possessione dicte terre, manum episcopi ibidem
appositam debere inde amoveri, et dictam saisinam terre predicte
dicto Johanni debere deliberari, salva, super hoc, dicto Matheo,
questione proprietatis; a quo judicato dictus Matheus emendamen-
tum ballivi episcopi predicti peciit, qui ballivus sentenciam dicti prepositi, per judicium suum, confirmavit; a quo judicato, tanquam falso
et pravo, dictus Matheus ad nostram curiam appellavit : Auditis igitur
dictis partibus, in dicta causa appellacionis, visisque processibus coram dictis preposito et ballivo factis et habitis, per curie nostre judicium, dictum fuit dictum ballivum bene judicasse et dictum Matheum male appellasse, et quod ipse hoc emendabit.

Mercurii ante Pascha.

Roya reportavit.

LVII. Cum ballivus Ambianensis quandam inquestam, per certos
commissarios ab eo deputatos, super quibusdam injuriis, violenciis et
excessibus quos abbas et conventus Sancti-Richarii Ambianensis dyocesis per Robertum de Pinquegni, militem, et quosdam alios suos

complices illatos sibi fuisse dicebant, fieri mandavisset, inquestamque super premissis factam ad nostram curiam judicandam remisisset: Visa diligenter inquesta predicta, quia non fuit in ea repertum partes ad hoc fuisse legittime vocatas, immo repertum est, super hoc, productos testes non fuisse singulariter et sigillatim examinatos, jurisque ordinem in multis aliis pretermissum fuisse, per arrestum nostre curie, dictum fuit dictam inquestam et processum hujusmodi commissariorum predictorum nullos esse et iterum refici debere per certos commissarios super hoc a nostra curia deputandos.

Mercurii ante Pascha.

G. de Usco reportavit.

Remissa fuit ad reficiendam.

LVIII. Cum plures cives Laudunenses facta, ut accepimus, conspiracione et congregata multitudine hominum, cum armis, in quandam curtem que est, ut dicitur, Roberti le Madelinier, impetuose venissent et edificia quedam ibidem existencia, ad manum nostram posita, fregissent seu diruissent, multosque alios excessus inibi perpetrassent, in nostrum et nostre jurisdiccionis contemptum ac dicti Roberti prejudicium et gravamen, ballivo Viromandensi mandavimus quod super premissis, per se vel per alium, vocatis partibus, inquireret veritatem: Facta igitur super predictis, partibus vocatis, inquesta et diligenter visa, cum per eam liquido sit compertum Egidium de Ruppeforti, Adam de Noviomo, Hubertum de Arenceyo, Jorrannum Davanins, Guillelmum de Sancto-Johanne, Ansellum de Monte-Acuto, Johannem dictum Corbeaux et Jaquemardum de Monte-Acuto ad curtem predictam, in manu nostra, propter debatum parcium, existentem, accessisse, cum magna multitudine hominum dicte ville, et ipsos quoddam foramen seu hostium dicte curtis obturatum, de mandato prepositi nostri Laudunensis, auctoritate propria deobturasse, et dictam curtem, in manu nostra, ut premittitur, existentem, intravisse, non tamen cum armis, stallaque in dicta curte existencia destruxisse, et quod eis placuit inde asportasse, spreta apposicione manus nostre

predicte, per curie nostre judicium, condempnati fuerunt predicti
octo malefactores in quingentis libris Turonensibus nobis, pro
emenda, solvendis; fiet tamen inter eos distribucio dicte summe,
juxta quantitatem facultatum cujuslibet eorumdem. Item, dictum fuit
quod omnia predicta, facta seu attemptata contra manum nostram,
reducent in statum pristinum et reponent, reservata insuper dicto
Roberto le Madelinier, super dampnis suis, racione predictorum, et
eciam utrique parti super proprietate et possessione rerum predictarum, questione, quociens super hiis voluerint experiri.

Mercurii post Sanctum Georgium, anno trecentesimo undecimo.

G. de Usco reportavit.

LIX. Cum Perroneta la Goutarde, tanquam heres universalis, ut
dicebat, Anthonie la Ferougy, peteret execucioni mandari per Reginaldum Viguerosi, tenentem locum cancellarii nostri Matisconensis,
quasdam litteras contra Guillelmum le Chevrier et in bonis ejusdem;
dictus Guillelmus et Perronetus, ejus filius, ad impediendum execucionem hujusmodi, proposuerint quod, in tractatu matrimonii con-
trahendi inter ipsum Guillelmum le Chevrier et dictam Anthoniam,
ex parte una, nunc inter dictum Perronetum, filium suum, et Anthoniam, neptem dicte Anthonie la Ferouge, ex altera, ipsa Anthonia
la Ferouge, amita, dedit in dotem ipsi Perroneto et ejus nepti predicte, in contractu dicti matrimonii, omnia bona sua mobilia et immobilia, retento duntaxat sibi usufructu rerum hujusmodi donata-
rum, hoc addito quod, si contingeret ipsam donatricem premori, dicto
Guillelmo marito suo superstite, ipsa in dictis rebus donatis retinuit
usumfructum, ad vitam dicti mariti sui, et, vice versa, dictus Guillelmus dedit, eodem modo, omnia bona sua predicto Perroneto et dicte
nepti uxoris sue; et sic dictus Guillelmus et Perronetus, ejus filius,
cum auctoritate patris sui, dicebant ipsam Anthoniam de bonis aliquibus testari non potuisse, cum nichil haberet, quare dicebant dictam
execucionem fieri non debere contra ipsos, maxime cum de premissis
parati essent facere promptam fidem; auditis igitur super hoc proba-

71.

cionibus partis utriusque, dictus Reginaldus, per suum judicatum, pronunciavit dictam Perronetam non probasse sufficienter se esse heredem, ex testamento dicte Antonie, dictamque litteram contra predictos Guillelmum et Perronetam execucioni mandari non debere, adjudicacionem et taxacionem expensarum penes se reservando; a quo judicato, tanquam falso et pravo, ex parte dicte Perronete, ad ballivum Matisconensem, extitit appellatum; quiquidem ballivus, cognito de predicta appellacionis causa, pronunciavit dictum Reginaldum Viguerosi, quoad illum articulum in quo pronunciavit dictam Perronetam non esse heredem, ex testamento dicte Anthonie, male pronunciasse, et dictam Perronetam bene appellasse. Item pronunciavit ipsum Reginaldum bene et juste pronunciasse in eo quod ipse judicavit dictam litteram non esse, contra dictos Guillelmum et Perronetam, mandandam execucioni, et, quantum ad hoc, dictam Perronetam, male appellasse, sentenciam dicti Reginaldi, quantum ad hoc, confirmando, taxacionem expensarum penes se reservando; a quo judicato dicti ballivi, in quantum contra se faciebat, tanquam falso et pravo, iterum dicta Perroneta ad nostram curiam appellavit : Visis igitur processibus predictis et diligenter examinatis, per curie nostre judicium, dictum fuit predictum ballivum Matisconensem bene pronunciasse, et dictam Perronetam male appellasse, et quod sentencia dicti ballivi mandabitur execucioni, et hoc emendabit.

Mercurii post Sanctum Georgium, anno trecentesimo undecimo. Creci reportavit.

LX. Lite mota coram preposito Parisiensi in quadam causa appellacionis, ad eum interposite, a seculari curia abbatis et conventus Sancti-Maglorii Parisiensis, inter Thomam Anglicum le Cuisinier appellantem, ex parte una, et procuratorem abbatis et conventus monasterii predicti et magistrum Albericum de Verbria appellatos, ex altera, super eo quod dictus Thomas petebat sentenciam, per curiam dictorum religiosorum latam contra ipsum, infirmari, procuratore dictorum religiosorum et dicto magistro Alberico in contrarium proponen-

tibus plures raciones ad finem contrarium; quibus racionibus per
dictum Thomam negatis et die assignata inter partes predictas ad ju-
randum super negatis, ipsa die, comparentibus dicto Thoma, pro se,
et procuratore dictorum religiosorum, pro dictis religiosis tantummodo, dicto magistro Alberico minime comparente, prestitum fuit,
per dictos comparentes, in ipsa causa, juramentum et dies assignata
ad probandum, primo, ex parte dictorum religiosorum, facta proposita per eosdem; qua die, procuratore dictorum religiosorum, predictis religiosis et dicto Thoma, pro se, comparentibus, obtulit idem
procurator dictorum religiosorum facere quod ipsa dies requirebat,
dicto Thoma procedere contradicente et recedente, procuratore dictorum religiosorum dicente quod, in dicta appellacionis causa, subcumbere debebat idem Thomas, propter defectum supradictum, tum
quia negligens alias fuerat, ut dicebat, in prosecucione appellacionis
sue supradicte, dicto Thoma, e contrario proponendo, quod ipse et
dictus magister Albericus concordaverant quod dimissis hoquetis omnibus, certa die, procederetur ad decisionem ipsius cause, secundum
processum habitum in curia Sancti-Maglorii predicta, qui processus
erat in scriptis; dictus vero prepositus raciones predictas per procuratorem dictorum religiosorum prepositas, non obstantibus racionibus predictis, per dictum Thomam propositis, per suum judicium,
admisit ad probandum, a quo quidem judicato, tanquam falso et
pravo, dictus Thomas ad nostram curiam appellavit: Visis igitur processibus causarum predictarum, per curie nostre judicium, dictum
fuit prepositum predictum bene judicasse et dictum Thomam male
appellasse, et quod ipse hoc emendabit.

Mercurii post Sanctum Georgium, anno trecentesimo undecimo.
Greci reportavit.

LXI. Lite mota, in curia nostra, inter Aelidim de Verneyo, dominam de Thureyo, ex parte una, et Beraudum de Mercorio et Henricum de Royre, milites, ex altera, super eo quod dicta Aelidis dicebat
dictum Beraudum quandam sentenciam arbitralem seu ordinacio-

Philippe IV,
1310.

nem super proprietate castri de Sancto-Giranno appendenciarumque
suarum et super conquestibus quibusdam in territorio de Thureyo
existentibus, per Liudovicum, maritum quondam dicte Aelidis, et
dictam Aelidim, tempore constantis matrimonii, inter eosdem acquisitis et super centum libras annui redditus que, ad dictam Aelidim,
racione seu causa dotis sue, debebant pertinere inter dictam Aelidim,
ex parte una, et Katherinam, filiam dicte Aelidis et P. Duitre, maritum dicte Katherine, militem, ex parte altera, pronunciasse, de facto
indebite ac minus juste, cum, de predictis, inter dictas personas, in
dictum Beraudum nunquam fuisset compromissum, ut dicebat, et
ad hoc eciam quamplures alias raciones allegando, quare petebat dictam sentenciam seu ordinacionem, per nostram curiam, pronunciari
nullam esse ac fuisse, et, si qua fuisset, quod, ad arbitrium boni viri,
reduceretur; dicto vero Beraudo et Poncio de Vissac, milite, nomine
procuratorio, pro dicto Henrico de Royre, multas raciones in contrarium proponentibus, tam de jure quam de facto : Visa igitur inquesta, super hiis, de mandato nostro, facta et diligenter examinata,
quia non constat, ex tenore compromissi in dictum Beraudum facti,
quod super proprietate castri de Sancto-Gyranno appendenciarumque suarum et super conquestibus et dote supradictis inter dictam
Aelidim, ex una parte, et Katherinam, filiam dicte Aelidis, et dictum
P., maritum dictum[1] Katherine, ex altera, in dictum Beraudum fuerit
unquam compromissum, immo, ex confessione dictorum Beraudi et
Poncii, apparet quod, inter dictam matrem et filiam suam, maritum-
que dicte filie, contencio seu controversia minime fuerit de premissis,
quamquam in compromisso sit repertum quod, de proprietate dicti
castri appendenciarumque suarum et de conquestibus et dote supradictis, inter dictam Aelidim, ex parte una, et dictum Henricum, ex
altera, in dictum Beraudum fuerit compromissum, et propter quamplures alias raciones verisimiles eciam conjecturas et presumpciones
vehementes, per inquestam predictam repertas, per curie nostre judicium, dictum fuit dictam sentenciam arbitralem, seu ordinacionem

[1] Lisez dicte.

supra premissis tribus articulis, nullam extitisse, salvo tamen utrique parti jure suo, tam in possessione quam in proprietate, in omnibus supradictis, sicut habebat, anteaquam dictus Beraudus intromitteret se de eisdem et ac si dictam sentenciam seu ordinacionem nunquam protulisset de premissis.

Mercurii post Sanctum Georgium, anno trecentesimo undecimo.

H. de Sancto-Paulo reportavit.

LXII. Lite mota, coram judice Biterrense, inter Thanum Bonaquiste, ex una parte, et Johannem Fabri, Guillelmum Cavarga et eorum uxores, Poncium Gasci, Johannem Alassardi et Guillelmum de Pedenacio, ex altera, super eo quod, cum dictus Thanus peteret, coram judice Biterrense, a predictis Johanne Fabri et ejus cumreis, centum et septuaginta quinque libras, ex causa vendicionis duorum furnorum de Pedenacio et unius furni de Turnibus domini regis, ad certum terminum jam transactum, predictis Johanni Fabri et ejus cumreis facte, ut dicebat, prout in instrumento, super dicta vendicione confecto, et libello, coram dicto judice Biterrense, oblato plenius continetur, dictisque Johanne Fabri et Poncio Gasci et aliis cumreis plures raciones proponentibus quare ad hoc minime tenerentur; auditis partibus, prefatus judex Biterrensis, predictos Johannem Fabri et ipsius consortes seu eorum procuratores, ad solvendum predictam pecunie summam, necnon sexdecim libras Turonensium parvorum, pro expensis dicte cause, sentencialiter condempnavit, prout, in instrumento super dicta sentencia confecto, plenius continetur; a qua sentencia, procurator dicti Johannis Fabri et consortum suorum, tamquam ab iniqua, ad senescallum Carcassonensem appellavit, predictique senescalli locum tenens de causa appellacionis predicte cognoscens, judicavit dictum judicem Biterrensem bene pronunciasse et predictos conreos male appellasse, sed, quia probatum erat dictos conreos solvisse procuratori dicti Thani viginti et quinque libras Turonenses, debilis monete, ipsas viginti quinque libras a summa predicta detraxit, necnon partem appellantem in quinquaginta solidis

Turonensium parvorum, pro expensis dicte cause appellacionis, condempnavit; a qua quidem sentencia pars utraque, in quantum contra
se faciebat, ad nostram curiam appellavit: Visis igitur dictis processibus et diligenter examinatis, per curie nostre judicium, dictum fuit
predictum locum tenentem senescalli Carcassonensis bene, in predictis omnibus, pronunciasse et predictas partes male appellasse, et
demandabitur sentencia ipsius locum tenentis execucioni.

Jovis post Sanctum Georgium, anno trecentesimo undecimo.

Decanus Casletensis reportavit.

LXIII. Lite mota, in curia nostra, inter Johannam, uxorem Johannis de Machiau, militis et cambellani nostri, ex parte una, et Guillelmum, dominum de Yvriaco, militem, ex altera, super eo quod petebat dicta Johanna, cum auctoritate dicti mariti sui, declarari, et, per
dicte curie nostre judicium, pronunciari villam Sancti-Padulphi et
villam de Nofron cum pertinenciis earumdem et pluribus aliis rebus
hereditariis in articulis ipsius Johanne declaratis, ex causa successionis defuncte Johanne de Barris, matris sue quondam, sua esse et ad
se, tamquam heredem insolidum dicte defuncte, pertinere, et dictum
dominum de Yvriaco condempnari et compelli ad reddendum et restituendum eidem premissa, una cum fructibus inde perceptis; dicto
domino de Yvriaco in contrarium proponente et multis racionibus
asserente omnia premissa ad se, ex justo et legittimo titulo, pertinere: Facta igitur super premissis inquesta, et curie nostre reportata,
visa et diligenter examinata, quia inventum est, super pluribus consuetudinibus, a partibus in dicto processu allegatis, testes in sufficienti numero ad probandum dictas consuetudines non fuisse productos, et minus sufficienter interrogatos, per curie nostre judicium,
dictum fuit quod dicta inquesta ad presens non judicabitur, sed ad
alios auditores remittetur, qui super eisdem articulis sufficientem
numerum testium, ad probandum dictas consuetudines, juxta stilum
curie nostre, vocabunt, et eos diligencius examinabunt, et dictam
inquestam perfectam curie nostre reportabunt.

Jovis predicta.

Roya reportavit.

Remissa est ad perficiendum.

LXIV. Cum Raymundus Durandi et Bertrandus de Coyrano, sindici universitatis et procuratores singularium personarum castri Volobrice, in quodam articulo, inter ceteros, proposuissent, coram senescallo Belli-Cadri, quod Marcus de Sancta-Cruce multas inferebat molestias, gravamina et jacturas universitati et hominibus dicte ville Volobrice, faciendo et juvando de nocte homines transire Rodanum, deferentes billonnem et monetam prohibitam et eciam animalia bovina transire prohibita, que omnia, ut ipsi dicebant, cedebant, ad commodum hominum comitatus Provincie, quod erat in magnum prejudicium terre nostre et periculum loci Volobrice, ut ipsi dicebant, et quod, cum predicta sic se haberent, ut dicebant, et boni presidis interesset ab indebitis oppressionibus relevare subjectos, supplicaverunt dicti syndici dicto senescallo, in predictis sibi de oportuno remedio provideri, tandem dictus senescallus mandavit magistro Arnaldo de Puyeto ut, super predictis in dicto articulo contentis, cum quanta posset diligencia, inquireret veritatem, vocatis super hoc evocandis; facta igitur super hoc inquesta, et ad dictum senescallum reportata et inspecta, quia nichil de predictis probatum extitit contra dictum Marcum, idem senescallus, super contentis in dicto articulo, sentencialiter absolvit eundem, quemlibet dictorum syndicorum, in quindecim libris Turonensibus, dicto Marco, pro dampnis suis et interesse, et nobis, in quinquaginta libris, ipsorum quemlibet, pro emenda nostra, per suam sentenciam, condempnando, quemdam eciam Aymericum Boniparis nomine, quia dictum articulum dictaverat, nobis in centum libris Turonensibus, pro emenda nostra, per suam sentenciam, condempnavit, a quo judicato syndici et Aymericus predicti ad nostram curiam appellarunt: Viso igitur processu predicto et diligenter examinato, per curie nostre judicium, dictum fuit predictum senescallum bene pronunciasse, quantum ad syndicos supradic-

tos, et eos male appellasse, et, quantum ad Aymericum predictum,
senescallum eundem male pronunciasse, et dictum Aymericum bene
appellasse, et quod mandabuntur dicte condempnaciones execucioni
contra syndicos antedictos et non contra Aymericum predictum.

Jovis post Sanctum Georgium.

Sanctus-Benedictus reportavit.

LXV. Lite mota, in curia Castelleti Parisiensis, inter magistrum
Guillelmum de Remis, ex una parte, et Johannem dictum Petit, filium
Romane de Quarreriis, ex altera, super eo quod idem magister Guillelmus proponebat, contra dictum Johannem, quod bona dicte Romane de Quarreriis, matris ipsius Johannis, occasione cujusdam judicati ab eodem magistro Guillelmo, dum ipse erat auditor curie
Castelleti predicte, lati contra dictam Romanam, per quod ipse adju-
dicaverat Roberto de Jangonio, quondam marito dicte Romane, ad-
ministrationem bonorum communium inter ipsum et dictam Romanam, uxorem suam, per eundem magistrum Guillelmum, tanquam
officialem nostrum, vel ejus mandatum, capta fuerunt, dissipata et
consumpta, nec in utilitatem dictorum conjugum conversa, pro quibus bonis seu eorum valore, idem magister Guillelmus in sexcentis
libris Parisiensibus sub valore monete quam currebat, tempore quo
dicta bona capta fuerunt, videlicet anno Domini millesimo ducentesimo nonagesimo nono, per curie nostre judicium, [Johannes, filius]
dicte Romane, extitit condempnatus, salva dicto magistro Guillelmo
actione sua contra servientes Castelleti Parisiensis et filium dicte Romane, ac omnes alios qui de dictis bonis aliquid recepisse dicuntur,
diceretque idem magister Guillelmus quod dicta bona, pro quibus
ipse fuerat, ut premittitur, condemnatus et compulsus ad reddendum
dictas sexcentas libras dicte Romane, predictus Johannes habuerat,
levaverat et receperat, et in suam utilitatem converterat, ac peteret
eundem Johannem in dictis sexcentis libris sibi reddendis, racione
predicta, condempnari, dicto Johanne in contrarium proponente,
multis racionibus, hoc fieri non debere, demum in causa hujusmodi;

lata quadam interloqutoria, in predicta curia Castelleti, pro dicto magistro Guillelmo et contra predictum Johannem, idem Johannes, a
dicta interloqutoria ad nostram curiam appellavit; auditis igitur, in
causa appellacionis predicte, multis racionibus, hinc et inde, tandem
idem Johannes a dicta appellacione recedens, voluit et consensit
quod de plano nostra curia inquireret veritatem, utrum ipse Johannes haberet vel habuerit aliqua de bonis, pro quibus idem magister
Guillelmus in predictis sexcentis libris, dicte Romane, fuerat condempnatus, et, nisi ostenderet bonas raciones contra dictum magistrum Guillelmum quare de dictis bonis teneri non deberet eidem,
nostra curia super hiis de plano suam faceret voluntatem : Auditis
igitur super hiis dictarum parcium racionibus, et super eisdem inquesta facta, de mandato nostro, et ad curiam nostram reportata, et
diligenter visa, compertoque per eam quod idem Johannes dicta bona,
pro quibus dictus magister Guillelmus predicte Romane, ut supra
dictum est, fuerat condempnatus, habuit, levavit et recepit in suos-
que usus proprios convertit, et adhuc habet et detinet, nec aliquam
sufficientem racionem ostenderit contra dictum magistrum Guillelmum, quare ad reddendum seu restituendum eidem dicta bona vel
eorum valorem minime teneatur, per curie nostre judicium, dictum
fuit quod, pro valore dictorum bonorum, predictus Johannes reddet
dicto magistro Guillelmo sexcentas libras Parisienses, in valore monete que currebat anno Domini millesimo ducentesimo nonagesimo
nono, et, de expensis, dampnis et misiis quas dictus magister Guillelmus, occasione litis super premissis inter ipsos diucius agitate, se
fecisse dicebat, dictumque Johannem sibi super hiis condempnari
petebat, fuit dictus Johannes, per idem curie nostre judicium, absolutus.

Sabbato post Invencionem Sancte Crucis.

G. de Usco reportavit.

LXVI. Mota lite, in curia nostra, in appellacionis causa, inter relictam Petri Helion, tutricem liberorum communium ejus et dicti Petri,

72.

tutorio eorum nomine, dictosque liberos, ex una parte, et Giraudum Dautour et Petrum de Nabozac, burgenses de Ryomo, ex alterà, super eo quod dicta relicta, nomine predicto, dicebat dictos burgenses ab ipsorum appellacione, quam ipsi ad nos interposuerant a sententia cancellarii de Ryomo contra ipsos lata, pro dicto Petro Helion, cecidisse, pro eo quod heredes dicti Petri Helion, post mortem ipsius Petri qui, diù ante parlamentum subsequens, dictam appellacionem decesserat, non fecerant adjornari, quod facere debebant, secundum consuetudinem curie nostre notoriam, ut dicebat; parte dictorum burgensium contrarium asserente, et dicente quod ipsi sufficienter fecerant super hoc dictos heredes adjornari quamcicius ad ipsorum burgensium noticiam pervenerat dictum Petrum Helion decessisse : Visa igitur inquesta, de mandato nostro, super predictis, facta, attentaque dicta consuetudine per dictam relictam allegata, quia repertum est dictam relictam intencionem suam satis probasse, dictosque burgenses scivisse et scire debuisse mortem dicti defuncti, per quatuor menses et amplius ante dictum parlamentum, et non fecisse de dicto adjornamento quod debebant, per dicte curie nostre judicium, dictum fuit predictos burgenses fuisse negligentes in ipsorum dicta appellacione prosequenda, ipsosque ad prosequendum eandem non esse ulterius audiendos, et quod ipsi hoc emendabunt.

Sabbato predicta.

Mangon reportavit.

LXVII. Cum curie nostre denunciatum fuisset quod Bertholomeus de Florentino, lumbardus, olim serviens noster in ballivia Bituricensi, super vicio sodomie erat notorie diffamatus, quodque vicium hujusmodi perpetrarat, nos, super premissis vocatis evocandis, inquestam fieri mandavimus diligentem que judicanda nostre curie extitit reportata, et, quia per dictam inquestam diligenter inspectam nichil repertum est de predictis sufficienter contra ipsum probatum, per curie nostre judicium, idem Bertholomeus super hoc extitit absolutus.

Sabbato post Invencionem Sancte Crucis.

LXVIII. Lite mota, in curia nostra, inter procuratorem abbatis et conventus Sancti-Martini Eduensis et eorum priorem de Sancti-Petri-Monasterio, ex una parte, et procuratorem nostrum necnon procuratorem hominum et habitancium de Darie, de Fontalier, de Varie et aliarum villarum seu villagiorum existencium in potestate et bordelagio prioratus de Sancti-Petri-Monasterio predicti, ex altera, super eo quod dicebat procurator dictorum religiosorum quod ipsi sunt et fuerunt, racione dicti prioratus de Sancti-Petri-Monasterio, in pacifica possessione utendi et explectandi omnimodam justiciam altam et bassam in locis predictis. Item, sunt et fuerunt in possessione pacifica recipiendi et habendi, de habitantibus in dictis locis, nomine quo supra, talliam bis in anno terminis consuetis; item, habendi et recipiendi a predictis habitantibus duplicem talliam de triennio in triennium; item, habendi et recipiendi questam a predictis hominibus de triennio in triennium, juxta quantitatem bonorum dictorum habitancium, et specialiter in jocundo adventu abbatis dicti monasterii; item, habendi et recipiendi omnia bona inmobilia habitancium in dictis locis, quociens ipsos contingit decedere sine herede de proprio corpore; item, habendi et recipiendi corveias et carruagia a predictis habitantibus in locis superius nominatis quocienscumque dicti religiosi indigebunt; item, erant dicti religiosi in possessione faciendi falcare prata sua et fenare per habitatores locorum predictorum qui non habebant equos neque boves, solvendo ipsis certum quid pro eorum expensis; item, sunt et fuerunt in possessione et saisina advoandi predictos habitatores tamquam suos justiciabiles, quociens ipsos sciverunt esse captos in justicia nostra, vel alibi citatos, vel detentos, et petendi sibi reddi; dicendo quod ipsi pluries fuerunt a pluribus, per gentes nostras, de dictis hominibus resaisiti; super quibus omnibus supradictis ballivus Bituricensis, indebite et de novo et ad procuracionem dictorum habitancium, predictos religiosos impedivit quominus uti possent jure suo, ut asserunt, in predictis; dicebat eciam procu-

rator dictorum religiosorum quod dictus ballivus, predictis hominibus
et habitantibus in dictis locis, dederat licenciam faciendi collectam
inter eos et constituendi procuratorem, irrequisitis dictis religiosis et
in prejudicium eorumdem, quod facere non poterat, ut dicebat; quare
petebat procurator dictorum religiosorum, nomine ipsorum et pro
ipsis, predicta impedimenta, per dictum ballivum, super predictis apposita, amoveri, et quod ipsi per nos, tamquam per suum gardiatorem, in saisina et possessione sua predictorum teneantur, prout erant
tempore dictorum impedimentorum appositorum per dictum ballivum; predictis procuratore nostro ac procuratore dictorum habitancium contrarium asserentibus, pluresque causas et raciones proponentibus quare ad hec minime tenerentur : Visa inquesta, de mandato
nostro, facta super hiis et diligenter examinata, quia repertum est
quod dicti religiosi intencionem suam sufficienter, super hiis, probaverunt, dictum est, per curie nostre judicium, dictos religiosos indebite fuisse in predicta possessione sua, per dictum ballivum, turbatos
et impeditos, ac ipsos in predicta sua possessione et saisina debere
remanere de omnibus supradictis, in modo et forma quibus ipsi erant
ante tempus dictorum impedimentorum appositorum per ballivum
antedictum, reservata, super hiis, questione proprietatis procuratori
nostro et predictis hominibus et habitantibus in locis supradictis
contra dictos religiosos, si et quando super hoc voluerint experiri.

Sabbato predicta.

Decanus de Cassello reportavit.

LXIX. Cum, super morte Perroti Ribaut de Bello-Loco subtus
Lochias, de qua Stephanus Berrilherii et Guillelmus Frederici, car-
nifices de dicta villa Belli - Loci, fuerant suspicati pro eo quod ipsi
eidem Perroto minas, ante verberacionem quamdam eidem factam,
intulisse, et verberacioni hujusmodi opem, favorem et consilium prebuisse, ac verberacionem eandem, licet potuissent, non impedivisse
dicebantur, ad denunciacionem Johannis Ribaut, mandavissemus inquiri, vocatis partibus, veritatem et puniri illos qui super hoc culpabi-

les clare reperirentur, et, si quod dubium super hoc occurreret, nostre Philippe IV,
1310.
curie reportari, certo super hoc a nobis commissario deputato; in-
questa igitur super hoc, vocatis evocandis, per eum facta, dictus commissarius, propter dubium quod in hujusmodi negocio sibi occurrit,
inquestam eandem nostre curie judicandam remisit, dictas partes adjornando Parisius, ad videndum dictam inquestam judicari, ad diem
ballivie Turonensis presentis parlamenti : Visa igitur, per curiam nostram, de consensu partium predictarum, dicta inquesta et diligenter
examinata, in quantum tangit predictos Stephanum et Guillelmum,
quia, per eam, nichil inventum fuit sufficienter probatum contra eosdem Stephanum et Guillelmum super morte predicta dicti Perroti,
ipsi, super hoc, per nostre curie judicium, absoluti fuerunt.

Sabbato post Invencionem Sancte Crucis.

M. J. de Hospitalio habet istam inquestam, ut dicit M. R. de Perellis.

LXX. Cum, in causa pendente coram custodibus nundinarum
Campanie, super quadam pecunie quantitate, inter Bernardum d'An-
goissolle, ex una parte, et Johannem Cristo, ex altera, idem Johannes,
predicto Bernardo, in nogentis trigenta tribus libris et quatuordecim solidis Turonensibus, per dictorum custodum judicium, condempnatus fuisset, et, a dicto judicato, tamquam falso et pravo, dictus
Johannes ad dies Trecenses appellasset, magistrique dierum Trecensium, super hoc, auditis partibus predictis, per judicatum suum,
predictorum custodum judicium confirmassent, dictus Johannes a
judicato predicto confirmatorio dictorum magistrorum dierum Trecensium, tamquam a falso et pravo, ad nostram curiam iterato appellavit : Auditis igitur dictis partibus in causa appellacionis predicte et
visis processibus antedictis, per curie nostre judicium, dictum fuit
predictos custodes et magistros bene judicasse et dictum Johannem
male appellasse, et quod ipse hoc emendabit, et mandabitur execucioni condampnacio predicta.

Sabbato predicta.

Philippe IV,
1310.

LXXI. Mota controversia, diversis temporibus et pluribus vicibus,
inter priorem Sancti-Saturnini, ex parte una, et rectores operis pontis
et oratorii Sancti-Spiritus et burgenses dicte ville, ex altera, super
elemosinis et obvencionibus quibuscumque ac fabrica pontis et oratorii predictorum, destinatoque specialiter, ex parte domini Regis, ad
dictum locum, pro predictis, dilecto et fideli Guillelmo de Plaisiano,
milite nostro, datoque sibi in mandatis, per dominum Regem, quod,
si posset, dictas partes ad concordiam reduceret, et, si quod obscurum
super hiis inveniret, illud curie nostre remitteret terminandum, facta
tandem, per ipsum Guillelmum, super predictis quadam ordinacione
inter dictas partes, eisdem partibus et procuratore nostro senescalli
Belli-Cadri presentibus ac in ea consencientibus, necnon per nos postmodum confirmata, post hoc tam super dicta ordinacione quam super
dictis elemosinis, obvencionibus et fabrica, dicta controversia coram
nobis renovata inter dictas partes, dicto priore, pluribus racionibus,
dicente dictam ordinacionem, licet in aliquibus contra se factam,
debere servari, offerente eciam se paratum omnia in dicta ordinacione
contenta sibi incumbencia, que completa non sunt, cum per eum non
stet quin completa sint, ut dicit, adimplere; parte dictorum rectorum
et burgensium in contrarium plures raciones proponente, et dicente
dictam ordinacionem non esse servandam tamquam factam in juris
domini Regis, rei publice et dictorum rectorum et burgensium prejudicium et gravamen; tandem, super totali negocio predicto auditis
partibus, super propositis ab eisdem, fecimus per certos commissarios
nostros inquiri, vocatis partibus, veritatem: Visa igitur inquesta predicta super predictis facta et diligenter examinata, visisque ordinacione predicta ac instrumentis et litteris testimonialibus sigillis
plurium, tam prelatorum quam nobilium, sigillatis, super hujusmodi negocio confectis, per dicte curie nostre judicium, dictum fuit
dictos rectores et burgenses aliquid racionabile non probasse propter quod dicta ordinacio debeat anullari, quare fuit eisdem impositum silencium in predictis, ac dictum, per idem judicium, quod dicta
ordinacio, in quantum tangit partes predictas, valebit et servabitur,

contradiccione predicta dictorum rectorum et burgensium non obstante.

Sabbato post Invencionem Sancte Crucis.

Mangon reportavit.

LXXII. Lite mota, coram ballivo episcopi Parisiensis, inter Odardum Perceval, civem Parisiensem, ex una parte, et Johannem et Petrum de Grey, fratres, et Robertum Hodaier, suo et Johanne, uxoris sue, nomine, sororis fratrum predictorum, ex altera, super eo quod dictus Odardus petebat quamdam litteram donacionis sibi facte a Genovefa, quondam uxore sua, sororeque fratrum predictorum, de omnibus bonis suis mobilibus et conquestibus, execucioni demandari; dictis fratribus et dicto Roberto, quo supra nomine, plures raciones proponentibus ad finem quod dicta execucio minime fieri deberet, et quod dicta donacio nulla et invalida reputaretur, dictus ballivus, cognito de premissis, pronunciavit dictam donacionem esse nullius valoris, et quod, virtute ejusdem, dictus Odardus nullum commodum reportaret, absolvendo dictos fratres et Robertum, quo supra nomine, ab impeticione predicta dicti Odardi; a quo quidem judicato, tamquam a falso et pravo, dictus Odardus ad nostram curiam appellavit : Partibus igitur, in ipsa appellacionis causa, in curia nostra comparentibus, auditisque earum racionibus, factaque, super propositis ab eisdem, quadam inquesta, et, ad judicandum, ad curiam nostram reportata, visisque actis, tam dicte cause principalis quam appellacionis predicte, et diligenter examinatis, per curie nostre judicium, fuit dictum predictum ballivum bene judicasse, et ipsum Odardum male appellasse, et quod ipse hoc emendabit.

Dominica ante Ascensionem.

Creci reportavit.

LXXIII. Lite mota, coram preposito Parisiensi, inter Johannem Ruffi, ex una parte, et dictum Tanne, caligarium, ex altera, super eo quod dictus Johannes arrestari fecerat quamdam summam pecu-

nie que debebatur dicto Tanne, quod arrestum dictus Tanne petebat amoveri, dicto Johanne dicente predictum arrestum non debere
amoveri, nisi prius satisfacto eidem de quinquaginta libris vel circa,
in quibus dictum Tanne dicebat sibi teneri racione, cujusdam accense, prout continebatur in quadam littera sigillo Castelleti Parisiensis sigillata, racione cujus accense dictus Tanne eidem Johanni
tenebatur, ut dicebat, in dicta pecunie summa vel circa, quam pecuniam, ante amocionem dicti arresti, petebat idem Johannes sibi solvi;
dictus prepositus, cognito de predicta causa, attentisque probacionibus et defensionibus predictarum parcium, et considerato tempore
predicte accense, per quod dictus Tanne cessavit solvere dictam ac-
censam, considerato eciam tempore dicte litis mote usque ad tempus
quo debuit idem prepositus super hoc judicare, per suum judicatum,
condempnavit dictum Tanne ad solvendum predicto Johanni quinquaginta quatuor libras Parisienses, pro arreragiis predicte cense, de
tempore preterito usque ad diem judicati predicti, et pronunciavit
quod dicta pecunia arrestata deliberabitur, usque ad predictam summam, dicto Johanni, si tanta sit summa arrestata, et quod, si minor
fuerit, dictus Tanne sibi solvet residuum, salvo eciam dicto Johanni
jure quod ipse potest habere in censiva supradicta contra quoscumque; a quo quidem judicato, tamquam falso et pravo, dictus Tanne
ad nostram curiam appellavit : Auditis igitur dictis partibus, in causa
appellacionis predicte, et visis processibus partis utriusque, per curie
nostre judicium, dictum fuit predictum prepositum bene pronunciasse, et dictum Tanne male appellasse, et quod ipse hoc emendabit.

Dominica ante Ascencionem Domini.

Creci reportavit.

LXXIV. Cum Johannes dictus Puchois conquestus nobis fuisset
quod, cum Huo de Fullanis, ballivus Ambianensis, ipsum, absque eo
quod de aliquo crimine accusatus seu convictus fuisset, in firmata
prisione, per viginti duarum septimanarum spacium, tenuisset mancipatum, et licet, ut dicebat, dictum ballivum pluries requisisset ut

sibi justiciam exhiberet, ipsum tamen indebite recusavit liberare, quousque idem Johannes, vi et metu prisionis hujusmodi, cum capellano dicti ballivi, de centum et quadraginta libris finavit et de ipsis satisfecit eidem, ut dicit; et nos super predictis et super hiis eciam que dictus ballivus, contra predictum Johannem, proponere vellet, et qua de causa eum tenuerit in prisione, ac super eorum circonstanciis universis inquiri mandavimus veritatem; hinc est quod inquesta, de mandato nostro, facta super hiis que dicte partes proponere voluerunt, visa et diligenter examinata, quia inventum est sufficienter probatum dictum Johannem Puchois, justa de causa, in firmata prisione, per predictum temporis spacium, detentum fuisse, videlicet pro eo quod falsos testes produxerat, in causa cujusdam homicidii per ipsum denunciati; item, quod predicto facto dicto Johanni exposito, ipse, recognoscens dictum factum, hoc emendaverat publice, in manu ballivi predicti, ad voluntatem nostram, et de dicta emenda certos dederat fidejussores, per curie nostre judicium, dictus Johannes Puchois in mille libris Turonensibus, nobis solvendis, extitit condempnatus, et quia inventum est per inquestam predictam, quod dictus capellanus ballivi predicti, de dicta summa sepcies viginti librarum Turonensium, habuit et recepit centum et quinque libras Parisienses, pro dicto Puchois, in fraudem et detractionem juris nostri et subversionem justicie faciende, per idem judicium, dictum fuit quod dicte centum et quinque libre Parisienses, tamquam commisse, nobis applicabuntur; et cum dictus ballivus in predictis repertus fuerit culpabilis super multis, tum quia dictum Johannem, suum delictum recognoscentem, in certam emendam non condempnavit, tum quia, lapso multo temporis spacio, de dicta pecunia dicto capellano soluta, cujus receptam verisimiliter non potuit ignorare, non computavit in Camera compotorum tum quia factum hujusmodi diu tacuit et impunitum dimisit, dominus Rex ipsum omnino privavit a suo servicio, et precepit quod ad inquirendum contra ipsum, ad finem civilem, certi commissarii deputentur, et quod ex nunc omnia bona sua in manu domini Regis

73.

ponantur, et teneantur quousque judicata fuerit inquesta super hoc facienda.

Dominica predicta.

M. P. de Monti reportavit.

Facta est de hoc commissio, et est tenor ejus in rotulo hujus parlamenti.

LXXV. Super quodam insultu in nundinis Forestensis-Monasterii nuper facto inter gentes comitis Pontivi, ex una parte, et gentes abbatis et conventus dicti monasterii, ac Petrum d'Oysemont, servientem domini Regis, ad custodiam dictarum nundinarum eisdem religiosis, ex parte domini Regis, deputatum, ex altera, in quo insultu fuit occisus Robertus Langlois, serviens comitis predicti, inquesta de mandato domini Regis, partibus vocatis, facta, visa et diligenter examinata, cum per eam inventum fuerit sufficienter probatum quod, dicto Petro, serviente domini Regis, cum ballivo et gentibus dicti monasterii, et aliis suis complicibus, dictas nundinas, prout est consuetum, custodientibus, gentes dicti comitis invaserunt eosdem, et quod dictus Robertus, antequam ab aliquo vulneratus fuisset, traxit contra eos quatuor sagittas, et ex eis percussit Guillelmum d'Oysemont, unum de complicibus eorumdem, et quod quicquid dictus serviens domini Regis et ejus predicti complices fecerunt in facto predicto, se defendendo fecerunt, per curie nostre judicium, omnes predicti custodes, de facto predicto et morte dicti Roberti, absoluti fuerunt, et dictum fuit quod illi de dictis complicibus, qui capti propter factum predictum tenentur, deliberabuntur, videlicet: Petrus Flaons, — Johannes de Conteville, — Johannes Rousselli, — Guillelmus Blanchars, — Jacobus Foukiers, — Johannes Lagnel, — Henricus Boursete, — Odinus le Warte, — Johannes le Warte, — Jacobus Porions, — Johannes Godars, — Wyes Goulins, — Bernardus d'Avesnes, — Johannes Magilars, — Johannes Ballet, — Petrus Moysiaux, et Guillelmus de Buigny. Cum autem dictus Guillelmus Maysel, Johannes li Convers, ejus frater, et

Petrus Heudee, propter factum hujusmodi, se absentaverunt, et plus debito timentes, permiserint se banniri, dominus Rex, de gracia, revocavit bannum predictum et restituit eos ad patriam et bona sua; et quia, sicut premissum est, dicte gentes comitis Pontivi predictum servientem domini Regis, cum suis complicibus, invaserunt et ballivum dictorum religiosorum, qui erat cum dicto serviente, de equo suo projecerunt ad terram, in presencia et contra prohibicionem dicti servientis domini Regis, ipsi hoc emendabunt domino Regi et dictis religiosis.

Dominica ante Ascencionem Domini.

Voyssi reportavit.

LXXVI. Lite mota, coram preposito curie secularis Sancti-Maglorii Parisiensis, inter magistrum Albericum de Verbria, clericum, ex parte una, et dictum Menier, cordubenarium, et Johannam, ejus uxorem, ac Thomam le Cuisinier, qui se gerebat tamquam garantizatorem dicti Menier et ejus uxoris, ex parte altera, super eo quod dictus magister Albericus petebat sibi adjudicari, tamquam suam, quamdam domum sitam in vico ad Anseres, in angulo dicti vici, quam domum dicti rei detinebant indebite et injuste, ut ipse dicebat, dictis reis premissa negantibus et plura, ad sui defensionem, proponentibus, dictus prepositus Sancti-Maglorii, cognito de premissis, adjudicavit dicto magistro Alberico domum supradictam; a quo judicato, tamquam falso et pravo, dictus Thomas ad prepositum Parisiensem appellavit; qui quidem prepositus Parisiensis dictum judicatum prepositi Sancti-Maglorii confirmavit; a qua confirmacione dictus Thomas ad nostram iterato curiam appellavit : Visis igitur processibus causarum predictarum et diligenter examinatis, per curie nostre judicium, fuit dictum predictos prepositos Sancti-Maglorii et Castelleti Parisiensis bene pronunciasse, et dictum Thomam male appellasse, et demandabitur predictum eorum judicatum execucioni, et hoc emendabit dictus Thomas.

Dominica predicta.

Creci reportavit.

LXXVII. Lite mota, coram preposito Parisiensi, inter Reginaldum Barbou, juniorem, et Garnerium de Trambloyo, ex parte una, et Adam Coquin et ejus uxorem ac eorum consortes, ex altera, super eo quod dicti Reginaldus Barbou et Garnerius, tempore cursus debilis monete, accensaverant quamdam domum a dicto Adam et ejus consortibus predictis, pro majori precio quam valeret, tempore cursus monete fortis, ut dicebant, et quod gravatos se dicebant in accensacione predicta, propter cursum monete fortis supervenientis, eo quod petebatur ab ipsis solvi predicta firma in forti moneta, petebant, secundum ordinacionem domini Regis super hoc, ut dicebant, factam, per dictum prepositum temperamentum apponi, dicto Adam et ejus predictis consortibus, ad finem quod dictum temperamentum minime super hoc fieri deberet, plura, ad sui defensionem, proponentibus, ex adverso; dictus prepositus, cognito de premissis, pronunciavit quod temperamentum predictum non apponeretur in accensa predicta eo modo quo fuerat petitum; a quo quidem judicato, dicti Barbou et Garnerius, tamquam a falso et pravo, ad nostram curiam appellarunt : Visis igitur processibus partis utriusque et diligenter examinatis, per curie nostre judicium, dictum fuit predictum prepositum male pronunciasse et dictos appellantes bene appellasse, et quod super dicto temperamento, partibus auditis, curia faciet justicie complementum.

Jovis ante Penthecosten.

Creci reportavit.

Preterea, pro bono pacis, fuit ordinatum, per aliquos de magistris curie, de negocio predicto, nec ordinacionem habui, et facta fuit in parlamento, anno trecentesimo duodecimo.

LXXVIII. Cum nobis supplicasset Dulcia de Cambellis, civis Caturcensis, quod inquestam, per consules et vicarium Caturcenses, contra eam, ex officio suo, super quodam crimine de quo habebatur sus-

pecta, factam, ad nostram faceremus curiam asportari et videri, et
si, per eam reperiretur innocens, absolveretur a quibusdam financiis
quas, per vim et metum ac potenciam officii, cum gentibus nostris,
in ducentis quinquaginta libris Turonensibus, solvendis nobis et episcopo Caturcensi, se fecisse dicebat, petens dictas gentes nostras in
dampnis et interesse suis, que, premissorum occasione gravaminum,
sustinuerat, condempnari : Dicta igitur inquesta ad nostram curiam,
de mandato nostro, asportata, visa et diligenter examinata, per curie nostre judicium, dictum fuit predictas financias ratas manere,
et dictam Dulciam, seu ejus fidejussores, ad solvendum nobis et dicto
episcopo predictam pecunie summam compelli debere; et quia vicarius predictus, per diversa et longinqua discurrendo loca, ad cri-
men dicte Dulcie impositum explorandum, de quo, ut, per dictam
inquestam, liquido nostre curie apparuit, suspecta merito dicebat ha-
beri, expensas fecit summam quinquaginta librarum et amplius excedentes, prout in litteris nostrarum gencium predictarum confectis
super dictis financiis plenius continetur, de predictis ducentis quinquaginta libris, quinquaginta libre Turonenses, pro dictis expensis,
vicario predicto solventur; fueruntque gentes nostre et vicarius
predicti a dictis dampnis et interesse que petebat eadem Dulcia,
per idem curie nostre judicium, absoluti, ipsaque Dulcia a decem
libris Turonensibus quas, racione premissorum, capellano dicti vicarii promiserat, extitit absoluta.

Jovis ante Penthecosten.

G. de Usco reportavit.

LXXIX. Mota controversia, in curia vicarii Biterrensis, inter abbatem et conventum Sancti-Salvatoris Lodove, seu syndicum eorum
et Guillebertum ac Bernardum de Bosqueto, fratres, ex parte una,
et capitulum cathedralis ecclesie Lodove ac Bertrandum de Monte-
Petroso, ex altera, super eo quod, cum locum tenens judicis curie
dicti vicarii mandasset, per litteras suas, vicario Lodove curie temporalis jurisdicionis episcopi dicti loci, quod dictos abbatem et con-

ventum ac fratres de Bosqueto tueretur et defenderet ab injuriis,
violenciis et portacione armorum contra dictos capitulum et Bertrandum, cum verisimiliter dicerent se timere de dictis capitulo
et Bertrando, quia ipsi quintam partem fructuum excrescencium in
manso de Bosqueto, per violenciam, acceperant et de novo, et si dicti
capitulum et Bertrandus vellent aliquid in contrarium proponere,
quod, coram ipso locum tenente, diem certam dictis partibus assignaret, comparentibusque in judicio dictis partibus coram dicto locum
tenente, pars dictorum capituli et Bertrandi proponeret se non teneri
procedere in curia Biterrensi predicta, quia de predictis causa pendebat inter easdem personas in dicta curia temporali episcopi predicti, ut dicebat, quare petebat ibidem se remitti; parte altera petente dictas litteras execucioni mandari, dicenteque remissionem
non esse faciendam, sed dictam curiam Biterrensem debere de hoc
cognoscere, tam de stilo dicte curie Biterrensis notorio diuque observato, quam per nostra statuta; tandem dictus locum tenens, auditis
predictis partibus, et procuratore dicti episcopi repetente curiam de
predictis, informatus de dicto stilo, ut dicebat, pronunciavit dictam
remissionem fieri non debere, sed cogniscionem hujusmodi in dicta
curia Biterrensi debere remanere; a qua pronunciacione predicti capitulum et Bertrandus ad senescallum Carcassonensem appellarunt.
Qui, senescallus, cognito de dicta appellacionis causa, informatus de
stilo dicte curie Biterrensis, ut dicebat, pronunciavit bene fuisse pronunciatum et male appellatum; a qua pronunciacione predicti capitulum et Bertrandus iterato ad nostram curiam appellarunt, judicemque in dicte appellacionis causa impetrarunt; qui judex, cognito
de dicta causa, pronunciavit dictum senescallum male pronunciasse
et dictos capitulum ac Bertrandum bene appellasse, remittens cognicionem dicte cause ad curiam temporalem episcopi antedicti; a qua
pronunciacione fuit, per partem dictorum abbatis et conventus ac dictorum fratrum, ad nostram curiam appellatum : Visis igitur processibus omnium causarum predictarum, auditisque partibus, attentisque
dicto stilo predicte curie Biterrensis et statutis nostris, per dicte

nostre curie judicium, dictum fuit male fuisse pronunciatum per dictum judicem predicte cause appellacionis, et, per partem dictorum abbatis et conventus ac dictorum fratrum de Bosqueto, bene appellatum fuisse, fuitque, per idem judicium, dicta causa principalis remissa ad dictam curiam Biterrensem audienda et sine debito terminanda.

Jovis ante Penthecosten.

LXXX. Lite mota inter abbatem et conventum Pruilliaci-Eschivardi in nostra speciali garda existentes, ex una parte, et Eschivardum, dominum dicti loci, militem, ex altera, super eo quod dicti abbas et conventus asserebant quod idem miles, dum, quadam die, ad exequias cujusdam sui familiaris, in ipsorum religiosorum ecclesia seu cymiterio, presens esset, quidam suus domesticus, videlicet Johannes Larmeurier, in ipsa ecclesia seu cymeterio ejusdem, quemdam ipsius ecclesie monachum usque ad effusionem sanguinis pugno percussit, ipso milite vidente et sciente prohibereque valente et non prohibente, immo ipsimet abbati dicente, « Abbas prave, si te moveris, mortuus es, » vibrando quamdam corticem de quercu quam in manu gestabat, ac si vellet percutere eundem abbatem indutum sacerdotalibus pro corpore dicti mortui inhumando, quodque idem miles et quidam alii, sui complices, armati, multos excessus in bonis et rebus religiosorum eorumdem commiserant, quatuor domos ipsorum violenter intrando easque discooperiendo, bladum quod ibi invenerunt dispergendo, vinum effundendo, culcitras, pulvinaria, lintheamina et alios pannos ibidem inventos cum gladiis scindendo, lacerando et in putheum ejusdem domorum ipsarum proiciendo, et implendo dictum putheum doliis, archis et ceteris ejusdem domus utensilibus; domunculas eciam supra duos dictarum domorum putheos edificatas destruendo, cornua cervorum, ad decorem alterius de dictis domibus affixa parietibus, avellendo et avulsa in putheum prohiciendo, pontem alterius domorum predictarum destruendo, portas frangendo; et hiis tam enormibus non contenti, ad duo molendina dictorum religiosorum accedentes, in multis suis partibus, ea cum ensibus et securibus destruxerunt, et de malo procedentes in pejus, bubulcos ipsorum religiosorum, arantes in terris eorumdem, cum baculis et calcaribus usque ad effusionem sanguinis verberarunt; duorum boum qui ad aratrum erant inibi alligati musellos, manu et ense propriis, idem miles, militaris condicionis inmemor et bruti animalis innocenciam non considerans, amputavit : Inquesta igitur super premissis de nostro facta mandato, ad nostram curiam reportata, ac diligenter visa, compertoque liquido per eandem dictum militem predictos excessus, ut premittitur, commisisse, per curie nostre judicium, fuit idem miles prefatis religiosis, pro injuriis, violenciis et excessibus sibi factis ac suorum estimacione dampnorum, in mille libris, et nobis pro emenda, in mille libris Turonensibus condempnatus; et, per idem curie nostre judicium, fuit dictum quod Guillelmus de Plancha, Guillelmus Renardi, dictus Giroart, qui, in premissis maleficiis perpetrandis, eidem militi auxilium opemque tulerunt et specialiter Johannes Larmeurier, ejusdem militis domesticus, qui in dicta ecclesia, monachum ipsius monasterii usque ad effusionem sanguinis de pugno percussit, Parisius, adducentur in Castelleto, carceri mancipandi, et ibidem, quousque excessus predictos competenter emendaverint, detinendi; et, quia in articulis religiosorum ipsorum de pluribus debatis que iidem religiosi, cum predicto domino, habent, racione justicie et jurisdicionis sue et debitorum ac legatorum que petunt ab ipso domino, mencio habetur, et super hiis, virtute dicte commissionis, non potuit judicium eis reddi, predicti religiosi jus suum in predictis, coram ballivo Turonensi vel coram alio deputando a nobis, si voluerint, prosequentur.

Jovis ante Penthecosten.

M. G. de Usco reportavit.

LXXXI. Cum Raymundus le Camus, de mandato magistri Yvonis de Laudunaco, clerici, et Johannis Roberti, militis nostrorum, tamquam bannitus de regno nostro, pro suspicione plurium criminum, tandem captus in nostro carcere de Emeto teneretur per Bernardum de Podio-Acuto, bajulum nostrum de Emeto, dictus Raymundus a dicto carcere evasit, eundem carcerem violando; post hoc dicti magister Yvo et miles predictum Bernardum, pro suspicione dicte evasionis, captum fecerant in nostra prisione teneri; qui Bernardus super facto hujusmodi finavit, cum predictis magistro Yvone et milite, ad quadringentas libras Turonenses nobis dandas; quibus mediantibus, dictus Bernardus fuit a dicto carcere liberatus; quo sic liberato, idem bajulus postea nobis, conquerendo, monstravit quod ipse a dicta financia, ad nos legitime appellavit, et quod ipse compulsus fuit, per justum metum et per violenciam prisionis ad faciendum financiam predictam; de quibus mandavimus inquiri, vocatis partibus, veritatem : Factis igitur informacione, contra dictum Bernardum, super suspicione evacionis dicti Raymundi, et inquesta super querimonia dicti Bernardi, et ad nostram curiam asportatis, auditisque super eis partibus antedictis, precepit nostra curia quod viderentur dicte informacio et inquesta, ut per eas sciretur si dictus Bernardus a dicta financia appellavit, et si ipse, per violenciam, compulsus fuit ad faciendum financiam predictam : Visis igitur informacione et inquesta predictis, quia non est per eas inventum quod dictus Bernardus super hoc appellaverit nec quod per violenciam compulsus fuerit ad dictam financiam faciendam, per curie nostre judicium, dictum fuit quod contra eundem Bernardum execucioni mandabitur financia predicta.

Jovis ante Penthecosten.

Mangon reportavit.

LXXXII. Cum, ex parte Petragoricensis episcopi hominumque burgi d'Alamans ac procuratoris nostri senescallie Petragoricensis, nec non Nicasii de Ursino, servientis nostri, nobis fuerit, conquerendo, monstratum quod Gaufridus de Ponte, dominus Riberiaci, domicellus, predicto episcopo cuidem presbitero, ejus subdito, et aliis supradictis personis plures violencias, injurias, excessus, dampna et res-

cussas fecit, ac eciam dictum episcopum turbavit in possessione alte
et basse justicie burgi d'Alamans, in qua dictus episcopus et sui predecessores sunt, ut dicitur, et fuerunt pacifice a tempore a quo memoria hominum in contrarium non existit; nos vero, de predictis excessibus et inobedienciis, vocatis evocandis, inquiri mandavimus
veritatem; facta igitur super hiis inquesta et ad curiam nostram reportata, visa et diligenter examinata, quia repertum est per eam sufficienter probatum quod dictus Gaufridus, dominus Riberiaci, Geraldum de Bono-Fonte, presbiterum, cepit, et in vilissimo carcere posuit
et intrusit, necnon, post provocaciones et appellaciones a dicto episcopo et hominibus suis burgi d'Alamans ad nos interjectas, ne dictus
Gaufridus predictum episcopum in saisina justicie alte et basse dicti
burgi, in qua erat, ut dicebat, solus et insolidum, impediret, nec hominibus dicti burgi aliquas violencias inferret, dictoque episcopo, in
speciali garda nostra existente in persona et omnibus bonis suis, ac
Nicasio de Ursino, serviente nostro, super hoc, per senescallum nostrum Petragoricensem, specialiter gardiatore ipsi episcopo deputato,
qui Nicasius, serviens noster, predicta dicto Gaufrido notificaverat, et
sibi, auctoritate nostra, inhibuerat, sub omni eo quod posset nobis
forisfacere, ne predictis episcopo et hominibus in ipsorum prejudicium aliquid attemptaret, quodque dictus serviens noster predictum
Gaufridum citaverat ad assisiam senescalli nostri Petragoricensis pres-
titurum assecuramentum preposito et hominibus prefati burgi d'A-
lamans, et ex habundanti, iterato inhibuerat eidem ne dicto episcopo
et gentibus suis aliquid forisfaceret; quibus omnibus spretis, dictus
Gaufridus, in prejudicium garde nostre, plures homines et habitantes
dicti burgi d'Alamans cepit et incarceravit et in vilissimo carcere re-
trudit. Item, predictis non contentus, dictus Gaufridus ad predictum
burgum d'Alamans accessit, et ibidem intravit per violenciam, frangendo portas dicti burgi, cum multitudine hominum armatorum,
non obstante eciam quod dictus serviens noster ibidem presens, dicto
Gaufrido, auctoritate nostra, inhiberet hoc eidem, quantum posset.
Item, quod dictus Gaufridus, mala malis accumulans, dicto episcopo

ibidem presente et pontificalibus induto, cum mittra, croça et sancte
crucis vexillo, inhibente dicto Gaufrido, ex parte Dei et nostra, ne
ipsi, ecclesie sue nec hominibus d'Alamans aliquas injurias vel novitates faceret, dictus Gaufridus multa opprobria dixit eidem episcopo
et pluries ipsum fuit dementitus, ac eciam dictus Gaufridus ita impetuose transivit inter dictum episcopum et quemdam sacerdotem qui
eum sustinebat quod fere ambo ad terram ceciderunt, et cecidissent
nisi astantes ipsos sustinuissent et juvassent, et quod existentes cum
dicto Gaufrido plures sagittas et quarrellos contra habitantes dicti
burgi projecerunt, et quod dictus Gaufridus assisias ibidem tenere
attemptavit. Item, quod dictus Gaufridus Guillelmum de Philhaco,
quem dictus Nicasius, serviens noster, ceperat apud Riberiacum, de
mandato senescalli nostri Petragoricensis, tanquam debitorem nostrum fugitivum, rescussit eidem, manumque violentam in dictum servientem apposuit, et digitos super oculos servientis predicti fortiter
oppressit, et insuper quod, cum dictus Gaufridus, manu et ore, fuisset
arrestatus per senescallum nostrum Petragoricensem, et sibi preceptum quod iret apud Lausertam tenere prisionem, dictus Gaufridus
hoc facere non curavit, sed inobediens recessit, ac plura alia gravamina, dicto episcopo et gentibus suis et servientibus nostris intulit,
et plures alias inobediencias fecit, jurisdiccionem nostram contempnendo : Quibus omnibus diligenter attentis, per curie nostre judicium, dictus Gaufridus extitit condempnatus personis que sequntur,
in hunc modum : Primo, dicto episcopo, pro predictis injuriis et
dampnis sibi per dictum Gaufridum illatis, in mille quingentis libris
Turonensium parvorum; item, dicto Geraldo, presbitero, in centum
libris Turonensibus; item, dicto Nicasio, servienti nostro, in centum
et quinquaginta libris Turonensibus; item, hominibus et habitantibus
dicti burgi d'Alamans, captis et incarceratis per dictum Gaufridum, in
quinquaginta libris Turonensibus distribuendis inter ipsos per predictum episcopum; item, nobis in duobus millibus librarum Turonensium, pro emenda nostra; et precepit curia nostra quod tota terra
dicti Gaufridi ponatur ad manum nostram et teneatur donec omnia

predicta ad plenum fuerint persoluta, et insuper fuit dictum quod dictus Gaufridus tenebit prisionem firmatam usque ad voluntatem nostram in loco à nobis sibi assignando, et, quando dictus Gaufridus exibit dictam prisionem nostram, ipse statim ibit, recta via, ad dictum episcopum Petragoricensem, ipsi emendam verbalem super predictis injuriis prestaturus, reservavitque curia nostra, per idem judicium, cuilibet dictarum parcium, super justicia dicti burgi d'Alamans, jus suum, tam in proprietate quam in possessione.

Jovis ante Penthecosten.

Decanus de Cassello reportavit.

LXXXIII. Cum ballivus Caletensis assereret villam Sancti-Arnulphi et omnes habitatores ejusdem, tam nobiles quam innobiles, esse de ballivia Caletensi, et se ac predecessores suos esse et fuisse, nomine dicte ballivie, in pacifica possessione exercendi ibidem omnes actus alte et basse justicie, quociens casus se obtulerunt; item, se et predecessores suos predictos esse et fuisse in possessione recipiendi, annis singulis, unum modium avene super habitatores dicte ville, tamquam subditos ballivie supradicte; ballivo Ambianensi contrarium asserente et dicente, nomine Ambianensis ballivie, dictam villam et ejus habitatores esse et fuisse de feodo de Pinquonio, et per consequens de ressorto Ambianensis ballivie, maxime cum ipse et sui predecessores sint et fuerint in possessione exercendi omnem altam et bassam justiciam in villa predicta, tam per se quam per suos servientes, in casibus qui se, preteritis temporibus, obtulerunt; datis igitur a nobis certis commissariis, ad instanciam dictorum ballivorum, nomine balliviarum predictarum, tantummodo ad inquirendum de premissis, cum diligencia veritatem, vocatisque coram ipsis commissariis ballivis predictis, ibidem comparuit vicedominus de Pinquonio, asserens dictos villam et habitatores ejusdem esse et semper fuisse de feodis suis de Pinquonio, et per consequens de ressorto ballivie Ambianensis, seque et suos predecessores ac subditos suos nobiles, in dicta villa habitantes, esse et fuisse in possessione exercendi omnem actum alte et basse justicie, in omnibus casibus que se obtulerunt temporibus retroactis, nomine quo supra, asserens insuper quod ipse opposuit se dicto ballivo Caletensi, quociens ad ejusdem vicedomini pervenit noticiam quod idem Caletensis ballivus nisus fuit ibidem aliquos actus justicie exercere, petens se, ad premissa probanda, recepi seu admitti, et justiciam sibi fieri de eisdem, aliter protestans quod quicquid per dictos commissarios factum fuerit in premissis nullum possit ei prejudicium generare; Caletensi ballivo ex adverso dicente non esse dictum vicedominum super hiis audiendum, cum jam quatuordecim anni sunt elapsi quod dicta villa et habitatores ejusdem, cum omnimoda justicia, palam et publice fuerit, propter debatum solummodo dictorum ballivorum, nominibus quibus supra, ad manum nostram tamquam superiorem posita, sitque adhuc et fuerit continue, a dicto tempore citra in manu nostra, propter debatum predictum, certo a nobis commissario inibi, ad exercendam justiciam et emolumenta levanda et recipienda, nostro nomine, deputato. Item, pro eo quod, in commissione ad inquirendum de premissis facta, nulla mencio de dicto vicedomino habebatur, sed de ballivis tantummodo supradictis; quibus sic propositis hinc et inde, predicti commissarii, mandati fines servare volentes, processum cum dicto vicedomino facere noluerunt, articulos tamen et propositas raciones per eundem vicedominum, in inquesta quam, super premissis, inter memoratos ballivos fecerunt, ad dicti vicedomini instanciam incluserunt, et nostre curie retulerunt, ut quod sibi justum videretur super hiis ordinaret: Visa igitur dicta inquesta inter ipsos ballivos, nominibus quibus supra, de nostro facta mandato, compertoque liquido per eandem, tam per testes quam per confessionem procuratoris ballivi Ambianensis, justiciam altam et bassam dicte ville et habitatores ejusdem ad Caletensem ballivum, racione Caletensis ballivie, pertinere, ipsumque Caletensem ballivum et suos predecessores, tam per se quam per suos servientes, esse et fuisse semper in pacifica saisina exercendi omnimodam justiciam in villa et habitatoribus ejusdem, habendique unum modium avene super habitatores dicte ville, tamquam subditos ballivie Caletensis, per curie nostre judicium, fuit dictum manum nostram, in villa et justicia ejusdem appositam, propter debatum dictorum tantummodo ballivo- rum, quo supra nominibus, amoveri debere, et predictum ballivum Caletensem in saisina exercendi omnimodam justiciam et ressortum in villa et habitatoribus predictis, necnon levandi ab ipsis habitatoribus unum avene modium, tamquam dicte ballivie Caletensis subditis, annis singulis, remanere debere; fuitque, per idem curie nostre judicium, dicto vicedomino jus suum, si quod habet vel habere se credat, pro se et subditis suis, in justicia dicte ville et habitatoribus ejusdem ac ressorto ballivie Ambianensis, reservatum.

Mercurii post Penthecosten.

M. G. de Usco reportavit.

LXXXIV. Mota questione inter consules castri de Petrucia, ex parte una, et Petrum de Ulmo, Hugonem Labas et quamplures alios homines de Tredecim-Ventis dicti castri de Petrucia, ex parte altera, super eo quod dicti consules proponebant, contra dictos Petrum Hugonem et alios homines de Tredecim-Ventis dicti castri de Petrucia, quod ipsi, maligno inducti spiritu, absque nostro, aut alicujus superioris, ex parte nostra, mandato, et absque consensu et sciencia dictorum consulum dicti castri de Petrucia, in eodem castro, extra domum communem dicti loci, clam et occulte, in locum occultum dicti castri de Petrucia conventiculas illicitas, congregaciones, sediciones et monopolia fecerant, creando novos sindicos, preter nostram licenciam et mandatum, aut alicujus alterius, ex parte nostra, et quamplures alios excessus commiserant, in nostri et dictorum consulum dicti castri de Petrucia prejudicium non modicum et gravamen; super quibus mandavimus inquiri veritatem : Inquesta igitur super hiis facta et ad curiam nostram reportata, visa et diligenter examinata, cum per eam non fuerit repertum quod dicti consules de Petrucia, contra dictos Petrum Hugonem et alios homines de Tredecim-Ventis dicti castri de Petrucia probaverint predicta que contra ipsos proponebant, per curie nostre judicium, dicti Petrus Hugo et alii homines de Tre-

decim-Ventis predicti Castri de Petrucia de predictis contra ipsos propositis absoluti fuerunt, et, si ipsi dampna et interesse que, propter
hoc, sustinuerunt petere voluerint contra predictos consules, partibus
auditis, fiet eis, super hoc, justicie complementum.

Mercurii post Penthecosten.

M. Droco de Karitate reportavit.

LXXXV. Mota lite, in curia nostra, inter dominam de Maula, ex
parte una, et Johannem de Insula, clericum, ac ejus fratres, ex altera,
super eo quod dicta domina petebat se tueri in saisina domus de
Plexeyo, de qua dicebat se esse saisitam, proponens consuetudinem
loci in quo sita est dicta domus et locorum vicinorum et specialiter
vicecomitatus Parisiensis, esse talem, videlicet quod, inter nobiles,
mortuo marito, uxor, remanens vidua, habet, cum dote sua, electionem capiendi, pro mancione sua, domum quam voluerit de illis quas
habebat et tenebat dictus maritus suus, tempore quo vivebat; parte
dicti Johannis et fratrum suorum petente manum nostram in dicta
domo appositam amoveri, eamdemque domum sibi in totum deliberari et se defendi in saisina ejusdem; et insuper contrariam consuetudinem proponente, videlicet quod vidua domina non potest eligere, in
casu predicto, sed debet capere et habere manerium principale et illo
debet esse contenta : Visa igitur inquesta super predictis, de mandato
nostro, facta, auditisque pluribus racionibus per partem domine predicte propositis, quia non est inventum aliquam dictarum consuetu-
dinum ad plenum esse probatam, per dicte curie nostre judicium,
dictum fuit quod, vocatis partibus predictis et heredibus defuncti mariti dicte domine, qui eidem marito succedunt, ex parte patris sui,
et aliis evocandis qui partem facere voluerint in predictis, plenius
inquiretur veritas de predictis, et quod interim dicta domina per manum nostram in dicta domo remanebit et amovebitur impedimentum,
si quod, per dictos fratres vel alios, eidem super hoc apponatur, pendente causa predicta.

Mercurii predicta.

Mangon reportavit. Adhuc habet iste inquestam.

LXXXVI. Cum, in causa que, coram ballivo Viromandensi, presentibus hominibus curie nostre Montis-Desiderii, Johannes de Falvi,
domicellus, contra Radulphum de Nigella, patruum suum, moverat
super saisina bonorum que quondam fuerunt defunctorum comitis
Pontivi et Johannis, ejus primogeniti, patris dicti domicelli fratrisque dicti Radulfi, dictus Radulphus, inter cetera, proposuisset quod
ipse, dicto comiti, tamquam ejus filius, secundo genitus, in bonis suis,
pro certis porcionibus, secundum patrie consuetudinem, successerat,
videlicet in quinta parte feodorum Viromandie, et in tertia parte feodorum Belvacinii, et in media parte aliorum bonorum censualium
ubicumque existencium, et quod ipse, post obitum dicti comitis, fuerat in saisina bonorum predictorum pro porcionibus antedictis, ac
ex eisdem fructus et exitus, vivente et sciente dicto fratre suo, perceperat et habuerat, ac eciam, post obitum dicti fratris sui, in saisina
bonorum predictorum pacifice remanserat; quare dicebat se, in dicta
saisina, per predictum ballivum, debere teneri et conservari, et petitio-
nem quam super predictis dictus domicellus fecerat non esse faciendam; et lite contestata super pluribus factis contrariis, propositis hinc
et inde, nullis probacionibus super hiis auditis, dicti ballivus et homines judicatum suum tulissent, pro dicto domicello, contra Radulphum predictum, et a dicto judicato, tamquam falso et pravo, dictus
Radulphus ad nostram curiam appellasset, et, in parlamento nostro,
quod fuit anno Domini millesimo trecentesimo nono, dictum fuisset
predictos ballivum et homines male judicasse, et dictum Radulphum
bene appellasse, et quod dictum judicatum non mandaretur executioni, deinde, virtute dicti ultimi judicati, dictus Radulphus peteret,
dictorum bonorum nunc occupatorum, ut dicebat, per dictum ne-
potem suum, saisinam pro dictis porcionibus sibi deliberari cum fructibus inde perceptis; et dictus nepos e contrario peteret dictorum
bonorum sibi fieri ostensionem, et, auditis hinc inde propositis, viso
eciam judicato predicto, per arrestum nostre curie, dictum fuisset

quod, virtute dicti judicati, predicto Radulpho non deliberaretur saisina quam petebat, et quod dictus nepos diem ostensionis super hoc
non haberet, immo deputaret curia nostra certos auditores qui statim
et de plano, vocatis partibus, inquirerent veritatem de saisina et occupacione predictis per dictum Radulphum propositis, necnon et de
saisina dicti nepotis et temporibus saisinarum et occupacionis predictarum, et quicquid invenirent ad nostram curiam remitterent, in parlamento presenti; quare mandavimus magistro Martino de Creponio,
clerico nostro, ut, super predictis, vocato secum in Viromandia aliquo
probo viro, et in Belvacinio quodam alio neutri suspectis parcium predictarum, vocatis evocandis, super predictis inquireret, cum diligencia veritatem, et inquestam, super hoc factam, ad nostram curiam remitteret judicandam; dictus vero commissarius et Odardus Quenart,
burgensis Montis-Desiderii, quem ad hoc secum vocavit de consensu
parcium predictarum, de predictis inquisiverunt, vocatis partibus, veritatem, et inquestam super hoc factam ad nostram curiam remiserunt: Auditis igitur dictis partibus et visa inquesta predicta, quia repertum est quod dictus Radulphus, quantum ad feoda in Viromandia
existencia et quantum ad census ubicumque existentes, que quondam fuerunt comitis antedicti, tempore quo decessit, pro porcionibus antedictis, suam intencionem probavit, per curie nostre judicium, dictum fuit quod dicto Radulpho quinte partis feodorum
Viromandie et medietatis omnium censivarum seu censuum ubicumque existencium, de quibus decessit saisitus comes predictus,
deliberabitur saisina, et eidem adjudicavit curia nostra predictorum
saisinam una cum fructibus et exitibus inde perceptis a tempore litis
mote, et, si dictus Radulphus, in predictis feodis Belvacinii, jus
suum prosequi voluerit, curia nostra, vocatis partibus, faciet eidem
quod fuerit racionis.

Mercurii post Penthecosten.

R. de Sancto-Benedicto reportavit.

LXXXVII. Cum, super justicia terre de Moleriis et de Podio-Corneti, inter procuratorem nostrum senescallie Petragoricensis, ex una parte, et Ratherium et Bertrandum de Calceata, fratres, ex altera, questio verteretur fuissetque justicia predicta, propter debatum parcium, ad manum nostram, tamquam superioris posita, dicentibus dictis fratribus se, tempore apposicionis manus nostre et ante, esse et fuisse in possessione pacifica justicie predicte, petentibus ante omnia de hac incidenti questione cognosci, et dictam manum nostram antequam, super dicto principali negocio, tenerentur procedere, amoveri, dictumque fuisset, per arrestum curie nostre, de dicta incidenti questione primo cognosci debere, suspensa medio tempore cognicione super dicto negocio principali : Datis igitur a nobis certis commissariis super dicta incidenti questione, factaque per eos inquesta super eadem questione et ad nostram curiam de nostro asportata mandato ac diligenter visa, quia per eam liquido compertum est dictos fratres, tempore apposicionis manus nostre, esse et ante fuisse in pacifica saisina justicie predicte, per curie nostre judicium, fuit dictum quod manus nostra de dicta justicia amovebitur, sub caucione ydonea, secundum tenorem arresti per curiam nostram facti, et predictis fratribus, in saisina dicte justicie, interim remanentibus, super dicto principali negocio procedetur, et renovabitur commissio super eo, certis commissariis super hoc deputandis a nobis, quibus dabitur in mandatis quod compellant dictos fratres litteras et instrumenta contractus habiti inter comitem Petragoricensem et ipsos super translacione juris quod habebat idem comes in justicia predictorum locorum, procuratori nostro predicto, juxta fisci privilegium, exhibere ; quod si facere recusaverint dicta justicia ad manum nostram statim, nulla alia cause cognicione premissa, reponetur, nec ulterius procedetur in negocio principali, donec dicta instrumenta eidem procuratori nostro exhibuerint et de hujusmodi sua contumacia prius satisfecerint competenter.

Mercurii post Penthecosten.

M. G. de Usco reportavit.

LXXXVIII. Cum, ex parte religiosorum virorum abbatis et conventus monasterii Sancti-Benedicti Floriacensis, in nostra speciali garda existencium, nobis, conquerendo, monstratum fuisset quod Philippo- tus et Guiotus de Mangecourt, fratres filii Guillelmi de Mangecourt, militis, plures injurias ac violencias in personis et rebus monasterii supradicti intulerunt eisdem, postquam idem miles, in judicio, coram preposito nostro de Castro-Novo super Ligerim, ipso milite et ejus filiis specialiter coram ipso preposito adjornatis, ad instanciam procu- ratoris dicti monasterii, ad prestandum assecuramentum de se et suis dictis religiosis et personis ac bonis ipsorum, promisisset expresse, et supra se specialiter cepisset quod nec dictus miles nec ipsius filii dictis religiosis seu personis aut bonis ipsorum forisfacerent, et hoc eciam, ex parte nostra, per dictum prepositum fuisset inhibitum eis- dem specialiter et expresse, sub pena corporis et averi; et postquam, ipsis scientibus, dictus prepositus noster predictos religiosos, una cum eorum rebus et personis, posuit in speciali garda nostra, certis com- missariis mandavimus ut ipsi, vocatis partibus, super predictis inqui- rerent cum diligencia veritatem, ipsi autem inquestam super hoc per eos factam ad nostram curiam remiserunt; tandem, visa dicta inquesta, tam propter mortem dicti militis, hoc pendente negocio, sicut ac- cepimus, defuncti, quam propter alios ipsius inqueste defectus, certis aliis commissariis mandavimus ut defectus dicte inqueste supplerent, et super premissis omnibus et singulis ac super omnibus circunstan- ciis premissorum seu dependentibus ab eisdem inquirerent, vocatis evocandis, cum diligencia veritatem; qui, factam per eos super hiis in- questam, ad nostram curiam remiserunt : Qua visa et diligenter ins- pecta, cum per eam sit repertum quod dictus Philippotus de Man- gecourt in armis et equis, una cum quibusdam sibi associatis, fratrem Johannem Jeudi, monachum monasterii supradicti, verberavit crude- liter, et de equo suo ad terram cadere fecit et dictum equm sibi ab- stulit et secum duxit; item quod dictus Guiotus, frater dicti Philip- poti, nemora dictorum religiosorum pluries et cum armis usque ad valorem quinquaginta librarum, in prejudicium dictorum religioso- rum et contra nostras prohibicionem et gardam supradictas, dampni-

ficavit, per curie nostre judicium, dictus Philippotus in quinquaginta
libris, dictis religiosis, pro injuriis predictis, et in triginta libris, pro
valore dicti equi, et nobis, pro emenda nostra, in centum libris Turonensibus; dictus eciam Guiotus, predictis religiosis, pro dictis dampnis
suorum nemorum, in quinquaginta libris et nobis, pro emenda nostra,
in centum libris Turonensibus condempnati fuerunt.

Mercurii post Penthecosten.

Mangon reportavit.

LXXXIX. Lite mota inter decanum et capitulum ecclesie Sancti-
Florentini de Roya, ex parte una, et majorem, juratos et scabinos
commune de Roya ac castellanum dicti loci, ex altera, super eo quod
dicti decanus et capitulum dicebant quod, in terra sacra eidem ecclesie contigua et sita circa dictam ecclesiam et ad eandem ecclesiam
pertinente, videlicet in loco qui vocatur Cavetum Sancti-Florentini,
cum circuitu contiguo eidem et circa appenticia contigua eidem ecclesie et injuncta, terram que inter columpnas sive pileria de novo
edificata in dicta ecclesia, dicti major, jurati, scabini et castellanus de
Roya placita tenere, mercaturas et alia illicita exercere dicuntur et
plura alia per que divinum servicium in dicta ecclesia multipliciter
impeditur, quare petebant pronunciari predicta loca pertinere ad ecclesiam predictam et esse de appendiciis et pertinenciis ecclesie supradicte; dictis majore, juratis, scabinis ac castellano contrarium
asserentibus et plura ad sui defensionem proponentibus coram commissariis per nos ad hoc deputatis, qui, cognito de premissis, causam
instructam super hoc curie nostre remiserunt judicandam: Visis igitur
inquesta et processu super hoc factis et diligenter examinatis, per
curie nostre judicium, fuit dictum premissa superius specificata pertinere ad dictam ecclesiam de Roya, predictis majori, scabinis, juratis
ac castellano de Roya, super hiis que in dictis locis asserebant se habere, perpetuum silencium imponendo,

Mercurii predicta.

Greci reportavit.

XC. Lite mota, in curia nostra, inter comitem Drocensem, ex parte una, et Petronillam de Soliaco, comitissam Drocensem, ex altera, super eo quod dictus comes petebat pronunciari molendina de Cahen et de Laleu pertinere et pertinere debere ad ipsum comitem, virtute partis de Doumart acceptate per dictum comitem contra predictam comitissam, et super hoc quod idem comes petebat pronunciari et declarari homagia feodorum de Cayeus et d'Arennes adhuc dividenda esse inter eosdem; dicta comitissa dicente in contrarium quod, racione dotis seu dotalicii sui et virtute divisionis facte inter ipsum et comitem supradictum, ad ipsam pertinebant predicta, racione partis sue Sancti-Walerici: Inquesta super hoc, de mandato curie nostre, facta et ad judicandum curie nostre reportata, visa et diligenter examinata, per curie nostre judicium, fuit dictum quod dicta molendina, virtute partis sue predicte de Doumart, ad dictum comitem pertinebunt, et quod dicta homagia de Cayeus et d'Arennes ad ipsam comitissam debent pertinere, racione sue dotis et partis sue predicte, hoc salvo eidem comitisse, secundum protestacionem ab ipsa alias in judicio factam, quod ipsa possit conqueri de lesione sive decepcione, si videat se fuisse lesam vel deceptam in divisione seu partagio de predictis facto inter ipsam et comitem supradictum, non obstante presenti judicato.

Mercurii post Penthecosten.

Creci reportavit.

XCI. Cum prior de Amiliano conquereretur de quadam arbitrali pronunciacione per magistrum Guillermum de Dumis, canonicum Bituricensem, clericum nostrum, inquisitorem in senescallia Ruthenensi deputatum a nobis, facta super patronatu ecclesie de Amiliano, virtute cujusdam compromissi in eum facti per procuratorem Ruthenensem, consules de Amiliano, et priorem predictum, dicens idem prior se nunquam super hoc in eum compromisisse, requirens id quod per dictum clericum nostrum super hoc factum est, tamquam nullum totaliter revocari, et custodes in bonis suis, propter

hoc, appositos, amoveri, et dampna que propter hoc sustinuit sibi resarciri; dicto magistro Guillermo plures raciones in contrarium proponente : Tandem, auditis hinc inde propositis et visis litteris et processibus curie nostre a dictis partibus exhibitis hinc et inde, curia
nostra, quantum ad ipsam pertinet, processus omnes et pronunciacionem per dictum inquisitorem, virtute dicti compromissi, super hoc
factos totaliter anullavit, salvo jure tam in possessione quam in proprietate dictarum partium super patronatu predicto, prout erat tempore facti compromissi predicti, et precepit custodes, propter hoc appositos in bonis dicti prioris, ex nunc amoveri et dampna, sibi per hoc
illata, ex integro resarciri eidem per illum qui apposuit seu precepit
apponi custodes predictos.

Mercurii post Penthecosten.

M. G. de Usco reportavit.

XCII. Cum, dudum orta questione, coram preposito Parisiensi,
inter nos, ex una parte, et abbatem et conventum Sancte-Genovefe
Parisiensis, ex altera, racione quarumdam furcharum per dictos religiosos erectarum in territorio de Soysi et de Galie, per eundem
prepositum diructarum, necnon saisine justicie locorum predictorum
et pertinenciarum eorumdem, per dicti prepositi judicium dictum
fuisset nos remanere debere in saisina justicie latronis et superioris
justicie in dictis locis et eorum pertinenciis, et quod dicta loca et eorum pertinencie, in predictis casibus, remanebunt sub justicia castellanie Castri-Fortis, salva super hoc questione proprietatis dictis religiosis, quodque dicti religiosi remanebunt in saisina basse justicie
subtus latronem in locis predictis, salva nobis in hujusmodi questione
proprietatis, et deinde, ad requisicionem dictorum religiosorum, nos
quamdam informacionem fieri mandavissemus super jure proprietatis
quod se habere dicebant dicti religiosi in predictis, quorum saisina
nobis fuit, ut premissum est, adjudicata dicta informacione ad nostram curiam reportata, dicti religiosi instanter requirerent eam judicari : Tandem, visa informacione predicta, per arrestum nostre curie,

dictum fuit quod dicta informacio non judicabitur, cum, per modum inqueste, non fuerit facta, sed si dicti religiosi super proprietate dicte justicie contra nos volunt agere, super hoc, via ordinaria, audientur et fiet jus.

Mercurii predicta.

Decanus de Cassello reportavit.

XCIII. Cum, ex parte prioris de Albigniaco captivo et procuratoris nostri Bituricensis fuisset ballivo Bituricensi, conquerendo, monstratum quod Andreas Bourgois, castellanus domini Graciatensis, plures injurias et violencias eidem priori et ipsius subditis intulerat et manum violentam in persona dicti prioris apposuerat, dicto priore in speciali garda nostra existente, post et contra inhibicionem Simonis Duri, servientis nostri, ad hoc eidem priori specialiter deputati, ballivus Bituricensis de predictis, vocatis evocandis, fecit inquiri diligenter super hiis veritatem; facta igitur super hoc inquesta, dictus ballivus ipsam ad curiam nostram Parisiensem remisit judicandam; auditis vero dictis partibus super hoc in parlamento nostro, per arrestum nostre curie, ex habundanti, certi fuerunt deputati commissarii ad inquirendum, super totali facto predicto, vocatis partibus, veritatem; deinde predictis partibus coram dictis commissariis presentibus, de ipsarum parcium voluntate et assensu, fuit concordatum quod curia nostra inquestam predictam, per commissarios ballivi Bituricensis factam, judicaret, tali habita condicione, de parcium predictarum voluntate, quod, per arrestum faciendum super inquesta antedicta, nullum prejudicium nec eciam emolumentum generabitur nec imponetur domino de Graciaco nec priori predicto, quantum ad justiciam, gardiam et saisinam justicie de Albigniaco captivo; quibus sic factis, dicti commissarii predictam inquestam ad curiam nostram remiserunt: Visa igitur diligenter inquesta predicta, quia repertum est quod predictus Andreas, castellanus Graciatencis, dicto priori de Albigniaco captivo, ipso priore, in garda nostra existente, et post inhibitionem factam ipsi castellano per supradictum servientem nostrum, plura obprobria dixit eidem ac ipsum minatus fuit, necnon quod Belotus et Galetus et quidam alii servientes dicti castellani manus violentas in personam dicti prioris injecerunt, pluribus videntibus et in loco publico, et vestes dicti prioris delaniaverunt, dicto castellano ipsos servientes super hoc advoante et hoc ratum habente ac dicente quod, si cum dictis servientibus tunc fuisset, adhuc pejus dicto priori accidisset; et assisias post predictam inhibicionem tenuit in loco contencioso inter partes predictas; quibus diligenter attentis, per curie nostre judicium, dictus castellanus, predicto priori, in centum libris et nobis in ducentis libris Turonensium parvorum, pro predictis, extitit condempnatus, reservata dictis partibus questione, tam possessionis quam proprietatis, super rebus inter ipsas contenciosis, et mandabitur ballivo Bituricensi quod dictum castellanum compellat ad prestandum dicto priori legittimum assecuramentum, si a dicto priore, super hoc, fuerit requisitus.

Sabbato post Penthecosten.

Decanus Casletensis reportavit.

XCIV. Lite mota, in curia nostra, inter Petrum de Chambliaco, dominum de Ulmis, militem, ex parte una, et Bernardum de Marolio, militem, ex altera, super eo quod dictus Petrus dicebat quod magister Guillermus Bardin escambiavit et nomine puri escambii permutavit cum dicto Petro quamdam domum vocatam de Vaboyn cum omnibus suis juribus et pertinenciis, moventem de feodo dicti Bernardi, de qua domo et ejus pertinenciis dictus magister Guillermus se desaisivit, nomine puri escambii, in manu ballivi dicti Bernardi, pro saisiendo de ipsa dictum Petrum; quam saisinam dictus ballivus, nomine dicti Bernardi et pro ipso, recepit, et eam receptam dicto Petro tradere recusavit indebite et injuste; quare petebat dictum Bernardum compelli ad recipiendum predictum Petrum in fide et homagio suo de domo predicta et ad tradendum sibi dictam domum, cum pertinenciis suis et cum fructibus perceptis et levatis ab ea et ejus pertinenciis, a tempore recusationis supradicte, dicto Bernardo in

Philippe IV,
1310.

contrarium dicente quod, in predicto contractu, precium intervenerat, et sic de consuetudine patrie licebat ei retinere domum predictam, solvendo precium venditionis ejusdem, quam domum, virtute consuetudinis predicte, retinebat: Inquesta igitur super hoc, vocatis partibus, de mandato curie nostre, facta, visa et diligenter examinata, quia dictus Bernardus non probavit in contractu predicte permutationis intervenisse precium, et dictus Petrus probavit dictum contractum purum fuisse escambium, per curie nostre judicium, dictus Bernardus condempnatus fuit ad recipiendum dictum Petrum in fide et homagio suo de domo predicta et ejus pertinenciis, et ad deliberandum eidem dictam domum cum pertinenciis suis et ad restituendum eidem Petro fructus, exitus et proventus levatos et perceptos de dicta domo et pertinenciis ejusdem a tempore denegacionis predicte.

Sabbato post Penthecosten.

Creci reportavit.

XCV. Cum major et jurati Silvanectenses, una cum procuratore nostro, dicerent se ab antiquo fuisse et esse in saisina percipiendi et habendi minagium a quibuscumque personis ecclesiasticis et secularibus granum vendentibus in villa predicta et banleuca ejusdem, quodque in dicta villa granum venditum non potest nec debet mensurari nisi ad mensuram dicte ville duntaxat, et, si ad mensuram alienam mensuretur, dictum granum et mensura hujusmodi tamquam forisfacta nobis et dicte ville, in quantum ad nostrum quemlibet pertinet, debent applicari; unde cum Robertus de Villa-Nova et Reginaldus Penleve, capellani ecclesie Sancti-Frambaldi, Silvanectensis, granum in quibusdam certis domibus dicte ville vendiderint, nec fuerit mensuratum ad mensuram dicte ville, sed ad mensuram alienam, licencia minagiarii dicte ville non petita nec obtenta, petebant procurator et major predicti dictum granum et mensuram predictam nobis et ipsis tamquam forisfactam, prout ad quemlibet nostrum pertinet, applicari et deliberari, ipsosque in saisina percipiendi et levandi minagium in

76.

Philippe IV,
1310.

dictis domibus et a personis antedictis ac aliis ejusdem seu similis condicionis ibidem granum vendentibus conservari, non obstante opposicione seu impedimento capellanorum predictorum: Facta igitur inquesta, de mandato ballivi nostri Silvanectensis, super premissis, ea visa et diligenter examinata, quia commissio dicti ballivi aliam presupponit commissionem de qua non apparet per dictum processum, et quia non apparent aliqua procuratoria in dicto processu, nec etiam fuerunt sufficienter evocati qui debuerunt vocari et quos tangit inquesta predicta, per curie nostre judicium, dictum fuit quod dicta inquesta, tamquam defectiva, non judicabitur, sed certi dabuntur auditores qui, super premissis, vocatis evocandis et illis maxime quos tangit negocium supradictum, inquirent iterato veritatem ad plenum et inquestam eorum remittent ad curiam judicandam.

Sabbato post Penthecosten.

M. Reginaldus de Briençon reportavit.

XCVI. Cum Egidius li Escriniers proposuisset, coram ballivo Viromandensi, contra Riquam la Barbiere de Lauduno, quod ipse, sub spe future muneracionis, confessus fuerat se teneri dicte Rique in decem libris Parisiensibus, ex causa vendicionis potorum et patellarum cupreorum, et quod de hoc dicte Rique fecerat litteram ballivie predicte, quodque dicta Riqua, pretextu obligationis predicte, dicto Egidio promiserat se dictas decem libras in pecunia numerata mutuare eidem; cumque dicta Riqua predictam pecuniam dicto Egidio, ut dicebat, fraudulenter et dolose, nomine dicti mutui, tradere retardaret, immo sibi denegaret, ut ipse dicebat, quare petebat dictam Riquam sibi condempnari ad hoc ut dictam pecuniam sibi mutuaret, vel saltem litteram obligacionis predicte sibi traderet et liberaret, et quod dampna et deperdita que, pro premissis, habuerat, sibi restitueret, dicta Riqua ex adverso proponente et per plures raciones dicente petita ex parte dicti Egidii minime debere fieri, ipsamque ab impeticione predicta ipsius debere absolvi: Facta igitur inquesta super premissis, de mandato ballivi antedicti, et ad nostram curiam asportata,

ea visa et diligenter examinata, per curie nostre judicium, dictum fuit
quod dicta Riqua dictam litteram obligacionis predicto Egidio reddet
et restituet, vel saltem litteram quitacionis faciet eidem de premissis,
quodque dicto Egidio, pro ipsius dampnis et deperditis, viginti libras
Turonenses, quas ipse juravit, et nobis centum libras Turonenses,
pro emenda premissorum, persolvet.

Sabbato post Penthecosten.

Thibotot reportavit.

XCVII. Lite mota, coram ballivo Ambianensi, inter majorem et
scabinos Sancti-Audomari, ex parte una, et majorem et scabinos de
Gravelingnes ac Galterum, ballivum de Bourbourc, ex altera, super eo
quod dicti major et scabini de Gravelingnes ac Galterus predictus,
tunc ballivus de Bourbourc, violenter ceperant plura bona hominum
quorumdam ville Sancti-Audomari et plures injurias, dampna et violencias eisdem intulerant, que dampna et injurias sibi petebant restitui et nobis emendari; dictis majore et scabinis et ballivo de Bourborc
premissa negantibus et plura, ad sui defensionem, proponentibus :
Inquesta igitur super hoc, per dictum ballivum, facta et ad judicandum curie nostre reportata, visa et diligenter examinata, quia inventum est dictos majorem, juratos et scabinos ac ballivum de Bourbourc
plures inobediencias contra nos fecisse; quia etiam inventum est
quod, duobus juratis et duobus scabinis Sancti-Audomari, in salvo
conductu nostro existentibus, sub custodia cujusdam servientis nostri
qui eos duxit apud Gravelingnes, causa repetendi bona sua, et quibus
dicti major et jurati de Gravelingnes securitatem eundi et redeundi
ad eosdem prestiterant, et dum ipsi una cum dicto serviente redirent
de Gravelingnes, eundo versus Sanctum-Audomarum, in quadam navicula, dictus ballivus de Bourbourc, cum multitudine armatorum,
tam equitum quam peditum, cum arcubus et balistis, invaserunt eosdem in tantum, quod, timore mortis, necesse habuerunt reverti ad
dictum ballivum de Bourbourc; quos dictus ballivus ejecit a dicta
navicula per spatulas violenter, et contra prohibicionem servientis

nostri, et eos duxit seu duci fecit in prisionem, per curie nostre judicium, dicti major, scabini et jurati de Gravelingnes in quingentis libris Turonensibus nobis et dictus Galterus, ballivus de Bourbourc, in centum libris dictis juratis et scabinis Sancti-Audomari, pro injuria sibi facta, et in mille libris Turonensibus nobis, pro emenda excessuum predictorum, condempnati fuerunt.

Sabbato post Penthecosten.

Creci reportavit.

XCVIII. Lite mota, in curia nostra, inter majorem et scabinos ville de Gravelingnes, ex parte una, et majorem, scabinos et habitatores ville Sancti-Audomari, ex altera, super eo quod dicti major et scabini de Gravelingnes dicebant se esse in saisina capiendi certam redibenciam seu constumam super burgensibus ville Sancti-Audomari et commorantibus in dicta villa, et eos gagiandi, si solvere dictam redibenciam seu costumam recusarent, racione seu occasione mercaturarum suarum quas faciunt, ducunt seu reducunt, suscipiunt seu deponunt in dicta villa de Gravelingnes, transeundo per haveum, portum, seu portitum dicte ville, seu per alium locum, per mare, per aquam, seu per terram, et, quia, a quibusdam de Sancto-Audomaro, dictam redibenciam seu costumam solvere nolentibus, gagia seu pecuniam, racione dicte costume, acceperant, que ad manum nostram, ad requestam illorum de Sancto-Audomaro, fuerant apposita, petebant manum nostram a dictis gagiis seu pecunia amoveri, et ea sibi reddi, eosque teneri et servari in sua saisina supradicta; parte adversa contrarium asserente et ad hoc plures raciones, tam de jure quam de facto, proponente : Visa igitur inquesta super hoc, de mandato nostro, facta et diligenter examinata, quia, per dictam inquestam, constat majorem et scabinos de Sancto-Audomaro intencionem suam probasse melius quam partem adversam in predictis, dictum fuit per curie nostre judicium, quod habitatores et commorantes in villa Sancti-Audomari et in communitate dicte ville remanebunt in saisina ducendi et reducendi mercaturas suas per villam de Gravelingnes et territorium dicte ville, accedendo ibidem, seu per terram, seu per mare, libere absque solucione constume, exactionis seu alicujus alterius servitutis, et quod gagia sua seu pecuniam, propter hoc capta, amota manu nostra, sibi libere restituentur, reservata tamen, in premissis, majori et scabinis ville de Gravelingnes questione proprietatis.

Sabbato post Penthecosten.

M. H. de Sancto-Paulo reportavit.

XCIX. Mota lite, in curia nostra, inter ducem Burgundie, ex parte una, et procuratorem nostrum ballivie Matisconensis, pro nobis, ex altera, super eo quod dux ipse asserens se esse et ejus patrem, ducem Burgundie, tempore quo vivebat, fuisse in saisina ressorti terre de Charollois, de Uxellis, de Brancion et terre domini de Luzi, conquerebatur de ballivo Matisconensi, quia manum nostram apposuerat in dicto ressorto de novo et injuste, ut dicebat, turbando ipsum ducem in sua saisina predicta, quare petebat dictam manum nostram et impedimentum predictum amoveri, ipsumque tueri in saisina predicta; dicto procuratore nostro, pluribus racionibus, contrarium asserente, super predictis, auditis partibus, mandavimus, per certos commissarios, veritatem inquiri : Facta igitur inquesta super predictis, eaque diligenter visa, quia repertum est per eam ipsum ducem intencionem suam melius quam dictum procuratorem nostrum probasse, super saisina ressorti terre de Charrolais, de Brancion et terre domini de Luzi, scilicet castri de Borbonio Lanseis et de Saumur en Briennois, per dicte curie nostre judicium, dictum fuit ipsum ducem in saisina ressorti dictarum terrarum remanere debere dictamque manum nostram debere inde amoveri, fuitque, per idem judicium, amota dicta manus nostra de ressorto terrarum predictarum, salva nobis, super hiis, questione proprietatis; verum, quia repertum est, per ipsam inquestam, dilectum et fidelem Petrum de Blanasco, militem nostrum, coram dictis commissariis comparuisse, ipsumque asseruisse castrum de Uxellis esse de ressorto nostro inmediate, nosque esse in saisina dicti ressorti, articulosque super dicta saisina, tam

pro se quam pro nobis traditos fuisse coram dictis auditoribus, et se
ad probandum eos obtulisse, ipsumque, de mandato nostro, pro certis nostris negociis, se ad partes alias transtulisse, testibus super hoc,
pro jure nostro et suo, per eum non productis, dictum fuit, per idem
judicium, quod dicta manus nostra in dicto ressorto de Uxellis posita
remanebit, sicut prius erat, et quod probationes dicti militis, pro suo
et jure nostro, super hoc recipientur, dictis processu et attestacionibus testium nostrorum et dicti ducis super dicto ressorto de Uxellis
habitis in statu in quo sunt interim remanentibus et pro parte pro
qua valere debebunt in decisione dicte cause valituris, et quantum
ad hoc renovabitur commissio.

Sabbato post Penthecosten.

Mangon reportavit.

C. Cum nos dudum dilecto et fideli nostro R., tunc duci Burgundie, cambellano Francie, quicquid habebamus et habere potera-
mus quacumque racione vel causa, in villa de Coulchis et ejus pertinenciis, cum omnimoda alta et bassa justicia, donassemus, et specialiter
gardam prioris et prioratus dicte ville, retentis nobis in predictis
feodo et ressorto et salvo jure quolibet alieno, sicut in nostris litteris,
super hoc confectis, plenius continetur, hominibus dicte ville super
hoc postea se opponentibus et dicentibus dictam donacionem, cum
in eorum, ut asserebant, facta esset prejudicium, non valere, pro eo
quod inclite recordacionis carissimus genitor noster Philippus, Dei
gracia Francorum rex, eos, sub certo tenore, in suis garda, protectione et salvamento susceperat, certis ac perpetuis redditibus super dictos homines sibi assignatis, et, propter hoc, eidem solvendis
ab hominibus predictis et eorum successoribus, certa die, hoc acto
specialiter, in suscepcione predicta, quod garda, protectio et salvamentum predicta, ab eodem sub dicto tenore suscepta, nequaquam
extra manum regiam poni possent, sed in eadem manu regia perpetuo remanerent, duce predicto, multis racionibus, contrarium asserente, et dicente justiciam que ad nos, ex donacione abbatis et con-

ventus Flavigniacensium pervenerat, non obstantibus rationibus ex
adverso propositis, nos in ipsum ducem, titulo donacionis nostre,
de jure potuisse transferre, et deinde, partibus super hoc auditis,
per judicium curie nostre, inter cetera, dictum fuisset villam de Col-
chis, personas et loca potestatis ejusdem ville ballivie Matisconensis
et homines ipsius ville, in nostra speciali protectione, garda et salvamento remanere debere, eorumque franchisias et libertates nos
observare debere et facere observari, predictas eciam gardam, pro-
tectionem, salvamentum et justiciam eorumdem, necnon redditus
qui a predictis hominibus pro premissis nobis debentur, et justiciam
eorumdem extra manum nostram ponere non posse nec potuisse; et
postea, super dicto judicato quedam declaracio, per curiam nostram,
facta fuisset, super quibus iterato conquesti fuerunt multipliciter
homines dicte ville, demum, super debato predicto et super pluribus
expletis supra dictos homines, per predictum ducem et suos justiciando factis, de quibus eciam conquerebant homines predicti, auditis ad plenum dictis partibus, et pluribus factis contrariis hinc inde
propositis, curia nostra, finem volens imponere totaliter liti predicte,
certos deputavit commissarios ad inquirendum, vocatis partibus, et
nostre curie referendum veritatem super totali negocio supradicto;
postmodum articulis dictarum parcium, super hujusmodi totali debato, dictis commissariis ab eisdem partibus traditis et super eis ac
super ceteris in eorum commissione contentis, inquisita per eosdem, vocatis partibus, veritate, et inquesta hujusmodi ad nostram
curiam ad judicandum reportata : Tandem, auditis dictarum partium
racionibus hinc et inde, et visa inquesta predicta et diligenter examinata, visisque litteris ejusdem associacionis facte karissimo progeni-
tori nostro per dictos religiosos, necnon donacionis dicto duci facte
per nos de dicta villa et ejus pertinenciis, visis eciam quodam curie
nostre aresto et ejusdem aresti declaracione subsequta, et examinato
plenius totali negocio supradicto, per curie nostre judicium, dictum
fuit nos justiciam dictorum hominum quamcumque, seu quocumque
nomine censeatur, ad nos, racione dicte associacionis, pertinentem,

a nobis abdicare et in alium transferre, donando vel alias, nullatenus potuisse, sed predictam omnimodam justiciam eorumdem hominum, non obstantibus predictis omnibus ex parte dicti ducis propositis, exhibitis ac visis, debere apud coronam regiam perpetuo remanere.

Actum apud Pontisaram, sabbato post Penthecosten.

M. G. de Usco reportavit.

Huic judicato interfuerunt et in eo consenserunt isti qui secuntur : Archidiaconus Cathalanensis, — Decanus Sancti-Martini Turonensis, — Cantor Aurelianensis, — Prepositus Parisiensis, — Magister Andreas Poicheron, — Magister J. Ducis, decanus Senonensis, subdecanus Pictavensis, — Magister J. de Roya, — Dominus Hugo de Cella, — Dominus Philippus de Bleveau, — Dominus Egidius Acelini, — Dominus J. de Voyssi, — Dominus G. Corteheuse, — Dominus G. de Harecuria, — Dominus Matheus de Tria, — Dominus P. de Volinis, — Dominus J. de Machello, — Dominus H. de Bovilla, — Guillelmus de Hangesto, — Petrus de Dyciaco, — Comes Valesie, — Comes Sancti-Pauli, — Episcopus Constanciensis [1], — Dominus Rex qui presens erat.

Ego Godefridus istam inquestam portavi apud Asnieras, et ipsam, de mandato domini Regis, tradidi domino Thome de Marfontaine, anno trecentesimo decimo nono, circa Penthecosten.

CI. Mota lite, in curia nostra, inter Girardum de Praellis, tunc prepositum Laudunensem, ex parte una, et homines et habitatores de Cathalano, ex altera, super eo quod dictus Girardus dicebat plures injurias eidem, tunc preposito Laudunensi, et suum officium exercenti in villa Cathalanensi, per dictos homines et habitatores fuisse factas, in ipsius Girardi injuriam et dampnum ac nostrum contemptum, quare petebat dictos homines et habitatores tamquam universos, sibi et nobis, propter hoc, condempnari in emendam condignam, procuratore dictorum hominum dicente dictos homines, ut uni-

---

[1] On lit à côté : Si dicti homines sunt libere persone. Le mot *dicti* a été ajouté après coup et on pourrait croire qu'il était destiné à remplacer le mot *si*.

versos, in aliquo super hoc non debere condempnari, cum non fuerit factum universitatis, sed certarum et singularium personarum, ut
dicebat, super quibus mandavimus, per plures commissarios et pluribus vicibus, inquiri veritatem: Facta igitur finaliter, vocatis partibus,
inquesta de predictis, dicteque curie nostre reportata, eaque visa ac
diligenter examinata, quia, per ipsam inquestam, repertum est homines et habitatores predictos universaliter fuisse inobedientes et
rebelles, in non servando ordinacionem nostram super cursu nostre
fortis monete, factam et publicatam in villa predicta, et quod plures
magni ac divites dicte ville se pluries congregarunt, tractantes quo-
modo possent dictam ordinacionem impedire, inducereque populum
ad resistendum gentibus nostris per violenciam, et eciam commo-
vere eundem, ipsorumque tractatum suis operariis recitasse, et eos
ad predicta seu pejora facienda incitasse, ex quibus inobediencia et
rebellione, predicte injurie facte dicto preposito fuerunt subsequte, et
quod divites et magni dicte ville restitisse minoribus dictas injurias
committentibus potuissent, quod facere non curarunt, et quod omnes
divites, mediocres et majores dicte ville, quamquam perciperent seu
possent percipere dicta pericula seu majora evenisse posse, propter
inobedientiam et rebellionem predictas, nunquam tamen a dictis
inobediencia et rebellione recesserunt, immo, cum aliis inobedienti-
bus et rebellibus, in dictis inobediencia et rebellione perseverantes
remanserunt, per curie nostre judicium, dicti homines et habitatores universaliter dicto Girardo in duobus millibus librarum et nobis,
pro emenda nostra, in decem millibus librarum Turonensium condempnati fuerunt.

Sabbato post Penthecosten.

Mangon et Sanctus-Paulus reportaverunt.

CII. Lite mota, in curia nostra, inter Ricardum de Valle, Guillelmum Sefille et Heliam Columbel, mercatores de Cadomo, ex
parte una, et Johannem Tancreti, ex altera, super eo quod dicti
mercatores dicebant Johannem predictum, filium et heredem Ven-

cencii Tancreti, quondam ballivi Constanciensis, per inquisitores contra officiales nostros dicte ballivie a nobis generaliter deputatos, pro facto dicti patris sui, condempnatum fuisse ad reddendum Petro Darcies, habitatorem insularum de Guernesey, ducentas libras Turonenses, a qua condempnacione dictus Johannes non appellavit nec supplicavit infra tempus debitum, ut dicebant, et postea in defectu solucionis dicte pecunie per multum temporis remansit; propter quem defectum, dictus Petrus Darcis, accedens ad gentes regis Anglie, tenentes locum dicti regis in insulis antedictis, procuravit in tantum quod dicte gentes de bonis dictorum mercatorum ville Cadomi triginta tria dolia vini arrestarunt; occasione et causa condempnacionis predicte; quare petebant dictum Johannem condempnari et compelli ad procurandum et faciendum dearrestari predicta triginta tria dolia vini, et ad reddendum dictis mercatoribus omnia dampna et custus quos sustinuerunt et habuerunt, occasione seu causa arresti predicti; dicto vero Johanne in contrarium ad sui defensionem proponente plures raciones, tam de jure quam de facto, quare petebat se absolvi ab impeticione predicta dictorum mercatorum : Inquesta igitur super hoc, de mandato nostro, facta, visa et diligenter examinata, quia constat, per dictam inquestam, quod predictam condempnacionem, per inquisitores nostros predictos contra dictum Johannem factam, tempore dicte arrestacionis, suspenderamus, et ex causa, donec, auditis partibus in curia nostra, utrum juste vel injuste condempnatus fuisset plenius esset discussum, et quia non apparet quod dicti mercatores cum dicto Johanne in aliquo participes vel consortes existant, dictus Johannes ab impeticione predicta dictorum mercatorum fuit, per curie nostre judicium, absolutus, dictis tamen mercatoribus actione et jure suis reservatis contra quoscumque alios in premissis.

Mercurii post Trinitatem.

M. H. de Sancto-Paulo reportavit.

CIII. Cum nobis significatum fuisset quod inter Fratres Predicato-

res et quosdam monachos monasterii de Figiaco mota discordia, racione sepulture cujusdam defuncti qui apud dictos Predicatores suam
eligerat, ut dicitur, sepulturam, dicti monachi, cum eorum complicibus, contra dictos Predicatores insultum fecerunt, et quemdam ex
dictis Predicatoribus vulnerarunt, ita quod infra paucos dies decessit, diceretur que quod dicti monasterii abbas culpabilis erat in hujusmodi, et eciam negligens in puniendo monachos suos culpabiles de predictis; nos, ad tanti excessus punicionem, quantum ad nos
pertinet, volentes procedere, mandavimus super premissis, vocatis
partibus, veritatem inquiri : Visa igitur inquesta super hiis de mandato nostro facta, visisque excusacionibus ex parte dicti abbatis super
hoc propositis, per curie nostre judicium, dictum fuit non apparere
per inquestam predictam dictum abbatem super hoc in culpa vel né-
gligencia fuisse, quodque, pro facto predicto, curia nostra, pro se
vel pro parte, nullam emendam levari faciet ab abbate predicto, sed
quia, per dictam inquestam, compertum est quosdam clericos,
tam religiosos quam seculares, in hujusmodi deliquisse, super hoc
curia nostra cognicionem et punicionem ordinariis judicibus eorum
dimisit.

Sabbato post Penthecosten.

CIV. Super saisina mensurarum ville de Guiencourt moto debato
inter dominum de Guiencourt, ex una parte, et procuratorem domini Regis, ex altera, auditis partibus, et visa apprisia super hoc
facta necnon littera super hoc, ex parte dicti domini, producta, per
arrestum nostre curie, dictum fuit quod dominus Rex remanebit in
saisina mensurarum predictarum, salva, super hoc, dicto domino,
questione proprietatis.

Actum Parisius, sabbato post Brandones, anno decimo.

CV. Visa inquesta contra Huetum de Bauceio, domicellum, et
ejus fratres et complices, facta secundum tenorem judicati novissime
preteriti parlamenti, super estimacione dampnorum per eos illatorum

Guidoni Odardi, militi et Aymerico, ejus nepoti, curia nostra dicta dampna taxavit ad quingentas et decem libras sex solidos Turonenses, et dictos fratres condempnavit ad solvendum dictam pecunie quantitatem, pro dampnis hujusmodi, militi et Aymerico predictis, prestito prius ab eis juramento de quantitate predicta. Dicti vero miles et nepos, in curia presentes, statim dicta dampna sua juraverunt usque ad quantitatem predictam et ultra.

Sabbati predicta post Brandones, anno decimo.

CVI. Cum inter Jacobum de Chartaut, ex una parte, et Johannem Prepositi de Castro-Nanthonis, ex altera, questio verteretur, in nostra curia, super eo quod dictus Jacobus duo paria litterarum, sigillo Castelleti Parisiensis sigillatarum; priores videlicet super debato duorum millium nogentarum et triginta trium librarum sex solidorum et octo denariorum Parisiensium, ex venditione nemoris; secundas vero, super debito duorum millium librarum Parisiensium, ex causa mutui, contra predictum Johannem petebat executioni mandari; dicto Johanne, ad sui defensionem, e contrario proponente quod ipse, de predictis summis omnibus, integram satisfactionem fecerat eidem vel ejus certo mandato, et quod, per compulsionem justiciariorum domini Regis, ipse solverat eidem magnam pecunie summam ultra debitum in quo ipse dicto Jacobo poterat teneri racione premissorum; quam summam excedentem sibi reddi petebat, ipso in residuo absoluto : Tandem, auditis hinc inde propositis, et inquisita super predictis, vocatis partibus, plenius veritate, visaque inquesta predicta, curia nostra predictum Johannem a totali debito, in predictis duabus litteris contento, penitus absolvit, et condempnavit dictum Jacobum ad reddendum eidem Johanni duas litteras predictas, et quadringintas et quadraginta novem libras tresdecim solidos et quatuor denarios Parisienses, quam summam, per inquestam predictam curie nostre constitit eundem Jacobum, vel ejus mandatum, racione execucionis dictarum litterarum, plus debito levavisse a Johanne predicto; reservavitque curia nostra dicto Jacobo quod, super misiis et dampnis

que ipse dicit se sustinuisse, propter defectum dicti Johannis in solucione debiti supradicti, quociens de hoc conqueri voluerit, curia
nostra, vocatis partibus et auditis, exhibebit eisdem justicie complementum, salva emenda domino Regi contra Jacobum predictum,
racione facti predicti, ad ipsius domini Regis arbitrium taxanda.
Jovis post Sanctum-Georgium, anno trecentesimo undecimo.
Voyssi reportavit.

CVII. Cum, super quibusdam pecuniarum summis quas Jacobus de
Chartaut a Johanne Prepositi de Castro-Nanthonis, ex certis causis,
pecierat, dicto Johanne solucionem plenariam opponente super hoc,
partibus auditis, testibus receptis, visisque deposicionibus eorumdem
et litteris et instrumentis super hoc a dictis partibus productis, certum judicatum per curiam nostram, in parlamento presenti, latum
fuisset pro dicto Johanne contra Jacobum predictum, et deinde,
dicto Jacobo domino Regi asserente curiam predictam errasse in
compoto dictarum parcium super hoc audiendo, et obtenta licencia
quod iterato raciones ejus super hoc audirentur: Vocatis igitur dictis
partibus, et auditis iterato omnibus que dicte partes hinc inde proponere voluerunt, et deliberacione habita super hiis diligenti, per
arrestum nostre curie, dictum fuit quod, non obstantibus propositis
ex parte dicti Jacobi, predictum judicatum, contra ipsum Jacobum
pro dicto Johanne latum, ratum manebit et firmum, et ex integro
mandabitur execucioni, et quod dictus Jacobus hoc emendabit; cujus
emende taxacionem ad voluntatem domini Regis curia nostra reservavit.

Actum in regali abbacia beate Marie juxta Pontisaram, Jovis ante
Penthecosten anno trecentesimo undecimo.

CVIII. Cum, in causa pendente coram custodibus nundinarum
Campanie, super quadam pecunie quantitate, inter Bernardum d'An-
goissolle, ex una parte, et Johannem Cristo, ex altera, idem Johannes, predicto Bernardo, in nogentis triginta tribus libris et qua-

tuordecim solidis Turonensibus, per dictorum custodum judicium, condempnatus fuisset, et a dicto judicato, tamquam falso et pravo, dictus Johannes, ad dies Trecenses appellasset, magistrique dierum Trecensium super hoc, auditis partibus predictis, per judicatum suum predictorum custodum judicium confirmassent, dictus Johannes, a judicato predicto confirmatorio dictorum magistrorum dierum Trecensium, tamquam a falso et pravo, ad curiam nostram iterato appellavit : Auditis igitur dictis partibus in causa appellacionis predicte, et visis processibus antedictis, per curie nostre judicium, dictum fuit predictos custodes et magistros bene judicasse et dictum Johannem male appellasse, et quod ipse hoc emendabit; et mandabitur execucioni condempnacio predicta.

Actum Parisius, Jovis post invencionem Sancte-Crucis, anno trecentesimo undecimo.

CIX. Cum Arnaldus Margoti, pro quibusdam excessibus sibi impositis, in prisione domini Regis detentus esset, et Ysarnus de Lusegio, Hugo de Manhaco, domicelli, Guilhamonus et Bertrandus de Casellis, fratres, coram inquisitoribus a domino Rege in Petragoricensi senescallia deputatis, cavissent, pro ipso Arnaldo detenendo, salvo arresto, infra civitatem seu villam Caturci, sub pena quinque millium librarum Turonensium, dictique caventes, certa die, postea eundem arrestum personaliter coram dictis inquisitoribus exhibentes, peciissent se liberari a caucione predicta; dictique inquisitores, eodem Arnaldo sic eis exhibito, predictos caventes a dicta caucione quittassent et liberassent, prout per litteras dictorum inquisitorum curie nostre constitit de predictis; deinde procurator domini Regis in senescallia Petragoricensi dictos caventes super caucione predicta quam dicebat fore commissam, traxit in causam, coram locum tenente senescallie Petragoricensis, peticionem faciendo super hoc contra ipsos; quibus dicte peticioni respondere nolentibus, sed ad dominum Regem appellantibus, idem locum tenens, ipsos reputans contumaces, condemnavit eosdem in dicta pena per dictum procuratorem petita; a qua condemp-

PHILIPPE IV,
1310.

nacione, tanquam iniqua, ipsi iterato ad dominum Regem appellarunt: Auditis igitur in causa predicte appellacionis dicto procuratore,
ex una parte, et parte dictorum appellancium, ex altera, visisque litteris et processu predicto, dicti appellantes a caucione predicta et pene
predicte peticione, per curie nostre judicium, absoluti fuerunt.
Dominica ante Ascencionem Domini.

CX. Mota contencione super pluribus articulis inter Guillelmum
de Dompna-Petra, dominum de Sancto-Desiderio, ex una parte, et
Galcherum de Castellione, juniorem, dominum de Dompna-Petra,
milites, ex altera, quorum occasione, dicte partes, invicem inter se
plures invasiones et armorum portaciones ac dampnorum illaciones
fecerunt, eciam contra prohibicionem gencium domini Regis, auditis ad plenum dictis partibus super principalibus questionibus eorumdem, per dominum Regem, in modum qui sequitur, extitit ordinatum, videlicet quod homines abonnati de Sancto-Desiderio et de aliis
locis pertinentibus ad dictum dominum de Sancto-Desiderio, commorantes apud Cathalanum, qui non sunt de tallia nec de manumortua, et quos homines dictus Galcherus ad se dicebat pertinere,
racione assignacionis sibi facte de Cathalano, pro precio ibidem apposito per appreciatores ad hoc deputatos, predicto domino de Sancto-
Desiderio omnino et quitte remanebunt, et quod ceteri homines
tailliabiles de manumortua et foris-maritagio, pro precio in eis posito, remanebunt Galchero predicto, et quod dictus dominus de
Sancto-Desiderio nihil petere poterit a dicto Galchero, racione bonorum, tempore preterito, levatorum per ipsum a dictis hominibus
abonnatis, salva ipsis hominibus super hoc eorum peticione contra
dictum Galcherum, quos homines dictus dominus de Sancto-Desiderio, contra dictum Galcherum in hujusmodi juvare non poterit nec
fovere. Item quod, terra de Vantyaves, quam dicebat dictus dominus
de Sancto-Desiderio non fuisse appreciatam et appreciari requirebat,
dicto Galchero remanebit, pro precio centum sexaginta et undecim libratarum terre. Item, quod homagium de manso Aleram quod

petebat dictus dominus de Sancto-Desiderio, tamquam de feodis de
Sancto-Desiderio, ejus opposicione non obstante, dicto Galchero
remanebit, racione castri de Dompna-Petra. Item, quod de feodo de
l'Escluse et aliorum locorum sitorum in Flandria, pro sciendo ad
cujus homagium dictus Galcherus de hiis debet venire, racione
quinte partis justicie, et per cujus manum ipse debet illud capere,
veritas inquiretur diligenter de consuetudinibus locorum in quibus
site sunt res predicte, et, scita super hoc veritate, dominus Rex,
prout viderit faciendum, super hoc ordinabit, et quod si, in predictis omnibus vel aliquo predictorum, seu eorum occasione, dubium aut debatum aliquod inter dictas partes nunc vel alias oriri
seu moveri contingat, dominus Rex sibi retinet potestatem dicendi,
declarandi et determinandi, pro temporibus et presenti et futuro, super hiis, semel et pluries, prout sibi placuerit, quociens debatum
insurgeret inter partes predictas occasione predictorum, vel alicujus
eorumdem : Visa insuper inquesta super predictis inobedienciis,
dampnis, injuriis et armorum portacione facta, per curie nostre judicium, dictum fuit quod dictus Galcherus, pro dampnis per eum
illatis in molindino de Partes, quadraginta libras Turonenses, et pro
dampnis per eum illatis in domo de Walefracourt domini predicti,
quingentas libras Turonenses eidem domino de Sancto-Desiderio
persolvet; dictusque dominus de Sancto-Desiderio eidem Galchero
reddet ducentas libras Turonenses, pro dampnis per eundem dominum illatis in molendino de Lynom dicti Galcheri. Item, quod dictus
Galcherus dampna per eum et ejus complices illata extra regnum,
hominibus de Walefracourt, occasione contencionis predicte, ex integro reddet eisdem, inquisita prius veritate de dictorum dampnorum quantitate. Item, quod, racione dictarum inobedienciarum et
portacionis armorum, dictus Galcherus mille libras et dictus dominus ducentas libras Turonenses domino Regi, pro emenda, persolvent.
Jovis ante Penthecosten.

CXI. Cum ballivus Ambianensis niteretur emendam levare a Jo-

Philippe IV, 1310.

hanne de Cantepie, milite, et ejus uxore, pro eo quod Johannes de Haya, bannitus de regno, quadam die, cum comitiva sua, in habitu monachali, ad eorum domum venerat, dicto milite in lecto suo jacente infirmo, et ibidem comederant, contra voluntatem et prohibicionem, ut dicebatur, militis supradicti: Tandem, super facto hujusmodi et defensionibus conjugum predictorum inquesta, de mandato nostro, facta, visa et diligenter examinata, per curie nostre judicium, dicti conjuges super facto predicto absoluti fuerunt.

Dominica post octabas Candelarum, anno trecentesimo decimo.

CXII. Cum a quodam judicato, pro Guillelmo le Gaaingneur contra Johannem Buticularium, juniorem, super quibusdam misiis et dampnis, per prepositum Silvanectensem facto, dictus Johannes, tamquam a falso et pravo, ad ballivum Silvanectensem appellasset, et in causa dicte appellacionis predictus ballivus precedens judicatum predictum confirmasset, et a dicti ballivi judicato confirmatorio predicto, tamquam a falso et pravo, dictus Johannes iterato ad nostram curiam appellasset: Tandem, in causa dicte appellacionis, auditis predictis partibus et viso processu predicto, per judicium nostre curie, dictum fuit predictum ballivum bene judicasse, et dictum Johannem male appellasse; curia nostra tamen, de gracia et ex causa, super hoc sibi remisit emendam.

Jovis post Cathedram Sancti-Petri, anno trecentesimo decimo.

CXIII. Cum episcopus Carnotensis conquereretur de quodam judicato per judicium hominum curie Vernolii, in assisia ballivi Gisorcii, nuper facto contra ipsum pro Guillelmo Crispini, milite, super saisina feodi de la Loppe et fructibus exinde perceptis, quod feodum idem episcopus, ut dicitur, ad manum suam pro defectu hominis tenebat, tempore facti judicati predicti, plures raciones proponens ad finem annullandi et totaliter revocandi judicatum predictum, dicto Guillelmo plures raciones e contrario proponente; tandem, auditis super hoc gentibus dicti episcopi, pro ipso, et dicto milite, pro se, et

78.

plura facta contraria proponentibus, auditaque super hoc dicti ballivi relacione, per curiam nostram injunctum fuit dicto ballivo quod
ipse, vocatis dicto milite et gentibus dicti episcopi, inquireret veritatem super quo et qualiter et quibus de causis dictum judicatum
factum fuerat, pro dicto milite contra episcopum predictum : Inquesta
igitur facta super hoc ad nostram curiam reportata, dictisque milite
et gentibus predicti episcopi super ea auditis, et tandem visa inquesta
predicta, per curie nostre judicium, dictum fuit quod, non obstante
judicato predicto contra dictum episcopum facto, dictus episcopus
reponetur in saisina, in qua ipse, tempore dicti judicati, erat, feodi
predicti de la Loppe et fructuum ejusdem, et ipso sic reposito in
saisina predicta, dictus Guillelmus jus suum super dicto feodo prosequatur, si velit, ubi debebit.

Mercurii post festum beati Georgii, anno trecentesimo undecimo.

CXIV. Cum in causa coram nobis mota inter executorem testamenti defuncte Margarete, quondam domine Brageriaci, ex una
parte, et Ysabellim de Levis, legitimam tutricem seu administratri-
cem Helie Rudelli et sororis ejusdem, liberorum suorum ac dominorum Brageriaci, ex altera, racione bonorum que quondam fuerunt
dicte defuncte et fructuum et exituum eorumdem ac execucionis testamenti ipsius defuncte, orto debato, ex incidenti, inter partes predictas
super eo quod proponebatur manum nostram appositam in castris
de Morenx, de Brageriaco et in alia terra dicte defuncte, fractam
fuisse, auditis super hoc procuratore nostro et dicto executore, ex
una parte, et procuratore dicte Ysabellis, ex altera, per arrestum
nostre curie, dictum fuit quod, ante omnia dicta manus nostra, si
fracta fuerit, ex integro resaisietur; et postea, dictis procuratore
nostro et executore plures raciones proponentibus et plures litteras
et instrumenta exhibentibus ad probandum dictam manus nostre
fraccionem, dicte Ysabellis procuratore ex adverso proponente dictam
manum non fuisse appositam in bonis predictis, et, si unquam fuit
ibi apposita, quod inde amota fuerat ante tempus fraccionis proposite

per partem adversam, quasdam litteras et instrumenta super hoc
ostendendo : Tandem, auditis hinc inde propositis et visis litteris et
instrumentis parcium predictarum, per arrestum nostre curie, dictum
fuit dicte manus nostre apposicionem in dictis castris et bonis, et ejus
fractionem per gentes et ministros dicte Ysabellis factam, sufficienter esse probatam, et quod dicta manus nostra reintegrabitur et resaisietur de omnibus fructibus et exitibus inde perceptis supra manum nostram predictam, et quod dicta Ysabellis hoc nobis emendabit;
et, hiis factis, partes audientur super eorum questione principali, et
interim dicta manus nostra remanebit apposita, sicut prius, in castris
et bonis predictis.

Actum apud Pontisaram, dominica ante Ascencionem Domini, anno
trecentesimo undecimo.

CXV. Secundum tenorem arresti, auditis procuratoribus comitis
Claromontensis et nunc comitisse Attrebatensis, per curiam nostram
facti, visa inquesta dudum de mandato nostro facta, inter dictum comitem Claromontensem et ejus uxorem, ex una parte, et Robertum,
quondam comitem Attrebatensem, ex altera, racione bonorum mobilium ac conquestuum inter dictum comitem Attrebatensem et Agnetem, dominam Borbonesii, ejus uxorem, matrem dicte comitisse Claromontensis, tempore quo ipsa decessit, quondam communium, super
eo quod dictus comes Claromontensis et ejus uxor, certa de causa,
petebant dictorum mobilium et conquestuum medietatem sibi deliberari, cum, per inquestam predictam, appareat quod procurator
dicti comitis Attrebatensis confessus fuit dictum comitem Attrebatensem, per ministros suos, plures receptas fecisse, post obitum dicte
Agnetis, de bonis communibus predictis, allegans dictos ministros
plures misias et expensas fecisse propter hoc, quas petebat deduci
de receptis predictis, dictoque procuratore comitis Claromontensis et
ejus uxoris dictas misias negante, non fuerit inventum per inquestam
predictam quod assignata fuerit dies, vel data dilacio dicto procuratori
comitis Attrebatensis ad probandum misias predictas : Per arrestum

nostre curie, dictum fuit quod certi dabuntur, per curiam, auditores qui, vocatis qui fuerint evocandi, de dictis misiis veritatem inquirent, et eciam de consuetudine comitatus Attrebatensis, infra quod tempus comes Claromontensis nemora que sibi, tamquam mobilia, delibera-buntur, pro parte sua dictorum nemorum, explectare et vacuare debe-bit, et, inquisita veritate de predictis, visisque inquestis predictis, curia nostra ad ea judicandum procedet ad futurum proximo parla-mentum.

Actum apud Pontisaram, Mercurii post Penthecosten, anno tre-centesimo undecimo.

Tradita fuit ista inquesta commissariis.

CXVI. Super eo quod Lancelotus de Sancto-Medardo, miles, di-cebat se, racione uxoris sue, esse in bona saisina percipiendi et ha-bendi unam unciam auri a singulis hominibus ville Sancti-Felicis servilis condicionis quod manumitti seu franchiri contingit, certis au-ditoribus deputatis a nobis, et, coram eis mota questione super hoc, per dictum militem contra quosdam homines dicte ville, ipsorum hominum procurator a quadam interloqutoria contra eos pro dicto milite data, ad nostram curiam appellasset; et super articulis dictarum parcium, in causa dicte appellacionis, certis datis commissariis, in-questa per eos facta ad curiam nostram reportata fuisset: Tandem, visa inquesta predicta, cum plures defectus in ea reperti fuerint, per curie nostre judicium, dictum fuit quod, obmissis totaliter appella-cione predicta ac processu predicto in causa dicte appellacionis habito, dicte partes super principali causa predicta ad examen ballivi Silvanec-tensis revertantur, qui in hujusmodi negocio, via ordinaria, procedat.

Actum apud Pontisaram, Martis post Trinitatem.

CXVII. Cum, ex parte procuratoris nostri Petragoricensis, nobis fuerit significatum quod Guido de Tornemine et Poncius, Guillel-mus, Petrus ac Guiotus, fratres ac nepotes, familiares et de vestibus predicti Guidonis de Tornemine post citacionem et ajornamentum

facta predicto Guidoni avunculo et suis nepotibus, ad assisiam de
Martello, coram senescallo Petragoricensi, super assecuramento prestando Bonifacio Porquerii, ac inhibicione facta dicto Guidoni suisque nepotibus et familiaribus, ex parte nostra, super omni eo quod
possent nobis forisfacere, ne, pendente dicto ajornamento super dicta
assecuracione prestanda, aliquas injurias, in persona vel bonis, dicto
Bonifacio Porquerii inferrent, quibus spretis, predicti nepotes et familiares dicti Guidonis prefatum Bonifacium Porquerii, evaginatis
gladiis, invaserunt et eidem plures injurias intulerunt; nos vero de
predictis, per certos commissarios deputatos a nobis, vocatis evocandis, inquiri mandavimus veritatem : Facta igitur inquesta super hiis
et, auditis partibus, visa et diligenter examinata, quia repertum est
per eandem sufficienter probatum quod predicti nepotes dicti Guidonis de Tornemine, post predicta ajornamentum et inhibicionem
facta, ut dictum est, dictoque Bonifacio in gardia nostra posito et
existente, ipsum Bonifacium cum gladiis invaserunt, et multas injurias intulerunt eidem, quodque predictus Guido de Tornemine,
post dictos sic excessus perpetratos, in domo sua de Martello et in
quadam alia domo sua, extra villam de Martello, predictos nepotes
suos occultavit et receptavit, absque hoc quod ipsos in aliquo evitaret,
in prejudicium garde et inhibicionis predictarum, per curie nostre judicium, dictus Guido de Tornemine in quingentis libris Turonensibus
nobis solvendis occasione predictorum extitit condempnatus, salva
dicto Bonifacio peticione sua super injuriis et excessibus predictis.

Mercurii post Penthecosten.

Cassel reportavit.

Sequitur postea quod ipse super hoc fuit absolutus, visa iterato
inquesta predicta.

CXVIII. Cum, pendente ajornamento Guidoni de Tornemine et
Poncio, Guillelmo, Petro ac Guioto, fratribus, ejusdem Guidonis nepotibus et familiaribus, facto de assecurando Bonifacium Porquerii
de Martello, et post inhibicionem predictis ajornatis factam, ex parte

domini Regis, ne, pendente dicti ajornamenti dilacione super prestando assecuramento predicto, ipsi ajornati injurias aliquas dicto
Bonifacio in persona vel bonis suis inferrent, nepotes predicti, contra dictum Bonifacium, fecerint insultum et ipsum invaserint, et vile-
niaverint, et inquesta super hoc facta, dictus Guido, per inquestam
predictam, in emendam quingentarum librarum Turonensium domino Regi solvendam fuerit condempnatus, tandem dictus Guido, se
reputans ex condempnacione predicta gravatum, graciam obtinuit a
domino Rege ut, non obstante condempnatione predicta, iterato videretur inquesta predicta : Visa igitur iterum dicta inquesta et ad
nostram curiam reportata, et super ea deliberatione habita pleniori,
dictus Guido a predicta condempnacione fuit totaliter absolutus.

Jovis post Sanctum-Barnabam, anno trecentesimo undecimo.

ITEM INQUESTE EXPEDITE INTER DUO PARLAMENTA DE SPECIALI
MANDATO, ETC.

I. Cum Auda de Tyranno, filia et heres Gombaudi de Tyranno,
domicelli, in causa appellacionis ab ipsa, contra Bertrandum Calculi,
a curia domini de Blancaforti, primitus ad curiam dilecti et fidelis
nostri ducis Aquitanie et ejus senescalli Wasconie interjecte, a curia
ipsius ducis et ejus senescalli predicti, a pluribus gravaminibus et defectu ac denegacione juris, secundo se asserens appellasse ; litteras nostras obtinuisset senescallo Petragoricensi vel ejus locum tenenti directas, inter cetera continentes quod, appellacione sua predicta pendente,
nihil permitteret attemptari in prejudicium ipsius appellantis, et attemptata, si que essent, ad statum debitum faceret revocari, locumque tenens dicti senescalli Petragoricensis predictam commisisset
bajulo nostro nove bastide Sancti-Ludovici, dictus bajulus, super eis-
que dicta Auda in ejus et appellacionis sue prejudicium dicebat post
dictam appellacionem fuisse attemptata, vocato Arnaldo de Baigaran,
bajulo dicti domini de Blaquaforti et quibusdam aliis, veritatem in-

quisivit; inquestaque per eum facta de predictis, ipse precepit eidem
Arnaldo quod dictum locum de Tyranno, cum ejus pertinentiis, et
molendinum dicti loci restitueret dicte Aude, cum, post appellacionem predictam, eam seu ejus familiam inde ejectam per ipsum Arnaldum fuisse, per suam inquestam diceret invenisse; dicto vero Arnaldo hoc facere recusavit; dicta vero inquesta ad curiam nostram
asportata, et Auda predicta instanter requirente eam videri et judicari,
per arrestum nostre curie, dictum fuisset in novissime preterito parlamento quod dicta inquesta videretur, nisi pars adversa causam ra-
cionabilem proponeret quare non deberet videri; tandem, finito dicto
parlamento, nos dilectis et fidelibus gentibus nostris, Parisius requestas
tenentibus, mandavimus, et ex causa, quod, quamquam finitum esset
dictum parlamentum, ipsi procederent ad judicandum dictam inquestam, nisi pars adversa aliquid racionabile proponeret quare non deberet judicari; vocatis igitur partibus et dicta Auda ut prius requirente,
pars adversa plura in contrarium allegavit; quibus auditis, precepit
curia nostra, non obstantibus propositis ex adverso, dictam inquestam
videri et judicari : Visa igitur et diligenter examinata inquesta predicta, cum per eam repertum sit sufficienter probatum dictam Au-
dam, ut premissum est, appellasse ipsamque existere in possessione
dicti loci de Tyran pertinenciarumque ejusdem, tempore appellacionis predicte, ipsamque seu ejus familiam, nostrumque servientem,
ad gardiandum ipsam deputatum, de dicto loco de Tyran, post dictam
appellacionem ejectos fuisse per dictum Arnaldum, et eundem Arnaldum animalia et bona quamplura mobilia dicte Aude et hominum suorum ibidem existencia, usque ad valorem quingentarum
librarum Turonensium, per violenciam cepisse et secum duxisse, certo-
tosque homines ipsius Aude de loco dicto del Bosc captos tamdiu-
que detentos fuisse, carceri mancipatos per Arnaldum predictum,
quousque dederunt eidem, pro sua deliberacione, certam caucionem,
post dictam appellacionem, et inhibicionem sibi factam per gentes
nostras ne, pendente appellacione predicta, eidem Aude faceret aliquod prejudicium vel gravamen, per curie nostre judicium, dictum

fuit quod ipsa Auda de dicto loco de Tyran et pertinenciis ejus et omnibus animalibus et bonis predictis, si extant, alioquin de quingentis
libris Turonensibus, pro eorum valore, si dictum valorem dicta Auda
ex habundanti, in curia nostra, juraverit, restituetur et ad hoc compelletur idem Arnaldus, et eciam ad reddendum eidem Aude cartas,
litteras, obligaciones et instrumenta sua in domo sua predicta existencia, tempore ejeccionis predicte, et omnia dampna que ipsa et ejus homines sustinuerunt ultra hoc, racione predictorum, facta prius fide de
eisdem dampnis, caucionemque predictam per dictos homines del
Bosc pro eorum deliberacione datam dicto bajulo de Blanquafort, curia nostra totaliter anullavit, fuitque dictus Arnaldus, per idem curie
nostre judicium, condempnatus in emenda mille librarum Turonensium nobis solvendarum pro dictis excessibus et contemptu; dicta
vero Auda, de valore bonorum predictorum requisita jurare, per suum
asseruit juramentum quod dicta bona sibi ablata, tempore ejectionis
predicte, in domo sua predicta de Tyranno existencia, videlicet jocalia,
blada, vina, culcitre, coopertoria et alia quedam bona sua, non com-
putatis litteris, cartis, obligacionibus et instrumentis suis predictis,
bene valebant quadringentas libras Turonenses; de animalibus vero
hominum suorum certum non potuit, ut dicebat, facere juramentum,
nisi prius cum dictis hominibus suis fuerit super hoc certificata; super quo curia nostra remisit eam ad senescallum Petragoricensem
vel ejus locum tenentem.

Sabbato post octabas apostolorum Petri et Pauli.

Mangon reportavit.

II. Cum, ex parte Raymundi de Sine-Gradu, militis, nobis significatum fuisset quod Petrus de Avena, armiger, post pacem reformatam
inter eos super quibusdam injuriis que precesserant inter ipsos, contra
pacis federa temere veniendo, ipsum militem in castro de Avena in
quo eundem amicabiliter receperat et amplexatus fuerat, proditorie
cum armis invaserat, violenter ceperat, et ligatis manibus, ipsum in
capite et aliis membris sui corporis atrociter vulnerarat, ipsumque

sic vulneratum, quasi mortuum reliquerat in platea dicti castri, unde petebat dictus miles sibi super hoc de competente remedio provideri : Tandem inquesta, vocatis partibus, facta super hoc, nobis asportata et, de speciali mandato nostro, quamquam non esset parlamentum, tradita ad videndum et judicandum, ac ea per consiliarios nostros visa et diligenter examinata, factaque coram nobis relacione de ipsa, per curie nostre judicium, dictus armiger condempnatus fuit ad reddendum eidem militi quingentas libras Turonenses pro sua injuria, et fuit dictum insuper quod idem miles quittus remanebit de ducentis libris in quibus ipse eidem armigero tenebatur, per convenciones pacis dudum inter eos reformate, necnon quod alta justicia castri de Avena, que erat dicti armigeri, et in qua delictum commiserat antedictum, nobis et nostris successoribus confiscata perpetuo remanebit, et cum hoc nobis solvet idem armiger quingentas libras Turonenses pro emenda delicti supradicti.

Actum Parisius, die decima sexta septembris, anno trecentesimo undecimo.

Per curiam, de mandato domini Regis.

Crepon reportavit et adhuc habet inquestam.

III. Lite mota, coram magistro Clemente de Fraxino, commissario per curiam nostram dato, inter tutores, cognatos et amicos Guillemeti de Lauduno, domini Ancelleti, nomine tutorio ejusdem, ex parte una, et mercatores et socios de societate tholomeorum de Senis, ex altera, super eo quod predicti tutores, proximi et amici dicti pupilli quamdam vendicionem, que, de redditibus dicti loci Ancelleti, pertinentibus ad dictum pupillum, per eosdem tutores, usque ad tresdecim annos continuos, predictis mercatoribus dicebatur facta fuisse, petebant, tamquam minus provide, et solempnitate juris pretermissa, habitam, pronunciari fuisse nullam; hoc adjecto quod, si dictus contractus vendicionis aliquo modo tenuerit, cum dictus pupillus enormiter lesus fuerit in vendicione predicta, ipsi petebant, in illum eventum, dictum pupillum in integrum restitui adversus contractum predictum, dictis sociis in contrarium dicentibus, quod, pro evidenti utilitate et urgenti necessitate dicti pupilli, pluribus debitis onerati, debita sollempnitate juris observata, dictus contractus fuerat celebratus, quare dicebant predicta petita, pro dicto pupillo, fieri non debere : Facta igitur super hoc inquesta et ad nostram curiam reportata, ac, de speciali mandato nostro et ex causa, quamquam extra parlamentum, ad videndum et judicandum tradita, dictorumque tutorum, proximorum et amicorum, ex una parte, predictorumque sociorum, ex altera, auditis racionibus hinc et inde, et visis litteris et instrumentis ab utraque parte productis, visaque et diligenter examinata inquesta predicta, cum per eam inventum fuerit quod, a vendicione de dictis redditibus prius facta Petro Donati, pro se singulariter contrahenti, de societate predicta existenti, in qua juris sollempnitas observata fuisse videbatur, de consensu dicti Petri, pro se, et matris dicti pupilli, ejusdem tutricis, totaliter fuit recessum, et quod in contractu vendicionis dictorum reddituum, postea facte mercatoribus de societate predicta, juris sollempnitas omnino fuit obmissa, quodque dicti redditus, tempore dicte vendicionis facte societati predicte, deductis missionibus et expensis, valebant, anno quolibet, quadringentas libras parvorum Turonensium bonorum et amplius; qui redditus dictis sociis venditi fuerunt usque ad tresdecim annos pro septem mille librarum Turonensium debilis monete, qui valent in bona moneta duo millia trecentas triginta tres libras sex solidos et octo denarios Turonenses, et pro quadraginta libris Turonensium debilium, quas, anno quolibet predictorum tresdecim annorum ipsi solvere debebant matri dicti pupilli, pro victu suo, per que liquido apparet dictum pupillum in predicta vendicione, eciam si teneret, fuisse et esse enormiter lesum, per curie nostre judicium, dictum fuit predictum contractum vendicionis nullum esse et non debere tenere; et, per idem judicium, fuit dictum quod predicti socii omnes fructus et exitus ab eisdem de redditibus dicti loci perceptos, et qui percipi potuerunt per quinque annos novissime preteritos quibus ipsi emptores dictos redditus explectaverunt, reddent ex integro dicto pupillo, sub estimacione predicta, in qua redditione fiet eis deductio de omnibus pecuniarum summis quas ipsi sufficienter docebunt se, racione dicti contractus, tutoribus ipsius pupilli vel aliis personis, pro dicto pupillo et ad ejus utilitatem, solvisse, et cum hoc, de quibusdam dampnis que dicti socii se dicunt, in percepcione dictorum fructuum, predicto durante quinquennio, occasione guerre turris Avinionis, et racione inundacionis aquarum, sustinuisse, de quibus dampnis legittime constabit, racio habebitur prout justicia suadebit, fructus vero et exitus dicti loci qui, racione dicti debati, in manu nostra tenentur, dicta manu nostra inde amota, eidem pupillo deliberabuntur.

Actum Parisius, die martis in vigilia beati Michaelis, anno trecentesimo undecimo.

Magistri J. de Ceres et P. Mangon reportaverunt.

IV. Inquesta contra dominum de Pinquigniaco facta, super injuria que dicitur fuisse facta monialibus abbacie Beate-Marie-Regalis juxta Pontisaram, visa fuit, sed non fuit judicata ex causa, et fuit reportata in presencia domini Regis.

Actum in dicta abbacia, die veneris post Penthecosten.

V. Auditis partibus, precepit curia quod inquesta facta inter magistrum Guillelmum de Dumis et Guillelmum Symondis, super quibusdam verbis injuriosis dictis predicto magistro Guillelmo, videatur ad illum finem ad quem poterit videri, cum idem magister Guillelmus proponat quod ipse, certis de causis, recusavit illum qui dictam fecit inquestam. Postea placuit dicto magistro Guillelmo quod inquesta predicta pro nulla habeatur, et injuriam predictam remisit eidem.

Jovis post Sanctum-Georgium, anno trecentesimo undecimo, Parisius.

VI. Inquesta facta inter Jaquelinam de la Chapelle, ex parte una, et

Johannam, relictam Johannis Rase, ex altera, visa fuit et reportata, sed non fuit judicata, quia repertum fuit quod partes pacificaverunt inter se.

Jovis predicta.

M. R. de Sancto-Benedicto sic reportavit, qui dictam vidit inquestam.

VII. Cum nobis supplicaverit dilectus et fidelis Guillelmus de Plaisiano, miles noster, ut in castro suo de Boicorano, nostro interveniente consensu, sibi liceret mercatum constituere, certa die, qualibet septimana, nos vero, ad supplicationem dicti militis, senescallo Belli-Cadri mandavimus quatinus, vocatis evocandis, cum diligencia se informaret si, absque nostro et alieno prejudicio atque dampno, supplicacioni hujusmodi dicti militis nostri possemus annuere, et si dicti mercati concessio esset utilis patrie, et qua die septimane convenencius, absque locorum vicinorum mercatum habencium prejudicio, fieri posset, ac de omnibus aliis circonstanciis universis : Facta igitur dicta informacione et diligenter inspecta, quia repertum est per eam quod illi qui habent mercata in locis vicinis, quibus posset in constitucione dicti mercati novi generari prejudicium, sufficienter vocati non fuerunt, nec eciam apparet qua die vel quibus diebus mercata in locis vicinis teneantur, nec eciam qua die septimane dictum mercatum minus noceret locis vicinis, si nos illud concedere contingeret, ordinatum fuit, per curiam nostram, quod super predictis omnibus, vocatis qui fuerint evocandi, et specialiter dominis illis qui habent mercata in locis vicinis, de novo veritas inquiretur, et quod dicta inquesta nobis remittetur, ut super hoc, absque alieno prejudicio, melius ordinare possimus.

Mercurii post Sanctum-Barnabam.

Cassel reportavit.

VIII. Cum nobis significaverit dilectus et fidelis Guillelmus de Plaisiano, miles noster, quod in castro suo de Vicenobrio, singulis annis, sola die festi beati Andree, apostoli, franche nundine tenentur et ab antiquo consueverunt teneri, qua die, propter brevitatem temporis hyemalis, pauca possunt ibidem expediri, quare nobis supplicavit quatinus nundinas ipsas per duas dies sequentes prorogare vellemus, quibus duabus diebus sibi liceret a vendentibus et ementibus ibidem exigere et levare redibencias, prout domini vicinarum terrarum in nundinis suis exigere et levare consueverunt; nos vero, de predictis, ad supplicacionem dicti militis nostri, inquiri mandavimus, videlicet si, absque nostro et alieno prejudicio et dampno, dicte supplicacioni annuere possemus : Facta igitur dicta inquesta, et diligenter inspecta, quia per eam repertum est quod, si nos prorogacionem hujusmodi nundinarum Vicenobrii predicto militi nostro concederemus, prejudicium atque dampnum nobis et dilecto nostro episcopo Aniciensi generaretur in nundinis de Andusia, que communes sunt nobis et dicto episcopo, presertim cum aliquando dicte nundine de Andusia et Vicenobrii simul concurrerent eodem tempore, necnon quod nundine que sunt in Vicenobrio in die beati Andree sunt franche, et, si prorogarentur per duos dies, ut premissum est, dictus miles non levaret a mercatoribus redibencias de suis mercaturis quas ibidem francas haberent, quod inconveniens videretur, et idcirco, per nostram curiam, dictum fuit quod dicta prorogacio predicto militi nostro non concedetur.

Mercurii predicta.

Cassel reportavit.

IX. Visa inquesta facta, de mandato ballivi Constanciensis, per magistrum Hugonem de Quesney, super eo quod dicebatur quod Guillelmus de Pencoit, domicellus, Agnetam, filiam Constancie de Keroetivan, per violenciam rapuerat, propter plures defectus in ea repertos, non fuit judicata, sed, super violencia que dicitur facta fuisse in capcione dicte Ainete et super defensionibus partis adverse, precepit curia quod, ad finem civilem, veritas inquiratur.

X. Cum Helyas de Bleigniaco, armiger, ex una parte, et senescallus

et procurator Petragoricenses pro domino Rege, ex altera, de quibusdam rebus et jurisdicionibus, sub certis condicione et forma, permutacionem fecissent, retenta super hoc domini Regis voluntate, et dominus Rex eidem senescallo mandasset ut ipse, vocato procuratore
suo et aliis evocandis, inquireret diligenter si dicta permutacio sibi
esset utilis, et sibi remitteret quicquid super hoc inveniret, ut per
hoc appareret si dictam permutacionem confirmare vel infirmare
deberet : Visa inquesta super hoc per Helyam de Creichaco, clericum,
ad hoc, per dictum senescallum, deputatum, facta, propter plures defectus in ea repertos, curia nostra non judicavit inquestam predictam;
sed iterato facta est super hoc commissio judici ordinario Caturcensi,
quod de predictis inquirat, secundum tenorem commissionis sibi facte.

In octabas beati Johannis-Baptiste.

XI. Rotulus continens requestam francorum hominum Sancti-
Amancii-in-Pabula cum eorum cedula sigillata, et cum responsione
per curiam eis facta, est in sacco inquestarum hujus parlamenti.

Et dicta responsio similiter est scripta supra in isto libro, in arrestis
dicti parlamenti.

INQUESTE ET PROCESSUS

PER CURIAM JUDICATI IN PARLAMENTO OCTABARUM BRANDONUM;

ANNO DOMINI MILLESIMO TRECENTESIMO UNDECIMO.

I. Lite mota, coram preposito Silvanectensi, inter episcopum Silvanectensem, ex parte una, et majorem et juratos Silvanectenses, ex
altera, super saisina cujusdam latronis capti in quodam loco, de quo
ostensio facta fuerat, ut dicebatur, et quia dicti major et jurati, coram dicto preposito, in dicta causa, post ostencionem hujusmodi
factam, positi fuerant in defectu, dicebat idem episcopus quod, pro

commodo dicti defectus, debebat sibi adjudicari saisina latronis predicti; dictis majore et juratis dicentibus quod injuste positi fuerant
in defectu, pro eo videlicet quia, ipsa die qua positi fuerant in defectu, coram dicto preposito comparuerant, hora debita, et ante horam et post horam, et quod, posito quod juste positi fuissent in defectu, non tamen tantum commodum de dicto defectu debebat dictus
episcopus reportare, pluribus racionibus quas ipsi super hoc proponebant; quibus non obstantibus, dictus prepositus, per suum judicium, pronunciavit dictos majorem et juratos juste fuisse positos in
defectu, et quod, virtute dicti defectus, major et jurati predicti cadere debebant a dicto facto proposito ex parte ipsorum contra
episcopum predictum; a quo quidem judicato, ex parte dictorum
majoris et juratorum, tamquam a falso et pravo, ad nostram curiam
extitit appellatum; quam causam appellacionis curia nostra remisit
ballivo Silvanectensi; qui quidem ballivus, cognito de dicta causa,
pronunciavit dictum prepositum bene judicasse ac dictos majorem et
juratos male appellasse; a quo quidem judicato, tamquam a falso
et pravo, dicti major et jurati iterato ad nostram curiam appellarunt : Auditis igitur dictis partibus in curia nostra, in causa appellacionis predicte, visoque processu cause predicte, et diligenter examinato, per curie nostre judicium, dictum fuit, predictos prepositum
et ballivum bene judicasse et dictos majorem et juratos male appellasse, et quod dicti appellantes hoc emendabunt.

Martis post Jubilate.

Creci reportavit.

II. Lite mota, coram scabinis ville de Fresneyo ballivie Silvanectensis, inter priorem ville de Fresneyo, ex parte una, et Odardum
Darcis, Johannem de Puille, Walerium de Viridi-Succo, Jacobum
Parvi-Passus et Petrum de Nortello, clericos, habitatores dicti loci,
ex altera, super eo quod dicebat dictus prior, de usu et consuetudine
dicti loci, diucius observata, sibi competere, et se esse in saisina vel
quasi percipiendi et habendi, semel in anno, unam corveiam ab om-

nibus habitatoribus dicti loci, cujuscumque condicionis existant, sive
sint clerici, sive layci, racione domus per eos ibidem inhabitate,
videlicet a tenentibus ibidem equos, operas dictorum equorum unius
diei usque ad nonam, et ab illis qui equos non habent, operas unius
persone, vel quantum lucraretur unus operarius per diem; petens
predictam corveiam a prenominatis clericis, racione domorum quas
ibidem inhabitabant, sibi solvi; predictis clericis in contrarium asserentibus se esse liberos et immunes a prestacione dicte corvoye, et se
esse in saisina, vel quasi, non solvendi dictam corveiam; tandem,
facta per dictos scabinos, de consensu dicti prioris, informacione
seu inquesta super premissis, cum non vellet dictus prior alias suam
intencionem probare, per judicium dictorum scabinorum, dictum
fuit predictos clericos ad prestacionem dicte corveie non teneri; a
quo judicato tamquam falso et pravo, dictus prior ad ballivum Silvanectensem appellavit; qui ballivus, auditis partibus, per suum judicium, dictam sentenciam infirmavit; a cujus ballivi judicato, tamquam falso et pravo, dicti scabini ad nostram curiam appellaverunt :
Visis igitur et diligenter examinatis processibus predictis, tam in causa
principali quam in causa appellacionis habitis, per curie nostre judicium, dictum fuit predictum ballivum male judicasse et dictos scabinos bene appellasse, et confirmavit curia nostra judicatum predictum dictorum scabinorum.

Martis post Jubilate.

R. de Briançon reportavit.

III. Lite mota, coram nobis, inter Stephanum de Sancto-Luppo,
militem, ex una parte, et priorem et conventum Sancti-Luppi de Serento, ex altera, super eo quod dictus miles petebat amoveri impedimentum sibi, ut dicebat, appositum, per dictos religiosos in saisina
justicie domus sue de Sancto-Luppo et pourprisii ejusdem, et quod
prisia, facta per dictos religiosos in loco predicto, ad manum nostram
posita, propter debatum dictarum parcium, deliberaretur eidem militi, et quod ipse in saisina justicie dicte domus et pourprisii ejus-

dem custodiretur; dictis religiosis in contrarium dicentibus saisinam dicte justicie ad ipsos pertinere : Inquesta super hoc, de mandato curie nostre, facta et ad judicandum reportata, auditisque super hoc dictis partibus, et visa dicta inquesta et diligenter examinata, per curie nostre judicium, dictum fuit quod impedimentum predictum, dicto militi appositum, ex parte dictorum religiosorum, in saisina justicie dicte domus et pourprisii ejusdem, amovebitur, et quod dicta prisia facta per dictos religiosos, in loco predicto, et ad manum nostram, ut premissum est, posita, deliberabitur militi supradicto, salva super hoc dictis religiosis questione proprietatis.

Martis post Jubilate.

Creci reportavit.

IV. In causa que pendet, in curia nostra, inter dominam de Biauval et ejus filias, ex parte una, et dominum de Biauval, ex altera, sunt auditores dati magistri Nicolaus de Creciaco et Stephanus de Housseya, qui audient testes super reprobacionibus testium in inquesta predicta productorum, per curiam admissos, defectusque repertos in inquesta predicta per Hugonem de Fillanis, tunc ballivum Ambianensem et ejus collegam facta, supplebunt et sic inquestam predictam perficient et eam completam remittent ad diem ballivie Ambianensis futuri proximo parlamenti, curie nostre judicandam, sicut verbetenus fuit eis per curiam injunctum. Duo sunt defectus : unus quod testes domine non fuerunt examinati super omnibus articulis suis; alius, quod aliqui de testibus dicti domini examinati fuerunt in communi, et non singulariter, super aliquibus articulis dicti domini, et hoc per insipienciam auditorum.

Dominica in festo beati Georgii.

Creci reportavit.

Facta fuit super hoc commissio et inquesta remissa.

V. Cum, in causa mota, coram preposito Parisiensi, inter Petrum de Plaalli, militem, ex una parte, et Petrum Barberii, ex altera, dictus

Petrus Barberii dictum militem fecisset poni in defectu, peteretque
commodum dicti defectus sibi adjudicari, certa die super hoc partibus assignata, et procuratore dicti militis dicta die comparente, et
petente dilacionem sui consilii habendi sibi dari, et jus super hoc
sibi reddi, dicto Barberio contradicente et proponente dictam dilacionem dicto procuratori, de consuetudine Castelleti, non esse concedendam sed pocius denegandam; tandem, auditis partibus et earum racionibus, dictus prepositus, interloquendo, pronunciavit quod
dictus procurator dictam dilacionem non haberet; a quo judicato,
tamquam a falso et pravo, dictus procurator ad nostram curiam appellavit : Auditis igitur partibus et earum racionibus intellectis, per
curie nostre judicium, dictum fuit quod, rejecto dicto judicato et penitus obmisso, dicte partes in eorum causa principali ulterius procedent prout fuerit racionis et status dicte cause requirit.

Dominica predicta.

Thibotot reportavit.

VI. Mota lite, coram senescallo Petragoricensi, inter procuratorem
nostrum, pro nobis, ex una parte, et abbatem et conventum Turtu-
racenses, ex altera, super eo quod dictus procurator proponebat,
contra dictos abbatem et conventum, quod ipsi erexerant quasdam
furchas in jurisdicione et territorio Turturacensibus, quam juridiccio-
nem dicebat idem procurator, ex certa causa, fuisse et esse positam
ad manum nostram, et sic fregisse dicte manus nostre apposicionem
religiosos predictos; unde petebat dictus procurator noster predictas
furchas totaliter dirui, et dictos abbatem et conventum nobis in emendam condignam, propter hoc, condempnari; parte dictorum religiosorum in contrarium proponente, et dicente se ad respondendum
super hoc compelli non debere, nisi prius, traditis sibi peticione
seu articulis supra propositis, et die ad deliberandum sibi super hoc
assignata, et cum hoc petebat sibi mostram ante omnia fieri debere
loci illius ubi furce predicte dicebantur per ipsos erecte, cum plures
essent furce in dictis loco et territorio, et plures alias raciones pro-

Philippe IV, 1311.

ponebat, quare dicebat se non debere compelli ad respondendum in continenti dicte peticioni, presertim cum in dictis loco et senescallia utatur jure scripto; quas raciones dictus senescallus admittere recusavit, sed pronunciavit, premissis non obstantibus, dictos religiosos super premissis statim debere respondere, premissas raciones per dictos religiosos propositas non admittens; inhibuit etiam et interdixit, sub pena quinquaginta librarum, advocatis et consiliariis dictorum abbatis et conventus ne consilium seu patrocinium sibi prestarent super premissis, et notariis ibidem presentibus ne de predictis dictis religiosis facerent publicum instrumentum; ex quibus omnibus et singulis supradictis, religiosi predicti, sencientes se et ecclesiam suam per ipsum senescallum indebite pergravari, ad audienciam nostram in scriptis appellaverunt : Visa igitur inquesta et processu predictis, per judicium curie nostre, dictum fuit predictum senescallum male processisse in predictis, maxime faciendo inhibiciones predictas et denegando dicti loci ostencionem, et precepit quod, vocatis partibus, ad locum contenciosum accedat, et eo viso cognoscat de plano, et absque libelli tradicione, de dicta manus apposicione et ejus fraccione, et, si invenerit ita esse, dictas furchas faciat dirui et factum hujusmodi nobis competenter emendari, et postea de questione parcium principali, propter quam manus nostra fuit apposita in predictis, vocatis partibus, cognoscat, et eisdem exhibeat justicie complementum.

Martis post Sanctum-Georgium.

M. Stephanus de Housseia reportavit.

VII. Lite mota, coram preposito Parisiensi, inter Girardum de Silvanecto, clericum, ex parte una, et Egidium de Carpent, ex altera, super eo quod petebant dictus Girardus et rector universitatis Parisiensis et aliqui magistri de dicta universitate, pro dicta universitate, et dicto Girardo, scolari suo, ut dicebant, quamdam informacionem seu inquestam per dictum prepositum factam, ad denunciacionem amicorum ipsius Girardi, asserencium dictum Girardum, per factum

et culpam ipsius Egidii, altera manu fuisse mutilatum, videri et judicari, dicto Egidio in contrarium, multis racionibus, proponente
dictam denunciacionem nullam esse et fuisse, et quidquid ex ea sequtum fuerat debere penitus anullari, specialiter quia, post dictas denunciacionem et informacionem predictas, dictus Girardus dicte de-
nunciacioni renunciaverat et contra dictum Egidium super dicto
maleficio libellum tradiderat, et super dicto libello dictus Egidius
diem ad deliberandum habuerat, et novos fidejussores de stando juri
dederat; dicebat eciam dictus Egidius quod, contra predictos rectorem et magistros, seu dicentes se pro dicta universitate, neque diem,
neque terminum habebat, nec eisdem, cum nullum mandatum ex
parte dicte universitatis ostenderent, tenebatur in aliquo respondere;
dictis Girardo et dicentibus se pro dicta universitate in contrarium
asserentibus, et dicentibus quod dictus Egidius, post dictum libellum editum in judicio, consenserat et voluerat quod dicta informacio judicaretur ; quare petebant dictam informacionem, non obstantibus propositis per dictum Egidium, videri et judicari; auditis
igitur dictis partibus, dictus prepositus facta per dictum Egidium,
pro se, et per dictos Girardum et gerentes se pro dicta universitate,
in quantum dictum Girardum et dictam universitatem tangebant, proposita, per suum judicium ad probandum admisit; a quo judicato,
in quantum tangebant dictam universitatem, dictus Egidius, tamquam a falso et pravo, ad nostram curiam appellavit: Visis igitur et
diligenter inspectis actis et processibus dicte cause, per curie nostre
judicium, dictum fuit dictum prepositum, quantum ad dictos Egidium et Girardum, bene judicasse, quantum vero ad dictam universitatem, male judicasse; et dictum Egidium bene appellasse; et
precepit quod dictus prepositus, quantum ad predictos Egidium et
Girardum, ulterius in dicta eorum causa procedat.

Martis post Sanctum-Georgium.

Roya reportavit.

Traditus fuit processus preposito.

VIII. Lite mota, coram preposito Parisiensi, inter Rogerum Cavaingne, actorem, ex una parte, et Johannem Scutellarii, juvenem, defensorem, ex altera, super eo quod idem Rogerus asserebat se, ex causa mutui, numerasse Johanne Scutellarie defuncte, matri dicti Johannis quondam, cujus idem Johannes confessus fuit in judicio se filium et heredem insolidum, prout idem Rogerus affirmabat, quadringentas quinquaginta libras bonorum Parisiencium et forcium, videlicet ducentas libras primo, sine litteris, sub pignoris caucione; item, ducentas quinquaginta libras secundo, de quibus ipse habebat litteras Castelleti, et domum quam inhabitabat dicta Johanna, tempore mutui sibi facti, ypothecatam; quare petebat idem Rogerus dictum Johannem, ut filium et heredem insolidum dicte Johanne, condempnari ad reddendum sibi trecentas quadraginta libras Parisiencium bonorum, residuas de predicta quadringentarum quinquaginta librarum summa, deductis ex eadem summa centum et decem libris, quas tantummodo, ex vendicione partis dictorum pignorum, facta per executores dicte Johanne, de consensu dicti Johannis, se habuisse confitebatur, et predictam domum sibi tamquam ypothecatam adjudicari, tenendam et explectandam pro dicto debito, juxta consuetudinem curie Castelleti; dicto Johanne ex adverso negante, dictas primas ducentas libras dicte Johanne, matri sue, ab eodem Rogero, vel alio ejus nomine, mutuatas fuisse, et negante eciam se confessum fuisse se heredem insolidum matris sue, sed pro quarta parte duntaxat, cum sint quatuor liberi superstites ex eadem Johanna, matre sua, pro ratis suis, succedentes eidem; confitebatur tamen memoratus Johannes mutuum de ducentis quinquaginta libris factum fuisse eidem Johanne, matri sue, et dictum Rogerum de eisdem habere litteras Castelleti, asserens satisfactum fuisse eidem Rogero in centum et triginta quinque libris et duodecim denariis, tam per finalem compotum quam ex precio partis dictorum pignorum; quare petebat idem Johannes se absolvi a peticione dicti Rogeri, satisfacto eidem de sexaginta tresdecim libris decem et novem solidis et decem denariis, residuis de summa ducentarum quinquaginta librarum pre-

dicta, et condempnari eundem Rogerum ad reddendum sibi duas
zonas et unam duodenam cocleariorum argenti, unum circulum, et
duo monilia auri, que se habere adhuc apud se confessus fuit in judicio dictus Rogerus de residuo pignorum predictorum, ut dicebat
idem Johannes; prepositus vero Parisiensis, auditis parcium racionibus et confessionibus earumdem, necnon deposicionibus testium
hinc inde productorum et tenore cujusdam littere Castelleti diligenter inspectis, condempnavit dictum Johannem ad reddendum predicto
Rogero ducentas sexdecim libras Parisienses, et adjudicavit eidem
domum predictam tamquam ypothecatam, necnon zonas, coclearia,
circulum et monilia predicta tenenda, donec sibi de dictis ducentis
sexdecim libris fuerit satisfactum, ipsumque Johannem in residuo
dictarum summarum petitarum absolvit, condempnando predictum
Rogerum ad reddendum eidem Johanni ypothecam et pignora predicta, prius tamen de dictis ducentis sexdecim libris eidem Rogero,
ut premissum est, satisfacto; a quo judicato, tamquam falso et pravo,
utraque pars appellavit: Viso igitur ac diligenter inspecto dicto principali cause processu, per curie nostre judicium, dictum fuit predictum prepositum bene judicasse et dictas partes hinc inde male
appellasse, et quod utraque pars hoc emendabit.

Martis post Sanctum-Georgium.

M. de Usco reportavit.

IX. Mota controversia, coram preposito Silvanectensi, inter Ysabellim et Johannam les Prevostes, ex una parte, et curatores seu ad-
ministratores bonorum Templi, et specialiter Renerium de Credulio,
civem Silvanectensem, in quantum eum tangit, racione administracionis bonorum dicti Templi, sibi commisse in ballivia Silvanectensi, ex altera, super eo quod dicte mulieres dicebant se debere,
jure hereditario, tamquam proximiores heredes, succedere Johanni
de Mouret, defuncto, quondam earum patruo, in quadam masura
cum suis pertinenciis, sita ad molendinum vadi de Clarois, juxta
Compendium, quam masuram dictus Johannes Mouret, tempore quo

vivebat et quo decessit, tenebat et possidebat, tamquam suum patrimonium proprium, et eandem masuram, cum suis pertinenciis, tradiderat Templariis ad certum tempus excolendam ad medietatem, eratque dictus Johannes in saisina, vel quasi, percipiendi medietatem fructuum dicte masure a predictis Templariis; nichilominus dictus Renerius, racione dicte administracionis, predictas Ysabellim et Johannam, que in bonis dicti patrui sui, tamquam proximiores heredes, successerunt, in successione seu saisina dicte masure, minus juste et sine causa racionabili, racione dicte administracionis, impediebat et perturbabat; quare petebant dicte mulieres dictum impedimentum amoveri : Auditis igitur dictis partibus super hoc, et inquesta super premissis, de mandato nostro, per dictum ballivum vel ejus commissarium, facta et curie nostre reportata, visa et diligenter examinata, per curie nostre judicium, dictum fuit impedimentum predictum per dictum Renerium, nomine quo supra, in dicta masura cum suis pertinenciis appositum, debere amoveri, et dictas mulieres in saisina seu possessione masure predicte debere remanere.

Martis predicta.

M. R. de Briançon reportavit.

X. Cum procurator hominum ville de Anthoniaco, ab abbate et conventu Sancti-Germani de Pratis, a domino Rege et a quibusdam aliis dominis, vineas suas tenencium in territorio dicte ville, proposuisset, coram preposito Parisiensi, quod ipsi homines et eorum predecessores fuerant et erant in possessione et saisina, eciam a tanto tempore cujus contrarii memoria non existit, vindemiandi vineas territorii dicte ville quocienscumque tempus se offerebat et eisdem placebat suas vineas vindemiare, absque eo quod licenciam de predictis ab aliquo petere vel eciam requirere tenerentur, nichilominus dicti abbas et conventus, seu alius de mandato eorum, indebite et de novo fecerunt seu fieri mandaverunt notorie quamdam generalem defensionem, tamquam judices dicti loci justiciando et justiciam ibidem exercendo, videlicet quod nullus vindemiaret vineas dicti

territorii absque eorum licencia speciali, in grave dampnum et prejudicium dictorum hominum, necnon contra jus commune, libertatem et franchisiam predictorum, ac ipsos in sua possessione et
saisina multipliciter et de novo impediendo et perturbando, quare
requirebat procurator dictorum hominum predictam defensionem,
per dictos religiosos factam, revocari et anullari, dictamque novitatem et impedimentum amoveri, ipsosque in sua saisina premissorum conservari; procuratore dictorum religiosorum ex adverso
proponente, contra procuratorem dictorum hominum et suum procuratorium, quod ejus procuratorium erat minus sufficiens, et quod,
virtute dicti procuratorii, non erat cum eo procedendum, plures raciones super hoc proponendo; petebat insuper procurator dictorum
religiosorum quod, cum fere omnes habitantes et hospites dicti loci
sint, ut dicebat, justiciabiles dictorum religiosorum, ac hereditagia,
racione quorum dicta vertitur controversia inter ipsos, situata sint
in dominio et justicia dictorum religiosorum et ab ipsis teneantur, curia et cognicio predictorum dictis religiosis reddatur, et quod dicti
homines conquerentes ad eorum examen super hoc remittantur; parte
adversa contrarium requirente et, inter cetera, dicente quod ipsi
quasdam de dictis vineis sub domino Rege et ab ipso tenebant super quibus procuratores dictarum parcium petebant jus sibi fieri;
quibus sic actis, predictus prepositus, per suum judicatum, pronunciavit quod cognicio dicte cause coram ipso in Castelleto remanebit,
et quod, si dicti religiosi velint defendere causam predictam dictorum hominum conquerencium, dictus prepositus eos audiet, et partibus exhibebit, super hoc, justicie complementum, alioquin dictus
prepositus deliberabit utrum requestam predictam dictorum conquerencium debeat ademplere; a quo judicato, tam quam falso et pravo,
procurator dictorum religiosorum ad nostram curiam appellavit : Auditis igitur super hoc dictis partibus et visis processibus antedictis,
per curie nostre judicium, dictum fuit predictum prepositum bene
judicasse et procuratorem dictorum religiosorum male appellasse, et
quod ipse hoc emendabit.

Martis post Sanctum-Georgium.

M. R. de Briançon reportavit.

XI. Lite mota, coram ballivo episcopi Parisiensis, inter magistrum
Guillelmum de Remis, ex una parte, et Symonem de Insula ac Guillelmum de Calais, garandum dicti Symonis, ex altera, super eo quod
dictus magister Guillelmus petebat sibi adjudicari dominium et proprietatem cujusdam domus, site in vico Sancti-Germani Autissiodorensis, inter duas ruellas, que fuit defuncti Roberti le Coutier,
quam domum dictus Symon tenebat et possidebat, et quam domum
dictus magister Guillelmus dicebat sibi donatam fuisse a defuncto
Guillelmo Flamingo; dictis Symone et Guillelmo in contrarium dicentibus quod dominium et proprietas dicte domus non ad dictum
magistrum Guillelmum, sed ad dictum Symonem pertinebat, et
quod nullum jus habebat dictus magister Guillelmus petendi eandem
domum, virtute dicte donacionis, cum de re litigiosa facta fuisset, ut
dicebant; cognito igitur de dicta causa per dictum ballivum, seu
commissarium ab eo super hoc specialiter deputatum, idem ballivus, vel ejus commissarius, trium parcium dicte domus proprietatem
adjudicavit eidem magistro Guillelmo, cum certo honore census,
dictos defensores in reliqua parte, per idem judicium, ab impeticione dicti magistri Guillelmi absolvendo; a quo quidem judicato,
tamquam a falso et pravo, ad nostram curiam extitit appellatum per
dictos Symonem et Guillelmum : Auditis igitur dictis partibus in
curia nostra, in causa appellacionis predicte, visoque processu dicte
cause principalis, quia inventum est, per eundem processum, quod
lis pendebat inter dictum defunctum Guillelmum Flamingum, qui
dicitur dictam donacionem fecisse, et dictos Symonem ac Guillelmum
de Calais, super dicta domo, in curia dicti episcopi, tempore quo
dicta donacio dicitur facta fuisse, et sic dictam rem donatam tunc
esse litigiosam, per curie nostre judicium, fuit dictum predictum
ballivum, vel ejus commissarium, in quantum contra dictos defensores judicavit, male judicasse, et ipsos bene appellasse; et, quia dic-

81.

tus ballivus judicatum predictum non dedit, sed quidam commissarius quem ipse, de consensu dictarum parcium, super hoc depu-
taverat, curia nostra emendam, super hoc, dicto ballivo, ex causa,
remisit.

Martis predicta.

Creci reportavit.

XII. Lite mota, in curia nostra, inter majorem, scabinos et habitatores ville de Gravelignes, nomine communitatis dicte ville, ex
parte una, et majorem et scabinos ville Sancti-Audomari, ex altera,
super eo quod dicti major et scabini de Gravelignes dicebant se et
habitatores dicte ville esse in saisina ducendi et reducendi, per terram et per aquam, bona sua, mercando vel alias ad villam et a villa
Sancti-Audomari, et ea ibidem suscipiendi et deponendi seu onerandi
et deonerandi libere, absque solucione costume, assisie seu alicujus
redibencie, et quia illi de Sancto-Audomaro quosdam habitatores
ville de Gravelignes gagiaverant, quia costumam seu assisiam sibi
solvere non volebant, petebant manum nostram in dicta gagiacione
appositam amoveri, et gagia per nos sibi recredita eisdem liberari,
et in sua saisina eosdem conservari, parte adversa contrarium in
predictis asserente, et ad hoc plures raciones, tam de jure quam de
facto, proponente : Visa igitur inquesta super hoc de mandato nostro
facta et diligenter examinata, quia per dictam inquestam constat
majorem et scabinos de Sancto-Audomaro intencionem suam probasse sufficiencius quam majorem et scabinos dicte ville de Gravelignes in predictis, per curie nostre judicium, dictum fuit quod
major et scabini de Sancto-Audomaro tenebuntur et servabuntur in
saisina sua levandi quamdam redibenciam solummodo, que vulgariter mala-tolta seu assisia nominatur ab habitatoribus ville de Gravelignes, pro quibuscumque mercaturis suis emptis seu venditis in
villa Sancti-Audomari seu in territorio ejusdem ville, quocienscumque dicta mala-tolta seu assisia dictis majori et scabinis concessa
fuerit ab illo qui concedere potest, et quod gagia que super illos de

Gravelignes capta fuerunt, ob causam predictam, que in manu nostra, propter debatum parcium, erant posita, majori, et scabinis de Sancto-Audomaro liberabuntur, reservata tamen in premissis majori, scabinis et habitatoribus ville de Gravelignes questione proprietatis.

Martis post Sanctum-Georgium.

M. H. de Sancto-Paulo reportavit.

XIII. Cum proposuisset, in curia nostra, Petrus Porcherii de Marinis, contra Robertum de Hunal, prepositum Pontisare, quod ipse compulit dictum Petrum compromittere in ipsum pro quadam injuria dicta Johanni Guillemier a filio dicti Petri, et condempnavit dictum Petrum, pro expensis prandii quod habuerunt simul, in sex libris, et dicto Johanni in decem libris pro emenda, et dicto preposito in sex florenis, non auditis racionibus dicti Petri et filii sui. Item, quod dictus prepositus extorsit a dicto Petro octo libras per violenciam et minas suas. Item, quod ipse extorsit centum solidos a dicto Petro invito, et ipso existente in prisione sua, et opportuit dictum Petrum solvere viginti et quatuor libras, pro usuris dictorum centum solidorum. Item, quod ipse extorsit a dicto Petro unam summam avene et unum dolium vini et duodecim anceres. Item, quod dictus prepositus fecit poni in prisione et in fossa dictum Petrum injuste, quando scivit ipsum habuisse arrestum pro se in curia nostra. Item, proposuit dictus Petrus contra Johannem le Peletier de Chars et filium suum, servientes prepositure Pontisare, quod ipsi fecerunt sibi plura dampna, et plures injurias eidem intulerunt, et quod, pro predictis dampnis et injuriis dicto Petro illatis a dictis preposito et servientibus, dampnificatus fuit idem Petrus usque ad valorem centum librarum et ultra, predictis preposito et servientibus omnia predicta negantibus, et in contrarium asserentibus se fecisse juste quicquid ipsi fecerunt in predictis : Facta inquesta super predictis, de mandato curie nostre, visa et diligenter examinata, auditis racionibus hinc et inde propositis, quia inventum est dictum Petrum Porcherii non probasse intencionem suam, dicti prepositus et servientes, per curie nostre judicium, fuerunt absoluti ab omnibus supradictis. Martis predicta.

M. Pasquerius reportavit.

XIV. Cum Petrus Natalis de Biterris, cum litteris domini Regis, pro quibusdam ipsius negociis nuper ad partes Agenesii destinatus, in curia nostra proponeret, contra Bernardum de Devezia, civem Agennensem, quod dictus Bernardus inobediens et rebellis in multis fuerat mandatis factis eidem, ex parte domini Regis, per eundem Petrum, et plures inobediencias et rescussas fecerat contra ipsum, quare petebat eundem Bernardum, per capcionem corporis et bonorum, compelli ad emendandum domino Regi et sibi inobediencias et rescussas predictas; dictus vero Bernardus, suas defensiones pretendens contra predictas inobediencias et rescussas, contra dictum Petrum proposuit quod idem Petrus, sine causa racionabili, et post appellacionem ad dominum Regem ab ipso interpositam, multa gravamina eidem intulit et de bonis suis injuste cepit, et secum portavit decem et septem pecias cyfhorum et scutelarum argenti, in valore sexaginta librarum Turonensium et ultra. Item, quinque pecias pannorum de Flandria, in valore ducentarum librarum Turonensium, et quatuor libras monete Ernaudinorum, in valore sexaginta quatuor solidorum Turonensium, et plura alia dampna intulit eidem, ut dicit, per potenciam commissionis sue, que ipse estimat ad duo millia librarum Turonensium, et quod idem Petrus ab inimicis capitalibus dicti Bernardi recepit et habuit ducentas libras Turonenses ut eundem Bernardum sic male tractaret, requirens idem Bernardus dictum Petrum compelli ad reddendum sibi predictas res ablatas vel earum valorem et ad resarciendum sibi dampna predicta, et ipsum, pro tantis excessibus competenter puniri; dicto Petro plures raciones in contrarium proponente, et dicente quod illa que ipse de bonis dicti Bernardi habuerat, illa ceperat pro suis expensis faciendis: Tandem, auditis hinc inde propositis, et visis ditteris et instrumentis exhibitis hinc et inde, et audita dicti Petri confessione, que

talis est : Pierre Nadal confessa, en la presence dou prevost de Paris
et Raoul de Pereaus, clerc nostre seigneur le Roy, envoyez de la
court le neufviesme jour de mars, l'an trois cens unze, que il avoit
pris des biens Bernart de la Deveze, dont il avoit fait inventoire,
cinq draps, trois d'Ippre, c'est assavoir deuz bleus et ung rouge et
ung vert de Carcassonne et ung de Bruges, que l'on appelle Pifart, si
comme il croit, engagiez par ledit Pierre a Tholouse, chieus un
home dont il ne set le non, pour cinquante cinq livres de fort,
et a dix livres d'usure. Item, treize mars d'argent blanc en escuelles
et en henaps, engagiez doudit Pierre chieus Pierre le Peletier
d'Agen, pour quarante livres, senz usure; et ces choses il dit que il
prist quant son argent fut failli, pour paier tabellions et autres ser-
genz pour la besoigne; per arrestum nostre curie, dictus Bernardus
a predictis inobedienciis et rescussis sibi, per dictum Petrum impositis, fuit sentencialiter absolutus; et quantum ad alia per eundem
Bernardum, contra dictum Petrum proposita, dictus Petrus, per
idem arrestum, condempnatus fuit ad reddendum eidem res predictas dicti Bernardi, quas ipse Petrus confessus fuit se, sicut premissum est, habuisse, vel earum valorem, et ad reddendum eidem
dictarum rerum non confessatarum et ablatarum, de quibus constare
poterit, residuum vel earum valorem, et ad resarciendum eidem
dampna cetera sibi per hoc minus racionabiliter illata, de quibus
constabit, per inquestam de plano super hoc, vocatis partibus, faciendam, et precepit insuper curia quod de predictis ducentis libris per
dictum Petrum, ut premissum est, ab inimicis dicti Bernardi receptis et habitis, vocatis quorum interest veritas inquiratur; ad illum
finem quod dicta pecunia fisco regio, si et prout racionabile fuerit,
applicetur, et quod dictus Petrus in Castelleto, Parisius, teneat prisionem, quousque dictas res, Bernardo predicto per eum ablatas et
per eum confessatas, ipse Petrus reddiderit, vel earum valorem, aut
idoneam de reddendo dederit caucionem.

   Jovis post Oculi mei.

   Dominus J. de Voyssi reportavit.

Iste processus fuit iterato visus et judicatus in parlamento trecentesimo decimo sexto, et est processus in sacco dicti parlamenti.

Sequitur tenor commissionis super hoc facte.

Philippus, etc. senescallo Tholose salutem : Cum, per arrestum nostre curie in presenti parlamento factum, Petrus Natalis de Biterris condempnatus fuerit ad reddendum Bernardo de Devezia, civi Agennensi, tam res ipsius Bernardi quas idem Petrus injuste cepit et secum portavit, videlicet, tam confessatas quam non confessatas, de quibus constare poterit, vel earum valorem, et ad resarciendum eidem dampna cetera sibi per hoc minus racionabiliter illata, de quibus constabit, per inquestam de plano super hoc, vocatis partibus, faciendam, et precepit insuper curia nostra quod de ducentis libris, per dictum Petrum ab inimicis dicti Bernardi receptis et habitis, ut dicitur, vocatis quorum interest, veritas inquiratur, ad illum finem quod dicta pecunia nobis, si et prout racionabile fuerit, applicetur, prout hec omnia premissa, in arresto predicto, videbitis plenius contineri, mandamus et committimus vobis, quatinus, viso dicto arresto, et ejus tenore servato, per vos, vel per alium ydoneum ad hoc a vobis deputandum, vocatis dictis partibus et aliis evocandis, de predctis omnibus inquiratis cum diligencia veritatem; inquestam quam inde feceritis, sub sigillo vestro clausam, nostre curie remissuri, ad diem senescallie vestre futuri proximo parlamenti, partes ad ipsam diem inibi adjornando, eandem judicari visure, curiam nostram certificando, per vestras litteras, de adjornamento predicto; et in predictis ab omnibus vobis pareri volumus et mandamus. Datum Parisius, sub sigillo Castelleti, in absencia magni sigilli nostri, die sexta aprilis, anno Domini millesimo trecentesimo duodecimo.

XV. Cum inter Johannem de Falevi, domicellum, ex una parte, et Radulphum de Nigella, patruum suum, ex altera, mota questione super saisina bonorum que quondam fuerunt defunctorum comitis Pontivi et Johannis, ejus primogeniti, patris dicti domicelli, fratrisque dicti Radulphi, per curie nostre judicium, in novissime preterito parlamento, dictum fuisset, inter cetera, quod dicto Radulpho quinte partis feudorum Viromandie, de quibus decessit saisitus comes predictus, deliberabitur saisina, dictusque Radulphus, virtute judicati predicti, peteret sibi deliberari quintam partem quadringentarum libratarum terre feodalium, quas dictus Johannes, nepos ejus, tenet apud Royam et granchias et pertinencias dictorum locorum, que fuerunt defuncti comitis predicti, quasdam ad hoc raciones et consuetudines allegando et dictum judicatum exhibendo; dicto nepote plures raciones et consuetudines in contrarium proponente: Tandem, auditis hinc inde propositis et inquisita veritate super predictis consuetudinibus, et visa inquesta, partibus vocatis, super hoc facta, visoque judicato predicto, per curie nostre judicium, dictum fuit quod dictarum quadringentarum libratarum terre quinte partis saisina dicto Radulpho deliberabitur, secundum dicti judicati prioris tenorem, et declaravit curia nostra, per inquestam predictam, maxime cum deposicionibus testium in ea productorum dicte partes se dixerint velle stare, quod dictarum quadringentarum libratarum terre feodalium, que sunt in Viromandia, de consuetudine Viromandie, dictam quintam partem dictus Radulphus ad vitam suam tantummodo debet habere, hoc eciam excepto quod, secundum consuetudinem Viromandie, domorum feodalium in dicta terra sitarum dictus Radulphus quintam partem non habebit.

Lune post Letare Jerusalem.

Dominus J. de Voyssi reportavit.

XVI. Processus inter Symonem de Poissiaco, militem, et Symonem de Villaribus, anullatus, prout continetur in rotulo hujus parlamenti.

XVII. Processus inter monachos Trenorchienses et Guillelmum Prepositi, Trenorchiensem domicellum, anullatus, prout continetur in rotulo hujus parlamenti.

XVIII. Super eo de quo decanus et capitulum ecclesie Sancti-

Quintini in Viromandia conquesti fuerunt, videlicet quod Baldoynum de Grivenne, eorum clericum et servientem, ut dicebant, Johannes de Suessionibus, prepositus Rogonis de Hangesto, militis, injuste ceperat et plures injurias eidem intulerat in prejudicium, ut dicitur, decani et capituli predictorum, et pendente causa in curia nostra inter decanum et capitulum ac militem supradictos, inquesta per ballivum Viromandensem et ejus adjunctum, virtute litterarum domini Regis, facta, visa et diligenter examinata : Per curie nostre judicium dictum fuit quod in inquesta predicta nichil inventum est sufficienter probatum propter quod aliqua emenda per dictum prepositum fieri debeat decano et capitulo predictis ; sed si dictus Baldoynus, qui dicitur fuisse vileniatus, super hoc conqueri voluerit, precepit curia ballivo predicto quod eidem, vocatis partibus, faciat justicie complementum.

Sabbati post Sanctum-Mathiam, apostolum.

XIX. Cum dominus de Ferthencourt, coram preposito de Foilleyo, peticionem suam fecisset, contra Johannem de Kaveron de quingentis libris Parisiensibus in rebus hereditariis implicandis, et de mille et ducentis libris, racione fructuum et exituum dictarum rerum hereditariarum, et auditis hinc inde propositis et visis dictarum partium racionibus in scriptis traditis, dictus prepositus, per suum judicatum, absolvisset dictum Johannem a predicta peticione, idem dominus ab hujusmodi judicato, tamquam a falso et pravo, ad ballivum Ambianensem appellavit; qui ballivus, in dicta appellacionis causa procedens, auditis dictis partibus et visis iterato racionibus predictis, per suum judicatum confirmavit dicti prepositi judicatum predictum ; a cujus ballivi judicato, tamquam falso et pravo, dictus dominus iterato ad nostram curiam appellavit: Auditis igitur dictis partibus in causa appellacionis predicte et visis processibus antedictis, per curie nostre judicium, dictum fuit predictos prepositum et ballivum bene judicasse, et dictum dominum male appellasse et quod ipse hoc emendabit.

Jovis post Letare Jerusalem.

XX. Cum in curia de Gysenecourt, per homines domine de Croysilles, judicantes in dicta curia, viso processu facto inter Stephanum de Biauviler, scutiferum, ex una parte, et dominum dicte curie, ex altera, super eo quod dictus scutifer requisierat quod dictus dominus eundem reciperet ad homagium suum de terra dou Kesnel, que fuerat matris sue, ut dicebat, visisque racionibus, ex parte Jacobi de Mori, militis, exhibitis, per quas ipse nitebatur defendere dictum dominum ne facere teneretur requestam predictam; dicto scutifero e contrario, pluribus racionibus, proponente quod, secundum processum super hoc habitum inter dictas partes, predicti militis raciones non debebant admitti, predicti homines, per suum judicium, pronunciassent quod dictus miles, qui sufficienter requisitus fuerat quod dictum dominum contra dictam requestam defenderet, et hoc facere tunc noluerat, nimis tarde modo veniebat ad dictum dominum defendendum, et quod ejus raciones quas ipse modo proponebat non debebant admitti; a quo judicato, tamquam falso et pravo, dictus miles ad dictum Regem appellavit : Auditis igitur partibus predictis in causa dicte appellacionis et visis processibus predictis curie nostre traditis, per curie nostre judicium, dictum fuit predictos homines bene judicasse et dictum militem male appellasse, et quod ipse hoc emendabit.

Lune ante Ramos Palmarum.

XXI. Lite mota, in curia nostra, inter abbatem et conventum Regalis-Montis, ex parte una, et Johannem de Hanecourt, castellanum Thorote, ex altera, super eo quod dicti religiosi dicebant se esse in saisina ducendi, per cheminos et districtus dicti castellani, bona sui monasterii libere et absque prestacione pedagii, pontanagii seu alterius costume, quare petebant pignora capta per dictum castellanum, pro pedagio quod volebat exigere de quibusdam bonis que dicti religiosi duci faciebant in quadam navi, dictos religiosos in saisina sua libertatis predicte et de novo indebite perturbando; de quibus pignoribus facta fuit recredencia ipsis religiosis, per manum Regis, ad plenum sibi liberari; dicto castellano in contrarium dicente quod ipse erat in saisina exigendi pedagium et pontanagium de omnibus bonis que ducebantur per terram et aquam, per districtus ejusdem, et gagiandi omnes transeuntes per dictos districtus absque prestacione predicta et specialiter de bonis pertinentibus ad dictos abbatem et conventum, quare petebat prisias factas de bonis ipsorum religiosorum, occasione pedagii seu pontanagii non soluti, per dictum castellanum, de quibus facta est recredencia per manum domini Regis, propter opposicionem ipsorum religiosorum, sibi restitui ad hoc ut possit gaudere saisina sua predicta : Inquesta super hoc facta et ad curiam nostram ad judicandum reportata; visa et diligenter examinata, quia inventum est dictum castellanum sufficienter probasse saisinam suam predictam, et nichil de saisina predicta dictorum religiosorum fore probatum, per curie nostre judicium, fuit dictum quod bona capta per dictum castellanum, de quibus facta est recredencia, per manum nostram, eisdem religiosis, dicto castellano restituentur, ut possit gaudere saisina sua predicta contra dictos religiosos, questione proprietatis eisdem religiosis super hoc reservata.

Martis post Sanctum-Georgium.

Creci reportavit.

XXII. Cum inter Guillelmum Pizdoe, suo et Marie, uxoris sue, nomine, ex una parte, et Johannem Lebreton, pelliparium, cives Parisienses, ex altera, coram Parisiensi preposito, lis mota fuisset, racione cujusdam pacis inter dictas partes concordate et firmate, ut dicebatur, super debato inter dictas partes pendente, racione successionis defuncte Johanne, quondam uxoris dicti Johannis, sororisque dicte Marie, et super tenore dicte pacis, de cujus forma dicte partes discordabant inter se, concordatum fuisset inter eas, pro bono pacis, quod Guillelmus de Marcilliaco, miles domini Regis, Reginaldus Barboti senior, et Johannes Amici de Cormeilles, ex parte dicti Guillelmi Pizdoe, nomine quo supra electi, Stephanus Barbete, Stephanus Marcelli et Johannes Genciani, ex parte dicti Johannis le Breton

electi, necnon Petrus Marcelli, tamquam communis amicus, concorditer ab ambabus partibus predictis electus, super tenore et forma
dicte pacis audirentur, et quod quicquid dicte septem persone , vel
major pars earum, super dicto tenore concorditer testificarentur, et
dicerent, firmiter a dictis partibus teneretur, et super hoc dictis partibus darentur littere sub sigillo Castelleti; et, post predicta, coram
dicto preposito certa die comparentibus dictis partibus et per eas
recitatis premissis, dictus prepositus, a dictis septem personis juramento recepto de dicenda super tenore et forma dicte pacis et con-
cordie veritate, et audita diligenter super hoc earumdem relacione
et deposicione, et deinde certa die coram dicto preposito ad audiendum jus in causa predicta dictis partibus assignata, et ad dictam
diem comparentibus in judicio dictis partibus, et jus sibi super hoc
fieri requirentibus instanter, dictus prepositus, visa deposicione dictarum septem personarum, et habito super hoc consilio diligenti, per
suum judicatum pronunciasset quod partes predicte, videlicet dictus Guillelmus Pizdoe et Maria, ejus uxor, pro se, ex una parte, et
Johannes le Breton, pro se, ex altera, super debato predicto conse-
derent et acordarent in judicio coram se litteras sub sigillo prepositure Parisiensis et sub forma que sequitur, in hec verba : « A touz
ceus qui ces lettres verront, Jehan Ploibaut, garde de la prevoste de
Paris, salut : Saichent tuit que par devant nous vindrent en jugement
Guillaume Pizdoe, prevost des marcheans, et Marie, sa fame, d'une
part, et Jehan le Breton, peletier et bourgois de Paris, d'autre part,
et recognurent que, comme descors eust este entre euls, pour cause
de la succession feu Jehanne, fame jadis doudit Jehan et seur de ladite Marie, traitie et acorde est entre lesdites parties que, pour
cause des muebles de la succession de ladite Jehanne, ledit Jehan a
promis a paier audit Guillaume et a sa fame huit cenz livres parisis,
c'est assavoir quatre cenz livres du terme de la Touz-Sainz darrenei-
rement passee et quatre cenz livres a la Nativite saint Jehan-Baptiste
prochain venant, et pour tant ont ledit Guillaume et sa fame renon-
cie a touz les muebles qui furent a ladite Jehanne, et quitte audit

Jehan tout le droit qu'il povoient avoir esdiz muebles, et parmi ce acorde est que ledit Jehan paiera les debtes que il et ladite feu Jehanne, sa fame, devoient ou temps de sa mort, et les lais aussi que ladite Jehaune fist, et en a promis a acquiter et delivrer ledit Guillaume et sa fame, excepte la rente a amortir que elle a laissie a certains lieus a fonder chapeles a prier pour l'ame de lui. Toutes les choses desus dites ont lesdites parties promis a tenir par la foy de leurs cors, et de non venir encontre sus l'obligacion de tout leurs biens; ce fu dit et prononcie par nous le samedi apres la Chandeleur, l'an mil trois cenz et onze. » Predicto judicato per dictum prepositum sic pronunciato, dictus Johannes ab ipso, tamquam falso et pravo, ad nostram curiam appellavit : Constitutis igitur dictis partibus in nostra curia in causa appellacionis predicte, et auditis hinc inde propositis, visisque dicto processu, dictarum septem personarum deposicionibus et judicato predicto, per curie nostre judicium, dictum fuit predictum prepositum bene judicasse et dictum Johannem male appellasse, et quod ipse hoc emendabit.

Martis post Sanctum-Georgium.

Thibotot reportavit.

XXIII. Cum Agatha la Petite, alias dicta la Beguine, requireret porcionem hereditatis que, ex successione paterna, sibi advenerat, ut dicebat, per Emmelotam, filiam suam, alienatam et venditam Johanne la Basse, pro sexaginta solidis Turonensibus duntaxat, que sexaginta libras et amplius valebat, ut dicebat, sibi deliberari, nosque pluries ballivo Constanciensi mandassemus ut, vocatis evocandis, inquireret super hoc veritatem et faceret justicie complementum, et demum, quia dicta Agata tociens sollicitaverat curiam nostram, dicens quod, in prosecucione hujusmodi negocii, totam suam substanciam devastarat, ad evitandum ipsius tedium, mandassemus inquestam super hiis que proponebat et racionibus partis adverse fieri et nostre curie reportari, et partes, ad videndum eam judicari, ibidem adjornari : Auditis igitur in curia nostra dictis partibus, et visa in-

questa super hoc facta ac pluribus judicatis tam in placitis quam in
assisia contra dictam Agatham super hoc factis et habitis, per curie
nostre judicium, pronunciatum fuit quod dicta Agatha amplius non
admittetur ad suam peticionem predictam, et quod dicta judicata in
suo robore remanebunt, et super hoc imposuit curia nostra silencium perpetuum Agathe predicte.

Lune ante Ascencionem Domini.

Crepon reportavit.

XXIV. Lite mota, coram preposito Parisiensi, inter Jacobum Boucelli, ex una parte, et abbatem et conventum Sancte-Genovefe Parisiensis, ex altera, super eo quod dictus Jacobus dicebat quod dicti
abbas et conventus erant sibi obligati in novem modiis et decem sextariis frumenti boni et legalis, ad mensuram Parisiensem, ad sex denarios prope melioris frumenti quod inveniretur in foro Parisiensi,
et quod dictum bladum, cum omnibus dampnis ad mensuram predictam, dicto Jacobo vel ejus certo mandato, bona fide, sub obligacione
omnium bonorum suorum temporalium, solvere et reddere promiserunt quocienscumque a dicto Jacobo vel ejus certo mandato forent requisiti, et quod dicti religiosi de dicto frumento solvendo, tempore
competenti, fuerunt requisiti, et satisfacere noluerunt dicti religiosi
de frumento predicto, quare petebat dictus Jacobus, contra dictos religiosos, certa bona et loca temporalia dictorum religiosorum, de quibus facta est monstra, que ipse dicebat sibi esse obligata, nomine
ypothece, pro debito supradicto, sibi per predictum prepositum
tradi et deliberari pro dicto debito explectanda; procuratore dictorum religiosorum plura ex adverso declinatorie proponente, ad
illum finem quod dictus prepositus de predictis non cognosceret et
quod cognicio dicte cause ad eorum examen remitteretur, maxime
cum dicant dicti religiosi omnimodam jurisdiccionem dictorum locorum et bonorum, de quibus facta est monstra, vel saltem aliquorum ex ipsis, ad eos pertinere; auditis racionibus utriusque partis,
per dictum prepositum judicatum fuit quod cognicio dicte cause in

Castelleto remanebit; a quo judicato, tamquam falso et pravo, procurator dictorum religiosorum ad nostram curiam appellavit: Visis
igitur racionibus et processibus utriusque partis, per curie nostre
judicium, dictum fuit predictum prepositum bene judicasse et procuratorem dictorum religiosorum male appellasse, et quod ipsi religiosi hoc emendabunt.

Veneris ante Penthecosten.

M. R. de Briençon reportavit.

XXV. Lite mota, coram preposito episcopi Parisiensis, inter Nicolaum dictum le Pinguier, nomine suo et Nicolae, ejus uxoris, ex
parte una, et Thomassam, relictam defuncti Galteri le Barbier, ex
altera, super eo quod dicebat dictus Nicolaus quod magister Rogerus Pastorellus, clericus, quamdam domum, sitam Parisius, in vico
Sancti-Salvatoris, cum quodam jardino eidem contiguo, cum pertinenciis eorumdem de quibus facta fuerat ostensio, quos ut suos tenebat et possidebat, dictus magister Rogerus, eidem Nicolao, pro se,
uxore sua, heredibus suis et causam ab ipsis habentibus et habituris, vendiderat, tradiderat et in possessionem per dominum loci
induci fecerat eorumdem, pro precio viginti librarum Parisiensium,
de quibus eidem satisfactum fuerat, prout in quibusdam litteris Castelleti, super dicta vendicione confectis, dicebat dictus Nicolaus plenius contineri. Item, dicebat dictus Nicolaus quod dicta Thomassa,
que dictam domum, cum ejus pertinenciis, a dicto magistro Rogero
ad locagium tenuerat, dictum Nicolaum, ad predictam domum venientem ut, ea, tam in possessione quam in proprietate, ex causis
predictis, ut dominus uteretur, non admisit, et dictam domum ab eodem, tamquam domino, pluries requisita exire et eidem dimittere,
minus juste et sine causa racionabili recusavit, quare petebat dictus
Nicolaus predictam domum, cum dicto jardino et appendiciis eorumdem ad se, tamquam dominum, in possessione et proprietate, ex causis predictis pertinere debere per sentenciam dicti prepositi declarari,
et dictam Thomassam a dicta domo expelli; dicta Thomassa in con-

trarium, multis rationibus, proponente dictum Nicolaum ad premissa petenda non debere admitti, et dictam domum ex justo et legittimo titulo, videlicet ex causa donacionis a dicto magistro Rogero eidem vel ei a quo causam habet, longe ante dictam vendicionem factam, pertinere, et se, ex dicto titulo, esse et per tantum tempus fuisse in saisina dicte domus et pertinenciarum ejusdem, quod sufficere debebat et sufficit ad verum dominium et possessionem retinendum, quare dicebat dicta Thomassa se ab impeticione dicti Nicolay, per sentenciam dicti prepositi, [debere] super hoc absolvi; qui prepositus, auditis dictis partibus, dictam domum, cum suo jardino et eorum appendenciis, ad dictum Nicolaum, tamquam dominum, ex causis predictis, pertinere, non obstantibus propositis ex adverso, per suum judicium declaravit; a quo judicato, tamquam falso et pravo, dicta Thomassa ad ballivum dicti episcopi appellavit; qui ballivus, per suum judicium, sentenciam dicti prepositi confirmavit; a quo judicato, tamquam a falso et pravo, dicta Thomassa ad nostram curiam appellavit : Visis igitur, per curiam nostram, actis et processibus dicte cause, deposicionibus testium et litteris in modum probacionis a partibus productis plenius intellectis, quia inventum est dictam Thomassam, ex legittimo titulo, in possessione dicte domus, jardini et pertinenciarum ejusdem, longe ante dictam vendicionem factam de premissis eidem Nicolao, extitisse, per curie nostre judicium, dictum fuit dictos prepositum et ballivum male judicasse, et dictam Thomassam bene appellasse, et ipsam in possessione premissorum remanere debere, et quod dictus ballivus hoc emendabit.

Veneris ante Pentecosten.

Roya reportavit.

XXVI. Lite mota, coram preposito Aurelianensi, inter procuratorem nostrum, ex parte una, et Lancelotum Barat, militem, ex altera, super eo quod idem procurator, nostro nomine proponebat quod dictus miles indebite nitebatur levare quandam costumam a mercatoribus ementibus et vendentibus animalia in mercato Aurelianensi,

asserens dictus procurator omnes mercatores in dicto mercato ementes
et vendentes esse et fuisse semper francos, liberos et inmunes ab omni
costuma, solvendo nobis et episcopo Aurelianensi certam costumam
nobis et prefato episcopo ab antiquo debitam et per gentes nostras vel
dicti episcopi levari consuetam, nosque esse et fuisse semper in saisina tenendi et gardiandi omnes mercatores, ementes et vendentes animalia in mercato predicto, francos et liberos ab omni alia costuma;
quare petebat procurator predictus declarari ipsos mercatores in dicto
mercato ementes animalia vel vendentes, francos esse liberos et inmunes ab omni costuma, solvendo costumam, ut premittitur, nobis
et episcopo prefato debitam, et quod costuma quam dictus miles levare a mercatoribus, in predicto mercato animalia ementibus et vendentibus nitebatur, caderet omnino, et quod ipse compelleretur reddere viginti libras vel circa quas ipse levavit a dictis mercatoribus,
occasione predicta, a duobus annis citra. Item quod cessaret impedire,
turbare seu inquietare mercatores predictos in dictis libertate et fran-
chisia suis et nos in saisina nostra predicta, dicto milite ex adverso
dicente se et suos predecessores esse et fuisse in saisina habendi et
levandi certam costumam a mercatoribus de extra episcopatum Aurelianensem venientibus, ementibus et vendentibus in predicto mercato animalia, per tantum temporis quod sufficit ad jus saisine que-
rende; quare petebat idem miles turbationem, impedimentum et
manum nostram in dicta saisina appositos per gentes nostras indebite,
ut dicebat, amoveri et permitti ipsum libere sua predicta saisina gaudere; tandem prepositus predictus, auditis racionibus hinc inde propositis, visisque ac diligenter inspectis deposicionibus testium ab
utraque parte super hoc productorum super premissis, judicavit dictam costumam, per dictum militem aliquandiu levatam, debere omnino
cadere, et mercatores, in dicto mercato ementes animalia et vendentes,
francos super hoc et liberos remanere; a quo judicato, tamquam falso
et pravo, dictus miles ad ballivum Aurelianensem appellavit; quod
judicatum postmodum idem ballivus confirmavit; a qua confirmacione, tamquam falsa et prava, miles predictus secundo ad nostram

curiam appellavit : Auditis igitur dictis partibus, in curia nostra, in causa appellacionis predicte, et viso et diligenter examinato dicte principalis cause processu, per curie nostre judicium, fuit dictum prepositum et ballivum predictos bene judicasse et ipsum militem male appellasse, et quod ipse hoc emendabit.

Veneris ante Pentecosten.

J. de Usco reportavit.

XXVII. Lite mota, coram preposito Parisiensi, inter Vincencium de Nigro et ejus uxorem, ex una parte, et magistrum Johannem Brunelli, ex altera, super eo quod idem Vencencius, suo et uxoris sue nomine, proponebat quod compromissum factum fuerat in certos arbitros, a dictis partibus communiter electos, pena et juramento vallatum, de quadam controversia inter eos orta super tribus arpentis vinearum uno quarterio minus, sitarum apud Baigneux, Saint-Eblant et sex et quinquaginta solidis et sex denariis annui census, sitis Parisius, videlicet quadraginta solidis sitis supra quadam domo sita in vico Sancti-Germani, in qua habitant monachi de Regali-Monte, et sexdecim solidis sex denariis sitis supra domo que fuit Johannis dicti Aquart, in vico qui ducit de Ferronaria ad crucem dou Tiroer, in cuneo alle pellipariorum; qui quidem arbitri suscepto in se onere dicti compromissi, presentibus dictis partibus et sentenciam ferri petentibus, pronunciaverunt quod vinee et census predicti essent communes inter partes predictas et ad quamlibet ipsarum, pro parte media, pertinerent, nulla sufficienti contradicione seu reclamacione super hoc sequta; quare petebat idem Vencencius, nomine quo supra, dictas res dividi, et partem dimidiam cuilibet eorum assignari, juxta dictorum sentenciam arbitrorum, cum ipse nollet, ut dicebat, amplius in dicta communione remanere; dicto magistro Johanne se, multis racionibus, in contrarium defendente et dicente arbitrorum predictorum sentenciam non valere, nec ex ea divisionem fieri debere; tandem, auditis super hoc racionibus parcium predictarum, visisque deposicionibus testium, et inspectis tenoribus instrumentorum pro-

LES OLIM.

ductorum hinc inde, dictus prepositus, comperto compromissum predictum factum fuisse de omnibus rebus predictis, pena et juramento
vallatum, pronunciavit dictas vineas et censum inter partes predictas
debere dividi, et partem dimidiam earum cuilibet assignari; a quo
judicato, tamquam falso et pravo, dictus magister Johannes ad nostram curiam appellavit: Viso igitur ac diligenter inspecto dicte principalis cause processu, per curie nostre judicium, fuit dictum prepositum predictum bene judicasse et dictum magistrum Johannem
male appellasse, et quod ipse hoc emendabit.

Veneris ante Pentecosten.

M. G. de Usco reportavit.

XXVIII. Lite mota, coram preposito Parisiensi, inter Cante Bon-
fantin, ex parte una, et Guillelmum Gasconis, vecturarium, ex
altera, super eo quod dicebat dictus Cantes, contra dictum Guillelmum, quod dictus Guillelmus, in civitate Parisiensi, ab ipso receperat et habuerat sexaginta quatuor trossellos pannorum valoris decem
millium librarum, ducendos, per dictum Guillelmum cum animalibus suis propriis, suis sumptibus et expensis, de Parisius ad civitatem Saone-supra-Mare, videlicet quolibet trossello pro decem libris
Turonensibus, quas habuerat et receperat dictus Guillelmus ab ipso,
ut dicebat; dicebat eciam quod sufficienter conventum fuerat inter
eos, in dicto contractu, quod dictus Guillelmus, mediante dicto precio, dictos trosellos sanos et integros duceret recta via de Parisius
apud Matisconem et de Matiscone per terram Sabaudie directe usque
ad Montem-Colli-de-Argentaria, et per terram regis Roberti Sicilie,
recto jurato itinere, usque ad civitatem Saone, non declinando ad
aliam viam seu iter, per mare vel per terram, et hoc infra triginta quinque dies, et quod ad premissa tenenda dictus Guillelmus sufficienter
eidem Cante se obligaverat, et ad reddendum eidem duplum valorem
dictorum trossellorum nomine pene, cum omnibus sumptibus quos
haberet vel incurreret dictus Cante propter defectum premissorum,
vel si contingeret dictum Guillelmum contra premissa facere vel

venire; dicebat eciam dictus Cante quod dictus Guillelmus, veniendo
contra convenciones predictas et eas infringendo, iter predictum inter eos conventum dimiserat, et dictos trosellos per aliam viam seu iter duxerat, videlicet per montem de Monte-Cenisio et directo per civitatem et terram d'Ast, ubi erat magna guerra, in qua terra dictus Guillelmus dictos trossellos se amisisse dicebat, quod non contigisset, ut dicebat idem Cante, si per iter conventum dictos trosellos duxisset; unde, cum dicti triginta quinque dies infra quos dictus Guillelmus, secundum convenciones predictas, dictos troussellos pannorum in civitate Saone reddere et deliberare eidem Cante, vel ejus certo mandato, debebat, diu erat, essent elapsi, absque eo quod dictus Guillelmus duxisset, reddidisset seu deliberasset eidem Cante dictos troussellos secundum quod convenerat, et prout de iis in instrumento publico se obligaverat; immo, dictas convenciones infringendo, totum contrarium fecerat, ut dicebat; quare petebat dictus Cante dictum Guillelmum, per dictum prepositum, condempnari et compelli ad reddendum eidem sexaginta quatuor troussellos predictos una cum totidem pannis nomine pene duppli, vel viginti millia librarum, tam pro valore dictorum pannorum quam pro dicta pena duppli, secundum dictas convenciones, una cum sexentis et quadraginta libris quas dictus Guillelmus pro dicta vectura, quam non fecerat, a dicto Cante habuerat et receperat, protestans de suis dampnis, sumptibus et interesse loco et tempore petendis; dicto Guillelmo, ad sui defensionem, plures raciones in contrarium proponente et dicente quod, in persona sua, nunquam cum dicto Cante contraxerat, sed verum erat quod certis die, loco et hora, presentibus certis personis ad hoc vocatis, inter dictum Cante, nomine suo, et quorumdam aliorum mercatorum, et Gervasium Martini, vecturarium, nomine suo, ipsius Guillelmi et duorum suorum sociorum, conventum et concordatum fuerat de ducendo predictos sexaginta quatuor troussellos de Parisius ad civitatem Saone, pro precio decem librarum Parisiensium quemlibet troussellum, et quod in dicto contractu et in concordando dictum contractum inter eos, expressa et designata fuerant certa loca per que dicti Gervasius,

Philippe IV, 1311.

Guillelmus et alii socii sui debebant ducere dictos troussellos, videlicet per Matisconem et per Sabaudiam et exinde per directum magnum et regale iter usitatum et consuetum usque ad civitatem Saone,
prout in litteris Castelleti Parisiensis, super hoc confectis, dicebat
plenius contineri, et una cum hoc ordinatum et concordatum fuerat
inter eos quod dictus Cante traderet eis unum valletum qui iret cum
eis et conduceret eos et ostenderet eis iter seu viam per quos ipsi ducerent dictos troussellos, et quod dictus Cante dedit eis quemdam famulum nomine Mathiam, et dedit eidem copiam sive vidimus littere
Castelleti super hoc facte, ut melius posset eisdem ostendere iter
designatum in dictis litteris, et precepit eisdem quod ipsi dicto valleto, in itinere faciendo, in omnibus obedirent; dicebat eciam quod,
secundum quod premissum est, dicti vecturarii recesserunt de Parisius et arripuerunt iter suum cum dicto valleto et in conductu ipsius duxerunt dictos troussellos per Matisconem et Sabaudiam, et
exinde recto magno regali itinere versus Saonam, secundum quod
promiserant, et secundum quod dictus valletus, nomine ipsius
Cante et sociorum suorum, ducebat eosdem, et quod in dicto itinere
per duas leucas prope Montem-Acutum, obviaverunt eis plures homines in armis qui dicebant quod dictus Cante et socii sui tenebantur
eis in magnis pecuniarum summis; qui homines, manu armata, per
violenciam, contra voluntatem dictorum vecturariorum et dicti valleti, ceperunt dictos troussellos et in dicto castro de Monte-Acuto
duxerunt; unde cum dictus Guillelmus Gasconis, ut ipse dicebat,
et dicti socii sui bene et sufficienter fecissent de premissis quod sua
intererat, secundum quod promiserant, et per factum dicti Cante et
sociorum suorum dicti trosselli capti fuissent in recto itinere et prope
Saonam per tres dietas, sine facto et culpa ipsorum vecturariorum,
dicebat dictus Guillelmus se ab impeticione ipsius Cante, per sentenciam dicti prepositi, debere absolvi, et pronunciari dictum Cante
injuste et sine causa ipsum et bona sua fecisse capi et arrestari et in
prisione firmata detineri, et ipsum et bona sua debere deliberari,
et dictum Cante eidem in dampnis et expensis quos, racione dicti

arresti, sustinuit, debere condempnari; qui prepositus, auditis dictis
partibus et probacionibus earumdem, dictum Guillelmum ab impeticione ipsius Cante, per suum judicatum, absolvit, et dictum Cante,
juxta consuetudinem Castelleti, que talis est quod qui cadit ab arresto
suo reddit expensas, parti arrestate, in expensis, propter hoc factis,
dicto Guillelmo condempnavit; a quo judicato, tamquam falso et
pravo, dictus Cante ad nostram curiam appellavit: Auditis igitur
dictis partibus in causa appellacionis predicte, et visis, per curiam
nostram, processu dicte cause, necnon deposicionibus testium, confessionibus parcium, litteris et instrumentis a dictis partibus in
modum probacionis productis plenius intellectis, per curie nostre
judicium, dictum fuit predictum prepositum bene judicasse, et
dictum Cante male appellasse, et quod ipse hoc emendabit.

Veneris ante Penthecosten.

Roya reportavit.

XXIX. Mota lite in causa appellacionis inter consules de Pedenacio, ex parte una, et nostrum ac domus beate Marie de Pratis procuratores, ex altera, coram senescallo Carcassonensi et Biterrensi,
super eo quod dicti consules dicebant se legittime appellasse ad senescallum predictum a quadam ordinacione per vicarium Biterrensem
seu ejus locum tenentem, pro dictis procuratoribus nostro ac domus
predicte, facta in prejudicium ipsorum consulum, ut ipsi dicebant,
et in dicta causa oblato libello per dictos consules coram dicto senescallo, liteque legittime contestata per procuratores antedictos, pluribusque instrumentis et testibus super hoc hinc inde productis,
publicatisque deposicionibus testium predictorum, tandem dictus
senescallus seu ejus locum tenens, per suum judicium, pronunciavit
se non posse nec debere cognoscere de dicta appellacionis causa, quia
fatalia erant lapsa, propter negligenciam dicte partis appellantis; a
quo judicato pars dictorum consulum ad nostram curiam appellavit:
Viso igitur dicte prime appellacionis processu, auditisque in curia
nostra racionibus parcium predictarum, quia repertum est dictos con-

sules non fuisse negligentes, sed pocius diligentes, in prosecucione
cause dicte appellacionis eorum, per dicte curie nostre judicium, dictum fuit predictum senescallum, seu ejus locum tenentem, male judicasse et dictos consules bene appellasse, et precepit curia nostra
quod dictus processus super causa principali predicta factus, per
nostram curiam judicetur, si sit in statu quod possit judicari, maxime
cum procurator dictorum consulum hoc requirat in curia nostra.

Veneris predicta.

Mangon reportavit.

XXX. Cum lis mota fuisset, coram preposito Parisiensi, inter Henricum, lathomum de Ateinvilla, et ejus liberos, ex una parte, et dominam de Athenvilla, relictam Johannis de Lauduno, quondam militis, et ejus liberos, ex altera, super eo quod dicebat dictus Henricus,
pro se et liberis suis, se spoliatum a predicto milite, tempore quo ipse
vivebat, et eciam a dicta domina, de quibusdam terris, videlicet de
quatuor arpentis terre sitis Esraiies et en Lardillier, sine vinea; item,
de dimidio arpento terre sito in valle Guiguabent; item, de dimidio
arpento terre sito in eadem valle; item, de tribus quarteriis terre contiguis vie de Villers-le-Sac; item de uno quarterio terre sito a Semelli;
item, de centum et novem dizenis gerbarum bladi super dictis terris
tunc existentibus, et aliis fructibus dictarum terrarum, quare petebat
dictus Henricus se, nomine quo supra, ad predicta restitui, et ea sibi
reddi, una cum fructibus qui percepti fuerunt seu percipi potuerunt
exinde; lite vero predicta pendente, dictus Henricus rebus humanis
fuit exemptus, relictis quatuor liberis, heredibus suis, quorum Robinus, unus de dictis filiis, pro se et aliis coheredibus suis, dicte
cause suscepit prosequcionem, in eo statu in quo erat, tempore quo
dictus Henricus decessit, dicta vero domina, pro se et liberis suis, in
contrarium causam hujusmodi defendente, et dicente predictam restitucionem fieri non debere, et ad curie et cognicionis dicti prepositi
declinacionem plures raciones proponente, super quibus racionibus
dicta domina, nomine quo supra, petebat ante omnia sibi fieri justicie

complementum; tandem judicatum fuit per predictum prepositum quod, non obstantibus racionibus dicte domine, dicti heredes bene probaverunt intencionem suam, et eos debere restitui de predictis arpentis terre et duobus modiis bladi, necnon, pro fructibus inde perceptis, ducentas libras monete currentis, dicta spoliacione durante, debere reddi eisdem, super hiis dictam dominam, quo supra nomine, condempnando; a quo judicato tamquam falso et pravo, procurator dicte domine, nomine quo supra, ad nostram curiam appellavit; auditis igitur dictis partibus, in causa appellacionis predicte, visoque diligenter processu predicto, per curie nostre judicium, dictum fuit predictum prepositum male pronunciasse, cum ante omnia debuisset super reddicione curie judicasse, et judicatum predictum ipsius preposili nostra curia anullavit, et dixit, quia inventum est per dictum processum dictam dominam, super principali causa predicta, coram dicto preposito respondisse, testesque ab utraque parte in eadem causa productos fuisse, quod causa predicta remaneret in curia nostra, secundum contenta in dicto processu, vocatis partibus, decidenda; auditoribus igitur super hoc a curia nostra datis, audite fuerunt super hoc raciones dicte domine, et dicti Robini, qui solus prosequtus fuit dictam causam in quantum eum tangebat, testesque producti et examinati super facto partis utriusque: Processibus igitur predictis, tam coram dicto preposito, quam coram ipsis auditoribus factis, ad curiam nostram pro judicando reportatis, visis et diligenter examinatis, per curie nostre judicium, dicta domina condempnata fuit ad restituendum dicto Robino quartam partem terrarum superius petitarum et dimidium modium bladi pro quarta parte gerbarum predictarum, necnon, pro fructibus aliis inde perceptis, quadraginta libras Parisienses, pro rata ipsum Robinum contingente in fructibus predictis, a tempore spoliacionis predicte, usque ad tempus mote litis presentis perceptis, necnon ad fructus qui post dictam litem motam usque nunc de dicta quarta parte percipi potuerunt, scita veritate, vocatis partibus, summarie et de plano de quantitate eorum.

Veneris post Penthecosten.
Creci reportavit.

XXXI. Cum inter procuratorem nostrum prepositure Parisiensis,
pro nobis, ex una parte, et Galterum de Broissellis, civem Parisiensem, ex altera, in nostra curia questio verteretur super eo quod idem
Galterus, dum vivebat, et, post ejus mortem, Johannes Arrode, successor, ut dicebat, et heres ipsius Galteri, racione uxoris ejusdem
Johannis, filie predicti Galteri, asserebat domum, justiciam et hereditagia sita in villa et territorio Portus-Nulliaci, que Philippus Flamingus, dictarum rerum tunc dominus, ut dicebatur, vendiderat
memorato Galtero, ad manum nostram, sine causa, ad instanciam procuratoris nostri predicti, fuisse appositos, ipsumque Galterum per
eundem procuratorem nostrum, indebite et de novo turbatum, et impeditum fuisse quominus dictarum rerum saisina libere uti posset;
quare petebat idem Galterus et Johannes predictus, successor et heres,
ut premittitur, ejusdem Galteri, turbacionem, impedimentum et
manum nostram de dictis rebus amoveri; predicto procuratore nostro,
ex adverso, dicente res predictas, propter quoddam homicidium predicto Philippo impositum, ante dictam vendicionem, ut dicebatur,
commissum, nobis confiscari debere, et earumdem rerum alienacio-
nem post motam super dicto crimine questionem, et manum nostram
in ipsis rebus, propter hoc appositam, non valere : Facta igitur super
premissis, de mandato nostro, inquesta, et ad nostram curiam asportata et diligenter inspecta, quia, per eam, liquido compertum est
quod dictus Philippus, tempore vendicionis dictarum rerum facte
Galtero predicto, et diu ante, pacifice possidebat res predictas absque
hoc quod manus nostra esset ibidem, et quod eciam idem Philippus,
ab imposito sibi predicto crimine per competentem judicem, ejusdem
vendicionis tempore, fuerat legittime absolutus, per curie nostre judicium, fuit dictum turbacionem, impedimentum et manum nostram
predictas de dictis rebus amoveri debere.

Veneris post Penthecosten.

M. G. de Usco reportavit.

PHILIPPE IV,
1311.

XXXII. Cum procurator noster in ballivia Arvernie, coram ballivo
Arvernie, ad denunciacionem prepositi ecclesie Brivatensis, proposuisset, contra vicecomitem Podonniaci, quod dictus Metos, Johannes
Beldia sive Johannola, ac dictus Guigos, familiares dicti vicecomitis,
pluresque alii ejus familiares et complices infra nominati, venerant de
nocte, cum armis prohibitis, ad villam de Alnerio, in qua idem prepositus omnem justiciam asserit se habere et se esse in saisina de eadem, et quod, cum dictis armis, violenter hostia plurium habitancium
in dicta villa fregerant, pluraque bona in dictis domibus ceperant se-
cumque portaverant, invitis hominibus antedictis, pluresque excessus
ibidem commiserant, manu nostra ibidem existente; pro quibus petebat dictus procurator noster dictum vicecomitem et ejus complices nobis in emendam competentem condempnari, passisque dampna
restitucionem fieri de eisdem, et ea que in prejudicium dicte manus
nostre facta erant ad statum pristinum reponi, dictus ballivus mandavit de predictis veritatem, vocatis evocandis, inquiri: Inquesta igitur
facta super hiis, et nostre curie reportata, visa et diligenter examinata, quia inventum est, per eandem, sufficienter probatum dictum
vicecomitem de dicta armorum portacione advoasse infra nominatos
ac per testium in ea productorum deposiciones, quosdam de predictis
pluresque alios, usque ad numerum trecentarum personarum, cum
armis, ante auroram, venisse ad villam predictam hostiaque quorumdam habitancium in dicta villa violenter fregisse, pluraque bona
ibidem cepisse, et quedam de dictis bonis consumpsisse, et quedam
cum quibusdam hominibus dicte ville, eorumque animalia ad castrum de Mota dicti vicecomitis secum duxisse, invitis et contradicentibus hominibus antedictis et quod alia vice aliqui de predictis
pluresque alii usque ad numerum quadringentarum personarum ad
dictam villam cum armis venientes, manu et vexillo nostris in justicia dicte ville positis, et eis dicto vicecomiti intimatis, ac inhibicione
eidem, per servientem nostrum, facta, ne in dicta villa jurisdiccione

84.

aliqua uteretur, quemdam hominem cum quadam muliere, propter adulterium per eos commissum, ut dicebant, cucurrerunt per villam antedictam, quoddam postellum seu pilerium ibidem positum ruperunt, claperios dicti prepositi, infra jurisdiccionem dicte ville, destruxerunt, quamdamque scalam in dicta villa levaverunt, hominemque unum posuerunt in eadem, clamantes quod omnes venirent videre justiciam vicecomitis antedicti, licet eisdem diceretur quod manus nostra erat ibidem et vexillum nostrum eisdem ad digitum monstraretur et quod serviens noster predictos sic delinquentes ibidem verbotenus arrestavit, precipiens eisdem quod, cum armis que portabant in dicta villa de Alnerio, se statim redderent arrestatos, quod facere contempserunt, per curie nostre judicium, dictus vicecomes condempnatus fuit ad reddendum dictis hominibus dampna predicta que ipsi sustinuerunt in predictis rebus et bonis, ac eorum animalibus sic captis de quibus ipsi de plano poterunt facere certam fidem, et ad reponendum predicta attemptata in statum pristinum, necnon ad solvendum nobis, pro emenda, valorem fructuum et reddituum terre ipsius vicecomitis de uno anno, solvendum ad duos annos; fuerunt eciam alii infra nominati condempnati in hunc modum, videlicet quilibet ipsorum habens sexaginta libras Turonenses in redditibus, in sexaginta libris Turonensibus, et quilibet de residuis habens sexaginta libras Turonenses in bonis, in decem libris dicte monete nobis solvendis pro emenda excessuum predictorum; nomina vero complicum hec sunt : Guillelmus Bannitz, balivus dicti vicecomitis, — Petrus Ayrals, — Willelmus de Sangiis, — Andreas et Stephanus Maurans, — dictus Symeon, — Lobanos Mazel, — dictus Daumis, — Guillelmus Balen, — dictus Marandos, — Bertholomeus de Vidrinas, — Bernardus Chevalier, — Johannes Gras, — Durandus Gras, — Andreas et Matheus Bruni, — dictus Lambraudos, filiaster Jacometi, — Petrus Maizonil, — Bernardus Charnac, P. Boni-Hominis, — Andreas Charnac, — Willelmus Chalet, — Hugo Asterii, — Petrus et Hugo Boielli, — Durandus et Petrus Crozetez et Nicolaus eorum frater, — R. Estornel, — Gerardus Maizonil, — Jacine Negogendolas,

— Raymundus Conte, — dictus Panhacs, — dictus Girardis, — P. Malcos, — Willelmus Malio, — J. Morgues, — Poncius Servientis, — J. Alarii, — J. lo Fabres, — Stephanus Rayna, — Bernardus Condebeu, — J. Rayna, filius Stephani Rayna, — P. Textoris, — J. Alhec, — dictus Daumis, — dictus Boniorus, — Willelmus de Champanhac, — J. Chaunhac, — Bonus Pios, — dictus Biscais, — Poncius de Chaunhac, — Poncius del Bos, — Michael li Toze, — Girardus Vachos, — Nicolaus Romeus, — P. Jarloir, — J. Langol, P. Sabi, P. Garrosset, — Yterius de las Gressas, — Dalmaticus Danhac et Guillelmus Jordas, domicellus.

Veneris post Trinitatem.

Mangon reportavit.

 XXXIII. Cum, ex parte Johannis de Cantepie, militis, et ejus uxoris, nobis fuisset significatum quod Hugo de Fillaines, tunc ballivus Ambianensis, ipsos compellere nitebatur ad emendam pro eo quod Johannes de Haya, bannitus de regno nostro cum quibusdam suis complicibus, domum dicti militis intraverat violenter, contra ipsorum conjugum voluntatem, et, licet per curiam nostram preceptum fuisset dicto ballivo ut bona dictorum conjugum, ea occasione capta, sub ydonea caucione recrederet, quousque esset inquisitum de dicto facto et circonstanciis ipsius, et, per curiam nostram, quod esset racionabile judicatum, dictus Hugo, spreto dicto mandato nostro, quamvis dictus miles ydoneam dedisset caucionem de dicta emenda, si ad eam teneretur, predictos conjuges, per capcionem bonorum et explectacionem fidejussorum suorum, explectavit validius quam ante, et eis dampna per hoc intulit usque ad summam trecentarum librarum et amplius, ut dicebant, super quibus dampnis mandavimus inquiri cum diligencia veritatem : Qua inquesta facta et ad judicandum curie nostre reportata, visa et diligenter examinata, quia inventum est quod dictus ballivus, data caucione ydonea per dictum militem de solvendo emendam que, per nostram curiam, si inveniretur culpabilem de sibi impositis, judicaretur, ea occasione equos dicti militis capi et vendi fecit, fidejussoresque propter hoc datos imprisionavit, et, per capcionem aliorum bonorum suorum dictos conjuges in tantum astrinxit, quod dictus miles, qui morbo continuo vexatur, fecit se Parisius asportari, et quod ejus uxor, pluribus vicibus dicto militi ibi accedere nequeunte, necesse habuit accedere Parisius, ad ostendendum nobis gravamina que dictus ballivus, pro emenda predicta, spreto mandato nostro predicto, eis inferebat, et quod multa alia dampna propter hoc incurrerunt per ipsum; super quibus dampnis una cum aliis probacionibus ex causa dicte uxori predicti militis, que procuratrix fuit in hac causa, propter impotenciam dicti mariti sui, curia nostra detulit juramentum, taxatis prius per curiam nostram dictis dampnis ad ducentas libras Turonenses, si vellet jurare usque ad summam pretaxatam, que uxor juravit tantam summam et majorem racione dampnorum predictorum ipsos incurrisse; et ideo, per curie nostre judicium, fuit dictus Hugo condempnatus, pro dictis dampnis, in ducentis libris Turonensibus conjugibus supradictis.

Veneris post Trinitatem.

Creci reportavit.

XXXIV. Lite mota, coram ballivo Silvanectensi, inter magistrum Guillelmum de Molanis, clericum, ex una parte, et Odardum, draperium, civem Silvanectensem, ex altera, super eo videlicet quod dictus Guillelmus dicebat quod, in quodam finali compoto habito inter ipsos, ipse computaverat cum ipso et postmodum solverat dicto Odardo centum et triginta libras Parisienses, in quibus defunctus Droco, dominus de Melloto, miles et frater dicti Guillelmi, dicto Odardo, tempore quo vivebat, tenebatur; quam pecunie summam domina de Melloto, uxor quondam dicti defuncti, primitus dicto Odardo solverat, prout idem Guillelmus dicebat et offerebat hoc se legittime probaturum, quare petebat dictum Odardum sibi condempnari ad reddendum sibi predictam pecunie summam, quam indebite et erronee sibi solverat, necnon litteram obligatoriam summam dicte pecunie continentem, quam idem Odardus minus juste et contra voluntatem dicti Guillelmi detinebat; dicto Odardo in judicio confitente se predictam pecunie summam a dicta domina de Melloto, nomine dicti mariti sui defuncti, recepisse et habuisse, negante tamen predictam summam pecunie se umquam a dicto Guillelmo recepisse vel eciam habuisse; productis igitur testibus, ex parte dicti Guillelmi, ad suam intencionem probandam, partes predicte postmodum ulterius in causa, more solito, processerunt; tandem die assignata ad audiendum jus super premissis, dictus ballivus, per suam sentenciam, condempnavit dictum Odardum ad reddendum dicto Guillelmo predictam pecunie summam et dictam litteram obligatoriam, predictam summam continentem; et, quia dicto ballivo, tam per confessionem dicti Odardi, quam per deposiciones testium super hoc productorum, legittime constitit, ut dicebat, predictum Odardum unum et idem debitum scienter bis recepisse et habuisse, idem ballivus omnia bona dicti Odardi in manu nostra accepit, quousque idem Odardus nobis, pro premissis, emendam solvisset condignam; quam sentenciam idem Odardus postmodum in nostra curia, per viam simplicis querimonie, proposuit, de consuetudine patrie, non tenere nec valere, quare petebat eandem anullari; dicto ballivo, ex adverso, proponente dictam sentenciam, de consuetudine loci et patrie, tenere et valere ; tandem, super hoc auditis dictis partibus, curia nostra, de consensu earumdem, ordinavit quod, super dictis consuetudinibus et aliis hinc et inde propositis, veritas inquireretur, et inquesta hujusmodi nostre curie reportaretur, et curia nostra super premissis exhiberet partibus justicie complementum : Facta igitur inquesta super premissis, et ad nostram curiam reportata, visa et diligenter examinata, relacione eciam dicti ballivi super hoc audita, per curie nostre judicium, dictum fuit dictum ballivum, bene judicasse, et ejus judicatum predictum, de consuetudine patrie, tenere et valere [debere], et, per idem judicium, dictus Odardus in quingentis libris Parisiensibus, nomine emende, occasione premissorum, nobis extitit condempnatus.

Veneris post Trinitatem.

Thibotot reportavit.

XXXV. Arnaldo, vicecomite Poligniaci, et Bertrando de Sancto-Iterio, militibus, in Castelleto Parisiensi adductis, pro eo quod ipsi invicem nisi fuerunt se debellare et plures convocare et facere calvacatas, contra nostras prohibiciones temere venientes, nos mandavimus inquiri veritatem de aliis omnibus qui dictis calvacatis interfuerunt et arma portaverunt, et inquestam super hiis factam curie nostre remitti judicandam : Dicta igitur inquesta curie nostre remissa, visa ac diligenter inspecta, per dicte curie nostre judicium, dictum fuit quod dicta inquesta ad presens non judicabitur, propter aliquos defectus in ea repertos, sed committetur certis auditoribus complenda. Dicti vero defectus sunt tales :

Non apparet quod illi qui nominati sunt in dicta inquesta et dicuntur fuisse pro parte dicti Bertrandi, si fuerunt equites vel pedites et que arma ipsi portaverunt; item si sunt divites vel non, ut competens emenda contra eos possit taxari, quia sunt in causa condempnacionis; nec apparet inquisitum esse contra illos qui pro parte dicti vicecomitis fuisse dicuntur ibidem.

Veneris post Trinitatem.

Mangon reportavit.

Non est facta commissio [1].

XXXVI. Cum mandatum fuisset, ex parte nostra, ballivo Viromandensi ut, super certis articulis per Girardum de Marla traditis, et sub contrasigillo nostro eidem ballivo missis ad finem anullandi condempnacionem contra dictum Girardum factam per inquisitores a nobis in ballivia predicta deputatos, vocatis evocandis, inquireret cum diligencia veritatem, et inquestam super hoc factam curie nostre remitteret judicandam : Facta super hoc inquesta et ad judicandum nostre curie reportata, visa et diligenter examinata, quia non est ibidem inventum procuratorem nostrum vel alium idoneum defensorem, pro nobis, in eis que nos tangunt, nec alios evocandos ad dictam inquestam faciendam fuisse vocatos, licet nos et plures

---

[1] Mais on lit en marge : *Fiat commissio.*

alios tangerent predicti articuli sibi commissi, per curie nostre judicium, anullatum fuit quicquid per dictum ballivum et ejus substitutos factum extitit in hac parte, et dabuntur certi commissarii qui, vocatis evocandis, super dictis articulis veritatem inquirent; et interim tenebitur ut prius in suspenso execucio condempnacionis predicte, quibus commissariis tradetur dicta inquesta anullata pro dictis articulis et commissis ac condempnacione predictis inde extrahendis, ut de eis faciant copiam quibus fuerit facienda.

Veneris predicta.

Facta est commissio et remissa inquesta.

XXXVII. Mota lite, coram ballivo Turonensi, inter procuratorem nostrum dicte ballivie, pro nobis, ex una parte, et Aymericum Odardi, pro se, ex altera, super eo quod dictus procurator noster dicebat locum in quo est stagnum de Champigny et calceya ejusdem esse pascua nostra quibuscumque communia ad depascendum animalia, et esse in et de castellania nostra de Loduno, diceretque nos habere omnem justiciam in loco predicto, dicto Aymerico dicente se jus habere in dictis pascuis et territoriis et in omni justicia dicti loci, tam in proprietate quam saisina; tandem, cum procurator noster, in curia nostra, peteret inquestam de predictis factam, curie nostre per dictum ballivum reportatam, judicari, et Hugo de Bauceyo domicellus; presens in curia nostra, se in predictis opponeret, asserens proprietatem et saisinam predictorum omnium ad se pertinere; auditis partibus, per nostram curiam dictum fuit quod inquesta de predictis, per dictum ballivum incepta, perficeretur, quantum ad dictum Hugonem, et curie nostre remitteretur judicanda: Dicta igitur inquesta ad perficiendum tradita, et curie nostre remissa et diligenter visa, per curie nostre judicium, dictum fuit quod dicta inquesta ad presens non judicabitur, propter plures defectus repertos in eadem, sed perficietur et supplebuntur dicti defectus per certos auditores a curia nostra super hoc deputandos, et tradentur dictis auditoribus defectus predicti. Defectus sunt isti:

Non apparet dictum Aymericum nec dictum Hugonem vocatos esse ad videndum jurare testes productos ad hoc per procuratorem domini regis, nec per ipsos fuisse responsum articulis domini regis, nec per procuratorem domini regis esse responsum articulis dicti Aymerici. Item, testes in ea producti sunt male interrogati et major pars ipsorum non reddit causam sui dicti, nec de hoc sunt requisiti. Item, testes, super articulis tangentibus consuetudinem, sunt singulariter examinati et non in turba. Item, quidam testes per examinatorem inveniuntur concordati. Testes eciam per dictum Hugonem producti non sunt requisiti super interrogacionibus procuratoris domini regis, factis ad articulos dicti Hugonis, quod petebat fieri dictus procurator.

Veneris post quendenam Penthecostes.

Mangon reportavit.

Facta est commissio et inquesta remissa.

XXXVIII. Mota lite, in curia nostra, inter Johannem de Vaubain, ex una parte, et majorem et scabinos de Monsterolio-supra-Mare, ex altera, super eo quod dicti major et scabini dicebant curiam eis esse reddendam de dicto Johanne, et de ejus requesta quam contra dictos majorem et scabinos faciebat de impedimento eidem Johanni per dictos majorem et scabinos posito in capiendo unam pugnatam pecunie a quodam quem invenerat cambiantem in dicta villa, in loco ad hoc non deputato per nos, de quo dicebat se esse in saisina racione cujusdam cambii quod a nobis in feudum asserit se tenere in villa predicta, et nos esse in saisina cognoscendi de predictis; dicto Johanne contrarium asserente, et dicente curiam et cognicionem nobis super hoc remanere debere, mandavimus, per certos auditores, de predictis inquestam fieri curie nostre remittendam : Dicta igitur inquesta curie nostre reportata, visa ac diligenter inspecta, dicta inquesta, ex causa, fuit, per nostram curiam, totaliter anullata, et preceptum fuit quod curia nostra iterato cognoscat, partibus vocatis, de facto hujusmodi et de quibusdam que dicti major et scabini in facto hujusmodi, in juris nostri prejudicium, attemptasse dicuntur.

Veneris post quendenam Penthecostes.

Mangon reportavit.

Negocium istud fuit injunctum ad prosequendum M. Sy. de Bucyaco.

XXXIX. Inquesta inter abbatem et conventum Majoris-Monasterii Turonensis et homines ville de Guerart, que fuit anullata prout continetur in rotulo hujus parlamenti.

XL. Cum Perrequinus de Melloto, Judeus, nobis significasset quod Guillelmus de Nivernis, clericus, commissarius super bonis Judeorum capiendis et ad manum nostram ponendis, in ballivia Bituricensi deputatus, plura de bonis dictorum Judeorum, que nostris debebant racionibus applicari, celaverat et detinebat recelata, eadem sibi applicando, mandavimus super hoc, per ballivum Bituricensem, adjuncto secum aliquo probo viro, vocatis dicto Guillelmo et aliis evocandis, veritatem diligenter inquiri : Inchoata igitur, per dictos ballivum et ejus adjunctum, super premissis inquesta, et postmodum, per dictos clericos nostros, magistros Droconem de Karitate et Nicolaum de Creciaco, de mandato nostro completa et ad judicandum curie nostre reportata, visa et diligenter examinata, quia, per eam, non inveniuntur predicta per dictum Judeum contra ipsum Guillelmum denunciata, ad plenum probata, dictus Guillelmus, super predictis contra ipsum denunciatis, fuit, per curie nostre judicium, absolutus; quia tamen dictus Guillelmus, super pluribus illicitis exactionibus, ab eodem pretextu dicti officii commissis, invenitur per eandem inquestam multipliciter diffamatus, dictus Guillelmus, per idem judicium, fuit a nostris officiis perpetuo privatus.

Veneris post quendenam Penthecostes.

Roya reportavit.

XLI. Cum, in curia nostra, fuisset propositum, conquerendo, ex parte Bernardi d'Escorna-Bove, militis, Petri de Artignaco et Poncii

85.

Bernardi, pro se et aliis nobilibus de Artignaco, contra procuratorem nostrum in senescallia Tholose, quod magister Bernardus de Palheriis, tenens locum judicis nostri Rivorum, spoliavit eosdem conquerentes, et pariarios suos loci ejusdem justicia alta et bassa dicti castri de Artignaco, et ipsam justiciam posuit ad manum nostram indebite et injuste, ut dicebant, quare petebant se restitui ad possessionem suam predictam, et manum nostram ibidem appositam amoveri, procuratore nostro in contrarium dicente quod ipse alias super hoc, nomine nostro, tractus fuit in causam, coram judice competenti, ad instanciam predictorum conquerencium, et eandem peticionem seu requestam contra ipsum, nostro nomine, tradiderunt, et eodem modo agendi, liteque in eadem causa contestata, et omnibus rite peractis, idem procurator noster fuit super hoc absolutus ab impeticione eorumdem; quare dicebat dictos agentes seu conquerentes non esse audiendos ulterius in premissis, et, ad hoc probandum, exhibuit curie nostre duo publica instrumenta : Quibus visis et diligenter examinatis, quia inventum est dictum procuratorem nostrum super hoc sufficienter fundasse intencionem suam, per curie nostre judicium, dictum fuit quod dicti conquerentes super predictis ab eis petitis de cetero nullatenus audientur.

Veneris predicta.

Creci reportavit.

XLII. Lite mota, coram preposito Parisiensi, inter Petrum de Pontisara, nomine suo et Laurencie, uxoris sue, et eciam tamquam curatorem datum ad litem liberis minoribus defuncti magistri Guillelmi Juliani, nomine eorumdem, et in quantum quemlibet eorum tangit et tangere potest, ex parte una, et Johannem dictum Qui-Pie, ex altera, super eo quod dicebat dictus Petrus, nominibus quibus supra, quod Guillelmus Normanni, junior, pater dicte Laurencie, uxoris sue, et Genovefa, uxor quondam dicti magistri Guillelmi, materque dictorum minorum, fuerunt frater et soror procreati a Guillelmo dicto le Normant, seniore, ex Oudarda et Aelipdi, legittimis uxoribus successive ipsius Petri quondam, videlicet dictus Guillelmus junior, ex dicta Oudarda, prima uxore ipsius Guillelmi, et dicta Genovefa, ex dicta Aelipsi, uxore secunda ejusdem. Item, quod dictus Guillelmus junior et dicta Genovefa, tamquam legittimi heredes ipsius Guillelmi senioris, in bonis ipsius Guillelmi mobilibus et immobilibus eidem successerunt, una cum Petro le Normant, filio ipsius Guillelmi senioris et dicte Aelidis, secunde sue uxoris, et quod supervixerunt predicti filii et filia dicto Guillelmo, patri suo. Item, quod dictus Guillelmus, tempore quo ipse vivebat, et tempore quo ipse decessit, tenebat et possidebat, de proprio conquestu suo, una cum dicta Aelidi, secunda uxore sua, plura bona mobilia et inmobilia, et specialiter centum solidos annui census in feudum, sitos Parisius, super domum dicti Johannis Qui-Pie, sitam in vico de Tonnelaria, et quod, mortuo dicto Guillelmo seniore, dicta Aelidis, uxor sua, ex convencione habita inter eos, dum viveret, tenuit et possedit omnia mobilia et conquestus predictos, de quibus factum fuit inventarium, et specialiter dictos centum solidos annui census, quamdiu ipsa vixit, quantum ad usum-fructum tantummodo, et quod, de restituendis dictis bonis, ipsa dedit caucionem, et specialiter obligavit propter hoc predictis heredibus omnia bona sua, mobilia et inmobilia. Item, dicebat dictus Petrus, nominibus quibus supra, quod dicta Laurencia, uxor sua, est et fuit legittima filia et heres dicti Guillelmi Normanni junioris, et quod dicti minores sunt legittimi filii et heredes dicte Genovefe, matris sue, uxoris quondam dicti magistri Guillelmi Juliani, et quod dicta Aelidi, matre ipsius Genovefe, et noverca ipsius Guillelmi le Normant junioris, mortua, dicta bona et conquestus, et specialiter dicti centum solidi annui census ad dictam Laurenciam et dictos liberos dicti magistri Guillelmi Juliani, quantum ad proprietatem et possessionem, ex successione parentum suorum, obvenerunt, videlicet, quantum ad partem mediam, pleno jure, et, quantum ad aliam medietatem, remiserunt eisdem, pro porcione mobilium ipsos contingente, ex facto ipsius Aelidis pignori obligata. Item, quod dictus Johannes Qui-Pie tenebat et possidebat,

minus juste et sine causa racionabili, dictos centum solidos annui census ad eosdem pertinentes, ex causis predictis, quare petebat premissa, nomine quo supra, ad ipsum pertinere per dictum prepositum
declarari, et dictum Johannem ad reddendum eisdem dictos centum
solidos, ex causis predictis, condempnari et compelli; dicto Johanne
Qui-Pie in contrarium asserente dictos centum solidos ex justo et
legittimo titulo ad eum pertinere, videlicet ex causa empcionis ab
eodem facte de dictis centum solidis a dicta Aelidi, tempore quo
ipsa vivebat, ad quam pertinebant, quantum ad usum-fructum tantummodo, et a dicto Petro, filio suo, ad quem pertinebant, quantum ad proprietatem, ex donacione olim eisdem facta a magistro
Fulcone de Lauduno, quondam clerico domini regis; qui prepositus, auditis dictis partibus, dictum Johannem Qui-Pie ab impeticione ipsius Petri de Pontisara, nominibus quibus supra, per suum
judicium, absolvit, a quo judicato dictus Petrus, tamquam a falso
et pravo ad nostram curiam appellavit : Viso igitur dicto processu
et deposicionibus testium super hoc productorum, necnon litteris
et instrumentis a dictis partibus in modum probacionis productis
plenius intellectis, per curie nostre judicium, dictum fuit predictum prepositum bene judicasse et dictum Petrum male appellasse,
et quod ipse hoc emendabit.

Veneris post quendenam Penthecostes.

M. R. de Briançon reportavit.

XLIII. Cum Guiotus Ansel de Guerardo et Gilona la Cordelete,
ad instanciam Johannis de Belvacinio, ballivi nostri Creciaci, impo-
nentis eisdem quod erant impocionatores gencium et quod primum
maritum ipsius Gilone impocionaverant, in nostrum Castelletum Parisiensem diucius fuissent et adhuc essent carcere mancipati, ipsique,
super predictis et aliis quibuscumque criminibus sibi impositis, voluntate propria, se supposuissent inqueste, coram dilectis et fidelibus
gentibus nostris laycis, tunc ad deliberacionem predictorum et nonnullorum aliorum in dicto Castelleto nostro detentorum a nobis

specialiter deputatis, nos super eisdem, per certos auditores contra prefatos Guiotum et Gilonam, vocatis dicto ballivo nostro et aliis evocandis, mandavimus inquiri diligencius veritatem, ac inquestam super hoc factam judicandam dictis gentibus nostris reportari : Facta igitur dicta inquesta et nostre curie reportata, quia, visa ipsa et diligenter examinata, contra prenominatos nichil inventum est probatum, curia nostra eosdem a predictis sibi impositis absolvit, et dictos detentos precepit curia nostra de dicto carcere liberari.

Veneris post quendenam Penthecostes.

Non habui inquestam; petatur a M. P. de Perellis.

XLIV. Littera et quedam scripta inter dominum J. Appollo et monachos de Pontigniaco; quod negocium fuit expeditum, prout continetur in rotulo hujus parlamenti.

XLV. Cum Guillelmus de Bosco Bouselli et Johannes Jogueti de Pleudrain, scutiferi, curie nostre, conquerendo, significassent quod, mota discordia, inter ipsos, in curia seculari episcopi Briocensis, super quibusdam verbis injuriosis de quibus alter eorum de alio conquerebatur, judex dicti episcopi, in causa predicta, gagium duelli inter dictos scutiferos indicaverat esse faciendum, notorie veniendo contra ordinacionem nostram quam, in gagiis duelli, quacumque consuetudine non obstante, per regnum nostrum precepimus et publicari fecimus observandam, quodque, propter dictum duelli gagium, dictus episcopus equos et arma dictorum scutiferorum ceperat et apud se detinuerat quousque, per quemdam servientem nostrum, facta sibi fuerat, sub ydonea caucione, recredencia de eisdem, requirentes super facto hujusmodi, secundum ordinacionem predictam domini regis, sibi justiciam fieri, et dictos equos et arma ex integro sibi deliberari; gentibus dicti episcopi, pluribus racionibus, e contrario proponentibus se bene et juste in facto hujusmodi processisse, et petentibus dictos equos et arma eidem episcopo, tamquam sibi commissa, deliberari et reddi : Tandem, inquesta super hoc

facta et ad judicandum nostre curie reportata, auditisque in parlamento presenti partibus antedictis, et visa dicta inquesta, cum nostre
curie liquido constiterit per predicta quod dicti episcopi curia, dictum duelli gagium adjudicando, expresse fecit contra ordinacionem
nostram predictam super gagiis duellorum notorie et solenniter publicatam, curia nostra, per judicium suum, omnem processum predictum, super dicto duelli gagio habitum, totaliter anullavit, et precepit quod dictis scutiferis dicti equi et arma et alia eorum bona, si que
propter hoc detineantur, absque difficultate, reddantur et cauciones
quas, pro dicta recredencia tradiderunt, ex integro deliberentur
eisdem, quodque dictus episcopus hujusmodi factum nobis emendet.

Veneris post quendenam Penthecostes.

Roya reportavit.

XLVI. Cum significatum nobis fuisset, ex parte decani et capituli
Ebroycensium, in speciali garda nostra existencium, quod, cum ipsi,
racione quarumdam decimarum, citari fecissent, coram officiali
Ebroycensi, Petrum de Garenceriis, militem, dictus miles, certa die
sibi assignata, in judicio coram dicto officiali personaliter comparens, magistro Simoni, dicto Mouton, advocato dictorum decani
et capituli in causa predicta, comminando, dixit quod, si dictam causam predictus miles amitteret, per ipsius magistri Symonis patrocinium, linguam ei amputari et dentes ejus unum per alium extrahi
faceret; ex quibus dicti decanus, capitulum, ac magister Symon predictus, et alii dictorum decani et capituli consiliarii, servientes et ministri, de dicto milite et suis, sibi et suis merito timentes, ut dicebant, nobis supplicarunt ut ballivo nostro Gisortii mandaremus quot
predictos decanum et capitulum et eorum consiliarios, servientes et
ministros et bona sua de dicto milite et suis legittime faceret assecurari, prout patrie consuetudo dictabat; nos vero supplicacioni
predicte annuentes, predicto ballivo mandavimus quot si, vocatis
evocandis, ita esse sibi appareret, predictos decanum et capitulum,
eorum consiliarios, servientes et ministros, una cum bonis suis, de

PHILIPPE IV,
1311.

dicto milite et suis faceret, secundum patrie consuetudinem, assecurari, et emendam condignam, pro premissis, nobis a dicto milite prestari; qui ballivus, virtute dicti mandati nostri, ad instanciam dictorum decani et capituli, predictum militem per Raoulinum, servientem
nostrum, ad hoc specialiter, ex parte dicti ballivi, deputatum, ad
certam diem, coram se fecit in causa assecuramenti adjornari et cum
hoc predictos decanum et capitulum, eorum bona, consiliarios et
ministros per dictum servientem, cui potestatem specialem premissa
faciendi dederat, in nostra gardia speciali poni fecit, certificato super
hoc milite supradicto per servientem antedictum; ad quam diem
dictus miles minime comparuit, predictis decano et capitulo dicta
die sufficienter comparentibus, propter quod dictus miles fuit, de
dicta die, positus in defectu; et, cum hoc, dictus ballivus, dicta die,
predictos decanum et capitulum et eorum bona et consiliarios et ministros iterum in nostra speciali garda posuit et accepit, et premissa
omnia et singula per dictum servientem mandavit notorie publicari
et dicto militi significari; ipsumque iterum precepit et mandavit, per
dictum servientem, ad aliam certam diem, certo loco, in suis assisiis adjornari, pro dicto defectu emendando et dictum assecuramentum prestando, et, ad premissa facienda et complenda, precepit idem
ballivus dictum militem compelli per capcionem corporis sui et bonorum omnium. Postmodum vero predictus serviens noster omnia et
singula supradicta in ecclesia Ebroycensi, certa die festiva et so-
lempni, de mandato dicti ballivi, proclamavit et notorie publicavit, et
dictum militem, ad domum ipsius, pro premissis faciendis et adimplendis, coram dicto ballivo, iterum adjornavit, et premissa omnia sibi
competenter intimavit, prout idem serviens noster premissa omnia,
viva voce, retulit ballivo memorato; quibus sic actis, idem miles postmodum, ausu temerario, una cum Symone de Garenceriis, milite, et
Johanne le Bourgueignol, Johanne de Landes, Guillelmo de Landes,
Johanne de Garenceriis, Johanne de Herlonviller, Petro le Broullart,
Symone de Maumoucher, armigeris, una cum quibusdam aliis suis
complicibus, per claustrum Ebroycensis ecclesie, in domum Nicolay

de Chicon, canonici dicte ecclesie, muniti ensibus, intraverunt, et predictum canonicum violenter, seu per metum, in domo propria, compulerunt ad hoc ut aliqua verba, que dixerat de dicto Johanne le Bourguenoul, prout dicto canonico imponebant, eidem Johanni ad voluntatem dicti Petri de Garenceriis emendaret, et accepit dictus Petrus dictum canonicum per manum et eam posuit violenter ad pectus dicti canonici, et eum per metum fecit jurare quod predicta verba, que sibi imponebat, dicto Johanni emendaret, ad voluntatem et ordinacionem Petri, militis supradicti; et cum hoc, alias plures injurias eidem canonico, in domo propria, in claustro predicto situata, predicti complices intulerunt, prout predicta omnia et singula, ex parte dictorum decani et capituli ac canonici predicti, nobis, conquerendo, exposita fuerunt, quas eciam injurias et violencias predicti decanus et capitulum ac canonicus predictus petebant sibi et nobis emendari; nos vero tot et tantas injurias et violencias, in prejudicium gardie nostre, factas et illatas, ut dicebatur, nolentes remanere impunitas, super premissis, vocato dicto Petro, ceterisque prenominatis et aliis evocandis, inquiri mandavimus veritatem : Facta igitur inquesta super premissis et ad curiam nostram asportata, visa et diligenter examinata, quia per eam repertum est predictum Petrum, et alios suos complices superius nominatos, predictas injurias et violencias perpetrasse et intulisse decano et capitulo ac canonico predictis, per curie nostre judicium, predicti rei ad prestandam emendam memoratis decano, capitulo et canonico et nobis, pro premissis, fuerunt in modum et in formam qui sequuntur condempnati, videlicet quod predicti Petrus de Garenceriis, miles, et ejus complices superius nominati, in festo Assumpcionis beate Marie Virginis proxime venturo, venient in capitulo dicte ecclesie vel in ipsa ecclesia, si dicta die non fiat capitulum, hora tercia, et predictas injurias dictis decano et capitulo reatum suum recognoscendo, solenniter emendabunt, et postmodum in continenti duos bacinos argenteos, cum cathenis argenteis, valoris centum librarum Parisiensium, offerent majori altari dicte ecclesie, de suo proprio, nomine emende, in quibus possunt poni duo cerei in dicta ecclesia, ad perpetuam memoriam emende predicte; quibus sic actis, predicti Petrus et complices ibunt in continenti ad domum predicti Nicolay de Chicon, presentibus aliquibus de canonicis dicte ecclesie et aliis qui ibidem interesse voluerint, et predictas injurias et violencias eidem canonico solenniter emendabunt, nobisque, pro emenda predictorum, videlicet dictus Petrus quingentas libras Turonenses; et dictus Symon, miles, centum libras; dictus Johannes le Bourguenoul, centum libras, et alii armigeri superius nominati, quilibet sexaginta libras Turonenses prestabunt, quas pecunie summas curia nostra decrevit nostris racionibus applicandas.

Jovis post Sanctum Barnabam.

Thibotot reportavit.

XLVII. Mota lite, in curia nostra, inter dilectam et fidelem nostram comitissam Attrebatensem, ex parte una, et dominam de Auxeyo, ex altera, super eo quod dicta domina dicebat se ad nos appellasse a dicta comitissa et gentibus suis, a defectu juris, propter quod petebat, per nostram curiam, declarari dictam comitissam deficientem fuisse in faciendo et reddendo jus eidem, et dictam appellacionem suam legittimam pronunciari, et, propter dictum defectum, se absolvi ab homagio et fidelitate quibus dicte comitisse erat astricta, racione terre de Auxeyo, quam dicta domina in baillum seu gardam, nomine liberorum suorum, tenebat a dicta comitissa, et cognicionem debati moti inter dictas partes, racione cujusdam hominis mortui, levati per gentes dicte domine, in curia nostra debere remanere, dampnaque, racione predicta, ipsi domine data per dictam comitissam et suos, usque ad summam quingentarum librarum Parisiensium, ponendo super eam saisinas et comestores quamplures, sibi resarsiri per comitissam predictam; dicta comitissa e contrario dicente dictam appellacionem non valere, dictamque dominam sibi, tamquam ejus superiori, esse remittendam, coram ipsa justiciam recepturam; super quibus mandavimus, vocatis partibus, inquestam fieri et remitti nostre curie judicandam: Dicta igitur inquesta, super hiis, vocatis partibus, facta et

curie nostre remissa, visa et diligenter examinata, quia, per eam repertum est dictam dominam ejusque gentes ac servientem nostrum,
cum nostris ac ballivii Ambianensis litteris, ad hoc specialiter destina-
tum, pluries requisivisse justiciarios dicte comitisse, et ipsam comitissam, quod saisinas et comestores super ipsam dominam positos,
racione dicti hominis mortui, levati per ipsam, amoveret, et ipsi domine faceret jus super suis racionibus quas dicebat in hujusmodi se
habere, vel jus sibi redderet, si hoc sibi facere tenebatur, dictamque
comitissam et ejus gentes pluries et sufficienter super hoc requisitas
a dicta domina et suis gentibus ac serviente nostro predicto, deficientes fuisse in faciendo jus eidem domine de predictis, dictamque comitissam predicto servienti nostro, eam, ut premissum est, ex parte
nostra requirenti, sic respondisse : Et ego precipio vobis quod ego
nichil faciam, et ob hoc, dictam dominam ab audiencia dicte comitisse et suorum justiciariorum ad nos legittime appellasse, ipsamque
dominam, racione predicta, dampna plura, usque ad summam trecentarum librarum monete tunc currentis, sustinuisse, per curie nostre
judicium, dictum fuit predictam comitissam et ejus justiciarios deficientes eidem domine super predictis in jure sibi faciendo fuisse,
dictamque dominam a dicto defectu juris legittime appellasse, et eandem dominam curia nostra absolvit ab homagio, fidelitate et obedien-
cia quibus ipsa dicte comitisse erat astricta, racione bailli seu garde
terre predicte liberorum suorum, existencium in baillo suo seu garda,
decernendo predicta homagium, fidelitatem et obedienciam, dicteque cause principalis cognicionem ad nos devenire debere, salvis
eciam nobis emenda et juribus ceteris que nobis deberi possunt contra
dictam comitissam, propter inobediencias supradictas, prout nostra
curia duxerit declarandum. Fuit insuper dicta comitissa, per idem
judicium, condemnata ad reddendum dicte domine trecentas libras
monete tunc currentis, pro dampnis suis predictis.

Jovis post Sanctum Barnabam.

Mangon reportavit.

XLVIII. In appellacionis causa ad nostram curiam interposite a quadam sentencia condempnatoria lata, per senescallum Ruthenensem,
contra quosdam homines de Bournazello, pro nobis et Petro Mansi-
pii divisim, super eo quod denunciatum fuerat dicto senescallo homines dicte ville manum nostram fregisse, capiendo et secum portando
de nemoribus dicti Petri, ipso Petro, dictis nemoribus ac ejus bonis
aliis positis et existentibus in speciali garda nostra; a qua sentencia
utraque pars ad curiam nostram appellaverat, videlicet procurator noster pro nobis, et dictus Petrus pro se, tamquam a modica condempnacione, et dicti homines, tamquam ab iniqua; quam appellacionis
causam commisimus judici ordinario Figiaci audiendam, mandantes
eidem quod causam hujusmodi, partibus auditis, sufficienter instructam, cum processu dicte cause principalis, curie nostre remitteret judicandam : Inquesta igitur super dicta appellacionis causa per eundem
facta et, cum dicto processu cause principalis, curie nostre remissa,
eaque et dicto processu cause principalis visis diligenter, auditisque
dictis partibus et inspectis racionibus earumdem, quia repertum est
quod dictus senescallus dictorum condempnatorum quosdam presentes coram se, per eorum confessiones, et alios absentes, per dictorum presencium confessiones, condempnavit, dictasque confessiones
minus sufficientes fuisse ad faciendum condempnacionem predictam,
per curie nostre judicium, dictum fuit predictum senescallum male
judicasse, dictosque homines bene appellasse, et sic dictorum procuratoris nostri et Petri appellacionem subsistere non debere.

Jovis predicta.

Mangon reportavit.

XLIX. Cum jam dudum judicatum quoddam, per curiam nostram,
datum fuisset contra Jacobum de Poligniaco, custodem muri Carcassone, et quosdam alios in dicto judicato contentos, qui plura bona
que nobis erant commissa illicite detinebant, super quibus eciam
nostre quedam confirmaciones fuerant obtente, per quod judicatum
pronunciatum fuit bona predicta ad nos reverti et nobis remanere

debere, punicione fraudis et doli in premissis per predictos habitatores, arbitrio nostro, quantum ad nos pertinet, reservata, prout
in registris nostre curie plenius continetur; demum idem Jacobus
quosdam articulos nobis obtulit, tangentes judicatum predictum, ad
finem illud anullandi et eciam inquestam per quam datum fuit judicatum predictum, supplicans quod super eis faceremus veritatem
inquiri; super quibus inquestam fieri commisimus Aymerico de Croso,
militi nostro, et judici ordinario Carcassone, vocatis procuratore
nostro et aliis evocandis : Inquesta igitur super hiis et super defensionibus procuratoris nostri, pro nobis propositis, facta, et ad judicandum nostre curie reportata, cum, per eam nichil inventum fuerit,
de predictis articulis per dictum Jacobum propositis, sufficienter probatum, per quod dictum judicatum et inquesta predicta, per quam
illud factum fuit, in aliquo debeant retractari, per curie nostre
judicium, dictum fuit quod, non obstantibus predictis per dictum
Jacobum propositis, inquesta predicta olim facta contra ipsum et
alios in ea contentos, et judicatum predictum ex ea sequtum, in suo
robore remanebunt, et ad punicionem fraudis et doli predictorum
in hujusmodi commissorum curia nostra, prout viderit faciendum,
procedet.

Jovis post Sanctum Barnabam.

Mellentus reportavit.

L. Cum, super denunciacione facta contra Guillelmum de la
Brizola, militem, ac Huguetam, ejus uxorem, super septem peciis
auri, per Huguetam, relictam Hugonis de Maceron, et Heliotum,
ejus filium, ut dicebatur, repertis et a dictis conjugibus habitis, et
per eos, ut dicebatur, recelatis, ballivo nostro Matisconensi, una
cum gardiano Lugdunensi, sibi per nos ex causa adjuncto, commissum fuisset inquiri, et quia predicti relicta et Heliotus et quidam
alii testes, qui per ipsos ballivum et gardianum super predictis examinati fuerant, coram gentibus nostris, postea reducti in vigilia
Pasche ultimo preterita, per juramenta sua asseruerunt se, metu

tormentorum et propter presenciam dicti ballivi, falsum in causa hujusmodi deposuisse, nos dilecto et fideli Guillelmo de Playsiano, militi nostro, et prefato gardiano Lugdunensi, super certis factis que in deposicionibus dictorum testium continebantur, mandavissemus, per se vel per alios ab eis deputandos, veritatem inquiri : Tandem visis et diligenter inspectis inquestis predictis, tam per prefatos ballivum et gardianum primo, quam per Anselinum de Drucia, legum doctorem, ab ipso Guillelmo de Plesiano substitutum, et prefatum gardianum postea factis et nostre curie reportatis, per judicium curie nostre, predicti conjuges a predictis denunciatis contra ipsos absoluti fuerunt, et omnia bona sua que, occasione hujusmodi denunciacionis, ad manum nostram fuerant posita, eisdem conjugibus curia nostra precepit deliberari et reddi.

Dominica post Nativitatem beati Johannis Baptiste.

M. Yvo de Lauduno reportavit.

LI. Cum, ex parte magistri Radulphi de Praellis, nobis fuisset, graviter conquerendo, monstratum quod gentes episcopi Meldensis, de mandato ipsius aut ipso ratum habente, ad villam de Liziaco, in qua idem magister Radulphus omnimodam jurisdiccionem asserit se habere, cum magna multitudine equitum et peditum, cum arcubus et sagittis munitorum, impetuose venerunt, majorem dicti Radulphi extra dictam villam ducere nitentes, et quemdam prisionarium dicti magistri, de prisione sua dicte ville rapiendo, ceperunt et secum duxerunt, alios quamplures excessus gentibus suis irrogando, ut dicebat, que omnia petebat, tam sibi, tanquam parti, quam nobis, racione dictorum armorum, emendari; predicto episcopo in contrarium proponente, et dicente quod, quicquid inveniretur in facto hujusmodi factum fuisse per gentes suas, juste et racionabiliter factum fuit; dicente eciam quod villa de Liziaco est de feodis sui episcopatus, et quod ipse erat et est in saisina recipiendi homagium de dicta villa a quibuscumque venire volentibus ad tenendum domanium ejusdem; unde, cum dictus magister Radulphus, qui ad ipsius episcopi homagium super hoc non venerat, et absque dicto homagio dicte ville domanium occupare nitebatur, impediret eundem episcopum super saisina sua homagii predicti, ipse petebat se absolvi ab impeticione predicta dicti magistri Radulphi, et impedimentum sibi appositum super hoc per dictum magistrum Radulphum amoveri, super quibus impetrate fuerunt due commissiones, una per dictum magistrum Radulphum et alia per dictum episcopum; sed, virtute dicte commissionis impetrate, per dictum magistrum Radulphum fuit solummodo et in tantum processum et inquisitum, quod inquesta super hoc facta fuit ad judicandum nostre curie reportata : Qua visa et diligenter examinata, quia nichil inventum fuit probatum contra dictum episcopum per quod ipse debeat condempnari ad emendam per dictum Radulphum, tam pro se quam pro nobis, petitam, per curie nostre judicium, dictus episcopus ab impeticione predicta dicti magistri Radulphi fuit totaliter absolutus, et, per idem judicium, dictum fuit quod nostra curia per hoc prejudicare in aliquo non intendit partibus predictis, super saisina justicie ville de Liziaco supradicte, nec super saisina feodi supradicti, et homagii quod pro eodem feodo dicit dictus episcopus sibi debere prestari, super quibus, vocatis partibus, inquiretur veritas, et fiet jus.

Mercurii post Nativitatem beati Johannis Baptiste.

Creci reportavit.

LII. Cum inter priorissam de Lissaco, actricem, ex una parte, et Arnaldum Barasci, militem preceptoremque Hospitalis de Pojolar, ex altera, coram certis commissariis deputatis a nobis, racione loci et pertinenciarum de Pojolar et juris patronatus Hospitalis predicti, questio verteretur super eo quod dicta priorissa dicebat quod Deodatus Barasci, miles noster, quondam eidem priorisse legaverat locum de Pojolar cum suis pertinenciis et jus patronatus loci predicti, ad ipsum Deodatum, tempore mortis sue, pertinentes; qui Deodatus, ut dicitur, in suo testamento nos senescallumque nostrum Ruthenensem requisiverat quod testamentum suum compleremus et com-

pleri seu mandari execucioni debite faceremus; quare supplicabat
dicta priorissa quod predicti commissarii, de loco et pertinenciis ac
jure patronatus predictis, execucionem facerent, juxta voluntatem
ipsius testatoris, et mandatum nostrum super hoc eis directum adimplerent; predicto Arnaldo Barasci et preceptore dicti Hospitalis,
ex adverso, se opponentibus dicte supplicacioni, et dicentibus, multis racionibus, dictam execucionem non debere fieri in premissis;
quas raciones commissarii nostri predicti frivolas reputantes, non
obstantibus quibusdam apellacionibus a dictis Arnaldo et preceptore ad nos super hoc interjectis, ad recepcionem et examinacio-
nem testium productorum, ex parte dicte priorisse, ad probandum
quod res predicte eidem legate erant, et quod dicte res erant in bonis testatoris predicti, tempore mortis sue, non obstantibus ipsorum Arnaldi et preceptoris appellacionibus, processerunt, et processum solummodo dicte inqueste super premissis factum, retentis
apud se attestacionibus testium super hiis productorum, ad nostram curiam remiserunt, et ideo non potuit dicta inquesta judicari;
quare, per arrestum nostre curie, fuit dictum quod mandabitur commissariis predictis quod ipsi dictam inquestam, si non sit completam, compleant, et completam et integram remittant nostre curie
judicandam.

Mercurii predicta.

M. G. de Usco reportavit.

Facta est super hoc commissio.

LIII. Lite mota, coram preposito Parisiensi, inter Johannem de
Mares, actorem, ex una parte, et Johannem Hardi, Johannam, ejus uxorem, et Petronillam, uxorem Petri de Bello-Monte, defendentes, ex altera, super eo quod idem Johannes de Mares dicebat quod medietas
cujusdam dimidii stalli siti in nova halla, in alto, inter medietatem
stalli Johanne dicte aus Boissiaus, ex una parte, et stallum Johannis
dicti Tainturier, ex altera, in censiva nostra; item dimidia pars domus
cujusdam site in vico de Quiquenpoit, inter domum Juliani de Grei-

gnon, ex parte una, et domum Guillelmi dicti Borgne, ex altera, in censiva prioris Sancti-Martini-de-Campis, ad ipsum Johannem de Mares pertinebant, ex donacione sibi facta per Gilebertum de Grandi-Molendino, qui se, in manu dicti prepositi, divestierat, ex causa predicta, et dissaisierat de dictis rebus; et idem prepositus, dictis divestitura et dissaisina receptis, de voluntate et assensu predicti Gileberti, eundem Johannem de Mares investiverat et saisierat de eisdem, per tradicionem quarundam litterarum super contractu donacionis predicte confectarum, quas res sibi donatas, ut premissum est, dicti defendentes minus juste detinebant occupatas, ut idem actor dicebat; quare petebat, per dictum prepositum, declarari dictas res ad ipsum pertinere et sibi, per dictum prepositum, adjudicari et deliberari, predictis defendentibus multas raciones proponentibus ex adverso; auditis igitur parcium racionibus predictarum; dictus prepositus, predictos defendentes ab impeticione predicta dicti actoris, per suum judicium, absolvit; a quo judicato, tanquam falso et pravo, idem actor ad nostram curiam appellavit: Auditis igitur dictis partibus in causa appellacionis predicte, et viso dicte cause principali processu ac pluribus instrumentis et processibus aliis super hoc hinc inde exhibitis diligenter inspectis, quia, per predicta, compertum est medietatem dicti dimidii stalli de censiva nostra esse, et medietatem dicte domus de censiva prioris Sancti-Martini existere, per curie nostre judicium, dictum fuit predictum prepositum, quantum ad medietatem dicti dimidii stalli, bene, et quantum ad medietatem dicte domus, site in censiva Sancti-Martini, de qua dictus prepositus saisinam tradiderat dicto actori, male pronunciasse.

Mercurii predicta.

M. G. de Usco reportavit.

LIV. Cum nobis, ex parte Guidonis, domini de Severiaco, militis, et Bertrandi de Balaguerio, domicelli, et aliorum condominorum castri de Panaco, fuisset, conquerendo, monstratum quod, cum ipsi, ut dicebant, haberent et habuerint, a tempore cujus memoria hominum non existit, omnimodam altam et bassam justiciam in dicto castro et ejus pertinenciis, essentque in possessione ejusdem justicie, gentes nostre senescalli Ruthenensis, de possessione dicte justicie, excepto loco qui est infra clausuram, dicti castri, sine cause cognicione, dissaisierunt eosdem et detinent dissaisitos, et infra clausuram predictam nostram assisiam tenuerunt indebite et de novo, nos, ad eorum instanciam, tres commissiones senescallo Ruthenensi super hoc misimus successive, mandantes eidem quod de premissis, vocato procuratore nostro et aliis evocandis, necnon super valore dicti castri et pertinenciarum ejusdem, et utrum quedam composicio, quam predicti condomini dicti castri nobiscum facere volebant, posset, sine nostro et alieno prejudicio, fieri, veritatem inquireret diligenter, et inquestam quam inde faceret ad nostram curiam remitteret judicandam : Facta igitur inquesta super premissis et ad nostram curiam reportata ac diligenter inspecta, quia per eam non apparet quod vocati fuerint ad hoc procurator noster et alii qui fuerant evocandi, nec litis contestacionem in ea fuisse factam, nec articulis condominorum predictorum contra nos traditis per procuratorem nostrum fuisse responsum, immo juris ordinem in multis aliis non fuisse servatum, per curie nostre judicium, dictum fuit predictam inquestam debere refici per certos commissarios ad hoc a nostra curia deputandos.

Mercurii predicta.

M. G. de Usco reportavit.

Non est facta commissio, quia nullus petit.

LV. Mota lite, coram preposito Parisiensi, inter Petrum de Pontisara et Laurenciam, ejus uxorem, pro se, et dictum Petrum, curatorem datum liberis magistri Guillelmi Juliani minoribus annis, actores, in quantum tangit quemlibet ipsorum, ex una parte, et Johannem dictum Chacerat et Johannam la Chasubliere, garantisatricem ipsius Johannis, defensores, ex alia parte, super eo quod dicti actores, nomine quo supra, proponebant, coram dicto preposito, contra dictos reos,

PHILIPPE IV,
1311.

quod defunctus Guillelmus Normanni junior, et Genovefa, quondam
uxor dicti magistri Guillelmi Juliani, fuerant fratres et sorores et
liberi Guillelmi Normanni senioris, procreati ex Hodeardi, prima
uxore dicti Guillelmi, et ex defuncta Aelidi, matre dicte Genovefe, secunda uxore dicti Guillelmi senioris, cum qua Aelidi, matre dicte Genovefe et noverca dicti Guillelmi junioris, dictus Guillelmus senior,
matrimonium contraxit, post mortem dicte Hodeardis; dicta vero
Laurencia, uxor dicti Petri de Pontisara, fuerat filia dicti Guillelmi
junioris, et heres ejusdem; qui quidem Guillelmus junior, et Genovefa fuerant heredes dicti Guillelmi senioris, una cum Petro Normanni, filio dicti Guillelmi senioris, procreato ex dicta Aelidi; qui
Guillelmus et Aelidis, constante matrimonio inter ipsos, plura bona
mobilia et immobilia usque ad magnam quantitatem acquisiverant, et
plures hereditates sitas in villa de Romana-Villa, de Bagnoleto et
territoriis ipsarum, et specialiter unam domum, sicut se comportat,
sitam Parisius, supra Magnum-Pontem, contiguam, ex una parte,
domui Johannis Martel, et, ex altera, domui defuncti P. Gifart, oneratam in viginti et tribus libris census seu redditus per annum; de
qua domo et pertinenciis ejus idem Guillelmus senior, mortuus
fuerat saisitus sicut de re sua propria et de suo proprio conquestu,
et de dictis bonis mobilibus, conjunctim, pro indiviso, una cum Aelidi,
secunda uxore sua, prout in peticione dictorum actorum clarius continetur; quare petebat dictus Petrus, nomine quo supra, porcionem et
ratam bonorum et domus predicte ipsum contingentem, et tale jus
et saisinam quas habebat dictus Guillelmus senior in bonis mobilibus et domo predictis, tempore quo decessit, nomine quo supra,
sibi adjudicari, petebatque, pro liberis dicte Genovefe, racione dicte
Aelidis, cui Aelidi dicta Genovefa, mater predictorum liberorum et
filia ipsius Genovefe[1] successit, quartam partem dicte domus et partem et porcionem ipsam contingentem in bonis mobilibus predictis
eidemPetro, curatori sibi predicto, curatorio nomine, deliberari; parte
adversa plures raciones in contrarium proponente, et maxime quod

[1] Lisez *Aelidis.*

dicti Guillelmus et Aelidis conjuges, stantes in plena sanitate, bono
sensu et bona memoria, primo provisi super hoc, predictam domum
cum pertinenciis suis, ex suo proprio conquestu habitam, donaverant,
donacione facta inter vivos, predicto Petro, filio suo, in maritagium
et auxilium sui maritagii tunc faciendi; quod matrimonium, propter
predictam donacionem, fuerat subsequtum, et ex tunc transtulerant in
ipsos Petrum et Johannam omnia jura et acciones reales et personales
sibi competentes in predictis, prout in instrumentis super hoc confectis plenius continetur; pluresque alias raciones proponebat pars
predicta, quare dicebat proposita ex adverso fieri non debere; qui
prepositus, auditis racionibus ab utraque parte propositis, per suum
judicium, absolvit predictos Johannem Chacerat et Johannam, garantisatricem ipsius, ab impeticione predicta dictorum actorum, nominibus quibus supra; a quo judicato, tamquam falso et pravo, dictus
Petrus, nominibus quibus supra, ad nostram curiam appellavit: Auditis igitur dictis partibus in causa appellacionis predicte et viso processu predicto, per judicium curie nostre, dictum fuit predictum
prepositum bene judicasse et dictum Petrum de Pontisara, nominibus quibus supra, male appellasse, et quod ipse hoc emendabit.

Sabbato post estivalem festum beati Martini.

M. Stephanus de Housseia reportavit.

LVI. Mota lite, coram preposito Parisiensi, inter Petrum de Pontisara et Laurenciam, ejus uxorem, pro se et dictum Petrum, curatorem
datum liberis magistri Guillelmi Juliani minoribus annis, actores, in
quantum tangit quemlibet eorum, ex una parte, et Bethynum Canti-
nelli, militem, et Johannam dictam la Chasubliere, garantisatricem
ipsius militis, defensores, ex altera, super eo quod dicti actores, nomine quo supra, proponebant, coram predicto preposito, contra dictos
defensores, quod defunctus Guillelmus Normanni junior, et Genovefa, quondam uxor dicti magistri Guillelmi Juliani, fuerant fratres
et sorores ac liberi Guillelmi Normanni senioris, procreati ex Hodeardi, prima uxore dicti Guillelmi, et ex defuncta Aelidi, matre

dicte Genovefe, secunda uxore predicti Guillelmi senioris, cum qua
Aelidi, matre dicte Genovefe et noverca dicti Guillelmi junioris, dictus
Guillelmus senior matrimonium contraxit, post mortem dicte Hodeardis; dicta vero Laurencia, uxor dicti Petri de Pontisara, fuerat
filia dicti Guillelmi junioris et heres ipsius; qui quidem Guillelmus
junior et Genovefa fuerant heredes dicti defuncti Guillelmi senioris,
una cum Petro Normanni, filio dicti Guillelmi senioris, procreato ex
dicta Aelidi; qui Guillelmus senior et predicta Aelidis, constante
matrimonio inter ipsos, plura bona mobilia et immobilia usque
ad magnam quantitatem acquisiverant, et plures hereditates, sitas in
villa de Romana-Villa, de Baignoleto et territoriis ipsorum, et insuper tres domos contiguas et unum ortum, una cum pluribus aliis
hereditatibus, prout in peticione dictorum actorum clarius continetur; quare petebant dicti actores, nomine quo supra, porcionem et
ratam bonorum et hereditatum predictorum ipsos contingentes, necnon tale jus et saisinam quas habebat dictus Guillelmus senior in
bonis mobilibus et hereditatibus predictis, quando decessit, nomine
quo supra, sibi adjudicari, petebatque dictus Petrus, pro liberis dicte
Genovefe, racione Aelidis, avie ipsorum, et successionis ejusdem, cujus
sunt heredes dicti liberi, pro parte, et cui Aelidi dicta Genovefa, mater
dictorum liberorum, successit, porcionem et ratam bonorum et hereditatum predictorum ipsos contingentem sibi deliberari; parte adversa plures raciones in contrarium proponente, et maxime quod
dictus Guillelmus senior et Aelidis, ejus uxor, stantes in plena sanitate, bono sensu et bona memoria, provisi super hoc, hereditates
quas habebant ut suas, ex suo proprio conquestu, sitas in territorio et
villis predictis, donaverant, donacione facta inter vivos, predicto Petro,
filio suo, in maritagium et auxilium sui maritagii tunc faciendi; quod
matrimonium, propter predictam donacionem, fuerat subsequtum
inter predictum Petrum et Johannam predictam; et ex tunc transtulerant in ipsos omnia jura et acciones omnes, reales et personales, sibi
competentes in predictis, prout in instrumentis super hoc confectis
et in judicio exhibitis plenius continetur; pluresque alias raciones

proponebat pars predicta, quare dicebat petita ex adverso fieri non PHILIPPE IV, 1311.
debere; qui prepositus, auditis racionibus ab utraque parte proposi-
sitis, per suum judicium, absolvit predictos Bethynium et Johannam,
garantisatricem ipsius Bethynii, ab impeticione predicta dictorum actorum, agentium nominibus quibus supra; a quo judicato, tamquam
falso et pravo, dictus Petrus, quo supra nomine, ad nostram curiam
appellavit : Auditis igitur dictis partibus in causa appellacionis predicte, et viso processu predicto, per judicium curie nostre, dictum
fuit predictum prepositum bene judicasse, et dictum Petrum de Pontisara, nominibus quibus supra, male appellasse, et quod ipse hoc
emendabit.

Sabbato post estivalem festum beati Martini.

M. Stephanus de Housseia reportavit.

LVII. Lite mota, coram ballivo Turonensi, inter Hugonem, Guillelmum et Guidonem de Bauceyo, domicellos, fratres, ex parte una, et
Guidonem Odardi, militem, et Aymericum Odardi, scutiferum, nepo-
tem suum, ex altera, super eo quod dicti fratres dicebant dictos militem et Aymericum injuriose et cum armis rupisse chauceyam cujusdam stanni ipsorum fratrum, siti prope castrum suum de Champigny,
ipsosque, propter rupcionem predictam, magnam quantitatem piscium
ibidem existencium usque ad valorem quingentarum librarum perdidisse, et eosdem fratres alia plura dampna, usque ad summam decem
millium librarum, occasione dicte rupture, incurrisse, dictosque militem et Aymericum violenter cepisse Guillelmum de Mausson, scutiferum, ad custodiendum dictum stannum per dictos fratres deputatum, manus et pedes ejus ligasse, pluresque excessus in ipsius
Guillelmi personam, ut dicebatur, commisisse, quare petebant dicti
fratres sibi dictos militem et Aymericum in predictis pecuniarum
summis condempnari, et alias, propter facta hujusmodi, puniri prout
est racionis; factaque inquesta, super predictis, per dictum ballivum,
et curie nostre, ad judicandum, reportata, cum dicti fratres eam peterent judicari, dictique miles et Aymericus eandem omnino peterent

anullari, et, per curie nostre judicium, dictum fuisset quod illud quod factum fuerat per dictum ballivum, in inquesta predicta, teneret, et quod curia nostra certos auditores deputaret, qui super contentis in ea audirent defensiones dictorum militis et Aymerici ac replicaciones dictorum fratrum, et super eis inquirerent veritatem, et inquestam hujusmodi totaliter completam curie nostre remitterent judicandam : Dicta igitur inquesta per predictos auditores, sicut premissum est, partibus vocatis, completa, et ad judicandum curie nostre remissa, visa ac diligenter examinata, quia repertum est, per eandem inquestam, dictos militem et Aymericum plures facti raciones et consuetudines, pro parte sua, in hujusmodi proposuisse, per quas dicebant se juste fecisse ea que ipsi fecerant in predictis, et se eas sufficienter probasse, per curie nostre judicium, dicti miles et Aymericus, a predictis propositis denunciatis et petitis contra ipsos, absoluti fuerunt, salva dicto Guillelmo de Mausson, scutifero, accione sua, si contra dictos militem et Aymericum, super injuriis predictis que dicuntur illate sibi fuisse, voluerit experiri, super quibus, vocatis partibus, fiet eidem justicie complementum.

Sabbato post sancti Martini estivalem [festum].

Mangon reportavit.

LVIII. Cum Esdelina la Blonde, mater et heres, ut dicebat, defuncti Johannis dicti le Blond, filii sui quondam, coram preposito Parisiensi, tamquam heres dicti defuncti, Johannam dictam la Blonde fecisset ad judicium evocari, ad resumendum arramenta cause coram dicto preposito pendentis, inter dictum Johannem, filium suum, dum vivebat, ex una parte, et dictam Johannam, ex altera, super quibusdam impedimentis indebitis, novitatibus et aliis in libello ipsius Johannis, coram dicto preposito edito, contentis; Johannes dictus Hardi, maritus ipsius Johanne, coram dicto preposito in judicio constitutus, multis racionibus, proposuit dictam Johannam, uxorem suam, ad resumendum dicta arramenta minime teneri, et processum per dictum Johannem le Blont, tempore quo vivebat, cum dicta uxore sua, utpote sine auctoritate ipsius mariti sui, habitum, debere penitus anullari; qui prepositus, auditis dictis partibus, per suum judicium, pronunciavit dictam Johannam ad resumendum dicta arramenta teneri et dictam Esdelinam ad prosecucionem dicte cause, in statu in quo erat, tempore mortis dicti filii sui, debere admitti; a quo judicato, tamquam falso et pravo, dictus Johannes ad nostram curiam appellavit: Auditis igitur, in causa dicte appellacionis, partibus predictis et viso dicto processu, per curie nostre judicium, dictum fuit predictum prepositum bene judicasse et dictum Johannem male appellasse, et quod ipse hoc emendabit.

Sabbato predicta.

M. Stephanus de Housseia reportavit.

Traditus fuit processus preposito Parisiensi.

LIX. Religiosis viris abbate et conventu de Yssiodoro nobis conquerentibus super eo quod, ipsis existentibus in nostra gardia speciali, Hugo Armandi, gerens se pro consule dicte ville, cum magna multitudine habitancium dicte ville, plures eis inobediencias fecerat, et quamplures injurias, contumelias et excessus eisdem intulerat, ut dicebant, mandavimus de predictis, vocatis partibus, inquestam fieri nostre curie remittendam : Dicta igitur inquesta super hoc facta et curie nostre ad judicandam missa, auditis super hoc partibus predictis et visa et diligenter examinata inquesta predicta, quia repertum est, per eandem, dictum Hugonem, tenentem in manu sua quamdam securim, venisse ad domum Johannis de Carreria, cum magna multitudine habitancium dicte ville, et, post defensam servientum curie dictorum religiosorum, portam dicte domus ad terram posuisse, ipsumque ad quemdam postellum existentem ante dictam domum, cum dicta securi percussisse, licet dicti servientes eidem dicerent quod dicta domus et bona intus existencia erant posita ad manum curie dictorum religiosorum, ipsumque Hugonem et plures alios habitatores dicte ville, per curiam dictorum religiosorum arrestatos, pro certis excessibus

sibi impositis, inobedientes fuisse in parendo arresto predicto, ac
quosdam de quadam multitudine dictorum habitancium citatorum et
comparentium coram curia dictorum religiosorum, cum dicto Hugone, in contumeliam dicti abbatis, ipsum illusisse et post ipsum cla-
masse Abel! Abel! per dicte curie nostre judicium, communitas dicte
ville condempnata fuit ad solvendum dicto abbati, pro inobedienciis
et injuriis predictis, trecentas, et nobis ducentas libras Turonenses
pro emenda, dictusque Hugo, per idem judicium, amotus fuit imperpetuum ab officiis consulatus dicte ville.

Sabbato predicta.

Mangon reportavit.

LX. Cum, per arrestum curie nostre, dictum fuisset quod commissio quam burgenses de Duno-Regis, super geolagio, garanna,
bonis bastardorum et aubenarum ac quodam fossato pro animalibus
adaquandis, contra procuratorem nostrum et ballivum Bituricensem,
ipsis non vocatis, ad certos auditores impetraverant per modum no-
vitatis, quam petebant renovari, non renovaretur, sed certis auditoribus
committeretur quod ipsi inquirerent, quantum ad dictum fossatum,
si castro nostro expediat ipsum claudi, et, quantum ad alios articulos
predictos, super tempore quo dicti burgenses dictam commissionem
impetraverint, nos eramus et per plures annos fueramus in saisina
predictorum, et quicquid super hiis invenirent curie nostre reportarent: Facta igitur super premissis, juxta dicti arresti tenorem, magistris Droconi de Karitate et Nicolao de Creciaco, clericis nostris,
commissione, visoque per curiam nostram processu per ipsos super
premissis facto, quia inventum est ibidem, per dictos procuratorem
et ballivum nostros, nichil pro nobis fuisse propositum, et per eos
articulis in dicta commissione contentis minus sufficienter fuisse
responsum, per curie nostre judicium, dictum fuit quod commissio
predicta renovabitur, et mandabitur quod dicti ballivus et procurator,
si aliquid racionabile pro nobis proponere super hoc voluerint, iterum audiantur, et quicquid pro utraque parte inventum fuerit curie

nostre mittatur, ad futurum proximo parlamentum, et quod commissarii qui ad hoc deputabuntur, postquam ipsi perfecerint dictam inquestam, diem ballivie Bituricensis futuri proximo parlamenti partibus assignent, ad videndum judicari inquestam predictam.

Sabbato predicta.

Roya reportavit.

Facta est commissio dictis auditoribus et remissa inquesta.

. LXI. Cum dilectus et fidelis noster Robertus, comes Bolonnie, in curia nostra, contra ballivum Ambianensem, proponens cognicionem et execucionem cyrographorum et litterarum scabinatuum in suo comitatu et contra suos subditos et in ipso comitatu commorantes ad ipsum pertinere, et se esse et fuisse, a tempore cujus memoria de contrario non existit, in bona saisina habendi et exercendi cognicionem et execucionem predictam, diceret quod dictus ballivus et prepositus de Mosterolio, pro nobis, ipsum impediebant minus racionabiliter in predictis, exercendo et retinendo dictorum cyrographorum et litterarum scabinatuum cognicionem et super eis execucionem faciendo in suo comitatu et contra subditos suos et commorantes in comitatu predicto, quare petebat dictum impedimentum amoveri, et, per nostram curiam, pronunciari nos non habere jus retinendi et exercendi cognicionem et execucionem predictas; dicto ballivo ex adverso proponente nos esse et per tantum tempus fuisse quod super hoc jus est nobis acquisitum, in bona saisina retinendi habendi, et exercendi cognicionem et execucionem cyrographorum et litterarum scabinatuum contra subditos dicti comitis et commorantes in comitatu predicto, quandocumque ballivus Ambianensis vel prepositus Monsterolii super hoc primitus requiruntur, et insuper dictas cognicionem et execucionem habendi et exercendi non tantum contra commorantes in comitatu Bolonnie, sed per totam balliviam Ambianensem et ejus ressortum, videlicet in preposituris Ambianensi, Sancti-Richarii, de Vymeu, comitatibus Attrebatensi, Flandrie et Guynensis et aliis terris circomvicinis comitatui Bolonnie predicto,

88.

quare dicebat idem ballivus, pro nobis, nos debere absolvi a peticione
predicta dicti comitis, et debere, per nostram curiam, pronunciari
dictorum cirographorum et litterarum cognicionem et execucionem
in comitatu Bolonnie, contra subditos dicti comitatus et in eo commorantes, ad nos pertinere, quandocumque dicte gentes nostre super
hoc primitus requiruntur: Tandem, inquesta super hiis, partibus vocatis, de mandato nostro facta, et ad judicandum, de consensu parcium predictarum, curie nostre tradita, visa et diligenter examinata,
per curie nostre judicium, absoluti fuimus a peticione predicta comitis
supradicti, et, per idem judicium, pronunciatum fuit cognicionem et
execucionem predictorum cyrographorum et litterarum, contra subditos dicti comitatus et commorantes in eodem, ubicumque per hujusmodi litteras et cyrographa fuerint obligati, ad nos pertinere, quandocumque dicti justiciarii nostri vel alter eorum super hoc primitus
fuerint requisiti.

Dominica ante Magdalenam, apud Pontisaram.

Thibotot reportavit.

LXII. Cum inquestam quamdam, per certos commissarios factam,
inter comitem Barri, ex una parte, et abbatem et conventum Molis-
menses una cum comite Campanie, ex altera, racione saisine garde
prioratus burgi Sancte-Marie, pars dicti comitis Barri videri peteret
et judicari; parte adversa dicente, inter cetera, dictam inquestam
factam fuisse eo tempore quo dictus comes Campanie erat in baillo
alterius et in etate minori constitutus, pluribusque racionibus, proponente dictam inquestam debere totaliter anullari: Tandem auditis
hinc inde propositis, visaque commissione super hoc dictis commissariis facta ac viso tempore quo facta fuit inquesta predicta, per curie
nostre judicium, dicta inquesta fuit totaliter anullata, salvo jure cujuslibet parcium predictarum, racione garde prioratus predicti, tam
super saisina quam super proprietate, et, si dictus comes Barri,
quando sibi placuerit, predictos comitem Campanie et religiosos super
hoc fecerit ajornari, curia faciet eisdem justicie complementum.

Sabbato post octabas Pasche.

LXIII. Cum magister Andreas, de Corferaut, dominus ville de Appoingniis, domino Regi conquestus fuisset quod, quamquam ipse in dicta villa omnimodam altam et bassam justiciam habere et a domino Rege tenere noscatur, et sit in bona saisina ejusdem, nichilominus gentes comitisse de Alba-Mala, Symonem Rapine, Guillotum Paien et quosdam alios hospites et justiciabiles dicti domini, cubantes et levantes sub eo, in villa sua predicta, et existentes ibidem, cum rediissent de foresta Aquiline, prima die maii novissime preteriti, deferentes ramos quos in dicta foresta assumpserant, prout ab habitatoribus dicte ville hactenus extitit usitatum et fieri consuetum, violenter et cum armis ceperunt et captos secum duxerunt, in dicti domini prejudicium et gravamen, dominus Rex, per litteras suas, preposito Parisiensi, de inquirendo per se vel per alium veritatem de predictis, et cetera faciendo que in dictis litteris continebantur, certum fecit mandamentum : Auditis igitur super hiis predictis partibus et visa inquesta, virtute dicti mandati, super predictis facta, per curie nostre judicium, dictum fuit quod comitissa predicta dictum dominum et ejus justiciam, in loco dicte capcionis, resaisiet de personis predictis, et dictam prisiam emendabit domino Regi et domino predicto, et dictis personis captis reddet dampna que ipsi sustinuerunt in capcione et detencione predictis, et, per idem judicium, adjudicata fuit hominibus predictis saisina usagii predicti, prout hactenus extitit fieri consuetum, salva tamen super hoc dicte comitisse questione proprietatis.

Sabbato post octabas Pasche.

Voyssi reportavit.

LXIV. Cum, super discordia mota inter Helvydim, relictam defuncti Johannis Prevost de Virziliaco, ex una parte, et Johannem Boniti, Herminam, ejus uxorem, ac Bellam, ejusdem Herminé sororem, ex altera, partibus auditis, certum arrestum, per curiam nostram,

Philippe IV,
1311.

datum fuerit in novissime preterito parlamento, continens inter cetera quod, super peticione quarumdam hereditatum et certarum pecunie summarum inter ipsas partes mota in seculari curia abbatis et conventus Virziliacencium, ad dictorum religiosorum curiam revertantur partes predicte, et quod omnia attemptata contra predictos Johannem, Herminam et Bellam, post eorum appellacionem et in ipsius prejudicium ad statum debitum reducantur; nichilominus dicta relicta litteram domini Regis, sub certa forma et super predictis in arresto predicto contentis, nulla de dicto arresto facta mencione, ad ballivum Senonensem impetravit; cujus virtute dictus ballivus in hujusmodi procedens, certam fecit seu facere inchoavit, super rebus predictis contenciosis, inquestam seu informacionem, et ad procedendum super hiis diem sue ballivie parlamenti presentis tam dictis religiosis quam dictis partibus assignavit; quibus in curia nostra comparentibus, requisivit dicta relicta predictam inquestam seu informacionem videri et judicari, ex adverso dictorum religiosorum procuratore proponente quod ipsi semper parati sunt et fuerunt et pluries obtulerunt se paratos exhibere dicte relicte, super hiis et aliis ad eorum cognicionem spectantibus, celeris justicie complementum, et instanter requirentibus dicto procuratore et predictis dicte relicte adversariis totaliter anullari quicquid factum est, virtute dicte littere surreptice impetrate, dictasque partes ad curiam dictorum religiosorum, secundum arresti predicti tenorem, remitti: Auditis igitur super hiis dictis partibus, ac dicti ballivi relacione, visisque litteris, arresto et processibus antedictis, per curie nostre judicium, remisse fuerunt dicte partes, super predictis earum peticionibus, ad curiam dictorum religiosorum, secundum tenorem arresti predicti, et precepit curia quod, tam littere nostre quam processus earum virtute, post et contra tenorem dicti arresti habiti, in nostra curia remanerent ut de ipsis dicta relicta neminem decetero possit gravare; item precepit ballivo Senonensi quod in dicta inquesta seu informacione ulterius non procedat, et quod, si dicta relicta, super predictis rebus, litteras aliquas domini Regis, non facientes men-

cionem expressam de hujusmodi curie nostre processibus et arrestis,
sibi reportet, ad earum executionem non procedat, sed excusacionem suam super hoc curie nostre rescribat.

. Sabbato post octabas Pasche.

LXV. Cum in causa, coram preposito Parisiensi pendente, inter
abbatem et conventum Sancti-Dyonisii, ex una parte, et dominam
Sancti-Andree, ex altera, super saisina justicie voieiarum de Duy-
gniaco, publicatis testium deposicionibus et pluribus racionibus parcium dicto preposito in scriptis traditis, et super hiis die a partibus
ad audiendum jus ubi caderet acceptata, dictus prepositus, pro scienda
plenius veritate super hiis, vocatis et presentibus procuratoribus dictarum parcium, ad locum predictum contenciosum accedens, inve-
nisset, tam per confessionem procuratoris dicte domine, quam per
fide dignorum plurium deposicionem; quod predicta justicia, propter debatum parcium predictarum, racione prisie cujusdam hominis vocati Harboille, posita erat in manu domini Regis tanquam
superioris, et postea dictis partibus, certa die eisdem coram dicto
preposito, in causa hujusmodi assignata, comparentibus, requisivisset procurator dictorum religiosorum sibi tradi in scriptis confessionem et deposicionem predictas, procuratore dicte domine se in
contrarium opponente, et, super debato hujusmodi, dicte partes jus
sibi fieri peciissent, dictus prepositus, auditis super hoc hinc inde
propositis, per suum judicium, pronunciavit quod ipse predictas confessionem et deposicionem traderet in scriptis, sicut fuerat ab eo
requisitum; a quo judicato, tanquam pravo et falso, pars dicte domine appellavit. Auditis igitur, in causa dicte appellacionis, predictis
partibus et viso processu predicto, per curie nostre judicium, dictum fuit predictum prepositum bene judicasse et dictam dominam
male appellasse, et quod ipsa hoc emendabit.
. Martis post Jubilate.

LXVI. Cum inter Petrum, filium Galterii Secourion, ex una parte,

et Petrum, filium Renerii Secourion, ejus consanguineum, ex altera-
coram majore et scabinis ville Sancti-Richarii, mota lite super quibusdam rebus mobilibus quas dictus Petrus, filius Galterii Secourion,
dicebat a Laurencio, avunculo suo, in sua ultima voluntate sibi donatas fuisse, dicti major et scabini, pro dicto Petro filio Galterii,
contra dictum Petrum, filium Renerii, judicatum suum tulissent, et
idem Petrus, filius Renerii, a dicto judicato, tamquam falso et pravo,
ad nostram curiam appellasset : Constitutis in curia nostra, in causa
dicte appellacionis, dictis partibus, et auditis hinc inde propositis,
visoque processu dictarum parcium, curie nostre in scriptis tradito,
et super tenore dicti judicati visa relacione dictorum majoris et
scabinorum, per ballivum Ambianensem, sicut ei mandatum fuerat,
curie nostre missa, cui relacioni dicte partes fidem adhibere voluerunt, inter cetera continente quod dicte partes, coram majore et
scabinis eisdem requisiverunt sibi jus fieri super dictis rebus contenciosis, tam in saisina quam in proprietate, quodque dicti major
et scabini, pro dicto Petro, filio Galterii, contra dictum Petrum,
filium Renerii, super dictis rebus contenciosis, tam in saisina quam
in proprietate, judicatum suum tulerunt, per curie nostre judicium,
dictum fuit predictos majorem et scabinos bene judicasse et dictum Petrum, filium Renerii, male appellasse, et quod ipse hoc emendabit.

Mercurii in vigilia Ascensionis.

LXVII. Super quibusdam injuriis et dampnis de quibus conquerebatur Petrus Gonterii, sibi illatis, ut dicebat, per Johannem Dartys,
militem, et quendam ejus scutiferum de Piquardia, inquesta facta, per
prepositum Parisiensem, seu de mandato ipsius, auditis racionibus
quas dictus miles, pro se, ex una parte, et dictus Petrus, ex alia, proponere voluerunt, visaque inquesta predicta et processu coram dicto
preposito super hoc habito inter ipsos, per curie nostre judicium,
dictus miles condempnatus fuit ad reddendum dicto Petro valorem
equi sui occisi; scito prius dicto valore per dictum prepositum de

PHILIPPE IV, 1311.

plano; item, centum libras Parisienses, pro aliis dampnis suis, et domino Regi quadringentas libras Parisienses, pro emenda sua; item quod dictus scutifer, qui presens non erat quando tradita fuit nostre curie dicta inquesta, vocabitur ad certam diem per prepositum Parisiensem, ut veniat ad proponendum defensiones et raciones suas super facto predicto, quas, si proposuerit, curia nostra super eis exhibebit eidem justicie complementum.

Veneris post Penthecosten.

LXVIII. Cum plures homines de Gastinesio, et maxime Robertus de Tallia, curie nostre conquesti fuissent de Thoma dicto Hasle, qui deputatus per gentes nostras fuerat ad capiendum vina ad precium nostrum, pro garnisione hospitii nostri, proponentes contra eum quod ipse plura dampna eisdem intulerat, capiendo et saisiendo vina eorum pro valde minori precio quam communiter et secundum precium nostrum valent, et multo plura dolia quam que necessaria essent pro domo nostra et, ex promissu suo et convinencia ac mandato suo, vina hujusmodi per eum arrestata, faciendo vendi certis personis quas eligebat, pro minori precio quam communiter possent vendi, super premissis mandavimus, vocatis partibus, veritatem inquiri; quam inquestam dictus Robertus fuit inter ceteros specialiter prosecutus contra Thomam predictum, pro eo maxime quod dictus Robertus proponebat quod, cum ipse conquestus fuisset de pluribus prisiis vinorum quas idem Thomas, racione officii sui, minus racionabiliter, ut dicebat, fecerat super ipsum, dictus Thomas jactaverat se et dicto Roberto fuerat comminatus quod ipse vina dicti Roberti, ubicumque ea inveniret, arrestaret, et poneret in manu sua : Inquesta igitur super hiis facta, visa et diligenter examinata, per curie nostre judicium, dictus Thomas condempnatus fuit ad reddendum eidem Roberto dampna omnia que, per dictam inquestam, constat eundem Thomam dicto Roberto in predictis intulisse, videlicet ducentas triginta septem libras Parisienses, post tempus minarum predictarum factarum predicto Roberto per dictam Thomam, post primam capcionem vinorum suorum de quibus fuerat conquestus. Item, privatus fuit ab omni servicio et officio nostro, tam obtento quam de cetero obtinendo. Item, per idem judicium, dictum fuit quod, pro emenda nostra, dictus Thomas prisionem firmatam tenebit ex nunc in Castelleto nostro, quamdiu nostre voluntati placuerit duraturam.

Jovis ante Nativitatem beati Johannis-Baptiste.

Istius judicati totalem execucionem dominus Rex, per suas litteras, mandavit in suspenso teneri, quousque super hoc aliud mandaverit. Litteras istas curia recepit dominica in crastino Nativitatis beati Johannis-Baptiste.

De mandato domini Regis misi dictam inquestam domino Johanni de Bello-Monte, militi et magistro hospitii domini Regis, die mercurii in vigilia beati Dyonisii, anno trecentesimo decimo quinto, per fratrem J. de Attrebato, monachum Sancti-Maxencii prope Aurelim.

LXIX. Cum abbas et conventus de Karrafio, senescallie Xanctonensis, de speciali garda nostra existentes, dudum nobis, conquerendo, denunciassent quosdam excessus in eorum prioratu de Cressiaco, per familiam Roberti domini de Mastacio in dicto prioratu hospitati, ipso sciente et non prohibente, perpetratos, ut dicebant, nos super predictis, vocatis evocandis, mandavimus inquiri veritatem; inquesta igitur super hiis facta et ad judicandum nostre curie asportata, vivente dicto Roberto, curia nostra, per aliquot annos, quibusdam impedimentis intervenientibus, procedere non potuit ad judicandum inquestam predictam; tandem temporis opportunitate se offerente, et dictis religiosis diligenter instantibus super hoc, quamquam dictus Robertus hoc pendente decesserit, et ejus filius et heres, dominus nunc de Mastacio in hujusmodi se opposuerit in finem quod dicta inquesta non deberet judicari, curia tamen nostra, predictis non obstantibus, precepit dictam inquestam, contra dictum Robertum diu est factam, videri et judicari : Visa igitur et diligenter examinata inquesta predicta, cum per eam curie nostre liquido constiterit, predicto Ro-

berto, cum ejus uxore et familia, quadam vice in dicto prioratu gra-
ciose recepto et hospitato, quosdam valletos de sua familia, ipso domino sciente et non prohibente, plures graves excessus ibidem perpetrasse, et quendam dicti prioratus monachum, fratrem Guillelmum
Cortet videlicet, occidisse, dictumque dominum, super hoc sufficienter requisitum, dictis maleficiis non obviasse, immo ipsum dictos malefactores receptasse, custodisse et secum duxisse et fugiendi oportu-
nitatem prestitisse; curia tamen nostra considerans quod dictus filius
non dicitur in hujusmodi deliquisse punicionem facti hujusmodi,
quantum ad dictum Robertum et ejus heredes, prout racionabiliter
facere potuit, moderavit, et, per suum judicium, dixit et pronunciavit quod dictus heres, racione dicti delicti patris sui, solvet dictis religiosis mille et quingentas libras Turonenses pro injuriis et dampnis
predictis, et nobis mille et quingentas libras Turonenses pro emenda,
et, cum hoc dictus heres fundabit, absque dilacione, unam capellaniam perpetuam in dicto prioratu de viginti libris Turonensibus annui et perpetui redditus, in qua celebrabit capellanus secularis qui
in ea instituetur, pro anima defuncti Guillelmi predicti; cujus capel-
lanie collacionem nobis et nostris successoribus Francorum regibus
retinemus.

Sabbate post estivale festum beati Martini.

Voyssi reportavit.

LXX. Mota lite, coram preposito Parisiensi, inter Gossinum de
Brabancia, civem Parisiensem, ex una parte, et Petrum le Hateour,
servientem, equitem gueti Parisiensis, ex altera, super eo quod dictus
Gossinus proponebat, contra dictum Petrum, quod idem Petrus falso
et prodiciose, hora noctis, sub colore gueti Parisiensis, insidiis pre-
paratis et preconcepta malicia, venerat, una cum quodam complice
suo, in quadruvio Sancti-Severini, investigando ubi erat domus dicti
Gossini, et, cum venissent ad dictam domum, percusserunt, et clama-
verunt, « Aperiatis cito ostium gueto Parisiensi; » et statim dictus Gossinus ostium suum aperuit, credens ibi guetum esse; et statim dictus

Petrus assumpsit dictum Goyssinum per vestes, prope guttura, et dixit,
« Estis vos dominus istius domus? » et ille respondit, « Ita, domine; »
et in continenti dictus Petrus de quodam magno baculo seu macia
dictum Gossinum ita atrociter in capite percussit pluries, quod ipsum
Gossinum quasi mortuum inter pedes equorum suorum reliquit; quas
injurias et vulneraciones noluisset habuisse dictus Gossinus, ut dicebat, pro ducentis marchis argenti; quare petebat dictum Petrum condempnari sibi in dictis ducentis marchis, una cum centum libris, pro
dampnis et expensis suis, taxacione judicis precedente; qui prepositus, auditis racionibus utriusque partis, dictum Petrum ad emendandum dictas injurias ipsi Gossino condempnavit, retenta sibi potestate
taxandi dictas emendas, tam pro parte lesa quam pro nobis; et postmodum, per aliquos dies, dictus Gossinus predicto preposito supplicavit ut ad taxacionem emende predicte procederet, previa racione;
dictus vero prepositus predictam emendam ad decem libras Parisienses solvendas ipsi Gossino, pro injuriis et vulneracionibus predictis,
taxavit; a qua taxacione, tanquam a modica, idem Gossinus ad curiam
nostram appellavit : Auditis igitur dictis partibus in causa appellacionis predicte et viso processu predicto, per judicium curie nostre,
dictum fuit dictam taxacionem predicti prepositi modicam fuisse, et
propter hoc dictum Gossinum bene appellasse, et taxavit curia nostra
dictam emendam, quantum ad eundem Gossinum, pro dictis injuriis suis, ad viginti libras Parisienses, et, quantum ad emendam nostram, curia nostra, de voluntate nostra, privavit eundem Petrum, in
perpetuum, ab omni servicio et officio nostro, et precepit quod, cum
hoc, idem Petrus teneat, ex nunc usque ad unum annum integrum
et completum, prisionem in Castelleto nostro Parisiensi, vel alibi ubi
nobis aut curie nostre placuerit, absque deliberacione vel recredencia aliqua super hoc facienda.

Lune post Magdalenam fuit pronunciatum; sed concordatum fuerat apud Pontisaram coram domino Rege, durante parlamento, sicut.

P. de Dyci reportavit.

LXXI. Cum, ex parte procuratoris nostri senescallie Petragoricensis, nobis fuisset significatum quod, cum Petrus Barraherii esset in saisina ecclesie Sancti-Silani Petragoricensis, certo serviente ad gardiandum ipsum in sua saisina ex parte nostra deputato eidem, et sic in
dicta saisina ipsius ecclesie et in garda nostra predicta per duos annos
continuos fuisset Taleyrandus de Sancto-Asterio, Helyas de Bosco,
Helyas de Blanqueto, Petrus de Barrio, Petrus Bruneti, Bertrandus
de Claro-Monte, Helyas de Capella, Girardus de Armanhaco, Aymericus de Turre, Guido et Arnaldus de Lavisvilla, canonici ecclesie
Sancti-Frontonis Petragoricensis, una cum quibusdam suis complicibus, tam laicis quam aliis, dictam gardam nostram frangendo violenter et cum armis, dictam ecclesiam fregerunt, intraverunt et occu-
parunt, et vicarium dicti Petri Barraherii ab ea violenter ejecerunt,
in dicte garde nostre prejudicium et dicti Petri dampnum non modicum et gravamen; super quibus mandavimus, vocatis partibus, inquiri cum diligencia veritatem : Inquesta igitur super hoc facta et ad
judicandum curie nostre reportata, visa et diligenter examinata, cum
per eam curie nostre constiterit de saisina et garda predictis, necnon de fractione, occupacione, ejectione et violenciis supradictis, per
curie nostre judicium, dictum fuit quod dictus Petrus Barraherii in
saisina dicte ecclesie, in qua ipse erat de facto, reponetur in eodem statu in quo ipse erat, tempore violenciarum predictarum, resti-
tuenturque sibi a dictis invasoribus fructus a dicto tempore de ipsa
ecclesia percepti, et cum hoc tenebitur in manu nostra temporale
dictorum canonicorum quousque nobis satisfecerint de mille libris
Turonensibus pro emenda, salvo alias insuper jure dictarum partium, tam super possessione quam super proprietate, dicte ecclesie,
per competentem judicem decidendo.

Parisius, lune post Magdalenam.

Greci reportavit.

LXXII. Lite mota, coram preposito Parisiensi, inter Gefrinum
Alemmani, executorem litterarum nundinarum Campanie, in pre-

positura Parisiensi et ejus ressorto, ex una parte, et Nicholaum de Lai-
gny, civem Parisiensem, ex altera, super eo quod dicebat dictus Gefrinus quod cum ipse, de mandato magistrorum dictarum nundinarum litteratorie sibi facto, Theobaldum de Buci, civem Parisiensem,
et ejus bona, pro septingentis viginti duabus libris, in quibus dictus
Theobaldus tenebatur Egidio dicto Lamant, mercatori pannorum de
Malynes, de corpore nundinarum, necnon et pro emenda dictorum
magistrorum, racione dicte summe predicto Egidio non solute ad
terminos constitutos, prout in litteris dictorum magistrorum, pro
exequendis eisdem sibi directis, dicebat dictus Gefrinus plenius contineri, tamquam executor dicti mandati, necnon et litterarum dictarum nundinarum, videlicet de bonis dicti Theobaldi usque ad quantitatem sexaginta septem pannorum diversorum locorum fecisset capi
et arrestari, dictus Nicolaus, coram dicto executore constitutus, per
litteras sigillo Castelleti sigillatas, se pro dicto Theobaldo efficaciter
obligavit ad reddendum et solvendum eidem Egidio, mercatori, predictam pecunie summam, cum emenda dictorum magistrorum, infra
terminum jam elapsum, et se, quantum ad hoc, constituit principalem debitorem, sub eisdem modis et forma quibus tenebatur dictus
Theobaldus eidem mercatori, et sic dictus Gefrinus, executor, fidem
ipsius Nicolai secutus, dictum Theobaldum a dicto arresto liberavit et
eidem Nicolao dictos sexaginta septem pannos tradidit et deliberavit;
et, quia dictus Nicolaus predicto Egidio mercatori de dicta pecunie
summa minime satisfecit, dictus Gefrinus predictum Nicolaum fecit
per prepositum Parisiensem capi, et bona sua saisiri et arrestari, petens et supplicans dicto preposito dictum Nicolaum tamdiu captum
detineri, necnon et ejus bona vendi et explectari quousque esset per
eundem de dicta pecunie summa eidem mercatori et predictis magistris de eorum emenda predicta, sicut promiserat, satisfactum; dicto
Nicolao, multis racionibus, in contrarium proponente predicta petita
per dictum Geffrinum fieri non debere, et dicente recredenciam de
persona et bonis suis, per dictum prepositum, et eciam plenam libe-
racionem fieri debere; qui prepositus, auditis dictis partibus, pre-

dictum Nicolaum eidem Gefrino in predictis per eum petitis, per suum judicium, condempnavit; a quo judicato, tamquam falso et pravo, dictus Nicolaus ad nostram curiam appellavit : Auditis igitur dictis partibus in causa appellacionis predicte, et viso totali processu cause predicte, per curie nostre judicium, dictum fuit predictum prepositum bene judicasse et dictum Nicolaum male appellasse, et quod ipse hoc emendabit.

Mercurii post Nativitatem beati Johannis-Baptiste.

M. B. de Briançon reportavit.

www.ingramcontent.com/pod-product-compliance
Lightning Source LLC
Chambersburg PA
CBHW030009220326
41599CB00014B/1749